Charles Hampden-Turner · Modelle des Menschen

Charles Hampden-Turner

MODELLE DES MENSCHEN

Ein Handbuch des menschlichen Bewußtseins

Beltz Verlag
Weinheim und Basel 1982

Für Rollo May, gewidmet seinem Glauben an einen Humanismus, der die Tragödie kennt, und für Gregory Bateson (1904–1980), dessen Lieblingsverse nun auf ihn selbst zutreffen:

> Nicht am traurigen Ufer des Styx,
> nicht im fernen Schein Elyseeischer Felder
> begegnen wir unter den Toten denen, die uns gelehrt ...
> Aber wir begegnen ihnen wieder und wieder
> am Treffpunkt der Toten –
> auf den Lippen der Lebenden.

„Life after Death"
Samuel Butler

CIP-Kurztitelaufnahme der Deutschen Bibliothek

Hampden-Turner, Charles:
Modelle des Menschen : e. Handbuch d.
menschl. Bewusstseins / Charles Hampden-Turner.
[Aus d. Engl. übers. von Marga Stehle]. –
Weinheim ; Basel : Beltz, 1982.
  Einheitssacht.: Maps of the mind ⟨dt.⟩
  ISBN 3-407-85023-9

Modelle des Menschen © 1982 Beltz Verlag Weinheim und Basel
erschien als Originalausgabe unter dem Titel
Maps of the Mind © 1981 Mitchell Beazly Publishers Ltd. 1981
87–89 Shaftesbury Avenue, London, VIV 7 AD

Text © Charles Hampden-Turner 1981
Illustrationen © Mitchell Beazly Publishers Ltd. 1981

Aus dem Englischen übersetzt von Marga Stehle
Redaktion: Heiko Ernst

Umschlagfoto: Roland Birke
Herstellung und Layout: Klaus Linke
Gesamtherstellung: Beltz Offsetdruck, 6944 Hemsbach über Weinheim
Printed in Germany

ISBN 3-407-85023-9

DANK DES AUTORS

Dies Buch wäre ohne das Zusammentreffen mehrerer günstiger Umstände nicht zustandegekommen. Ein Rockefeller-Stipendium hat mich zur rechten Zeit nach England gebracht. Ein Freund, Richard Holme, gab mir den Tip, daß Mitchell Beazly seit langem einen „Atlas des Geistes" publizieren wollte. James Beazly und Ed Day haben sich auf dieses Projekt mit mir eingelassen und an seine Machbarkeit geglaubt. Sie haben mich mit jeder nur denkbaren Hilfe, Freundschaft inklusive, unterstützt, und viel von ihren eigenen Visionen ging in dieses Buch mit ein.
Man sagt, daß in einer guten Beziehung jeder seine Integrität beibehält. Linda Cole und ihre Mitarbeiterin Linda Tan haben zäh um die Ästhetik der Grafiken in diesem Buch gekämpft, während ich die Inhalte verteidigte. Wir haben uns einen harten, aber fairen Kampf geliefert. Francesca George, mein Lektor, hat mutig die englische Sprache gegen die Flut von Jargon aus den Sozialwissenschaften verteidigt, die auch meine Texte erfaßt hatten. Als Vertreter des „intelligenten Laien" forderte sie mir Verständlichkeit ab. Avril Cummings hat unzählige Versionen meines Manuskriptes getippt und blieb geduldig. Bei meiner Frau Shelley und meinen Söhnen Michael und Hanbury möchte ich mich für die Zeit entschuldigen, in der ich mich vor ihnen abgeschlossen habe. Schlußtermine sind gnadenlos. Aber sie haben mich daran erinnert, daß abstrakte Entwürfe der Humanität kein Ersatz für wirkliche Menschen sind.

GRAFIKER

Candida Amsden	Seiten 72, 73, 75, 77, 82, 85, 87, 90, 95, 109, 157, 167, 175, 179, 201
Beverly Brennan	Seite 133
Dave Fernandez	Seiten 21, 65, 69, 101, 113, 115, 121, 141, 153, 171, 187, 195
Suzanne Haines	Seite 35
Carole Johnson	Seiten 46, 47, 63, 110, 111, 112, 122
Stuart Knowles	Seiten 17, 23, 27, 31, 39, 41, 49, 53, 57, 61, 81, 91, 99, 125, 137, 143, 159, 183, 193, 209
Peter Stevenson	Seiten 45, 79, 105, 117, 119, 147, 161, 191, 199, 205
Linda Tan	Seiten 13, 129, 149, 163

Inhalt

Einleitung

Was ist das – der menschliche Geist? Diese Frage hat den Menschen seit Anbeginn beschäftigt, seit er die Möglichkeit eines Geistes überhaupt in Erwägung gezogen hat. Es war die erste echte philosophische Frage, die mit der Entwicklung des Bewußtseins entstand. Doch sie verfängt sich bald in einer anderen, irritierenden Frage: Wie kann das Erkennende sich selbst erkennen? Jede Darstellung des Erkannten, die den Erkennenden ausschließt, ist notgedrungen unvollständig.

In diesem Buch wird die These verworfen, daß das Eine dem Vielen vorgeordnet ist, daß sich eine einheitliche Realität hinter den vielfältigen Erscheinungsformen verbirgt. Ich glaube, daß der Mensch seine eigene Metapher ist, und daß sich sein Selbstbild auf nicht vorhersehbare Weise erfüllt. Wie Protheus können wir viele verschiedene Gestalten annehmen, jedoch nicht den Folgen entrinnen. Dieses Buch versammelt Modellvorstellungen vom menschlichen Geist und setzt sie in visuelle Formen um. Da der Mensch in den herrschenden psychologischen und philosophischen Schulen kaum räumlich-visuell dargestellt wird, erhebe ich mit meinem Versuch keinen Anspruch auf eine unparteiische Darstellung des Status quo. Die Bilderstürmer sitzen immer noch an den Hebeln.

Dieses Buch ist ein Plädoyer für eine Revision der Sozialwissenschaften, der Religion und Philosophie, um Zusammenhänge, Kohärenz, Wechselbeziehungen, organische Sichtweisen und Ganzheit hervorzuheben, im Gegensatz zu den zerstückelnden, reduzierenden und aufspaltenden Kräften der vorherrschenden Orthodoxien. Ich glaube, daß die Industriegesellschaften in gefährlichem Maße zu stark differenziert und zu wenig integriert sind. Wir pochen zwanghaft auf unsere Unterschiede, während wir unsere Gemeinsamkeiten ignorieren. Die hier vorgestellten Modelle sind im Hinblick auf ihre Kompatibilität, Komplementarität und Konvergenz bewußt ausgewählt und beschrieben worden. Der Dichter W. H. Auden schrieb, daß wir „einander lieben oder sterben" müssen. Liebe ist vielleicht ein bißchen zuviel verlangt, aber wir können uns wenigstens um Verständnis bemühen.

Wir „kartographieren" sowohl den Menschen und seine Welt mit Worten als auch mit Bildern; da unsere Wörter aber nur Stückwerk sind, meinen viele, daß auch die Welt aus Einzelstücken bestünde, und jedes Stück einem Wort entspräche. „Dem ist nicht so", behauptet Alfred Korzybski, „die Karte ist nicht das Ding." Wort-Karten haben eine fragmentarische Struktur, die sich aus der Sprache ableitet und nicht aus dem, was die Sprache beschreibt. Die Vorstellungen eines linearen Zusammenhangs zwischen Ursache und Wirkung ist beispielsweise in der Satzstruktur selbst enthalten, wo ein Subjekt mittels eines Verbs auf ein Objekt einwirkt; das kann allerdings nur eine sehr inadäquate Wiedergabe von dem sein, was sich ereignet, vor allem wenn wir es mit wechselseitigen Einflüssen zu tun haben. Eine Möglichkeit, dieses verbale „Vorurteil" zu korrigieren, besteht darin, Wörter durch visuelle "Landkarten" oder Modelle zu ergänzen. Wenn der menschliche Geist in seinen Bestandteilen verstanden werden soll, dann brauchen wir nicht nur Worte, um die Einzelteile zu beschreiben, sondern auch Muster, Bilder und Schemata, mit denen das Ganze vermittelt werden kann. Aber auch die Wörter müssen so verwendet werden, daß sie eine Ganzheit vermitteln. Seit undenklichen Zeiten werden Metaphern, Symbole und Geschichten benutzt, um geistige Bilder und Vorstellungen zu erzeugen. Diese Formen als zweideutig abzutun heißt, ihre Funktion zu verkennen, nämlich unterschiedliche Objekte durch ihre Ähnlichkeiten zueinander in Beziehung zu setzen. Die meisten von uns würden die Photographie eines Menschen als „wahr" ansehen und ein abstraktes Gemälde als „weniger wahr"; aber es hängt davon ab, ob wir uns für die abgebildete Person als separate Einheit interessieren oder für die Beziehung zwischen dem Maler und dem Modell. Ähnlichkeit ist ein schillernder Begriff.

Eines Tages wurde der Ehemann einer Frau, die von Picasso gerade gemalt wurde, ins Studio des Künstlers eingeladen. „Was meinen Sie dazu?" fragte der Maler und zeigte auf das fast fertige Gemälde. „Nun …" sagte der Ehemann und versuchte, höflich zu sein, „in Wirklichkeit sieht sie anders aus." „Oh," sagte Picasso, „und wie sieht sie in Wirklichkeit aus?" Der Ehemann wollte sich nicht einschüchtern lassen und zog ein Photo aus seiner Brieftasche: „So sieht sie aus!" Picasso betrachtete das Photo eingehend. „Hmm …" äußerte er sich, „ein bißchen sehr klein, nicht?"

Eine Beschränkung graphischer Modelle liegt darin, daß sie gewöhnlich zweidimensional sind. Verbale Erläuterungen unterliegen der gleichen Einschränkung; explizieren (erklären) bedeutete ursprünglich „flach auslegen". Um dies zu verdeutlichen schlägt Viktor Frankl vor, die unterschiedlichen Schatten eines Zylinders zu betrachten (siehe Abbildung). Das Interessante an den graphischen Schattenmodellen und ihrer begrenzten (aber dennoch „realen") Repräsentation liegt darin, daß dasselbe Objekt ganz anders aussehen kann, wenn es anders projiziert wird. Vollkommen unterschiedliche Gegenstände können andererseits auf der Zeichnung so dargestellt werden, daß sie gleich aussehen. Nimmt man einen Zylinder, einen Kegel und eine Kugel, dann erhält man bei dem zweidimensionalen Schatten, den sie werfen, identische Formen, doch läßt man das Licht aus einer anderen Richtung auf die Gegenstände fallen, erhält man als Schatten der drei Objekte ein Rechteck, ein Dreieck und einen Kreis.

Solche Probleme entstehen zum Teil deshalb, weil die gewöhnlich in drei Dimensionen wahrgenommenen Dinge in nur zwei Dimensionen dargestellt werden. Außerdem spielen Blickwinkel und Standort eine Rolle: Der Schatten hängt von der Lichtquelle ab – bewegen wir sie, dann verändert sich der Schattenwurf. Dieses optische Phänomen hat ein verbales Gegenstück, das in einer alten Geschichte erläutert wird: Sie handelt von sechs blinden Weisen, die einem Elefanten begegnen und versuchen, dessen Gestalt zu erkennen:

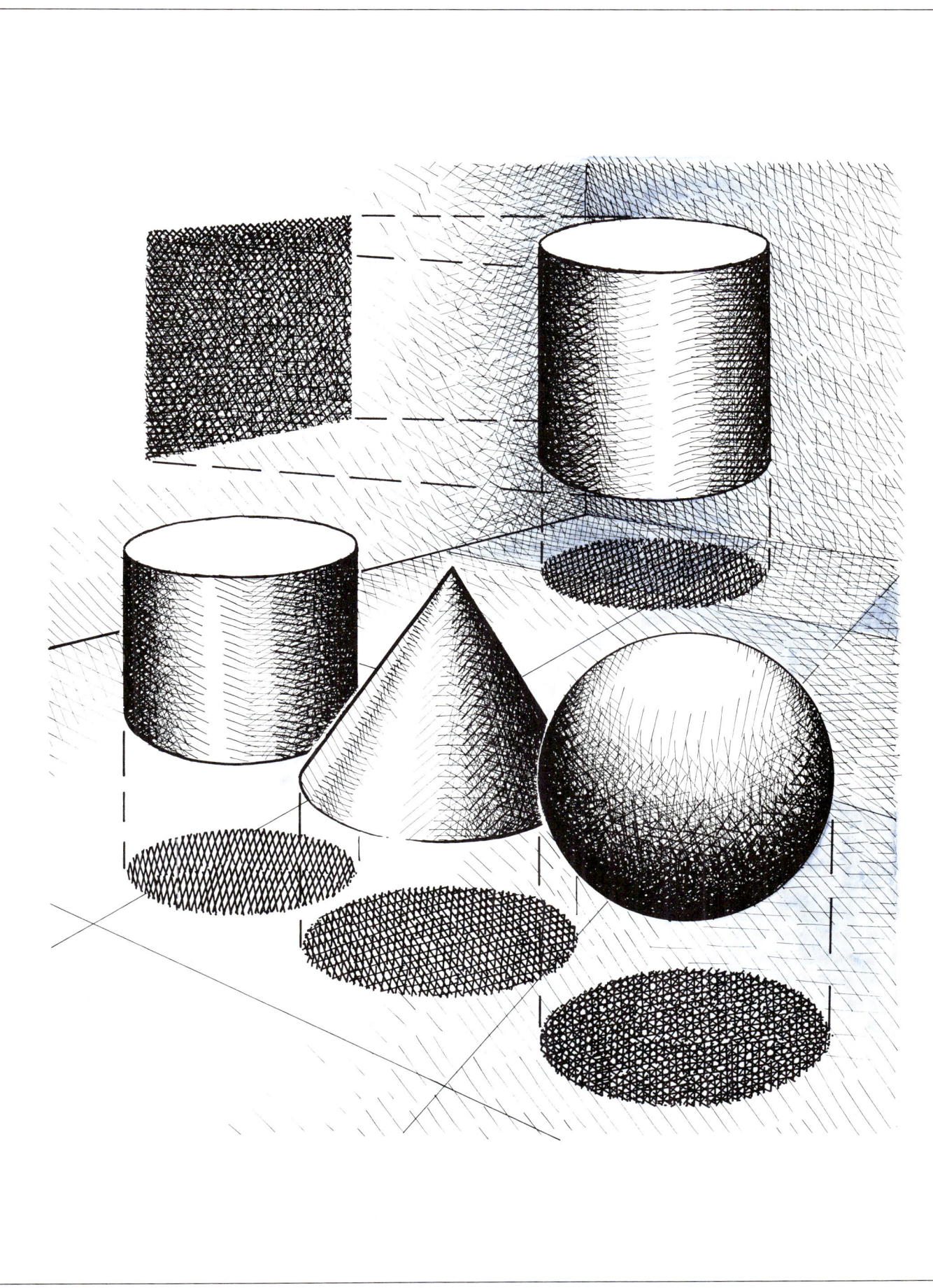

Sechs weise Männer aus Indien trafen auf einen Elefanten. Sie tasteten sorgfältig seine Gestalt ab, denn sie waren alle blind. Der Erste befühlte den Stoßzahn: „Mir scheint, daß dieses Prachtstück von einem Elefanten sehr stark einem Speer ähnelt." Der Zweite tastet die Flanke der Kreatur ab, die sich hoch und flach anfühlte. „Aha!" rief er und kam zu dem Schluß: „Dieses Tier ist wie eine Wand." Der Dritte hatte ein Bein gegriffen und meinte: „Ich weiß schon, was wir da alle vor uns haben; dieses Geschöpf ist wie ein Baum." Der Vierte bekam den Rüssel zu fassen und sprach: „Dieser sogenannte Elefant ist in Wirklichkeit nur eine Schlange." Der Fünfte hatte das Ohr des Tieres in Händen und ließ seine Finger darüber gleiten. „Ich hab' die Antwort: Dieses Wesen ist wie ein Fächer!" Der Sechste stieß auf den Schwanz und tastete ihn ab: „Hört meine Entscheidung, dieses Geschöpf ist wie ein Seil."

Und so stritten die Männer, die nicht sehen konnten, lange und heftig über die Gestalt des Elefanten, und obwohl jeder teilweise Recht hatte, irrten sich alle.

Aber selbst diese Geschichte vereinfacht unser Problem, da sie darauf beruht, daß es „da draußen" ein unförmiges dreidimensionales Wesen gibt; der Geist läßt sich aber noch schwerer definieren, da sich die „Fühler" und das Erfühlte überschneiden.

Die Darstellung des Geistes in graphischen Modellen hängt ganz entscheidend von Werten ab, und ein Großteil des vorliegenden Buches schildert die je nach persönlichen Vorlieben unterschiedlichen Sichtweisen. Doch wenn es möglich ist, die Perspektiven auf einen Nenner zu bringen, dann können vielleicht die Werte, auf denen die unterschiedlichen Blickwinkel beruhen, ebenfalls integriert werden, und die Probleme mit den Wörtern und der Zweidimensionalität lassen sich eventuell überwinden.

Wir wissen, daß sich unsere Pupillen je nach unseren Interessen unwillkürlich weiten oder verengen. Homosexuelle lassen sich beispielsweise von Heterosexuellen dadurch unterscheiden, indem man beobachtet, wie „interessiert" die Pupillen auf Bilder mit nackten Männern oder Frauen reagieren. Als ein britischer Wirtschaftswissenschaftler kürzlich Moskau besuchte, bemerkte er, daß die meisten Kirchen nicht auf seiner Touristenkarte eingezeichnet waren. „Das sind die arbeitenden Kirchen", erklärte sein Führer, „wir zählen sie nicht." Ich hoffe, daß „blinde Flecken" dieser Art durch die Vielzahl von graphischen Modellen entdeckt werden.

Die Geschichte von den Blinden und dem Elefanten ist ein extremes Beispiel für „verschiedene Blickwinkel". Doch sie illustriert auch ein Problem bei der wissenschaftlichen Beschreibung. Selbst wenn sich die blinden Männer über die äußere Form des Elefanten geeinigt hätten, dann wäre dies erst eine Ebene der Beschreibung gewesen. Seine innere Anatomie oder ein Plan seines Ökosystems in Afrika oder Indien können genauso als qualifizierte Beschreibungen gelten.

Die Ansätze zur Beschreibung von Geist und Psyche sind in diesem Buch nach ihrem Inklusivitätsgrad gegliedert; von einigen Ausnahmen abgesehen werden zuerst die engeren und dann die breiter angelegten Konzepte vorgestellt und in gleicher Weise zuerst die älteren und dann die neueren. Zum Beispiel: Geist und Psyche lassen sich über Prozesse definieren, die im Innersten des Gehirns liegen (Ebene 2); oder als Fähigkeit, die hereinkommenden Informationen schöpferisch zu kombinieren (Ebene 4); oder als etwas, das die gemeinsame Sprache und Beziehungen umfaßt (Ebene 6); oder noch weiter, als das gesamte mystisch kulturelle System (Ebene 9). Jede nachfolgende Ebene wirft das Netz ein Stück weiter aus. Es gibt neun Interpretationsebenen:

EBENE 1
Hier kämpft der menschliche Geist um seine Befreiung aus der Knechtschaft Gottes oder der Gesetze Newtonscher Mechanik, wonach der Geist nichts anderes als eine weitere Reaktion auf ein determiniertes Universum ist. Oder er befreit sich von der Bevormundung durch Wissenschaftler, den puritanischen Agenten des göttlichen Uhrmachers.

EBENE 2
Auf der psychoanalytischen und existentiellen Ebene wird versucht, die hintersten und geheimsten Winkel des Geistes auszuleuchten, wo das Bewußtsein ins Vorbewußte und Unbewußte übergeht. Auf dieser Ebene werden oft entscheidend die Weichen gestellt für das Denken und Verhalten des Menschen.

EBENE 3
Auf der physiologischen Ebene der Gehirnfunktionen wurden in der letzten Zeit bahnbrechende Entdeckungen gemacht, die unser Verständnis über den Geist stark beeinflussen. Diese Erkenntnisse zeigen, daß Denken und Verhalten sowohl physiologische und anatomische als auch psychologische Grundlagen haben.

EBENE 4
Auf der Ebene des kreativen Geistes wird die Fähigkeit untersucht, Informationen und geistige Strukturen zu kombinieren, umzuordnen und neu zu organisieren. Hier erfolgt auch die geistige Synthese, die mehr ist als die Summe ihrer Teile. Der kreative Geist transzendiert das mechanistische Menschenbild.

EBENE 5
Auf der Ebene der psychosozialen Entwicklung beschäftigen wir uns damit, wie der Geist von den anderen Menschen und der Umwelt lernt und zu ihnen in Beziehung tritt. In diesem Prozeß sind die vorausgegangenen Ebenen miteinbezogen.

EBENE 6
Auf der Ebene von Kommunikation, Sprache und symbolischer Interaktion wird der Geist mittels linguistischer, visueller und emotionaler Strukturen beschrieben, die die Grundlage unseres gegenseitigen Verstehens bilden. Sprache und Kommunikation gehören zu den höchstentwickelten menschlichen Fähigkeiten; man hat sie analysiert und dabei Muster und Strukturen gefunden, die offensichtlich auch in sehr unterschiedlichen Kulturen gleich sind. Die Betrachtung

des Geistes geht auf dieser Ebene über dessen Kern, der in den vorangegangenen fünf Ebenen dargestellt wurde, hinaus und umfaßt auch die erweiterte Erfahrung durch die Kontaktaufnahme mit dem Geist der anderen.

EBENE 7

Auf der Ebene der Psychobiologie wird der Geist als ein natürlicher Organismus mit den Begriffen der Ökologie lebender Systeme definiert und verstanden und im Kontext der Umwelt erforscht. Es ist dies auch die kybernetische Ebene, weil jede Handlung des Organismus durch ihre Rückmeldung *(feedback)* auf dessen Gleichgewicht und Verhalten zurückwirkt.

EBENE 8

Auf der paradigmatischen Ebene werden die *a priori*-Annahmen über die Natur der menschlichen Intelligenz und ihre Verbindung zum Universum in das Konzept des Geistes miteinbezogen. Dies ist die psychologische Ebene, auf der das Bewußtsein über das eigene Selbst aus den vorausgegangenen Ebenen einer empirischen Prüfung unterzogen wird: Welche Methoden und welche Erkenntnistheorien führen zu welchen Fakten und Mustern? Wie beeinflußt der Geist seine Entdeckungen?

EBENE 9

Auf der Ebene mit dem höchsten Inklusivitätsgrad wird der Geist als Bestandteil von Mythen, Institutionen und Kulturen betrachtet. Kultur heißt Teilhabe an gemeinsamen mythischen Mustern. Die Kultur ist somit der ausbuchstabierte, manifeste Geist, der uns unbewußt formt, wenn wir nicht begreifen, wie wir unsererseits die Kultur formen können.

Zum Schluß möchte ich mich noch für die subjektive und willkürliche Auswahl von Konzepten und Modellen in diesem Buch entschuldigen. Mit Ausnahme der anti-mentalen Behaviouristen, die sich selbst ausschließen, ist die Auswahl durch mein eigenes, begrenztes Verständnis und meine Wissenslücken eingeschränkt, sowie durch meine Bemühung um einen größeren Zusammenhang aller Modelle, die mich davon abgehalten hat, eine bloße Sammlung von einzelnen Stücken zu bieten. Ich gestehe, daß ich akademische Schiedsrichter verabscheue, die sich damit befassen, wer „in" und wer „out" ist. In einem so embryonalen Gebiet wie der Psychologie halte ich das für anmaßend und kurzsichtig. Dieser Ehrgeiz liegt mir fern. Ich habe mit der Puzzle-Arbeit begonnen, die Stücke und Stückchen von Humpty-Dumpty wieder zusammenzusetzen, weil es notwendig ist und weil viel zu wenige es überhaupt versuchen. Falls es eine zweite Auflage gibt, wie Literaturkritiker gerne sagen, will ich versuchen, noch mehr Einzelstücke zu finden und sie mit den anderen verbinden. Wer Teile des Puzzles sieht, die mir entgangen sind, sollte es mir mitteilen, damit wir die Synthese schneller vorantreiben.

Psyche und Polyzentrismus:
Die Perspektive von James Hillman

Das Wort Psychologie setzt sich aus *psyche* und *logos* zusammen. Psyche bedeutet weder „Gehirn" noch „Ich", sondern „Seele", und dieses Buch ist der ursprünglichen Sichtweise des menschlichen Geistes gewidmet. Der Mythos der Psyche erzählt von einer schönen Prinzessin, die von allen aus der Entfernung bewundert wurde, die aber kein Freier heiraten wollte. Ihr Vater, der König, befragte Apollon, von dem er die Antwort erhielt, Psyche müsse sich allein und in Trauerkleider gehüllt auf die Spitze eines hohen Berges setzen. Dort würde sie dann von einem geflügelten Drachen als Braut geholt werden. Die Familie gehorchte traurig, und Psyche harrte die ganze Nacht in Kälte und Schrecken aus. Doch am nächsten Morgen fand sie sich in einem herrlichen Palast. Sie war die Königin des Palastes, und jede Nacht kam ihr Gemahl, den sie nie sah, und liebte sie zärtlich. Er bat sie zum Zeichen des Vertrauens lediglich darum, daß sie ihn nie anschauen dürfe. Doch ihre Schwestern redeten der Prinzessin ein, daß ihr Mann das Schlangenmonstrum sei, und eines nachts, als ihr Gemahl eingeschlafen war, leuchtete sie ihn mit ihrer Lampe an. Da sah sie Eros (Amor), einen wunderschönen Mann. Das Licht aber weckte ihn auf und er floh. Verzweifelt rief Psyche seine Mutter Aphrodite (Venus) an, doch die war auf die Schönheit des Mädchens eifersüchtig und verlangte, daß sie eine Reihe so schwieriger und gefährlicher Prüfungen bestehen solle, daß ihr Überleben beinahe unmöglich war. Aber Psyche meisterte die Aufgaben. Aphrodite machte ihr dann weis, sie sei durch die Anstrengungen so häßlich geworden, daß sie die Zuneigung von Eros nur mittels eines von ihr selbst angebotenen Schönheits-Zaubers zurückgewinnen könne. In Wirklichkeit war der Zauber ein Trank, der Psyche in einen immerwährenden Schlaf versetzte. Doch Eros flog durch das Gitter ihres Kerkers hindurch und weckte sie mit einer Pfeilspitze auf. Dann bat er Zeus, Psyche und seine Verbindung mit ihr unsterblich zu machen und bis auf den heutigen Tag wurden Liebe (Amor) und Seele (Psyche) nie wieder getrennt.

Was könnte dieser Mythos bedeuten? Es fallen einem fast sofort ein halbes Dutzend Interpretationen ein: Lieben heißt auch immer, sich selbst verletzbar machen, Einheit erwächst aus vorausgegangener Trennung, Furcht vor Schlangen und Pfeilen befällt jungfräuliche Mädchen (was hätte Freud wohl aus diesem Mythos gemacht!), die Seele muß eine Reise durch die Nacht machen und in der Dunkelheit um Hilfe beten, das skeptische Licht der Objektivität kann die Beziehung zwischen dem Wissenden und dem Wissen zerstören, Fühlen und Berühren stehen als Sinnesorgane gleichberechtigt neben dem Sehen, Amor und Psyche bleiben wie Kinder, solange sie nicht verbunden werden, die Seele (oder Psyche) ist eine Form des Verstehens, die aus Monstern Liebhaber macht, und so weiter. Ich glaube, die Griechen hätten nichts davon gehalten, wenn wir hartnäckig daran festhalten, daß diese Geschichte nur *eine* Bedeutung oder Botschaft enthält. Sie umfaßt alle oben genannten Interpretationen und noch viele andere mehr. Sie hat eine besondere Bedeutung für eine Braut, etwas anderes sagt sie dem Jugendlichen, der erwachsen werden will, wieder etwas anderes dem, der einen geliebten Menschen verloren hat, und sie bedeutet wieder etwas anderes für den Menschen, der an der Schwelle des Todes steht. Der Mythos ist mehr Frage als Antwort. Im Laufe unseres Lebens er-zieht er uns zu buchstäblich einer Interpretation nach der anderen – bis an unser Ende.

Die alten Griechen würden sich ebensosehr über unsere heutigen Versuche wundern, eine einheitliche Theorie über die Natur der Mythen aufzustellen. Sind Mythen ein inadäquater Versuch, die Natur zu beschreiben, oder vorwissenschaftliche Versuche mit dem Ziel, unsere Ursprünge zu erklären? Sind sie heuristische Mittel, die vorübergehend für wissenschaftliche Entdeckungen „herhalten" und uns eine zwar umfassende, aber nur vorläufige Sichtweise liefern? Sind Mythen eine lebenswichtige Form des sozialen Zusammenhaltes in präliterarischen Kulturen? Stellen sie, wie Malinowski meint, die Bausteine für Bräuche und Institutionen dar? Edmund Leach hat diese Gedanken aufgegriffen, aber durch die Bemerkung erweitert, daß auch ungelöste und unlösbare Streitfragen und Probleme in den Mythen überliefert werden. Mircea Eliade versteht Mythen als Ausdrucksform einer kreativen Menschheitsepoche, in der die göttliche Inspiration durch die Einheit von Mensch und Natur wiederhergestellt werden sollte. Radcliffe Brown versteht sie als Basis für gesellschaftliche

Rollo May bezeichnete das Büro-Hochhaus, eine aufsteigende Linie materiellen „Fortschritts", als das Symbol der modernen Industriegesellschaft, während das Leitmotiv der alten Griechen der Kreis war, mit der Seele oder „Psyche" als Mitte und Maß aller Dinge. Die „Psyche" war eher eine Perspektive als eine Substanz, sie war ein Bild für vitale Lebensprozesse. Die Abbildung rechts zeigt das polyzentrische Universum der alten griechischen Kultur, bestehend aus dem Pantheon der Götter und „Dämonen". Jede Gottheit verkörperte bestimmte menschliche Gaben: Wahrheit, Schönheit, Überredungskunst, Gerechtigkeit: sie beherrschte diese Fähigkeiten so gut, daß ihr darin kein Sterblicher gleichkam. Auf den Menschen wirkte dies als Inspiration und Herausforderung, seine besten Fähigkeiten und Möglichkeiten auf vielen Gebieten zu entwickeln. Die Griechen wußten bereits, was die Persönlichkeitspsychologie durch mühsame Forschungsarbeit neu entdeckt hat, nämlich, daß positive Charakterzüge positiv miteinander korrelieren. Die Einsicht Apollos, die Gerechtigkeit Athenes, die Leidenschaft des Dionysos und die Redegewandtheit des Hermes überschneiden sich wie Wellenringe. Statt die Entwicklung der menschlichen Persönlichkeit in Komplexen oder als gefährliche Abspaltung zu beschreiben, die von einem Selbst oder einer monotheistischen Gottheit kontrolliert werden, haben die Griechen die Persönlichkeit des Menschen dezentralisiert und, wie Jay Ogilvy es ausdrückt, anstelle einer Hierarchie eine „Heterarchie" und damit eine mehrdimensionale Persönlichkeit geschaffen. Die „Psyche" stellte die vitalisierende Verbindung und unsterbliche Affinität zwischen Menschen und den Monumenten vermenschlichter Götter da.

Rituale, so waren etwa die griechischen Dramen Rituale, die auf Mythen zurückgingen. Cassirer schrieb von einer Welt, die von symbolischen Formen durchdrungen gewesen sei.

Freud glaubte, daß die Mythen uns helfen, gesund zu bleiben, indem sie unterdrückte, unbewußte Gefühle und Gedanken freisetzen. Kluckhohn war der Auffassung, daß sie es den Menschen erleichtern, sich mit ihrer Lage abzufinden und die Ängste einer endlichen Existenz miteinander zu teilen. Für C. G. Jung bildeten die mythischen Archetypen den Schlüssel zur Struktur des Gehirns. Levi-Strauss sieht in den Mythen einen binären Code, der die Struktur des Geistes enthüllt (siehe Modell 58). Die Griechen hätten allen diesen Hypothesen wohl zugestimmt. Was sie jedoch verblüfft hätte, ist, glaube ich, unser Beharren auf *einer* „richtigen" Theorie. Der Hauptunterschied zwischen unserem Hebräertum und ihrem Hellenismus liegt darin, daß wir monotheistisch sind, und folglich sind wir auch beim Aufstellen von Theorien monolithisch und in unseren Auffassungen monadisch. Wir gehen ständig davon aus, daß das Viele seinen Ursprung in dem Einen hat. Doch im Zeitalter des Perikles war Athen polyzentrisch, beim Theoretisieren pluralistisch, und man verstand das Leben als Zusammenhang von ausstrahlenden (Kraft-) Zentren mit personifizierten Beziehungen zueinander. Weil wir das Viele von dem Einen ableiten, gehen wir gern von einem bewußten „Ich" aus, einem Ego oder Selbst, oder von irgendeinem anderen einheitlichen Erklärungsprinzip, etwa von einem Systematischen Verstärker, der die Versuchspersonen in einem Laboratorium der Verhaltenskontrolle konditioniert und, wie ein Gott, „oben" steht. Wir verstehen die christliche Seele als etwas, das im Inneren getragen wird und dessen Zustand uns am Ende unseres Lebens hinauf- oder hinunterziehen wird. In der Zwischenzeit kann diese Seele geweiht werden oder an den Teufel verschachert; Descartes ortete die Seele des Menschen in der Zirbeldrüse, einem erbsengroßen Gebilde im Gehirn mit keiner klar ersichtlichen Funktion. Es ist zu Recht behauptet worden, daß das englische Wort für ich „I" als einziges großgeschriebenes Wort übriggeblieben ist, um den Respekt vor sich selbst auszudrücken. Die Folge davon ist unser hoffnungsloser Narzißmus. Wir treiben wie winzige Muscheln der Subjektivität mit dem Strandgut der Objekte auf einer verschmutzten See der Gleichgültigkeit.

Wie anders sah die Welt der Griechen aus. Wenn sie schritten, hatten sie die Wahrheit (Apollon) und die Schönheit (Aphrodite) an ihrer Seite. Sie eilten dahin, begleitet und angetrieben von den Dämonen der Größe, den Geistern der verstorbenen Athleten. Sie reisten mit Hermes, tanzten und tranken mit Dionysos und befuhren die Meere unter Poseidons Schutz. Mit Heras Zähigkeit kämpften sie für die Rechte der verheirateten Frauen, der Kinder und des Hauses und hatten bei der Ernte Demeter an ihrer Seite. Sogar Zeus, die Verkörperung von Macht und Kraft, war nur der Erste unter Gleichen, die anderen Götter waren keineswegs seine Satelliten. Ihr Rang wechselte je nach der Situation, und es ist sicherlich kein Zufall, daß Athene selbst als Patriotin von Athen und als Göttin der Weisheit, des Gesetzes und der Gerechtigkeit, in der „Orestie" von Äschylos die Sterblichen um Hilfe bittet, um über Orest zu urteilen und die Rolle des Schiedsrichters zwischen Apollon und den Furien zu übernehmen (siehe Modell 58). Für die Griechen war das Eine aus dem Vielen abgeleitet, sei es ein Urteilsspruch der Athene oder die Persönlichkeit eines menschlichen Geschöpfes. Polytheismus und der polyzentrische Mensch, ausgestattet mit von den Göttern stammenden Begabungen, sind Teile ein- und derselben Vorstellung.

Wir müssen die griechische Auffassung von der Psyche als universelles Muster und nicht als abgegrenztes Objekt verstehen. Dies wird vielleicht in der Legende von Orpheus am deutlichsten; die orphischen Verse spielten eine wichtige Rolle bei der Entwicklung der heiligen Texte und der heiligen Musik und erreichten ihren Höhepunkt in der *harmónia* der Demokratie-Theorie und der griechischen Tragödie. Orpheus spielte auf seiner Lyra so schön, daß die Geschöpfe, die Flüsse, ja selbst die Felsen vor Mitgefühl mit seinen Klängen vibrierten. Als seine Braut Eurydike von einer Schlange getötet wurde, stieg er mit seiner Lyra in die Unterwelt hinab und sang so schön, daß der Höllenhund Zerberus zahm wurde, Ixions Rad stehenblieb, Sisyphus ruhte, sogar die Furien weinten und Pluto Tränen aus Eisen vergoß.

Seele bedeutete für die Griechen eine unlösbare Beziehung zwischen Menschen, Göttern und Natur, und selbst der Tod war darin einbezogen. Das griechische Wort *chaos* heißt wörtlich „Lücke", eine Bresche also in der bildhaften Vorstellung, in der alle Dinge der Welt

„Cromwells fromme Protestanten waren Bilderstürmer, weil Bilder für ihren puritanischen Geist nicht christlich waren. Weil Subjektivitäten als sichtbare Bilder dargestellt werden können, waren sie besonders verdammenswert ... Das Personifizieren wurde aus den Kirchen hinaus in die Irrenhäuser getrieben ... Der Geist der Rundköpfe (Puritaner) war konkreter als die Steine, die sie zerschmetterten."
„Revision der Psychologie"
James Hillman

14

„Wir heutigen Menschen würden gut daran tun, über die Transformation der Dreiheit Zeus, Apollon und Dionysos in deren jüngere mythologische Gegenstücke Überich, Ich und Es nachzudenken."
„Der mehrdimenionale Mensch"
Jay Ogilvy

auf menschliches Maß gebracht werden. James Hillman hat die Schreine und Tempel der Griechen mit Gefäßen verglichen, welche die den jeweils zuständigen Göttern dargebrachten Begabungen der Menschen, die bis zu Höchstleistungen kultiviert wurden, aufnehmen sollten. Diese Opfer erfolgten zu Ehren der Wahrheit, der Gerechtigkeit oder des Könnens, des Handwerks. Die Psyche erstreckte sich vom Immanenten zum Transzendenten, gleichsam wie zum Himmel aufsteigende Bögen. Platon beschrieb die Seele als einen geflügelten, von zwei Pferden gezogenen Wagen, bei dem die Pferde gegensätzliche Eigenschaften der menschlichen Natur symbolisieren: das eine Pferd zieht nach oben, das andere nach unten.

Diese Vorstellung von der Psyche schenkte den Griechen ihre unbändige Lust und Freude an der Natur und den außerordentlichen Mut, sie zu erforschen. Der Mut der Götter oder Helden hatte sich bereits in alle Winkel und Ecken der Erde vorgewagt. Männer überquerten die Meere auf der Fährte des Odysseus, und sie betraten die Labyrinthe der Seele und der Natur, in denen Theseus bereits den Minotaurus getötet hatte. Herkules hatte die Welt von Monstern gesäubert, so wie die griechische Kultur die Monstergötter aus Ägypten und Mesopotamien, bei denen das Unmenschliche überwiegte, auslöschte. Möglicherweise hat Miguel de Unamuno den griechischen Humanismus gemeint, als er schrieb: „Will man Alles lieben, mit Allem Erbarmen haben, mit Menschlichem und Übermenschlichem, mit Lebendem und Nicht-Lebendem, dann muß man Alles in sich selbst fühlen, muß Alles personalisieren …". Die Einheit von Psyche und Eros ist eine Erkenntnislehre des Herzens. Doch wie sieht es mit der Kritik an der griechischen Weltanschauung aus: Sie sei abgöttisch, sie würde primitive und animistische Gedanken in einem „anthropomorphen Subjektivismus" (Nicht-Menschlichem werden menschliche Eigenschaften zugeschrieben) auf tote Objekte projizieren, und der Polytheismus würde die soziale Ordnung offensichtlich auflösen. Götzendienst mag wirklich gefährlich sein, doch gilt dies vor allem für den Monotheismus. Hat man nur einen Gott oder eine Seele, deren Eigenschaften in mehreren Bildnissen festgehalten sind, dann kann es verheerende Folgen haben, wenn man sich nur einem Idol oder einer fixen Idee statt dem Ganzen verschreibt. Hat man aber viele Götter oder viele potentielle Persönlichkeiten, die in den Fähigkeiten des Menschen enthalten sind, dann haben diese mannigfaltigen Vorstellungen genau die entgegengesetzte Wirkung: Sie erweitern, qualifizieren, befreien und kompensieren unsere Komplexe und Zwänge dadurch, daß sie ihnen umfassende Persönlichkeiten anbieten. Der Vorwurf, daß die Griechen ihre „innere" Natur auf „äußere" Dinge projizieren, beruht auf einer im Kopf eingesperrten Psyche, einem cartesianischen Dualismus, den die Griechen sicherlich als institutionalisiertes Chaos bezeichnet hätten. Und was erschwert die Integration mehr: Psychologische Schulen wie wir sie heute haben, wo jede kleine Gruppe hartnäckig darauf beharrt, das Monopol auf Wahrheit zu besitzen und in einem Alleinvertretungsanspruch versucht, alle anderen Psychologie-Richtungen als Abhängige oder Abkömmlinge darzustellen? Oder eine Psychologie, welche die Unterschiede und ein polyzentrisches Universum des Geistes und der Psyche gelten läßt, sich aber beharrlich darum bemüht, die Beziehungen zwischen den Teilen herauszufinden? Könnte es sein, daß die Einheit nur nach vorausgegangener Trennung möglich ist, wie es Psyche und Eros erlebt haben, und wie es auch die Heimkehr jedes umherirrenden Helden bezeugt? Kurzum, wir haben kein Recht, uns über die griechische Vorstellung von der Psyche zu erheben. Sie steht der heutigen Informationstheorie, Kybernetik, Phänomenologie, Systemtheorie, einem Großteil der philosophischen Anthropologie und vielen Modellen in diesem Buch sehr nahe.

Wenn wir auf die vergangenen 23 Jahrhunderte zurückschauen, wer kann leugnen, daß die Psyche unsterblich ist? Hat sie nicht dunkle Zeitalter überlebt, um danach ihren Liebhaber zu finden? Petrarca, der sich mehr als jeder andere darum bemüht hat, die italienische Renaissance mit dem Geist des alten Griechenland zu beflügeln, hat kein Griechisch verstanden. Viele, deren Arbeiten durch die griechische Kultur inspiriert wurden, konnten dieses Land nie besuchen. Dazu gehören Racine, Goethe, Hölderlin, Hegel, Heine, Keats und Nietzsche. Wie groß aber mußte die Vorstellungskraft einer Welt sein, die über die Jahrhunderte hinweg wirksam ist, Kontinente, Sprache und Religionen und menschliche Formen und Konfigurationen ständig neu belebt? Als Perikles 430 v. Chr. seine berühmte Grabrede hielt, wußte er, daß Athens Seele nie sterben würde. „Gewaltig sind die Zeichen und Monumente, die wir hinterlassen … Zukünftige Zeitalter werden über uns staunen, so wie die heutige Zeit sich über uns wundert …"

Trauben vom gewundenen Stamm: Dionysos, Drama und Demokratie

Die Zeit von 462 bis 429 v. Chr. ist als das Zeitalter des Perikles bekannt: Athen erlebte seine Blütezeit, die Demokratie wurde eingeführt; Athen wird Zentrum des Delischen Bundes, es entstanden die „Orestie" von Äschylos, die Dichtung des Pindar, die Skulpturen des Myron, die Philosophie des Anaxagoras, der Parthenon, die Antigone von Sophokles, die Athenestatue des Phidias. Es war die Zeit des dreißigjährigen Waffenstillstandes, Euripides schrieb die „Medea", Hippokrates entwickelte die Medizin, Herodot begann mit der Geschichtsschreibung und es enstand die erste Fassung des „König Oedipus". Wenn wir dieses außergewöhnliche Zeitalter im Modell darstellen wollen, dann müssen wir die Logik der damaligen Zeitgenossen zugrunde legen und nicht die rekonstruierte Logik von Platons Akademie, die für die vorausgegangene Epoche keine Sympathie hegte, auch nicht die Schriften des Aristoteles aus der Zeit des Niedergangs von Athen. Erklärungsbedürftig ist vor allem, wie die Athenische Gesellschaft eine Einheit, ein zusammenhängendes System bilden konnte. Dieser Stadtstaat war in höchstem Maße wettbewerbsorientiert, seine Bürger waren Individualisten, die jeden Tag neue Eigenheiten entwickelten. Athen verehrte Götter, deren polyzentrische Werte auseinanderstrebten wie in einer Zentrifuge, und deren Beziehungen durch Verrat und Streit gekennzeichnet waren. Athen muß also Kräfte des Zusammenhaltes entwickelt haben, die mindestens ebenso stark waren wie die auseinanderstrebenden. Was war die Ursache dieser plötzlichen kulturellen Blüte? Ich glaube, daß die Klammer des Ganzen das Drama, die Ethik und die Demokratie war.

Um das griechische Drama zu verstehen, müssen wir heutige Auffassungen über das Thater zunächst einmal vergessen. Bei den griechischen Spielen handelte es sich um staatliche religiöse Feiern, bei denen mehr Bürger miteinbezogen waren als in den demokratischen Institutionen, da auch Frauen, Fremde und Gefangene willkommen waren. Die Armen erhielten das Geld erstattet; die Spiel-Tage wurden zu staatlichen Feiertagen erklärt, so daß fast die gesamte städtische Bevölkerung mit Ausnahme der Sklaven teilnehmen konnte. Selbst die Bezeichnung „religiös" ist irreführend: Die Griechen hatten eine Naturtheologie. Es war das Universum, das die Götter wie auch den Menschen erschaffen hatte, so daß die Götter Personifikationen von Kräften *dieser* und nicht einer anderen Welt darstellten. Das Drama war der gemeinsame Versuch, das Bewußtsein der ganzen Gemeinschaft zu erweitern. Es war so, als wenn in unserer heutigen Kultur Theater, Politik und Psychodrama in einer gemeinsamen sozialen und schöpferischen Aufführung zusammengefaßt würden. Es gab nichts, was die Griechen hätte tiefer beeindrucken können. Die Schauspieler wurden als Interpreten der Götter betrachtet und vom Militärdienst befreit. Ein Sprecher der Homerschen Verse läßt in einem von Platons Dialogen die Intensität des Erlebnisses durchscheinen. „Wenn ich etwas Schmerzliches erzähle, füllen sich meine Augen mit Tränen … und mein Herz pocht … und jedesmal wenn ich von der Tribüne auf die Zuschauer hinunterblicke, sehe ich Tränen, den wilden Blick in ihren Augen, und wie sie ganz entrückt den Worten lauschen". Warum?

Zunächst einmal müssen wir die Als-ob-Funktion des Spiels verstehen. Bei höheren Arten gehört es zu den wichtigsten Lernprinzipien, daß sie das Kämpfen lernen, indem sie so tun als ob; so vermeiden sie beim Lernen die Folgen eines echten Kampfes. Der sogenannte „territoriale Imperativ" ist kein Beispiel für den „Kapitalismus unter Tieren", wie von einigen Autoren behauptet wird, sondern ein Mittel des Scheinangriffs, um den Artgenossen ein für ihre Existenz ausreichend großes Gebiet zu sichern. Das menschliche Spiel, vor allem aber das tragische Drama, ist ein ähnliches „Frühwarnsystem", eine Möglichkeit, sich ohne neurotische Unterdrückung mit der Endlichkeit des Lebens vertraut zu machen, ein Mittel, sein Leben in der Phantasie zu verlieren, um es im realen Leben länger zu behalten, und schließlich ist es ein Weg, um in der theatralischen Nachahmung die Folgen moralischer Entscheidungen zu erforschen. Wenn es dann zu einer wirklichen Krise kommt, ist man nicht von wissenschaftlicher Objektivität abhängig, sondern kann die emotionale Spannkraft und den moralischen Mut aufbringen, den das Leben fordert.

Die Struktur der griechischen Tragödie ist in dem Doppelaspekt des Dionysos enthalten: Er ist Gott des Weines, der Freude und der Fülle, symbolisch dargestellt durch die üppige

Das griechische Drama hat sich aus dem Dionysos-Kult heraus entwickelt; es enthält außerdem Elemente der Orphik, der eleusischen Mysterien und der Initiationsriten. Was als Chorrezitation begann, erfuhr im 5. Jahrhundert v. Chr. seinen Höhepunkt mit dem Frühlingsfest der Stadt Dionysia, wo vor 17 000 Zuschauern fünf Tage lang meist tragisch endende Dramen gespielt wurden.

Dionysos, der jüngste aller Götter, wurde als Sohn des Zeus von einer sterblichen Mutter geboren, die er dem Hades entrissen und so ihre Seele gerettet hat. Fast als einziger unter den Göttern erlitt Dionysos „agón" und teilte so menschliches Leid. Die Griechen verglichen Dionysos mit einem im Winter heruntergeschnittenen Weinstock, der dann wie ein schwarzer und amputierter, vor Schmerz gewundener Stumpf aussieht, und mit der rauschhaften Traubenlese, die zu Fröhlichkeit und Tanz animiert. Dionysos wurde von den Titanen verstümmelt, worauf Zeus diese mit einem Blitzstrahl in Asche verwandelte. Aus dieser, mit dem Blut des Dionysos gemischten Asche entstanden die sterblichen Menschen mit ihrer unsterblichen „Psyche", mit ihren schlechten und guten Seiten und mit ihren gegensätzlichen Möglichkeiten des Handelns.

Im Jahreszeitenzyklus des Dionysos und in der Leier des Orpheus suchten die Griechen den Rhythmus des Geistes und der Natur. Während spätere Philosophen die Sklaverei verteidigt und die Oligarchie befürwortet haben, griffen die Tragiker die Sklaverei an, protestierten gegen den Imperialismus und verliehen der Harmonie und dem Ausgleich der Gegensätze die ihnen gebührende demokratische Ausdrucksform. Isokrates schrieb: „Indem wir uns gegenseitig überzeugen, haben wir uns über das Niveau der Tiere erhoben … Gesetze aufgestellt und die Künste entdeckt".

Traubenlese im Herbst, und er ist der Gott des *agón*, des Mitleids, aber auch der emotionalen Ausschweifung, der von den Titanen in Stücke zerissen und symbolisch als gestutzer und gewundener Stumpf des winterlichen Weinstocks dargestellt wird. Die tragischen Dramen wiederholen den Zyklus der Jahreszeiten: Orest, der den Tod seines Vaters in großartiger Weise rächt und dann von den Furien gejagt wird, bis er erschöpft vor dem Schrein des Apollon gusammenbricht; Oedipus, König von Theben, der Stadt, die Dionysos geweiht ist, beginnt sein Leben als ein der Erde verhafteter Strunk und bringt es zu Ruhm und Königehre bis er wieder als Strunk endet, der von seinen Wurzeln abgeschnitten und weggeworfen wurde. Doch die Götter segnen Oedipus, so wie die Bürger von Athen zu Orest halten, denn im Rhythmus der Jahreszeiten liegt das Geheimnis der unsterblichen Seele, die jedes Frühjahr im März und April in den Dionysos-Tragödien neu geboren wird.

Zwar glaubten die Griechen an ein rhythmisches Universum, bestimmt vom Wechsel zwischen Freuden und Leiden, aber sie beklagten auch den Exzeß; sie sahen darin die Unfähigkeit zu erkennen, daß jeder Stolz schwinden und jeder Ärger sich legen muß. Es entsteht Unheil, wenn das Prinzip des *sophrosýne*, das bedeutet „nichts im Übermaß", mißachtet wird. Ursprünglich schleuderte Zeus Blitze auf die Hybris der Sterblichen, aber im 5. Jahrhundert v. Chr. galt das Prinzip der *peripéteia*, danach erreichte der Handelnde, wenn *sophrosýne* nicht eingehalten wurde, nach den Worten Aristoteles „die Umwandlung seiner Handlung in ihr Gegenteil". Dies entsprach im Wesentlichen der früheren Vorstellung des Heraklit über *emantiodromia*, „dem Zurückschwingen des Pendels". Das heißt, die edelsten menschlichen Ideale, perfektioniert bis zur Gottähnlichkeit, schwingen als dynamische Gegensätze hin und her. Mit dieser furchterregenden Vorstellung spitzten die Griechen den Konflikt in ihren Dramen zu.

Warum war ihnen diese Idee so wichtig? Zunächst läßt der Konflikt die Seele wie unter einem Vergrößerungsglas erscheinen. Versucht man, einen Plan der menschlichen Seele zu entwerfen, so zeichnen sich ihre Werte im Zustand des *agón* oder des Kampfes ganz scharf und deutlich ab, während die gleichen Werte in der Synthese sich nicht voneinander unterscheiden lassen; ja, ihre „richtigen Proportionen" sind in jeder Situation anders. Mit einem negativen Beispiel läßt es sich leichter erklären: jede Situation braucht den Felsen des Apollon, den Strudel der Furien und wie in der „Orestie" die Gerechtigkeit der Athene, um zwischen den Werten zu vermitteln. Der Irrtum kann auf universelle Art dramatisiert werden. Die Tugend verlangt von jedem, sich zwischen Intellekt und Impuls zu bewegen. Menschliche Torheit ist nicht so sehr Folge der Schlechtigkeit der Menschen oder ihrer Werte, sondern beruht eher auf einen Irrtum bei der Gewichtung oder Verbindung der Werte: Der tragische Held triumphiert, hat aber die erfolgreiche Kombination von Werten zu sehr verinnerlicht, er setzt sie in neuen Situationen ein mit verheerendem Ergebnis. Diese Art von Erkenntnis gibt der griechischen Tragödie Mitleid und emotionale Spannweite: Medea, die in einem fremden Land von ihrem Mann, dem sie alles gegeben hat, verlassen wird, handelt mit einer schrecklichen Logik, um ihn zu bestrafen. Medea, Iphigenie, Orestes, sie alle stehen auch für die alltäglichen menschlichen Konflikte: etwa für das Kind, das unter einem Ehestreit leidet, durch militärischen Ehrgeiz gefährdet wird oder seine Unabhängigkeit von der Mutter erkämpft. In allen Fällen wächst ein einziges Element im Wertesystem „krebsartig" und zerstört das Ganze völlig. Wir hassen das Verbrechen, aber nicht die Verbrecher.

Eine weitere Aufgabe der griechischen Tragödie war die Darstellung von Anomalien, die eine kreative Antwort verlangten. Stimmen wir den Theorien über Kreativität zu, daß zwei oder drei Denkschemata „bisoziiert" werden müssen (Modell 27), daß die Blockierung des „vertikalen Denkens" durch Frustration das „laterale Denken" fördert (Modell 29), daß die Desintegration der Reintegration vorausgehen muß und daß dies nur bei allergrößter Anstrengung in einem Zustand der Angst möglich ist (Modell 13); wenn wir weiter annehmen, daß sich höhere Ebenen moralischen Bewußtseins aus einem Zusammenprall gegensätzlicher Positionen, von denen keine dem vorliegenden Dilemma gerecht wird, entwickeln (Modell 38), dann macht die Aufführung von Tragödien auf brillante Weise Sinn. Die Tragödie vermittelt allen Zuschauern im Grunde eine dionysisch-christusähnliche „Kreuzigung", die sich zwischen zwei einander polar gegenüberstehenden Idealen abspielt. Ein Großteil der christlichen Praxis will uns beweisen, daß Christus gelitten hat, um uns für einen Fundamentalismus, für *eine* Wahrheit zu retten!

> „Das sich ständig verschiebende Spiel widersprüchlicher Stimmungen gleicht einem ausgefeilten kontrapunktischen Stück, bei dem zwei Themen in ständiger Variation in zwei langen Crescendos gegeneinander gespielt werden"
> Aus einem Kommentar zur „Orestie" in „Aeschylus and Athens" von George Thomson

Unsere Verfassung wird Demokratie genannt, weil die Macht in den Händen des ganzen Volkes ist. Wenn es um die Schlichtung von privaten Streitfällen geht, ist jeder vor dem Gesetz gleich; wenn es darum geht, einen Menschen über den anderen zu stellen, weil er öffentliche Verantwortung übernimmt, dann zählt nicht seine Herkunft aus einer bestimmten Klasse, sondern seine tatsächlichen Fähigkeiten …

Aus der Totenrede des Perikles

Doch dürfen wir uns nicht vorstellen, daß die Tragödie das Elend in Reinkultur darstellt. Auch hier gilt das Prinzip der *peripéteia*, wenn der Lauf der Tragödie in eine Woge von Glücksgefühlen endet. Wenn die Griechen auf der Bühne den Zerfall zeigten, förderte dies die Einigkeit rund um die Bühne herum, wo Tausende wie *ein* Mensch beim Begräbnis der Antigone oder um Iphigenie, die Braut des Todes, weinten. Diese Woge berauschender Emotionen, bei denen die Menschen einander in die Arme fielen und schluchzten, verstärkte die Lebendigkeit des Augenblicks und erinnerte daran, wie unendlich kostbar ein Menschenleben war, das am Rande des Abgrunds schwebte. Denn die Freuden des Lebens gründen wie Tillich und May (Modell 13) schrieben, in ihrem Gegenstück, dem Tod; menschliche Bande werden verstärkt angesichts der Trennung, und es bedarf sicherlich eines Genies, dem Tod in der Phantasie so zu begegnen, daß er das wirkliche Leben feiert.

Ein Experiment des Psychologen Leonard Berkowitz illustriert die Wirkung der Tragödie. Zwei Gruppen von Versuchspersonen wurden identische Filmausschnitte mit Gewaltszenen gezeigt, dann erzählte man der ersten Gruppe eine Geschichte zum Film, in der die Bestrafung des Protagonisten gerechtfertigt war. Die zweite Gruppe war dagegen Zeuge, wie einem tragischen Helden im Film großes Unrecht widerfuhr. Danach wurden die Teilnehmer beider Gruppen aufgefordert, einen „inkompetenten" Assistenten zu bestrafen. Die Versuchspersonen, die Zeuge der „Tragödie" waren, bestraften dreimal weniger als die andere Gruppe, die sich über den rechtschaffenen Zorn im Film freute. Die Tragödie wirkt also besänftigend. Kaum jemand will dem menschlichen Leid auch nur ein Iota hinzufügen, in der Tragödie fühlt man sich teilnehmend und demokratisch eher in eine ungerechte Handlung hineingezogen, die man wieder in Ordnung bringen möchte.

Betrachtet man das griechische Drama und die Demokratie als Ganzheiten, dann handelt es sich um Feste der *harmónia* (Harmonie) und *symprónasia* (Versöhnung und Symphonie), Begriffe, die von dem Mathematiker und Theoretiker der Demokratie, Pythagoras, gebraucht wurden. Pythagoras beschrieb die soziale, gesellschaftliche und persönliche Harmonie mit dem Bild der viersaitigen Lyra und den vier fixierten Noten der Oktave, durch die Zahlenreihen 6-8-9-12 repräsentiert, entsprechend der relativen Länge der Saiten. Harmonie bedeutete nicht irgendein Spiel im mittleren Bereich, sondern Spielen des Instrumentes *um* die Mitte *herum*. Ähnlich zeigt die griechische Tragödie wenig Respekt für die ausgeglichenen Charaktere der Ismene in „Antigone" und der Chrysothemis in „Elektra". Beide sind zu unterwürfig, um sich durch Ungerechtigkeit erregen zu lassen. Das Ideal beinhaltet sowohl die heroischen Extreme als auch die Erkenntnis, daß Harmonie erst hergestellt ist, wenn eines der Extreme dem anderen nachgegeben hat. Das spiegelt sich im Rhythmus der Verse, des Dramas und der Musik. Das Heroische an Oedipus ist sein *anagnórisis*, sein schmerzhafter Übergang von der Unwissenheit zum Wissen, wie er auch in den orphischen Initiations- und Reinigungsriten vollzogen wird. Die Götter segnen den Staat (Athen), der Oedipus auf Kolonos Schutz gewährte, weil er die extremsten Erfahrungen, die ein Mensch machen kann, Freiheit, Fremdbestimmtheit, Wachsamkeit, Blindheit, Herrschaft, Verbannung, angenommen und daraus gelernt hat.

Anaxagoras, dem Lehrer von Perikles und Sokrates, war es vorbehalten, den Geist ein strukturiertes Universum durchdringen zu sehen, in dem jeder Wert den Keim seines Gegenstücks enthält, und wo der demokratische Dialog, wie im Theater, den Konflikt inszeniert, um ihn einzudämmen. Perikles hat sicherlich die Gedanken seines Lehrers wiederholt, als er bei der Grabrede sagte: „Wir sind in der Lage, sowohl Risiken auf uns zu nehmen, als auch sie im voraus abzuschätzen. Andere sind aus Unwissenheit tapfer … Aber nur der kann wirklich tapfer genannt werden, der am besten weiß, was im Leben süß und was schrecklich ist, und der dann unerschrocken hinausgeht, um dem, was kommen wird, zu begegnen." Hierin lag die morlische Kraft des Sokrates, der es verachtete zu fliehen. Er starb nicht für irgendeinen Mut, der die Vorsicht besiegt, auch nicht für ein individuelles Gewissen, das dem Staat trotzt, sondern für die Tugend, die aus ihrem Gegenteil erwächst. Er wußte, daß der gewundene alte Weinstock des Sokrates solange blühen würde, wie der menschliche Geist fortlebt, und daß Loyalität aus dem Streit, Wahrheit aus der Skepsis erwächst.

Yin und Yang:
Die Philosophie des T'ai Chi

Eines Tages ging Konfuzius mit seinen Schülern an einem reißenden Fluß spazieren. Sie sahen einen alten Mann, der in dem Wasser badete, das um die Uferfelsen schäumte. Plötzlich war er verschwunden, und Konfuzius schickte eilends seine Schüler, ihn zu retten. Doch der alte Mann tauchte ebenso plötzlich wieder am Ufer auf. Konfuzius fragte ihn, wie er in dem reißenden Strom überleben könne. Er antwortete: „Oh, ich weiß, wie ich mit dem nach unten ziehenden Strudel gehen muß und wie ich mit dem aufsteigenden wieder herauskommen kann." Der Alte kannte das Tao.

Das Tao (wörtlich „der Weg des Universums") hat seinen Ursprung in den poetischen und paradoxen Schriften des Lao-tse, einem älteren Zeitgenossen Konfuzius' im 6. Jahrhundert v. Chr. Erst zwei Jahrhunderte später finden wir die ersten überlieferten Darstellungen von Yin und Yang, die das T'ai Chi symbolisieren (Diagramm des Allerhöchsten). Dieses Diagramm taucht in den „beigefügten Erklärungen" zu dem Buch „I Ging" (Das Buch der Wandlungen) auf. Yin und Yang bedeuten wörtlich „die dunkle und die sonnige Seite des Hügels". Doch hatten Yin und Yang einen starken Einfluß auf die chinesische Philosophie, Religion, Politik, Kunst, Medizin, Ernährung, Sexualität und die sozialen Normen; sie stehen für zwei sich ergänzende Prinzipien, die sich in Raum und Zeit in den unzähligen Formen der Natur abwechseln. Yin, die dunkle Seite, repräsentiert das Weibliche, die Erde, das Tal, den Fluß, die Nacht, die Ernte, das Aufnehmende, die Ruhe, Herbst-Winter und viele davon abgeleitete Assoziationen. Yang, die helle Seite, steht symbolisch für das Männliche, den Himmel, die Berge, den Fels, den Tag, das Treibende, das Durchdringende, die Bewegung, Frühling-Sommer und ähnliche Assoziationen.

In der Kunst, in Schrift und Symbolik wird Yin repräsentiert als gerade Zahl, als unterbrochenen Linie, in Orange-Farben und in der Gestalt von Pilzen, Kühen, Schildkröten, Schlangen, Pfirsichen, Wellen und Wolken. Yang wird als ungerade Zahl, durchgezogene Linie, in blauen Farben, als Drachen, Hengste, Faune, Böcke, Hähne, gehörnte Tiere, Jade und Berge dargestellt. Doch die Symbolbildung ist eher vereinigend als polarisierend. Das Leben ist eine rhythmische Bewegung von Gegensätzen, eine zeitlose Ebbe und Flut von vibrierenden Wellenmustern. Die Geschichte des Konfuzius und den reißenden Wassern ist ein sanfter Tadel für alle, die eher *gegen* anstatt *mit* der Natur kämpfen. Der alte Mann kannte das Geheimnis des Strudels, des ständig wiederkehrenden Chi und bewegte sich mit dem Fluß der Dinge. Die Position der Taoisten war ursprünglich konträr zu den festen Regeln und der Lebenspraxis der Konfuzianer, doch T'ai Chi wurde von den Gelehrten beider Schulen ins Leben gerufen und hat die beiden Richtungen, wie es scheint, zum Teil versöhnt.

Yin und Yang sind keine spezifische Darstellung des menschlichen Geistes, aber sie beschreiben ihn doch indirekt, da menschliche Weisheit, Perfektion und Unsterblichkeit durch das Einswerden mit dem Tao erreicht werden sollen. Chinesische Kunst können wir nur verstehen, wenn wir sie als sittliche symbolische Darstellung betrachten, als immerwährende Überzeugungsversuche zu Harmonie, Ästhetik, Verschmelzung, Komplementarität, Durchlässigkeiten und gegenseitiger Durchdringung. Die erotische Beziehung eines Paares, das Flüssigkeiten und Säfte austauscht, war ein ebenso beliebtes Motiv wie zahlreiche Metaphern für die Stellung bei der sexuellen Vereinigung: „die Flügel der Seemöwe über der Felsenklippe", „schwebender Schmetterling" und „Bambusstöcke beim Altar".

T'ai Chi läßt sich heute nicht länger als Mystik abtun. Die Prinzipien der Komplementarität und der Relativitätstheorie der Physik, die Doppelhelix in der Biologie, die Feldtheorie, Gleichgewichtssysteme und ökologische Perspektiven, sie alle erinnern uns daran, daß Muster und Beziehungen für bestimmte Zwecke als vorgegeben betrachtet werden müssen, bevor die „Dinge" organisiert werden. Die Persönlichkeit als Ganzes, das Leben selbst ist ein kodiertes Muster, die gegenseitige Abhängigkeit ein Überlebensprinzip. Fritjof Capra plädiert in dem Buch „The Tao of Physics" überzeugend dafür, das Tao als Paradigma für die subatomare Physik einzuführen; kein geringerer als der dänische Physiker Niels Bohr benutzte es als sein Wappen. Wenn sich unsere Werte nicht wechselseitig durchdringen, dann ist die menschliche Spezies dem Untergang geweiht.

Yin (die dunkle Seite) und Yang (die helle Seite) sind miteinander verflochtene, zyklisch wiederkehrende Polaritäten. Wenn wir irgendein Phänomen oder einen menschlichen Wert bis zu ihrem logischen Extrem führen, dann verwandeln sie sich in ihr Gegenteil, so wie die große, glühende Sonne in der Nacht versinkt.

Ferner birgt das Ende jeder Polarität den Keim ihres Gegenstückes in sich, so wie Mann und Frau die Keime beider Geschlechter enthalten, und so wie jede Jahreszeit den Keim für die nachfolgende Jahreszeit enthält.

Das Schema eignet sich auch für die menschlichen Eigenschaften. Eine Frau ist bescheiden … immer mehr und mehr … ist sie am Ende *berühmt* für ihre *Bescheidenheit?* Ein Mann ist zuversichtlich … immer mehr und mehr … schließlich über-zuversichtlich. Welcher *Zweifel* aber treibt diese *Zuversicht* bis ins Extrem?

Yin und Yang antizipieren den gesamten Themenbereich der heutigen Psychologie, die sich mit Gestalt, binären Konstrukten, dem Figur-Grund-Verhältnis und dem Verhaltenskontext beschäftigt. Yin und Yang benutzen – wie es in der chinesischen Kunst und Schrift oft üblich ist – eine grundsätzliche Zweideutigkeit, um auf die Einheit der möglichen Bedeutungen hinzuweisen und neue Interpretationen zu stimulieren: Ein Kreis, ein Strudel, ein geschlängelter Pfad, die Umarmung von Liebenden, eine golden Mitte, ein Pendel, Fruchtbarkeit, Ästhetik. Es ist unser ältestes bekanntes Symbol für Integrität …

Der Baum mit den verbotenen Früchten:
Augustinus und andere

Die Geschichte von Adam und Eva ist ein Mythos, und Mythen werden oft definitionsgemäß als unwahr betrachtet. Die hier vertretene Auffassung ist, daß der menschliche Geist nach Sinn und Bedeutung sucht. Sinn impliziert Ganzheit und Kohärenz der Betrachtungsweise; jedoch könnten uns „ganzheitliche" Erklärungen zu der Annahme verführen, es bliebe nichts mehr übrig, was noch entdeckt werden muß. Der Mythos ist somit Vermittler zwischen dem Bekannten und dem Unbekannten, er ist eine nicht-dogmatische Sichtweise, die neuen individuellen Interpretationen immer offen steht. Und doch ist er auch ein Schlußstein, der eine ganze Kultur zusammenhalten kann. Wie alle großen Parabeln, so hat auch der Mythos vom Garten Eden Anlaß zu unzähligen Interpretationen gegeben. Es handelt sich um eine übergreifende Metapher, die der Vielfalt Einheit verleiht. Wir sollten solche Interpretationen weder als richtig noch als falsch betrachten. Wie die Zweige vom Baum der Erkenntnis, so sind diese Interpretationen Abkömmlinge, freie Assoziationen über das, was Rudolph Bultmann *Kerygma*, die tiefere darin enthaltene menschliche Bedeutung, nennt.

Wir wissen, daß die Welt nicht so entstanden ist, wie es in der Genesis beschrieben wird. Aber wie, wenn das Buch das erwachende Bewußtsein der Welt beschriebe? Der Anthropologe Edmund Leach vertrat die Auffassung, daß das „bit" (von „binary digit") die Grundeinheit der prälogischen Kommunikation darstelle. Die Genesis ist ein Quell von „bits", also von elementaren binären Einheiten, in der schließlich auch vermittelnde Kategorien in Form von Schlangen auftauchen. Deshalb teilt Gott das Licht von der Dunkelheit, das Wasser von der Erde, den Himmel vom Firmament, Gras und Bäume von der nackten Erde, Sonne, Sterne und Mond vom Himmel und die Jahreszeiten untereinander. Danach wurden die Fische vom Wasser getrennt, die Tiere vom Gras und den Bäumen, der Mensch von den Tieren und die Frau vom Manne. Als Gott am siebten Tag ruhte, trennte er die Ruhe von der Arbeit. Bis hierher stellt dieser Baum des Lebens kein Problem dar. Wie viele tierische Organismen lernten und überlebten Adam und Eva durch ständige Weiterentwicklung von einfachen Unterscheidungen. Doch nahe der Mitte des Gartens gab es einen zweiten Baum: den Baum der Erkenntnis von Gut und Böse. Der Herr hatte Adam verboten, von diesem Baum zu essen, „denn an dem Tag, an dem du von diesem Baume ißt, wirst du sterben müssen". Dies muß wiederum Bewußtsein vom bevorstehenden Tod bedeuten, da Adam davon aß und nicht sofort starb. Dieses Wissen von Gut und Böse unterscheidet sich zweifellos von anderen Arten des Wissens. So sind Physik und Biologie beispielsweise unserem ethischen Selbstverständnis um Lichtjahre voraus. Bis vor kurzem konnten Wissenschaftler noch behaupten, daß ihre Arbeit „wertfrei" sei. Das was vielleicht die unschuldigste (oder listigste) Auffassung, die sich eine Gruppe erwachsener Menschen jemals ausgedacht hat. In seinem Werk „Der Gottesstaat" interpretiert Augustinus die Erzählung aus dem Paradies; seine Version wurde von den meisten Gelehrten zum Ausgangspunkt ihrer Überlegungen genommen. Der Garten repräsentiert die Unschuld der ursprünglichen Einheit des Menschen mit Gott. Adam war ein reines Subjekt göttlicher Betrachtung, während die materielle Schöpfung Adams Willen und somit dem Willen Gottes unterstand. Adams Sündenfall zerstörte diese Beziehung und führte zur Teilung und Disharmonie, „... und so wie Adams Seele sich durch die Sünde selbst geteilt hat, so wurden auch alle anderen Menschen durch Selbstsucht voneinander getrennt". Adam schätzte das Wissen höher als die Einheit, wodurch der Dämon entfesselt wurde. („Man nannte sie Dämonen nach dem griechischen Wort, das Wissen bedeutet. Die Dämonen besitzen Wissen ohne Barmherzigkeit ..."). Um den Adam in den Menschen zu erlösen, bat Gott seinen Sohn, menschliche Gestalt anzunehmen und unter den Menschen zu leben. Mit den Worten von Paulus war er „in Christus, um sich selbst mit der Welt zu versöhnen". Das Kreuz symbolisiert den ursprünglichen Baum der Erkenntnis, und durch die Kreuzigung Jesu wurde die Trennung zwischen Gott und Adam beendet und das über ihn gesprochene Todesurteil „Staub bist du und zu Staub sollst du wieder werden" aufgehoben.

Der Baum der Erkenntnis hat in diesem Buch viele Zweige. Wie Paul Tillich schreibt, vereinigt ein „letztes Interesse" an unserem „Sein oder Nicht-Sein" all jene Gelehrten, die sich gründlich damit auseinandersetzen, unabhängig von ihrem „vorläufigen Interesse" oder ihrer Disziplin. Für Søren Kierkegaard (siehe Modell 12) ist der Baum das Symbol dafür, daß der

Der Baum der Erkenntnis von Gut und Böse war nur *ein* Baum im Garten Eden. In der heutigen Terminologie könnten wir ihn „Entscheidungsbaum" nennen; ein Teilstück des Denkens und Handelns im ökologischen Netzwerk der ausgewogenen Umwelt des Gartens. Immer wenn der Mensch in einer bestimmten Absicht handelt, wird ein Teil des Gesamtsystems willkürlich zum Subjekt erklärt und andere Teile zu Objekten oder Mitteln, um Bedürfnisse zu befriedigen. Die darin enthaltene Tendenz stört das Gleichgewicht des Ganzen. Die Ökologie der Tier- und Pflanzenwelt ist in dem Sinne „unschuldig", als das Gleichgewicht durch automatische Reflexe und Instinkte aufrechterhalten zu werden scheint, etwas, das möglicherweise auch zu unserer genetischen Ausstattung gehört. (Modell 46). Unser Selbstbewußtsein gibt uns auch die Möglichkeit, es zu entdecken, zu verstehen und wieder herzustellen.

Der Baum der Erkenntnis von Gut und Böse hat in diesem Buch viele Zweige. Beispielsweise das menschliche Nervensystem und der Aufbau des Gehirns: Sie zeigen jede Menge von Baumanalogien (Modelle 20, 21, 23); auch die Sprache hat die Form eines Baumes (Modell 41). „Die Erkenntnis von Gut und Böse" hat offensichtlich eine zerstörerische Struktur, weshalb wir uns immer wieder in tödlichen Disputen verfangen (Modell 43). Viele glauben, die Schlange repräsentiere das eindimensionale Denken und das Messen und Bewerten, also die Dominanz des technischen Entweder/Oder gegenüber dem ökologischen „Sowohl ... als auch" in unserer Kultur.

Mensch eine Vereinigung von Gegensätzen ist. Er ist' sich seiner selbst bewußt, in einem physischen Körper, er ist das einzige Geschöpf, das über seine Situation reflektieren kann. Er transzendiert die Natur wie die Zweige den Baum, und doch ist er in der Erde verwurzelt und dazu bestimmt, dorthin zurückzukehren. Der Fall des Menschen in das Selbstbewußtsein versetzt ihn in Angst und Schrecken, bringt ihm Furcht und Zittern und Krankheit zum Tode. „Wäre der Mensch ein Tier oder Engel, dann könnte er nicht in Schrecken versetzt werden. Da er eine Synthese ist, kann er in Schrecken ..." gefangen sein zwischen „seelischer und körperlicher" Existenz, „der Geist kann sich nicht selbst abschaffen ... ebensowenig kann der Mensch in das vegetative Leben hinabsinken". Das mag so sein, doch Tillich wie auch andere behaupten, daß er es versuche und daß hier die Wurzel der Sünde liege. Der Mensch erlebt sich selbst schmerzlich ausgestreckt zwischen einem endlichen und einem unendlichen Pol der Existenz, einer Form psychischer Kreuzigung, die H. A. Williams ausführlich dargestellt hat (siehe Modell 5). Der Widerspruch und die Angst sind so stark, daß der Mensch das Entweder/Oder des Lebens überbewertet und sich entweder dem Transzendenten, der Einbildungskraft und dem Ideellen verschreibt und auf das Versprechen der Schlange hört „ihr werdet sein wie Gott", oder er wird von dem Endlichen, dem Körperlichen und dem Wirklichen besessen. Krieg, Ausbeutung, Gewalt und Perversion sind unabänderlich mit *einem* Zweig des Baumes verbunden, mit dem Prahlen, der Überheblichkeit und dem Stolz auf das Endliche oder das Unendliche. Deshalb gab es in der Geschichte der Menschen sowohl den naiven und verhängnisvollen Idealismus der Kinderkreuzzüge wie den körperlichen Gegen-Kult eines Marquis de Sade und seiner Nachahmer, die die sexuelle Angst durch Sadomasochismus bezwingen und die damaligen konventionellen, geistigen Tugenden schänden wollten. Für Tillich erfüllte sich der Garten Eden in der Erfahrung des protestantischen Christentums. Die Wandermönche, die von den Klöstern und der feudalen Gesellschaft ausgestoßen wurden, erlebten sich als aus der großen Kette des Seins ausgeschlossen, nahmen Zuflucht im Genf Calvins und zogen aus den Gärten in die Städte, um ihrer Bestimmung nachzugehen. Später wurden viele von der Alten in die Neue Welt geworfen und zogen quer durch den amerikanischen Kontinent auf der Suche nach Freiheit. Der protestantische Dichter Milton schreibt in seinem Werk „Das verlorenen Paradies", daß die Vertreibung von Adam und Eva nicht nur Kummer, sondern ebenso eine Chance bedeutete: „Sie vergossen natürlich ein paar Tränen, die sie bald jedoch abwischten, denn vor ihnen lag, frei zu wählen, eine Welt ..."

David Bakan beschreibt den Garten Eden als eine Prophetie des Schismas zwischen dem römischen Katholizismus und dem Protestantismus. Ersterer entschied sich für die Gemeinschaft mit einem allgegenwärtigen Gott, der Protestantismus dagegen versteht sich als Werkzeug eines entfernteren Gottes und sieht seine Aufgabe darin, durch die Werke des Menschen sein Werk sichtbar zu machen (siehe Modell 8). Tillichs Interpretation (siehe Modell 13) ist streng protestantisch. Die „träumende Unschuld" von Adam vor dem Sündenfall war nicht so sehr ein Zustand der Vollkommenheit als vielmehr ein nicht ausgeschöpftes Potential. Zur Verwirklichung des menschlichen Potentials aber gehört Selbstdifferenzierung, Ungehorsam, das Ausprobieren, Fehler und somit auch die Sünde. Als Eva sich von der Schlange überzeugen läßt, schenkt sie Adam eine zweite Geburt, eine Geburt, bei der der Mensch ständig hin und hergerissen wird zwischen der Angst, sich selbst zu verlieren, wenn er seine Möglichkeiten nicht ausschöpft, und sich zu verlieren, wenn er Fehler begeht bei dem Versuch sie auszuschöpfen. Dies entspricht im Wesentlichen der Unterscheidung zwischen Todesangst und Lebensangst bei Otto Rank (siehe Modell 15) und der Auffassung von Freud und Jung, wonach die Spaltung zwischen dem Bewußten und dem Unbewußten aufgehoben werden muß (siehe Modell 9, 10). Freud sprach davon, „den advocatus diaboli" zu spielen, um die unterdrückten Alternativen zu den bewußten Entscheidungen zu finden.

Erich Fromm (siehe Modell 11) geht so weit zu behaupten, der Widerspruch mache das Wesen des Menschen aus. Adams Sünde war der erste Schritt in Richtung auf eine selbstbewußte Differenzierung, die wiederum die liebende Integration auf höheren Ebenen erleichtert. Pflanzen und Tiere, die in der Biologie durch den Baum des Lebens symbolisiert werden, tun dies unwissentlich. Der Mensch, der in der Nähe des Baumes der Erkenntnis lebt, muß die Kunst des Denkens und Liebens bewußt praktizieren. Wie töricht, sagt Fromm,

Sie sahen, daß sie nackt waren und sie schämten sich ... Während sie ihre Getrenntheit erkennen, bleiben sie sich fremd, weil sie nicht gelernt haben, sich zu lieben ... Das Bewußtsein der Trennung ohne Wiedervereinigung durch Liebe – das ist die Quelle für Scham ... von Schuld und Angst.
„Die Kunst des Liebens"
Erich Fromm

„Es war einmal ein Garten. In ihm lebten viele hundert Spezies ... In diesem Garten waren zwei Anthropoiden, die intelligenter waren als die anderen Tiere.

An einem der Bäume hing ganz weit oben eine Frucht ... Also fingen sie an nachzudenken. Das war der Fehler ... zweckgerichtet zu denken.

Bald suchte sich der männliche Affe, dessen Name Adam war, eine leere Kiste, stellte sie unter den Baum ... holte ... sich eine weitere Kiste und stellte sie auf die erste. Dann kletterte er auf die beiden Kisten und bekam schließlich diesen Apfel.

Adam und Eva wurden fast trunken vor Aufregung. Das war der richtige Weg. Mache einen Plan, ABC, und du erhältst D. Danach fingen sie an, sich darauf zu spezialisieren, Dinge planmäßig anzugehen. Im Endeffekt vertrieben sie damit aus dem Garten das Konzept ihrer eigenen insgesamt systemischen Natur und der insgesamt systemischen Natur des Gartens ... sehr bald verschwand die Ackerkrume. Danach wurden mehrere Spezies von Pflanzen zu „Unkraut" und einige Tiere zu „Schädlingen"; und Adam merkte, daß die Gärtnerei sehr viel schwerere Arbeit war. Er mußte sein Brot im Schweiße seines Angesichts verdienen und er sagte, „Es ist ein rachsüchtiger Gott. Ich hätte diesen Apfel niemals essen dürfen."

Eva ... hörte sogar eine Stimme sagen: „Unter Mühen sollst du Kinder gebären."

„Ökologie des Geistes"
Gregory Bateson

zu glauben, daß Adam und Eva ihre Nacktheit aus Gründen viktorianischer Prüderie bedeckt hätten. Sie erkannten, daß sie sich voneinander und von dem im Garten wandelnden Herrn unterschieden. Sie erkannten, daß sie allein in die Welt gekommen waren und sie allein verlassen würden und jetzt lernen mußten, die Kluft zwischen sich zu überbrücken und trotz des Todes zu leben. Dieses „trotz" ist das Thema des Existentialismus (siehe die Modelle 12, 14), während die Kreativität (siehe die Modelle 26–31) verschiedene Arten, Ebenen und Formen miteinander kombiniert.

Zur weiteren Erhellung des Mythos von Adam und Eva verhilft die Physiologie des menschlichen Gehirns und Nervensystems (siehe Modelle 18–25). Offensichtlich können wir Informationen auf zwei gegensätzliche Arten verarbeiten: Durch Vereinheitlichung oder durch Trennung, je nachdem ob wir die rechte oder linke Hemisphäre des Gehirns benutzen (siehe Modell 23) – das entspricht genau der Entscheidung und den schicksalshaften Folgen, mit denen Adam und Eva konfrontiert waren. Julian Jaynes (siehe Modell 24) vertritt die Auffassung, daß unsere frühesten menschlichen Vorfahren nicht die gleiche Art von Bewußtsein hatten wie wir. Die Heroen der Ilias erlebten sich, wie Adam, als „von Göttern geführt" – ein Phänomen, das von der rechten Hemisphäre des Gehirns produziert wird, wenn sie unabhängig von der linken arbeitet. In diesem Falle könnte die Geschichte vom Garten Eden die Geburt des Bewußtseins, wie wir es kennen, symbolisieren.

Die faszinierendste Interpretation der Genesis stammt von dem Anthropologen Gregory Bateson (siehe Modell 50). Er prägte das Wort Schismogenesis, um die wachsende Spaltung mit tödlichen Folgen in der Struktur von Gedanken und Beziehungen zu beschreiben. Für Bateson ist „Gott" das Wort, mit dem wir das größere ökologische uns umgebende Muster, von dem wir ein Teil sind, beschreiben. Es besteht eine notwendige Einheit zwischen Geist und Natur, die wir auf gefährliche Art und Weise immer dann teilen, wenn wir in bewußter Absicht handeln. Die Heiligen Sakramente stellen eine Möglichkeit dar, um unserer gegenseitigen Abhängigkeit Ehre zu erweisen. Wir werden unsere Umwelt so lange verschmutzen, zerstören und plündern, bis wir das Einssein mit dem Grund unseres Seins erkennen. Bateson zitiert gern den Herrn, als er Hiob aus dem Wirbelsturm antwortete:

> „Wer ist es, der den Ratschluß verdunkelt
> mit Gerede und ohne Einsicht?
> ... Wo warst du, als ich die Erde gegründet?
> Sage es denn, wenn du Bescheid weißt ..."

Kreuz und Kerker:
Die Psychotheologie des H. A. Williams

Im Lukas-Evangelium wird erzählt, wie die Pharisäer Jesus aufforderten, ihnen „Das Reich Gottes" zu zeigen. Jesus antwortete: „Das Reich Gottes kommt nicht so, daß man es an äußeren Zeichen erkennen könnte ... (es ist)...in euch." H. A. Williams widmete einen großen Teil seines Lebens diesem inneren Reich Gottes. Er ist sowohl ein orthodoxer Theologe des Neuen Testaments als auch ein Tiefenpsychologe, der daran glaubt, daß sich der einzelne Mensch psychologisch mit der Erfahrung des historischen Jesu identifizieren kann. Wüste, Passion, Kreuzigung, Auferstehung sind keine uralten biblischen Begriffe, sondern Gefühle, die ausdrücken wie es ist, wenn man heute voll und ganz lebt, am Tod und der Wiedergeburt Christi teilhat. Ich möchte Williams in diesem Buch vorstellen, weil er für die Theologie das geleistet hat, was ich für die Psychologie anstrebe: Sich an die Schnittpunkte verschiedener Systeme, Sichtweisen zu stellen und die Gedanken miteinander in Verbindung zu bringen anstatt sie voneinander zu trennen. Die Vision, die Williams von dem Symbol des Kreuzes hat, entspricht einem Ort, an dem Geist und Körper, Denken und Fühlen, absolute Wahrheit und unsere relative Vorstellung davon, zusammentreffen und zu einem Ganzen werden können.

Williams geht von der These aus, daß Konflikt Leben bedeutet. Von den kleinen Atompartikeln bis zu den Polen der Erde durchdringen positive und negative Ladungen die Wirklichkeit. Für den Geist, der sich dieser Welt öffnet, sind innere Konflikte und Spannungen notwendig, gesund und kreativ. Es handelt sich dabei um kleinere Imitationen der Leiden Jesu am Kreuz. Unser Leben ist ständige Spannung zwischen miteinander konkurrierenden Wahrheiten: „Dies trifft zu, aber das andere trifft ebenfalls zu". Wir müssen geschehen lassen, daß wir bis an die Grenzen der Belastbarkeit zwischen den psychischen Polen hin- und hergerissen und gezerrt werden bei dem Versuch, diese Extreme zur Synthese zu bringen und dadurch das Leben in uns selbst wieder auferstehen zu lassen.

Aus der psychoanalytischen Theorie greift Williams die Vorstellung heraus, daß wir gewöhnlich den Teil unserer Erfahrung unterdrücken, der zu den anderen Teilen in Widerspruch steht. Diese Unterdrückung kann die unerwünschten Gedanken ins Unbewußte verdrängen oder in den Kerker des Geistes verbannen, wo sie wüst und wild werden wie Gefangene, die eben aufgrund dieser Wildheit eingesperrt bleiben. Einige bekannte kulturelle und psychische Konflikte werden in der nachfolgenden Abbildung dargestellt, dabei bilden jeweils die beiden erstgenannten Begriffe einer Polarität einen „Gitterstab" wie in einer Gefängnistür:

Geist	Fremdbestimmtheit	Autonomie	Objektivität	Denken
vs.	vs.	vs.	vs.	vs.
Körper	Freiheit	Abhängigkeit	Subjektivität	Fühlen
Endlichkeit	Leidenschaftslosigkeit	Vernunft	Skepsis	Tat
vs.	vs.	vs.	vs.	vs.
Unbegrenztheit	Leidenschaft	Phantasie	Glaube	Kontemplation

Ein Vertreter der „wissenschaftlichen Weltsicht" würde beispielsweise die Balken 2 und 4 den Balken 1 und 3 unterordnen. Es ist „gut", wenn man rational und deterministisch ist, dem Wissenschaftler Autonomie zugesteht (wenn nicht seinen Subjekten) und wenn man objektiv und sachlich über begrenzte Quantitäten, die der kritischen Vernunft unterworfen sind, nachdenkt. Gegen diese Werte hätte Williams nichts einzuwenden, allerdings aber gegen die *Trennung* zwischen diesen Werten und den ignorierten Werten des tieferliegenden „unbekannten Selbst", das vom „bekannten Selbst" unter Verschluß gehalten wird. Diese konflikt-geladenen Werte, die wir unterdrücken, ermöglichen uns, wenn wir zu ihnen vorstoßen, das größere Muster der Ganzheit zu sehen, die Gott darstellt, in uns drin, der Grund unserer

„Die Wurzel der Sünde", schreibt H. A. Williams, „... liegt darin, daß wir das Selbst mit dem Teil-Selbst, dessen wir uns bewußt sind, identifizieren. Aus diesem Trugschluß ergeben sich zwei Konsequenzen. Erstens, ... das uns bekannte Selbst ist zu klein, um zufriedenstellend zu sein, und wir erleben es in seiner Enge als unerträglich. Zweitens, das unbekannte Selbst, das ich aus falsch verstandenem Sicherheitsstreben eingesperrt und in Verbannung halte, wird so zu einem Wilden, wie ein Mensch, der sein Leben lang in einem dunklen Kerker eingeschlossen ist und niemanden sieht."

Hinter die „Gitter" eines geistigen Gefängnisses (im unteren Teil der Abbildung rechts) sperren wir unser unbekanntes Selbst, das nur über einen Kreuzweg (oberer Teil) entkommen kann. Hier steigt das unbekannte Selbst aus dem Unbewußten auf wie der vertikale Balken beim Kreuz, um sich mit dem bekannten Selbst oder dem horizontalen Balken auseinanderzusetzen, zu kämpfen und sich letztendlich mit ihn zu versöhnen. Jesus sprach in Gleichnissen, damit sich uns die letzte Wahrheit entzieht und wir nie aufhören würden, Ihn zu suchen. Denn Gott kann durch weitschweifige Argumente allein oder durch objektive Nachforschungen, durch Befolgen von Gesetzen oder ähnlich stolze Zurschaustellungen nicht erfaßt werden. Durch das Gebet (wie durch Psychotherapie), durch die Gemeinschaft mit Gott und unseren Nachbarn, durch die Anbetung und vor allem durch den Glauben ergeben wir uns einem tieferen Bewußtsein, das uns sagt, daß wir mehr sind, als uns zu wissen möglich ist. Dieses „Mehr" ist Gott, der Grund unserer Existenz. Die Hingabe unterwirft nicht unser bekanntes Selbst, sondern sie erneuert, heilt und macht uns zu Beteiligten an seinem Tod und an der Auferstehung. Sie macht uns so zu ganzen Menschen.

Existenz. Wenn wir diese tieferen Schichten ins Unbewußte verdrängen, oder wenn das Bewußtsein den Körper wie einen Sklaven behandelt, seine Einbildungskraft beschneidet, sich über seinen Glauben lustig macht, dann verlieren wir das Leben in uns, ein Leben, das Jesus durch sein Leben unter uns bereichern wollte; wir werden zu Zombies.

Doch Williams ist kein Priester des Dionysos und kein Guru einer Gegenkultur. Er wies nur kurz darauf hin, daß selbstgefällig zur Schau getragene Körper, die Kulte des Gefühls, der Freiheit und Subjektivität und die Leichtgläubigkeit gegenüber Sekten aller Art, die in den sechziger und siebziger Jahren die westlichen Kulturen überrollten, nur Zeichen dafür sind, daß dem „Sklaven" ein halber Tag frei gegeben worden ist. Genau das war die „Revolution", ein Umstülpen von herrschenden und untergeordneten Werten, um zu zeigen, daß hinter dem Puritaner der Pornograph steckte. Doch Fühlen ohne Denken, Körper ohne Geist waren nur andere Formen des Eingesperrtseins, entsprechende und gegensätzliche Formen der Unterdrückung. Die geistige Spaltung wurde nicht aufgehoben.

Wir stoßen auf die Symptome in den Neurosen und in der Bigotterie, in den Gefühlen des Absterbens, der Wiederholung und des Rollenspielens, in der grausamen Gewißheit, die aus dem Zweifel wächst, im Eifer, der durch Ängste genährt wird, in der Gewalt, die Anerkennung erzwingen soll, in Doktrinen, die wie persönlicher Besitz verteidigt werden. „Im Reich des Wissens und anderswo bedeutet Unverwundbarkeit nicht, daß man unsterblich ist. Es bedeutet nur, daß man tot ist." Der einzige Ausgang aus diesem inneren Gefängnis des Abgestorbenseins heißt, uns selbst als Ganzes zu akzeptieren, so daß die tieferen Schichten des Geistes aufsteigen können wie die vertikale Achse des Kreuzes sich im Zustand des *agón* oder Kampfes mit der horizontalen Achse im Dalog und in der Versöhnung trifft. Für jeden von uns ist dies ein außergewöhnlich schmerzlicher, furchterregender psychischer Prozeß, der aber in einer liebevollen Umgebung erreicht werden kann und der in der Freude seinen Kulminationspunkt erreicht. Die Kreuzigung Jesu zeigt eine Vielzahl von Bildern der Spaltung und Trennung. Der Vorhang des Tempels, der in zwei Stücke zerriß, das Durchbohren Seiner Seite, die Dunkelheit am Mittag, Blut und Wasser, die als getrennte Elemente aus der Wunde flossen. Er zeigte, daß wir das Getrenntwerden riskieren müssen, um wiedervereint zu werden, daß wir das Leben wagen müssen, um es zu retten.

Die abgebildeten Kreuze zeigen die Struktur unserer persönlichen Erlösung. Das Ertragen dieser Spannungen, der Abstieg in die Hölle, um den Gefangenen freizulassen, droht, uns zu zerreißen. Und doch ist es der einzige Weg. Je tiefer unsere Neurose sitzt, und je länger die Gefangenschaft gedauert hat, desto größer wird der Schmerz der Reue sein. Uns quält nicht nur das, was wir selbst verdrängt haben, sondern der schismatische Haß von ganzen Gruppen kann für einen einzelnen von uns zum Kreuz werden, das er allein tragen muß. Die totale Einsamkeit steigt empor, um mit der Liebe zu kämpfen. „Mein Gott, mein Gott, warum hast du mich verlassen?" Williams beschäftigt sich mehr mit der *Struktur* der aufeinanderstoßenden Werte und nicht so sehr mit ihren Inhalten. Für die Inhalte gibt es viele weitere Beispiele: Absolutes versus Relatives, Inneres versus Äußeres, der „Vater" der protestantischen Theologie im Gegensatz zur „Mutter" des römischen Katholizismus. Die Dreieinigkeit bedeutet für Williams die Verschmelzung der unterschiedlichen Gesichter Gottes, der Heilige Geist, der Vater, Sohn (und Mutter) vereint. Ich sehe einen ergreifenden Augenblick psychischer Kreuzigung gegen Ende des Buches „Der scharlachrote Buchstabe" von Nathaniel Hawthrone, als Licht in das Gefängnis fällt, zu dem der Puritanismus geworden ist. Der verehrte Pastor Dimmesdale steht vor seiner Gemeinde auf dem Marktplatz und entblößt seine Brust, um den eingebrannten Buchstaben A (für „adultery" = Ehebruch) zu zeigen. Der Verführer und Ehebrecher, seit langem gesucht, entlarvt sich selbst. Dem Zusammenbruch nahe streckt er seine Hand nach Hester und Pearl aus, der entehrten Mutter und seiner Tochter, die er lange Zeit verleugnet hat, so wie er die Leidenschaft seines eigenen Körpers geleugnet hat. Pearl hatte sich bei ihren heimlichen Treffen im Wald immer geweigert, ihn zu küssen oder zu berühren. Sie entwickelte sich zu einem oberflächlichen, eigensinnigen Kind, zum fleischgewordenen A. Jetzt, wo er verloren ist, bittet er sie, ihn zu küssen. „Pearl küßte seine Lippen. Ein Bann war gebrochen. Der gewaltige Schmerz dieser Szene, an der das wilde Mädchen teil hatte, hat all seine Gefühle geweckt und als Pearls Tränen auf die Wange des Vaters fielen, da waren sie das Zeichen dafür, daß sie in Freude und Schmerz aufwachsen würde und ihren Frieden mit dieser Welt geschlossen hat. Auch gegenüber der Mutter war

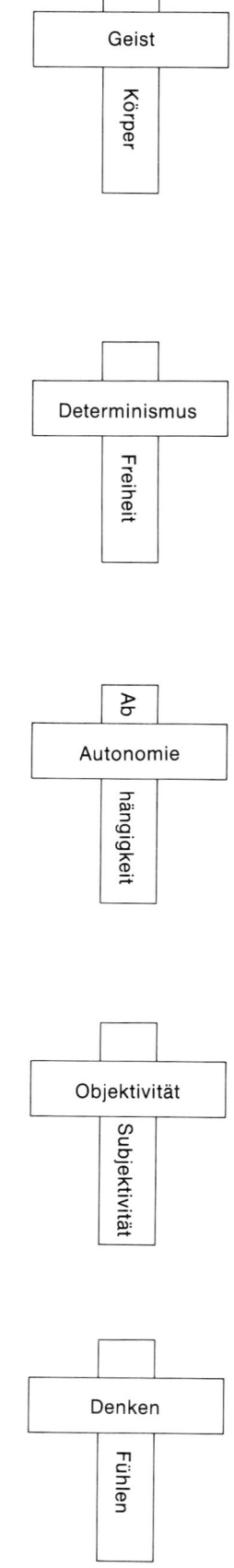

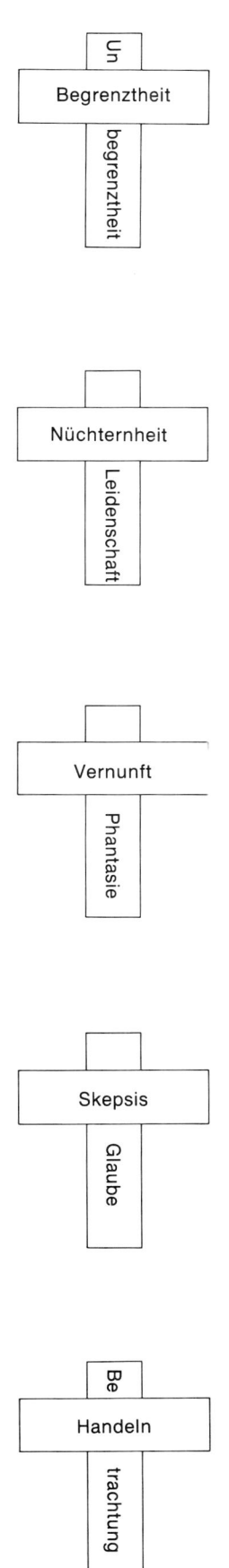

Pearls Auftrag, als Bote des Schmerzes, voll erfüllt." Diese Textstelle erinnert uns daran, daß Gnade nicht billig zu haben ist. Der arme Pastor konnte diese Qual physisch nicht überleben. Zu lange hatte er geschwiegen, zu hoch war seine Fallhöhe, zu groß seine Schuld. Er war das Opfer seiner eigenen Heuchelei und des pathologischen Dranges seiner Gemeinde nach „Reinheit". Doch zuletzt gab seine Seelenqual denen das Leben, die er liebte, und er vereinte Mutter und Tochter miteinander und mit ihrer Gemeinde. Und vor allem – beide Frauen konnten mit sich selbst Frieden schließen. Pearl hatte von nun an eine Vergangenheit und konnte so auch eine Zukunft haben. Als sie ihrem Vater die Hand bot, stieß sie in die Tiefe ihres eigenen Wesens vor und fand das Selbst, das sie nie zuvor erlebt hatte. Das war eine *Wahre Auferstehung* für alle Betroffenen, oder in den Worten von Williams: „All das, was trennt, verletzt und zerstört, wurde von dem überwunden, was vereint, heilt und aufbaut. Das Leben hat den Tod verschluckt."

Wie erkennen wir diese mysteriöse Kraft der Auferstehung, die zu denen kommt, die sich nicht vor ihrem Kreuz drücken? Williams liefert uns mehrere Beispiele, nicht alle sind gleich bedeutsam, doch zeigen sie alle eine schöpferische Kombination von Geist und Körper. Der Sportler zum Beispiel, der seinem widerstrebenden Körper befiehlt, zu gehorchen und der spürt, wie der Körper sich mit Schmerz und Müdigkeit wehrt. Dann, nach langem Kampf, verbinden sich Geist und Körper zu einer fließenden, anmutigen Kraft. Oder der Künstler, der plötzlich merkt, daß seine Hand selbst die herrliche Vorstellung seines geistigen Auges noch übertroffen hat.

Williams gibt seinen Fall-Beispielen den Titel „Die Auferstehung des Körpers", aber auch der Geist wird wieder zum Leben erweckt. Wir werden erweckt durch die Erkenntnis, daß Wissen und Nicht-Wissen in einem ständigen Spannungsverhältnis stehen. Wir können Gott nur in der Analogie und in der Metapher „absolut" erkennen, und die Sprache der Anbetung verändert sich im Laufe der Zeit. Es gibt keine unbefleckte Wahrnehmung theologischer Wahrheit, sondern nur ein Wissen über Gott, das mit dem Wissen von Gott im Gebet und in der Gemeinschaft mit anderen zusammentreffen muß. Unsere Abbilder von Gott sind wissenschaftliche Theorien: die beste menschliche Konstruktion, die wir für unsere spirituellen Erfahrungen finden. Sie sind begrenzt, inadäquat und unterliegen ständiger Revision, deshalb sprach Jesus auch in Gleichnissen, „weil die Sehenden nicht sehen …"

Williams rätselt über das Problem des Bösen in der Gegenwart eines guten Gottes. Wir suchen vergeblich nach einem *essentiellen* Unterschied zwischen Gut und Böse, denn beide bilden sich aus dem gleichen Stoff. Der entscheidende Unterschied liegt in der Struktur, das heißt in der Art und Weise, wie die Bestandteile zusammengesetzt werden. Das Böse bedeutet Desintegration, eine ärgerliche Aneinanderreihung von Widersprüchen, wobei einige Teile ständig versuchen, andere Teile zu unterdrücken. Das Gute ist die Synthese und Versöhnung genau derselben Teile. Den bösen Kräften zu erlauben, uns zu kreuzigen, ist der erste gefährliche Schritt bei der bewußten Verinnerlichung von Konflikten, die den anderen (oder uns von anderen) gewöhnlich vorgeworfen werden. Wenn wir diesen Konflikten erlauben, uns zu quälen, werden wir uns schmerzlich der Werte bewußt, die auf dem Spiel stehen und unserer Verantwortung für die Qualität und das Mißverhältnis der widerstreitenden Kräfte. So liegt in unserer Agonie die unschätzbare Chance, die Werte in idealer Weise miteinander zu versöhnen. Das Gute steckt also in unserer Fähigkeit, „schlechte" Werte zu einem guten Ganzen zu verbinden.

Das zerbrochene Bildnis:
Descartes, Newton und Darwin

Wie läßt es sich rechtfertigen, daß im historischen Abschnitt dieses Buches die zweieinhalb Jahrhunderte von René Descartes, der 1650 starb, bis zu Charles Darwin, der 1882 starb, so zusammengerafft werden? Die Antwort ist, daß das Bild der menschlichen Psyche in dieser Zeit so reduziert, vergegenständlicht, phantomisiert, mechanisiert, kategorisiert und buchstäblich kopflos war, daß sich kein Modell, das des Namens würdig wäre, herauskristallisiert hat. Die Empiristen waren offensichtlich entschlossen, alle *a priori*-Konstrukte mit Ockhams Rasiermesser so zu „rasieren", daß kaum noch ein Schatten übrig blieb. Die Annahme, daß der Geist nicht sei, oder bestenfalls ein leeres Gefäß, eine unbeschriebene Schiefertafel oder ein Spiegel, sollte „vorurteilsfrei" machen, als ob ein Nichts zwischen unseren Ohren nicht ein gewaltiges Vorurteil wäre; Floyd Matson hat diese Austrocknung des Geistes in „The Broken Image", auf das sich diese Darstellung stützt, sehr treffend aufgezeichnet.

Zur Zeit von René Descartes war das Bild vom Menschen durch Kopernikus und Galilei bereits aus dem Zentrum des Universums verdrängt; Descartes war es dann, der dieses Bild spaltete: er trennte Geist von Körper, Subjekt von Objekt, den Wissenschaftler vom Wissen – eine Kluft, deren Überwindung noch heute aussteht. Das Motiv war sicherlich respektabel, eine tiefe religiöse Ehrfurcht vor der Unsterblichkeit der Seele. Die Kirche war der Wächter der Seele und auch der Wissenschaft selbst. Gegenstand der Wissenschaft war die *res extensa*, die angeblichen Objekte im Raum. Die *res cogitans*, die Dinge des Denkens also, lagen im Inneren des Menschen und waren nur dem einzelnen Menschen in seiner persönlichen Beziehung zu Gott bekannt. „Ich denke, also bin ich", hatte Descartes verkündet, und damit war jede weitere Diskussion über den Status des Beobachters beendet.

Die Sichtweise der Natur, die Descartes beschrieb, und die von Newton vervollständigt wurde, war die einer großen, sich ständig bewegenden Maschine, die insofern objektiv war, als keine menschlich Handlung ihr Verhalten qualifizierte. Gott war der Uhrmacher, der Seine Schöpfung in Gang setzte und sie ihrem Lauf überließ. Später galt das Aufdecken des göttlichen Planes als gleichbedeutend mit der protestantischen Theologie. Die Astronomie war die führende Wissenschaft dieser Zeit, und sie zeichnete ein düsteres Bild. Sie hatte den Menschen wie E. A. Burtt es ausdrückte, „zu einem kümmerlichen, unwichtigen Zuschauer" gemacht, „der in einen dunklen Raum eingesperrt ist. Die Welt, in der die Menschen zu leben glaubten, – eine Welt, mit duftendem Wohlgeruch … wo überall von einer sinnvollen Harmonie und schöpferischen Idealen gesprochen wird – war nichts weiter als etwas, das in den Winkeln und Windungen der Gehirne stattfand. Die wirkliche, wichtige Welt draußen war eine harte, kalte, farblose, stumme und tote Welt." Nach Newton konnte kein Bild vom Menschen oder von der Natur pessimistisch genug sein. Die Illusionslosigkeit der Vernunft und der Skepsis wurden zur vorherrschenden Orthodoxie, was für die Auffassungen vom menschlichen Geist unheilvolle Folgen hatte. Denn während sich die Wissenschaft auf technischem Gebiet jetzt rasch entfaltete und in der Industriellen Revolution gipfelte, blieb der Beobachtende Geist isoliert, gefangen in seiner privaten Zelle, ein Unbekanntes Selbst (siehe Modell 5) und Gefangener der religiösen Autorität. In den Worten von Gylbert Ryle: er wurde „ein Gespenst, das in einer Maschine spukt".

Die Immunität des Geistes, die ihn davor bewahrte, daß er wie irgendein anderes Objekt im Universum erforscht wurde, sollte nicht lange dauern. Thomas Hobbes studierte die „Meditationen" von Descartes und teilte diesem sogleich seine Einwände mit. Das Denken des Menschen, so argumentierte Hobbes, stellte keine Ausnahme vom universalen Mechanismus dar, sondern ließe sich auf materielle Ursachen reduzieren. „Dieser Geist wird nichts anderes sein als die Bewegungen von bestimmten Teilen des organischen Körpers". Einige Jahre später wetterte Spinoza gegen jene, die den Geist als „ein Königreich in einem Königreich … (welches) die Gesetze der Natur eher stört als befolgt", auffaßten. Er würde den Geist „auf genau die gleiche Art und Weise betrachten, als ob ich mich mit Linien, Flächen und Festkörpern befassen würde". Es war schließlich John Locke, der die Richtung der mechanistischen Psychologie des 20. Jahrhunderts antizipierte: der Menschliche Geist war eine *tabula rasa*, auf der die unwiderstehlichen äußeren Kräfte ihren Eindruck hinterließen.

In den zweieinhalb Jahrhunderten, die zwischen dem Tod von Descartes und dem von Darwin liegen, wurde das Bild der menschlichen Psyche durch die Wissenschaftler und Philosophen so zerstückelt und reduziert, daß sich kein kohärentes Modell herauskristallisieren konnte. Dieser Angriff auf die Psyche wurde bis ins 20. Jahrhundert fortgesetzt, und die Psychologie besteht auch heute überwiegend aus Einzelstüken, Bruchstücken von Affekten, Intelligenz, Aufmerksamkeit, Reaktionen, Gedächtnis, Verhalten, Einstellungen, Überzeugungen und Angst, verstreut in unzähligen sektiererischen Fachjournalen. Niemand kann das Puzzle wieder zusammensetzen, und solange die „Maschinenanalogie" weiterbesteht, wird dies auch niemandem gelingen, da das Prinzip der Kohäsion gerade durch den Prozeß des Analysierens zerstört wurde. Deshalb nimmt es nicht Wunder, daß die Experimentalpsychologie reich ist an Daten über das Zufügen von Schmerz, über Vorurteile, Gehorsam, Konformität, Betrügen, Aggression und das Sündenbock-Modell. Es gibt aber kaum Experimente über Unabhängigkeit, Zuneigung oder moralische Entscheidungen. Und wenn wir die paar etwas genauer betrachten, dann sehen wir, daß die „anhänglichen Affen" in den Experimenten von Harlow diejenigen waren, die man in Ruhe gelassen hat und nicht ihren Müttern wegnahm; daß sich unabhängige Versuchspersonen dem Experimentator widersetzen (Modell 13); und daß die moralisch Aufgeklärten aus den experimentell induzierten Dilemmata ausbrechen (Modell 38). Es sind die antisozialen Versuchspersonen, deren Verhalten sich voraussagen und kontrollieren läßt. Das ist nicht nur ein Problem der Berufsethik. Wie wir Atomenergie benutzen, mag für die Physik vielleicht kein Problem sein, aber daß „wissenschaftliche Methoden" es möglich machen, selektiv die unethische Seite der Menschen zu entwickeln, das ist ein Problem der Psychologie.

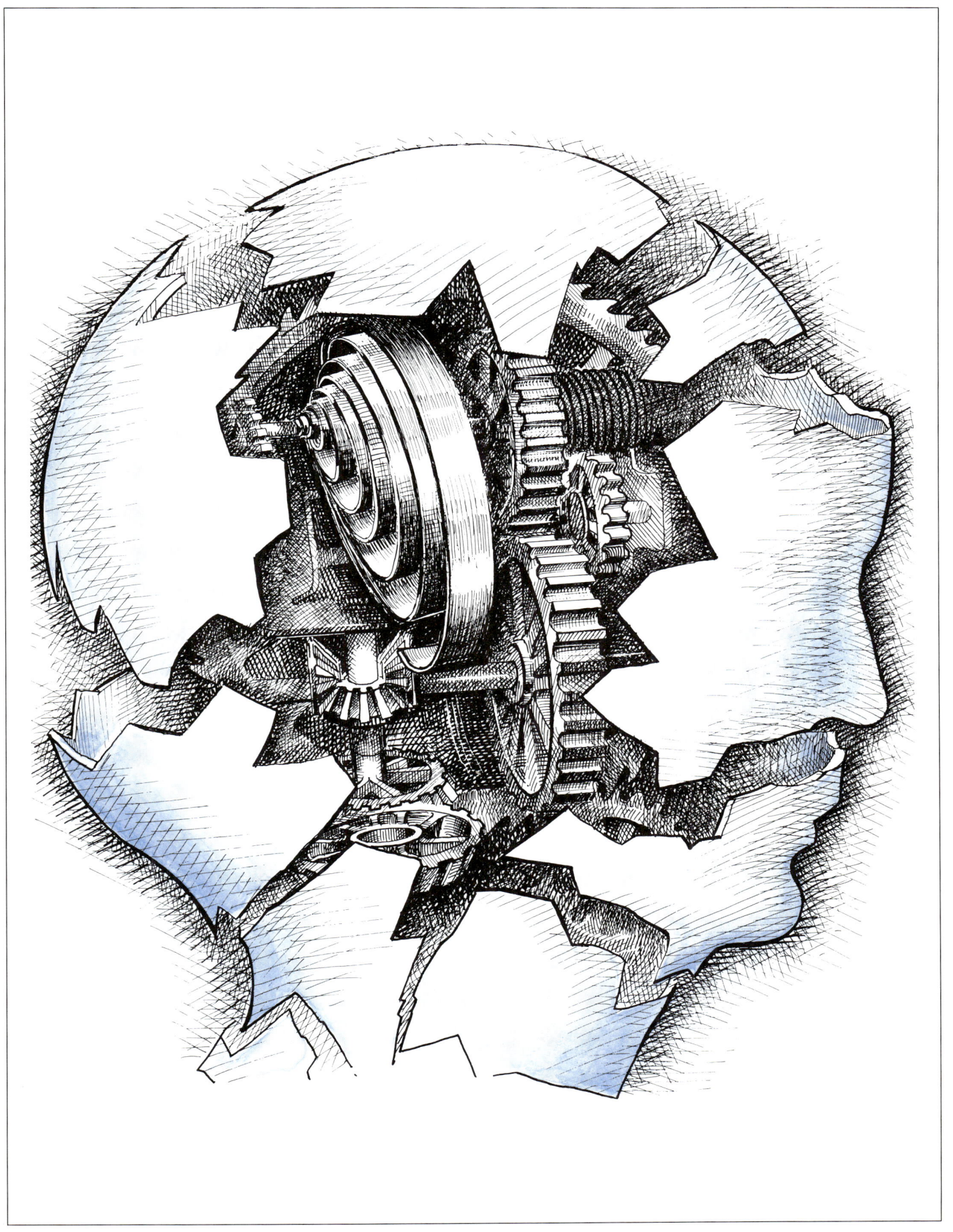

Das Einfache, das Molekulare, das Äußere, das Sichtbare und das entwicklungsmäßig Frühere waren alle von einer fundamentaleren Wirklichkeit als das Komplexe, das Ganze, das Innere, das weniger Sichtbare und das entwicklungsmäßig Spätere. Der Geist war auch mit einem leeren Gefäß vergleichbar, in das die äußeren Kräfte ihre Newtonschen Partikel hineinfallen ließen.

Bis zu diesem Punkt wurde der Große Mechanismus immer noch Gott zugeschrieben. Gott hat dieses Instrument der Kontrolle gewählt. Doch der Vormarsch der Aufklärung und vor allem der „linke Cartesianismus" der französischen Philosophen schafften Gott als ein unsichtbares und unnötiges Konstrukt bald ab. „Wir wollen kühn behaupten", sagte La Mettrie, „daß der Mensch eine Maschine ist und daß es nur eine Substanz gibt, die in der ganzen Welt nur immer anders geformt ist ... was nützen die schwachen Halme der Göttlichkeit und der Metaphysik gegenüber dieser festen und starken Eiche?" Als Kaiser Napoleon Laplace fragte, wo Gott in seinem System der Welten seinen Ort hätte, antwortete Laplace, „Ich benötige diese Hypothese nicht". Carl Becker schrieb über diese revolutionäre Epoche: „Indem sie Gott aus der Natur verbannten, vergöttlichten sie die Natur". Der menschliche Geist wurde zu einer Art Fußball für diejenigen, die glaubten, daß ihre Wissenschaft ihn zum Fliegen bringen könnte. Die Sozialphysiker Saint-Simon und Auguste Comte versuchten, die Vernunft an das Ruder der Revolution und des Gemeinwohls zu stellen, während auf der anderen Seite des Kanals James Mill und Jeremy Bentham vom Assoziationismus eines David Hartley ausgingen, um ein glückbringendes Kalkül zu entwickeln, in dem die Individuen soziale Atome sind, die Vergnügen suchen und Schmerz vermeiden wollen, Atome, die sich wohlwollend durch Arithmetik kontrollieren lassen. Die Vorstellung vom Ökonomischen Menschen als einer Art wandernder Registrierkasse ist auch heute noch lebendig.

In dieser Szenerie tauchte jetzt die Theorie der natürlichen Selektion auf, die von Charles Darwin vorgetragen wurde und nach einer kurzen, aber heftigen Diskussion alles Vorausgegangene wegwischte. Warum, das ist nicht schwer zu verstehen.

Auch diese Theorie war ein Produkt des vorherrschenden wissenschaftlichen Zeitgeistes. Man sah die natürliche Selektion am Werke, wenn im tierischen oder menschlichen Organismus zufällige Veränderungen durch zufällige Mutation der Gene (ausgelöst durch Strahlung, Chemikalien etc.) erzeugt wurden. Solche Veränderungen verbessern gelegentlich die Anpassung des Organismus an seine Umwelt, so daß die „tüchtigeren" Organismen „von der Natur ausgewählt" werden, um zu überleben, während die „untüchtigen" aussterben. Wieder einmal hatte sich die finsterste aller Visionen durchgesetzt. Der menschliche Geist wurde entthront und die neue Theorie eines natürlichen Mechanismus auf den Thron gesetzt, während man Religion und Romantizismus von ihren letzten verteidigungsfähigen Positionen in der Naturtheologie vertrieb. Wenn der industrielle Kapitalismus die Tüchtigsten belohnte und die anderen eliminierte, dann imitierte eine unsichtbare Hand lediglich die natürliche Auslese, um die Fleißigen und die Fähigen sich entfalten zu lassen. Der Sozialdarwinismus in England und in den Vereinigten Staaten und der *Darwinismus* des Ludwig Gumplowicz machte den Einzelnen und die Gruppe zu außengeleiteten Raubtieren. Aber erst im 20. Jahrhundert erreichte der unablässige Angriff auf den Geist in Amerika seinen Höhepunkt mit dem Erscheinen des Behaviourismus. Und erst in den letzten zwei Jahrzehnten ist sein Einfluß wieder geschwunden. 1902 trug Pawlov das Konzept des konditionierten Reflexes vor. Er hatte aber davor gewarnt, von speichelabsondernden Hunden auf Menschen zu generalisieren. Doch John B. Watson, Psychologe und Werbefachmann, war weniger vorsichtig. „Gebt mir ein Baby und meine Welt, um es aufzuziehen ..." rief er, „und ich werde ihm das Klettern, den Gebrauch seiner Hände lehren ... ich kann (auch) einen Dieb, einen Räuber oder einen Rauschgiftsüchtigen aus ihm machen. Die Möglichkeit, es in irgendeine Richtung zu formen, ist nahezu unbegrenzt. Die Psychologie sei ein vollkommen objektiver Zweig der Naturwissenschaften, behauptete er, und müsse „mittelalterlichen Vorstellungen ... Empfindungen, Wahrnehmungen, Bilder, Wünsche, Absichten, Denken und Gefühle wegfegen. Der Maßstab ... lautet immer, kann ich das Stück Verhalten, das ich sehe, mit den Begriffen Reiz und Reaktion beschreiben?" Der Mensch sei „eine zusammengesetzte organische Maschine, die zu laufen bereit ist". Von einem solchen „Menschenbild" läßt sich kein Bild zeichnen, da der Geist nichts anderes ist als eine abhängige Variable, die Wirkung

Ich versuche, die Illusion psychischer Aktivität zu zerstören, alles auf Konstanten zu reduzieren und auf eine Art mechanischer Beziehung zwischen den Elementen, die so einfach wie möglich sein soll.
„Analysis of the Phenomena of the Human Mind"
James Mill

Der Betrunkene sucht seinen verlorenen Schlüssel unter der Laterne, weil es dort heller ist.
„The Conduct of Inquiry"
Abraham Kaplan

von umweltbedingten Reizen. „Mentalismus", „Bewußtsein", „Subjektivismus" waren Epiphänomene, eine Art von Nebenvorstellung für die humanistischen Fächer, doch ohne wissenschaftliche Bedeutung. Clark Hull bekräftigte Watsons Warnung vor „anthropomorphem Subjektivismus", der Tendenz, menschliche Eigenschaften auf die psychologische Wissenschaft zu projizieren. Er befürwortete eine Konzentration „auf subhumane Organismen", da aber auch diese mit menschlicher Sympathie durchdrungen sein könnten, war es am sichersten, „das Verhalten des Organismus als einen sich vollständig selbst erhaltenden Roboter" zu betrachten. Die Fackel dieses seltsamen Kreuzzuges trägt jetzt B. F. Skinner mit seinen periodischen Angriffen auf das, was er „die Literatur der Freiheit" nennt. „Die Hypothese, daß der Mensch nicht frei ist, ist für die Anwendung der wissenschaftlichen Methode auf menschliches Verhalten von entscheidender Bedeutung." All dies wurde zu einer Zeit gesagt, als die Physiker, die selbst Objekte des „wissenschaftlichen" Wetteifers sind, schon eifrig das newtonsche Weltbild demontierten. Angesichts der Feldtheorie des Elektromagnetismus mit ihren unsichtbaren und nicht weiter reduzierbaren Ganzheiten, der Revolution der Quantentheorie, die Energie statt Masse auf subatomischer Ebene annimmt, und angesichts der Prinzipien von Komplementarität und Unsicherheit stehen die Psychologen wie Kleinbürger da, die zu ihren reichen Verwandten keine Verbindung mehr haben.

Wie war es möglich, daß Doktrinen, die so reduktiv, manipulativ und abweisend gegenüber dem menschlichen Geist waren, sich über Jahrhunderte hinweg hielten? Vor allem: Wie läßt sich der Triumph des Behaviourismus in Ländern erklären, die führende Verteidiger der Menschenrechte und der individuellen Freiheiten waren? Um dies zu beantworten, müssen wir auf den Kernwiderspruch des cartesianischen Dualismus zurückkehren, wo es immer zwei Formen des Geistes gab, die des Wissenden und die des Erkannten. Diese Trennung im Zentrum der psychologischen Wissenschaft ist genau so „gerecht" wie die Rassentrennung. Denn das Wissen und der Gegenstand des Wissens stehen in einem reziproken Verhältnis. Wenn Menschen die Objekte der psychologischen Experimente, die „abhängigen Variablen" darstellen, ihrer Privatsphäre enteignet, wissenschaftlich auf „Organismen" reduziert, machtlos und „leer", dann sind diejenigen, die solche Experimente durchführen, die Nutznießer. Sie, die Wissenden, sind die „unabhängigen Variablen", vor den Fragen der „Objekte" geschützt und mit der wissenschaftlichen Macht ausgestattet, die Leere mit Wissen zu füllen. Der Köder des newtonschen Mechanismus ist das Flüstern der Schlange im Garten Eden „Ihr werdet sein wie Gott". Die sogenannten „pessimistischen Wissenschaften" sind gar nicht so düster für ihre Anhänger, deren Begeisterung uns an den Satz von Bernard Shaw erinnert, daß „alle Berufe eine Verschwörung gegen die Laien sind". Daß die Freiheit der westlichen Demokratien sich in dieser Epoche ausbreiten konnte, ist der Tatsache zu verdanken, daß die Rechte, die von den Wissenden beansprucht wurden, sich eher realisieren ließen als ihre Ambitionen, das Erkannte ihrem Szientismus zu unterwerfen. Es ist das Bild vom Menschen selbst, das zum größten Opfer der Raubtier-Paradigmen geworden ist. Doch solche szientistischen Haltungen bleiben auch weiterhin gefährlich, weil sie eine ganzheitliche Betrachtungsweise von Psyche und Gesellschaft verhindern.

Und dies ist alles unnötig. Denn wie Gilbert Ryle erklärte, ist der cartesianische Dualismus ein „Kategorie-Fehler". Man stelle sich den Besucher einer Universität vor, dem die Hörsäle, die Laboratorien und Bibliotheken gezeigt werden, und der dann fragt „Aber wo ist die Universität?" Der Geist steckt, wie die Universität, in all den wahrgenommenen Dingen und im Wahrnehmen selbst. Er vereint den Wissenden und das Wissen, Subjekt und Objekt und alles, was zwischen beiden an Beziehungen existiert. Wir sind nicht *entweder* frei *oder* determiniert, sondern beides, da der Geist durch die Sprache zahlreiche Ebenen hat. B. F. Skinner behauptete in einer Fernsehdiskussion mit mir, „kreative Verhaltensweisen durch Belohnung und Strafe ausbilden zu können". Ich habe ihm sofort zugestimmt, „doch Menschen so zu trainieren, daß sie kreativ sind, heißt nicht, gleichzeitig zu bestimmen, *was* sie erschaffen, da Kreativität eine logisch höhere Kategorie der Sprache ist, als die jeweiligen Ergebnisse, auf die sie sich bezieht." Wir können auf einer Ebene determiniert sein und auf einer anderen frei, eine Freiheit innerhalb der Gesetzmäßigkeit. (Zur weiteren Entwicklung dieses Arguments siehe Modell 40).

Protestantismus, Szientismus, Kapitalismus: Max Weber und der religiöse Charakter

In seinem berühmten Essay „Die protestantische Ethik und der Geist des Kapitalismus", der 1905 erschien, vertritt der deutsche Soziologe Max Weber die These, daß der „Idealtypus" des tugendhaften Individuums, wie er in calvinistischen und puritanischen Schriften beschrieben wird, den Aufstieg des industriellen Kapitalismus begünstigt hat. Weber bestreitet die Auffassung von Karl Marx, daß es immer die Wirtschaftsform ist, die den persönlichen Charakter und die moralische Einstellung am stärksten formt. Er behauptete, daß auch das Gegenteil zutreffe. Der industriellen Entwicklung ging in vielen Ländern Europas und in den Vereinigten Staaten der Typus eines Neuen Menschen voraus, der geprägt war durch die calvinistische Ideologie; es bestand eine enge Beziehung zwischen der protestantischen Religion und der späteren Entwicklung der Wirtschaft. Drei umfangreiche Studien bestätigen Webers Theses: R. H. Tawney hat in „Religion and the Rise of Capitalism" (1926) eine Unmenge von historischen Einzeldaten angeführt, die die Verbindung zwischen dem Puritanismus und dem wirtschaftlichen Handeln herstellen; David McClelland hat 1958 in seinem klassischen psychologischen Werk „The Achieving Society" („Die Leistungsgesellschaft") den Anstieg der kulturellen „Leistungsideen" in Zusammenhang gebracht mit dem aufflackernden protestantischen Glaubenseifer, der eine Generation später zu einem entsprechenden Anstieg der industriellen Entwicklung geführt hat; schließlich entdeckte Gerhard Lenski mit seinem Buch „The Religious Factor" (1961) vier wichtige Unterschiede bei protestantischen und katholischen Gruppen in den USA bezüglich ihrer Einstellungen zu Religion und Arbeit.

Wie unterschied sich die „Idealpersönlichkeit", wie sie vom Puritanismus entworfen wurde, von den älteren Idealen des Anglikanismus und des Katholizismus? In der folgenden Gegenüberstellung sind die Erkenntnisse von Max Weber ergänzt durch die Gedanken von Michael Walzer (The Revolution of the Saints, 1970) und David Bakan (The Duality of Human Existence, 1966).

ANGLIKANISCH-KATHOLISCHER ORGANIZISMUS
Der Mensch ist Teil einer organischen Hierarchie, einer Großen Kette, verwurzelt in Familie, feudalen Loyalitäten, Nachbarschaft, Tieren und dem Land.

GEMEINSCHAFTLICHE, VERMITTELTE BEZIEHUNGEN
Die Erlösung liegt im gemeinsamen Glauben, der Zugang zu Gott wird vermittelt durch Könige, Bischöfe, Richter und Dienstherren.

DER EINGREIFENDE GOTT
Gott ist allgegenwärtig, er greift auf wundersame und übernatürliche Weise in die menschlichen Angelegenheiten ein.

ERLÖSUNG DURCH DIE GEMEINSCHAFT
Der Mensch wird nicht so sehr durch seine eigenen Anstrengungen erlöst als vielmehr durch den Glauben und durch die Teilhabe an der Liebe, Barmherzigkeit, Vergebung und Güte des gekreuzigten Jesu in der Gemeinde der Gläubigen.

PURITANISCHER, ATOMISTISCHER INDIVIDUALISMUS
Der Mensch ist allein, ein geheiligter Ausgestoßener aus dem korrupten Feudalismus, aber er kann mit anderen rechtschaffenen Menschen einen heiligen Bund oder Vertrag eingehen.

PRIVATE, DIREKTE BEZIEHUNGEN
Die Erlösung ist eine private Angelegenheit zwischen Gott und Seinen Repräsentanten auf der Erde, die zu Seinem Willen direkten Zugang haben.

DER DELEGIERENDE GOTT
Gott ist fern und delegiert seine Macht an ausgewählte menschliche Werkzeuge und die Gesetze der Natur.

ERLÖSUNG DURCH WERKE
Gott ist der Zuchtmeister seiner irdischen Stellvertreter, ein Zustand der Gnade, den sie zeigen, aber nicht verändern können. Zwischenmenschliche Gefühle sind die Schwächen einer korrupten Ordnung.

Für die Calvinisten war die Bibel eine unmißverständliche Weisung des Willen Gottes, ein geschriebenes Memorandum über die politischen Werke in dieser Welt, das von dem abwesenden Direktor für seine auserwählten Geschäftsführer verfaßt wurde. Das WORT war für all jene „objektiv", die persönlichen Stolz und Eitelkeit abgelegt hatten, von der korrupten sozialen Ordnung weit genug entfernt waren und ganz in frommen Gewohnheiten aufgingen, deshalb mußten sie es entweder korrekt ausführen oder aber an ihrer Berufung als Auserwählte zweifeln. Das WORT setzte andere Formen der Loyalität gegenüber Königen und Bischöfen außer Kraft und machte deren Vermittlerrolle überflüssig. Die Objektivität des WORTES konnte außerdem bewiesen werden durch das aktive Schaffen von sichtbaren Zeugnissen, Bündnissen, Verträgen, Schriften, Parlamenten, Verwaltungseinheiten und später von Waren und wissenschaftlichen Daten; dies alles sollte zeigen, daß die objektive Ordnung der Natur den Gehorsam gegenüber Gott darstellt.

Die heutigen Verhaltenswissenschaften sind stark durchtränkt mit puritanischer Ethik. Beispiele: Die Vorstellung vom Wissenschaftler als einem voraussagenden und kontrollierenden Agenten des wissenschaftlichen Determinismus; das „Dogma der unbefleckten Wahrnehmung"; die Vorliebe für das Abstrakte, das Methodologische, für das sichtbare, öffentlich nachprüfbare Handeln und die „göttliche Disziplin" des kontrollierten Experimentes. Wir finden hier die gleiche Zurückweisung der „spekulativen Fragen", der privaten Vorstellungen über die Subjektivität der Persönlichkeit, die Ablehnung eines Bildes des Menschen, emotionaler Beziehungen und versöhnender Schemata im allgemeinen.

Ein Edler zog
ferne in ein Land, daß er
ein Reich einnähme und dann
wiederkäme. Dieser forderte zehn
seiner Knechte und gab ihnen zehn
Pfund und sprach zu ihnen: Handelt,
bis daß ich wiederkomme! Seine Bürger
aber waren ihm feind und schickten Bot
schaft ihm nach und ließen sagen: Wir wol
len nicht, daß dieser über uns herrsche.
Und es begab sich, da er wiederkam, nach
dem er das Reich eingenommen hatte, hieß
er dieselben Knechte fordern, welchen er das
Geld gegeben hatte, daß er wüßte, was ein jeg
licher gehandelt hätte. Da trat herzu der erste
und sprach: Herr, dein Pfund hat zehn
Pfund erworben. Und er sprach zu ihm:
Ei, du frommer Knecht, dieweil du
bist im Geringsten treu gewesen, sollst
du Macht haben über zehn Städte.
Der andere kam auch und sprach:
Herr, dein Pfund hat fünf
Pfund getragen. Zu dem
sprach er auch: Und du
sollst sein über fünf Städte.

GOTT, DER AUF UNTERSCHIEDLICHE ART UND WEISE ERFAHREN WIRD

Gott wird in vielen Dimensionen als Geheimnis erfahren: im Ritual, in der Gemeinschaft, im Sakrament, in der Ehrfurcht, in der Askese und Teilnahme, durch Maria und die Heiligen.

JENSEITIGKEIT

In diesem Jammertal gebührt denen die größte Achtung, die uns auf die kommende Welt vorbereiten.

KULTIVIERUNG DER MENSCHLICHEN PERSÖNLICHKEIT

Die Tugend wird verkörpert durch Kultivierung der eigenen Person, durch Würde, Esprit, Charme und die glänzenden Manieren des Höflings.

DAS GELESENE, GEHÖRTE, AUSGEFÜHRTE WORT

Gott gibt dem Menschen unzweideutige Instruktionen durch Seine objektiven Worte. Geheimnisse, Magie und Spekulation sind eitel und leer, gemessen am aktiven Gehorsam.

DIESSEITIGKEIT

Gottes Königreich wird in dieser Welt von den Auserwählten gegründet werden, die die Arbeit tun, zu der Gott sie berufen hat.

DIE PERSÖNLICHKEIT GEHT GANZ IN DER ARBEIT AUF

Tugend wird erlangt durch Selbstbeherrschung und indem man nichts anderes ist als der Agent der objektiven Ordnung Gottes.

> Wir werden Neugier nicht dulden … Wir sollten nicht sprechen, denken oder erstreben, was jenseits … der Heiligen Schrift liegt.
> „Institutes of Christian Religion"
> John Calvin

Weber argumentiert, daß die Calvinisten und Puritaner theoretisch zwar im Zustand der Gnade und für die Erlösung prädestiniert waren, sich in der Praxis dieses Glaubens aber nur gewiß sein konnten, wenn sie ständig einen Beweis dafür lieferten, der von den Mit-Auserwählten geprüft und bestätigt werden konnte. Der Beweis bestand in ständiger Arbeit und in der Schaffung von Einrichtungen und Organisationen, die das persönliche Anliegen öffentlich sichtbar machten. Diesen frühen Verbindungen religiöser Menschen schreibt Weber das Prinzip der Delegierung von Autorität zu, die Arbeitsteilung, den Gedanken der vertraglichen Beziehung, die Trennung der Arbeitswelt von der Primärgruppe um den häuslichen Herd, und er führt auf diese frühen Puritaner die Systematisierung und das methodische Vorgehen zurück, die später zum Kennzeichen von Organisationen und Bürokratie wurden.

Da die Puritaner die Tugenden der Produktivität sowie Askese und Sparsamkeit predigten und die Geselligkeit mieden, erwirtschafteten sie einen Überschuß bei ihren Geschäften, der wiederum in größere Aufgaben investiert und nicht zum privaten Verbrauch und zur Lebensfreude vergeudet wurde. Sie hatten eine seltsam abstrakte Ideologie, die sich auf Worte, Werke und objektive Zeichen stützte, genau auf die Art von Information, die notwendig ist, um ein Geschäft zu führen.

Doch noch wichtiger war, aus der Sicht dieses Buches betrachtet, der Einfluß des Protestantismus, vor allem des Calvinismus, auf die Entwicklung der Newtonschen Wissenschaft. Bei Modell 6 sahen wir, daß das Universum von Newton eine sich ständig bewegende Maschine war, die ein göttlicher Uhrmacher aufgezogen und dann sich selbst überlassen hatte mit den Gesetzen der natürlichen Mechanik in einer „harten, kalten, farblosen, schweigenden und toten" Welt. Dies ist die puritanische Sichtweise par excellence, in der die Naturwissenschaftler von Gott beauftragt sind, seine prädestinierte, heilige Ordnung und seine Werke zu enthüllen. Diese Werke waren, wie die Heilige Schrift etwa, determiniert, objektiv und unzweideutig für den Beobachter, der um eine emotionslose Sichtweise bemüht ist. Sogar das Wort „Gesetz", wie es in der Wissenschaft zur Charakterisierung der Regelmäßigkeiten des physikalischen Universums verwendet wird, hat seinen Ursprung in dem Gehorsam gegenüber der Autorität. Denn Gott sollte ebenso wie Seine erwählten Stellvertreter in Seinen Werken erkannt werden. Dazu gehörte die Natur ebenso wie der Mensch als forschendes Werkzeug. Die Achtung, die traditionsgemäß Gott entgegengebracht wurde, ging jetzt auf die Physik über. Weber bemerkte, daß die Physik die Lieblingswissenschaft des ganzen puritanischen, baptistischen und pietistischen Christentums wurde.

Daß die Puritaner darauf bestanden, die Person des Wissenschaftlers der göttlichen Autorität der Daten zu unterwerfen, erklärt die sonst unverständliche Abneigung, sich Vorstellungen von der Psyche zu machen. Dieses „Verbot" entstammt derselben Wurzel wie die Einwände gegenüber dem „spekulativen" Sich-ein-Bild-machen und den Portraits von

„Wovon man nicht reden kann, darüber muß man schweigen."
Ludwig Wittgenstein

In „Janus: A Summing Up" weist Arthur Koestler darauf hin, wie eng der Behaviourismus dem Darwinismus folgt, und beide gehen natürlich auf den Calvinismus zurück.

„Calvinistische Ideologie: der gefallene Mensch – die Auserwählten Gottes – das Ewige Leben. Die biologische Bewertung: Zufällige Mutation – natürliche Selektion – Überleben. Lernen nach dem Behaviourismus: Lernen nach Versuch und Irrtum – selektive Verstärkung – Überleben".

„götzenähnlichen" menschlichen Figuren von Heiligen und der Jungfrau. Ich behaupte, daß die heutigen Lehren des Szientismus, des Positivismus und des Behaviourismus noch lange nicht der Religion, dem „Aberglauben" und a-priori-Glaubenssystemen entronnen sind, vielmehr durchtränkt bleiben von calvinisticher Ideologie. Sie haben sogar das am stärksten zu kritisierende Merkmal übernommen, den schrecklichen Mangel an Selbsterkenntnis. Die Merkmale der beiden doktrinären Systeme werden nachstehend miteinander verglichen. Sie entsprechen und gleichen sich so sehr, daß von Zufall nicht die Rede sein kann.

CALVINISTISCHE UND PURITANISCHE IDEOLOGIE

Der Einzelne ist vor allem allein vor Gott, und er lernt nur durch die gemeinsame Unterwerfung, mit anderen eine Verbindung einzugehen.

Die sichtbare Welt war zuerst da und ist von größerer Bedeutung als die unsichtbare. Die Bestätigung des eigenen Selbst durch sichtbare Werke ist der beste Beweis für die Gnade Gottes.

Die Persönlichkeit des Menschen sollte zurücktreten hinter manifeste, geregelte und disziplinierte Arbeitsgewohnheiten.

Der Einzelne hat zu Gott eine rein persönliche Beziehung, in die kein Vermittler eingeschaltet werden soll. Die Rechtfertigung erfolgt durch die Werke. Abbilder sind falsch.

Das objektive Wort Gottes ergibt sich unzweideutig aus der Bibel und der darauf aufbauenden Tätigkeit. In Zweifelsfällen einigen sich nüchterne Männer in einer öffentlichen Überprüfung darüber.

Aufmerksamkeit gegenüber der Lebenspraxis, den Details und Kleinigkeiten des Alltags führen den Menschen zu Selbstdisziplin und Vollkommenheit.

Es vollzieht sich eine ständige, unvermeidbare Entfremdung des Menschen von Gott, deshalb muß der Mensch gehorchen und sich ganz unterwerfen, um ein Werkzeug des Willen Gottes zu werden.

BEHAVIOURISMUS, POSITIVISMUS, SZIENTISMUS

Der Organismus lernt durch winzige Verhaltenspartikel, die ihm sein Trainer entlockt und verstärkt; so lernt er auch, Verbindungen und Verknüpfungen zu bilden.

Man muß wissenschaftliche Daten vorweisen können und sie öffentlich bekanntgeben. Die Vergegenständlichung des eigenen Selbst durch beobachtbares Verhalten gilt als Baustein der Wissenschaft.

Der „Mentalismus" und das „Bewußtsein" des Menschen sollten ignoriert werden zugunsten einer systematischen Erforschung seiner Reflexe, Reaktionen und Gewohnheiten.

„Mentale Prozesse" sind eine „private" Angelegenheit und der Wissenschaft nicht zugänglich. Konsens darf nicht mit wissenschaftlicher Erklärung verwechselt werden. Homunculi und „Modelle" sind irreführend.

Eine objektive Wissenschaft des Verhaltens läßt sich unzweideutig ableiten aus den Reaktionen auf Reize unter Einsatz von Verstärkungsplänen. Der Konsens neutraler und geschulter Beobachter ist die logische Folge.

Eine sorgfältige Methodik, strenges Prüfen und gewissenhafte Präzision ergeben ein perfektes System zu Vorhersage und Kontrolle.

Zwischen dem Wissenden und dem Gegenstand des Wissens existiert ein Dualismus, deshalb muß das Erkannte ein Teil der Verhaltens-Kontroll-Technologie der Wissenschaft werden.

Keine der vorangegangenen Aussagen entwertet die sehr realen Leistungen der Newtonschen und Darwinschen Lehren oder der Verhaltenswissenschaft. Sie zeigen nur die Unmöglichkeit auf, den Voraussetzungen zu entrinnen, und beweisen wie jene, die die „Religion" eifernd ablehnen, nur noch tiefer in sie verstrickt werden. Wenn man sich ein Bild macht vom Menschen und Modelle entwickelt, dann verstößt man zwar gegen puritanische Verbote, nicht gegen die Wissenschaft *per se*.

Psychologie und das Bild des Satans:
Die Sichtweise von Henry Murray und David Bakan

Eine Möglichkeit, das Schisma zwischen Katholizismus und Protestantismus zu beschreiben, ist für David Bakan, Psychologe an der York University in Kanada, folgende: der Katholizismus betont die *Gemeinschaft*, der Protestantismus das *Handeln*. Im Laufe der Geschichte litten beide Strömungen an einem Zuviel des von ihnen jeweils bevorzugten Wertes. Die puritanischen Auserwählten, die weltlichen Vollzieher des göttlichen Willens, kannten keine Grenzen stoßen und den Stellvertreter-Menschen zur Verzweiflung bringen, dann entledigt Erben des Calvinismus – Kapitalismus, Positivismus, Szientismus – in ähnlicher Weise eine übermäßige Macht angestrebt haben und dabei das Interesse an der Gemeinschaft zurückgestellt haben. Da es so häufig vorkam, daß die menschliche Stellvertreterschaft Amok lief, erfand die puritanische Ethik einen rivalisierenden „Aufseher", den Satan, der seine eigenen Stellvertreter dazu antrieb, mit den Auserwählten zu kämpfen. Bakan behauptet, „der Satan ist eine Projektion, bei der das Stellvertretersein in der menschlichen Psyche personifiziert wird ..." Wenn die angestrengten Bemühungen um die (Selbst-)Berherrschung an ihre Grenzen stoßen und den Stellvertreter-Menschen zur Verzweiflung bringen, dann entledigt sich das Individuum seiner Aufgabe als Vollzugsorgan Gottes und schreibt sie einem projizierten Bild des Satans zu, dessen gesonderte Existenz und völlig fremde Natur eine Illusion ist.

Macht ohne Barmherzigkeit ist ein immer wiederkehrendes satanisches Thema. Die frühen Kirchenväter haben verschiedene Erklärungen dafür, warum Satan aus dem Himmel vertrieben wurde. Außer der Sünde des Stolzes, so glaubte Prudentius, war es die Behauptung Satans, sein eigener Schöpfer zu sein; die Kirchenväter Gregor und Thomas führen an, daß Satan seine Beziehung zu Gott leugnete und Glückseligkeit allein aus sich selbst erreichen wollte. Satan ist der Fürst *dieser* Welt und führte Jesus in der Wüste mit irdischen Königreichen und Macht in Versuchung. Freud schrieb, daß Satan mit Oedipus die Absicht teilte, sein eigener Vater zu sein. Es geht also immer darum, daß Satan jede Gemeinschaft verleugnet. In den „Confessiones" des Augustinus wird uns Faust als Manichäer vorgestellt, der „in den Geisteswissenschaften ausgezeichnet befähigt ist". Goethes Faust gibt sofort den Versuchungen auf einem hohen Berg nach und strebt danach, das Land (wahrscheinlich Holland) dem Meer abzuringen. Seine Machtbesessenheit wird immer größer. Er sucht und erhält Macht ohne Liebe über die Frauen. Ein weiteres Merkmal Satans ist der Vertrag, der wahrhaftige Schatten eines heiligen Vertrags, der die unsterbliche Seele als Pfand nahm. Der Dr. Faustus bei Christopher Marlowe erfreut sich seiner weltlichen Macht auf Zeit, bis Mephistopheles kommt, um das Pfand einzutreiben; Luther, Calvin, Knox und Milton wurden allesamt von den Teufeln ihres Stellvertreter-Seins heimgesucht; die klassische protestantische Literatur zeigt die unkontrollierte Macht des Stellvertreter-Seins. Roger Chillingworth benutzt in „Der scharlachrote Buchstabe" heidnische Heilkunst, um zu zerstören, Kapitän Ahab jagt den weißen Wal Moby Dick wie unter Zwang, und Mr. Hyde entkommt immer wieder der Kontrolle von Dr. Jekyll.

Hat diese übermäßige Betonung des Vollzugs von Gottes Willen in den Werken Eingang gefunden in den heutigen Szientismus und die Psychologie des Verhaltens, die, wie wir bei Modell 7 gesehen haben, immer noch calvinistisch geprägt sind? Diese Auffassung vertrat Henry Murray 1962 in seiner Rede vor der „American Psychological Association": „Und hier knüpft die Psychologie an mit einem Großteil ihrer Theorien ... und Bildern vom Menschen, offensichtlich im Bunde mit dem nihilistischen, satanischen Geist. Der Mensch ist ein Computer, ein Tier, ein Kind. Sein Schicksal wird vollkommen determiniert durch Gene, Instinkte, Zufälle, frühe Konditionierung und Verstärkung, kulturelle und soziale Kräfte. Liebe ist ein sekundärer Trieb, der auf Hunger und oralen Empfindungen basiert, oder eine Reaktionsbildung auf tiefsitzenden Haß ..."

Vom Kampf des menschlichen Geistes um seine Befreiung aus der Knechtschaft der Götter, der Gesetze Newtonscher Mechanik und der Wissenschaftler, die in den ersten acht Modellen besprochen wurden, wenden wir uns den nächsten acht (Modelle 9–16) zu und setzen uns mit den psychoanalytischen und existentialistischen Versuchen auseinander, die Psyche in ihren innersten Winkeln und geheimsten Tiefen zu ergründen.

Modell 8 zeigt den puritanischen Teufel, den Gegenspieler des puritanischen Gottes. Gott war der Uhrmacher des Universums, der seine Auserwählten auf die Erde sandte, damit sie als göttliche Agenten seinen prädestinierten Plan enthüllen. Diese Einstellung ist ein Merkmal der technologischen Wissenschaft und ihres eifrigsten Vertreters, des psychologischen Behaviourismus. Bei der Beschäftigung mit erlernten Reaktionen auf äußere Reize, mit Kontrolle, Gewohnheiten, Ordnung und Technik in einem determinierten Universum wurden Gemeinschaft, Kreativität, Freiheit, Persönlichkeit und Gefühle vernachlässigt.

Aber das Problem ist, daß man im Dienste einer äußeren Macht auch dann nie so recht weiß, ob die eigenen Handlungen und Bestrebungen gut genug sind, wenn man sich als Mensch mit prädestiniertem Schicksal wähnt.

Die puritanischen Auserwählten würden ihr Scheitern dem Teufel zuschreiben. Diese Teufels-Vorstellung wurde immer mehr zu einer Kritik des Puritanismus: die Doktrin würde ein aufgebauschtes Stellvertreter-Konzept sanktionieren und wäre so für die nicht mehr aufzuhaltende Eskalation verantwortlich. In den Verhaltenswissenschaften gibt es heute eine Unmenge von „teuflischen" Untersuchungsergebnissen über Gehorsam, Agression, Entfremdung, Autoritätsansprüche, Anomalien und Betrug. Bedeutet dies, wie die Puritaner behaupten (denen sich jetzt B. F. Skinner angeschlossen hat), daß sich der Mensch noch stärker einer Verhaltenskontrolle unterwerfen lassen muß? Oder könnte es sein, daß das Böse, das wir ständig „finden", nur der Abdruck eines Hufes unseres kontrollierenden, alles bestimmenden Gottes ist?

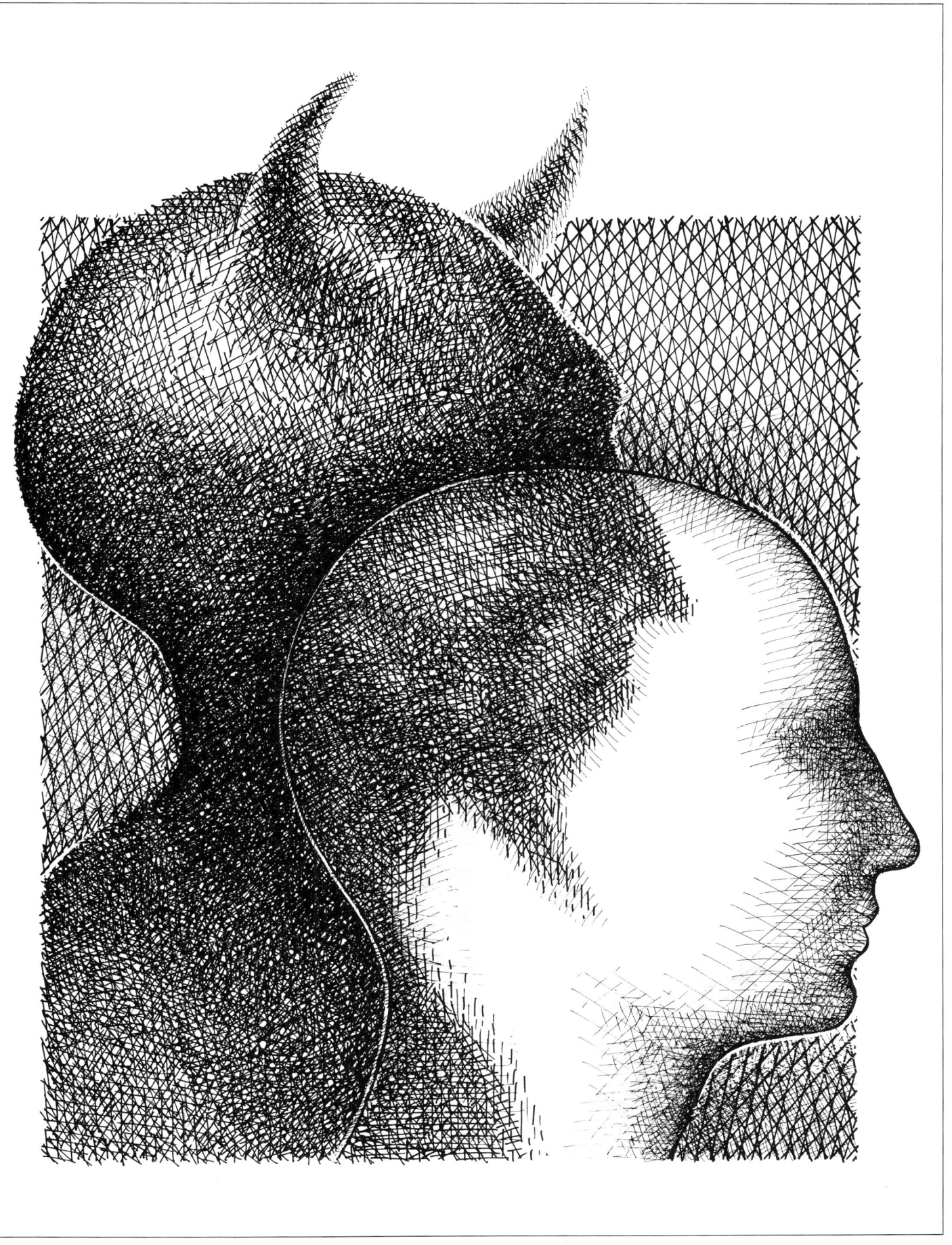

Sigmund Freud und das Modell der begrenzten Energie

Freuds Beitrag zum Verständnis der Psyche begann mit der Frage, warum wir mehr „wissen", als wir uns bewußt sind. Warum beispielsweise „vergessen" wir selektiv, leisten uns „Freudsche Versprecher", fühlen wir uns schuldig für Handlungen, die wir voll und ganz rechtfertigen können, leiden unter Phobien und Ängsten, und warum graben wir unter Hypnose oder Drogeneinfluß vergessene Erinnerungen wieder aus? Warum tun wir all dies, obgleich es unserer bewußten Absicht widerspricht?

Schon frühere Denker gingen von der Annahme eines Unbewußten aus, aber es war Freud, der behauptete, er könne dessen Wirkung auf bewußte Prozesse nachweisen. Ergebnisse aus Laborexperimenten scheinen ihm Recht zu geben: Liest man Versuchspersonen eine Liste von scheinbar zufällig zusammengestellten Wörtern vor und versetzt ihnen dann vier Wörter nach dem Wort „Scheune" einen leichten, aber unangenehmen elektrischen Schlag, dann ist sich weniger als ein Viertel aller Versuchspersonen bewußt, daß das Wort „Scheune" regelmäßig dem Schlag vorausgegangen ist. Doch zeigen zwei Drittel der Versuchspersonen deutlich mehr Angst (gemessen als elektrischer Hautwiderstand), sobald „Scheune" gesagt wird, und beinahe ein Drittel generalisiert diese Angst unbewußt auf alle mit dem Landleben verbundenen Wörter der Liste, etwa „Heu", „Pflug", „Feld". Dieses Gefühl eines allgemeinen Unbehagens ist ein Zeichen von Intelligenz, von Erkenntnis, genau wie die innere Erregung, die uns unmittelbar vor der Lösung eines Problems erfaßt. Die Persönlichkeit bestand für Freud aus einer abstrakten Struktur von gegensätzlichen Funktionen. Die bewußten und unbewußten Teile der Psyche wurden außerdem in das unbewußte Es (Vertreter des Lustprinzips) und das teilweise bewußte Ich (Vertreter des Realitätsprinzips) gegliedert. In der Regel sprechen wir so, als ob wir unter der Kontrolle des Ichs stünden, zum Beispiel „Ich koche das Essen", wenn wir aber von Impulsen ergriffen werden, dann beziehen wir uns häufig auf die Es-Kräfte „Es macht mich wahnsinnig", usw. Das Es umfaßt instinkthafte Energien und Triebe, die keine Vernunft oder Verbote kennen, sondern ausschließlich nach Erfüllung schreien. Dazu gehören: Hunger, Durst, Selbstbehauptung, die aggressiven Triebimpulse und die Sexualität. Das Ich steht mit einer Erkenntnisfähigkeit gewöhnlich im Dienste des Es. So weiß das Ich, daß in der Dose Nahrung ist und wie man sie öffnet. Das Es kennt nur den Hunger, der gestillt werden will.

Das Es, welches die Triebe verkörpert, dient im primärprozeßhaften Denken dem Lustprinzip, zum Beispiel durch visuelle Vorstellung von Nahrung oder einer sexuellen Begegnung. Es kümmert sich in der Regel nicht um reale Hindernisse, ähnlich einem Kind, das in einem vollbesetzten Lift auf die Toilette gehen will, und zwar sofort. Im Gegensatz dazu arbeitet das Ich nach dem Realitätsprinzip und versucht, die Umwelt so zu arrangieren, daß das Es befriedigt werden kann. Dabei wendet das Ich sekundärprozeßhaftes Denken an, um Mittel und Zwecke gegeneinander abzuwägen. Es ist möglich, daß das Ich von den Forderungen des Es überschwemmt wird. Wir begegnen der Gefahr des Überwältigtwerdens von Triebwümschen dadurch, daß wir lernen, das Es zufriedenzustellen und Befriedigung aufzuschieben; und indem wir emotionale Barrieren als automatische Kontrolle errichten, die sogenannten Abwehrmechanismen des Ich. Dazu gehört das *Verdrängen* unerwünschter Vorstellungen und Gedanken ins Unbewußte; die *Projektion:* eigene, nicht akzeptierte Triebwünsche werden anderen zugeschrieben (z.B. „Schwarze sind sexuell besonders aktiv."); die *Verschiebung:* Triebwünsche werden auf ein sicheres Ziel verschoben (z.B. nach dem Verlust des Arbeitsplatzes wird die eigene Frau verprügelt); die *Intellektualisierung:* unverfälschte Triebwünsche werden auf kunstvolle Weise rationalisiert („Ich gehe ins Bordell, um gefallenen Frauen zu helfen."); die *Regression:* durch Verhalten, das einer früheren Entwicklungsstufe (in der Kindheit) angemessen war, sollen die Forderung an das Ich reduziert werden – das gleiche wird durch die *Fixierung* auf einer bestimmten Entwicklungsstufe erreicht; die *Leugnung:* man weigert sich bewußt, triebbestimmte Tatsachen, Gefühle oder Erinnerungen anzuerkennen; die *Reaktionsbildung:* ein Gefühl wird in sein Gegenteil verwandelt, Haß in Liebe oder umgekehrt; und die *Sublimation:* nicht eingestandene Triebwünsche werden in akzeptierte und verfeinerte soziale Formen umgeleitet. Während das Ich teilweise bewußt agiert, bleiben die Abwehrmechanismen und einige andere

Die Psyche wird in einen bewußten (hell) und unbewußten Teil (dunkel) sowie in Ich, Es und Über-Ich aufgeteilt. Das Es ist als Reservoir ursprünglicher und undifferenzierter Triebe vollkommen unbewußt und bleibt es auch. Das Ich, welches als rationales, vermittelndes Zentrum der Psyche die Forderungen der Außenwelt mit den inneren Kräften ausbalanciert, ist teils bewußt und teils unbewußt. Ebenso verhält es sich mit dem Über-Ich, dem Ort der verinnerlichten moralischen Normen, die von Eltern und Autoritäten übernommen und internalisiert werden.

Die Abwehrmechanismen des Ich arbeiten automatisch und unwillkürlich und verdrängen übermäßig fordernde Es-Impulse, die sich mit der vom Ich beobachteten Realität oder mit den vom Über-Ich gesetzten moralischen Normen nicht vereinbaren lassen. Nicht nur Triebwünsche, sondern auch schmerzliche Erinnerungen und angstbesetzte Traumata werden ins Unbewußte zurückgedrängt. Die Verbote des Über-Ichs sind zum Teil ebenfalls unbewußt, ein Grund dafür, warum sich Menschen nicht nur schuldig fühlen, wenn sie vernünftige moralische Grenzen übertreten, sondern auch, wenn sie ein Konzentrationslager überleben oder Rechte fordern, die ihnen nach ihrer bewußten politischen Überzeugung zustehen.

Das Vorbewußte, das zwischen dem Bewußten und Unbewußten liegt, umfaßt die willentlich abrufbaren oder erinnerten psychischen Ereignisse.

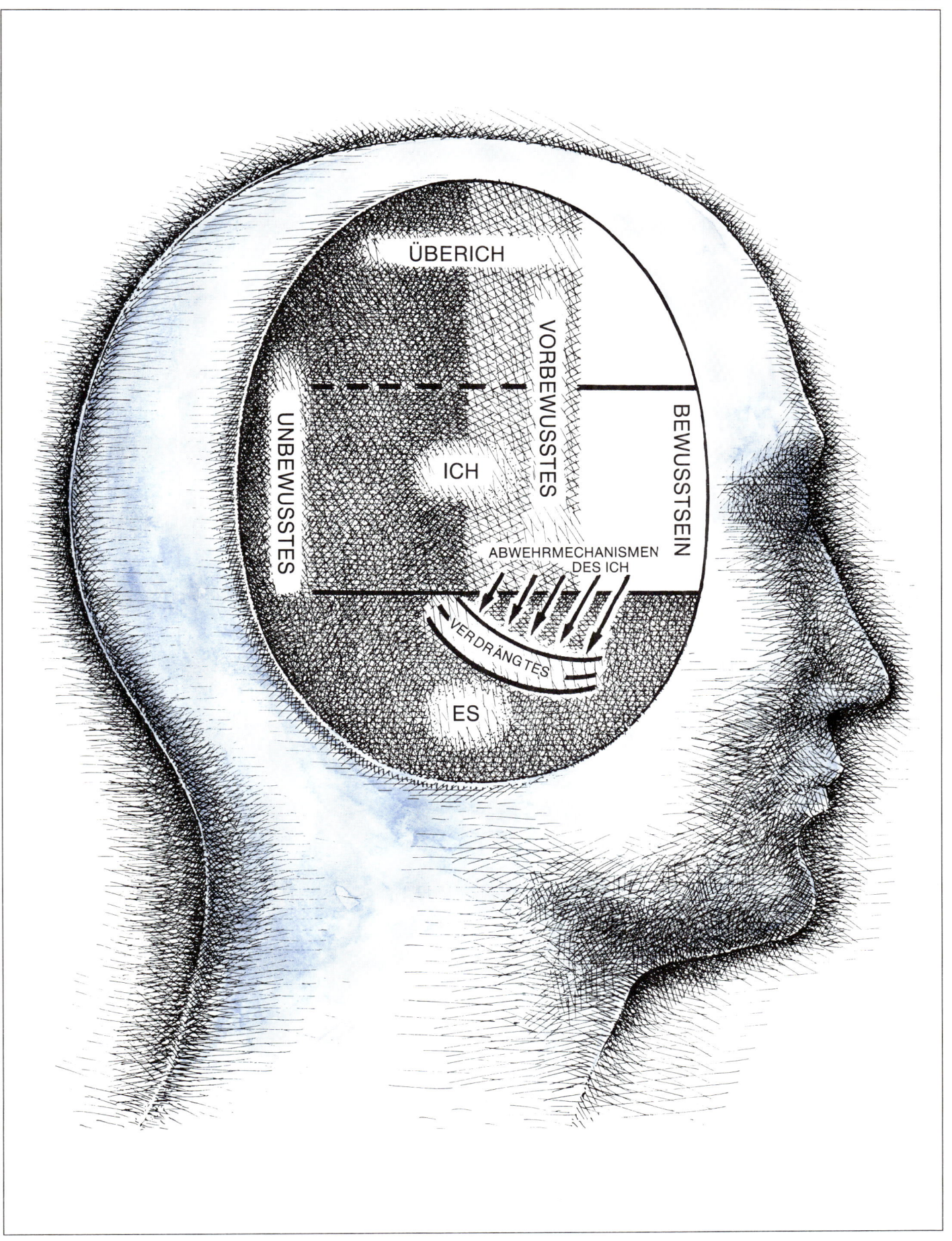

ÜBERICH

VORBEWUSSTES

UNBEWUSSTES

BEWUSSTSEIN

ICH

ABWEHRMECHANISMEN
DES ICH

VERDRÄNGTES

ES

Aspekte unbewußt. Obgleich die Abwehrmechanismen des Ich bis zu einem bestimmten Punkt notwendig sind, strapaziert eine ständige Abwehr gegenüber einer Vielzahl von unbewußten Elementen die Energie des Ichs sehr und führt zur Erschöpfung. Das von innen und außen bedrängte Ich leidet unter der Angst, damit nicht fertig zu werden und muß gleichzeitig die frustrierten Impulse in sich eindämmen. Freuds gesamtes Konzept der Motivation stützt sich auf die Vorstellung der Spannungsverminderung. Die Psyche, der ein begrenzter Energievorrat zur Verfügung steht, erlebt, daß dieser durch die exzessiven inneren Konflikte aufgebraucht wird, so daß Spannungsreduktion ein vernünftiges Ziel wird.

Freud verglich die Unterdrückung der Triebwünsche mit dem Ausschluß lärmender Studenten aus dem Hörsaal. Obgleich sie nicht sichtbar sind, pochen sie an die Tür, um Eintritt zu erhalten, aber sie können weder hereingelassen noch beruhigt werden. Unterdrückte Triebwünsche können jedoch als neurotisches Symptom getarnt wieder auftauchen. So wurde die Dichterin Elizabeth Barrett Browning hysterisch „krank", um auf eine frühere Entwicklungsstufe zu regredieren und um die Tyrannei ihres Vaters als Sorge für die Kranke zu intellektualisieren, um dessen agressive Sexualität zu leugnen und abzuwehren und um ihr Elend durch die romantischen Verse einer sterbenden Dichterin zu sublimieren.

Solche Symptome sind ein Deckmantel, unter dem die Befriedigung der wirklichen Triebwünsche vereitelt werden. Neurotische Symptome wiederholen sich typischerweise in einem Teufelskreis der Frustration: das zwanghafte Händewaschen, das doch nie reinigt; die Phobie, die nie überwunden wird, weil ihr Objekt vermieden wird; die Rechtfertigung, die die Mißbilligung antizipiert und sich so selbst erzeugt. Frühe Erinnerungen verfolgen das Bewußtsein, so daß es ständig mit Phantomen ringt.

Ein wichtiger Weg, auf dem sich unterdrückte Gedanken, Wünsche und Triebe Ersatzbefriedigung suchen, sind unsere Träume und Wachphantasien. Im Schlaf, wenn das Ich und das Realitätsprinzip „ausgeschaltet" sind, scheinen die Phantasien lebendige Wirklichkeit zu sein. Das geschwächte Ich in neurotischen und psychotischen Zuständen dagegen sieht sich in Alpträumen ohne Ende gefangen. Träume sind ein wichtiger Zugang zum Unbewußten, dasselbe gilt für die freie Assoziation und die Analyse des Widerstandes in der Psychoanalyse.

Das Ich ist nicht nur zwischen dem Streben nach Lust und den Anforderungen der Realität eingesperrt, sondern muß auch beachten, ob das Mögliche auch von den internalisierten morlischen Normen erlaubt wird. Dieses innere Gewissen wird Überich genannt und umfaßt sowohl die Regeln und Gebote, die von Eltern und anderen Autoritäten weitergegeben werden, als auch das „Ich-Ideal", das sich der Einzelne zulegt, d.h. die Person, die jemand gerne sein möchte. Ich schrecke etwa nicht wegen des Triebwunsches (Es) noch wegen der Durchführbarkeit (Ich) davor zurück, einen ganzen Apfelkuuchen aufzufuttern, bevor meine Familie nach Hause zurückkehrt, wohl aber weil ich den Wunsch habe, mehr als nur ein selbstsüchtiger Kerl zu sein, der nur im Bauchumfang wächst. Wie das Ich, so ist auch das Überich teilweise bewußt, so daß sich rational ausgesprochene Regeln mit tieferliegenden Tabus und Verboten auseinandersetzen müssen. Unsere Moralvorstellungen wehren sich hartnäckig gegenüber Veränderungen, auch wenn sie vernichtender Kritik ausgesetzt sind.

Die Psyche differenziert sich in den ersten Lebensjahren. Das Es ist schon bei Geburt vorhanden, das Ich zeigt sich ab dem 6. Monat, die Abwehrmechanismen des Ich und das Überich entwickeln sich jedoch erst im Alter zwischen drei und sechs Jahren als Folge von dem, was Freud den oedipalen (bzw. Elektra-) Konflikt genannt hat.

Zum Beginn ist das Kind vollkommen abhängig von der Mutter – sie kann jeden kindlichen Wunsch befriedigen oder sich völlig zurückhalten. Im Normalfall durchläuft das Kind die oralen, analen und phallischen Entwicklungsphasen, in denen die Lustempfindungen jeweils auf die entsprechenden Körperzonen konzentriert sind. Bis die phallische Phase erreicht ist, ungefähr im Alter von drei Jahren, erlebt das Kind die Mutter kaum als eine separate Person, sondern liebt sie als „Lebenserhaltungssystem". Mit dem wachsenden Bewußtsein von der eigenständigen Existenz der Mutter wird der ursprüngliche Narzißmus des Kindes durch eine Emotion ersetzt, die der geschlechtlichen Liebe ähnlich ist. In dieser Zeit rivalisieren die Jungen mit ihren Vätern, ja sie hassen sie, denn sie müssen die Mütter mit ihnen teilen. Da der Junge dem Vater gegenüber feindselig eingestellt ist, glaubt er, gewöhnlich zu Unrecht, daß dies auch umgekehrt so sei, und daß der Vater die phallischen Impulse seines Sohnes durch Kastration bestrafen wolle.

„Sollen wir, dem Wink des Dichterphilosophen folgend, die Annahme wagen, daß die lebende Substanz bei ihrer Belebung in kleine Partikel zerrissen wurde, die seither durch die Sexualtriebe ihre Wiedervereinigung anstreben?"
„Jenseits des Lustprinzips"
Sigmund Freud

Während des Heranwachsens in der Latenzzeit (6. bis 12. Lebensjahr) und in der genitalen Phase (12 bis zur Reife) wird der Oedipus-Konflikt gewöhnlich gelöst. Die Lösung erfordert vom Kind, daß es das elterliche Verbot der sexuellen Vereinigung mit dem andersgeschlechtlichen Elternteil introjiziert (internalisiert) und daß es die Sexualität durch eine zärtliche Zuneigung ersetzt. Hervorzuheben ist, daß dadurch die Abwehrmechanismen und das Überich trainiert und geformt werden. Zunächst kommt es zu einer Projektion der eigenen Aggression durch das Kind auf den gleichgeschlechtlichen Elternteil, die daraus entstehende Angst vor Bestrafung bewirkt die Unterdrückung der phallischen Impulse, eine Identifikation mit dem Verbot des Vaters/der Mutter und folglich die Sublimation der Sexualität in Liebe. Dieser Vorgang erzeugt beim Kind die ersten Ansätze des Überichs. Im Identifikationsprozeß des Jungen mit seinem Vater oder des Mädchens mit seiner Mutter werden die männlichen und weiblichen Eigenschaften weitergegeben. Genau wie der König Oedipus im Drama von Sophokles durch das Schicksal dazu bestimmt war, der unwissende Mörder seines Vaters und der Verführer seiner Mutter zu sein, so wird das Kind von der Phantasie eines unbewußten Mordes und des Inzests gequält und empfindet bewußte Schuld für einen unbewußten Triebwunsch.

Die Lösung des Oedipuskonflikts ist ein Muster für die Entwicklung der Persönlichkeit. Freud war pessimistisch, was menschliche Vollkommenheit betraf, aber er machte Vorschläge, wie das Schlimmste zu verhindern sei. Er schlug vor, daß das bewußte Ich soviel Raum wie Möglich dem Es und dem Unbewußten streitig machen sollte, daß das Ich ein Gleichgewicht zwischen Es, Überich und den Anforderungen der Realität aufrechterhalten sollte, und daß Eros (Lebenstrieb) und Thanatos (Todestrieb), seine späteren Begriffe für Sexualität und Aggression, in Liebe und Arbeit kanalisiert werden sollten.

Im Verlauf der Psychoanalyse entwickelt der Patient eine *Übertragung*, ein Prozeß, in dem starke positive oder negative Gefühle zusammen mit neurotischen Symptomen von der Person im Leben des Patienten, die diese ursprünglich verursacht hat, auf den Analytiker übertragen werden. Dadurch ist es möglich, Neurosen unmittelbar in der Beziehung zwischen Analytiker und Klient durchzuarbeiten. Freudsche Analytiker benutzen traditionell den Weg der *freien Assoziation*, wobei der Patient auf der Couch liegt und alle Gedanken, die ihm in den Sinn kommen, äußert. Die *Traumdeutung* ist eine zweite Möglichkeit; die Analyse des Widerstandes zeigt dem Klienten wie seine Abwehrmechanismen und andere Ausweichmanöver die therapeutische Beziehung stören.

Die dynamischen Einheiten des C.G. Jung

Carl Gustav Jung wird oft nur als Schüler von Freud (Modell 9) beschrieben. In Wirklichkeit aber hat er den Wortassoziationstest entwickelt, einen Ehrendoktor der Clark University erhalten und sich einen internationalen Ruf erworben, bevor er Freud im Jahre 1907 kennenlernte. Die intellektuelle Beziehung zwischen beiden war zwar kurz, aber intensiv. Seine wichtigste von Freud abweichende Position veröffentlichte Jung genau fünf Jahre nach ihrem ersten Zusammentreffen.

Jung entlieh von Freud das Konzept der bewußten und unbewußten Bereiche, einer Psyche, die als Vermittler ein Ich hat, ferner die Annahme einer Quelle psychischer Energie, die Libido genannt wurde, und schließlich die Aufgabe, dem Unbewußten Raum abzutrotzen. Neben diesen Ähnlichkeiten gab es tiefgreifende Unterschiede; während Freuds Modell eher mechanistisch und analytisch war und das psychische Geschehen auf grundsätzliche Ursachen reduzierte, war das Modell Jungs eher organisch, expansiv und auf zweckvolle Ziele ausgerichtet. Als Sohn eines Pfarrers bekannte sich Jung nie zur Grundannahme seines Zeitalters, daß sich Wissenschaft und Religion nicht miteinander vereinbaren ließen. Das Kreismotiv dominiert im gesamtem Denken Jungs und symbolisiert die Gesamtheit der Psyche, die er in vier Funktionen unterteilte (vgl. Diagramm 1). Denken – Fühlen und Empfinden – Intuition sind Formen der psychischen Aktivität, unabhängig vom Inhalt. Deshalb kann jemand ein Gemälde der Madonna mit Kind anschauen und bewußt *denken,* „Ist es eine wahre oder falsche Darstellung der historischen Personen?" Man könnte für das Bild aber auch Akzeptanz/Zurückweisung, Mögen/Nichtmögen (unbewußten Ursprungs) *fühlen.* Ebenso kann man das Gemälde auf der Ebene der *sinnlichen Wahrnehmung* prüfen, z. B. „Öl auf Leinen, sitzende Figur, Kind wird im linken Arm gehalten". Oder er könnte versuchen, seine tiefere Bedeutung *intuitiv* zu erfassen, z. B. „das heilige Band der Erde, und die Mutter mit dem neuen Leben". Die Denken-Fühlen-Achse impliziert ein Urteil. Die Empfinden-Intuitions-Achse impliziert verschiedene Arten der Wahrnehmung. Die Pole sind insofern Gegensätze, als der eine den anderen zu bestimmten Augenblicken ausschließt. Dennoch können beide auch alternierend als „entweder *und* oder" gebraucht werden.

Die meisten Menschen neigen dazu, eine Funktion zu bevorzugen (mit mindestens einer Hilfsfunktion). Ein Empirist also baut sein Denken meistens auf Empfindungen auf; ein Theoretiker denkt mithilfe von Intuitionen; der Ästhet fühlt intuitiv und der Empfindungstypus fühlt mithilfe der Empfindungen. Zwar zeigten die einzelnen Klienten, die zu Jung in die Therapie kamen, große Unterschiede in der Balance dieser Funktionen, doch Jung stellte eine allgemeine Diagnose für die gesamte westliche Kultur: In ihr ist die Denkfunktion übermäßig dominant. Der technische Mensch hatte die ganze Welt erobert und seine Seele verloren. Jung sah Freuds Arbeit in diesem Zusammenhang. Sie war für jene Patienten, oft jüngere Menschen, nützlich, die Welt zu ihrem praktischen Vorteil und mit einem Minimum an innerem Aufruhr zu gestalten, während die Lebensleistung der mittleren und späteren Jahre darin lag, Einsicht, Ganzheit und geistige Tiefe zu erlangen. Die Vollendung der Psyche folgte dem „inneren Weg" des T'ai Chi (Modell 3): Vom Denken zur Intuition zum Empfinden zum Fühlen – eine Schlange, die sich in das Herz der Finsternis windet, zum tiefsten Punkt des Unbewußten, wo das Wissen von Gut und Böse liegt (vgl. Diagramm 2).

Jung hatte über das Unbewußte eine weitaus ausgearbeitetere Auffassung als Freud. Dazu gehört ein *persönliches Unbewußtes* mit verblassenden Erinnerungen und unterdrücktem Material, ein *kollektives Unbewußtes* auf einer tieferen Ebene, das sich in Emotionen und Visionen, die aus der Tiefe herausbrechen, zeigt. Und jenseits davon liegt ein noch unergründlicher Teil. Mit dem kollektivem Unbewußten bezeichnete Jung „die ererbte Möglichkeit des psychischen Funktionierens ... nämlich ... die Hirnstruktur". Dieses gemeinsame menschliche Erbe ist etwas ganz anderes als das dunkle Chaos der Triebe, von dem Freud ausging. Das Unbewußte bei Jung hat eine Struktur und Kohärenz, wie eine Grabkammer mit unschätzbaren Antiquitäten, die durch das eindringende Licht des Bewußtseins strahlend enthüllt werden.

Obwohl wir das Unbewußte nicht direkt beobachten können, so gibt es doch ständig Hinweise auf seine archetypische Struktur. Der Begriff Archetypus wurde von Augustinus

Das Kreismotiv repräsentiert die psychische Totalität, die der menschliche Geist anstrebt.

Das Ich verbindet die Psyche mit der äußeren Welt und das Bewußte mit dem Unbewußten. Das letztere wird aufgeteilt in ein persönliches Unbewußtes aus verblassenden Erinnerungen und Erfahrungen, sowie in ein kollektives Unbewußtes, ein strukturelles Muster des Gehirns, das jedoch nur über Metaphern und die Symbole unserer Träume, Weltkulturen und Religionen begreiflich wird.

Die Persona oder Fassade wächst über das Gesicht, das das Ich der Welt zeigt. Bestenfalls ist sie eine formbare Maske, die soziale Kontakte erleichtert. Hinter dem Ich liegt der Schatten, seine Dunkelheit entspricht dem Grad, in dem Aspekte des Ich abgespalten und unterdrückt sind. Dieses unrealisierte Potential wirft dem Ich quälend seine Unvollständigkeit vor. Hinter dem Schatten liegt das Seelenbild, bei den Männern eine Anima oder weiblicher Geist; bei den Frauen ein Animus oder männlicher Geist. Romantische „Liebe" ist oft eine Vernarrtheit ins eigene Seelenbild, ein Sehnen nach innerem Gleichgewicht und Vollständigkeit.

Das Selbst entfaltet sich nur bei denjenigen, die ihr Tiefstes erforschen und zur vollen Reife gelangen. Es ist sowohl der Kern der ganzen Psyche als auch Ausdruck ihrer Ganzheit. Es ist in vielen vereinigenden Symbolen des Altertums repräsentiert: im Mandala, im Kreuz, im T'ai Chi.

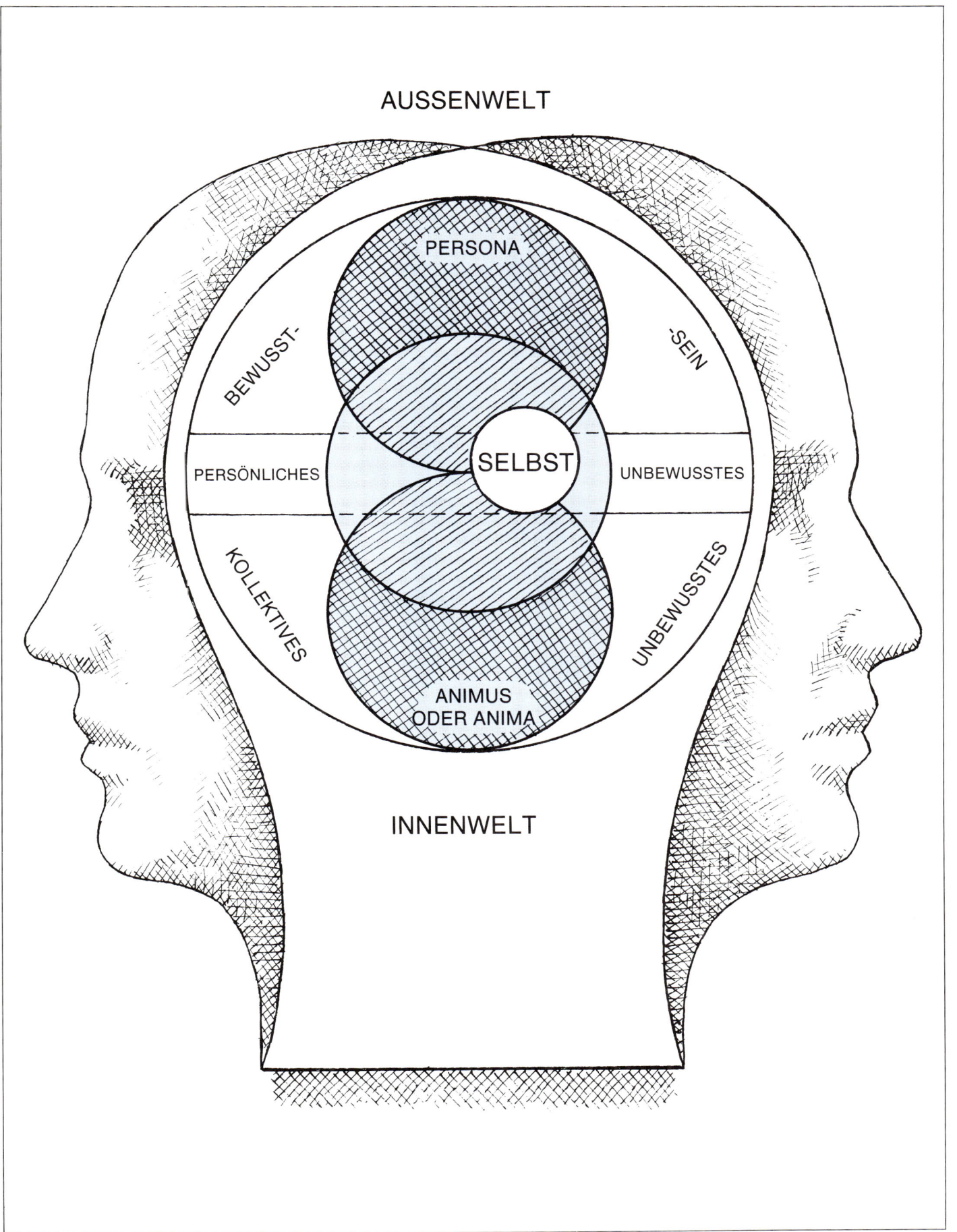

AUSSENWELT

PERSONA

BEWUSST-

·SEIN

PERSÖNLICHES

SELBST

UNBEWUSSTES

KOLLEKTIVES

UNBEWUSSTES

ANIMUS
ODER ANIMA

INNENWELT

verwendet, um die wichtigsten Gedanken der menschlichen Kultur zu benennen. Für Jung dagegen waren es psychische Ur-Prozesse, die in Bilder umgewandelt werden, so daß sie vom Bewußtsein erfaßt werden können. Dieses Erfassen geschieht jedoch nur annähernd und mit Hilfe von Symbolen und Metaphern. Archetypen sind „Selbstporträts der Instinkte", die in einem transparenten Medium, einer Art wässrigen Lösung liegen, das sich erhärtet, um eine kristalline Struktur mit vielen Achsen und Facetten zu formen. Der Archetypus „Vater" liegt beispielsweise am gegenüberliegenden Pol zu „Mutter", doch „Mutter" ist Teil der Achse „Jungfrau-Mutter" und steht auch in der Polarität „Gute Mutter – Kali (die zerstörende Mutter)". Somit ist „Mutter" wie ein Punkt in einem Kristallgitter, in dem mehrere Achsen zusammenlaufen. Die archetypische Struktur des Unbewußten zieht die Erfahrungen und Erinnerungen an, die von der bewußten Psyche in die Polaritäten absinken, als ob sie von Magneten (vgl. Diagramm 3) angezogen würden. Da extreme menschliche Erfahrungen tiefere und schärfere Erinnerungsspuren hinterlassen, und da weniger extreme Erfahrungen in den stärkeren aufgehen, wimmelt es im archetypischen Unbewußten von Helden und Schuften, es gibt feigen Verrat und unerschütterliche Loyalität, endlose Odysseen und ewige Rückkehr. Der starke Kontrast schafft „eine Welt von gegensätzlichen Kräften im Gleichgewicht" und eine *a priori*-Form psychischer Ordnung".

Die bewußten und unbewußten Teile der Psyche sind nicht nur in vier Funktionen aufgeteilt, sondern polarisieren sich zusätzlich in zwei Einstellungen: Extraversion und Introversion. Die Extravertierte wird durch eine stärkere Beziehung zu externen Objekten charakterisiert, er ist also eher redselig und gesellig; der Introvertierte ist stärker auf interne Objekte bezogen, er ist eher meditativ und zurückgezogen. Die Funktionen Denken – Fühlen, Empfinden – Intuieren können somit introvertiert oder extravertiert eingestellt sein (vgl. Diagramm 4). Das Unbewußte steht generell in einem kompensatorischen Verhältnis zum Bewußtsein: Ein ruhiger, intuitiver Introvertierter trägt einen lärmenden, empfindungsbestimmten Extravertierten in sich, der in kritischen Situationen ausbrechen kann. Die bewußte Einseitigkeit der meisten Menschen schränkt ihre Fähigkeit ein, sich neuen Situationen anzupassen.

Wenn das Ich eine dominante Funktion einsetzt, um sich mit der Umwelt auseinanderzusetzen, dann entwickelt es typischerweise eine *Persona* als Außenfassade. Diese nach außen hin gezeigte Fassade ist ein Kompromiß zwischen dem, was das Ich sein will, den sozialen Funktionen, die ihm abverlangt werden, und den Grenzen, die in den Situationen des Lebens gezogen sind. Wenn diese Elemente nicht miteinander ins Gleichgewicht kommen, dann verhärtet sich die Persona zu einer stereotypen Maske, etwa der eines Rebellen, eines Massenmenschen oder eines Fatalisten. Im Idealfall ist die Persona eine geschmeidige schützende Hülle, welche die täglichen Begegnungen erleichtert. Nur eine erstarrte und müde Fassade bricht, so wie das mit dem Wachsgesicht des Schurken in dem Film „The House of Wax" geschah, um die darunterliegende, verstümmelte Visage zu enthüllen.

So wie das Ego vor sich die Persona aufbaut, so steht hinter ihm der *Schatten*. Wirkliche Schattenbilder, die von unserem Körper geworfen werden, folgen uns, als ob sie mit Scharnieren an den Fersen befestigt wären. Ähnlich verhält es sich mit dem Schatten, dem abgespaltenen Teil des Ichs, der von diesem unterdrückt oder geleugnet wird, der dunkle Bruder. Die Literatur zeigt eine Fülle von Beispielen: Dr. Frankenstein und sein Monstrum, Kain und Abel, Dante und Vergil, Dr. Jekyll und Mr. Hyde. Ihre Charaktere sind kontrapunktisch, die Monster sind ebenso voll Pathos und Grausamkeit wie Dr. Frankenstein intelligent und „zivilisiert" ist. Dem Schatten zu begegnen heißt, dem eigenen, nicht realisierten Potential entgegenzutreten, dem fehlenden Stück des Kreises, den nie entwickelten Funktionen, die aufgrund ihres Ausschlusses eine düstere Form annehmen. Somit personifiziert der Schatten sowohl das Böse der Isolation als auch die Hoffnung auf Versöhnung. Schatten können auch kollektiver Natur sein, ein ganzer kultureller Zeitgeist kann von seiner Antithese überschattet sein, so wie der „Triumph des Willens" bei den Nazis überschattet wurde von einer Massenvernichtung anderer Willen in einer Götterdämmerung, und wie unsere Konsumgesellschaft offensichtlich den Schatten einer nachlassenden Produktion mit sich trägt.

Auf der Reise „nach innen" zum Unbewußten liegt hinter dem Schatten das *Seelenbild*. Bei den Männern ist es die Anima oder der weibliche Geist, bei Frauen der Animus oder der

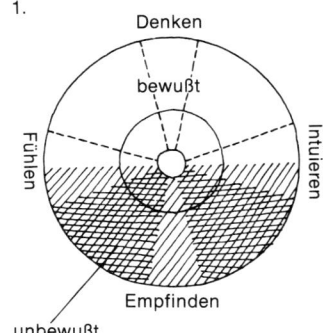

1. Die vier Funktionen

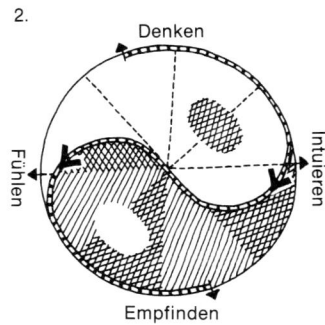

2. Der „innere Weg" der Jungschen Analyse vom Denken über Intuieren zum Empfinden und zum Fühlen

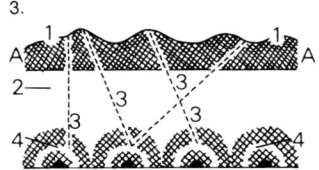

3. Bilder (2), die von der Oberfläche des Bewußtseins (1) absinken und wie von Magneten (3) angezogen werden, formieren sich zu Archetypen (4)

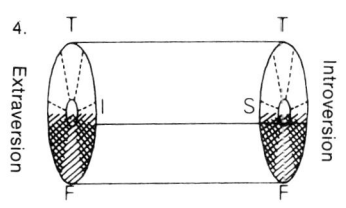

4. Die vier Funktionen
auf der Achse
Introversion – Extraversion

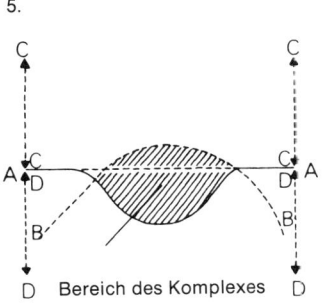

5. Der Komplex BB blockiert
die Schwelle AA zwischen dem
Bewußtsein CC und dem
Unbewußten DD.

männliche Geist, denn das Seelenbild ist der gegengeschlechtliche Archetypus des Ichs. In der romantischen Liebe neigen wir dazu, unserem Seelenbild zu verfallen, sind blind gegenüber dem wahren Wesen des Anderen, sind verliebt in die Vorstellung von der Liebe, sind verliebt in die eigenen innere Sehnsucht nach Vollständigkeit und Balance. In dem Film „Der blaue Engel" waren die Gefühle und die Intuition des Professors so spärlich entwickelt, daß er auf ein Flittchen hereinfiel. Seine dürftige interne Differenzierung entsprach seiner schwachen externen Unterscheidungsfähigkeit. Aber das Seelenbild kann auch vertraut sein und als geistiger Führer wirken, so wie Sokrates seinen Daemon kannte.

Die Struktur der Psyche wird durch die Energie der *Libido* belebt. Sie ist eine Lebenskraft, die, wenn sie sehr intensiv ist, den Willen, den Affekt und die Tatkraft energetisiert und bei geringerer Intensität die Einstellungen, Interessen und Talente beeinflußt. Die Energie wandert ständig in dialektischen Mustern an den Achsen der psychischen Struktur entlang und unterliegt dem Prinzip der Emantiodromia, wörtlich „dem Zurückschwingen des Pendels". Das Ich kann den Energiefluß auf eine Wertpolarität hinlenken, doch bewußt oder unbewußt muß die Energie zurückfließen: Spannung – Entspannung, Offenheit – Geschlossenheit, Bewertung – Entscheidung. Die Psyche bewegt sich in einem dynamischen Gleichgewicht progressiv (äußere Anpassung) und regressiv (innere Anpassung).

Jung definiert ein Symptom als "das, was den Fluß der psychischen Energie blockiert". Symptome bilden Komplexe, verkapselte Kerne von Symptomen, die aus dem Unbewußten aufsteigen und den vom Bewußten abwärts führenden Weg blockieren (vgl. Diagramm 5). Als Folge davon sinkt das Niveau des Bewußtseins und die Psyche wird passiv und beeinflußbar, z.B. wird der Glaube plötzlich von Zweifeln gequält, die Liebe von der Eifersucht oder einem anderen unerträglichen, nicht mit ihr zu vereinbarendem Gefühl. Die Verkapselung der störenden Symptome zu Komplexen wird oft durch ein Trauma ausgelöst. Ein Soldat mag nicht nur seine emotionale Reaktion auf das Schreien seines sterbenden Kameraden zu unterdrücken, sondern auch die bewußte Wahrnehmung der Schreie, doch dann, Jahre später erhebt sich der Komplex, um ihn zu verfolgen und zu quälen, denn die Funktion des Fühlens drängt heraus.

Jung akzeptierte Freuds Auffassung von den drängenden Triebwünschen, doch glaubte er, daß diese durch einen geistigen Instinkt im Gleichgewicht gehalten werden, in einem Gleichgewicht von Natur und Geist. Der Geist ist nicht einfach „verursacht", sondern strebt planvoll auf ein Ziel, eine Bestimmung hin . Jung zerbrach sich den Kopf über ein akausales Prinzip, das er *Synchronizität* nannte. Wie ist es möglich, fragt er, daß wir so viele zutreffende innere Vorahnungen haben oder daß unsere Hoffnungen bezüglich äußerer Ereignisse sich verwirklichen? Wir müssen eine Art archetypisches inneres Modell besitzen und von der Weisheit der Zeitalter geführt werden. Synchronizität wird oft durch Symbole vermittelt – das Wort Symbol heißt wörtlich „zusammenwerfen". In der „Jungfrau Maria" werden zwei aufeinanderfolgende Stadien des Frauseins zusammengeworfen, und die sich selbst verschlingende Schlange symbolisiert das Leben mitten im Tod, das ewige Paradoxon. Unsere Entwicklung ist ein Prozeß, bei dem sich die Teile der Psyche durch eine innere Differenzierung bilden, was für die Integration der Teile sehr wichtig ist. Jung nennt die Differenzierung *Individuation* und bezieht sie sowohl auf die Psyche als auch auf menschliche Beziehungen. Nur der individuierte Mensch kann eine echte Beziehung zum Anderen aufnehmen. In der ausgereiften Psyche kann das *Selbst* aufsteigen, das ein Kernelement bei der Integration der Psyche darstellt. Das Selbst steht auch für die Totalität der Psyche. Es versöhnt all die verschiedenen Gesichter von Geist und Seele und repräsentiert die Erkenntnis, daß das Königreich Gottes in uns ist. Aus diesem Grunde sind die höchsten Symbole solche der Vereinigung, die *coincidentia oppositorum*, das Kreuz, das Mandala, das Rad, die Blume, der Uroborus, T'ai Chi. In der Psyche gibt es keine Spuren, die nicht jemand hinterlassen hätte, der den Weg zur Erlösung durch Tod und Auferstehung zeigt.

Vernunft und Liebe:
Erich Fromms Psychoethik

Erich Fromm machte in Deutschland seine Ausbildung als Psychoanalytiker und Sozialpsychologe, mußte vor den Nationalsozialisten aber nach Amerika fliehen. Dort veröffentlichte er 1941 sein erstes Buch „Escape from Freedom" („Die Furcht vor der Freiheit" 1966), die erste größere psychologische Erklärung des Faschismus. Wenige Monate darauf trat Amerika in den II. Weltkrieg ein. Es ist ein engagiertes und leidenschaftliches Buch, das eindringlich auf die Massenvernichtung hinweist. Fromm hat auch danach so geschrieben, als ob das Überleben des Menschen von der Geschwindigkeit seines und unseres Verständnisses abhinge. Er baut nicht sorgfältig und ehrfürchtig auf Freud und Marx auf, das überläßt er den anderen Interpreten, vielmehr trägt er seine sehr persönlichen Interpretationen vor, seine Gedanken sind in Eile zusammenmontiert, um die Monster unseres Zeitalters zu bekämpfen. Auch wenn seine Schriften gelegentlich moralisierend und verallgemeinernd sind, so war er der Erkenntnis seiner Zeit doch ständig voraus, ob es der Faschismus in den vierziger Jahren war, der Existentialismus in der Nachkriegszeit, die stumpfe Konformität in den Fünfzigern, oder das tödliche technokratische Bewußtsein, das zu Vietnam führte. Auch die Notwendigkeit der Wiederannäherung an China sah er voraus. Schon mehr als zehn Jahre bevor diese Positionen Eingang in die akademischen Kreise fanden, war er ein Ich-Psychologe und unbeirrter marxistischer Humanist. Mit der Kühnheit seiner Parallelen zwischen dem persönlichen Wachstum (Ontogenese) und dem Wachstum ganzer Gemeinschaften (Phylogenese) antizipiert er den modernen Strukturalismus. Fromm hat auch die Norm von der Wertfreiheit in den Sozialwissenschaften zu einer Zeit verworfen, als andere die Frage nur in gewundenen Verteidigungsreden angehen konnten. Nach Fromms Auffassung ist die humanistische Ethik eine angewandte Wissenschaft, die Kunst des Lebens und Liebens. Sie würden von einer theoretischen Wissenschaft abhängen, und diese Wissenschaft sei die Psychologie. Die Menschen tun das, was sie tun sollten, indem sie immer mehr zu dem werden, was sie sein können, ein Prozeß, in dem bei allen Mitgliedern der Gemeinschaft ein größeres Potential geweckt wird. Fromm beginnt mit dem Konzept des Widerspruchs. Der Mensch ist die Mißgeburt des Universums, eine echte Sphinx, wie Oedipus erkannte, als er ihr gegenüberstand. Wir sind Teil der Natur, aber wir transzendieren die Natur auch in Kultur, Sprache und Symbolbildung. Wir sind voneinander getrennt, was Adam und Eva in ihrer Nacktheit erkannten, doch sehnen uns nach der Harmonie, aus der wir hinausgeworfen wurden. Wir planen und versuchen, uns selbst Kraft zu verleihen, doch wurden wir zufällig in diese Welt geworfen und werden dann wieder unerbittlich aus ihr herausgezogen. Wir verfügen über große Potentiale, doch im Laufe unserer kurzen Lebensspanne, können wir höchstens darauf hoffen, einen Bruchteil unserer Begabungen zu verwirklichen. Der Verstand ist somit unser Segen und unser Fluch, er ermöglicht es uns, die eher oberflächlichen Probleme zu lösen bis wir auf den dahinter liegenden Punkt stoßen, wo es nicht mehr weiter geht. Fromm glaubt, daß unsere von Menschenhand gemachten Widersprüche sich im sozialistischen Humanismus auflösen lassen, aber auch dann bleiben uns immer noch die letzten unlösbaren Probleme der Existenz. Aber die unbeantworteten Fragen, die uns die Existenz stellt, wecken in uns unsere Vitalität, die Kunst des Liebens, Schaffens und Produzierens. Angesichts der wachsenden Abgründe der Modernität streben wir ständig danach, uns selbst mit anderen zu vereinen, auch wenn es nur für einen Augenblick ist. In dem Bemühen darum setzen wir unsere Liebe und Vernunft ein und ersetzen so die biologische Unschuld des instinktgeleiteten Verhaltens, das wir im Garten Eden zurücklassen mußten.

Eine fatale Reaktion darauf, daß wir zwischen den existentiellen Polen der Sterblichkeit und der Transzendenz gefangen sind, ist, daß sich der menschliche Verstand bewußt für den einen Pol entscheidet und den anderen negieren möchte. Doch der verleugnete Pol schleicht sich in die Gleichung zurück, es ist umso gefährlicher, wenn er nicht anerkannt wird. Nationen lassen sich von Idolen, strahlenden Bildern der Transzendenz blenden, doch in Wirklichkeit sind die Idole tot. „Sie haben Münder und sprechen nicht, sie haben Augen und sehen nicht ... Jene, die sie machen, werden sein, wie sie selbst." Andere sind besessen vom Tod selbst, von Sexualität, Sadismus und irdischen Freuden in der Feier der Endlichkeit und erwerben sich vielleicht ironischerweise einen überdauernden Rang in den Annalen der

Der Mensch kann sich entfalten und seine Potentiale verwirklichen, oder er kann sich in Erniedrigung und Furcht verkriechen und in die Stellung eines Foetus regredieren. Wir haben die Wahl zwischen dem aktiven Geben und Ausschöpfen des eigenen Potentials oder dem überwiegenden Empfangen, Nehmen, Horten und Vermarkten der Waren unserer Politökonomie.

Mit „aktiv" meint Fromm nicht Geschäftigkeit. Der Meditierende ist in seinem Bewußtsein vielleicht aktiver als der hektische Verkäufer von Ramsch und Schund. Jeder einzelne von uns muß sich, ausgehend von dem unteren Teil des Modells, entlang der drei Dimensionen entwickeln und so in die soziale Welt das Lebendige und die Liebe hineintragen. Obwohl diese Dimensionen vielleicht recht linear erscheinen, gibt es doch einige Feinheiten. In der Mitte und auf der rechten Seite stehen die beiden Dimensionen Narzißmus – Liebe zum Nächsten und inzestuöse Symbiose – Unabhängigkeit. Wenn wir auf diesen Dimensionen wachsen, dann ist das, was in der Kindheit für die Getrenntheit sorgt (Narzißmus), im reifen Erwachsenenalter verantwortlich für die Beziehung (Liebe), während das, was in der Kindheit die Beziehung fördert (inzestuöse Symbiose), im reifen Alter die Loslösung gewährleistet (Freiheit).

Die heutige Zeit fördert unsere Getrenntheit, unabhängig davon, ob wir dies als Freiheit erleben oder nicht. Deshalb müssen wir lernen (und zwar bald!), uns zu vereinen, indem wir das entwickeln, was einzig und allein der Mensch besitzt: Vernunft und Liebe.

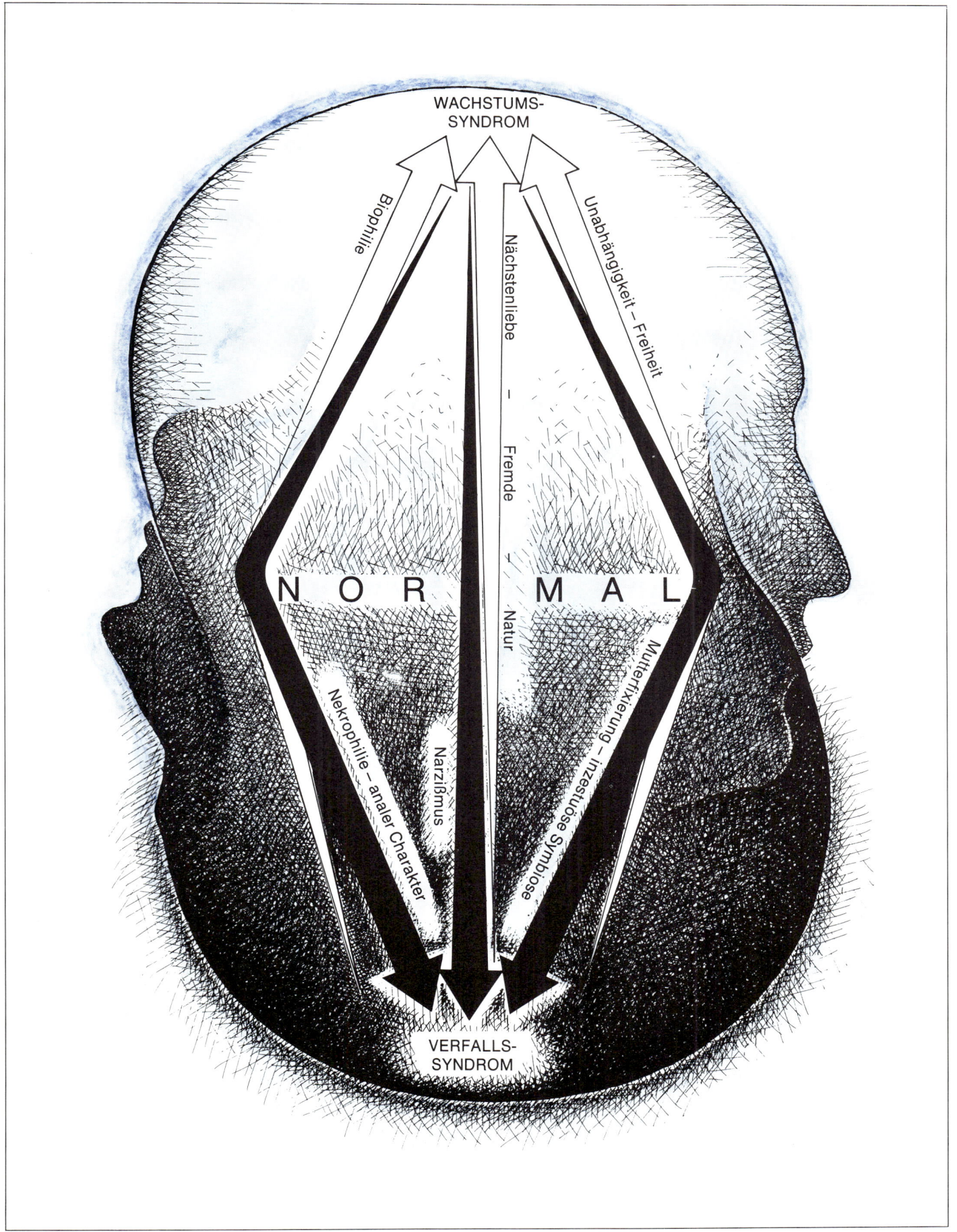

morbiden Faszination. Die Fähigkeit, Endlichkeit und Transzendenz im Gleichgewicht zu halten, unterscheidet das Wachstum der produktiven Persönlichkeit von der Regression der nicht-produktiven:

CHARAKTER-TRYPUS	FREUDSCHE EINTEILUNG	BEZIEHUNG ZU DINGEN	BEZIEHUNG ZU PERSONEN
produktive Persönlichkeit (aktiv)	genital	kreative Arbeit	Kunst des Liebens, Fürsorge, Achtung, Verantwortung, Wissen
nicht-produktive Persönlichkeit (passiv)	prägenital (anal/oral/phallisch)	rezeptiv, ausbeuterisch, hortend, krämerisch	masochistische Loyaliltät, sadistische Autorität, destruktive Selbstbehauptung, gleichgültige Fairness

Man kann sich kaum ein ungünstigeres Wort vorstellen als „produktiv", wenn man beschreiben will, was Fromm meinte. Für seine Kritiker war es ein gefundenes Fressen. Sieht man von solchen vorsätzlichen Verdrehungen einmal ab, dann ist unter „produktiv" die kreative Synthese der menschlichen Kräfte zu verstehen, die einem aktiven Menschen entströmen. Wenn also die menschliche Arbeit nicht entfremdet ist, dann bewegt sich der Arbeiter vom Entwurf zur Tat und dann zur Vollendung seines Produktes. Dies verhält sich analog zur genitalen Entwicklungsstufe bei Freud, läßt sich aber nicht darauf reduzieren (siehe Modell 9). Produktive Menschen sind Dingen gegenüber kreativ und mit Menschen durch die Kunst des Liebens verbunden. Lieben bedeutet vereinigte Getrenntheit. Wir können die anderen nur deshalb als Gleiche lieben, weil sie anders sind als wir, nicht, weil sie ebenso sind. Die Gleichheit liegt in der Balance von Differenzierung und Integration, die unser Wachstum vorantreibt. Lieben ist nicht so sehr ein „Haben", sondern vielmehr ein Geben, das gegenseitigen Reichtum schafft. Lieben enthält vier Elemente: Fürsorge, Verantwortung, Respekt und Wissen. Die Fürsorge ist eine aktive Besorgnis um das Leben und Wachstum des anderen; die Verantwortung ist der Wunsch (nicht Pflicht), die Bedürfnisse des anderen zu erfüllen; Respekt, von dem lateinischen Wort *respicere* „schauen auf", bedeutet, die Einzigartigkeit des anderen anzuerkennen; das Wissen verbindet objektives Wissen mit dem Wissen, das durch Anteilnahme und persönliche Identifikation offenbart wird.

Am bekanntesten ist Fromm jedoch durch seine Kritik der westlichen Gesellschaft geworden. Er teilt nicht Freuds Auffassung, daß die Erziehungspraktiken den sozialen Charakter formen. Für ihn sind es vielmehr die Gesellschaften, die sich dafür entscheiden, auf eine bestimmte Art und Weise zu funktionieren und so die Eltern zu beeinflussen, ihre Kinder entsprechend zu erziehen. Unsere moderne Gesellschaft, die ihren Kulminationspunkt in der heutigen Entfremdung durch und von Arbeit erreicht hat, entwickelte zuerst den *rezeptiven* Charakter, der gegenüber äußeren Befehlen eine masochistische Loyalität zeigt. (Dies ist typisch für Calvinismus, Luthertum und frühen Puritanismus). Später kam der *ausbeuterische* Charakter mit einer sadistischen Autorität über andere; dieser Charaktertypus betrachtet Werte als etwas Externes, strebt jedoch danach und unterjocht dabei die anderen Menschen. (Die Unternehmer-Abenteurer des neunzehnten Jahrhunderts waren typische Ausbeuter). Drittens gibt es den *hortenden* Charakter, der darauf versessen ist, Werte festzuhalten und zurückzuhalten, sie werden als innerliche verstanden; Soames Forsyte, „The Man of Property", ist ein Beispiel für diese konservative Phase bourgeoiser Ehrbarkeit, er würde bis zur Selbstzerstörung um sein Eigentum kämpfen. Der moderne Konsumkapitalismus hat uns den *Marketing*-Charakter mit seiner Ethik der gleichgültigen Fairness gebracht. Die sogenannten Liebesbeziehungen in dieser Gesellschaft tendieren dazu, in ein bloßes Tauschgeschäft von Persönlichkeits-Verpackungen abzugleiten.

Der *Homo consumens* verspeist, was er sieht, er hört, trinkt und konsumiert alles – Nahrungsmittel, Meinungen, Medikamente, und er macht aus sich selbst eine Ware, die im wesentlichen uniform ist und sich nur in Nebensächlichkeiten unterscheidet, wie ein mit Initialen gekennzeichnetes Badetuch. In „The Heart of Man" („Das Menschliche in uns") stellt Fromm das Schema dar, das im Modell 11 noch weiter ausgearbeitet ist. Die sich überschneidenden auf- und absteigenden Pfeile in der Mitte und auf der rechten Seite

Die Notwendigkeit, immer neue Lösungen für die Widersprüche seiner Existenz zu finden und immer höhere Formen der Einheit mit der Natur, mit seinen Mitmenschen und mit sich selbst, das ist die Quelle aller psychischen Kräfte, die den Menschen motivieren, ihn und seine Leidenschaften, Affekte und Ängste.
Erich Fromm

repräsentieren die Dualität von Trennung und Vereinigung. Wir steigen vom kindlichen Narzißmus auf und erwerben zunehmend mehr die Fähigkeit zu lieben und mit den Nachbarn, Fremden und mit der Natur selbst Beziehungen einzugehen. Diese „Liebe" zu Fremden ist nur eine imaginäre Identifikation mit ihnen, da der Verstand unsere Erfahrungen mit Vertrautem verallgemeinert. In ähnlicher Weise vollzieht sich unser Aufstieg von dem „inzestuösen" Anklammern an die Mutter zu der wachsenden Fähigkeit zur Freiheit. Es fällt auf, daß die Reifung eine Metamorphose bewirkt: die primitive Individualität (Narzißmus) wird zur reifen Beziehung, während sich die primitive Beziehung in eine reife Freiheit verwandelt. Aufgrund dieser qualitativen Veränderungen können wir nie mehr zurückkehren, „nachhause gehen", die aktiven sozialen Beziehungen *müssen* sich nach vorne entwickeln, um die primitive Harmonie zu überwinden.

Die sich entfaltenden Fähigkeiten zur Freiheit und zur Beziehungsaufnahme laufen oben im Modell zu einem Wachstumssyndrom zusammen, während eine Regression in den Narzißmus und in die inzestuöse Fixierung im unteren Teil zu einem Zerfallsyndrom führen. Da sich sowohl das Wachstum als auch der Zerfall aus dem Streben nach Einheit und Trennung zusammensetzen, ist es sehr wichtig, den aufsteigenden Teil von dem absteigenden zu unterscheiden. Da ganze Nationen mit fliegenden Fahnen und Trommelschlag in das dunkle Zeitalter zurückmarschiert sind, wie können wir da unterscheiden, ob es nicht der Teufel ist, der die Bibel zitiert? Hier muß Fromm interpretiert werden, da er eher dazu neigt, zu verbildlichen als zu erklären. Die Struktur der Trennung und Einheit in Wachstumsbeziehungen wandelt sich, integriert und bereichert gegenseitig. Jeder Liebende bietet ein geliebtes Selbst an, um mit dem anderen eine Einheit zu bilden. Nicht nur die Menschen, sondern auch ihre Werte „umarmen sich". Dagegen ist die Struktur der Trennung und Einheit in zerfallenden Beziehungen fixiert, getrennt und widersprüchlich. Die Persönlichkeit trägt in ihrem Kern eine „Entfremdung vom Selbst", ähnlich der „schizoiden Organisation" im Sinne von R. D. Laing (siehe Modell 14). Der Narziß wird von der Selbstliebe verzehrt, ist unfähig, sich an eine wirklich unabhängige Person zu binden, und er ist gefesselt an irgendein inzestuöses Objekt, sei es die Mutter, eine Bande oder ein totalitärer Staat. Diese „Mutter" wird gebraucht und doch gehaßt, angebetet und dennoch gefürchtet. Wie die Sphinx wird sie zum Ernährer-Zerstörer, beide binden ihre Subjekte und entlassen sie in eine sanktionierte Grausamkeit. Es gibt eine *coincidentia oppositorum* (Koinzidenz der Gegensätze) in dem Zerfallsyndrom mit einer destruktiven Spannung, die sich zwischen den Polen der Einheit und der Trennung ansammelt und wo beide Pole abwechselnd extrem stark vertreten sind. Fromm glaubt, daß die Unterscheidung zwischen Wachstum und Verfall kein Problem darstellt. Der Wachsende strahlt *biophilia* aus, die Liebe zum Leben. Er verkörpert Spontaneität, Freude und Lebendigkeit. Der Verfallende ist *nekrophil*, in dem Sinne, daß er krankhaft mit Tod, Destruktion und Verwesung beschäftigt ist. Fromm zitiert die SS mit ihrem Totenkopf-Emblem, den spanischen General, der schrie „Es lebe der Tod!" und die Eltern der im Krieg getöteten Soldaten, die es beklagten, daß sie keine weiteren Söhne hätten, die sie dem Vaterland opfern könnten.

Ich bezweifle, daß die Unterscheidung zwischen Biophilie und Nekrophilie in der Regel so einfach ist. Seit der Entstehung der Gegenkultur wissen wir, daß man Biophilie vortäuschen kann und daß sich auch die „Positive Mental Health-Bewegung" in einem neuen Götzendienst feiern lassen kann. Nicht alle, die „Fromm, Fromm" schreien, werden in das Königreich der Biophilie eingehen. Die Briefe, welche die deutschen, in Stalingrad gefangenen Soldaten nach Hause schrieben, scheinen echter und bewegender als die modische Zurschaustellung von „Lebensfreude" und Optimismus. Ob jemand sein Leben aufs Spiel setzt, um zu retten oder zu verlieren, läßt sich manchmal nur schwer beurteilen. Aussagen über solche ungeklärten Probleme sind bei Fromm der schwächste Punkt. Ganze Kapitel seiner eher polemischen Arbeiten lesen sich, als ob ein Manichäer versuchen würde, engelsgleiche und teuflische Homunculi zu produzieren, die um den Geist des Menschen kämpfen. Ich habe hier seine weniger extremen Ansichten zusammengefaßt; an anderen Stellen beschäftigt er sich mit dem Frühen, dem Primitiven, dem Kindlichen, dem Technologischen, dem Konservativen und dem Religiösen, die er alle als „Zwerge der Repression" behandelt. Selbst die Traurigkeit wird als schlecht beschrieben, da die biophile Person nicht an den Tod denkt! ... Und so beginnt ein neuer Zyklus der Verdrängung.

Einsamkeit und Gemeinsamkeit: Existentialismus von Kierkegaard bis Camus

Der Existentialismus ist weder ein einheitliches System noch eine philosophische Schule, sondern die allgemeine Prämisse, daß der Mensch existiert. Das Wort stammt aus dem lateinischen ex-istere und bedeutet „heraus stehen". Die Existentialisten erkennen zwar Objekte an, leugnen jedoch, daß der Mensch nur ein Objekt unter anderen ist. Vielmehr definieren sie die Objekte in strukturierten Bedeutungsfeldern. Über einen bestimmten Mann im Krankenbett kann ich sagen, daß er männlich ist, 75 Jahre alt und zur Beobachtung aufgenommen wurde, oder daß da mein Vater liegt, der für mich eine Bedeutung hat. Beide Sichtweisen sind richtig, doch die Existentialisten bestehen darauf, daß die Existenz dem Wesen vorausgeht, das heißt, mein Vater hat sich bereits selbst definiert, bevor ich oder der Arzt kam. Da es keine Aufmerksamkeit ohne Absicht gibt, ist die Objektivierung meines Vaters („männlich, 75 Jahre ...") eine Sichtweise, die seine Selbstbestimmung tendenziell ignoriert.

Der Existentialismus entstand als Protest gegen die Verbannung des individuellen Bewußtseins aus dem Zentrum der Lebensbühne durch die entpersönliche Natur, eine transzendente Gottheit und/oder den kollektivierten Staat. Die drei Jahrhunderte schnellen Fortschritts und der Entstehung arbeitsteiliger Wissenschaften, die auf dem Newtonschen Weltbild aufbauten, hatten das alte Bild des Menschen zerstört (siehe Modell 6). Rivalisierende Autoritäten beanspruchen die Kontrolle über die Persönlichkeit.

Der Existentialismus wird gewöhnlich auf Søren Kierkégaard, den dänischen Philosophen des 19. Jahrhunderts zurückgeführt, doch wurde er bereits von Melville, Dostojewski und Nietzsche vorweggenommen. Aber es bedurfte der Katastrophen Anfang des 20. Jahrhunderts, der Kriege und Wirtschaftskrisen, des Stalinismus und Faschismus, bevor sich in den westlichen Gesellschaften eine völlige Ernüchterung breitmachte gegenüber Systemen, die jenseits des Individuums lagen. In einer Welt, in der das Christentum, der wissenschaftliche Fortschritt und die Aufklärung ein Auschwitz geduldet haben, war es offensichtlich notwendig, mit den einzigen ungetrübten Idealen neu zu beginnen – den persönlichen Werten, die von Schriftstellern, Gefangenen und Widerstandskämpfern vertreten wurden und die schmerzliche Erinnerungen an verlorenen Freunde weckten, an Augenblicke der Zärtlichkeit und Nähe, erlebt in einer Atempause zwischen den Schlachten. Jeder, der einmal einen anderen in kostbaren Augenblicken geliebt hat, ist fortgeschrittener als die ganze Welt der „Abstraktionen, der Büros und Maschinen mit absoluten Gedanken und unverbrämtem Messianismus" und auch weiter als die Kirchen, die sich um ihr Überleben als Institution und um gute Geschäfte sorgen.

So kam es, daß der Existentialismus für eine ganze Reihe von fehlenden Elementen in der westlichen Kultur eintrat. Wo die fortgeschrittene Industrialisierung das Statische, das Abstrakte, das Objektive, das logische Rationale und Unzweideutige und den nüchternen Univeralismus der Systeme betont hat, die vom wissenden Subjekt losgelöst sind, hat der Existentialist das Dynamische, das Konkrete, das Intersubjektive, die durch Übereinstimmung validierten, wenn auch zweideutigen Erfahrungen und die leidenschaftliche Einzigartigkeit und das Engagement des sich Einmischenden betont.

Søren Kierkegaard hat Freud mit seiner brillanten Erforschung des psychologischen Innenlebens antizipiert. Wir identifizieren uns mit universellen objektiven Systemen, sagte Kierkegaard, wodurch unser Wissen gewaltig vergrößert wurde, während dagegen unser persönliches Gefühl der Gewißheit geschrumpft statt gewachsen ist. Wir fühlen uns unendlich groß, weil wir ein Teil dieser Systeme sind, und gleichzeitig im Nichts verloren, weil wir uns von diesen Systemen trennen und sterben müssen. Dies ist also der Widerspruch im Innersten unseres Wesens, den wir nur auf Kosten einer schleichenden Verzweiflung leugnen können. Denn der Mensch ist eine Verbindung von Gegensätzen, „halb Engel und halb Tier", geistig transzendent und unsterblich, und doch mit einer animalischen Endlichkeit behaftet und dem Untergang geweiht. Leugnet er diesen Widerspruch und lebt nach logischen Alternativen, dann leidet der Mensch an einem dämonischen Schweigen und bleibt „in einem Halbdunkel über seine Lage". „Die Elastizität der Freiheit", in der ein unbestimmbares Selbst zwischen zwei Welten gespannt ist, geht verloren und die Psyche erstarrt. Wir opfern die

Modell 12 zeigt den Widerspruch im Zentrum der menschlichen Existenz, wie er von Søren Kierkegaard und später von den Existentialisten gesehen wurde. Der Mensch auf der rechten Seite des Bildes erlebt sich als in die Natur eingetaucht, unter dem Schutz ihrer Gesetze, bereichert durch wunderbare Maschinen, die vergnügt über Formen, Muster und Entdeckung schwatzen. Doch steht er auch am Rande des Abgrunds, ist unwiderruflich dem Tod geweiht, der Einsamkeit und der Furcht. Obwohl jede wissenschaftliche Ursache berechnet werden kann, entzieht sich der letzte Sinn aller Dinge dem Verständnis. Die Furcht in der einen Hälfte seines Wesens nährt die weggesperrten dogmatischen Grundsätze in der anderen Hälfte. Albert Camus löste diese Widersprüche, die in diesem Bild dargestellt sind, indem er die „einsame linke Hälfte" des Bildes rebellieren ließ und danach einen Dialog mit der anderen Hälfte inszenierte; dieser Streit aber basierte auf Vertrauen, und es wurde respektiert, wogegen die Revolte gerichtet war. Der Fehler der Revolutionäre, ihre Gegner nicht zu achten, führt zu neuer Tyrannei. Wie Kierkegaard so griff auch Camus die aristotelische Logik des Entweder/Oder an, die keinen Widerspruch zuläßt und schließlich andere Auffassungen eher vernichtet als akzeptiert. Wir sollten nicht nach Regeln, sondern nach Bildern des Menschlichen suchen, die den Atem des Lebens in sich tragen.

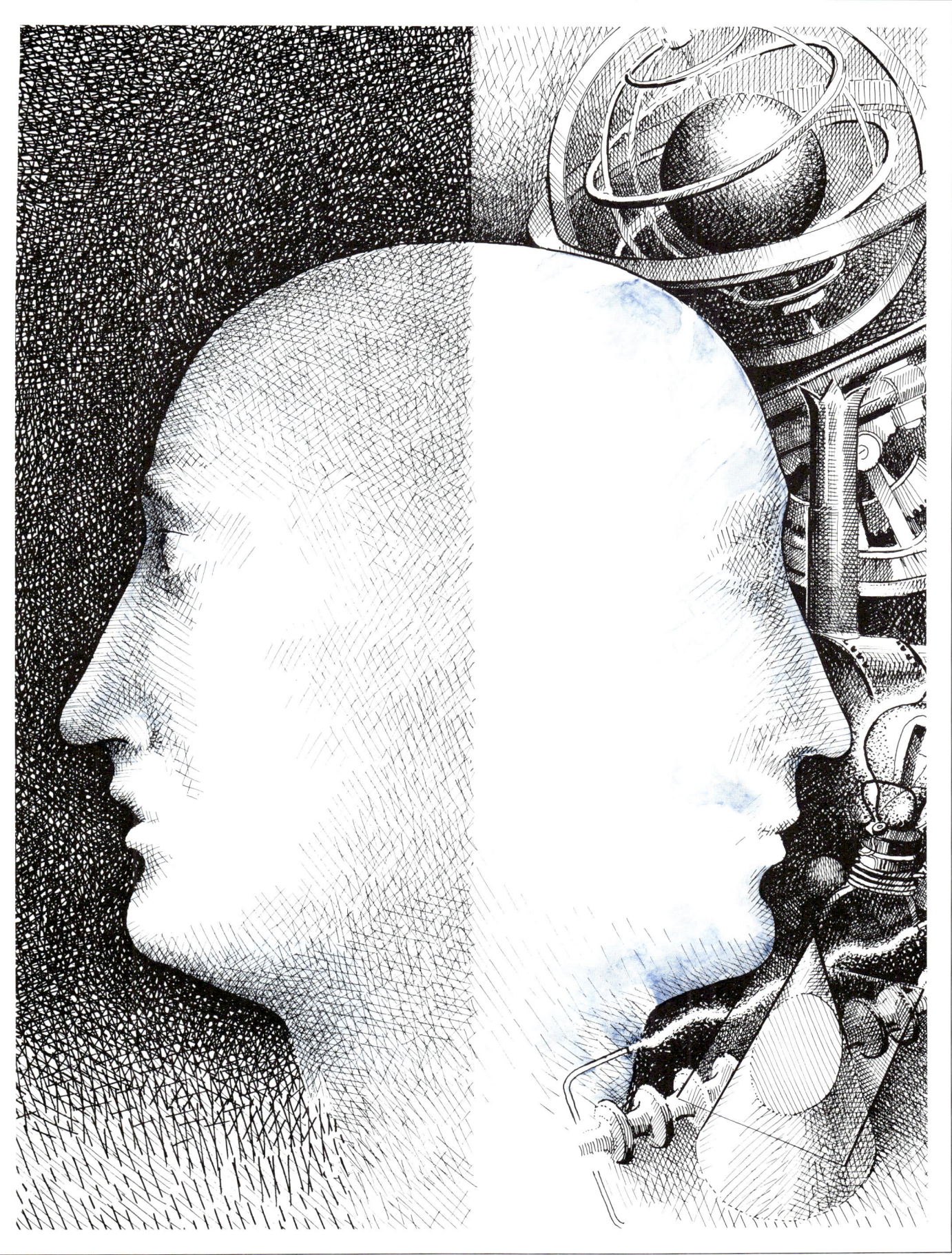

Selbsterkenntnis einer verzweifelten Identifikation mit Allgemeinheiten und Gruppen, die „mit ihren lauten Geschäften einsame Gedanken fernhalten".

Den „absurden" Widerstand im Zentrum unseres Wissens zu akzeptieren heißt, das Grauen und die Angst zu kennen und unsere Machtlosigkeit, diesen Schrecken zu bannen. Wir müssen mit der ständigen Spannung „des sich unendlich ausdehnenden Faktors des Selbst" leben und mit „dem endlichen, begrenzenden Faktor des Selbst" kämpfen, denn „ohne Schrecken gibt es nur die Dogmatik". „Der Schrecken ist das Schwindelgefühl der Freiheit", die „auf die eigene Möglichkeit starrt und nach dem Endlichen greift, um sich selbst zu erhalten". Daraus folgt, daß die Freiheit so groß wie die eigene Toleranz gegenüber Unsicherheit und Angst.

Der Garten Eden, sagt Kierkegaard, ist ein Abbild der inneren Realität und inszeniert erneut das Dilemma des Selbst oder der Seele, die zwischen der himmlischen Unschuld ästhetischer menschlicher Potentiale und der irdischen Schuld der tatsächlichen ethischen Leistungen vermitteln muß. Wir fallen unweigerlich in Sünde und Schuld, sobald die stolze Möglichkeit auf irdische Grenzen stößt. Das Wissen um Gut und Böse, das auf die Tat folgt, kommt zu spät, um den Fehler wiedergutzumachen. Doch das Risiko nicht zu wagen, nicht zu versuchen, dem Kreuz des Begrenzten-Unbegrenzten zu entrinnen, bringt uns nur „eine Krankheit zum Tode". Der Mensch, der sich weigert, den Zwiespalt seiner Existenz anzunehmen oder den existentiellen Sprung von der ästhetischen Vision zu ethischen Handlung zu wagen, wird an den nicht verwirklichten Möglichkeiten erkranken. Somit muß jeder wählen und „Furcht und Zittern" auf sich nehmen, da „jeder Mensch entsprechend seinen Erwartungen wächst". Ungeachtet seiner Angst muß der Mensch handeln. Der Wille zum Selbst-Sein entspricht unserer wahren, gottgewollten Berufung. Nur durch die Passion des Denkens und Handelns können wir die Kluft im Zentrum unseres Seins überbrücken. Wahnsinn und Verzweiflung, sagt Kierkegaard mit erstaunlicher Einsicht in die Natur der Psychosen, entstammen der Möglichkeit des Weglaufens oder der Notwendigkeit des Weglaufens. Der Geisteskranke webt sich endlose Kokons von erhabenen Metaphern und Abstraktionen und/oder klammert sich an seinen Körper, dessen mögliches Verschwinden ihn in Panik versetzt.

Kierkegaards Beschreibung der menschlichen Situation erscheint sehr schöpferisch, doch versöhnt er die Gegensätze, die er einander gegenüberstellt, nie wirklich. Sein „Glaubensritter" wagt vielmehr den nächsten Sprung, diesmal von der ethischen Handlung zum Gehorsam gegenüber dem Gebot Gottes, ungeachtet des ethischen Dilemmas. So gehorcht Abraham, dem von Gott befohlen wird, seinen einzigen Sohn zu opfern, und er gewinnt seinen Sohn durch den Glauben zurück. Kierkegaards letzter Ausweg war also ein einsamer Sprung, den er in der Hoffnung auf ein göttliches Wunder wagte. Diesem Ziel ordnete er die menschlichen Beziehungen unter, er opferte seine eigenen Bindungen, um Gott noch näher zu kommen, der allein die Erlösung seiner Seele bringen konnte.

Im Allgemeinen erwiesen sich die Existentialisten eher als Advokaten des unermeßlichen Feuers der Subjektivität denn als Exponenten eines Denkens, das durch leidenschaftliche persönliche Erfahrungen die Welt der Objekte und Ereignisse erneut für sich in Anspruch nehmen will. Mit Martin Buber (vgl. Modell 36) und später mit Camus zeigten sich erste Ansätze einer Lösung. Anders als Kierkegaard glaubte Albert Camus, daß wir im Leben nicht an Gott appellieren dürfen. „Ich werde mich immer weigern, eine Schöpfung zu lieben, in der Kinder gequält werden". Absurd ist die Beziehung des Menschen zum Universum, das Streben nach Gerechtigkeit und Einigkeit inmitten der greifbaren Ungerechtigkeit und Zwietracht, absurd ist „das wilde Streben nach Klarheit, dessen Ruf im Herzen des Menschen wiederhallt". Und doch, so drückt er es sehr lyrisch aus, „scheint die Geschichte im Griff von blinden und tauben Kräften zu sein, die weder Warnschreie noch Rat oder Bitten beachten. Die Jahre, die hinter uns liegen, haben … das alte Vertrauen, das der Mensch in sich selbst hatte, getötet, das ihn glauben ließ, er könne einem anderen menschliche Reaktionen entlocken, wenn er nur in der Sprache der allgemeinen Menschlichkeit zu ihm spricht. Wir haben erlebt wie die Menschen lügen, erniedrigen, töten, verschleppen, foltern – und kein einziges Mal war es möglich, sie von diesen Dingen abzuhalten, weil sie ihrer selbst sicher waren und weil man nicht an eine Abstraktion, d.h. den Repräsentanten einer Ideologie appellieren kann."

> Der metaphysische Rebell … greift eine zerschmetterte Welt an, um von ihr Einheit zu verlangen. Die metaphysische Revolte richtet sich gegen das Leiden am Leben und am Tod und ist ein Protest gegen die condition humaine in ihrer Unzulänglichkeit.
>
> „Der Mensch in der Revolte"
> Albert Camus

Wir ersticken unter Menschen, die glauben, völlig im Recht zu sein; für all die, die nur in einer Atmosphäre des menschlichen Dialoges leben können, ist das Schweigen das Ende der Welt ... Der Gipfel jeder Tragödie liegt in der Taubheit ihrer Helden.
„Der Mensch in der Revolte"
Albert Camus

Ideologische Abstraktionen in einem polarisierten Konflikt war das, was Camus am meisten verabscheute. „Weder Haß noch Amnestie", wollte er für die französischen Kollaborateure, und später „weder Opfer noch Henker", „weder Herr noch Knecht". Er würde nicht mit Francos Spanien gegen Rußland sein, und genausowenig mit algerischen Rebellen gegen die Landsleute seiner Mutter kämpfen. Er portraitierte Caligula „in einem Abgrund des Schweigens, einem Teich mit stinkendem Wasser und fauligen Algen", Symbol für das verrückte Streben nach einem abstrakten Prinzip, das vom konkreten Leiden abgeschnitten ist. Der wirkliche Kampf des Lebens ist, die Erstarrung zu durchbrechen und anderen mit authenischem Verstehen zu helfen. Sein Held war Sisyphus, der Titan, der von Zeus dazu verdammt wurde, immer wieder und für alle Zeit einen Steinbrocken auf einen Hügel hinaufzurollen. Der Mensch findet seine Bestätigung im Kämpfen, ohne Aussicht auf Belohnung, „einem Blinden gleich, der begierig ist, zu sehen, obwohl er weiß, daß die Nacht kein Ende hat". Es ist die Revolte, der es gelingt, dem „schreienden Gesicht des Strudels" einen Sinn zu entreißen.

Doch der spätere Camus fand eine Moral, die sich im Prozeß des menschlichen Dialogs entwickelt und „die weit entfernt vom Gehorsam gegenüber abstrakten Prinzipien sie erst in der Hitze des Kampfes und in der unaufhörlichen Bewegung des Widerspruchs entdeckt". Bemerkenswert ist das Wort „entdeckt", statt dem Wort „erfindet", das Sartre gebrauchte. „Eine menschliche Natur existiert, wie es die Griechen glaubten", schrieb Camus. Wenn es so ist, dann muß die Existenz der Natur des Menschen entgegenkommen.

Das Leitmotiv, das sich durch Camus spätere Schriften zieht, lautet, daß die lebenssteigernden Werte ihren Gegensatz in sich tragen. Nehmen wir die Revolte. „Um zu existieren, muß der Mensch rebellieren, doch die Rebellion muß die Grenzen, die sie in sich selbst entdeckt, respektieren – eine Grenze, wo sich die Geister treffen und indem sie sich begegnen, anfangen zu existieren". Camus sagt, daß die Revolte als ein Prozeß ihr Gegenstück, die Loyalität, enthält. Der Rebell verhält sich gegenüber dem Dialog, der Gerechtigkeit und der Menschlichkeit der anderen loyal. Wie in den „Briefen an einen deutschen Freund" ist der Inhalt Zorn, der größere Zusammenhang jedoch Freundschaft. In Camus' Kurzgeschichte „Der Künstler bei der Arbeit" erkrankt der Held an den Leiden des Schaffens. Eines morgens findet sein Freund ein Wort mitten auf die Leinwand gekritzelt. Heißt es „Einsamkeit" oder „Gemeinsamkeit"? Camus will uns zu verstehen geben, daß die beiden eins sind. In der einsamen Tat sokratischer Rebellion liegt das Prinzip der Gemeinsamkeit, das die Menschheit versöhnen könnte. Jede Individualität muß in sich die Bereitschaft zur Kooperation tragen, andernfalls ist sie zur Abstraktion verurteilt. Jede Kooperation muß die menschliche Individualität bejahen, wenn nicht, wird sie zur tödlichen Ideologie. Aus diesem Grunde verabscheute Camus die Todesstrafe. Er war nicht gegen Bestrafung an sich. Denn woher soll bei brutalen Menschen das Mitleid kommen, wenn nicht durch Strafe und Reue? Er verabscheute die Todesstrafe, die totale Verdammnis ohne Widerruf, mit dem Mitleid als Opfer und der Strafe als Henker. Die Guillotine war das Messer der Abstraktion, das den Geist vom Körper trennte. Die Weigerung, gegen unser universelles Todesurteil zu kämpfen, ist der äußerste Verzicht. Da unsere Hoffnung im Dialog liegt und tatsächlich durch den Dialog dialektisch entsteht, sind unsere Feinde nicht zu verwechseln: Monolog, Tyrannei, Ungerechtigkeit, Schweigen, Einsamkeit, Trennung und die logische Präzision des Entweder/Oder.

Nur im Gegensatz und in der gelungenen Synthese von Rebellion und Loyalität, Einsamkeit und Gemeinsamkeit, Leben und Tod kann die menschliche Existenz voll ausgekostet werden. Martin Luther King nahm „Der Mensch in der Revolte" von Camus mit ins Gefängnis. Ich glaube nicht, daß die amerikanische Gesellschaft den bürgerlichen Tugenden je näher war als zur Zeit jener Kampagnen.

Das Gesicht in den Falten des Leintuchs: Rollo May, Paul Tillich und die Angst

Von M. R. James gibt es eine Gespenstergeschichte mit dem Titel „Pfeife, und ich komme zu dir, mein Junge". Die Hauptfigur ist ein Professor Parkins, ordentlich, genau, methodisch, humorlos, hamsterartig, eine Karikatur des logischen Positivismus. Parkins beschäftigt sich in den Ferien als Hobbyarchäologe und entdeckt eine alte Pfeife. Er bläst darauf, und es erscheint eine Kreatur mit einem Gesicht aus einem zerknüllten Leintuch. Parkins wäre vor Entsetzen verrückt geworden, wenn die Kreatur nicht genauso geheimnisvoll wie sie aufgetaucht war, wieder zu einem Haufen Leintücher zusammengesunken wäre.

Was ist Angst? Das Phänomen wurde intensiv von Rollo May, dem Schriftsteller und humanistischen Psychotherapeuten, untersucht. Er war ein Schüler des Existentialtheologen Paul Tillich, auf den mehrere seiner Gedanken zurückgehen. May hat eine ausgezeichnete Zusammenfassung der Angsttheorien geschrieben und seine eigene Synthese dazugefügt. Hier seine Schlußfolgerungen.

Zunächst muß man Angst von Furcht unterscheiden. Angst ist ein unbestimmtes, durchdringendes, gegenstandsloses Ergriffensein, bei dem, im Gegensatz zur Furcht, eine logisch identifizierbare Ursache fehlt. Sie verbindet das Gefühl, irgendwie von außen bedroht zu werden, mit dem Gefühl, auch von innen allmählich unterwandert zu werden. Parkins befindet sich also in einer katastrophalen Lage: Das Gesicht aus zerknülltem Leinen bedroht ihn irgendwie von „da draußen", während „da drinnen" sein ganzes wissenschaftliches Weltbild und seine Grundwerte als Akademiker durch ein übernatürliches Phänomen unterminiert werden. Die Angst greift sein gesamtes Wesen an, den innersten Kern seiner Überzeugungen und seiner Persönlichkeit ebenso wie seine Beziehung zu einer äußeren Welt, von der sein Leben abhängt. Er kann sich selbst nicht mehr als jemanden wahrnehmen, der sich von der Welt abhebt. Ist er tot, lebt oder träumt er?

Angst, sagt May, entsteht durch das Hin- und Hergerissenwerden zwischen unseren Erwartungen und der diskrepanten Wirklichkeit. Sie erwächst aus dem Begreifen sozialer Konflikte und unlösbarer Widersprüche. In der Regel ist eine Drohung mit einer anderen verbunden, d.h., wenn wir uns mit der einen beschäftigen, dann sind wir auch der anderen ausgesetzt. Betrachten wir die Verwirrung und das Entsetzen von Parkins: Ein Leintuch lebt nicht, und wenn es lebt, dann ist es kein Leintuch. Es ist blind und doch „sieht" es. Es ist etwas äußerst Profanes und dem Schläfer nahe, und doch ist das „Gesicht" unirdisch und fremd. Der entsetzte Schrei verrät seine Lage und macht sie nur noch schwieriger, denn die Kreatur nistet sich nun in seiner Seelenqual ein, und es entsteht ein Teufelskreis.

Für solche Situationen gibt es zwei allgemeine Annäherungsweisen. Die erste geht davon aus, daß Angst neurotisch und auf „eine Schwäche des Geistes" (Spinoza) zurückzuführen ist. Der zweite Ansatz, von May und Tillich vorgeschlagen, sieht in der Angst etwas Grundlegendes, das normal und notwendig ist, obgleich es auch neurotische Formen gibt. Wir wollen uns zuerst mit der neurotischen Angst beschäftigen. Einer traditionellen Auffassung zufolge mystifizieren sich die Menschen gegenseitig mit irrationalen Vorstellungen, was sich am bekannten Beispiel von Gespenstergeschichten zeigt. „Der Schlaf der Vernunft gebiert Ungeheuer." Wenn Parkins nur an seiner Rationalität festgehalten hätte, dann hätte sich das Gesicht im Leintuch als ein Streich der Phantasie, als Traum, als Halluzination oder vielleicht als Schabernack erwiesen. Freud glaubte anfänglich, daß Angst durch unterdrückte Libido verursacht würde. So gesehen wird Parkins, ein „analer" Zwangscharakter, möglicherweise genau von der Phantasie verfolgt, die er unterdrückt. Jung würde sagen, daß sein kollektives Unbewußtes versucht, ihn zu erreichen. A. T. Jersild untersuchte die Vorstellungswelt von Kindern und fand, daß sie zwar gelegentlich in wirkliche (Unfall-)Gefahren geraten, daß sie aber Angst vor allem vor Löwen, Gespenstern und Hexen haben, von denen kaum Unheil erwartet werden kann. Die Kinder hatten Bilder aus Märchenbüchern benutzt, um ihre allgemeine Angst in der Beziehung zu den Eltern darzustellen. So gesehen könnte Parkins von irgendeiner lange zurückliegenden, aufgezwungenen Intimität mit einem Elternteil gequält werden.

Alfred Adler sah die Angst in dem Streben nach Überlegenheit bei Menschen mit Minderwertigkeitsgefühlen. Gerade dieses Streben belastet die sozialen Bande, die allein

Angst ist die Erfahrung, mit dem Nichtsein konfrontiert zu werden, mit dem eigenen Tod mitten im Leben; Angst fühlt man, wenn man sich im Paradoxon von Freiheit und Endlichkeit gefangen fühlt. Die Angst wird durch Widersprüche hervorgerufen, die uns gleichzeitig von innen und außen bedrohen. Im Modell 13 sehen wir die Vision des Todes, die Professor Parkins mit der Sinnlosigkeit konfrontiert und die „wissenschaftliche Weltsicht", die seiner Persönlichkeit Struktur verleiht, zerfallen läßt. Das paradoxe „Gesicht" scheint sowohl tot als auch lebendig zu sein, zufällig in der Bewegung, und doch hat es seine eigene Struktur. Weder objektives Leintuch noch subjektive Person, ist es blind, und doch „sieht" es auf eine Art, die zwischen Fühlen und Denken liegt. Parkins, der kühne Sucher, ist plötzlich derjenige, der gesucht wird, der Erkannte. Wenn wir davon ausgehen, daß Gespenster eine Illusion sind, könnte Parkins dann diese neurotische Phantasie selbst beschworen haben? Wir wissen, daß er die Pole auf der linken Seite des Bildes gemieden hat; das Beobachten und die Kenntnis fremder und geordneter Objekte waren ihm lieber. Könnte dieses „Gespenst" der Schrei seiner verdrängten, intimen Gefühle sein, die sich danach sehnen/sich davor fürchten, erkannt zu werden, bevor der Tod kommt? Um alle Pole dieser Konstrukte in der umfassenden Vernunft zu integrieren, bedarf es einer mutigen Toleranz gegenüber der existentiellen Angst. Wer sich vor den Qualen des Paradoxons versteckt und im Namen der technischen Vernunft diese Angst dadurch reduziert, daß er gewohnheitsmäßig den einen Pol dem anderen unterordnet, wird von Neurosen und Alpträumen heimgesucht.

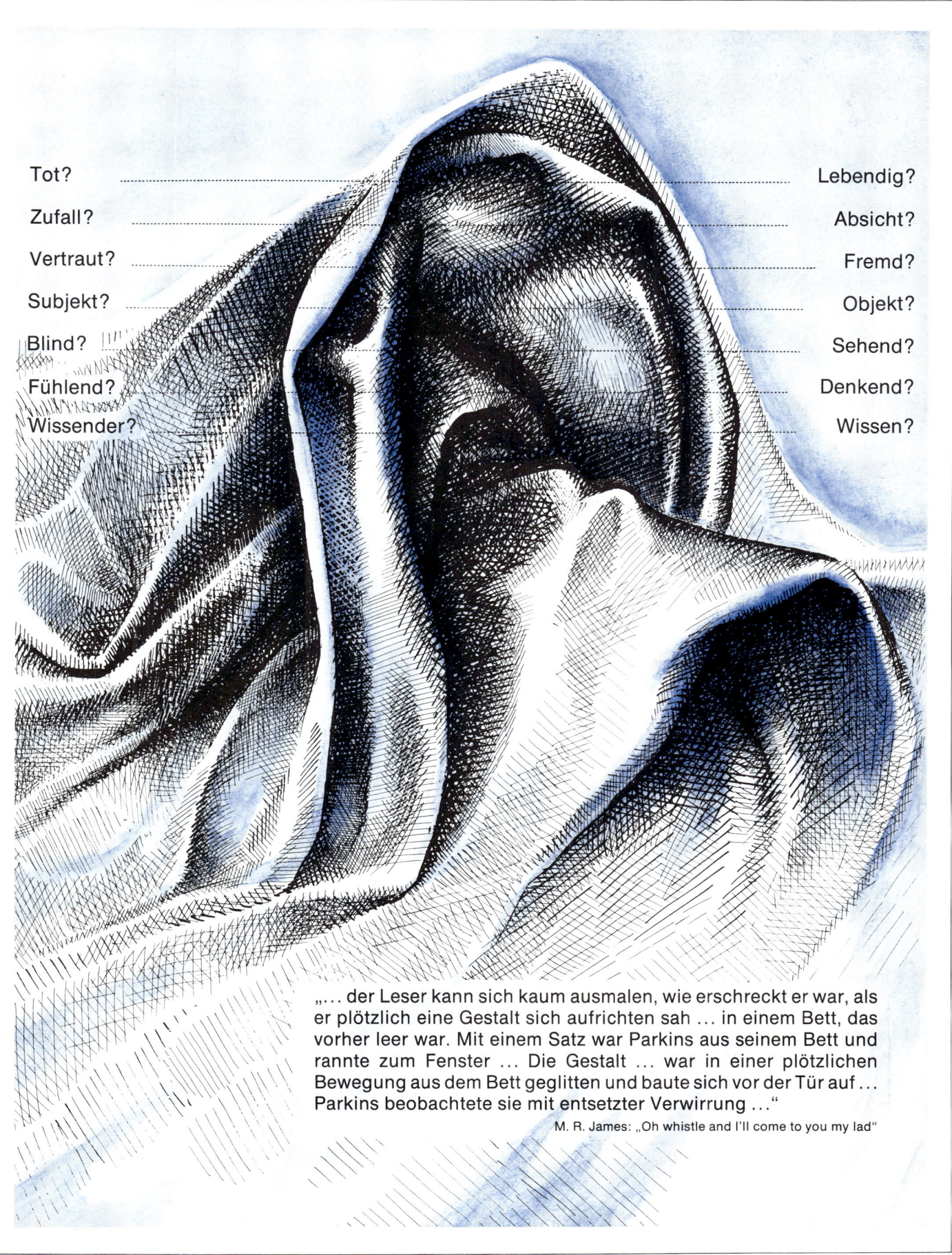

Tot? .... Lebendig?

Zufall? .... Absicht?

Vertraut? .... Fremd?

Subjekt? .... Objekt?

Blind? .... Sehend?

Fühlend? .... Denkend?

Wissender? .... Wissen?

„… der Leser kann sich kaum ausmalen, wie erschreckt er war, als er plötzlich eine Gestalt sich aufrichten sah … in einem Bett, das vorher leer war. Mit einem Satz war Parkins aus seinem Bett und rannte zum Fenster … Die Gestalt … war in einer plötzlichen Bewegung aus dem Bett geglitten und baute sich vor der Tür auf … Parkins beobachtete sie mit entsetzter Verwirrung …"

M. R. James: „Oh whistle and I'll come to you my lad"

Unterlegenheitsgefühle beseitigen können. Parkins, ein dogmatischer akademischer Einsiedler, scheint für diese Theorie ein gutes Beispiel zu sein. Nach Harry Stack Sullivan entsteht Angst aus der empathischen Vorwegnahme der Mißbilligung durch andere. Das Selbst bildet sich in dem Versuch, diese Angst zu kontrollieren. Die Gespenstergeschichte teilt uns mit, daß Parkins in seinem College immer sozialen Kontakt mit den Menschen vermieden hatte, die keine eindeutige Sprache oder Vorstellungswelt hatten. Vielleicht hat ihn dies alles in einer einzigen Nacht eingeholt! Und schließlich führt May selbst einen Großteil der neurotischen Angst in der westlichen Kultur auf die Trennung zwischen einem wettbewerbsorientierten Individualismus und der Erfahrung der Gemeinschaft zurück. Vielleicht hat Parkins seinen exzentrischen Individualismus übertrieben.

Diese Auffassung von Angst-als-Neurose verlegt die Ursache für Parkins' schreckliche Erfahrung in die schlecht verarbeitete Information und/oder in die sozialen Beziehungen, die so stark gestört sind, daß sie die Realität entstellt haben. May untersuchte eine Gruppe von ledigen Müttern. Diejenigen, die es akzeptieren konnten, daß sie selbst von ihren eigenen Müttern abgelehnt wurden, wurden mit ihrer Realität fertig und litten nur wenig an Angst. Aber die Mütter, die sich der Moral der Mittelklasse unterwarfen, wurden mit der Ablehnung durch ihre eigenen Mütter nicht fertig und lebten in ständiger Angst.

Hatte Spinoza also recht? Parkins' „schwacher Geist" wurde getäuscht und er halluzinierte. Hätte er seine Subjektivität von der objektiven Wirklichkeit getrennt, dann hätte er entweder eine Störung in der ersteren gefunden oder irgendjemanden, der ihm in der letzteren einen Streich spielte. Die irrationale Erscheinung des „Leben-im-Tod" wäre auf das Leben *oder* den Tod reduziert worden.

Das ist die triumphierende Sichtweise der Aufklärung, die den ganzen vorausgegangenen Aberglauben abschaffte. Daraus folgt, daß Angst eine Reaktion auf das Irrationale, eine kindliche Beunruhigung ist, die von der kultivierten Vernunft besänftigt wird. Es ist vernünftig, sich zu fürchten, da bestimmte Dinge gefährlich sind und uns die Furcht für den Kampf oder die Flucht wappnet. Ist also der Zustand unbestimmter und durchdringender Angst die Folge einer nicht genau erkannten Gefahr? Es sind Reste der Unvernunft.

Nicht ganz ... Der erste Fehler entsteht, wenn die endgültige Klarheit einer idealen Theorie mit den Konfusionen und Mehrdeutigkeiten ihrer Entstehung verwechselt wird. Die endgültige Antwort auf ein Problem kann ein klares „Ja" oder „Nein" auf ein einfaches Entweder/Oder sein. Doch was Abraham Kaplan als „rekonstruierte Logik" bezeichnete, ist nicht dasselbe wie die Logik einer Entdeckung. Ein berühmtes psychologisches Experiment illustriert diesen Punkt.

Richard Crutchfield bat eine Gruppe von Personen, die relative Länge von zwei Linien zu schätzen und führte noch weitere ähnliche Tests zur visuellen Unterscheidungsfähigkeit durch. Die Antworten der einzelnen Versuchspersonen wurden mit Hilfe eines Signalsystems so übertragen, daß jeder Teilnehmer glaubte, er hätte die Längen der Linien ganz anders eingeschätzt als alle anderen Personen im Raum, jeder glaubte, er wäre mit seiner Schätzung allein. In der Psychologie erhält man selten eine Korrelation von 1.0, doch in diesem Falle zeigten *alle* Teilnehmer eine Erhöhung der mit physiologischen Maßnahmen ermittelten Angst. Diejenigen, die sich dann dem falschen Gruppenkonsens anpaßten und sich entgegen der Wahrnehmung ihrer eigenen Sinne verhielten, konnten ihre Angst verringern. Diejenigen, die bei ihrer abweichenden Meinung blieben und ihren Augen trauten, behielten ihren hohen Angstpegel bei. Sie hielten eine Anomalie, ein Dilemma und einen scheinbaren Widerspruch aus. Sie riskierten die Möglichkeit, daß ihre Augen oder ihr Verstand versagt haben, sie riskierten, sich lächerlich zu machen, um sich nicht selbst zu verleugnen und behaupteten sich trotz der Angst. Tillich nannte dies den „Mut zum Sein". Wissenschaftler, Schriftsteller, Künstler und schöpferische Menschen aus allen Bereichen gehen durch Unsicherheit, Anomalien und scheinbare Sinnlosigkeit hindurch im Vertrauen auf irgendeine versöhnende Kraft.

Aber da wird noch ein zweiter Fehler gemacht, wenn man die Angst als „irrational" abwertet. Können wir immer davon ausgehen, daß es am Ende des Kampfes um das Verständnis eine endgültige Lösung gibt? Gespenster werden, so meine ich, zu Recht skeptisch betrachtet und lösen sich mit der reduktiven Erklärung auf, doch läßt sich das gleiche über die rauhe Wirklichkeit sagen, die durch die Gespenster symbolisiert wird? Die

---

Mut schafft die Angst nicht ab. Denn die Angst ist existentiell und kann nicht verhindert werden. Aber Mut ermöglicht es, daß wir uns der Angst vor dem Nichtsein stellen ... Wer ... diese Angst nicht auf sich nimmt ... kann ihr nur entkommen, indem er in Neurose flieht ... Die Neurose ist die Vermeidung des Nichtseins durch die Vermeidung des Seins.

„Der Mut zum Sein"
Paul Tillich

Gespenster stehen für ein Leben, das weiß, daß es sterben wird, für ein Wesen, das in den Worten von Pascal „umhüllt ist von der Unendlichkeit der Räume, die ich nicht kenne und die mich nicht kennen …" Die psychologische Erfahrung, die das Sein mit Nicht-Sein verbindet, unser weltliches Streben mit dem Nichts, ist die Mitteilung eines Wesens, das sich bewußt ist, daß es wieder zu Staub werden wird. Aber die Physik hat uns gelehrt, daß es bei der räumlichen Wahrnehmung keine Widersprüche geben kann, daß ein Organismus physisch entweder tot oder lebendig ist, doch psychologisch konfrontieren wir unsere Existenz ständig mit der Nicht-Existenz. Gespenster sind Symbole für diese Fusion der Gegenwart mit der sich nähernden Wirklichkeit; zwar können wir Gespenster vertreiben, doch nicht das, wofür sie stehen.

Es ist nicht nur der *Schlaf* der Vernunft, der Ungeheuer gebiert. Am anderen Extrem gebiert auch der *Traum* der Vernunft Ungeheuer in Gestalt von Endlösungen. Warum? Weil, sagt Tillich, wir versäumt haben, die technische Vernunft von der allumfassenden Vernunft zu unterscheiden. Die technische Vernunft entspricht der Art von Mittel-Zweck-Rationalität, die zu ja/nein Antworten auf entweder/oder Fragen führt. Sie schafft den Widerspruch ab, durchbricht Anomalien und ersetzt vage Angst durch konkrete Furcht, die vermutlich gemeistert werden kann. Doch die ethisch-sozialen und existentiellen Themen, die uns letztendlich beschäftigen, erfordern eine ganz andere Art des Denkens, eine Art, die mehrere Alternativen miteinbezieht und bei der die Antwort nicht ein Entweder/Oder, sondern ein Sowohl/Als-auch sein kann. Sollen wir Individualisten sein, die kühn ihre eigenen Werte gegen die Masse oder Gemeinschaft behaupten oder Menschen, die entschlossen sind, zum sozialen Nutzen beizutragen? May würde antworten: beides. Liebe *und* Wille, Macht *und* Unschuld, alles muß miteinbezogen werden, da das *Freisein von* seine Erfüllung in dem *Freisein für* findet. Die Versuchspersonen, die in Crutchfields Experiment eine abweichende Meinung vertraten, übernahmen die Verantwortung für ihre Gruppe, indem sie Verantwortung für sich selbst übernahmen. Während sie schließlich die Frage nach der längeren Linie korrekt beantworteten, können sie (oder wir) die Frage nach der individuellen oder sozialen Verantwortung nie endgültig beantworten. Diese Frage wird ständig durch die Feuerprobe der Angst wiederholt, die sich zwischen den Menschen abspielt, und die Dilemmata müssen in den sich verändernden Mustern und Proportionen, die bestimmte Probleme lösen sollen, immer wieder überbrückt werden. Die existentielle Angst ist für diesen Prozeß grundlegend, als Schatten des Intellekts, unerläßlich für diejenigen, die wie Sophokles „stetig das Leben sehen und es als Ganzes sehen". Nur wenn wir der Angst ausweichen, verwandeln wir sie unbewußt in neurotische Formen, die uns dann heimsuchen.

Denn es ist verheerend, wenn wir bei umfassenden Problemen nur die technische Vernunft einsetzen und so die multidimensionale Angst in eine eindimensionale Furcht schrumpfen lassen. Der Kommunismus ist gefährlich, so wird uns gesagt, deshalb sollen wir aufrüsten, ihn bekämpfen und unsere Furcht meistern! Doch ist es nur eine Gefahr, der wir gegenüberstehen, oder ein gespensterähnliches Dilemma? Rußland könnte „aggressiv" werden, weil es durch die amerikanische Schwäche dazu verleitet wird, oder sich selbst in einem Präventivschlag „verteidigen", weil es durch die Stärke der anderen in Panik gerät. In dem Grad, in dem die Macht der beiden Länder eskaliert, werden wir in einem wachsenden Zwiespalt gefangen, der zwischen diesen beiden Interpretationen herrscht. Beide Länder sind heute so „stark", daß sie „schwach" sind und sich nur durch die Vernichtung des jeweils anderen „verteidigen" können. Haben wir das Stadium erreicht, das Kierkegaard vorhergesehen hat, in dem Furcht und Sehnsucht sich so ineinander verkrallen, daß „die Krankheit zum Tode" eine Folge dieses Schachmatt ist? Mit Parkins sind wir in dem Kierkegaardschen Widerspruch des Entweder/ Oder gefangen, in der Falle des cartesianischen Dualismus, in dem die Gespenster die geistlose Maschine namens Mensch quälen.

Die Wurzeln des Kalten Krieges liegen in der angstreduzierenden, technischen Antwort der westlichen und östlichen Machtblöcke auf das ewige Dilemma zwischen den Menschenrechten und der sozialen Verantwortung. Der Westen sagt ja/nein, der Osten nein/ja. Jetzt wirft jeder dem anderen seine Unvollständigkeit vor. Jeder fühlt sich von einer fremden Dimension unterwandert, und die durch die Konfrontation erzeugte Angst ist neurotisch geworden. Es könnte unser letzter Fehler sein.

Das gespaltene Selbst:
Von Jean-Paul Sartre zu R. D. Laing

R. D. Laing hat die existentielle Position von Jean-Paul Sartre weiterentwickelt, daß der Mensch das Für-sich-selbst-Sein erfährt und noch fördern möchte. Existentielles Sein meint einen ständigen dynamischen Fluß des Bewußtseins-durch-Handeln (Praxis), der vom einzelnen Menschen in eine soziale Umwelt ausströmt. Doch wenn wir andere anschauen, neigen wir dazu, sie als Wesen für-sich-selbst zu sehen, als Objekte, die in unserer eigenen zweckorientierten Sicht lokalisiert werden. Für Sartre bedeuten zwischenmenschliche Beziehungen den ständigen Kampf um die Flexibilität unserer eigenen Existenz gegenüber den ständigen Versuchen der anderen, uns zu verdinglichen.

Nun ist die „wissenschaftliche Weltsicht" in überwältigendem Maße verdinglicht. Diese Sichtweise des distanzierten Beobachters soll uns durch analytisches Denken, das uns auf unsere Teile reduziert, immer genauer erklären. In diesem versteinernden Blick und in diesem desintegrierenden Denken steckt psychologische Gewalttätigkeit. Sartre vertritt eine eigene Postion des dialektischen Denkens, wonach die Überzeugungen jeder Person oder Gruppe „entrechtet" werden, d.h. in die größere Struktur der Überzeugungen eines anderen einverleibt werden. Deshalb sollte sich keine Überzeugung als etwas moralisch Absolutes oder als eine objektive Entscheidung ausgeben.

R. D. Laing wirft der heutigen Psychiatrie vor, psychische Zustände auf falsche Weise verdinglicht zu haben. Freud stieg in die „Unterwelt" des totalen Terrors, seine Theorie wirkte wie der Kopf der Medusa, der diese Schrecken zu Stein werden ließ. Wir müssen lernen, Psychotiker zu verstehen, ohne sie zu versteinern. Laing behauptet nicht, daß Freuds Theorien „falsch" sind. Sie mögen sich sehr wohl mit den beobachtbaren Daten vereinbaren lassen. Was er meint ist, daß Fakten auf eine Art und Weise gemessen und mitgeteilt werden können, daß sie besser sichtbar und begreifbar werden. Patienten, die Hilfe suchen, weil sie sich tot oder wie ein zerschmetterter Gegenstand fühlen, erleben sich durch die Sichtweise der Psychiatrie nur noch versteinerter. Eben die Daten, die durch die Symptome erzeugt werden, sind in Wirklichkeit *capta*, Stücke, die aus dem Gewebe der gelebten Erfahrung herausgerissen und abstrahiert werden.

Laings Verständnis der Schizophrenie beginnt mit einem gespaltenen oder schizoiden Funktionieren. Menschen, die ontologisch unsicher sind, d.h. denen nicht erlaubt wurde, sich in moralischen Handlungen als ständig mit der Welt verbunden zu erleben, spalten sich in zwei Systeme auf, in ein System des falschen Selbst, der Außenwelt gegenüber repräsentiert als Maske, und in ein inneres Selbst der authentischen Erfahrung, das den anderen nicht gezeigt wird.

Die schizoide Struktur entwickelt sich graduell. Wir erinnern uns, daß wir als Kind die Entdeckung gemacht haben, daß wir unser Wissen vor den Eltern verbergen können. Wenn das Leben im falschen Selbst zur Gewohnheit wird, dann kann die Aufspaltung zu einem dauernden Merkmal werden. Der Nutzen, der bei der Spaltung erreicht werden soll, ist die Angstverminderung. Wenn ich den anderen mein wahres, verkörpertes Selbst zur Annahme oder Zurückweisung anbiete, liegt in der Vorwegnahme ihrer Reaktion existentielle Angst. Diese Angst kann quälend sein für Menschen, die früher oft abgelehnt und nur unzureichend sozialisiert wurden. Mit einem falschen Selbst soll der soziale Kontakt erleichtert werden, das falsche Selbst entlastet: Wenn es abgelehnt wird, ist der Schmerz bei weitem nicht so groß.

Doch diese unmittelbare Erleichterung birgt eine spätere Katastrophe in sich. Wenn das wahre Selbst den anderen nie präsentiert wird, kann es weder Bestätigung finden noch aus der Erfahrung lernen, während das falsche Selbst nur in seiner Falschheit bestätigt werden kann, so daß selbst ein Erfolg der Krönung einer Atrappe gleichkommt. Soziale Fertigkeiten verkümmern und neurotische Ängste, die dem linkischen Verhalten folgen, treten bald an die Stelle der existentiellen Angst. Es gibt, behauptet Sartre, „keinen Ausgang" aus dem Circulus vitiosus (Huis Clos) der entsteht, wenn man „schlechten Glaubens" falsche Versionen des Selbst anbietet. Wir werden durch wechselseitige Verdinglichung in einer Welt gequält, „wo die anderen die Hölle sind." Schizoides Verhalten führt nicht unmittelbar zur Schizophrenie, vielmehr intensiviert es die psychologische Gewalt, so daß im Kampf um die Verdinglichung der anderen einige gewinnen, und andere den Kampf verlieren. Bei den Opfern und Verlierern

Der Psychiater (rechts) sieht den Patienten (links) durch den Filter seiner Theorie, die den Patienten in „Symptome" und objektive Kategorien aufteilt. Ein solcher Psychiater mag alles über Schizophrenie wissen. Ironischerweise kommt der Patient und sucht Hilfe, weil er unter Gefühlen der Selbstauflösung leidet, Gefühlen, die der Psychiater eben durch den Prozeß der reduktiven Analyse noch verstärkt. Gesundheit wird in unserer Gesellschaft nach der Art der Verbindung zwischen zwei Personen, dem Untersucher und dem Untersuchten, beurteilt, wobei der erstere nach allgemeinem Verständnis gesund ist. Patienten sind in der Regel diejenigen, die von ihren Verwandten oder Freunden mit objektiven Symptomen etikettiert wurden und die man überredet hat, Hilfe zu suchen, was die Desintegration dann nur noch verstärkt. Der Patient fördert seine eigene Psychose unabsichtlich, indem er ein „falsches Selbst" aufbaut, das die Erwartungen einer feindlichen Umwelt erfüllt, während ein inneres, „wahres Selbst" Zuflucht in Freiheitsphantasien und Racheträumen sucht. Während das falsche Selbst Erfahrungen sammelt, fühlt sich das wahre Selbst zunehmend isoliert und unwirklich. Es wird davon bedroht, vom System des falschen Selbst verschluckt zu werden, das jetzt vor verinnerlichter Kritik und widersprüchlichen Eigenschaften überquillt ... So gilt jemand, der sagt, er sei eine Maschine, als verrückt, während viele, die sagen, der Mensch sei eine Maschine, als große Wissenschaftler betrachtet werden!

PATIENT THEORIE THERAPEUT

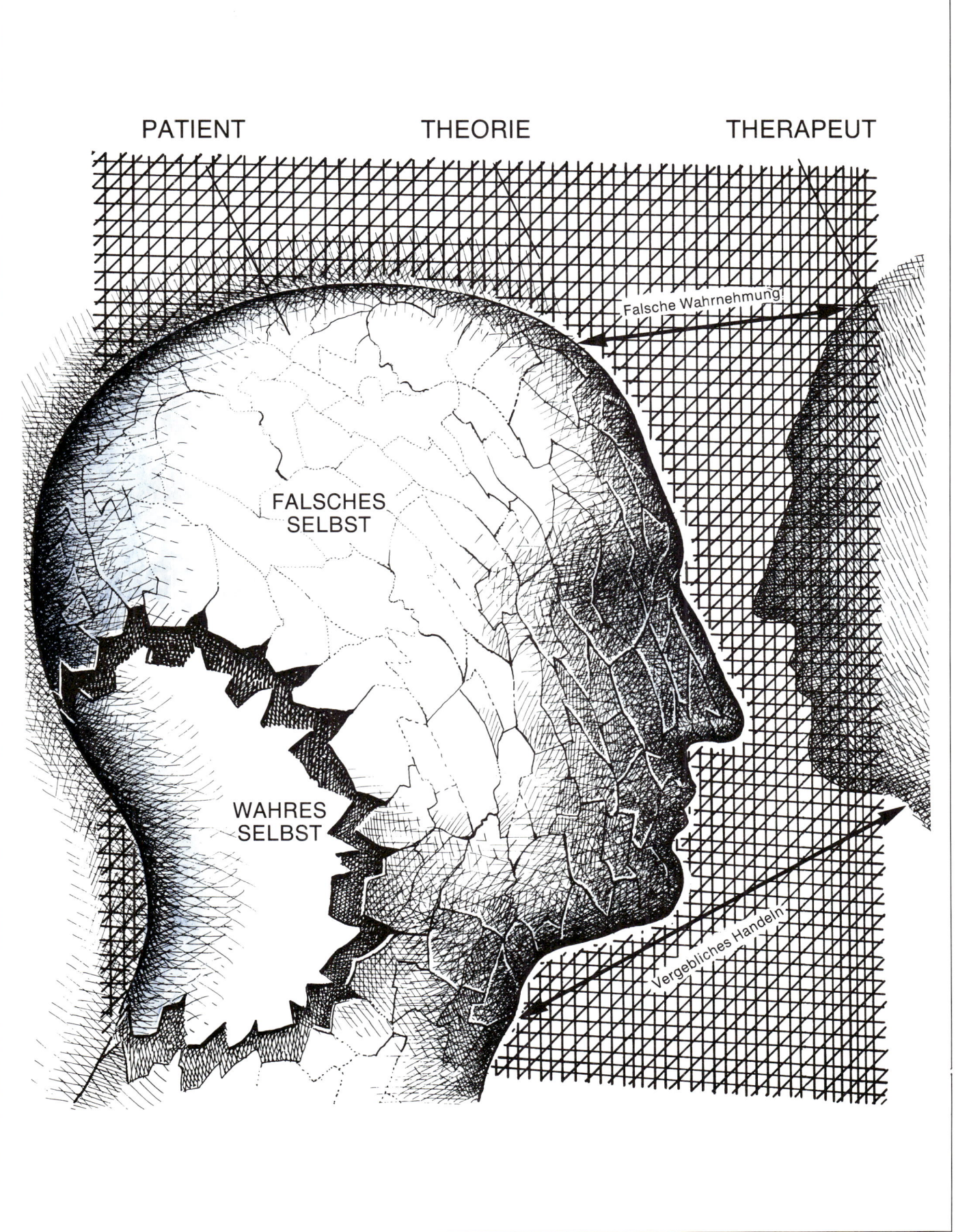

Falsche Wahrnehmung

FALSCHES
SELBST

WAHRES
SELBST

Vergebliches Handeln

ist die Tendenz zur Psychose dann sehr wahrscheinlich. Diese Dynamik wird auf der Abbildung Seite 61 dargestellt. Der Patient (links) hat ein ganzes System falscher Selbsts abgespalten, um den Erwartungen der anderen zu entsprechen. Sie werden zur Verteidigung eines inneren Selbst entwickelt, das mit den Worten von Kierkegaard unter einer „dämonischen Eingeschlossenheit" leidet. Doch der Psychiater (rechts) hat sein eigenes falsches Selbst in Form der Theorie, mit der er den Patienten objektifiziert und analysiert. So, wie die Eltern oder der Partner den Kampf um die Erfahrung gewonnen und den Patienten davon überzeugt haben, daß er ihr „krankes Objekt" ist, so bestätigt der Therapeut jetzt die Diagnose. Mit einem herabwürdigenden Vokabular moralischer oder medizinischer Herkunft etikettiert nun ein schizoides System das andere, wobei jedes eine „Totenmaske" trägt, in der sich die Falschheit des anderen widerspiegelt. Der Patient wird den psychiatrischen Vorschlägen wahrscheinlich zustimmen, und der Psychiater freut sich über die sich selbst bestätigende Kraft seiner Theorie. Sogar die Träume des Patienten gehorchen ihr!

Der Sieg der Autoritäten über den Patienten beschleunigt seine Psychose. Das falsche Selbst wird zur brüchigen Fassade, die aus einem Mosaik von widersprüchlichen Eigenschaften besteht und von dem wahren Selbst, das kompensatorische Werte entwickelt, immer mehr verspottet und gehaßt wird. Je feiger das falsche Selbst wird, je mehr es besiegt und unterdrückt wird, desto furchtloser und freier wird das wahre Selbst. Schließlich kennt die Phantasie eines Phantoms, das von der Welt abgeschlossen ist, keine Grenzen. Das Pardox wird nun ganz deutlich: Das wahre Selbst ist durch seine Isolation genauso gefährdet wie durch den Kontakt mit der Wirklichkeit. Der psychotische Knacks wird in der Regel durch Veränderungen in der Sprache signalisiert. Kurz vor der Psychose würde ein Patient sagen, daß er mit seiner Frau nicht wirklich schläft. Hat er die Grenze zur Psychose überschritten, dann behauptet er, daß die Frau, mit der er schläft, nicht seine wirkliche Frau ist. Der Übergang ist erkennbar. Das zweigleisige Gespräch ist zu einer Unterhaltung zwischen vier oder mehr Entitäten geworden. Das falsche Selbst, in das jetzt die Verwandten und Psychiater eingedrungen sind, läßt sich jetzt nicht mehr von ihnen unterscheiden. Sie sind es, und es ist sie, während sich das wahre Selbst für die Phantasie entschieden hat. Der ursprüngliche Konflikt zwischen dem Patienten und den anderen ist durch die Objektifizierung in ihn selbst hineinverlagert worden, so daß seine Selbsts sich buchstäblich übereinander lustig machen und sich karikieren.

Setzt die Schizophrenie in der frühen Adoleszenz ein, dann beschreiben die Eltern des Patienten oft drei aufeinander folgende Stadien: „Gutsein, dann Bösesein, dann Verrücktsein" (vgl. Diagramme). Ein typischer Fall war Julie. Sie „machte nie Schwierigkeiten", war immer „süß, folgsam und sauber". Da wirkliche Kinder nicht im mindesten so sind, war Julies „perfektes Selbst" mit Sicherheit falsch, hinter der Maske brodelte ein wahres Selbst. Als sich der psychotische Zusammenbruch anbahnte, machte Julie einen verzweifelten Versuch, sich selbst zu retten. Das war ihre „böse Phase". Sie beschuldigte ihre Mutter plötzlich, daß sie sie nie allein lasse, daß sie von ihr erstickt werde. Eine verzweifelte Wahrheit, aber die Eltern waren natürlich entsetzt. Wie konnte ihr Liebling solche Gefühle hegen? Wir können uns die Heftigkeit ihres Schocks und ihrer Mißbilligung vorstellen. Deshalb war es eine Erleichterung für sie (und ein Signal der Kapitulation von Julie) als das Mädchen behauptete, ihre Mutter hätte ein Kind ermordet und die Polizei müßte informiert werden. Julie war krank! Ihr Bösesein (badness) konnte durch Verrücktsein (madness) erklärt werden. Sie meinte nicht, was sie sagte.

Sartre und Laing würden mit Marcuse übereinstimmen (Modell 53), daß Julie das Opfer von eindimensionalen Urteilen ist. Die moralischen Absolutheitsansprüche ihrer Eltern – Gehorsam, Sauberkeit, Ruhe – lassen keinen Raum für die anderen Endpunkte des dialektischen Prozesses – Rebellion, Unordnung und Unruhe. Selbst die medizinische Wissenschaft war eindimensional, da sie daran festhielt, daß ihr falsches Selbst gesund sei und ihre wirkliche Erfahrung verrückt. Moralismus und Positivismus vereinigten sich, um die Werte zu zerschmettern, die ihr Wesen zu negieren schienen.

Doch ist es ein gewaltiger Irrtum, Gehorsam als *gut* und Rebellion als *schlecht* zu betrachten, auf Anpassung und nicht auf Selbstbehauptung zu bestehen. Die wirkliche Krankheit liegt in der *Spaltung* dieser Werte, so daß das falsche Selbst fügsam und tot erscheint und das wahre Selbst so wild und lebendig. Das Muster, das wir bei der Psychose beobachten,

Wir beschäftigen uns auf besondere Weise mit Menschen, die sich selbst als Automaten, als Roboter, als Teil von Maschinen oder sogar als Tiere erleben. Aber warum betrachten wir eine Theorie, die Menschen in Automaten oder Tiere verwandelt, nicht als gleichermaßen verrückt?
„The Divided Self"
Ronald Laing

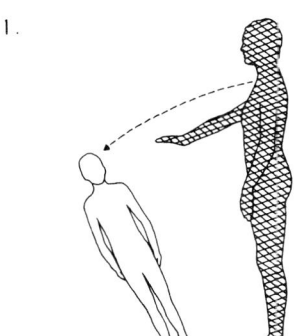

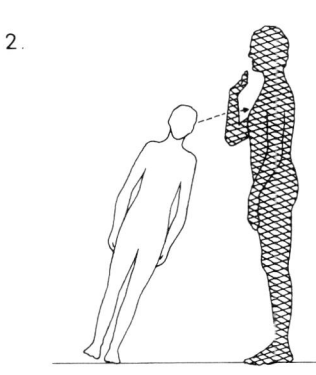

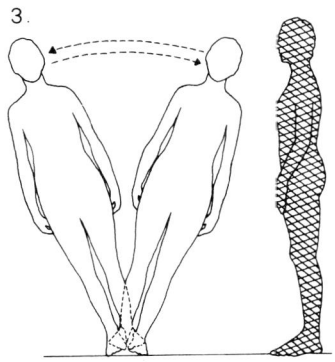

Drei Phasen der Schizophrenie in der frühen Jugend:
1. Ein „gutes", gehorsames Kind
2. Ein „böses", aufsässiges Kind
3. Ein „verrücktes" Kind, das zwischen den Extremen des „Guten" (falsches Selbst) und „Bösen" (wahres Selbst) hin und her schwankt.

ist ein Oszillieren zwischen Extremen, ohne Mäßigung oder gegenseitige Zügelung zwischen den absoluten Werten.

Laings Ansichten wurden von der Gegenkultur der sechziger Jahre vereinnahmt und grob vereinfacht. Die Medien stellten ihn in ein immer bizarreres Licht, anscheinend voll Mitgefühl mit den Patienten, von denen man glaubte, sie hätten mystische Erlebnisse – eine veritable Odyssee und Rückkehr des Helden. Ich glaube, daß wir die Tiefe von Laings Werk von seinen späteren Überspanntheiten durch eine einzige wichtige Unterscheidung abgrenzen können. Laing übernahm Sartres „wahres Selbst" und „imaginäres Selbst" und änderte sie in falsches Selbst und wahres Selbst ab. Er wollte damit nicht sagen, so behauptet er heute, daß das wahre Selbst in seiner abgespaltenen, phantomisierten Lage sich in einem beneidenswerten Zustand von Gesundheit befinde. Aber nur in ihm macht der Mensch wirkliche Erfahrungen. Man kann den Patienten nur dann helfen, ihre subjektive Erfahrung mit der sozialen Realität, wie sie von anderen gesehen wird, wieder zusammenzubringen, wenn dieses wahre Selbst zunächst als die legitime Grundlage, von der ausgegangen werden muß, akzeptiert wird. Auf diese Weise wird sowohl ihre Rebellion wie auch ihr Gehorsam, ihre Selbstbehauptung wie ihre Anpassung und das gesamte dazwischenliegende Verhaltensrepertoire respektiert.

Es waren seine Popularisierer, nicht Laing selbst, die versuchten, das Ganze als eine Polarität auf dem Kontinuum „subjektives Ganzes – objektiver Teil" zu definieren. Das Prinzip der Einheit kann nicht nur auf einer Sprachebene angewandt werden (vgl. Modell 40), sondern muß sich logisch auf das ganze Kontinuum beziehen, das die Objektivität und die Teile in einem erweiterten Kontext umfaßt. Wenn die Dimensionen von Ganzes – Teil, Subjekt – Objekt, Trennung – Beziehung in einem geteilten Selbst aufgespalten werden, dann sind alle abgespaltenen Enden pathologisch, reizen sich gegenseitig und oszillieren heftig; der ausgeflippte Hippie und der zugeknöpfte Robotermensch im Patienten können beide nur durch die Integration der Extreme geheilt werden. Wenn Laing den subjektiven Pol betont hat, dann deshalb, weil zuviele andere vor ihm diesen Aspekt vernachlässigt haben. Die notwendige Einseitigkeit seines Vorgehens ist mit der lebenswichtigen Balance seines Ziels verwechselt worden.

Im Lichte von Modellen wie der Katastrophentheorie (Modell 56) erhält Laings Arbeit erneute Bedeutung, und das Konzept einer tiefen, katastrophalen Spaltung von Psyche und Verhalten ist inzwischen mehr als eine Metapher. Es läßt sich mathematisch ausdrücken und dreidimensional darstellen. Im Grunde wird der Schizophrene durch die Subjekt-Objekt-Spaltung des cartesianischen Dualismus gekreuzigt (Modell 6). Er (oder sie) ist „das zerbrochene Bild" wie Laing es ausdrückt. Die Gefahr ist: wenn jemand den anderen als einen frei Handelnden erlebt, öffnet er sich der Erfahrung, sich selbst als ein Objekt des anderen zu erleben. Es entsteht das Gefühl, daß die eigene Subjektivität dadurch ausgetrocknet wird. Man läuft Gefahr, nichts als ein Ding in der Welt des anderen zu werden, ohne eigene Existenz, ohne eigenes Sein. So gesehen wird schon die Erfahrung des anderen als Person buchstäblich als selbstmörderisch erlebt. Sartre liefert hervorragende Beschreibungen dieser Erfahrung ...

Die Verleugnung des Todes:
Otto Rank und Ernest Becker

Otto Rank war ein enger Mitarbeiter Freuds (Modell 9), von dem er ermuntert wurde, zu studieren. Freud unterstützte das Studium finanziell. Später fiel Rank von seinem Lehrer ab, seine Neuformulierungen sind jedoch vom Respekt für Freud geprägt und dabei höchst originell. Im Jahre 1974 erhielt Ernest Becker den Pulitzer-Preis für die Rehabilitierung und Weiterentwicklung von Ranks Werk. Das Buch „Die Verleugnung des Todes" gewann seinen besonderen Akzent durch die Tatsache, daß Becker selbst schwer an Krebs erkrankt war und kurz nach Vollendung des Werkes starb.

Der Ausgangspunkt von Rank und Becker war die Einzigartigkeit des Menschen in der Schöpfung. Nur wir Menschen sind uns bewußt, daß wir sterben werden. Unsere Fähigkeit zur Symbolbildung versorgt uns mit unendlich viel Nahrung für den Geist, doch unser Körper wird die Nahrung der Würmer sein. Es ist vergeblich, nach einem „Wesen" des Menschseins zu suchen, um damit den Geist auf eine einzige Quelle zurückzuführen. Wir sind Gefangene des Paradoxons, mit unserer ganzen Vitalität gegen Tod und Vergessen anzukämpfen. Wir leben zwischen *Lebensangst* und *Todesangst*, wir fühlen uns von den Möglichkeiten und der Erregung des Lebens überwältigt, und wir fühlen uns in der Endlichkeit und Erschöpfung im Stich gelassen.

Von Freud stammt die Bemerkung, daß das Unbewußte und das Es den Tod und die Zeit nicht kennen. In unserem Innersten fühlen wir uns unsterblich und sehen die Welt wie Narziß als Spiegelung unserer selbst. Das Ich und das Realitätsprinzip erinnern uns warnend daran, daß wir zum Untergang verurteilt sind, und während wir dies von den anderen glauben, bäumen sich unsere persönlichen Triebe auf gegen das Todesurteil.

Freuds Einsichten erscheinen in einem vollkommen neuen Licht, wenn wir annehmen, daß das, was wir unterdrücken, nicht so sehr Sexualität ist, sondern vor allem die Furcht vor dem Tode. Wir verstehen dann beispielsweise die Angst, die durch die Sexualität, durch Nacktheit, Körperfunktionen und so weiter erregt wird, als eine unliebsame Erinnerung an die Sterblichkeit. Die orale, anale und phallische Phase der Entwicklung sind kindliche Versuche, eine „Welt", die auf eine handliche Größe geschrumpft ist, zu schlucken, auszustoßen und durchdringen. Ein Kind hat noch keine konkrete Kenntnis vom Tode, aber es macht viele paradoxe Erfahrungen, die die gleiche Struktur wie der Tod haben. Das Kind kann sich zum Beispiel omnipotent fühlen, denn es braucht nur zu schreien und schon erhält es die gewünschte Zuwendung. Dann dämmert allmählich die Erkenntnis, daß seine „Macht" nur die andere Seite seiner Hilflosigkeit ist. Das Überleben des Babys hängt ganz am Faden der elterlichen Fürsorge. Die „Kastrationsangst" wird somit auf die Mutter, nicht auf den Vater projiziert. Das Kind sehnt sich nach Unabhängigkeit, fürchtet sich aber davor, allein zu sein und zurückgewiesen zu werden. Wie die legendäre Sphinx so nimmt auch die Mutter eine paradoxe Gestalt an, sie kann das abhängige Wesen versorgen und pflegen, doch zerstört sie das Kind, wenn die Abhängigkeit zu groß wird. Die Wiege, die scheinbar so warm und sicher ist, schaukelt auf einem dunklen Ozean. Dieses Paradoxon der Kindheit führt zu dem größeren Paradoxon im Leben des Erwachsenen, das dem Treiben einer eingekapselten Muschel auf einem anderen Ozean gleicht. Das Kind hat keine Möglichkeit, seine Angst angesichts dieses Paradoxons zu artikulieren – außer durch verfügbare Symbole, etwa Tiergestalten oder andere unheimliche Wesen, die nachts rumoren.

Aus dieser Sicht ist der Oedipuskomplex ein Versuch der Selbsterschaffung. Oedipus versuchte, den Tod zu überlisten, indem er sein eigener Vater wurde. Das war die Sünde, für die ihn die Götter straften (und für die auch Satan aus dem Himmel vertrieben wurde). Oedipus wurde zum Mann, als er das Rätsel der Sphinx löste, daß „Mensch" aus dem Konflikt zwischen Fürsorge und Zerstörung entsteht. Aber das war nur eine verbale und symbolische Lösung, so daß Oedipus danach in jenes größere Paradoxon stolperte, das zwischen der symbolbildenden Kraft der Helden und Könige und der Begrenzung durch das sterbliche Fleisch liegt. Er wußte „alles", außer der Herkunft und dem Schicksal seines eigenen Körpers.

Die Menschen haben sich an zahlreichen Lösungen für das Paradoxon versucht, daß „wir mitten im Leben vom Tode umfangen sind." Rank und Becker unterschieden zwischen religiösen, heroischen, romantischen, philisterhaften und kreativen Lösungen, ohne die wir

Der Mensch unterscheidet bei der Wahrnehmung gewöhnlich zwischen „Figur" und „Grund" (oder Hintergrund). Obwohl wir die Figur, die wir betrachten, automatisch wählen, unterliegt diese Wahl unseren Motiven und Erwartungen und wird nicht vom Gegenstand selbst bestimmt. Otto Rank und Ernest Becker vertraten die Auffassung, daß wir den Tod leugnen, um das schmerzliche Paradoxon vom Leben-im-Tod aufzuheben. Entsprechend konzentrieren wir uns hartnäckig auf „den weißen Engel des Lebens", während wir „den schwarzen Teufel des Todes" tief in den hintersten Winkel des Unbewußten verdrängen. Wir erfinden unsterbliche Systeme, in denen der Himmel, das Heldentum, die Romantik, die Wirtschaft, der Staat und die Revolutionäre Unsterblichkeit in den Vordergrund gestellt werden. Die rauhe Wirklichkeit aber ist, daß im Lauf unseres Lebens sich der dunkle Hintergrund unerbittlich nach vorne schiebt. Wir können dies nicht ertragen und schaffen uns deshalb symbolische Visionen, die den Grund in einen miasmischen Nebel einhüllen, so daß wir buchstäblich in den Abgrund des endgültigen Todes hineinstolpern. „Wir gebären über dem Grab, einen Augenblick lang leuchtet das Licht, und dann wird es wieder Nacht."

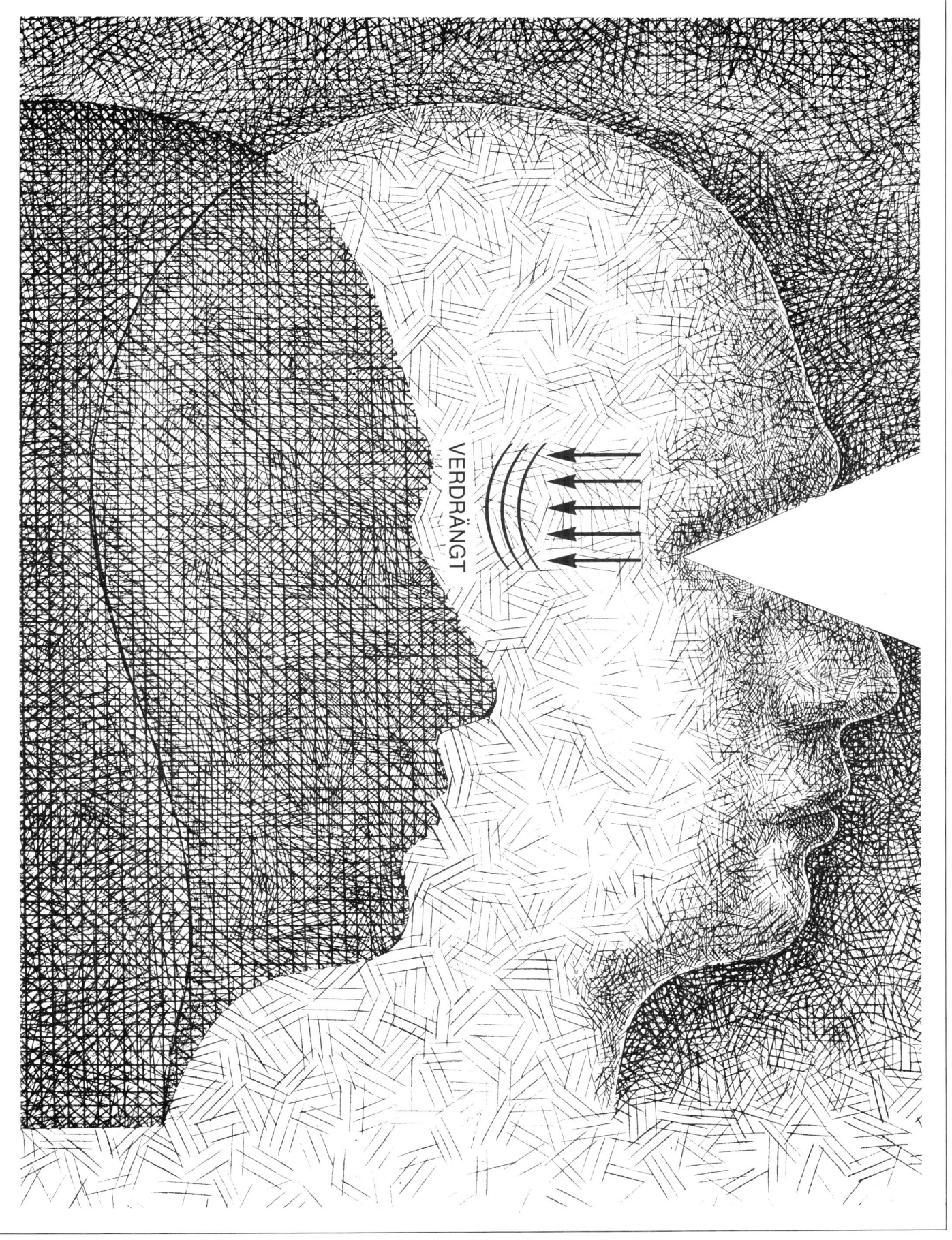

VERDRÄNGT

neurotisch oder sogar psychotisch und zu Dauerpatienten in ständiger Therapie würden. All diese Lösungen sind Versuche, ein Universum von Symbolen zu schaffen, die wie Illusionen um die todgeweihte Wirklichkeit gewoben sind. „Denn der Mensch", sagt Rank, „ist ein theologisches Wesen."

Diese Lösung gefiel der Jenseits-Religion: Was für eine tierische Existenz führen wir, was für ein Jammertal ist die Erde, verglichen mit dem ewigen Leben und der Freude unter den Engeln (die, wie Augustinus schreibt, keine „unteren" Körperöffnungen haben!)? Ähnlich fordern uns östliche Traditionen auf, das Paradoxon durch mystische Selbstaufgabe und die Abtötung der Begierden zu lösen. Die ganze Welt der Widersprüche entschwindet in das Reich des Nicht-Geistes, mit dem Unterschied, daß in den östlichen Philosophien die Konzentration auf dem Konkreten liegt, etwa im Atem des eigenen Körpers. Das Ergebnis ist jedoch das gleiche: Die Erfahrung der Zeitlosigkeit und der Transzendenz in einem unsterblichen Einssein mit dem Universum. Der Tod wird für eine Weile zur Seite geschoben und mit dem Paradoxon des Koan (ein Rätsel in Versform) machen wir uns unempfindlich gegenüber dem größeren Paradoxon des Lebens.

Auch das Heldentum verspricht Unsterblichkeit. Üblicherweiser mußte der Held dem Tod ins Auge sehen und besiegte ihn, indem er die Feinde seines Lebens tötete. Er verschwand auf eine lange Odyssee, so als wäre er tot, und kehrte mit lebenserweiterndem Wissen heim. Wer an der Aura des Helden teilhat, teilt auch seine scheinbare Immunität gegen den Tod. Stärker zu sein als die Feinde, die dir den Tod wünschen, heißt, stärker zu sein als der Tod selbst. Wir unterliegen noch heute der Faszination von Menschen, seien es Heilige Krieger oder die neuere Generation von Popstars, Gurus und Draufgängern. Millionen Menschen lassen sich durch den ohrenbetäubenden Lärm von Rockgruppen oder das Bewundern eines Filmstars nach Wolkenkuckucksheim entrücken.

Die romantische Lösung möchte aus der Liebe eine Religion machen. Die Romantik, die Tradition der höfischen Liebe, hat in der Geschichte die Institution der christlichen (arrangierten) Heirat durch eine leidenschaftliche „Zweier-Kosmologie" herausgefordert. Der Gegenstand der Liebe ist himmlisch, erhaben, vollkommen, und weil sie (er) mich erhört, werde ich durch ihre (seine) Gnade vom Tode erlöst. Ich muß ihren (seinen) Körper natürlich meiden, und auch die Entspannung, die sich nach vollzogenem Liebesakt einstellt. Hier liegt der Grund, warum die Romantik sich aus Frustration ableitet, warum dem Fräulein hinter den Burgzinnen ein Lied von nicht erwiderter Liebe gesungen wird, symbolisiert durch eine welke Rose.

Einer wirklichen Frau zu begegnen wäre eine schreckliche Ernüchterung; eine gefährliche Mischung aus Himmel und üblem Mundgeruch. Jonathan Swift, der von solchen Widersprüchen gepeinigt wurde, klagt:

> „Kein Wunder hat es mich gepackt,   („No wonder that I lost my wits
> denn Caelia, Caelia, Caelia kackt!"   For Caelia, Caelia, Caelia shits!")

Die Spießer-Lösung besteht im Kompromiß, in der Mittelmäßigkeit und der Verkleinerung der Welt auf verdauliche Happen. Der Kleinbürger strebt danach, vom Sachbearbeiter zum Substitut aufzusteigen. Rank nannte dies „Partialisierung", die Reduzierung der menschlichen Existenz auf greifbare Ziele. In den sexuellen Beziehungen wird das Ziel ein Fetisch, eine Frau wird auf Stiefel oder Strapse reduziert. Es ist das erwachsene Äquivalent zur oralen und analen Fixierung des Kindes.

Rank setzte seine Hoffnung überwiegend auf die kreative Lösung des Leben-Tod-Paradoxon, etwa in der Arbeit von Künstlern. Freud, sagte er, war ein Agnostiker, der seine Schüler eindringlich davor warnte, sich im „Okkulten" zu verlieren, doch dann wurde die Kreativität zu Freuds persönlicher Religion. Wenn er seine Schüler tadelte, weil sie vom rechten Weg abwichen, erlitt er regelrechte Ohnmachtsanfälle. Seine eigene Unsterblichkeit stand nämlich auf dem Spiel! Kreative Menschen sind mit Paradoxa vertrauter, weil sie dazu neigen, das Leben selbst als Problem oder Rätsel zu sehen, das eine persönliche Synthese erfordert. Kunst ist der Versuch, unser subjektives Streben nach Unsterblichkeit zu objektivieren. Da die schöpferische Handlung nie wirklich vollendet wird, muß der Künstler in einem Zustand äußerster Verletzbarkeit auf die Antwort auf sein Angebot warten. Die Annahme durch die Mitmenschen wird keineswegs genügen. Denn die Kreativität strebt nach

Die Geschichte der Menschheit teilt sich in zwei große Perioden, die eine ist charakterisiert durch eine ritualistische Sichtweise der Natur. Die zweite begann mit dem modernen Maschinenzeitalter. In beiden Perioden wollte der Mensch Leben und Tod unter seine Kontrolle bekommen. Aber in der ersten mußte er sich auf nicht-maschinelle Technologie verlassen … indem er einen rituellen Altar errichtete und ihn zum Ort des Wandels und der Erneuerung der Lebenskraft machte.

„Escape from Evil"
Ernest Becker

Unsterblichkeit, sie sehnt sich nach der Bestätigung durch unsterbliche Autoritäten, sei es Gott, die Kultur oder die Nachwelt. Der wahre Schöpfer muß die höchste Ebene des Selbstausdrucks mit totaler Selbstaufgabe verbinden, Eros vereint mit Agape. Rank hätte Ingmar Bergmann zugestimmt, daß die größte Kunst der Welt Gott geweiht ist. Der moderne Kult um den kreativen Menschen wird in „Advertisments for Myself" von Norman Mailer thematisiert; die allzu selbstbewußte Kreativität bläht ihre eigene Wichtigkeit auf, wenn sie sich am Tor zum Paradies den Vortritt mit Ellenbogengewalt sucht.

Die Symptome der Neurosen und Psychosen deutete Rank als Zusammenbruch der Fähigkeit, den Tod zu leugnen. Diese Menschen sind „artistes manqués", die von den unlösbaren Paradoxa gequält und mit dem Tod-im-Leben konfrontiert werden. Das war die Ursache für die typischen neurotischen Symptome, Ambivalenzen, Stottern, Angst, innere Konflikte, chronische Entscheidungsschwäche sowie für die Probleme in den intimen Beziehungen. Dahinter verbarg sich oft der Ekel gegenüber der sterblichen Hülle, der sich durch Depressionen, Reinigungsritualen, nach innen oder außen gekehrte Wut, extremer Hyperaktivität oder nervöser Erschöpfung äußerte. Der Psychotiker hat die Todesangst vollkommen von der Lebensangst abgespalten, spricht in einer symbolischen, von der sozialen Wirklichkeit abgetrennten Welt mit sich selbst oder leidet in einer starren, fötalen und unbeweglichen Haltung unter dem Gewicht seines Körpers. Kurz vor seinem Tod arbeitete Becker an einem wichtigen Beitrag zum Verständnis des Völkermordes. Sein letztes, unvollendetes Buch „Escape from Evil" zeigte die tödlichen Folgen von Unsterblichkeits-Systemen.

Religiöse Dogmen erstarren und werden emotional so aufgeladen in ihrem sinnlosen Kampf mit dem Tod, daß sie blutige Religionskriege mit anderen Dogmen führen. Menschenopfer, Feldherrengehabe und die rituelle Hinrichtung von Gefangenen sind öffentliche Demonstrationen der Macht des Helden über den Tod. Armeen, Stämme und Horden wollen an der Aura teilhaben, die ihre Führer umgibt. Romantische Liebende wie Tristan und Isolde, Romeo und Julia erleben, daß ihre Leidenschaft in dem Maße wächst, wie die frustrierenden Hindernisse der Liebe sich eskalieren. In einem grandiosen Finale beweisen sie die Unsterblichkeit ihrer Liebe, indem sie dafür sterben. Das Idol „Liebe" wird verehrt, aber die Menschen sterben! Bevor uns der Tod holt, legen wir unser Leben schnell den Idolen zu Füßen: Der Geschichte, der Vorsehung, Gott, der Liebe, einer Partei, dem Patriotismus, LSD. Doch Aldous Huxley warnte: „Alle Idole werden früher oder später zum Moloch, der nach Menschenopfern schreit".

Die zunehmenden Opfer des Krieges vergrößern die Schmerzen des Paradoxon, und die Menschen reagieren mit noch stärkerer Unterdrückung. Zum Beispiel haben wir uns nicht gewehrt, als im Weltkrieg Tausende von jungen Männern in ihren besten Jahren gefallen sind. „Vergeudete Jugend" war ein Paradoxon, das nicht eingestanden werden konnte. Wir mußten ihm einen Sinn geben. „Der Krieg, der alle Kriege beendet", sagten wir uns; „es gibt keine größere Liebe, als wenn ein Mann sein Leben für einen Freund hingibt". Doch es ist absurd, zu glauben, daß gewöhnliche Soldaten solche edlen und unwahrscheinlichen Empfindungen hatten, wenn sie von einer Kugel getroffen wurden. Diese Rhetorik ist für uns bestimmt, die Überlebenden, die wir von unserer eigenen Sterblichkeit und der Sinnlosigkeit der Existenz bedrohen. Wenn wir die Hinterbliebenen und uns selbst dadurch trösten, daß wir überall Kriegerdenkmäler aufstellen, legen wir damit nicht den Grundstein für den nächsten Krieg und bereiten eine weitere Generation dafür vor, „heroisch in die Pranken des Paradoxon" zu stürmen? Die verschiedenen Formen der Todes-Verleugnung haben eine gemeinsame Struktur. Das Paradoxon des Leben-Im-Tod wird umgedreht in ein Leben-nach-dem-Leben, eine insgesamt bequemere und widerspruchsfreiere Behauptung. Doch sie ist eine Gefahr für die Möglichkeit, unsere Spanne in diesem Leben auszuleben. Wir überleben den Tod, im Himmel, auf Kriegerdenkmälern, in den Annalen der romantischen Liebe, in der Zukunft der Firma, für die wir uns aufgeopfert haben, in der unsterblichen Kunst oder Dichtung – das reden wir uns ein. Doch der Tod, der durch abstrakte Ideale geleugnet wird, wird in der Wirklichkeit auf uns zukommen, da wir eher früher als später sterben. Und wir erwerben uns als Art den Ruf des mörderischsten Geschöpfes, das die Welt ja gekannt hat. „Der Mensch", wie Eli Wiesel sagte, „ist nicht menschlich."

Linke, Rechte und Mitte:
Silvan Tomkins und seine Ideologie-Kritik

Die Ideologie, sagt Tomkins, ist eine Grunddimension der Persönlichkeit. Er definiert Ideologie als einen beliebig organisierten Satz von Gedanken, den die Menschen einerseits klar artikulieren und leidenschaftlich vertreten können, und über den sie sich andererseits überhaupt nicht sicher sind. Eine Ideologie in Form von Arbeitshypothesen und Annahmen ist der Kern jeder Logik. Diese Annahmen bilden die Grundlagen in den Disziplinen Mathematik, Wissenschaftstheorie, Metaphysik, Theologie, Epistemologie (der Weg zum Wissen), Wertetheorie, Ethik, Politik und Pädagogik. Unabhängig davon, wieviel Fakten wir gesammelt haben, sind es immer Ideologien, welche die Basis dieses Lehr-Gebäudes darstellen. Wir können über unsere Vorannahmen nicht sicher sein, da sie sich selbst erfüllen, die von uns isolierte Variable entdecken wir als isolierte Tatsache. Verschiebungen an der Basis unserer Disziplinen bedrohen uns, und wir bekämpfen sie heftig. Ideologien lassen sich einteilen in Links, Rechts oder Mitte. Tomkins unterscheidet so zwischen Links und Rechts: *Links:* Ist der Mensch das Maß aller Dinge, Selbstzweck, eine aktive, kreative, denkende, wollende, liebende Kraft in der Natur? Oder *Rechts:* Muß sich der Mensch selbst verwirklichen, kann er seine volle Größe nur erreichen durch Kampf, Teilnahme und Konformität mit einer Norm, einem Maß und einem Ideal, die im Grunde nicht menschengemacht sind?

Es leuchtet unmittelbar ein, daß diese Definition keine prinzipielle Unterscheidung zwischen den rivalisierenden Formen der kapitalistischen und kommunistischen Wirtschafts-organisation trifft. Je nach dem Ausmaß, in dem diese Blöcke von ihren Bürgern verlangen, sich entsprechend dem Wirtschaftssystem zu verhalten, würde Tomkins sie beide als ideologisch rechtsgerichtet bezeichnen. Ihm erscheinen sowohl die sowjetischen Orthodoxie als auch die der Freien Marktwirtschaft als konservativ, während der Prager Frühling des Alexander Dubcek im Jahre 1968 und die gegen den Vietnam-Krieg geführte Präsidentschafts-kampagne von George McGovern 1972 links gerichtet waren, da sie den Status quo mit Idealen des liberalen Humanismus verändern wollten. Zwar deckt diese Definition der ideologischen Pole nicht alle Bereiche, für die die Begriffe links und rechts verwendet werden, doch hat sie den Vorteil, eine integrative Definition zu sein. Deshalb können sich parlamenta-rische Demokratien, die die Linke und die Rechte auf diese Weise definieren, auf der Basis eines gesellschaftlichen Konsens entwickeln, wenn sie die Stärken der beiden Pole kombi-nieren.

Betrachten wir uns nun, wie sich diese Polarität durch die verschiedenen Disziplinen zieht. In der Mathematik haben wir Jules Poincaré auf der Linken, der die Mathematik als vornehmste Art menschlichen Spielens betrachtet, als ein persönliches Vergnügen, das von der Vorstellungskraft ermöglicht wird. Für die Autoren des Lehrbuches „What is Mathema-tics?" sind solche Ansichten eine Laune. „Nur unter der Disziplin der Verantwortung für das organische Ganze kann der freie Geist Resultate von wissenschaftlichem Wert erreichen."

In der Wissenschaftsphilosophie haben wir Einstein auf der Linken, der feststellt, daß „die Formulierung eines Problems oft wichtiger ist als seine Lösung, die lediglich eine Frage der Mathematik und der experimentellen Kunstfertigkeit ist... Physikalische Konzepte sind freie Schöpfungen des menschlichen Geistes und nicht, auch wenn es anders scheinen mag, eindeutig determiniert durch die äußere Welt."

Dieser Position stehen die vielen Philosophen gegenüber, die hervorgehoben haben, daß Konzepte und Ideen der Realität und den Tatsachen entsprechen müssen. Sorgfältige Messungen und exakte Methoden sind notwendig, um wild phantasierte und „lockere" Schlußfolgerungen zu kontrollieren.

In der Metaphysik haben wir Platon auf der Rechten, der seine Ewigen Formen auf den Boden des radikalen Skeptizismus eines Sokrates stellt. Der Mensch und die Natur sind nur blasse Kopien von Ideen und Urformen, die bereits vor und unabhängig vom Menschen existiert haben. Den Gegenpol dazu bilden Johann Fichte und William Berkeley auf der Linken, die die Welt selbst als Projektion des Geistes verstanden, während Alfred North Whitehead den Dichtern vorwarf, mehr die Natur als sich selbst zu feiern: „Die Natur ist eine langweilige Angelegenheit, geräuschlos, geruchlos, farblos; nur ein hastiger Wechsel von Material, endlos, bedeutungslos."

Linke und rechte Ideologien sind eine Grunddimension der Persön-lichkeit. Eine Ideologie besteht aus einer „Liebesbeziehung zwischen einer locker organisierten Gruppe von Gefühlen und einem gut organi-sierten und artikulierten Satz von Gedanken". Diese miteinander in Verbindung stehenden Gedanken und Gefühle überträgt das Indivi-duum auf ganze Bereiche von ver-wandten Themen, Politik, sexuelle Beziehungen, Schulbildung, Ver-brechenskontrolle, Kindererzie-hung und auf die Grenzbereiche be-stimmter Disziplinen.

Da die Ideologie dem konkreten Umgang mit Problemen immer vor-ausgeht, kann die Natur des Pro-blems zur Reaktion auf die Ideolo-gie werden. Für die Linke ist es typisch, jeden Konflikt zwischen unterdrückten menschlichen Wün-schen und den bestehenden Normen durch ein Loblied auf den Menschen („Der Mensch ist das Maß", linke Seite des Modells) zu lösen. Wenn farbige Amerikaner bei den IQ-Tests schlecht abschneiden, dann sollte man sich die „rassistischen", „voreingenommenen" Tests an-schauen! Die Rechte neigt dazu, je-den Konflikt auf genau entgegenge-setzte Weise zu lösen. Menschliche Geschöpfe erreichen gewöhnlich keine Höchstleistungen, deshalb sollten sich Farbige und andere Gruppen anstrengen, statt die Intel-ligenztests verantwortlich zu ma-chen: „Das Maß ist unabhängig vom Menschen" (rechte Seite des Mo-dells).

So gesehen beinhalten extrem lin-ke und rechte Ideologien die Ver-krüppelung der Persönlichkeit durch stereotype Reaktionen auf je-de Dissonanz zwischen Erwartun-gen und Erfahrungen. Die Linke kann immer den Einfluß überholter Werte für die Aufschiebung des Pa-radieses auf Erden verantwortlich machen. Die Rechte kann immer darauf bestehen, daß ihre Werte un-getrübt bleiben und nur der Mensch schlecht ist. Doch die Mitte ermög-licht demokratische Entwicklun-gen, bei denen aus der Erfahrung gelernt werden kann, da sie Verän-derungen und Kontinuität mitein-ander verbindet und die von ihr humanisierten Werte verwirklicht.

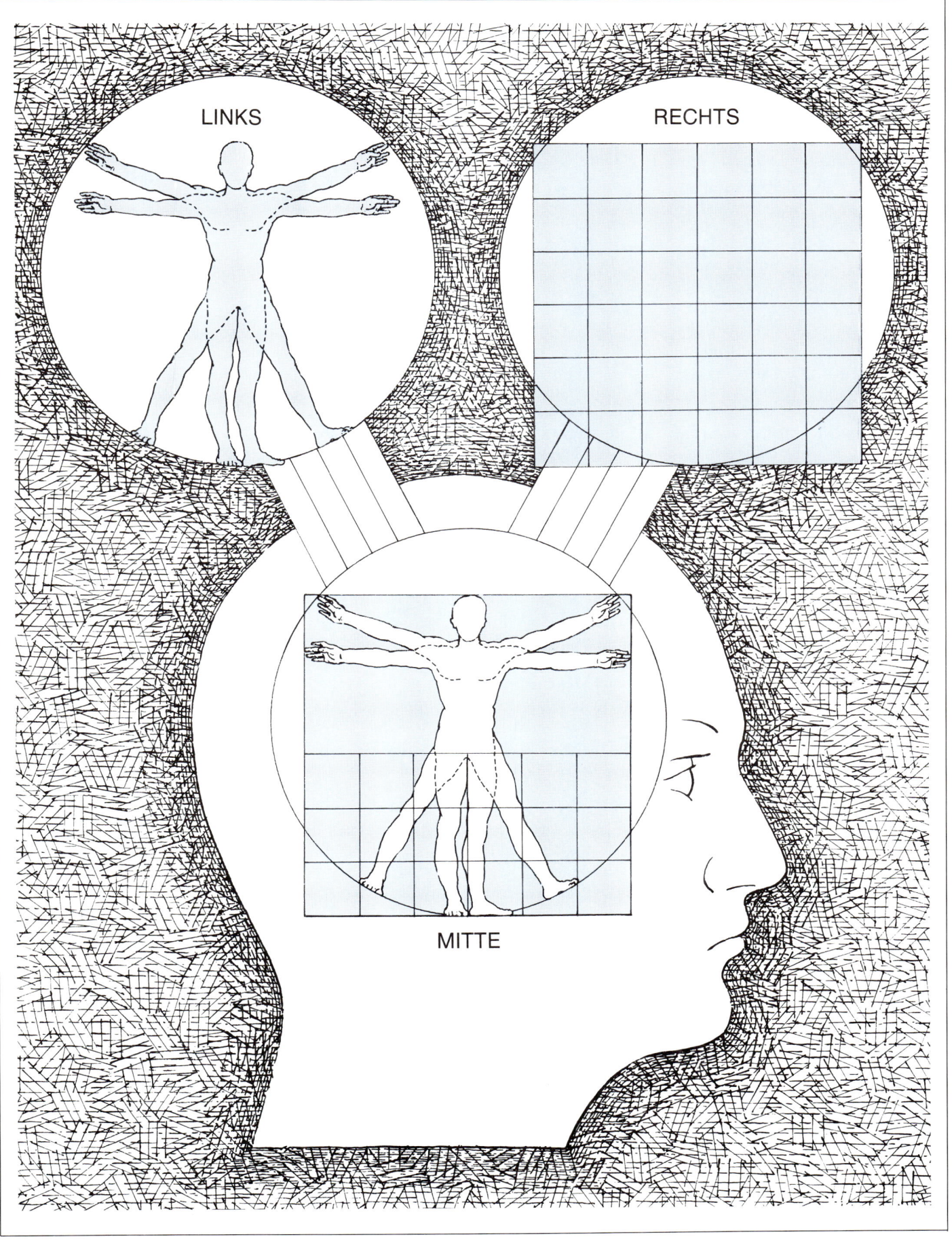

LINKS

RECHTS

MITTE

In der Psychologie finden wir auf der Linken die Humanistische Psychologie mit der Auffassung, daß die ganze Person, die mit unermeßlicher Begeisterung wächst und zum Bersten gefüllt ist, zum wahren Gegenstand der Psychologie gemacht werden muß, unabhängig davon, welche Schwierigkeiten dies der wissenschaftlichen Methodologie bereitet. Noch weiter links steht Fritz Perls, der die beschwörende Formel predigt: „Ich bin nicht auf dieser Welt, um deine Erwartungen zu erfüllen ...", eine Einstellung, die ihm schnell eine Gefolgschaft von Leuten eingebracht hat, die sich nie nach irgendwelchen Erwartungen anderer gerichtet haben und auch nicht in Gefahr waren, dies jemals zu tun. Die Rechte dagegen gesteht der Psychologie nur den Lidschluß-Reflex und andere unzweideutige Verhaltensweisen zu, all das, was sich genau messen und definieren läßt. Das Wissen darüber, was es heißt, menschlich zu sein, gilt als zu vage und zu gefühlsbetont, um in die Psychologie einbezogen zu werden! Die äußerste Rechte würde sich überhaupt gegen jegliches Modell oder Menschenbild wehren, da die Psyche vollkommen externen Kräften unterworfen ist, die auf die *Tabula rasa* einwirken.

In der Kunst gibt es die wiederkehrende Polarität zwischen dem Romantischen auf der Linken, mit der Betonung des Gefühls, des Irrationalen und des Persönlichen; und dem Klassischen auf der Rechten, wo die Betonung auf der Kontrolle, der Einschränkung und der Vernunft liegt. Der Geist wird entweder als Lampe, die die Dunkelheit erleuchtet, oder als Spiegel, der die Welt reflektiert, gesehen. In der Theologie verkündet die Linke, personifiziert durch Johann Robinson in „Honest to God", daß unsere Vorstellung von Gott „als einem alten Mann im Himmel" überholt ist. Wir sind „mündig geworden" und Gott war „der Grund unseres Seins", der sich zusammen mit unserem Wachstum und unserer Entwicklung entfaltet hat. Die Rechte beklagt sich, daß die Gläubigen „verwirrt" sind und drängt auf eine erneute Unterwerfung unter einen über uns schwebenden Vater.

Die Pädagogen stellen die „unstrukturierte" progressive Erziehung, die eine gesunde Neugierde, die natürliche Kooperationsgemeinschaft und das Lernpotential des Kindes entwickeln soll, einer strukturierten und formalen Erziehung gegenüber, die den Geist des Kindes wie einen Behälter füllen, ihn zum Lernen antreiben, trainieren und herausfordern soll. Progressive Lehrer wollen freundlich sein, auf Noten verzichten und zeigen positive Gefühle ihren Schülern gegenüber. Traditionelle Lehrer vertreten „hohe Leistungsstandards" und sorgen für entsprechende Anstrengungen. In der Kindererziehung neigt die Linke dazu, das Kind „als eine schöne Blume, die sich dem Licht der Sonne öffnet" zu betrachten. Delinquentes Verhalten gilt als Beweis für mangelnde Liebe und Verständnis, die dann in großen Dosen verschrieben werden. Die Rechte verurteilt dies als nachgiebiges, unpädagogisches Verhalten. Es muß vielmehr getadelt und bestraft werden.

Aus der grundsätzlichen ideologischen Spaltung in die beiden Positionen: Der Mensch ist *an sich* wertvoll (die Linke), und: Das Wertvolle existiert unabhängig vom Menschen, der sich um Anpassung an dieses äußere Wertvolle bemühen sollte (die Rechte), können mehrere Hypothesen abgeleitet werden. Für die Linke ist alles, was die Existenz des Menschen fortsetzt, wertvoll. Alles, wodurch sie bedroht oder beeinträchtigt wird, gilt als falsch. Für die Rechte sind solche Bedrohungen oder Beeinträchtigungen wertfrei. Alles hängt davon ab, ob das Fehlverhalten des Menschen dadurch geändert wird und er sich stärker dem Guten nähert. Die Linke tendiert zu der Annahme, daß der Mensch inhärent gut ist. Das Böse ist gewöhnlich durch Gewalt, Unterdrückung oder Zwang und den Mangel an bedingungsloser Liebe entstanden. Die Rechte vermutet eine angeborene Verderbtheit und verlangt ständige Anstrengungen zu ihrer Überwindung. Nur wer es verdient, sollte geliebt werden.

Der Linke fühlt sich wohler im Bereich des Gefühls, vor allem der zwischenmenschlichen Zuneigung, die die Wurzel der Brüderlichkeit und der Gleichheit ist. Der Rechte befürchtet, daß Zuneigung unter den Menschen die Erfüllung von Normen behindert, er bejaht im allgemeinen jedoch Gefühle, wenn sie einem Gegenstand gelten, der die Norm repräsentiert. Daher die Ehrerbietung der Rechten für die Fahne, für das Kreuz, für den Pomp von Autoritäten. Für die Linke ist die Vernunft Teil der menschlichen Glorie und der „Bruder" des Gefühls. Die Rechte mißtraut der Vernunft in ihrer anmaßenden Herausforderung von Autoritäten, billigt die Vernunft allerdings, wenn sie die Liebe und Leidenschaft beherrscht.

Diese Unterscheidungen erscheinen zwar sehr überzeugend und schlüssig, doch warnen die Politologen S. M. Lipset und Daniel Bell vor der Falle der Ideologie. In Zeiten der Krise,

Die Grundlage aller Tugend und aller Werte liegt in diesem: Daß ein Mensch sich seine eigenen Begierden versagen kann, daß er seine eigenen Absichten durchkreuzt, und alleine dem folgt, was die Vernunft als besser vorgibt, obwohl die Lust in die andere Richtung drängt.
„Some Thoughts Concerning Education"
John Locke

Ich bin Ich und Du bist Du. Ich bin nicht auf dieser Welt, um nach Deinen Erwartungen zu leben. Du bist nicht auf dieser Welt, um nach meinen Erwartungen zu leben. Du bist Du, und Ich bin Ich. Und wenn wir uns zufällig begegnen, ist es schön. Wenn nicht, kann man auch nichts machen.

„Gestaltgebet"
Fritz Perls

der Angst und des sozialen Zusammenbruchs würden rivalisierende Ideologien sich gegenseitig als „die Ursache" sehen. Wenn die Linke erlebt, wie lebende Geschöpfe der Heiligen Inquisition, *Law and Order* oder dem Tausendjährigen Reich geopfert werden, dann behauptet sie, daß die externe Norm oder das Wesen des Konservatismus zu einem nach Menschenopfer schreienden Idol geworden ist. Sieht die Rechte Aufstände, Plünderungen, Anarchie, Gewalt und Ausschweifung, dann schreit sie „Seht, was passiert, wenn der Mensch seine Triebe über die Autorität, das Gesetz und die Konventionen stellt!"

Die Ironie liegt darin, daß beide recht haben, jedoch nur die entgegengesetzten Hälften des Widerspruchs sehen. Eine desintegrierende soziale Ordnung wie unter den Nationalsozialisten beinhaltet *sowohl* das starre Festhalten an externen Idolen *als auch* gewaltige Exzesse unkontrollierbarer Emotionen, ersteres löst das zweite aus, welches wiederum das erste schürt, und so entsteht ein Strudel mit immer stärkerem Sog. So betrachtet waren die Faschisten klassisch in ihrer pseudorömischen Ordnung und Organisation, gleichzeitig jedoch romantisch mit lodernden Fackeln, blinder Leidenschaft und wagnerianischen Crescendos. Alles in ihrer Herrschaft war eine Aneinanderreihung von Gegensätzen: legale Anarchie, Rechts-Radikalismus, National-Sozialismus, sogar die Rutenbündel, ultra-individuelle Ruten, die in der Brüderschaft des *fasces* eng zusammengebunden wurden (vgl. auch Modell 50).

Deshalb muß die Frage gestellt werden, ob linke oder rechte Ideologien als Basis für die Politik oder für die etablierten Wissenschaften taugen, wenn sie sich gegenseitig so viel vorwerfen können. Tomkins schlägt das ideologische Zentrum als die wahre Quelle einer kreativen Veränderungs-plus-Kontinuität vor. Er zitiert Kant, der das Subjektive mit der Autorität und die Leidenschaft mit der Disziplin versöhnt. Wenn es erforderlich ist, sagte er, sollte der Einzelne rebellisch und leidenschaftlich handeln, doch sollte diese Handlung so verallgemeinerbar sein, damit daraus eine Norm oder Regel wird, nach der auch die anderen leben lernen können. Sei du selbst, finde die Moral in dir, doch trage dieses moralische Beispiel nach außen.

Die so definierte Mitte wäre auch kein kleinmütiger Kompromiß zwischen der Linken und der Rechten, ebensowenig eine Aneinanderreihung von feindlichen Extremen, die sich gegenseitig aufschaukeln, sondern eine Bewegung zwischen den Polen, zwischen den Extremen, bei der beide in einem einzigen Prozeß versöhnt würden. Die Mathematik ist sicherlich ein Spiel der Phantasie *und* eine strenge Wissenschaft. Erziehung muß die Freiheit verschaffen, Fragen zu stellen und die Disziplin vermitteln, sie beantworten zu können. „Ich liebe dich, aber …" ist der Schlüssel der Kindererziehung, wobei das ganze Kind liebevoll angenommen wird, bestimmte Verhaltensweisen aber kritisiert und geändert werden.

Wir lernen also dadurch, daß wir entdecken, welchen unserer menschlichen Vernunftgründen, Impulsen und Phantasien wir trauen können und welche uns täuschen, und wir speichern sowohl die Erfolge wie auch die Mißerfolge, so daß nicht jede Generation die gleichen Schritte wiederholen muß. Diese äußeren Normen sind wie das Geländer an einer Treppe, sie sollen uns führen, damit wir leichter steigen können und in Notfällen Halt finden.

Wenn wir sehen wollen, wie die Synthese aus der Linken und der Rechten funktioniert, dann ist das beste Modell vielleicht eine parlamentarische Demokratie, wo der Konflikt im Kontext der grundsätzlichen Kooperation, der Dissens innerhalb der Loyalität, das private Gewissen eingebettet in der öffentlichen Verantwortung, die offene Überredung in der geheimen Wahl, die Freiheit innerhalb des Gesetzes und Veränderungen des linken Flügels in der Kontinuität des rechten Flügels existieren (Modell 58).

Der Mensch ist das Maß, aber er muß sich auch messen lassen. Es handelt sich um einen Lernprozeß, der in einem Zyklus der ewigen Wiederkehr von Innen nach Außen läuft. Ideologen sollten aufpassen, daß sie nicht einen Bogen des Kreises total verfallen und dabei das Ganze aus dem Blick verlieren.

Der große verschlungene Knoten:
Die Anatomie des Gehirns

Unser Verständnis des Geistes ist stark von den jüngsten und wichtigen Entdeckungen in der Gehirnphysiologie geprägt worden. Diese Entdeckungen (siehe die Modelle 18–25) zeigen, daß Denken und Verhalten sowohl eine physiologische und anatomische als auch eine psychologische Basis haben; doch bevor wir uns damit beschäftigen, sollten wir die wichtigsten anatomischen Bestandteile dessen verstehen, was Sir Charles Sherrington „diesen großen verschlungenen Knoten" nennt.

Wie die Gehirne aller Wirbeltiere, so ist auch das menschliche Gehirn anatomisch in drei Abschnitte aufgeteilt: Großhirn, Mittelhirn, Stammhirn (siehe kleines Diagramm). Das Großhirn besteht aus Neocortex (der Denkkappe), limbischem System (Stimmung und Erinnern, siehe Modell 22), Hypothalamus (Grundbedürfnisse wie Hunger, Durst, Sexualität, Schlaf und Emotionen), Thalamus (von dem man annimmt, daß er als Umschaltstation Informationen von den Sinnesorganen zum Neocortex weiterleitet) und Hypophyse (die durch Absonderung bestimmter Hormone Stoffwechsel, Körperwachstum und Geschlechtsreifung reguliert). Das Mittelhirn besteht aus dem oberen Teil des Hirnstamm; das Stammhirn aus dem unteren Teil des Hirnstamms (Pons und Medulla oblongata) und dem Kleinhirn (Cerebellum). Der Hirnstamm überwacht die eintreffenden sensorischen Signale mit den Millionen von Neuronen, die die *Formatio reticularis* (siehe die Modelle 19, 20) bilden; während das Kleinhirn für das Gleichgewicht und die Koordination der Muskeln zuständig ist.

Das menschliche Gehirn läßt sich auch in drei verschiedene Hirne aufteilen, die sich im Lauf der Evolution vom Fisch zum Menschen entwickelt haben: das Reptilienhirn, das Hirn der urzeitlichen Säugetiere und das Hirn der Säugetiere der Neuzeit. Beim Menschen liegt das Reptilienhirn im oberen Teil des Hirnstamms und umfaßt einen Großteil der Formatio reticularis, die Medulla oblongata, die Pons und Basalkerne; das Hirn der urzeitlichen Säugetiere besteht aus dem limbischen System, das tief in die Höhle zwischen den beiden Hemisphären eingebettet ist; das Hirn der Säugetiere der Neuzeit entspricht dem Neocortex, der beinahe das gesamte Gehirn umschließt. Bei manchen Tierarten wie z. B. bei Schlangen nimmt „die graue Masse" des Neocortex nur einen sehr geringen Teil des Gehirns ein, während er beim Menschen in große, tiefe Falten und Windungen gelegt ist, um in den Schädel zu passen (siehe Seite 82). Der Neocortex wird der Länge nach in zwei Hemisphären – in die linke und in die rechte – aufgeteilt, die durch einen dicken Strang von Nervenfasern, das sogenannte Corpus callosum, miteinander verbunden sind; die beiden Hemisphären sind umgefähr gleich groß, zeigen jedoch eine bilaterale Spezialisierung (siehe Modell 23). Jede Hemisphäre wird außerdem durch Vertiefungen, die Furchen und Sulci heißen, und durch Windungen, die als Gyri bezeichnet werden, in vier Lobi unterteilt – Lobus temporalis (Hören und Riechen), Lobus occipitalis (Sehen) und Lobus parietalis (Haut, Berührung und Körperstellung) -, die in der genannten Reihenfolge an den Schläfen, am Hinterhaupt und am Scheitel des Schädels liegen und Lobus frontalis (Sprache, Persönlichkeit und abstraktes Denken). Der Lobus frontalis wird von den anderen dreien abgetrennt durch den Gyrus centralis, der von der oberen Spitze des Neocortex bis zu einem Punkt unmittelbar über den Ohren läuft und durch die Fissura Silvii, die vom Fuß des Gyrus centralis aus nach hinten aufsteigt. Oberhalb und rechts des Gyrus centralis liegt der Gyrus praecentralis mit dem motorischen Cortex, während der darunter und links liegende Gyrus postcentralis den sensorischen Cortex enthält. Der Motocortex sendet Signale aus, die die Hände, Beine, Augen, den Kiefer und die Zunge aktivieren; der sensorische Cortex empfängt visuelle, akustische, taktile und andere Signale von den Sinnesorganen (siehe Modell 18).

Die Struktur des Gehirns und seine Physiologie sind mit verschiedenen Methoden ausgemessen worden, dazu gehören die direkte Stimulierung des Gehirns durch schwache elektrische Stromstöße, das Einsetzen von Elektroden in das Gehirn oder auf die Kopfhaut, um die Reaktion der Nervenzellen auf bestimmte Körperstimuli zu registrieren, die systematische Entfernung von verschiedenen Zellen aus den Gehirnen von Affen, um den entsprechenden Funtionsausfall zu beobachten, und medizinische Erfahrungen mit Operationen und Gehirnverletzungen beim Menschen.

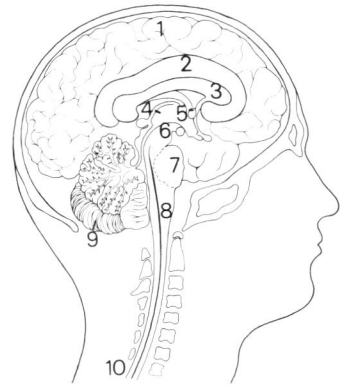

Die kleine Abbildung zeigt einen Schnitt durch die linke Hemisphäre des menschlichen Gehirns: 1. linke Hemisphäre, 2. Gyrus cinguli, 3. Corpus callosum, 4. Lage des Thalamus, 5. Hypothalamus, 6. Mittelhirn, 7. Pons, 8. Medulla oblongata, 9. Cerebellum, 10. Rückenmark.

Die Abbildung rechts zeigt die rechte Hirnhemisphäre, die vom Neocortex oder der „Denkkappe" eingeschlossen ist. Über diesen gewundenen Knoten aus grauer Substanz ziehen zwei große Furchen, die Fissura silvii und der Sulcus centralis sowie kleinere Gräben (sulci) zwischen den Windungen (gyri), die ihn in vier spezialisierte Loben aufteilen (die Funktionen werden im Text besprochen). Der über und rechts vom Gyrus centralis liegende Gyrus praecentralis enthält den Motorcortex, während der darunter und links davon liegende Gyrus postcentralis den sensorischen Cortex umfaßt. Beide, die linke wie die rechte Hemisphäre verfügen über identische Strukturen, sind in ihren Funktionen aber spezialisiert (Modell 23).

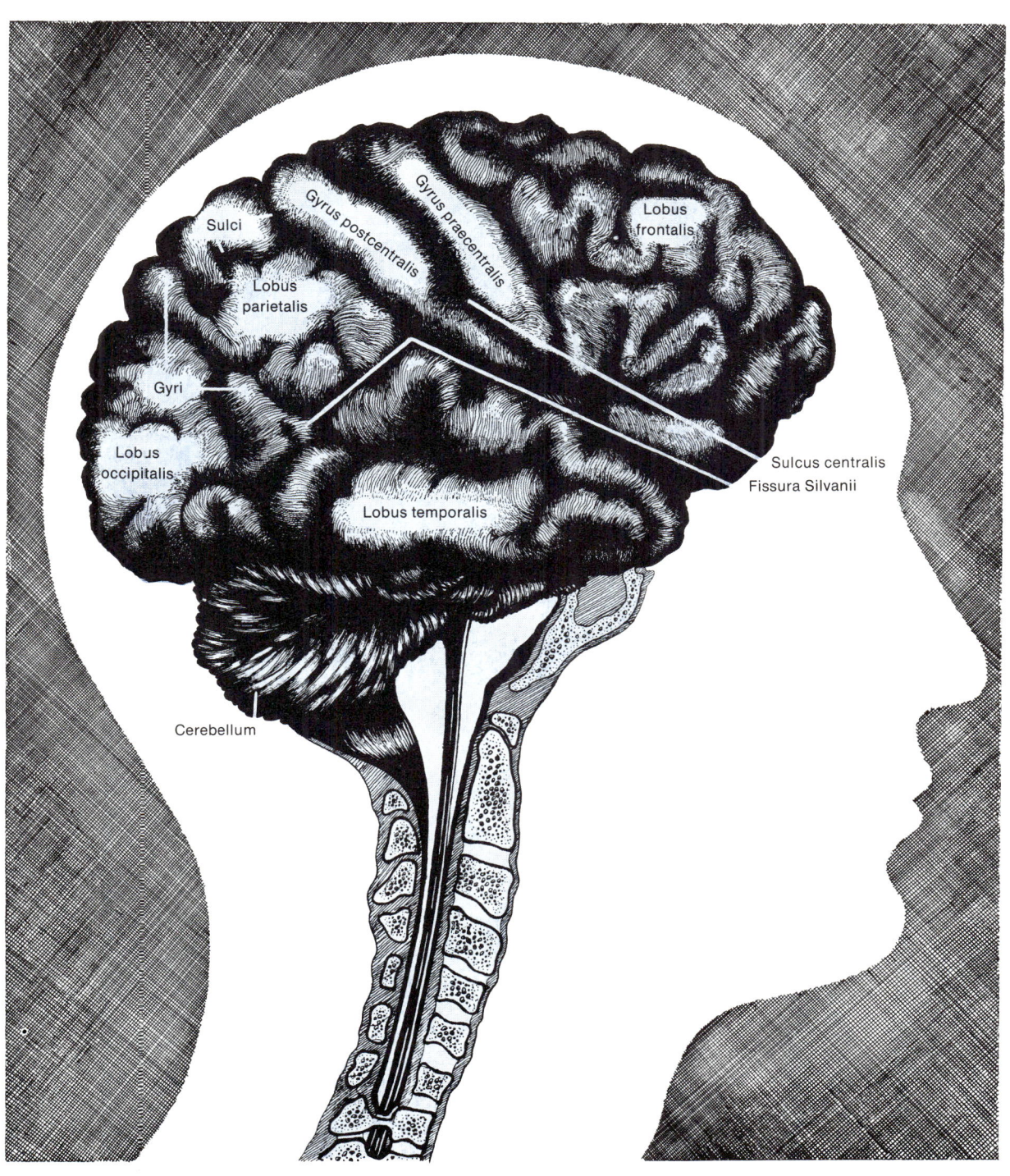

Sulci

Gyrus postcentralis

Gyrus praecentralis

Lobus frontalis

Lobus parietalis

Gyri

Lobus occipitalis

Lobus temporalis

Sulcus centralis

Fissura Silvanii

Cerebellum

Wilder Penfield und der somatosensorische Homunculus

Der motorische und der sensorische Cortex liegen unmittelbar vor und hinter der zentralen Furche. Hughlings Jackson bemerkte im 19. Jahrhundert als erster den Zusammenhang zwischen den beeinträchtigten Arealen im sensumotorischen Cortex und den nicht kontrollierbaren Empfindungen und Anfällen bei Epileptikern. Jüngeren Datums sind die Arbeiten von Wilder Penfield und seinen Mitarbeitern aus Montreal, die über die elektrische Hirnableitung die selektive Aktivität in verschiedenen Teilen des sensorischen Cortex mit den Körperstimuli verbanden. Wegen der scheinbar einfachen Eins-zu-Eins-Beziehung zwischen den beiden kortikalen Gebieten und der Berührung oder Bewegung in verschiedenen Teilen des Körpers, sind dies wahrscheinlich die am genausten ausgemessenen Felder des Gehirns. Sie werden als „Projektionsfelder" bezeichnet, im Gegensatz zu den drei Vierteln des menschlichen Cortex, die unter dem Namen „Assoziationsfelder" laufen. Der sensorische Cortex erhält die taktilen Empfindungen, bevor sie zu anderen Gehirnarealen weitergeleitet werden. Der Motorcortex überträgt die „endgültigen" Anweisungen für die Motorik, die er zuvor vom praemotorischen Cortex, wo sie assoziiert wurden, erhalten hat. Die so projizierten Bilder entsprechen einem „kleinen Menschen" oder Homunculus, bei dem die für die Sinne oder die Bewegungen besonders wichtigen Teile des Körpers stark vergrößert sind. Bewegungen und Sinnesempfindungen hängen großenteils von ihrer Quelle im Gehirn des Menschen ab, im Gegensatz zu ihrer Repräsentation in den Körperteilen. Deshalb erhalten wir mehr Empfindungen aus der kleinen Lippenfläche als aus dem großen Rumpfgebiet; so kann ein amputiertes Körperglied immer noch kribbeln, weil die Rezeptoren im Gehirn bleiben, und Menschen mit Erkrankungen des Nervensystems können manchmal Dinge „riechen", „schmecken" oder „sehen", die ganz anderen Sinnen zugeordnet sind.

Die Darstellung des somatosensorischen Cortex von Wilder Penfield ist unterschiedlich interpretiert worden. Die am häufigsten vertretene Auffasung lautet, daß der somatosensorische Cortex mechanisch ist, d.h. daß die Aktivität des Cortex die Bewegungen der Muskeln signalisiert; Colin Blakemore bezeichnete den motorischen Cortex kürzlich als „ein Tasteninstrument, dessen Tasten die Muskeln sind, die schließlich die Melodie der Bewegungen spielen". Doch diese Sichtweise wird immer mehr in Frage gestellt, da die Forschungsergebnisse darauf hindeuten, daß es Endstadien oder Absichten sind, die im sensomotorischen Cortex kodiert und von dort weitergeleitet werden. So hat man z.B. verschiedene Bewegungen erzeugt durch die Variation der Stimulationsdichte, der Ausgansposition einer Extremität, des kybernetischen Feedbacks von den Verbindungsstellen und des Allgemeinzustands des Organismus. Es sieht heute so aus, als ob das Aktivitätsmuster im Motorcortex nicht eine Funktion der eingesetzten Muskeln ist, sondern von dem *Maß der Anstrengung* abhängt, die zur Durchführung einer Handlung erforderlich ist. Karl Pribram (Modell 25) und einige Mitarbeiter brachten Affen bei, wie sie ein kompliziertes Schnappschloß öffnen können, um an die dahinter liegende Erdnuß zu kommen. Danach haben sie diesen Tieren entweder den gesamten oder Teile des Motorcortex entfernt. Zeitlupenfilme zeigten, daß die Affen alle Muskeln bewegen konnten, die zur Durchführung der Aufgabe benötigt wurden: die Beeinträchtigung lag in der Aufgabe selbst, nämlich in den Handlungen, die erforderlich waren, um das Ziel zu erreichen. Pribram glaubt, daß es diese ausgeführten Bewegungen sind, die im Cortex kodiert werden und daß mit der Methode der direkten Reizung des Gehirns durch elektrische Stromstöße diese Signale nur annähernd produziert werden können.

Diese Kodierung könnte dazu beitragen, die motorischen Entsprechungen zu erklären. Zum Beispiel können wir „Konstantinopel" ganz grob mit der linken Hand, den Zähnen oder Zehen schreiben, obwohl wir es vorher noch nie gemacht haben; Schimpansen können im Bedarfsfall aus Zeitungspapier oder mit nicht gewohnten Mitteln eine Kopie ihres Nests bauen. Der schwedische Neurophysiologe Ragnar Granit hat in seinem Buch „The Purposive Brain" kürzlich eine Menge sehr beachtlicher Belege dazu vorgetragen. Es scheint, daß bei dem Entwurf einer Handlung sehr viel Freiheit und Unbestimmtheit vorhanden sind, da das *Gesamtziel* oder die Intentionalität enkodiert werden. Offensichtlich liegt hier ein kybernetisches Prinzip vor, bei dem das kortikale Areal das erwünschte Ergebnis einer bestimmten Beziehung zwischen Organismus und Umwelt signalisiert.

Die Karte zeigt links einen Schnitt durch die linke Hemisphäre des sensorischen Cortex und rechts einen Schnitt durch die linke Hemisphäre des motorischen Cortex. Der sensorische Cortex ist der wichtigste Projektionsbereich für die Empfindung von Berührung, Wärme, Kälte und Druck. Vom motorischen Cortex gehen die Signale für die Bewegungen an den Körper aus, die im prämotorischen Feld unmittelbar vor dem Cortex zusammengefaßt werden.

Zu beachten ist, daß sowohl der sensorische wie auch der motorische Cortex zu beiden Hirnhemisphären zwischen den Fissurae sylvii Querverbindungen haben. Der motorische Cortex liegt vor dem Zentralgraben und grenzt an den dahinterliegenden sensorischen Cortex, daher stammen die entsprechenden Bezeichnungen: Gyri praecentralis und Gyri postcentralis. So wie dieser Graben die Eingänge und Ausgänge voneinander trennt, so ermöglicht die Teilung der beiden Hemisphären die unabhängige Bewegung zwischen den beiden Armen, Beinen und Seiten des Körpers, die jeweils vom gegenüberliegenden Cortex kontrolliert werden.

Wilder Penfield hat beide Cortices durch elektrische Aufzeichnungen und Stimulierung ausgemessen. Er entdeckte, daß die Zahl der Nervenfasern, die von beiden Seiten ausgehen, nicht proportional sind zur Größe der Extremitäten, Organe oder Hautflächen, sondern proportional abgestimmt sind auf ihren Einsatz bei der Sinnesempfindung und den Anforderungen bei der präzisen Koordination von Bewegungen. Daraus ergibt sich eine unverhältnismäßig große Fläche des sensorischen Cortex für die Lippen, Finger, Hände, das Gesicht und die Zunge, während der Rumpf und die Arme stark unterrepräsentiert sind. Überproportional groß ist auch die Fläche des Motorcortex für Kiefer, Augen, Knöchel und Zehen. Das Ergebnis ist der eher abstoßende Homunculus links unten auf der Karte.

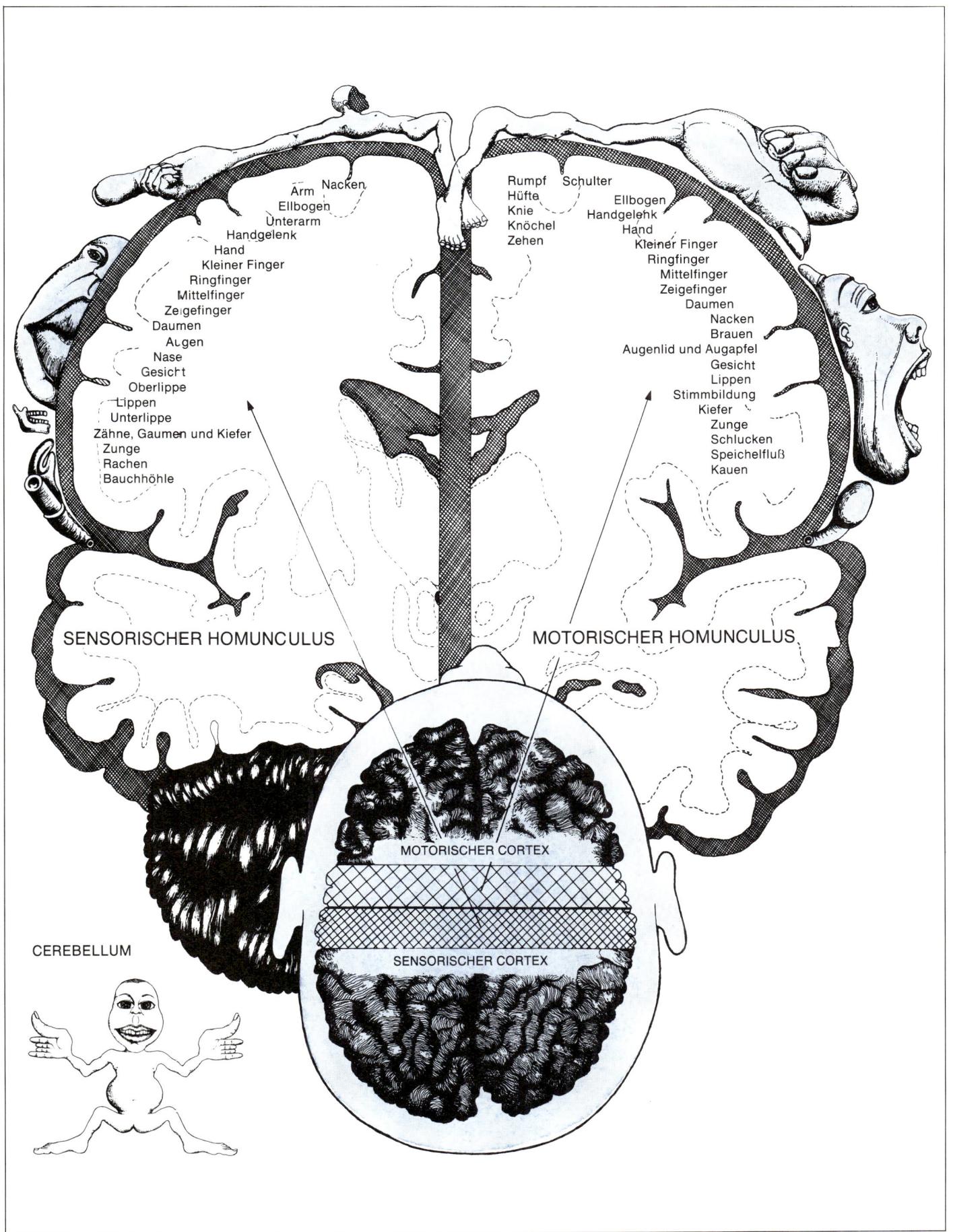

Nacken
Arm
Ellbogen
Unterarm
Handgelenk
Hand
Kleiner Finger
Ringfinger
Mittelfinger
Zeigefinger
Daumen
Augen
Nase
Gesicht
Oberlippe
Lippen
Unterlippe
Zähne, Gaumen und Kiefer
Zunge
Rachen
Bauchhöhle

Rumpf   Schulter
Hüfte
Knie   Ellbogen
Knöchel   Handgelenk
Zehen   Hand
              Kleiner Finger
              Ringfinger
              Mittelfinger
              Zeigefinger
              Daumen
              Nacken
              Brauen
Augenlid und Augapfel
              Gesicht
              Lippen
              Stimmbildung
              Kiefer
              Zunge
              Schlucken
              Speichelfluß
              Kauen

SENSORISCHER HOMUNCULUS

MOTORISCHER HOMUNCULUS

MOTORISCHER CORTEX

SENSORISCHER CORTEX

CEREBELLUM

Das retikuläre Aktivationssystem

Mehr Forscher sind sich über die herausragende Bedeutung des retikulären Aktiviationssystems (RAS) einig als darüber, *warum* es so wichtig ist. Einigkeit herrscht im allgemeinen darüber, daß das RAS „die Alarmglocke des Gehirns" ist, ohne die wir ständig im Koma liegen würden. Die Impulse, die über die sensorische Nervenbahn zum Cortex hochziehen, können nur weitergeleitet werden, wenn zuvor der Cortex erregt wird. Die bürstenartigen Zwischenverbindungen, die von der sensorischen Nervenbahn zur aufsteigenden retikulären Struktur führen, wachen darüber, daß das Gehirn bereit ist, die Botschaften der „Hauptlinie" aufzunehmen. Ihr gegenüber liegt die absteigende retikuläre Struktur, die die Impulse, die vom Motorcortex kommen, zu den Extremitäten und Muskeln auf ähnliche Weise weiterleitet. Über ihre Funktionsweise ist wenig bekannt, doch werden die motorischen Bewegungen ruckartig, wenn die absteigende Struktur verletzt ist. Das RAS scheint sich den jeweiligen Anforderungen eines Menschen anzupassen, so daß eine Mutter durch das leise Weinen ihres Babies, ihr älteres Kind dagegen durch das entfernte Geläut des Eisverkäufers geweckt werden.

Die psychologische Bedeutung des RAS liegt in der aktivierenden und hemmenden Funktion, von denen die eine im oberen, die andere im unteren Teil des Systems liegt. Stimulierende Mittel wie Amphetamine bauen die Hemmung ab und erhöhen die Wachsamkeit, während sedierende Mittel die gegenteilige Wirkung zeigen. Das von H. J. Eysenck (siehe Modell 20) zusammengetragene Material weist darauf hin, daß der sensorische Input bei extravertierten Persönlichkeiten stärker gehemmt und bei introvertierten eher verstärkt wird. Stimulierende Mittel lassen den Extravertierten in der Regel introvertierter erscheinen, da sie seine Hemmung heruntersetzen. Die Hemmung hat die Tendenz, sich in Zeiten besonderer Aufmerksamkeit auf bestimmte Stimuli zu konzentrieren, dies ist auch der Grund dafür, warum der „stark gehemmte" Extravertierte seine Aufmerksamkeit von Zeit zu Zeit abzieht und sich auf neue Art und Weise mit der Umwelt auseinandersetzt. Er ist „stimulushungrig", doch muß er die Stimuli schnell und radikal wechseln. Der Introvertierte läßt mehr Empfindungen hereinkommen, er scheint für deren Verarbeitung vertieft zu sein und ist beeinflußbarer. Das RAS wirkt sich auch auf den sympathischen und parasympathischen Teil des autonomen Nervensystems aus. Ersteres tritt in Aktion, wenn sofortiges Handeln geboten ist, das zweite wirkt beruhigend und stabilisierend. Wir wissen, daß Tranquilizer den parasympathischen Zweig über die Formatio reticularis stärken. Deshalb ist anzunehmen, daß das RAS die Dimensionen Stabilität – Instabilität (oder Neurotizismus) und Introversion – Extraversion stärkt. Man kann Fragebögen entwickeln, um diese Eigenschaften zu messen und die Mittelwerte für abweichende Gruppen ermitteln und damit zeigen, daß sich Introvertierte eher belehren lassen, während Extravertierte den Ratschlag verdrängen und mit größter Wahrscheinlichkeit im Gefängnis landen.

Das retikuläre Aktivationssystem (RAS), als schrägschraffierte Fläche eingezeichnet, ist ein Netz- oder Gitterwerk aus kurzfasrigen Nervenzellen, die nicht länger als ein Finger sind; das RAS läuft vom Rückenmark aus durch die Pons zum Thalamus (Relaisstation des Gehirns) und Hypothalamus (Emotionen und Triebe, vgl. Modell 17). Ab dieser Stelle schickt das RAS seine Impulse in alle Richtungen aus (gestrichelte Linien) wie ein Großalarm, der den gesamten Cortex und dessen Zwischenverbindungen ohne Ausnahme „aufweckt". Die wichtigste sensorische Nervenbahn steigt auf der rechten Seite des RAS auf und zieht zum sensorischen Cortex, während die motorische Nervenbahn auf der anderen (linken) Seite absteigt. Doch der sensorische wie auch der motorische Strang haben bürstenartige Abzweigungen, die von beiden Seiten zum RAS ziehen und das aufsteigende und das absteigende retikuläre System bilden. Nervenimpulse, die das RAS umgehen, können „den schlafenden Cortex" nicht erregen, so daß Menschen, bei denen das RAS ausfällt, ins Koma und einen permanenten vegetativen Zustand fallen. Man hat herausgefunden, daß die oberen Teile des Systems eine aktivierende Wirkung haben, die die sensorischen und motorischen Impulse verstärken und erregen. Der untere Teil des Systems hat eine hemmende Wirkung, wodurch die genannten Impulse verringert und gedämpft werden. Die psychische Ausgeglichenheit hängt vielleicht ganz entscheidend von den Funktionen des RAS ab. Es sieht so aus, als ob Neurotiker unter einer Übererregung des sensorischen Cortex, manche Kriminelle an einer Mischung aus Untererregung und Reizhunger leiden.

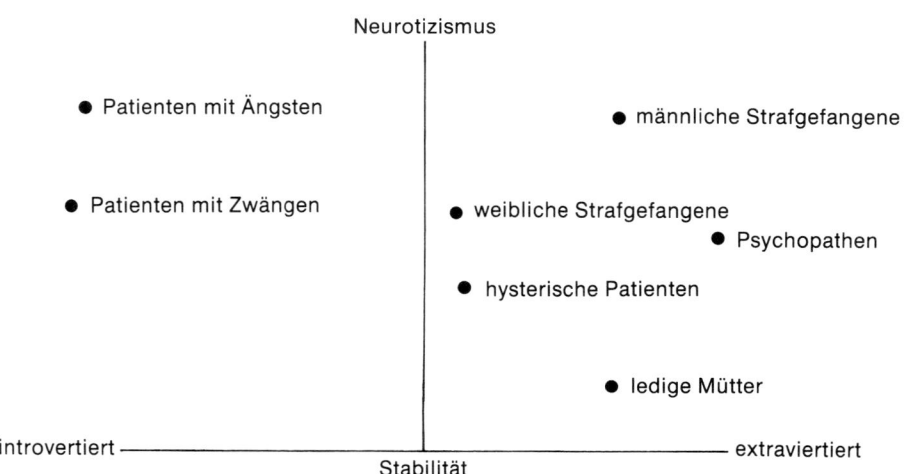

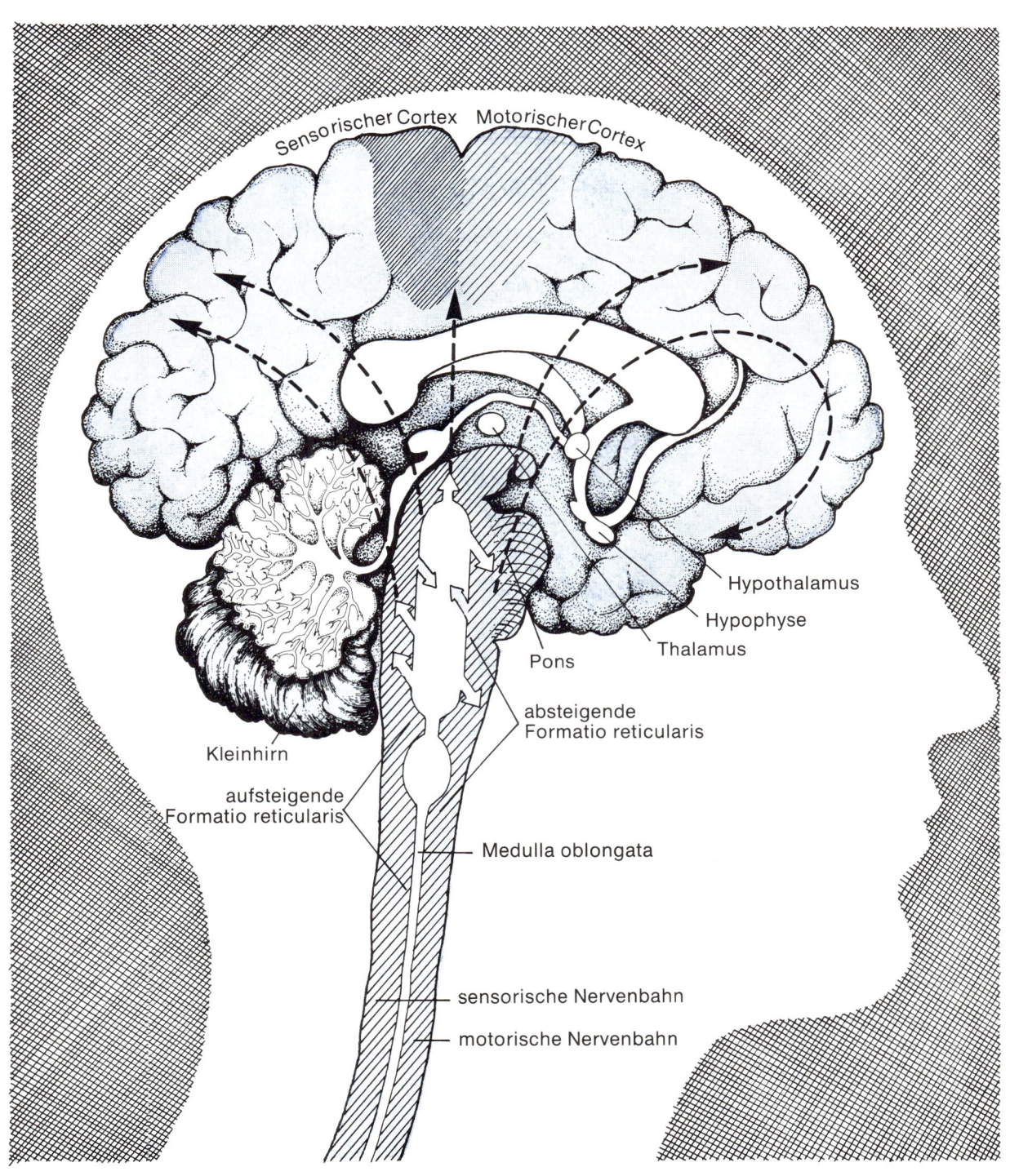

Sensorischer Cortex

Motorischer Cortex

Hypothalamus

Hypophyse

Thalamus

Pons

absteigende
Formatio reticularis

Kleinhirn

aufsteigende
Formatio reticularis

Medulla oblongata

sensorische Nervenbahn

motorische Nervenbahn

Eysencks Daemon:
Vererbung und Verhaltenskontrolle

Die Ansichten der meisten Behaviouristen sind in diesem Buch notwendigerweise unterrepräsentiert. Das liegt daran, daß sie Menschenbildern, Modelle und Schemata, die aufgestellt werden, bevor genügend Beweise gesammelt sind, im allgemeinen ablehnen. Ein *logos* der Psyche entsteht, so argumentieren sie, aus den Ergebnissen vieler weiterer, kontrollierter Experimente, so wie bei einem Archäologen, der die Bruchstücke sucht und wieder zusammensetzt. Wer schnelle Urteile fällt, ist kein Freund der Wissenschaft. H. J. Eysenck ist die seltene Ausnahme, ein Behaviourist, der Modelle konstruiert, denn er beschäftigt sich mit den ererbten physiologischen Faktoren der psychischen Struktur, auf welche die äußeren Reize einwirken. Somit ist die menschliche Psyche für ihn nicht nur die schwarze Box wie für Locke oder die Ober-Behaviouristen J. B. Watson und B. F. Skinner, sondern sie enthält vielmehr Veranlagungen, die den Menschen zu einer viel zu heftigen oder viel zu schwachen Reaktion auf seine Umwelt veranlassen. Eysenck arbeitet auch mit der Faktorenanalyse, um die Persönlichkeit unterschiedlicher Individuen in einem Diagramm mit den beiden Achsen Stabilität – Instabilität und Introversion – Extraversion zu „kartographieren". Wie Eysenck es mit der ihm eigenen Bescheidenheit ausdrückt „… wird die zukünftige Forschung zweifellos viele weitere (Variablen) aufdecken, obgleich angenommen werden darf, daß diese weitaus geringere Allgemeingültigkeit und Bedeutung aufweisen werden, als die hier vorgestellten."

Eysenck hat diese beiden Achsen gewählt, weil bekannt ist, daß es sich bei beiden, Stabilität – Instabilität und Extraversion – Introversion, auch um Gleichgewichtsfunktionen des Zentralnervensystems handelt. Stabilität – Instabilität ist eine Polarität des parasympathischen – sympathischen Gleichgewichts innerhalb des autonomen Nervensystems, das Herzschlag, Atmung, Muskel-Tonus und Wärmehaushalt im Körper kontrolliert. Der sympathische Zweig des autonomen Systems kontrolliert schnelle Reaktionen, die uns in einen Erregungszustand versetzen, um auf Gefahr und Angst zu reagieren. Dabei werden die Muskeln angespannt, es wird mehr Luft eingeholt und das Blut wird schneller durch den Körper gepumpt. Der parasympathische Teil hat genau den entgegegesetzten Effekt. Er verlangsamt Herzschlag und Atmung, entspannt die Muskeln und führt zur Ruhe. Menschen mit einem relativ dominanten sympathischen System sind launisch und leicht erregbar; bei stärkerer Ausprägung nennt man sie neurotisch. Die Dimension Introversion – Extraversion wurde der aufsteigenden Formatio reticularis zugeschrieben (der Ort, an dem die Nervenbahnen des Zentralnervensystems in den unteren Teil des Hinterhirns ziehen) die eine erregende und hemmende Funktion hat. Den genauen Mechanismus kennt man noch nicht, doch Eysenck nennt ihn seinen „Daemon", eine symbolische „Kreatur", die das Ausmaß der Erregung reguliert, die über die Formatio reticularis zum Gehirn läuft. Nach Eysenck hemmen Extravertierte diese Erregung und nehmen der eintreffenden Botschaft Schwung und Initiative, während Introvertierte weitaus mehr Stimuli über ihr Nervensystem hereinlassen und offensichtlich sehr damit beschäftigt sind, diese innerlich zu verarbeiten. Somit lassen sich Introvertierte leichter konditionieren, sind also lernfähiger, während sich Extravertierte diesem Prozeß widersetzen, da sie ihre Aufmerksamkeit ständig verlagern und den Fluß blockieren. Eysenck hat sein Zwei-Achsen-Gitter auf das Diagramm der vier Temperamente (siehe gegenüberliegende Abbildung) gelegt und konnte so seine Theorie der Physiologie mit den zahlreichen menschlichen Eigenschaften, die von den Forschern in den letzten beiden Jahrzehnten entdeckt worden sind, koordinieren; diese Eigenschaften korrelieren unterschiedlich hoch mit den Koordinaten stabil vs. instabil und extravertiert vs. introvertiert.

Für den Eysenckschen Ansatz sprechen die Erfolge, die Joseph Wolpe und andere Verhaltenstherapeuten bei der Behandlung von „instabilen" Angstreaktionen hatten. Durch Entspannungstraining, mit denen die emotionale Reaktionsbereitschaft unter die Kontrolle einer gelernten, parasympathischen, entspannten Reaktion gestellt wird, brachten die Therapeuten die Patienten dazu, sich in angsterregenden Situationen zu entspannen und „ihre Körper zu lehren", daß die frühere Angst unbegründet war (siehe auch Martin Luther King, Modell 59).

Um seine Theorie der Vererbung und des Verhaltens graphisch darzustellen, entlieh H. J. Eysenck von dem griechischen Arzt Galen das Diagramm der vier Temperamente: Choleriker (jähzornig), Sanguiniker (heiter), Phlegmatiker (kalt und beherrscht) und Melancholiker (traurig) und ordnete sie in ein Achsenkreuz mit den zwei physiologischen Hauptdimensionen der vererbten psychischen Prädisposition „instabil vs. stabil" und „introvertiert vs. extravertiert" ein. Er hat dann die mit Fragebögen und Persönlichkeitstests erhobenen Ergebnisse aus über zwei Jahrzehnten Forschung in England und Amerika zusammengetragen und diejenigen Eigenschaften zusammengestellt, die in unterschiedlichem Grad mit seinen beiden Hauptdimensionen korrelieren. Wörter wie „passiv", „reserviert", „impulsiv" und „sorglos" sind Punkte im Achsenkreuz, die zwischen den Koordinaten instabil – stabil und intovertiert – extravertiert liegen. Mit Hilfe dieses Verfahrens kann Eysenck zahlreiche Persönlichkeitstypen lokalisieren. So zeigen z. B. männliche Kriminelle eine Tendenz zum instabilen Extravertierten, gleiches gilt für psychopathische Patienten; sie haben Probleme mit den Verhaltensregeln. Zwangsneurotiker gehören zu den instabilen Introvertierten wie auch Patienten mit allgemeinen Angstzuständen; sie haben Persönlichkeitsprobleme.

Es ist interessant, wie sehr dieses Modell vielen anderen ähnelt, obgleich Eysenck die Psychiatrie gewöhnlich mit den Kategorien „Fiktion", „Mißbrauch" und „Unsinn" abtut. Offensichtlich bewegen sich diejenigen, die von „Tatsachen" ausgehen und sie zusammentragen, und die, die intuitiv das Ganze betrachten, aufeinander zu.

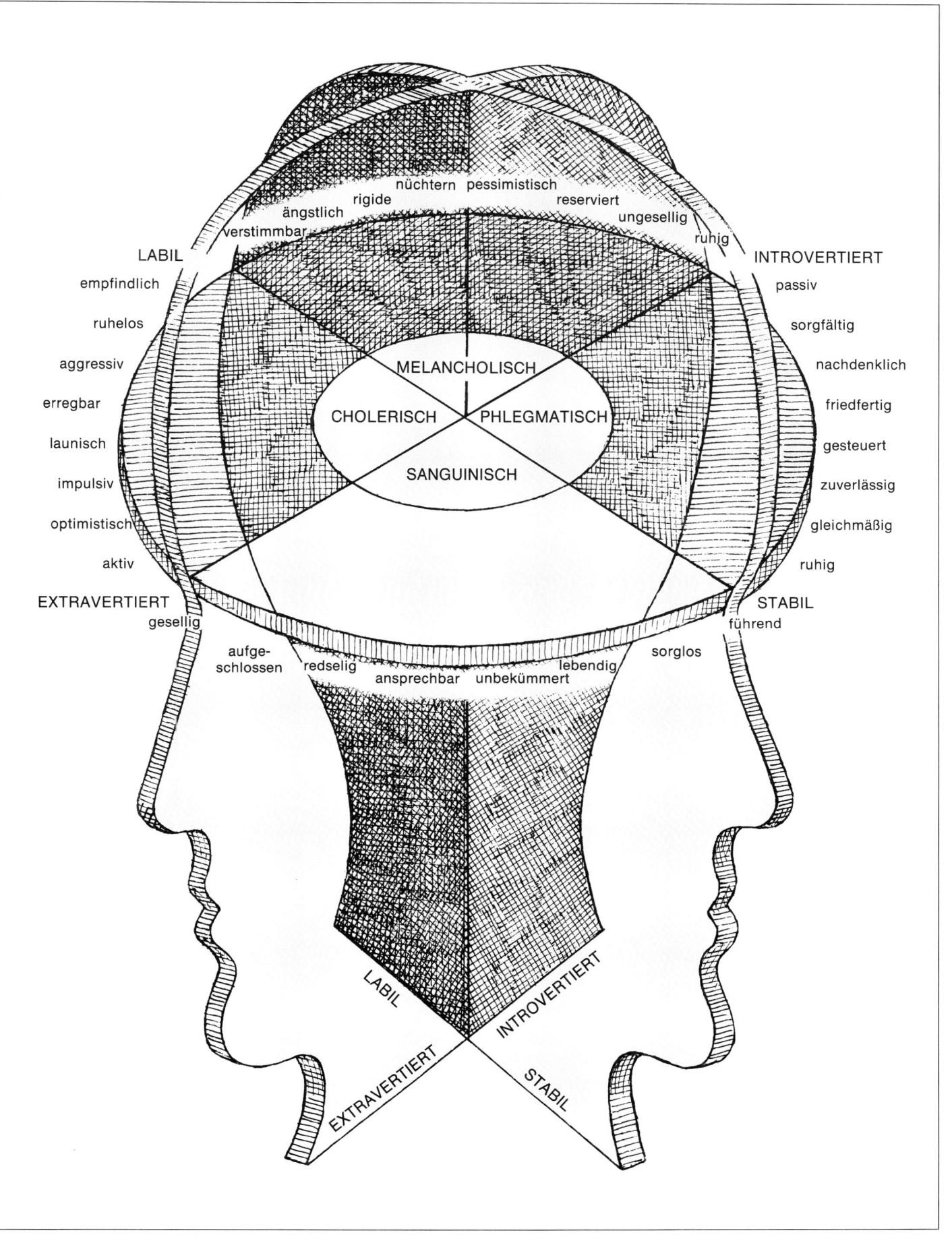

Das Pferd und das Krokodil im Kopf:
Die Papez-MacLean-Theorie der Gehirnentwicklung

Paul D. MacLean ist Leiter des Laboratoriums für Hirnentwicklung und Verhalten am *National Institute for Mental Health* in Washington. Aufbauend auf den früheren Arbeiten von James W. Papez identifizierte MacLean drei unterschiedliche Entwicklungsstadien bei der Entfaltung des menschlichen Gehirns. Es gibt ein altes Reptilienhirn, das von der Evolution kaum beeinflußt wurde und sowohl bei prähistorischen Reptilien wie auch bei Schildkröten, Alligatoren und Eidechsen noch heute vorgefunden wird. Beim Menschen liegt dieses Hirn am und in der Nähe des oberen Endes des Hirnstamms. Es wird vom alten Säugetierhirn umgeben, das aus dem limbischen System besteht. Wir teilen es mit niederen Säugetieren – Ratten, Kaninchen, Känguruhs, Pferden etc. Schließlich entstand dann das neue Säugetierhirn oder der Neocortex, der bei Primaten hochentwickelt ist und zwar am meisten beim *homo sapiens*. Der Neocortex schließt sich um das Säugetierhirn, so daß wir ein Hirn-im-Hirn haben. „Allegorisch gesprochen …", sagt MacLean, „können wir uns vorstellen, daß, wenn ein Psychiater einen Patienten bittet, sich auf die Couch zu legen, er ihn auffordert, sich neben einem Pferd und einem Krokodil auszustrecken".

Diese drei „biologischen Computer" unterscheiden sich deutlich in ihrer Struktur und chemischen Zusammensetzung, was durch die Golgi-Methode zu Färbung des Hirngewebes gezeigt werden konnte. Zwar lassen sich ihre Funktionen duplizieren und überschneiden sich auch, doch unterscheidet sie sich prinzipiell in ihrer Arbeitsweise. Zum Vergleich fassen wir hier die beiden älteren Hirne zusammen und vergleichen sie mit dem Neocortex.

Die älteren Hirne scheinen für das artspezifische Erbe zuständig zu sein, d.h. für die Hierarchien bei Dominanz/Unterwerfung, für Balz- und Paarungsverhalten, Rituale gegenüber dem Leittier, Wandertriebe, Bandenbildung gegenüber dem Schwachen und dem Neuen, Verteidigung des Territoriums, Jagen, Vorrätesammeln, Bindungsverhalten, Herdentrieb und Spielverhalten.

Der Neocortex dagegen scheint sich eher für das Erlernen neuer Möglichkeiten zur Umwelt-Bewältigung und Anpassung zu eignen. Entfernt man Affen das limbische System, dann hat man nicht den Eindruck, als seien sie in ihrem Bewegungsrepertoire behindert. Es ist eher so, daß ihr Verhalten nicht mehr so sehr „affentypisch" ist. Die gesamte Fähigkeit, „äffisch" zu sein, ist verlorengegangen, alle Rituale verschwinden. Sie versuchen, Müll und sogar brennende Streichhölzer zu fressen und mit Küken zu kopulieren. Jung würde sagen, sie haben ihr „kollektives Unbewußtes" verloren (Modell 10).

Wenn diese älteren Hirne lernen, sich erinnern und motorische Aktivitäten auslösen, dann erscheinen sie „Es-ähnlich" in ihren Absichten, weniger unbewußt als vielmehr unfähig, sich über den emotiven Ausdruck hinaus mitzuteilen. Der limbische Cortex registriert fundamentale Affekte wie Hunger, Durst etc., spezifische Affekte wie Schmerz, Schrecken, Abscheu und allgemeine Affekte, die nicht an spezielle Stimuli gebunden sind, sondern Verhalten wie Suchen, Aggression, Schutz, Fürsorge, Freude und Trauer motivieren. Diese überdauern noch lange die Umstände, durch die sie hervorgerufen wurden.

Kurzum, das limbische System hat eine „Intelligenz des Fühlens". Wird der limbische Cortex durch einen epileptischen Anfall, Tollwut oder durch experimentelle Stimulation gereizt, dann können plötzlich Gefühlsausbrüche von Wut, Panik, Lust oder „Heureka!" den Organismus überfluten, der knurren, Speichel absondern, angreifen oder einer lustvollen Selbststimulation verfallen kann. Solche Areale scheint es fast ausschließlich in den älteren Hirnen zu geben, die auch die Verbindung zum autonomen Nervensystem herstellen, den unwillkürlichen, internen Reaktionen des Körpers. Im Gegensatz dazu hat der Cortex weitaus mehr mit willkürlichen Bewegungen zu tun sowie mit Ereignissen in der Außenwelt.

Es scheint, daß diese drei Hirne sukzessive übereinander gelegt worden sind. Anders als bei den Klauen, die sich zu Händen und anders als bei den Kiemen, die sich zu Lungen entwickelt haben, scheint jedes Hirn einen „neuen Anfang" gemacht und die älteren Funktionen nochmals entwickelt zu haben. So gibt es z.B. anenzephale Babies, Kinder, die ohne Neocortex geboren werden, und doch haben einige seltsamerweise bis zu vier Jahren gelebt, sie wachten, schliefen, lallten, schrien, verdauten und lächelten; fühlende Geschöpfe, die „einsichtig" auf Freundlichkeit und Grausamkeit reagierten.

Das menschliche Gehirn besteht in Wirklichkeit aus drei Hirnen: dem Reptilienhirn, dem alten Hirn der urzeitlichen Säugetiere und dem Neocortex oder Hirn der Säugetiere der Neuzeit; jedes nachfolgende hat sich jeweils über das frühere gelegt und wir haben jetzt ein Hirn-im-Hirn. Die Struktur der älteren Hirne ist Teil eines gemeinsamen Erbes von Reptilien und Säugetieren. Das Reptilienhirn besteht aus der Matrix des Hirnstamms, dem Mittelhirn, den Basalganglien und einem Großteil des Hypothalmus und des retikulären Aktivationssystems. Es zeigt große, gefurchte Strukturen und wird grün, wenn man es einfärbt, da es große Mengen von Dopamin, eine Transmittersubstanz, enthält. Dieses Hirn ist ganz der Vergangenheit verhaftet und offensichtlich das Erbe der Arten-Geschichte.

Das alte Säugetierhirn umfaßt das limbische System und zwei beinahe konzentrische Ringe, einen für jede Hemisphäre, die über einen zentralen Kern gefaltet sind. Limbisch heißt „einen Saum bildend" oder „ringsherum eingrenzen". Das ganze wird oben vom Gyrus cingulis und unten vom Gyrus hippocampalis eingeschlossen. Das limbische Hirn registriert Belohnungen und Bestrafungen, ist Sitz einer Vielzahl von Emotionen und kontrolliert das autonome Nervensystem des Körpers. Über dem limbischen oder Säugetierhirn liegt der Neocortex, die „denkende Kappe", eine gewundene Masse aus grauer Substanz, die ausgebreitet die Größe eines Bettvorlegers erreicht. Dieses zuletzt genannte Hirn, dessen Entwicklung ungewöhnlich schnell verlief, hat den homo sapiens hervorgebracht. Vielleicht sind wir wie das Geweih des irischen Elchs oder wie der Rückenschild einiger Schildkröten eine Fehlentwicklung, nämlich „kopflastig". Gibt es eine chronische Spaltung zwischen unseren Hirnen?

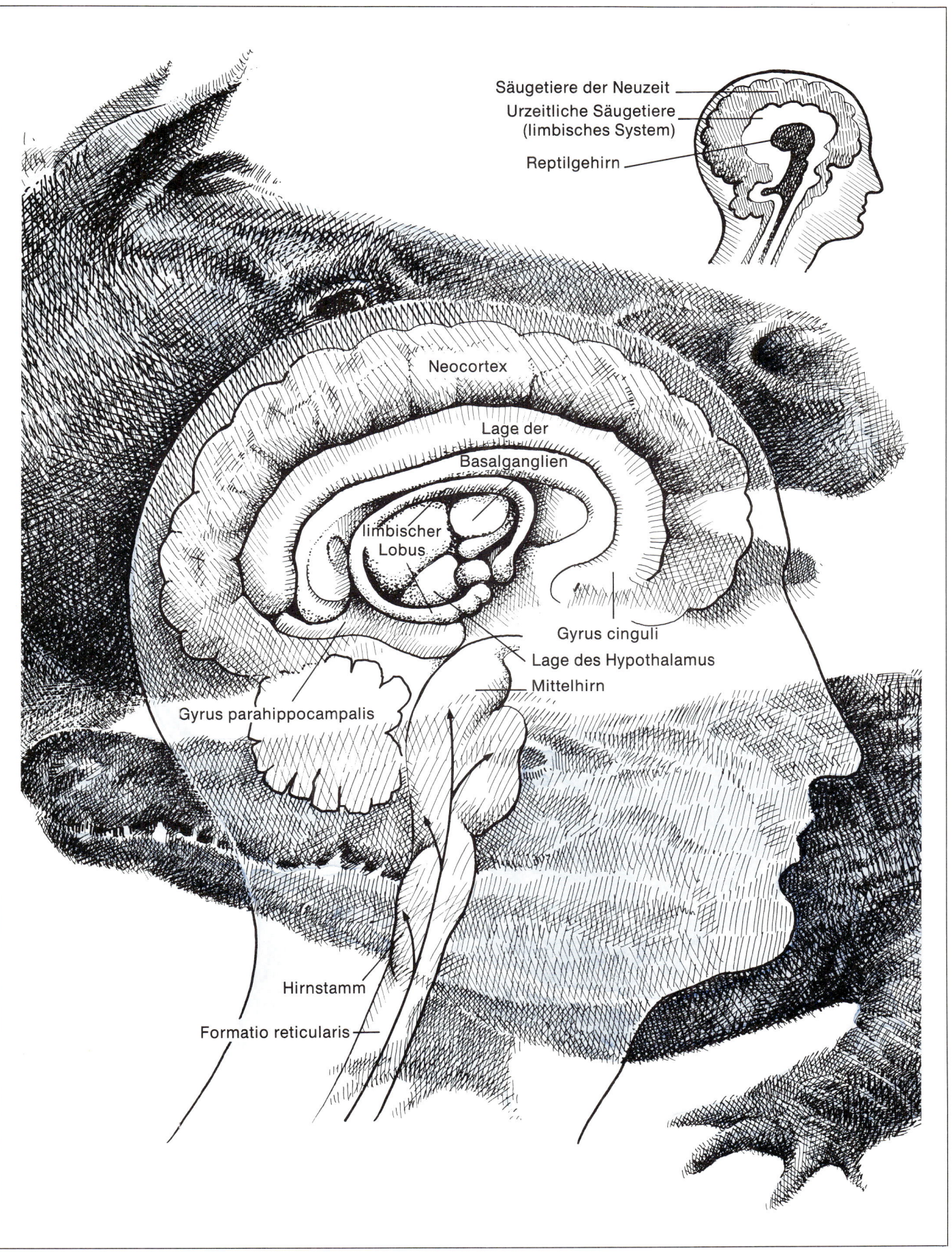

Säugetiere der Neuzeit

Urzeitliche Säugetiere
(limbisches System)

Reptilgehirn

Neocortex

Lage der

Basalganglien

limbischer
Lobus

Gyrus cinguli

Lage des Hypothalamus

Mittelhirn

Gyrus parahippocampalis

Hirnstamm

Formatio reticularis

MacLeans These, die von Arthur Koestler (Modell 27) vortrefflich ausgearbeitet und unterstützt worden ist, lautet, daß das menschliche Gehirn als Ganzes an einem tödlichen „Konstruktionsfehler" leidet, einer quasi-schizophrenen Spaltung zwischen Verstand und Emotion, die durch schlechte Koordination zwischen dem Neocortex und den beiden älteren Hirnen verursacht wird. Dieser Fehler liegt nicht so sehr darin, daß irgendein willkürlich gesetztes Ideal nicht erreicht wurde. Vielmehr geht er auf die der Entwicklungsbiologie bekannten Sackgassen und Dilemmas zurück, die die Evolution von ganzen Arten aufgehalten und einige davon zum Untergang verurteilt hat. Beispiele dafür sind die Spinnen, Skorpione und andere Arthropoden, deren Hirne sich um den Schlund herum entwickelt haben, und die somit vor einem Dilemma stehen. Ihre Hirne können nicht wachsen, ohne die Schluckfähigkeit zu behindern, andererseits brauchen sie das Gehirn, um Futter zu finden. Dieser Konflikt führte zu einem Kompromiß, nämlich dem, Blut und andere Flüssigkeiten zu schlucken, eine Form von „phylogenetischer Senilität". Ähnlich fehlt auch dem Koalabär, wie anderen Beuteltieren, ein Corpus callosum, der Nervenstrang, der die linke und rechte Hemisphäre der meisten Säugetierhirne miteinander verbindet. Der Koala, ein Opfer schlechter zerebraler Integration, mußte zahllosen Rivalen weichen und hat nur in Australien überlebt, wo er, in den Worten von Koestler, „sich an den Eukalyptusbaum klammert wie an eine verworfene Hypothese".

Das menschliche Gehirn ist lateral durch die große Verbindung zwischen den beiden Hemisphären gut integriert. Aber läßt sich das auch über die vertikale Integration zwischen den beiden älteren Hirnen und dem Neocortex sagen? Der Neocortex fing in der zweiten Hälfte des Pleistozäns ganz erheblich an zu wachsen, das war vor ungefähr einer halben Million Jahren, mit einer noch nie dagewesenen Geschwindigkeit und Grad an evolutionärer Veränderung, die das Gehirn sehr wohl aus dem Gleichgewicht hätte bringen können. Wir leiden, meint MacLean, an „Schizophysiologie", einer konstitutionellen Spaltung zwischen dem neuerern und den älteren Hirnen. MacLean bezieht seine Argumente aus dem Studium der limbischen Epilepsie, bei der sich die Anfälle auf das limbische System beschränken. So wie epileptische Anfälle nicht von einer Hirnhemisphäre auf die andere übergreifen, wenn das Corpus callosum durchgeschnitten ist, so scheint das Säugetierhirn seine Störungen für sich zu behalten, als ob es abgetrennt wäre. Anfälle, die durch Reizung des limbischen Cortex von Affen induziert wurde, haben dies bestätigt. Anatomisch hat MacLean gezeigt, daß es nur wenige und indirekte Verbindungen zwischen dem limbischen System und dem Neocortex gibt, die außerdem langsam reagieren können.

Wenn MacLean mit der Trennung von der äußeren cerebralen, denkenden Kappe und unserem inneren, visceralen Bewußtsein Recht hätte, würde der „zweigeteilte Mensch" seine Umwelt dann nicht besser kennen als sich selbst und in seinem eigenen Körper wie ein Geist in der Maschine spuken? Die Wachstumskurve in Wissenschaft und Technik würde exponentiell steigen; während die Ethik bei Konfuzius, Buddha oder Christus stehengeblieben wäre. Zwei Hauptreligionen könnten heute den Mythos von der ethischen Harmonie und Unschuld teilen, bis der Mensch mit seiner Vernunft anstatt mit ethischer Sensibilität eine fatale Wahl trifft, eine „Ursünde", die die Nachwelt zu ewigem Irrtum verurteilt (siehe Modell 4). Die Tradition in dieser Kultur könnte das Denken sehr genau im Geist lokalisieren, doch nur vage Emotionen in Herz, Brust, Darm, Blut, in den Nerven oder Eingeweiden (die in der Tat vom limbischen System oder Säugetierhirn kontrolliert werden). Berühmte Psychoanalytiker könnten mit Recht behaupten, daß tief in uns ein ganz anderer, stummer, dunkler und doch mächtiger Geist sitzt, der uns an irgendein Überich der Vorfahren bindet und der sich überladen mit Widerständen fest an Symbole heftet, die seine Gefühle ausdrücken.

Eine derartige Kultur wäre in einer cerebralen Auffassung über Wissenschaft und in die darstellende Kunst gespalten, wobei die zwei kaum miteinandern in Kontakt wären. Es ist einleuchtend, daß sich diese Kultur international in politische Blöcke aufteilen würde, wobei einer das Entweder/Oder der individuellen Wahl zwischen empirischen Vorschlägen feiern würde, der andere würde für eine dialektische Bewegung gegensätzlicher Werte eintreten. All die Versprechen, daß Vernunft und Aufklärung für immer Aberglaube, Mystizismus und die noch verbliebenen religiösen Glaubenssysteme verbannten, würden über diese andere Eigenschaft in der Tiefe des menschlichen Geistes straucheln, dieses „Herz", das, wie Pascal es ausdrückt, „seine eigenen Gründe hat, die die Vernunft nicht kennt".

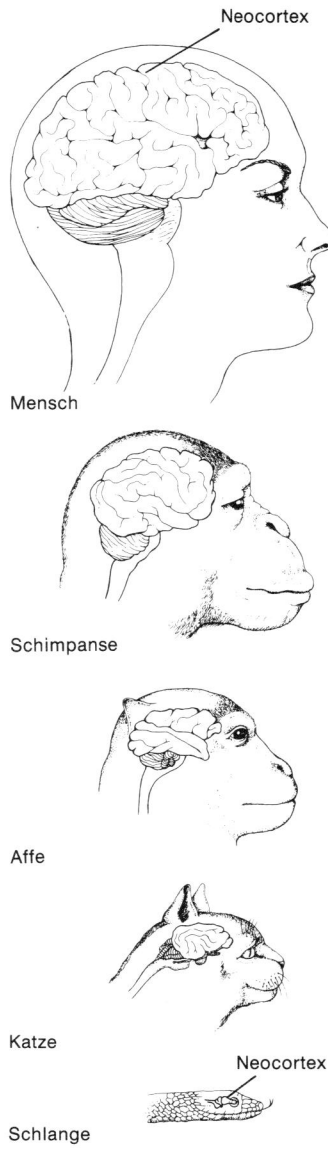

Neocortex

Mensch

Schimpanse

Affe

Katze

Neocortex

Schlange

Die Entwicklung des Neocortex oder der „Denkkappe"

Sollen die Biologen so weit wie möglich gehen, und gehen wir selbst so weit wie möglich. Eines Tages werden wir uns begegnen.
Sigmund Freud

Es wäre überwiegend ein Krieg von Metaphern, zwischen der geraden Linie des Fortschritts, der Linearität von Ursachen und Wirkungen auf der eine Seite und der Auffassung eines Kreises, Zyklus, Mandalas, der Begegnung von Alpha und Omega auf der anderen Seite. Dafür spricht sehr viel, wenn wir den sensomotorischen Cortex (Modell 19), in dem die Genitalien in respektabler Entfernung von Kopf, Gesicht und Zunge untergebracht sind, mit dem limbischen System (Säugetierhirn) vergleichen, wo sich die anal-genitalen, oralen und olfaktorischen Areale in einem fast geschlossenen Kreis sehr nahe kommen und mehr als nur einen Forscher an Uroborus, die sich selbst verschlingende Schlange des Paradoxon, erinnern (siehe Modell 22). Es ist aber wichtig, nicht in den alten Fehler zu verfallen und einen Dämon in uns hineinzugeheimnissen oder gar den viktorianischen Alptraum. Es erzeugt nur Irrtümer, wenn wir die inneren Hirne als „wild" und den äußeren Cortex als „unterdrückend" betrachten. Tiere sind auf jeden Fall weitaus weniger grausam oder mörderisch als menschliche Geschöpfe, und sie respektieren die Demutsgesten innerhalb ihrer eigenen Art, während die Menschen bereits besiegte Mitmenschen kaltblütig töten. Wir müssen die Hirne zusammenbringen, ein Prozeß, der nach MacLean zur Kreativität gehört, wo die getrennten Hirne bisoziiert werden (siehe Modell 27).

Wenn die Antwort darin liegt, die Gehirne zu integrieren, dann ist das Propagieren eines Natur- oder eines Kopfmenschen ein weiteres Symptom der ursprünglichen Pathologie. Diese Pathologie beginnt mit frei flottierenden Ängsten und dem Stau von Affekten, denen der rationale Neocortex hilflos ausgesetzt ist, da sich der allerletzte Sinn nicht mit dem technischen Verstand finden läßt. Ängste und Sehnsüchte finden für ihre Entladung keine Objekte und Ventile, sondern wenden sich stattdessen Pseudo-Zielen zu. So wurden beispielsweise die Juden für die Große Wirtschaftskrise verantwortlich gemacht. „Besser ein Ende mit Schrecken, als ein Schrecken ohne Ende", hieß der Spruch der Braunhemden. Doch paranoide Rachsucht, das Erfinden von Sündenböcken und zwanghafte Rituale fügen der brodelnden Wut nur noch Schuld und Frustration hinzu. Wenn die technische Vernunft ausreichen würde, könnten Menschen mit Phobien und Zwängen dann nicht die aufsteigende Panik in ihrem eigenen Nervensystem dämpfen, wenn sich das gefürchtete Objekt nähert? Doch so wie es aussieht, gehorcht ihnen ihr Körper nicht. Das äußerste menschlicher Katastrophen ist erreicht, wenn so absurde Hypothesen wie die von der genetischen Unterlegenheit der Juden auf die technologische und organisierende Macht des Neocortex stoßen und das Unglaubliche in der systematischen Ermordung wahrmachen. Wir haben den Punkt erreicht, an dem wir technisch-rational so mächtig sind, daß wir die viszeralen Impulse und Wünsche „erfüllen" können: Wir verstümmeln die Gesellschaft so, daß sie sich ihnen anpaßt.

Aber hat MacLean Recht? Ich ziehe es vor, bei der Anatomie eher von einer Tendenz als von einer Bestimmung zu sprechen. Wenn wir nur eine Logik der Emotionen entdecken können, dann reichen die wenigen Verbindungen zwischen dem Neocortex und den älteren Hirnen aus. Diesem Punkt wollen wir uns nun zuwenden.

MODELL 22
Ausreißer im limbischen System

Das limbische System ist zuständig für Aufmerksamkeit, Emotionen, Lernen und Gedächtnis. Es leitet die Botschaften, die es von der Umwelt erhält, weiter an den Neocortex, und überflutet diesen mit Stimmungen, die von optimistischer Vorfreude bis zu düsteren Enttäuschungen gehen. Es verhält sich wie eine aufgeregte Mutter, die bei Ankunft des Zuges in jedem aussteigenden Jungen ihren Sohn erkennt. Zwar gibt es viele Probleme bei der Identifikation der Funktionen innerhalb des limbischen Systems, doch herrscht allgemein Einigkeit über seine homöostatischen und ausgleichenden Arbeitsprinzipien. Forscher haben versuchsweise Areale herauspräpariert, die zwischen Wut – Furcht, Kampf – Flucht, Lust – Schmerz, Erwartung – Gegenwart, Spannung – Entspannung etc. vermitteln. Stimuliert man bei Affen z.B. den oberen limbischen Ring, so fangen sie an, sich zu putzen, zeigen werbendes, sexuelles und fürsorgliches Verhalten, während durch Reizung des unteren limbischen Ringes abwehrendes und feindliches Verhalten provoziert wird. Doch die wichtigste Eigenschaft, und dafür gibt es immer mehr Belege, liegt darin, daß das limbische System „oszillieren" oder „ausreißen" kann. Diese Termini werden der Kybernetik und der Systemtheorie entliehen und bezeichnen eine Form des pathologischen Feedbacks, bei dem das System, statt sich selbst zu regulieren wie ein Thermostat, zunehmend mehr aus dem Gleichgewicht gerät und zerfällt (siehe Modell 45).

Nehmen wir nur einmal zwei Dimensionen aus Modell 22 und zeichnen eine derartige Feedback-Schleife:

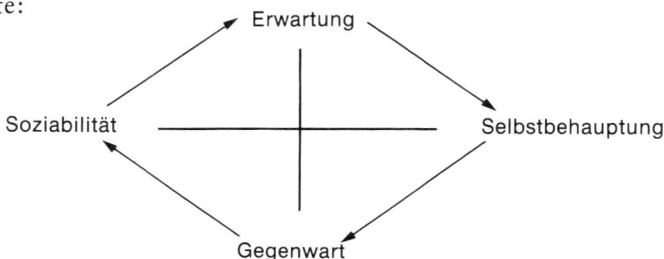

Die Erwartung, von der ich ausgehe, verändert meine soziale Gegenwart, die wiederum meine Erwartung verändert … Im Normalfall setzen sich die Pole Erwartung – Gegenwart, Selbstbehauptung – Soziabilität gegenseitig Grenzen und ergänzen sich. Doch angenommen, ich schließe mich einer Bande an, in der meine Beliebtheit (oder Soziabilität) davon abhängt, wie unbarmherzig ich alte Frauen zusammenschlage, die meine Erwartung, ihnen die Handtasche entreißen zu können, nicht erfüllt haben. In diesem Fall „reißt" die Dimension Soziabilität – Selbstbehauptung als einzelne Dimension meines Systems „aus". Karl Pribram fand im limbischen System eine Kapazität für einen „Rebound"- oder „Antworteffekt", während E. Gellhorn entdeckte, daß in einem gestörten Zustand ein Zweig des autonomen Systems Reaktionen in seinem Gegenpart auslösen konnte. Dies ähnelt im wesentlichen den Schwankungen zwischen dem „wahren" und dem „falschen" Selbst (siehe Modell 14). Wir müssen nur die anderen Dimensionen des limbischen Gleichgewichts betrachten, die auf der gegenüberliegenden Abbildung beschrieben werden, dann können wir die meisten bekannten Formen psychologischer und sozialer Pathologie als Oszillationen beschreiben, die verschiedene Dimensionen zum „Ausreißen" veranlassen.

Wo liegt der Ursprung dieser Störungen? In der anatomischen Trennung zwischen dem limbischen System und dem Neocortex, die bei Modell 21 diskutiert wurde? Vielleicht, doch die beiden Hirne arbeiten nach ganz verschiedenen Prinzipien, die mehr als die Unterscheidung zwischen „Vernunft" und „Emotion" ausmachen. Aus Gewohnheit und nicht aufgrund einer Notwendigkeit denken wir linear, wenn es um Ursache und Wirkung geht, wenn Subjekte auf Objekte einwirken. Im Gegensatz dazu befindet sich das limbische System in einem dialektischen Gleichgewicht und arbeitet nach kybernetischen Prinzipien, die alle Variablen, die zu einer rational-emotionalen Synthese gehören, mit einschließen. Der Triumph des Willens, die klassenlose Gesellschaft, das Stärker-sein-als-die-Flasche, das sind alles Symptome eines linearen, neocortikalen Exzesses, der das limbische System zum „Ausreißer" macht.

Das limbische System entspricht dem alten Säugetierhirn und liegt über dem Gyrus cinguli (Modell 21). Die Darstellung zeigt den oberen und den unteren Ring des limbischen Lappens, die sich wie eine Kralle um den Thalamus legen. Diesem „Keller des Hirns" wurden acht Dimensionen zugeordnet, die nach Auffasung verschiedener Forscher vom limbischen System im Gleichgewicht gehalten werden, um so ein emotionales Stimmungsgleichgewicht herzustellen. Zu diesen Dimensionen gehört Wut-Furcht, von denen man annimmt, daß sie durch den Mandelkern kontrolliert werden, Kampf-Flucht, die unmittelbar durch Reizung der hinteren Teile des Hypothalamus ausgelöst werden und Lust (Belohnung) – Schmerz (Bestrafung), die im Septum pellucidum und in bestimmten Arealen des unteren limbischen Ringes lokalisiert sind. Es wurde entdeckt, daß der Hippocampus Unterschiede zwischen Erwartung und Realität ausgleicht. So lange es sich nur um geringfügige Differenzen handelt, hemmt der Hippocampus das retikuläre Aktiovationssysten (Modell 19), doch sobald größere Unterschiede entstehen, wird das RAS aktiv und erregt den gesamten Cortex, damit er diese Diskrepanzen wahrnimmt, gleichzeitig beeinflußt es dadurch die Dimension Spannung – Entspannung.

1. Septum pellucidum
2. Mamilläre Kerne
3. Fornix
4. Hippocampus
5. Gyrus parahippocampalis
6. Mandelkern

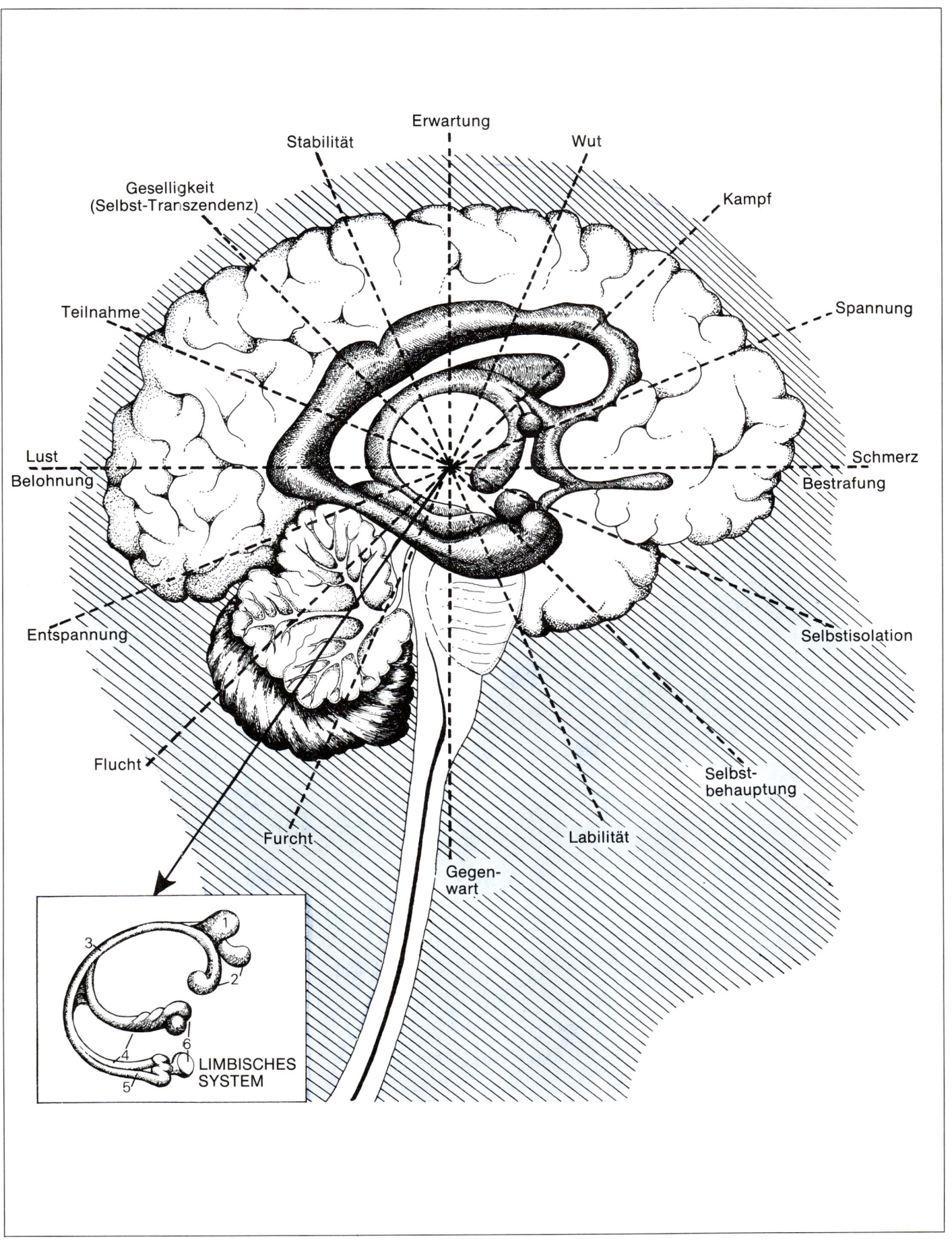

Die linke und die rechte Hemisphäre des Gehirns

Seit dem 19. Jahrhundert ist Neurologen und Gehirnchirurgen bekannt, daß ein Tumor oder ein Eingriff in der linken Hemisphäre des Gehirns ganz andere Auswirkungen auf die geistigen Fähigkeiten des Patienten hat als ein Tumor oder Eingriff in der rechten Hemisphäre. Eine Schädigung der linken Hemisphäre wurde lange Zeit mit Aphasie (Sprachversagen) in Verbindung gebracht, eine Verletzung der rechten Hemisphäre beeinträchtigt dagegen die Körpervorstellung des Patienten, so daß er sich nicht mehr selbst ankleiden kann, keine räumliche Orientierung besitzt und oft nicht einmal mehr vertraute Gesichter erkennt.

In jüngerer Zeit untersuchte man die geistigen Funktionen und Fertigkeiten von Patienten, bei denen einzelne Bereiche der beiden Hemisphären gestört waren. Sind Teile der linken Hemisphäre verletzt, so werden dadurch Sprechen, Sprachverständnis, verbales Gedächtnis, mathematisches Denken und der Zeitsinn behindert; offensichtlich hat diese Hemisphäre auch für bestimmte Organe und Funktionen eine besondere Bedeutung. Eine Verletzung der rechten Hemisphäre wirkt sich negativ aus auf das Verständnis von visuellen und taktilen Reizen, die Wahrnehmung von Tiefe und Bewegung, das räumliche Vorstellungsvermögen und führt zu diffusen und allgemeinen Störungen.

Noch größeres Interesse und Staunen weckten die Forschungen und Untersuchungsergebnisse von Roger Sperry, Joseph Bogen und Michael Gazzaniga. Sie arbeiteten mit Patienten, die an schweren epileptischen Anfällen litten. Diese Patienten wurden einem radikalen Eingriff unterzogen, bei dem das Corpus callosum durchtrennt wurde, ein dicker Nervenstrang, der die beiden Gehirnhälften miteinander verbindet. Durch diesen Eingriff sollte verhindert werden, daß die epileptischen Anfälle auf das ganze Gehirn übergreifen, da ein Patient „mit nur einem halben Gehirn" immer noch Medikamente nehmen und Hilfe holen kann. Was die Chirurgen überraschte, waren die offensichtlich geringen Auswirkungen eines so schweren Eingriffes. Erst mit Hilfe einer Reihe von sorgfältig geplanten Experimenten wurde entdeckt, daß es zwei getrennte Bewußtseinsteile in einem Patienten gab: nämlich eine linke Hemisphäre, welche die rechte Körperhälfte kontrolliert und eine rechte Hemisphäre, welche die linke Hälfte des Körpers kontrolliert.

Wenn z. B. einem Patienten, bei dem die beiden Hirnhälften operativ durchtrennt wurden, ein Bleistift in seine rechte Hand gelegt wird und er ihn nicht sehen kann, so kann er ihn doch sofort als Bleistift beschreiben, da die rechte Hand mit der verbalen linken Hemisphäre in Verbindung steht. Wird ihm aber der Bleistift in die linke Hand gelegt, so kann die „stumme" rechte Hemisphäre, welche mit der linken Hemisphäre jetzt nicht mehr kommunizieren kann, den Bleistift nicht benennen. Mit Hilfe eines Tachistokops ist es möglich, Informationen ausschließlich auf den Teil des linken bzw. rechten Auges auftreffen zu lassen, der mit der rechten bzw. linken Hemisphäre über Kreuz verbunden ist. Mit dieser Methode wurde das Wort HEART als Lichtblitz kurz so eingeblendet, daß HE der rechten Hemisphäre gezeigt wurde und ART der linken. Auf die Frage, was sie gesehen haben, antworteten die Patienten ‚ART'. Wurden sie dagegen aufgefordert, mit der linken Hand auf eine Tafel mit mehreren Wörtern zu zeigen, so deuteten sie auf ‚HE'.

Diese Experimente decken nicht nur die funktionelle Autonomie und die hochspezialisierte Arbeitsteilung zwischen den Hemisphären auf, sondern zeigen auch die hartnäckige Integrationstendenz des Gehirns, die selbst durch einen schweren chirurgischen Eingriff nur teilweise beeinträchtigt wird. Der Grund für die Verwendung eines Tachistokops in dem HEART-Experiment liegt darin, daß bei einer Darbietungszeit von mehr als einer Sekunde, die Augen das ganze Wort abtasten. Aus dem gleichen Grund funktioniert das Bleistift-Halte-Experiment auch nur, wenn die beiden Hände durch einen Schirm durchgreifen müssen, so daß die Augen „ihnen nicht helfen können". Auch wenn die Hände dem Blick entzogen sind, versuchen sie doch, sich gegenseitig zu helfen: die rechte Hand, welche mit dem von der linken Hemisphäre sprachlich verarbeiteten Schlüsselreizen in Verbindung steht, versucht die linke Hand zu „korrigieren"! Nach den operativen Eingriffen können die Patienten mit der rechten Hand weiterhin schreiben, wie zu erwarten war, doch können sie nicht mehr richtig zeichnen, da sie das räumliche Vorstellungsvermögen der rechten Hemisphäre verloren haben, welche die rechte Hand nun nicht mehr anleiten kann. Dagegen können die Patienten

Das menschliche Gehirn ist in zwei Hemisphären geteilt, in eine linke und in eine rechte, die in der Mitte durch einen großen Nervenstrang, das sogenannte Corpus callosum, miteinander verbunden sind. Wird dieser Strang operativ durchtrennt, dann bleibt die Information, die von einer der beiden Hemisphären aufgenommen wird, der anderen unbekannt und der Patient verfügt über zwei nicht miteinander verbundene Gehirnteile in einer Hirnschale. Der überwiegende Teil des linken Auges, das linke Ohr und die linke Körperhälfte sind mit der rechten Gehirnhälfte verbunden. Der größte Teil des rechten Auges, das rechte Ohr und die rechte Körperseite sind mit dem linken Gehirn verbunden. Die beiden Hemisphären verarbeiten Informationen auf recht unterschiedliche Art und Weise. Die linke denkt analytisch, kategorisierend und reduktiv. Sie ist sich der zeitlichen Abfolge und Linearität bewußt und ist zuständig für Sprache und mathematisches Denken. Die rechte Hemispäre denkt holistisch, synthetisch, diffus, verarbeitet den Input simultan und räumlich-visuell und erkennt Muster und Gesichter. Die beiden Verarbeitungsmethoden entsprechen dem historischen Disput in der Psychologie zwischen Behaviourismus und Gestaltpsychologie.

In der Kulturgeschichte wird die linke Hand mit unheilvollen, dunklen und illegitimen Taten in Verbindung gebracht, die rechte Hand gilt dagegen als offen und ehrlich. Die Neurologen nannten die rechte Gehirnhälfte lange die „geringere Hemisphäre", und die neuesten Forschungsergebnisse deuten auf eine Dominanz der linken Hemisphäre.

Die Leistungsfähigkeit kann gesteigert werden, wenn man der rechten Gehirnhälfte künstlich die Möglichkeit verschafft, die „Gleichheit" wiederherzustellen.

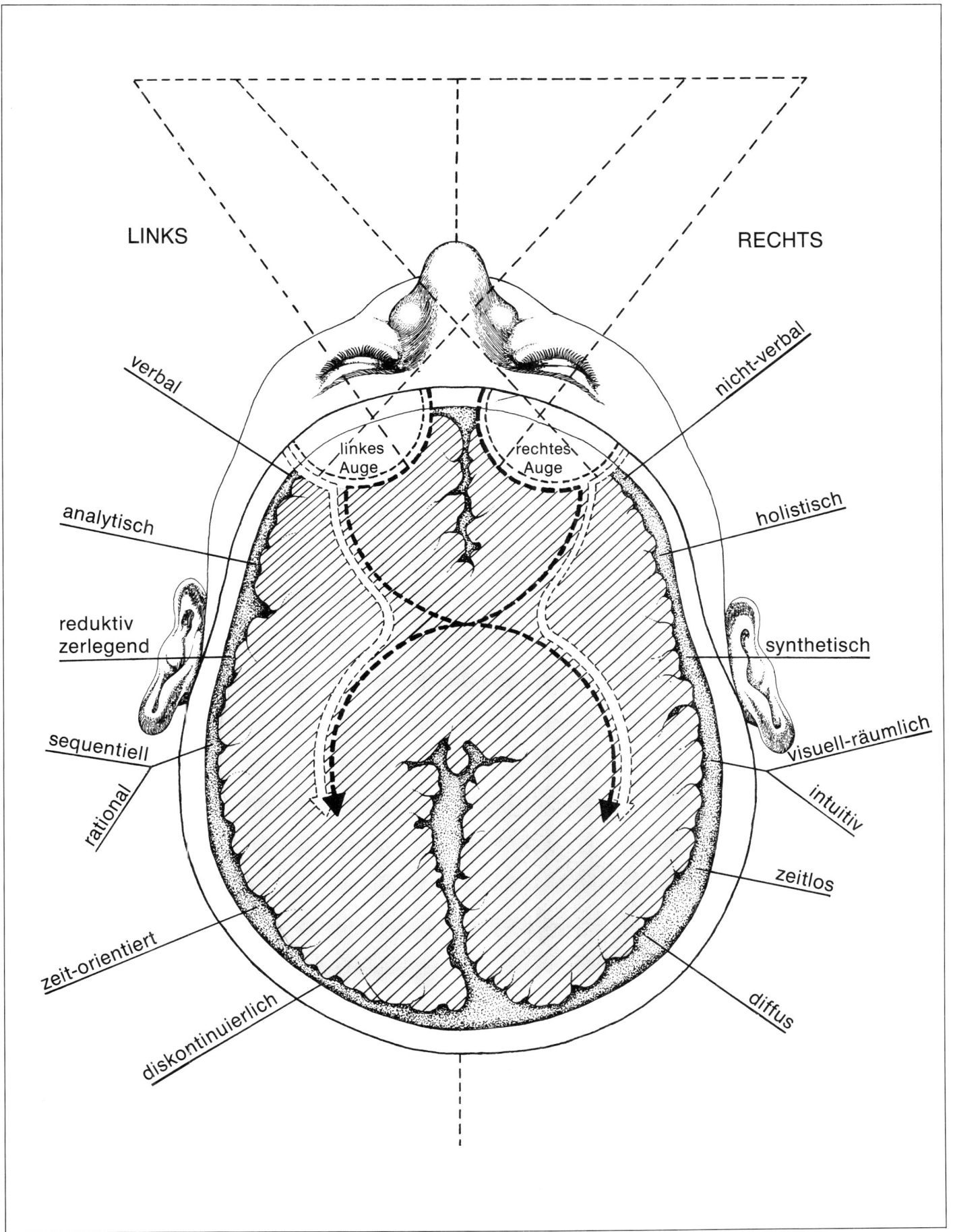

LINKS

RECHTS

verbal

nicht-verbal

analytisch

holistisch

reduktiv
zerlegend

synthetisch

visuell-räumlich

sequentiell

intuitiv

rational

zeitlos

zeit-orientiert

diffus

diskontinuierlich

linkes
Auge

rechtes
Auge

mit ihrer linken Hand immer noch einigermaßen zeichnen, obgleich sie damit nicht mehr schreiben können. Die Forscher entdeckten auch Phänomene, die eine Spaltung zwischen einem bewußten und einem unbewußten Teil der Psyche vermuten lassen. Wurde z. B. eine nackte Gestalt unerwartet mittels eines Tachistokops eingeblendet, und zwar auf den Teil der Augen, der mit der rechten Hemisphäre in Verbindung steht, dann errötete die Patientin in der Regel, war verlegen und sagte „Sie haben da aber ein komisches Gerät, Dr. Sperry!" Doch dieselbe Patientin konnte nicht sagen, was sie gesehen hatte! Der chirurgische Eingriff hat zwar die bewußte Wahrnehmung ausgeschaltet, aber nicht das Gefühl des Unschicklichen, welches durch das Bild geweckt wurde. Ähnlich erklären Split-brain-Patienten (Patienten, bei denen das Corpus callosum durchtrennt wurde) „Ich bin nicht verärgert!", obgleich ihr Ausdruck und ihre Körperhaltung eindeutig das Gegenteil bewiesen.

Seit diesen ersten Experimenten ist die Forschung schon sehr viel weiter gekommen. An nicht-gestörten Freiwilligen konnte die Spezialisation der beiden Hemisphären untersucht werden. Biofeedback-Geräte, welche die elektrische Spannung der Gehirnzellen registrieren, zeigen in der jeweils ruhenden Hemisphäre einen erhöhten Alpharhythmus, während die aktive Hemisphäre gleichzeitig eine erhöhte elektrische Entlastung aufweist. Stellt man einem Menschen eine sprachliche oder mathematische Aufgabe, dann beginnt seine linke Hemisphäre zu „feuern". Wird sein räumliches Vorstellungsvermögen angesprochen, dann „feuert" die rechte Hemisphäre. Ebenso korrelieren die Augenbewegungen mit der Spezialisation der beiden Hemisphären. Die Augen haben die Eigenschaft, sich von der stärker in Anspruch genommenen Hemisphäre weg und hin zu der Körperhälfte zu bewegen, die von dieser Hemisphäre kontrolliert wird, also wird ein Anwalt, der sein Plädoyer hält, nach rechts schauen, ein Ballettänzer, der sich auf die Zehenspitzen stellt, nach links.

Die Spezialisierung der Hemisphären ist ein Merkmal, das nur bei erwachsenen Menschen anzutreffen ist. Weder andere Primaten noch Kinder verfügen über diese Funktionen. Ein Kleinkind kann sogar eine ganze Hemisphäre verlieren und normal aufwachsen – ein phantastischer Beleg für die Integrationsfähigkeit des Organismus. Es kommt aber zunehmend zu schweren Störungen, wenn eine der beiden Hemisphären nach dem zweiten oder dritten Lebensjahr ausfällt. Die meisten Forscher führen die Spezialisierung der Hemisphären auf den Spracherwerb zurück. Es sieht heute so aus, als habe der Embryo in der rechten Hemisphäre eine Sprachkapazität, die der Yin-Yang-Darstellung seltsam ähnlich ist (vgl. Modell 3), bei der jede Hälfte den Kern ihres Gegenstücks enthält. Umgekehrt wäre es aber falsch, die beiden Hemisphären so zu verstehen, als beinhalteten sie Homunculi, z. B. kleine Musiker, die rechts tanzen und Mathematiker, die sich links streiten. Beide Hemisphären sind ständig irgendwie aktiv, sie verarbeiten die Informationen nur unterschiedlich und mit verschieden hoher Intensität. Es gibt einige neuere, doch noch recht dürftige Belege für die Wirkung von Drogen. Allgemein gesagt, sieht es so aus, als ob sie die rechte Hemisphäre „aufdrehen" oder in manchen Fällen, wie etwa bei den Amphetaminen, die Aktivität der linken beschleunigen. Yoga, Zen und andere esoterische religiöse Übungen scheinen die rechte Hemisphäre zu aktivieren, indem sie die linke hemmen oder sie durch meditative Konzentration soweit einengen, daß ihre Aktivität aufgehoben wird. Fassen wir die Ergebnisse zusammen, dann können wir sagen, daß bei 95 Prozent der Bevölkerung (die rechtshändig und bilateral spezialisiert sind) die beiden Hemisphären Informationen auf folgende Weise verarbeiten:

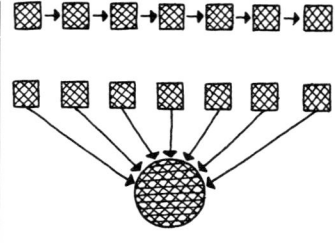

Simultane Verarbeitung (Kreis) ist für die rechte Hemisphäre charakteristisch, lineare Verarbeitung (oben) für die linke Hemisphäre.

LINKE HEMISPHÄRE
verbal, analytisch, reduktiv, in Teile zerlegend, sequentiell, rational, zeitorientiert und diskontinuierlich

RECHTE HEMISPHÄRE
nicht-verbal, holistisch, synthetisch, räumlich-visuell, intuitiv, zeitunabhängig und diffus

Die Entdeckung der Bedeutung beider Hemisphären hat natürlich gewaltige Auswirkungen. Die Frage, ob Introspektion und Einsicht in das Wesen des menschlichen Geistes überhaupt möglich sind, scheint nun eindeutig bejaht werden zu müssen. Was physiologische Untersuchungen heute entdeckt haben, das hat der Geist des Menschen schon lange durch Intuition erspürt. Von dem Yin-Yang-Konzept aus dem alten China bis zum Orakel und Loswerfen der alten Griechen wußten wir Menschen, wenn auch dunkel, daß wir uns zwischen zwei Polen

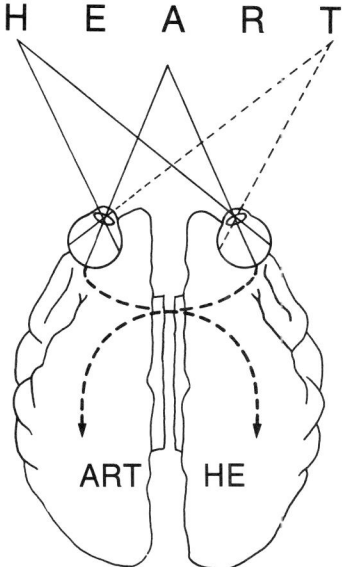

Wird das Wort HEART einem Split-brain-Patienten kurz an die Wand projiziert, so daß sein linkes Auge HE sieht (und es somit zur rechten Hemisphäre weitergeleitet wird) und sein rechtes Auge ART (und damit die linke Hemisphäre erreicht), und fragt man ihn dann, was er gesehen hat, so antwortet die verbale linke Hemisphäre ART, während die „stumme" rechte Hemiphäre mit der linken Hand das Wort HE aus einer Anzahl anderer Wörter auswählt.

befinden, uns an Kreuzungen treffen, an irgendeinem Kruzifix hängen oder uns auf schmalen Gratwanderungen begegnen. Die folgende Tabelle zeigt eine Auswahl der dualen Konzepte der Psyche, die in diesem Buch vorgestellt wird.

MODELL	AUTOR	LINKE HEMISPHÄRE	RECHTE HEMISPHÄRE
1	Homer	Szylla	Charybdis
2	Griechische Tragödie	Hybris	Nemesis
3	I Ging	Yang	Yin
		Zeit	Raum
		Tag	Nacht etc.
4	Schöpfungs-geschichte	Menschen-Ziele	Eden
6	Descartes	Geist	Körper
8	Bakan	Stellvertreter Gottes	Gemeinschaft
9	Freud	Bewußtes Ich	Unbewußtes Es
10	Jung	Denken	Fühlen
		Empfinden	Intuieren
		Persona	Schatten
12	Camus	Einsamkeit	Gemeinsamkeit
13	May	Positivismus	Existentialismus
14	Laing	Falsches Selbst	Wahres Selbst
15	Becker	Leugnung des Todes	Tod
26	Blake	Naturreligion	vierfältige Visionen
27	Koestler	*Sauter*	*Reculer*
		Kommissar	Yogi
		Roboter	Lotus
		Aussicht	Einsicht
28	Getzels, Jackson, Hudson	konvergentes Denken	divergentes Denken
29	de Bono	vertikales Denken	laterales Denken
35	Buber	Ich – es	Ich – Du
39	Korzybski	Gebiet	Karte
40	Russell	Objektebene	Metaebene
41	Chomsky	Oberflächenstruktur	Tiefenstruktur
46	Salk	Ich	Sein
54	Kuhn	normale Wissenschaft	Paradigmawechsel
55	Varela	Baum	Netz
57	Lévi-Strauss	positivistisch	mythisch

Eine weitere Forschungsrichtung beschäftigt sich mit der Pathologie der Spaltung, d.h. mit der Unfähigkeit der beiden Hemisphären, ihre Aktivitäten zu integrieren. Dies wurde mehrfach symbolisch dargestellt: Der Sündenfall mit den Kategorien Gut und Böse (Modell 4), Zerreißen des Tempelvorhangs (Modell 5), Leib-Seele-Dualismus (Modell 6), Leugnungs- und Spaltungsmechanismen des Geistes (Modell 8), abgespalteter Schatten (Modell 9), schizophrene Spaltung (Modell 11), Ausklammerung des Todes (Modell 15), Teilung in Reptiliengehirn und Neocortex (Modell 21), Anomalie-Monster (Modell 40) sowie Schismogenese und Double-Bind (Modell 49, 50).

Eigentlich und letztendlich interessiert uns die Beziehung zwischen den beiden Hemisphären (sowohl die geistige als auch die topographische). Wie diese Beziehung sich am besten gestaltet, ist Gegenstand folgender Modelle: Symmetrie (M 1), Dialektik (M 2), Harmonie (M 3), archetypische Einheit und Symbolbildung (M 10), Bi-Soziation und Ganzheiten (M 27), kreative Synthese (M 24), Kongruenz (M 32), Dialog (M 35), logische Typen auf verschiedenen Ebenen (M 40), Synergie (M 42), S-Kurven (M 47), Janus-Gesichter (M 48), Vernetzung (M 55) und so weiter.

Götter, Stimmen und das Zweikammernsystem des vorbewußten Geistes: Die Theorie von Julian Jaynes

Von dem Psychologie-Professor Julian Jaynes stammt die faszinierendste und umfassendste These, die je aus dem Bereich der Hirnforschung hervorging. Hatten unsere Vorfahren einen von Göttern gelenkten Geist? Ist Bewußtsein in unserem Sinn nur wenig älter als 3000 Jahre? Er beginnt mit der Frage, was Bewußtsein – jener unüberwindlicher Unterschied zwischen dem, was andere sehen, und unserem eigenen Selbstgefühl – eigentlich ist. Bewußtsein ist nicht dasselbe wie Wachsein. „Bewußtlos" geschlagen zu werden heißt, daß eine Reihe von selbsttätigen Funktionen aussetzen. Man kann es auch nicht als Kontinuität bezeichnen, denn selbst der „Strom des Bewußtseins" ist voller Unterbrechungen. Die cartesianische Vorstellung vom „hilflosen Zuschauer" will uns glauben machen, daß die Intensivierung unseres Bewußtseins während des Entscheidungsprozesses überhaupt nichts mit den Denk-Ergebnissen zu tun hat. Wir wissen, daß wir ohne Bewußtsein lernen, urteilen, abstrakt denken und sogar generalisieren können (siehe Modell 9). Viele Fertigkeiten, wie Reden, Musizieren oder Skifahren mißlingen uns, sobald das Bewußtsein eingeschaltet wird. Einstein hatte beim Rasieren so viele kreative Einfälle, daß er sich vor freudiger Erregung immer wieder schnitt.

Jaynes Lösung lautet: Bewußtsein ist eine Metapher, eine Beziehung zwischen zwei oder mehreren unterschiedlichen Erfahrungen, die durch scheinbare Ähnlichkeiten miteinander verbunden sind. Die „weiße Decke des Schnees über der Landschaft" stellt mehr als nur einen äußeren Zusammenhang her. Sie weckt eine Fülle von Assoziationen, wie Konturen, Wärme, Schutz, Schlaf oder Erwachen im Frühling. Bewußtsein ist ein lexikalischer Bereich, dessen Begriffe Metaphern oder Analogien des Verhaltens in der realen Welt sind. Wir projizieren ganze Assoziazions-Ketten auf einen imaginären Bildschirm in unserem Kopf. Bewußtsein entspricht dem Verhältnis einer Landkarte zum abgebildeten Land. Es ist als ob Jaynes im Zentrum seiner These auf unterschiedlichen Abstraktionsebenen Metapher auf Metapher häuft (siehe Modell 39–40). Selbst die fundamentalsten Verben der meisten Sprachen sind metaphorischen Ursprungs. Das englische „to be" wird aus dem Sanskritwort bhu abgeleitet, „wachsen". „Am" (wie in „I am" = „ich bin") und „is" stammen von dem Wort amsi: „atmen". Die Metapher unseres Sein ist buchstäblich als eine Projektions-Leinwand zwischen die beiden Hirnhälften gespannt und zwischen Bezugspunkte wie Wachsen, Atmen und Hervorstehen (existere). Bewußtes Sein ist die Beziehung zwischen ihnen, ein „dazwischen".

Jaynes betrachtet das Bewußtsein als Synthese zwischen der rechten und der linken Hirnhälfte mit fünf Eigenschaften: 1. Der Fähigkeit zur räumlichen Darstellung, durch die wir Dimensionen wie Zeit und Raum erfassen. 2. Der Fähigkeit zur Auswahl, durch die nur ausgewählte Teile der „Landschaft" auf der (inneren) Landkarte wiedergegeben werden. 3. Der Analogie „ich" und „mich", einer projizierten Personifizierung unserer selbst, die sich in Raum und Zeit bewegt und Handeln und Behandelt-werden vorwegnimmt. 4. Der Fähigkeit zur erzählerischen Darstellung, bei der die Ereignisse nach ihrer Übereinstimmung und ihrer schrittweisen Abfolge ausgewählt werden. 5. Der Fähigkeit zum Ausgleich, durch die Erfahrungen bewußt einander angeglichen werden.

Wird Bewußtsein so definiert, dann müssen wir zugeben, daß die Menschen in den Heldensagen der Ilias (ohne die späteren Hinzufügungen) überhaupt kein Bewußtsein haben! Worte werden hier nicht als Metaphern verwendet, sondern haben nur ihre ursprünglichen, konkreten Bedeutungen, aus denen sich das Bewußtsein später entwickelt hat. Daher bedeutet *Psyche* in der Ilias „Atem" und nicht Seele oder bewußter Geist, was es erst seit dem 6. Jahrhundert vor Christus heißt. *Thumus* heißt konkret Bewegung oder Unruhe der Gliedmaßen, nicht emotionale Sensibilität. *Nous* bedeutet einfach Wahrnehmung und nicht Vorstellungsvermögen, und so weiter. Jaynes glaubt, daß die Welt der Ilias, ja alle bekannten Zeitalter vor 1500 v. Chr., in denen theokratische Gott-Könige regierten, beherrscht war von dem, was er das *Zweikammern-System des Geistes* nennt. Dieses System bestand aus zwei Teilen, mit einer rechten Hemisphäre, dem leitenden, direktiven Teil, der Gott genannt wurde, und einer linken Hemisphäre, dem nachgeordneten, ausführenden Teil, genannt Mensch. Die Götter befahlen den Menschen entweder auf direktem Wege oder durch die Priester zu handeln, und die Menschen gehorchten. Streit, Liebe oder persönliche Beziehungen gab es zwischen den Göttern und ihren Befehlsempfängern nicht.

Achilles wird vor Troja von der Göttin Athene in den Kampf mit Hektor geführt. In der ganzen „Ilias" und den überlieferten Schriftfragmenten aus dem ersten Jahrtausend v. Chr. gibt es kaum Hinweise darauf, daß die Menschen ein Bewußtsein im heutigen Sinne hatten. Jaynes argumentiert, daß das menschliche Hirn von ungefähr 9000 bis 1000 v. Chr. aus zwei Kammern bestand, das heißt, daß das bekannte halluzinatorische Areal im rechten Temporallappen die Informationen intuitiv verarbeitete und akustische, gott-ähnliche Befehle über die Commissura anterior zum Wernickeschen Zentrum in der linken Hemisphäre ausgab, wo die Botschaft weitergegeben oder ausgeführt wurde.

Das Gehirn war ungefähr so gespalten wie in einem schizophrenen Zustand, außer, daß die heute als schizophren bezeichneten Menschen sozial isoliert und stigmatisiert waren, während in den Jahrhunderten des Zwei-Kammern-Systems der kollektive kognitive Imperativ die göttlichen Befehle sanktionierte. Selbst die heutigen Schizophrenen haben noch Fähigkeiten, die an die archaischen Menschen erinnern. Die Mehrzahl derjenigen, die kein Thioridazin (Melleril®) erhalten, berichten tatsächlich über akustische Halluzinationen. Schizophrene sind den Normalen in ihrer sensorischen Wahrnehmungsfähigkeit überlegen, da sie sich von Außenreizen überfluten lassen. Viele zeigen die Art von Geduld, die man braucht, um Pyramiden zu bauen, wobei ihre rechte Hemisphäre stärker involviert ist als bei Normalen. Ihr etwas dickeres Corpus callosum könnte eine stärkere reziproke Hemmung der einen Hemisphäre gegenüber der anderen bewirken; jedenfalls schalten sie zwischen den Hemisphären nicht so häufig um. Wenn ihre linke Hemisphäre verwirrt oder nicht ausreichend stimuliert wird, dann schalten sie allerdings mit größerer Bereitschaft auf die rechte Hemisphäre um.

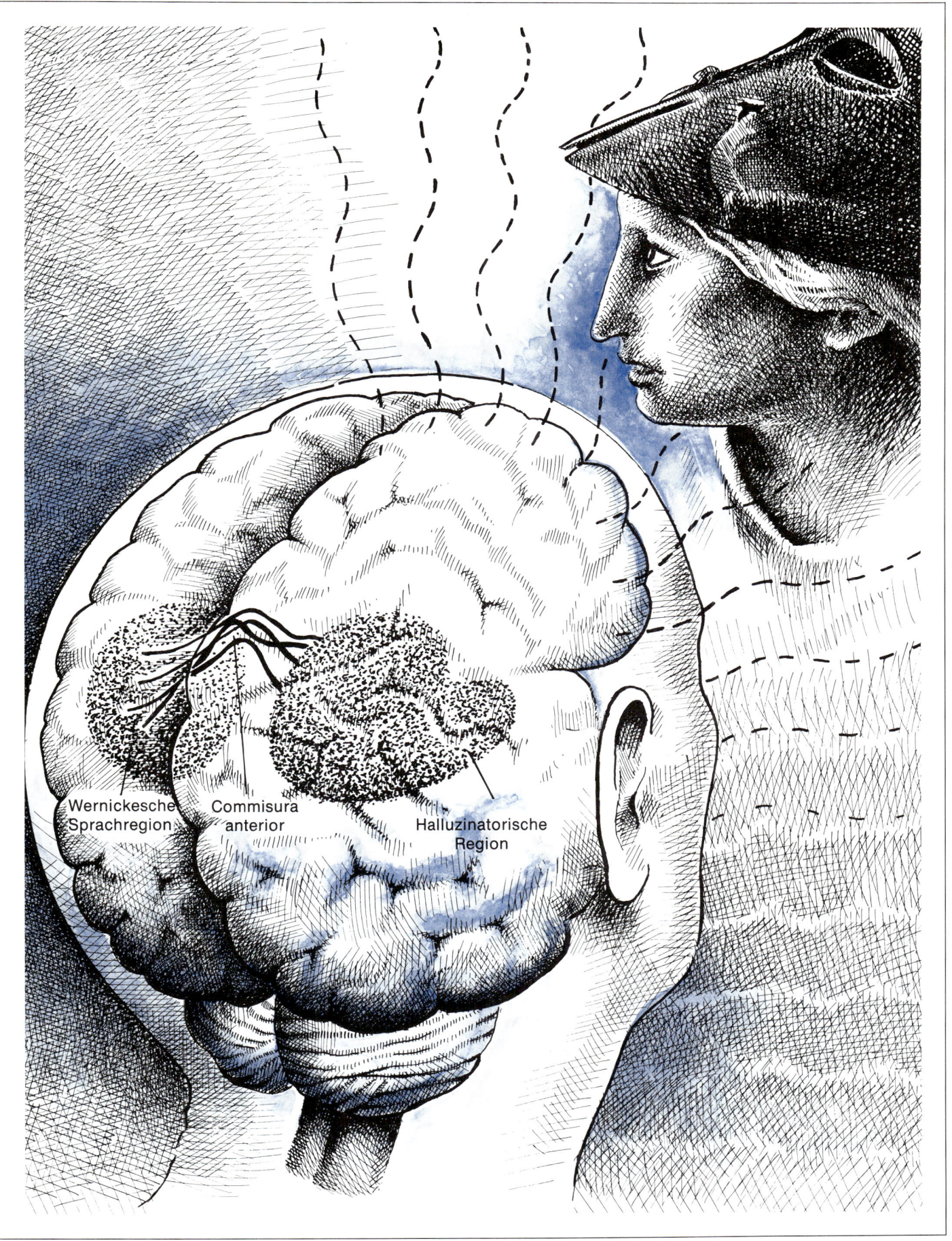

Wernickesche
Sprachregion

Commisura
anterior

Halluzinatorische
Region

Ein so beschaffener Geist funktioniert, denkt, reagiert und hält sein Gleichgewicht zum größten Teil aufrecht wie der unsrige, nämlich unbewußt. Passiert jedoch etwas Unvorhergesehenes und Belastendes, dann durchlebt dieser Mensch nicht (wie wir) eine Phase angespannten Bewußtseins, der Überlegung und Auseinandersetzung, sondern er erhält aus seiner rechten Hemisphäre einen „göttlichen" Befehl, der ihm sagt, was er zu tun hat, so wie Zeus Agamemnon den Angriff auf Troja befahl.

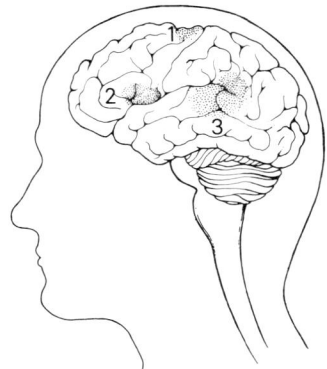

1. Tertiäre Sprachregion
2. Brocasche Sprachregion
3. Wernickesche Sprachregion

Dieser Vorgang entspricht im wesentlichen den akustischen Halluzinationen von Schizophrenen, die häufig treffende Kommentare zu Ereignissen sind, und die Jaynes als einen teilweisen Rückfall in den früheren Zustand der Zweikammrigkeit unserer Vorfahren betrachtet. So wie die Psychotiker von heute eine geringe Streßtoleranz und eine schizoide Form der Persönlichkeitsorganisation aufweisen, mit der Folge, daß es leicht zu einem Zusammenbruch kommt, so hörten auch die Kulturen mit einem Zweikammern-System in fast jeder Krisensituation Befehle, die vom Streß ausgelöst wurden. Die erstaunlich Einstimmigkeit solcher Massenhandlungen ist die Folge von vorstrukturierten, kollektiven Glaubenssystemen. Auch die Patienten eines Phrenologen zeigen das Verhalten, das der magnetischen Schädelregion „entspricht". Und unter Hypnose beschränken sich Menschen auf die Handlungen, die sind von der Hypnose als „möglich" und „erlaubt" erachteten.

Gab es einmal eine Zeit, in der ganze Völker von einer Mischung aus halluzinierten Stimmen und hypnotischen Suggestionen geleitet wurden? Unglaublich? Jaynes hat eine ganze Menge von Indizien zusammengetragen, denen dieser kurze Überblick nicht gerecht werden kann. Aus Modell 23 wissen wir, daß das Sprachzentrum fast ausschließlich auf die linke Hemisphäre beschränkt ist (das gilt für die 95 Prozent der Bevölkerung, die rechtshändig sind). Dieser hohe Grad an Spezialisierung der Hemisphären ist eine Besonderheit des Menschen und wird dem Spracherwerb zugeschrieben. Es gibt drei große Sprachregionen (siehe Diagramm), die tertiäre Sprachregion unten auf den linken Frontallappen, und die Wernickesche Sprachregion, die überwiegend im hinteren Teil des linken Temporallappens liegt. Letztere scheint die wichtigste zu sein, da größere Verletzungen zu einem völligen Verlust der Sprachfunktion führen. Ist der linke Temporallappen jedoch bereits bei der Geburt beschädigt, dann wird die rechte Hemisphäre zum Spracherwerb benutzt. Was hat es mit dieser großen, offensichtlich unterforderten Hirn-Region auf sich?

Jaynes vertritt die Auffassung, daß in einem entscheidenden Abschnitt der Evolution, zur gleichen Zeit, als sich die Sprache mit Hilfe der linken Hemisphäre entwickelt hat, der rechte Temporallappen über die dünne Commissura anterior, welche die beiden Temporallappen wie ein privates Corpus callosum miteinander verbindet, für die Erteilung der gott-ähnlichen Befehle reserviert war. Akustische Befehle seien der ökonomischste Code gewesen, um die komplizierte Informationsverarbeitung durch einen so schmalen Kanal zu bewerkstelligen.

Wurde diese halluzinatorische Region in den Experimenten von Wilder Penfield durch elektrischen Strom gereizt, dann hörten die Versuchspersonen Stimmen (und hatten manchmal Visionen), die an sie gerichtet waren. Ein typischer Ausruf war: „Wieder die Stimme dieses Mannes! Die meines Vaters … und sie macht mir Angst!" Andere hörten Stimmen, die von Musik oder eintönigem Gesang begleitet wurden, Stimmen, die Kritik, Ratschläge, Befehle geben. Doch immer war es die Stimme eines anderen, oft war es ein toter Verwandter oder Freund. Wir wissen auch, daß die rechte Hemisphäre zwar kaum Sprachfunktionen besitzt, wohl aber recht komplizierte Instruktionen verstehen oder interpretieren kann. Patienten, die in der linken Hemisphäre einen Schlaganfall erlitten haben, können den Anordnungen ihrer Ärzte dennoch genau folgen.

Erinnern wir uns auch daran, daß eine Hemisphäre der anderen wie eine unabhängige Person „helfen" kann, wenn das Corpus callosum zwischen den beiden Hemisphären durchtrennt oder die Verbindung anästhesiert ist. Die rechte Hemisphäre gleicht der Athene, die Achilles in der Hand hält, sie handelt in vielerlei Hinsicht auf gottähnliche Weise. Sie ist zeitlos, unmittelbar, visionär, kohärent, besitzt erkennbare Formen und Gesichter. Sie reagiert auf übergreifende Ziele und großangelegte Pläne und hat eine Affinität zu Musik, Rhythmus, Tonfall und Regelmäßigkeiten im allgemeinen. Sie verbindet die Menschen (Religion kommt von *religare*, „binden"), und ihre intuitive Art äußert sich in Inspirationen und scheinbaren Wundern. Wie könnte sich das Zweikammern-System entwickelt haben? Es gab niemand, der das Corpus callosum durchtrennt hat. Jaynes stützt sich bei seiner

„... alle guten Dichter, Epiker und Lyriker haben ihre schönen Werke nicht durch ihre Kunstfertigkeit geschaffen, sondern weil sie inspiriert und besessen sind.

... keine Erfindung gibt es, bis der Dichter inspiriert und von Sinnen ist."
Plato

„Warum ist es Beten, wenn ein Mensch zu Gott spricht, aber Schizophrenie, wenn Gott zu einem Menschen spricht?"
Alter Witz

Argumentation auf Untersuchungen, in denen die große Plastizität des Gehirns gegenüber Veränderungen in der Umwelt nachgewiesen wurde. Menschen mit Hirnverletzungen haben zusätzliche Areale entwickelt, um die Verletzungen zu kompensieren. Das Prinzip der natürlichen Auslese könnte über mehrere Jahrtausende hinweg sehr wohl diejenigen Menschen bevorzugt haben, die nach dem Zweikammern-System strukturiert waren. Sie könnten sich aus kleinen Gruppen von Jägern und Sammlern zu größeren Gemeinschaften entwickelt haben, die von den internalisierten Stimmen der Gott-Könige kontrolliert wurden; dies entspräche einer Form der sozialen Kontrolle, die weitaus entwickelter wäre als die Zeichen und Rufe der früheren Primaten. Und diese Form der Kontrolle hätte die Entwicklung der Sprache ermöglicht. Jaynes datiert den Zwei-Kammern-Menschen in die Zeit der natufischen Siedlung bei Eynan nördlich des Sees Genezareth, die 1959 entdeckt wurde. Die Teile, die auf das Jahr 9000 v. Chr. zurückgehen, zeigen Stadtsiedlungen, die um die Grabhügel der Gott-Könige herum theokratisch angelegt waren. Von da an breitete sich die theokratische Staatsorganisation schnell aus – mit toten Königen als lebenden Göttern und ihren Gräbern als Tempel. Wir finden die toten Gottkönige auf steinernen Thronen von Nahrungsmitteln und Geschenken umgeben. Es handelte sich nicht um „autoritäre" Herrschaftsformen, denn es gab noch keine Subjektivität, noch keinen privaten Ehrgeiz, die zerstört werden konnten.

Das Ende der Zwei-Kammern-Kulturen könnte die Folge von Belastung gewesen sein, die der anfängliche Erfolg dieses Systems mit sich gebracht hat. Die Kontrolle von mehr als tausend Menschen mag schwierig genug gewesen sein, doch ein geringeres Problem im Vergleich zu den Konflikten, die sich aus Zusammenstößen zwischen verschiedenen gott-programmierten Völkern ergaben. Jedes Volk folgte dabei anderen Stimmen. Die biblische Geschichte vom Turmbau zu Babel könnte sich sehr wohl darauf beziehen. Außerdem muß die Verbreitung der Schrift die Bedeutung der akustischen Befehle geschwächt haben. Doch der naheliegendste Grund waren sicherlich die katastrophalen Ereignisse im 2. Jahrtausend v. Chr., als Vulkanausbrüche auf der Insel Thera, die schätzungsweise 350 mal stärker waren als eine Wasserstoffbombe, aus der Hälfte der damals bekannten Erdbevölkerung Flüchtlinge machten und den verlorenen Kontinent Atlantis unter einer über 200 Meter hohen Flutwelle begruben. Die einst stabilen Hierarchien zerfielen in der folgenden Völkerwanderung. Die großen Reiche der Hethiter und der mykenischen Kultur wurden von Barbarenstämmen zerstört. Assyrien entwickelte sich nach einer zwei Jahrhunderte dauernden Anarchie zu einem Monsterstaat von sadistischer Grausamkeit, der Verlust an gott-königlicher Autorität wurde durch Terror ersetzt.

Es gab jedoch keine Rückkehr zu verlorenen Paradiesen. Die unterschiedlichen Sprachen, die Städte und die Fremden waren da, und nur das Bewußtsein konnte die so entstandene Konfusion überleben. Die *Odyssee,* die wahrscheinlich ein Jahrhundert nach der *Ilias* entstand, ist ein Mythos, der die Veränderung literarisch protokolliert hat. Die Helden, die vor Troja kämpften, waren die willenlosen Marionetten von Gottheiten, und die Rivalität der Olympianer führte zu einem blutigen Patt. Es bedurfte des „listigen Odysseus" und seines trojanischen Pferdes, um aus der Sackgasse zu kommen und Troja zu erobern. Die sich widersetzenden Götter wanderten heimatlos umher und glichen dem vertriebenen Adam, der seine schlangengleiche Klugheit mit dem Verlust der Heimat bezahlte. In der *Odyssee* begegnen wir nun plötzlich bewußten Akteuren, moralischen Urteilen und *Psyche, Nous und Thumus,* die jetzt als Metaphern für Bewußtsein verwendet werden. Wir finden einen ähnlichen Übergang zwischen Amos und Ecclesiastes von „So sprach der Herr ..." zu „Jedes Ding hat seine Zeit ...". Der Herr, der im Garten Eden wandelt und der die Arche schließt, macht einem Jahweh Platz, der Moses nur in Erscheinungen gegenübertritt und die zweikammrigen Götzendiener verdammt. So schließt sich die These von Jaynes an die Modelle 1 bis 5 an. Die griechischen Dichter der Epen feierten in ihren Erzählungen von den mythischen Helden sicherlich eine neue Orientierung der Funktionsweisen beider Hemisphären. Das tragische Drama hob den hohen Preis für den Erwerb des Bewußtseins hervor, die Hybris des „Ich" fand sich auf dem Bildschirm des Bewußtseins oft in schmerzhaftem Widerspruch zur Wirklichkeit.

Die Hologramme des Karl Pribram: Ausgangspunkt einer wissenschaftlichen Revolution?

Zwei der großen Rätsel in der Psychologie sind die Verschmelzung von neuen Erfahrungen mit Erinnerungen, wir bezeichnen dies als Lernen, und die erstaunliche Widerstandkraft des Gelernten gegen Verletzungen und schwere Eingriffe in das Gehirn. Karl Pribram von der Stanford University Medical School hat kürzlich für beide Rätsel eine weitgreifende Lösung vorgeschlagen.

Zunächst einmal „sehen" wir überhaupt nicht, wir vergleichen äußere Bilder mit inneren, erinnerten Modellen. Neugeborene z.B. sehen offensichtlich nur vage Bewegungen und verschiedene Helligkeitsgrade. Blindgeborene Menschen, die in späteren Jahren das Augenlicht erhalten, sind für viele Monate visuell behindert, da ihnen die gelernten Formen fehlen, und sie müssen ganz von vorne bei den elementarsten Unterscheidungen anfangen. Der Leser kann die Wechselbeziehungen (Interferenzen) zwischen Wahrnehmung und Erinnerung anhand der Bilder 1, 2 und 3 auf der gegenüberliegenden Seite prüfen. Wenn Bild 2 abgedeckt wird und man zunächst 1 und dann 3 betrachtet, dann sieht man auf Bild 3 die gleiche „junge Frau" wie in 1; deckt man 1 ab und schaut auf 3 und dann auf 2, so sieht man auf Bild 2 die gleiche „alte Stiefmutter" wie auf Bild 3. Die Erinnerung hat unsere Wahrnehmungen von Bild 2 geändert. Oder betrachten wir „das unmögliche Ding" in Bild 4. Unsere Erinnerung an normale, mögliche Objekte liegt im Streit mit der Wahrnehmung dieses besonders abnormalen und unmöglichen Gegenstandes. Erst wenn man sich bewußt darum bemüht, läßt sich der Widerspruch erkennen. Pribram behauptet, daß diese Widersprüche im Seh-Apparat Interferenzmuster erzeugen.

Pribram hat die Gehirne von nahezu 2000 Affen untersucht, und zwar diejenigen Teile, die für Sehen und Erinnern zuständig sind. Die Aufzeichnungen mithilfe von Elektroden im visuellen Cortex zeigen Wellenformen, die unterschiedlich ausfallen, je nachdem ob der Affe Streifen oder Kreise sieht. Belohnt man den Affen mit einer Erdnuß dafür, daß er lernt, den linken oder rechten Knopf zu drücken, wenn er Streifen oder Kreise sieht, dann verändern sich die Wellenmuster aufgrund seines Lernens. Dieses gelernte Erkennen und seine Absicht, den richtigen Knopf zu drücken, verändern die Wellenform, noch *bevor* die Information im visuellen Cortex ankommt und bevor die Handlung vollzogen wird. Es findet eine wechselseitige Interferenz zwischen Sehen und Erinnern statt. Wo? In weiteren Experimenten implantierte Pribram eine Vielzahl von Elektroden in folgende Teile des Gehirns: visueller Cortex, Striatum, Cortex temporalis inferiore (verantwortlich für das visuelle Erkennen), lateraler Nucleus geniculatum („Relaisstation" im Tractus opticus) und Colliculi superiores (von denen angenommen wird, daß sie die Bewegung der Augen zu den betrachteten Objekten dirigieren). Er kam zu dem Schluß, daß von den Netzhäuten beider Augen ein „Feedback" zum Corpus geniculatum zieht, wo es auf ein parallel arbeitendes „Feedforward" trifft, das in den Colliculi superiores zusammenläuft. Was hier im „Feedforward"-System zusammengefaßt wird, sind visuelle Erkennungsmuster, gelernte Erinnerungen sowie Inputs aus dem assoziativen Cortex und dem emotional unsteten libischen System und dem Hirnstamm (siehe Modelle 19, 22). Die Wellen aus diesen beiden konvergierenden Systemen verschmelzen zu dialektischen Interferenzmustern, und wir werden uns bewußt, vielleicht schmerzlich selbst-bewußt, wann immer Erinnern und Sehen aufeinanderstoßen. Pribram hat zahlreiche Belege dafür gesammelt, daß viele Hirnfunktionen analog zu Hologrammen sind, und Begriffe wie „Wellenform" und „Interferenzmuster" haben eine besondere Bedeutung in der Holographie. Das Hologramm ist eine Art linsenloser Photographie, die Dennis Gabor entdeckt hat, der für seine Arbeit 1971 den Nobelpreis erhielt. Eine normale Photoplatte speichert ein zweidimensionales Bild des abgelichteten Gegenstandes aus einer bestimmten Perspektive, eine holographische Platte dagegen (von holos, „Ganzes") speichert einen dreidimensionalen Code. Dieser Code wird durch einen Lichtstrahl erzeugt, der auf ein Objekt auftrifft und sich zuvor mit einem anderen Lichtstrahl, der nicht auf diesen Gegenstand fällt, kreuzt und so interferiert. Das Hologramm wird im Text neben der Abbildung erklärt, hier mag eine knappe Erklärung genügen.

Stellen wir uns vor, daß ich zwei Kieselsteine in ein rundes, flaches, mit Wasser gefülltes Gefäß fallen lasse und die Oberfläche des Wassers noch während die Steinchen auf den Boden

Karl Pribram hat einer Gruppe von Affen beigebracht, kreisförmige Muster von linienförmigen zu unterscheiden und durch entsprechenden Knopfdruck anzuzeigen. Während der Einübungsphase wurden über implantierte Elektroden Aufzeichnungen von verschiedenen Teilen der Affenhirne gemacht; die Methode war so exakt, daß Pribram sagen konnte, was die Affen sahen und wie dieses Sehen durch das vorangegangene Lernen beeinflußt wurde. Aufgrund dieser Experimente revidierte er das herkömmliche Modell über die Verarbeitung von visuellen Inputs, wonach die Lernenden den Input passiv aufnehmen, speichern und weiterleiten. Pribrams Ergebnisse weisen darauf hin, daß visuelle Informationen radikal modifiziert werden, *bevor* sie das Striatum oder den visuellen Cortex erreichen. Die Muster des visuellen Wiedererkennens werden aus dem Cortex temporalis inferiore und dem dahinterliegenden assoziativen Cortex zusammen mit den erinnerten Formen aus dem Striatum weitergeleitet. Sie werden dann von den Colliculi superiores zusammengefaßt, welche die Bewegung der Augen zu dem interessierenden Gegenstand lenken. Irgendwo zwischen den Colliculi superiores und dem Corpus geniculatum (der Relaisstation des Tractus opticus) werden die gesehenen Bilder und Inputs mit den gespeicherten Erinnerungen, Interessen und Erwartungen verglichen, und es scheint, daß beide Teile in einem „Interferenzmuster" zusammenstoßen. Man erlebt diese Interferenz zwischen visuellem Input und Erwartung, wenn man nacheinander auf Kästchen 1, dann 2 und 3 und dann 2 schaut: die Erinnerung an die „junge Frau" (1) bereitet uns dafür vor, sie wieder zu sehen; die Erinnerung an die „Stiefmutter" (3) bereitet uns dafür vor, sie ebenfalls wieder zu sehen. Bei Kästchen 4 muß der gesehene Gegenstand schwer gegen die Erwartung ankämpfen, daß es sich um ein normales Objekt handelt; es handelt sich tatsächlich um ein nicht mögliches, doch das Lernen interferiert mit der Absicht, dies zu erkennen. Pribram glaubt, daß es sich hier um ähnliche Interferenzmuster handelt wie bei den Hologrammen.

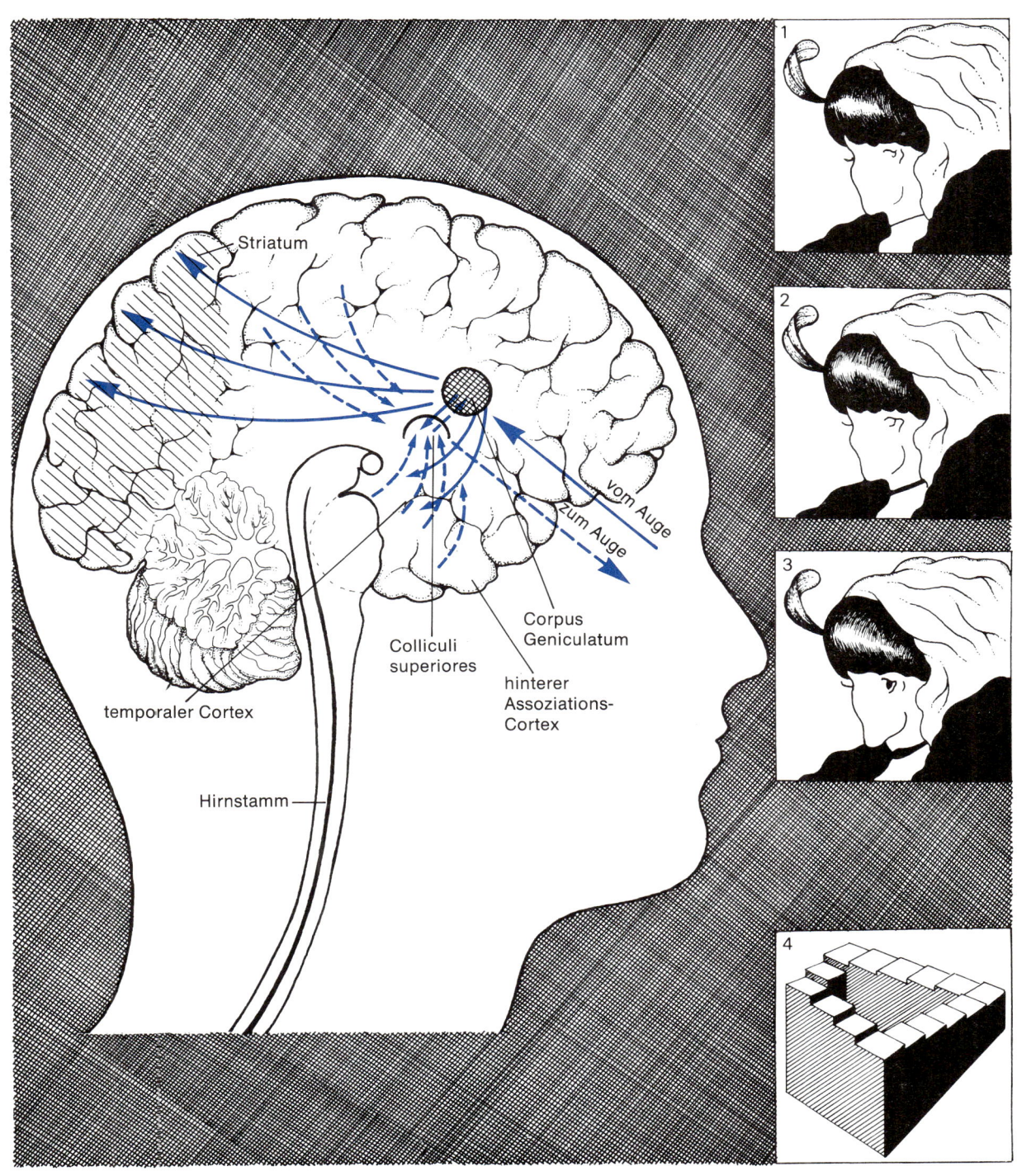

Striatum

vom Auge

zum Auge

Corpus
Geniculatum

Colliculi
superiores

hinterer
Assoziations-
Cortex

temporaler Cortex

Hirnstamm

absinken, im Schnelltiefkühlverfahren gefrieren lasse, so daß eine runde, gekräuselte Eisplatte entsteht. Wenn ich die Platte herausnehme, dann habe ich zwei sich überschneidende konzentrische Muster aus gefrorenen Wellen, deren Raumfrequenz (Entfernung zwischen den Wellen) und gegenseitige Interferenz den Code bilden, mittels dessen Informationen gespeichert werden können. Würde ich diese Eisplatte mit einer gebündelten Lichtquelle (z. B. einem Laserstrahl) beleuchten, dann würde sich im Raum ein spektrales, dreidimensionales Bild der zwei Kieselsteine abbilden, ein echter „Geist aus der Maschine", der jedoch in einem einzigen Informationscode zusammengefaßt ist. Nehmen wir dann an, ich ließe die Eisplatte fallen und sie würde in Stücke brechen. Ihre „Erinnerung" an die beiden Steinchen würde dadurch nicht zerstört werden. Voraussetzung ist, daß mindestens ein quadratzentimetergroßes Stückchen ganz bleibt und daß sich das Interferenzmuster der „sich überschneidenden, gekräuselten Wellen" gleichmäßig auf die gesamte Oberfläche verteilt. Ist dies der Fall, dann könnte die ganze Erinnerung aus dem kleinsten Teil rekonstruiert werden.

Dies ist außerordentlich wichtig, denn es beantwortet das zweite, anfangs gestellte Rätsel, warum Gedächtnis und Lernen beim Menschen sich selbst bei schweren Hirnverletzungen als so widerstandsfähig erweisen. Von Chirurgen wissen wir, daß schwere Hirnverletzungen, die eine oder mehrere Funktionen selektiv zerstören, nicht auch die damit verbundenen Gedächnisinhalte vernichten. Diese bewegen sich offensichtlich wie die Passagiere auf einem beschädigten Schiff en masse in die nicht beschädigten Decks. Über 90 Prozent des Tractus opticus und/oder des visuellen Cortex wurden bei Katzen und Ratten entfernt, und sie erinnerten sich immer noch an das, was sie gelernt haben. Man hat ihnen Glimmerstreifen, Goldblätter und Hydroxydcreme ins Gehirn gepflanzt, um Gedächtnisareale abzuspalten oder kurzzuschließen, aber die Erinnerungen selbst konnten nicht isoliert werden. Entweder bleiben alle oder gar keine erhalten, denn die kodierten Wellen sind überall.

Wenn es also möglich ist, daß sich die gegenseitige Interferenz der Wellen von zwei wahrgenommenen Objekten speichern läßt, dan könnten auch die Wellen eines neuen Objekts mit den Wellen eines erinnerten Objekts interferieren, wenn sie in der Nähe des Corpus geniculatum aufeinandertreffen; diese Interferenz könnte erklären, warum unsere Wahrnehmung in den Kästchen 1 und 4 durch die Erinnerung beeinflußt wird. Wir haben es hier natürlich nicht mit Wasserwellen zu tun, ebensowenig versengen Laserstrahlen unser Gehirn, doch die elektrischen Entladungen zwischen den Synapsen (Verbindungstellen zwischen Nervenenden) erzeugen ständig elektromagnetische Wellenmuster, von denen der α-Rhythmus am bekanntesten ist. Man nimmt an, daß Wellen mit bestimmten Schwingungen, Formen und Frequenzen, die molekularen Strukturen in unseren Gehirnzellen bleibend verändern.

Der Prozeß beginnt, wenn ein beobachteter Gegenstand sein Licht auf das Mosaik der dünnen Rezeptorzellen auf die Netzhaut des Auges wirft. Einige Zellen reagieren auf Helligkeit, andere auf Bewegung, wieder andere auf Linien, und sie „feuern" in unterschiedlichen Erregungsmustern, je nachdem, was gesehen wird. Die Schicht der Ganglionzellen in der Netzhaut hat Millionen von Querverbindungen, so daß jede Zelle das Erregungsniveau ihrer Nachbarzelle spürt. Das dritte Diagramm zeigt die dabei entstehenden, ebenmäßigen Erregungskurven im Profil. Die Analyse hat gezeigt, daß es sich bei den Wellen um Fourier-Transformationen der feuernden Zellmuster der Netzhaut handelt. Eine Transformation ist ein mathematischer Ausdruck, der sich auf die Umsetzung der Energie aus einer Form in eine andere bezieht und deren Gleichwertigkeit mengenmäßig ausdrückt. So sind die Tausende von Lichtpunkten auf dem Fernsehbildschirm eine Umwandlung der elektromagnetischen Wellen, die von der Antenne aufgefangen werden. Baron Fourier hat die Gleichungen ausgearbeitet, die die Grundlange für die Holographie darstellen und für die Informationsübertragung in unserem Gehirn. Wenn das Gehirn Raumfrequenzen in Wellenform enkodiert, dann könnte ein bestimmter Anblick durch die Resonanz eine Erinnerung wecken, wenn sie im gleichen Frequenzbereich gespeichert ist. Eine analoge Erscheinung zeigt sich, wenn man beispielsweise die g-Saiten einer Violine anspielt und eine andere gestimmte Violine danebenlegt. Der Klang der einen Violine bringt die g-Saite der anderen zum Schwingen.

Eine holographische Platte speichert nicht nur einen Bildcode. Durch eine Veränderung des Winkels, aus dem das Licht von dem Gegenstand auf die Platte fällt und durch eine Veränderung der Frequenz des Laserstrahls können auf einem Kubikzentimeter der fein

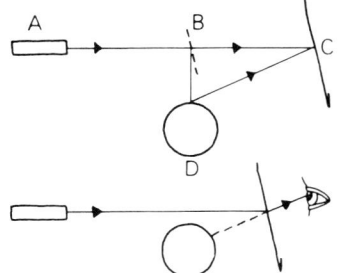

In der Holographie wird ein Laserstrahl (A) durch ein Prisma (B) so gespalten, daß die eine Hälfte des Strahls (Referenzstrahl) auf die Platte (C) fällt, während die andere Hälfte (Kontrollstrahl) das Objekt (D) beleuchtet, das sein Licht wiederum so auf die Platte (C) wirft, daß diese das Interferenzmuster der beiden Strahlen enkodiert und so einen dreidimensionalen Eindruck von dem Objekt speichert. Schaut das menschliche Auge (unteres Diagramm) durch eine Platte, die wieder von demselben Laserstrahl beleuchtet wird, dann sieht es ein dreidimensionales Hologramm des Objekts.

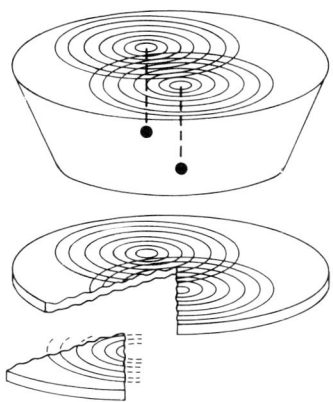

Werden zwei Steine in eine mit Wasser gefüllte Pfanne geworfen, und wird die Oberfläche im Schnellverfahren eingefroren, dann bilden die beiden konzentrischen Kreise im gekräuselten Wasser ein Interferenzmuster. Wirft man ein Laserlicht durch das Eis, dann zeigt sich ein holographisches Bild der beiden Steinchen. Die Bilder der Steine sind in jedem Teil des gekräuselten Eises enkodiert und können aus einem nur quadratzentimetergroßen Stückchen reproduziert werden.

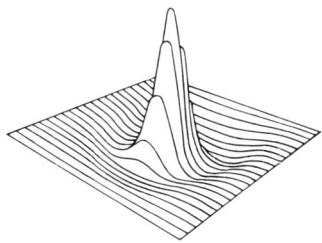

Die idealisierte Darstellung eines rezeptiven Feldes zeigt das Feuern einer einzigen Ganglionzelle in der Netzhaut des Auges, wenn Licht einfällt.

strukturierten Platte zehn Billionen Codizes gespeichert werden. Wird die Platte mit einem Laserstrahl derselben Frequenz und aus dem gleichen Winkel beleuchtet, dann wird das ursprüngliche Bild erzeugt, es ist, wie wenn man eine Erinnerung zurückruft, indem man den Kontext reproduziert. Mit ein und derselben mathematischen Gleichung oder Verteilungsfunktion läßt sich das Bild in den Code zurück in das Bild verwandeln. Die holographische Speicherung ist von allen dem Menschen bekannten Methoden die differenzierteste, die wirtschaftlichste und vom Standpunkt der Entwicklung betrachtet die „überlebensfähigste". Dagegen wird ein Computer unbrauchbar, wenn ein einziger Schaltkreis ausfällt. Hologramme sind auch ein gutes Beispiel für die Prinzipien der Assoziation. Wo die gemeinsame Interferenz des Lichtes von zwei Gegenständen kodifiziert ist, genügt das Licht eines der beiden um den zweiten wie durch ein gemeinsames Gedächtnis wieder zu beleuchten.

Wenn die Holographie aber mehr als eine Analogie sein soll, was wäre das Äquivalent zu dem Licht des Laserstrahls? Licht ist gebündelt, „kohärent", wenn seine Wellen wie marschierende Soldaten „im Gleichschritt" und säulenförmig angeordnet sind. Diese Bündelung könnte durch die vielen Tausende von parallelen Fasern im Sehstrang, durch die „Hypersäulen" im visuellen Cortex oder durch das rhythmische Feuern der Zellen produziert werden. Zwar müssen noch viele Details darüber, wie das Gehirn der Holographie ähneln könnte, weiter ausgearbeitet werden, doch die experimentellen Belege für das allgemeine Funktionsprinzip, vor allem die Fouriertransformationen, sind sehr beeindruckend. Zahlreiche Experimente, die in den letzten Jahren von verschiedenen Teams durchgeführt wurden, zeigten, daß die Zellen im sensorischen Cortex Informationen holographisch kodieren. In einem bemerkenswerten Experiment trugen die Versuchspersonen schwarze Ballettanzüge und mußten Geschicklichkeitsübungen vor einem schwarzen Hintergrund ausführen. Auf die wichtigsten Körpergelenke wurden ihnen kleine weiße Kreise gemalt und dann ihre Bewegungen gefilmt. Die Filmaufnahme zeigten weiße Wellenformen in Bewegung, der Forscher unterzog den Film einer Fourier-Analyse und konnte dann genau sagen, welche Bewegung die Füße oder Hände als nächstes machen würden. War der Code, den die Forscher benutzten, indentisch mit dem, den die Versuchspersonen in ihrem Hirn hatten? Die Ergebnisse waren auf jeden Fall identisch.

Die holographische Hypothese liefert auch die einleuchtendste Erklärung für das Selbst-Bewußtsein, für diese nicht zu bestreitende Erfahrung, sich als persönlicher Entwurf von den anderen abzuheben und dabei das, was passiert, „geistig zu registrieren". Bringt man an beiden Unterarmen Vibratoren an, die nach dem menschlichen Ohr modelliert sind und stimmt ihre Frequenz aufeinander ab, dann springt zwischen ihnen zunächst einmal eine bestimmte Empfindung periodisch hin und her. Doch nach einer bestimmten Gewöhnungszeit pendelt sich der Ort der Empfindung irgendwo zwischen ihnen ein. Hier liegt dann ein „fühlendes Selbst" und ein embryonales Bewußtsein, das aus synchronisierten Wellenformen geschaffen wurde. Das Individuum konnte dabei ein Selbst nach außen projizieren, ähnlich den Schallwellen zweier gerichteter Stereolautsprecher.

Das holographische Modell von Pribram ist möglicherweise Ausgangspunkt einer wissenschaftlichen Revolution, es löst auf einen Schlag den Dualismus von Geist und Materie, Geisteswissenschaften und Naturwissenschaften, Existentialismus und Essentialismus ab. Wenn er recht hat, dann verändert die „immaterielle", subjektive Erfahrung die Gehirnstruktur, während diese Struktur ihrerseits die Subjektivität sehr wesentlich ändert, beides läßt sich durch eine mathematische Gleichung exakt festhalten. Pribram postuliert ein offenes, zielgerichtetes, kybernetisches System des „Organismus *plus* Umwelt", in dem das Bewußtsein durch die Ungleichheit von „Feedback" und „Feedforward" gesteigert wird und in dem ein geistiger Zusammenbruch durch unkontrollierbare Schwankungen zwischen den beiden Systemen und vorhersagbare Täuschungen und Halluzinationen signalisiert wird. Bei den folgenden sechs Modellen werden „Feedbacks" und „Feedforwards" durch den kreativen Geist zur Synthese zusammengeführt (siehe Modelle 26–31).

William Blakes Mission
und Miltons Reise zum Zentrum

Viele glauben, daß Blake verrückt war, andere nennen ihn einen Mystiker. Sein komplexes System, bestehend aus verschiedenen Metaphern, läßt sich sicherlich nicht „auf das Wesentliche" reduzieren. Seine Analogien wecken so viele Assoziationen, daß wir nie zurande kämen, die Verbindung zu den anderen Modellen zu demonstrieren. Ich werde sie deshalb für sich selbst sprechen lassen.

Milton ist ein autobiographisches Gedicht, in dem die Seele Miltons, dem literarischen und geistigen Mentor von Blake, aus dem Paradies in den ausgestoßenen Adam zurückkehrt und einen zweiten Versuch macht, den Menschen Gottes Wege zu erklären. Der Barde, der Geist des dichterischen Genius, der Blake an Milton bindet, hat letzteren davon überzeugt, daß seine Naturreligion (die Welt von Locke und Newton) ein Irrtum ist, für den durch eine erneute Pilgerfahrt gesühnt werden muß. Hier handelt es sich um eine Projektion des Konflikts zwischen dem Dichter und dem Puritaner in Blakes Brust.

Auf seinem Weg (siehe Abbildung) begegnet Milton zuerst dem Urizen (Vernunft), der unter anderem in der Gestalt des Moses auftritt und die Gesetzestafeln trägt, dann in Gestalt eines falschen Priesters der Naturreligion, der den Dichter mit dem eisigen Wasser der Rationalität tauft. Milton werden irdische Reiche, die auf die Macht der Vernunft gebaut sind, angeboten. Er widersteht, wird dann aber von Luvah (Leidenschaft), einem jungfräulichen Kind, in Versuchung geführt.

Luvah und Urizen überschneiden sich mit den beiden anderen Sphären Tharmas (Instinkt) und Urthona (Phantasie) und stellen zusammen die vier Zoas dar, ursprüngliche menschliche Allegorien, die vor dem Sündenfall um den Thron von Albion (eines archetypischen Menschen) standen. Zusammen mit Albion fielen sie in die Flammen und das Chaos, das rechts dargestellt ist. So „liegen die vier Unsterblichen" jetzt „blaß und kalt im bösen Tod" da. Der Grund des Falls und ihrer fortgesetzten „Traurigkeit in doppelter Form" liegt in unserer ursprünglichen Sünde der Selbstsucht, also unserer Weigerung, unser Identität mit der Liebe Jesu und unserer Mitmenschen zu verschmelzen. Vielmehr streben wir nach Reinheit und Absonderung der Hohen Tugenden und teilen Miltons morbide Faszination für die Leidenschaft, die von der Vernunft kontrolliert wird. Wir teilen auch seinen heimlichen Gefallen am Widerspruch zwischen jungfräulicher Unschuld und purer List. Somit befindet sich Milton im Einflußbereich Satans, wo Vernunft, Leidenschaft und Instinkt den Krieg des Fleisches führen. Satan bringt seine letzte Versuchung vor, indem er den Dichter auffordert, ihn zu vernichten und so die Welt für immer vom Bösen zu erlösen. Doch Milton erkennt, daß der Satan kein „anderer" ist, nicht abgetrennt wie die physische Welt und der physische Körper in der Naturreligion. Satan ist Miltons eigene Selbstsucht, abgeschottet gegenüber der Welt, was den äußeren Zwist entfacht, weil die Selbstsucht sich weigert, sich dem inneren Konflikt zu stellen. Gegen Satan zu kämpfen bedeutet, einen eskalierenden Machtkampf zwischen immer stärker isolierten und unvollständigen Formen des Selbst-Seins zu entfachen.

Dies führt Milton zum Schnittpunkt der Sphären, „dem geheiligten Zentrum, das die Himmel der strahlenden Ewigkeit umfaßt", wo Satans Sphäre die Sphäre Adams berührt. Wer durch diese Verbindungsstelle nackt, verletzbar und allein geht und sein Selbst von den konkurrierenden Kräften durchdringen läßt, wer gleich zornig und liebevoll mit dem Barden in diesen „Widerspüchen, die positiv sind" streitet, wird die Welt plötzlich nicht länger nur von außen wie einen schwarzen Kieselstein sehen, sondern von innen. Es ist eine Welt voll Höhen und Abgründen, eine Welt im Ei als auch ein Ei in der Welt. Im Weltlichen Ei liegt die Schöpfung selbst, wo Vernunft, Leidenschaft und Instinkt durch die Kraft der Phantasie versöhnt werden. Hier werden das Männliche und das Weibliche, das Menschliche und das Göttliche, der Schöpfer und das Werk zusammengeführt. Die Sphäre Adams ist das Auge mit der Ewigkeit als Vision, wenn die Speere unseres Intellekts aus den gereinigten Toren unserer Wahrnehmung in all Richtungen fliegen. Blake stellt die Gegensätze des geistigen Kampfes, die zur Versöhnung und Harmonie führen, den sich gegenseitig negierenden Dualitäten des puritanischen Denkens gegenüber. Wir haben die Wahl, sagt er, entweder einen geistigen Kampf in uns selbst auszutragen oder physisch mit den anderen zu kämpfen. Eine Konzeption, die dem Modell der Synergie (siehe Modell 42 und 43) sehr nahe kommt.

Dieses Modell des kreativen Bewußtseins, das durch ein feuriges Chaos fällt, stammt aus einer Zeichnung von Blake. Sie zeigt die spirituelle Pilgerfahrt des Poeten Milton, des Apostels der puritanischen Wissenschaft, der zum Bewußtsein des Albion (des archetypischen Menschen) zurückkehrt, um den puritanischen Irrtum aufzudecken und ihn wiedergutzumachen. Miltons Weg beginnt auf dem Weg rechts unten.

Zuerst begegnet er Urizen (Vernunft), der untersten der vier Zoas, dargestellt als hohle Kugeln. Urizen ist der falsche Priester der Naturreligion. Als nächstes wird er von Luvah (Leidenschaft) in der Gestalt einer 12jährigen Jungfrau verführt. Nach Blakes Auffassung deuten solche hermaphroditischen Mischungen von Vernunft/Leidenschaft, Erfahrung/Unschuld, männlich/weiblich auf die pathologischen Unterdrückungen und Teilungen hin, deren Propagandist der puritanische Deismus war. Deshalb steht die Sphäre Satans, der untere Teil des weltlichen Eis für Tharmas (Instinkt), Urizen (Vernunft) und Luvah (Leidenschaft) und befindet sich in einem unversöhnten Zustand von Feindschaft und Isolation, gleichzeitig ist die Sehfähigkeit äußerst beschränkt.

Erst nachdem Milton (und jeder Möchtegern-Schöpfer) durch den Konflikt zum zentralen Schnittpunkt der Vier Zoas (oder Sphären) gereist ist, können diese in den vierfachen Visionen von Urthona (Phantasie) versöhnt werden. Hier öffnet sich die Sphäre Satans auf die Sphäre Adams, eine Analogie zum menschlichen Auge. Der Dichter kann danach die Tore der Wahrnehmung reinigen und nach außen und innen auf eine Welt schauen, die unendlich ist und durch den inneren geistigen Kampf in jedem Augenblick neu geschaffen wird.

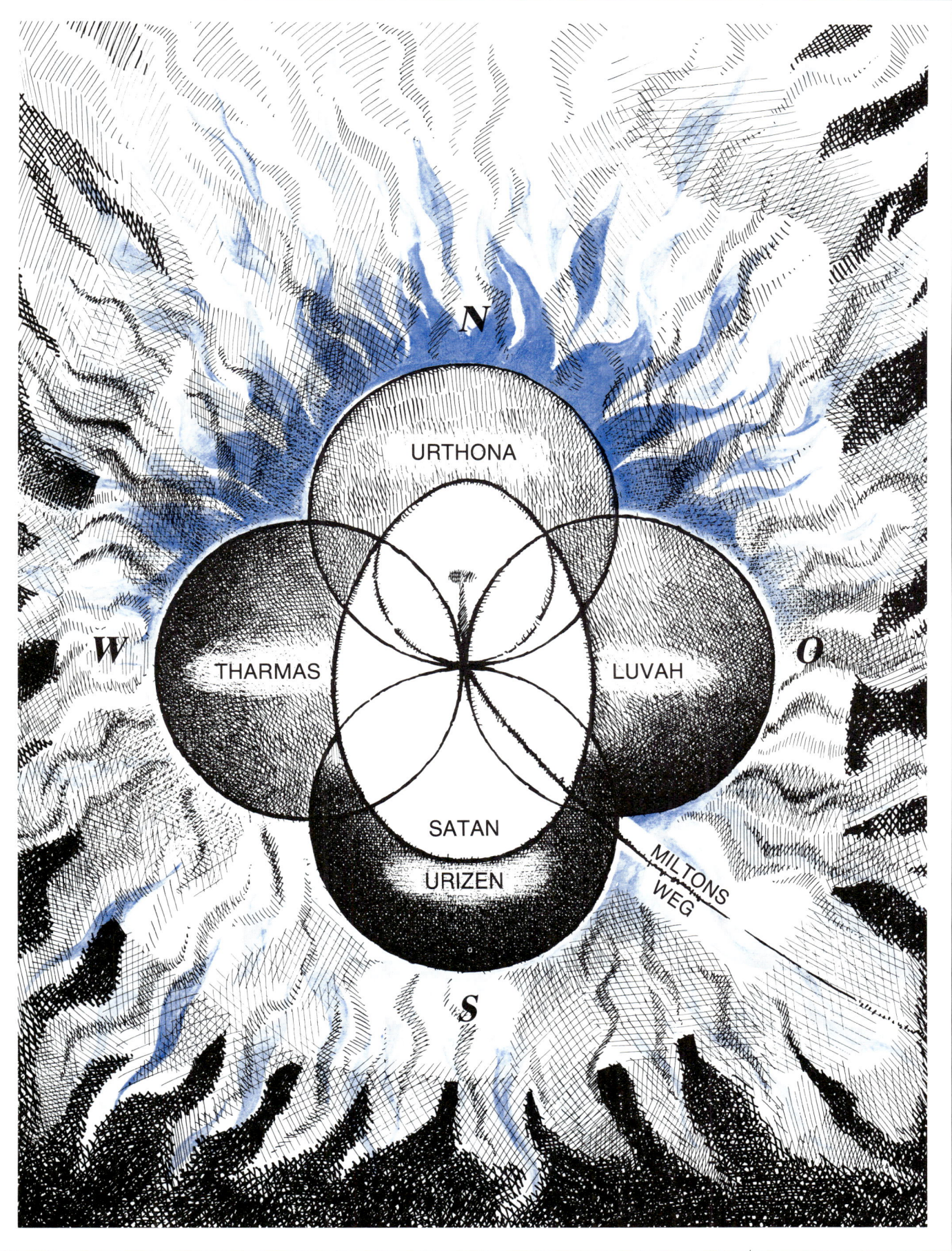

Die Krone des Archimedes:
Arthur Koestlers Theorie der Kreativität

Ein Vagabund reist unmittelbar vor der letzten Präsidentschaftswahl per Anhalter und schnorrend quer durch die USA. Er hatte gelernt, wie er in den Bars aller kleinen Orte zum Trinken eingeladen wurde: Er mußte nur jeweils den Präsidentschaftskandidaten laut beleidigen, von dem er annahm, daß er in der betreffenden Gegend nicht beliebt war. Eines abends kam er in eine kleine staubige Stadt in Colorado und betrat die erste Bar. „Jimmy Carter ist ein Pferdearsch!" rief er laut, doch zu seiner Überraschung beförderten ihn die Einheimischen in hohem Bogen nach draußen auf die Straße. Er glaubte, er habe falsch geraten, betrat die nächste Bar und rief, „Ronald Reagan ist ein Pferdearsch!", landete aber erneut im Staub vor dem Lokal. Als er verdutzt aufstand, sah er in der Nähe einen Cowboy stehen und fragte ihn klagend: „Wenn dies keine Carter-Gegend *und* keine Reagan-Gegend ist, was ist da hier überhaupt für eine Gegend?" „Mann", antwortete der Cowboy, „dies ist eine Pferdegegend!"

Um die menschlich Kreativität zu verstehen, sagt Arthur Koestler, ist es nützlich, wenn wir zunächst die Struktur des Witzes begreifen (das Wort hat eine doppelte Bedeutung: Der Witz, der erzählt wird und uns zum Lachen bringt, und der Witz im Sinne von Gewitztheit, Klugheit). In lustigen Geschichten wie der eben erzählten sind wir Zeuge eines überraschenden Zusammenstoßes von zwei geschlossenen, nicht miteinander zu vereinbarenden Bezugsrahmen. Der erste Rahmen (die Suche nach dem kostenlosen Drink) wird logisch durch die Geschichte hindurch entwickelt, während der zweite Rahmen zwar auch schon in der Geschichte steckt, aber erst plötzlich am Ende auftaucht und die „Pointe" für den ersten Rahmen abgibt und ihn gleichzeitig zerschmettert. Die emotionale Spannung, die in der Geschichte aufgebaut wird, ist plötzlich ohne Gegenstand und hängt sozusagen in der Luft. Das führt zu einer emotionalen Entladung und zur Auslösung des „ha!-ha!"-Reflexes. So glauben der Vagabund und die Zuhörer der Geschichte, daß die Präsidentschaftskandidaten beleidigt werden, weil man sie mit einem Pfrerarsch vergleicht. Die Einheimischen gehen davon aus, daß dieser Vergleich die Pferde beleidigt. Die Geschichte klingt umso lustiger, je überraschender die Pointe kommt, und die darin enthaltene Feindseligkeit erhält mehr Gewicht, wenn man selbst eine sehr negative Meinung über Präsidenten und ihre Politik vertritt. In der Komödie kollidieren die Bezugsrahmen und werden auf harmlose Weise zertrümmert, in der Tragödie dagegen ist der Konflikt zwischen unterschiedlichen Positionen unlösbar. Hamlet monologisiert über Sein oder Nichtsein, über das Erdulden von „Pfeil und Schleudern des wütenden Geschicks" oder das „sich Waffnen gegen eine See von Plagen." Der Konflikt endet tragisch, und die Gefühle der Zuhörer entladen sich kathartisch, während die unversöhnlichen Imperative unangetastet bleiben. So werden in der Komödie, in der Tragödie und in der Kreativität zwei oder mehr Matrizen oder Bezugsrahmen *bisoziiert*, wie Koestler es nennt. Doch in der kreativen Leistung kommt es zu einer Verschmelzung oder Synthese der Gegensätze. Sie stoßen nicht nur aufeinander oder werden einander gegenübergestellt, sondern in einer neuen Schöpfung permanent miteinander verbunden. In dieser Synthese ist das Ganze mehr als die Summe der Teile. Nach diesem Kriterium ist das Stück „Hamlet" kreativ, jedoch nicht Hamlet selbst (darin liegt seine Tragödie).

Betrachten wir das Problem, vor dem Archimedes stand. Der König von Syrakus hatte eine herrliche Krone aus Gold bekommen, aber er war mißtrauisch und glaubte, daß dem Gold Silber beigemischt war. Er beauftragte Archimedes damit, dies herauszufinden. Archimedes kannte das spezifische Gewicht des Goldes, das Problem bestand darin, das Volumen einer Krone herauszufinden, die mit Filigranarbeiten verziert war, ohne sie einzuschmelzen. Stunden- und tagelang dachte er im Kreise und endete immer wieder in der gleichen Sackgasse. Wie schätzt man das Volumen einer unregelmäßigen Form? Eines Tages nahm er ein Bad und beobachtete entspannt, wie das Wasser um seinen Körper herum hochstieg, als er in das Becken hineinstieg. In diesem Augenblick kam ihm blitzartig die Lösung: ein fester Körper verdrängt eine Wassermenge, die seinem eigenen Volumen entspricht. Man kann die Krone ins Wasser legen und die verdrängte Wassermenge messen.

Es sieht so selbstverständlich aus, wenn die Schaltung im Kopf erst einmal hergestellt worden ist, doch bei großen Erfindungen lagen die integrierten Denkmatrizen anfangs weit

Arthur Koestler hat den „schöpferischen Akt" als Bisoziation von zwei (oder mehr) Gedanken-Matrizen (oder Bezugsrahmen) beschrieben, die zuvor nicht miteinander verbunden waren.

Ein gutes Beispiel dafür ist die Geschichte von Archimedes. Er sollte herausfinden, ob die seinem Herrscher geschenkte Krone wirklich aus reinem Gold war. Er kannte das spezifische Gewicht des Goldes, doch wie konnte er das Volumen einer unregelmäßig geformten, verzierten Krone abschätzen? Wochenlang kam er nicht weiter, seine Gedanken kreisten um das Problem. Aber eine Lösung war nicht möglich, weil er in der einen „Kronenmatrix" gefangen war. Eines Tages, als er entspannt und doch wach ein Bad nahm, sah er wie das Wasser um seinen Körper herum hochstieg, als er sich hineinsetzte. Blitzartig tauchte die Lösung auf. Die Krone verdrängt eine ihrem eigenen Volumen äquivalente Menge an Wasser: Heureka!

Was war geschehen? Die „Kronenmatrix" A wurde mit der „Badematrix" B bisoziiert; die Synthese entstand durch den schöpferischen Akt des „Denkens auf zwei Ebenen".

Archimedes dachte anfänglich, daß eine Antwort innerhalb des Rahmens A möglich wäre, doch die ständigen Enttäuschungen ließen ihn zu B überspringen. Natürlich ist das Finden des richtigen „zweiten Rahmens" ein wichtiger Teil des Problems, weshalb uns schöpferische Lösungen gewöhnlich dann häufiger einfallen, wenn unsere Aufmerksamkeit gelockert ist und wir unbewußt alternative Bezugsrahmen vorbeiziehen lassen und uns nicht bewußt auf einen konzentrieren.

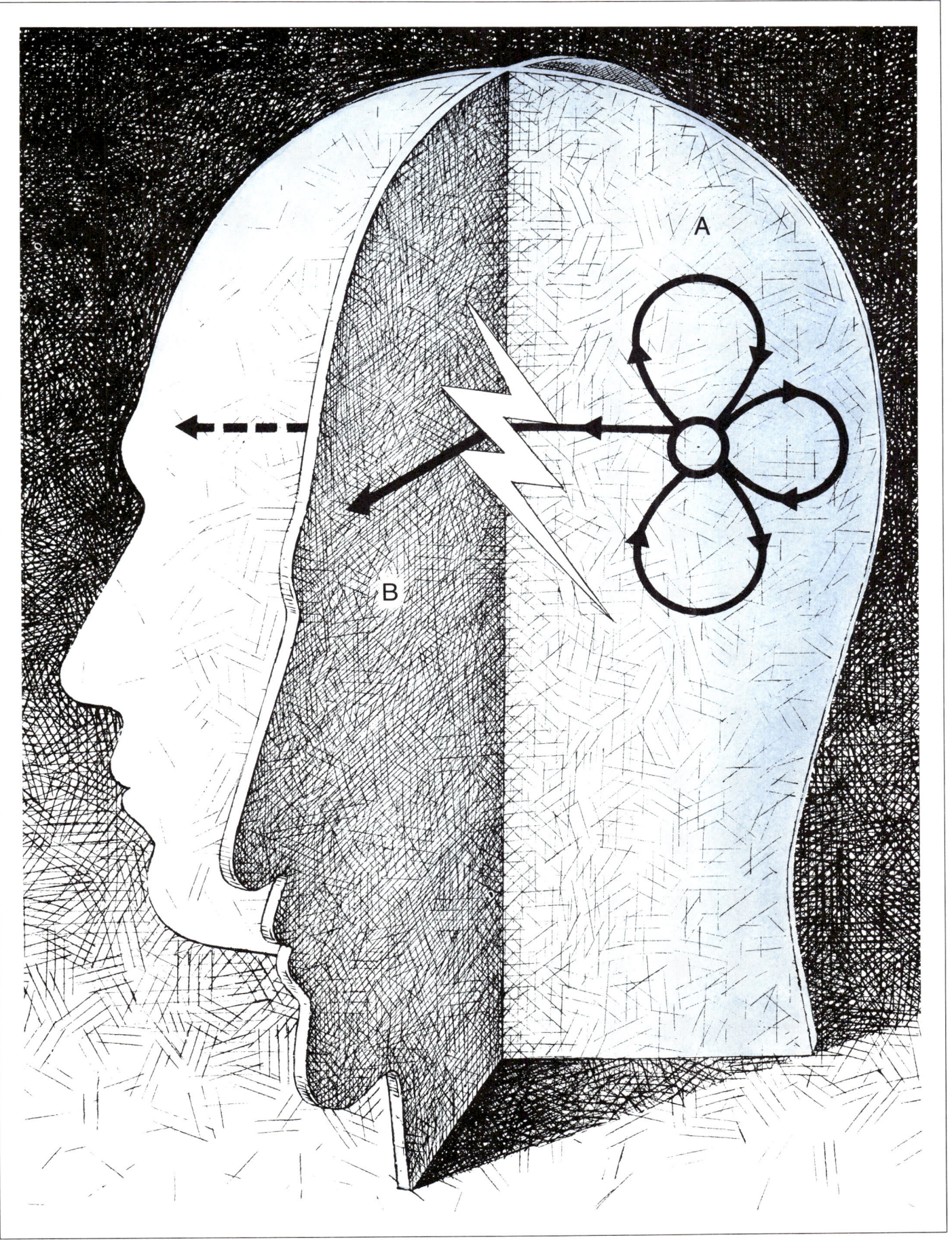

auseinander, sie gehörten in ganz unterschiedliche Bereiche oder Disziplinen, wie Elektrizität und Magnetismus vor der Entdeckung des Elektromagnetismus oder wie die Pocken und die seltsame Immunität der Milchmägde dagegen – bis die Kuhpocken entdeckt und zur Immunisierung der Bevölkerung eingesetzt wurden. Wenige Menschen kämen auf die Idee, eine ernsthafte Angelegenheit wie das Messen des Volumens einer Krone und ein Bad miteinander zu verbinden. Damit läßt sich erklären, warum Kreativität so oft mit Träumen, Muse, freier Assoziation, Spontaneität, dem Erspüren des unbewußten Geistes und dem „Beiseite-Denken" in Verbindung gebracht wurde. Eine Lösung wird blockiert, wenn man sich übermäßig und einseitig auf eine einzige Matrix oder einen Bezugsrahmen konzentriert. Man findet keine Lösung, solange man ausschließlich überlegt, wie sich die Krone umformen läßt, um ihr Volumen zu schätzen. Erst wenn man einen Schritt zurücktritt und einen anderen Ansatz wählt, oder wie die Franzosen sagen *reculer pour mieux sauter,* „Anlauf nehmen, um besser zu springen", erst dann kann ein neuer Rahmen entdeckt werden, der entscheidet, ob die richtigen Fragen gestellt wurden. Wenn wir entspannt sind, abgeschaltet haben, und wenn das Ich ruht, dann tauchen neue, vielleicht brauchbare Bezugsrahmen an der Oberfläche des Bewußtseins auf.

Ein weiteres berühmtes Beispiel dafür ist Gutenbergs Erfindung der Druckerpresse. Auch er stand vor einem Problem. Seine Nachbarn wollten Bibelabschriften mit auf eine Pilgerreise nach Aachen nehmen. Er hatte gesehen, wie Spielkarten mit einem in Tinte getauchten Holzblock auf Papier gedruckt wurden, wollte man aber die Bibel in solche Blöcke schnitzen, nähme das mehrere Lebensalter in Anspruch. Gutenberg hatte weiterhin beobachtet, wie Trauben bei der Ernte gepreßt und wie Münzen geprägt wurden, indem man flüssiges Metall in Formen goß ... Heureka! „Eine einfache Substitution, ein Lichtstrahl ..." schrieb er. „Also an die Arbeit! Gott hat mir das Geheimnis enthüllt ... wie ein Fuß, der meinen Abdruck vervielfacht, hier ist eure Bibel!" Gutenberg hatte die Presse aus dem Weinberg genommen und vom Gießen der Münzen die beweglichen Buchstaben abgeleitet, die wie die Blöcke auf den Spielkarten ihren Abdruck auf dem Papier hinterlassen. Die Tatsache, daß den Menschen der damaligen Zeit alle drei Techniken zur Verfügung standen, illustriert das Prinzip der Reife. Es mußte einfach irgendwann geschehen, daß jemand die drei Matrizen zusammenbringt. Gutenberg verbrachte tatsächlich einen Großteil seines Lebens damit, sich mit Erfinder-Rivalen herumzustreiten, deshalb gehört das „irgendwann" bis heute zu den strittigen Punkten. Festzuhalten bleibt, wie sehr sich die Synthese von der Summe ihrer Teile unterscheidet. Eine neue Qualität ist entstanden. Spielkarten, Wein und Geld, sicherlich Werke des Teufels, doch ihre Kombination hat eine Bibel entstehen lassen, und schließlich die Renaissance und die protestantische Reformation mit herbeigeführt, die das objektive Wort Gottes in einem gedruckten Buch fand. Gutenbergs Buchstaben bestätigen, daß die Bisoziation unbewußt bereits stattgefunden hatte. Mit steigender Erregung spürte er das Nahen der Lösung: „Mein Kopf hat einen Monat lang gearbeitet; eine voll gerüstete Minerva mußte meinem Kopf entspringen ..." Der Hinweis auf Minerva zeigt, daß Metaphern für spätere Verbindungen „einspringen" können; sie fungieren als heuristische Mittel (das heißt Mittel, die „zur Entdeckung führen").

Als Johannes Kepler beobachtete, daß die Erde von irgendeiner unsichtbaren Kraft um die Sonne gezogen wird, nannte er diese Kraft den Heiligen Geist und verglich die Erde mit Christus und die Sonne mit Gott. Obwohl die Metaphern später aufgegeben wurden, haben sie die Entdeckung der Gravitationsgesetze erleichtert. Somit können Metaphern, welche „die Ähnlichkeit von unähnlichen Kategorien" aufdecken, als vorläufige Bisoziationen dienen. Wer sich darüber beklagte, daß Freuds Unbewußtes nur eine Metapher war, muß jetzt zugeben, daß die rechte Hemisphäre des menschlichen Gehirns, die sich als stumm, nicht-rational und visuell bei der Verarbeitung von Informationen zeigt, dem Unbewußten seltsam nahe kommt!

Koestler greift die konventionelle, fromme Vorstellung an, daß Wissenschaftler Daten suchen, die erst hinterher die notwendigen Prinzipien, nach denen sie organisiert sind, enthüllen. Aus dem Notizbuch von Charles Darwin wissen wir, daß er bereits vor der Beagleexpedition an seine Evolutionstheorie glaubte. Zwar muß die kreative Vision, die in einer solchen Theorie enthalten ist, sorgfältig an den bekannten Fakten überprüft werden, doch diese Fakten allein erklären die Theorie noch nicht. Wir verwechseln das, was Abraham

Satire ist eine verbale Karikatur, die uns eine absichtsvoll verzerrte Darstellung eines Menschen, einer Einrichtung oder einer Gesellschaft gibt. Die traditionelle Methode besteht darin, die Züge, die charakteristisch für das Opfer des Satirikers sind, so zu übertreiben und zu vereinfachen ... daß das Ergebnis eine Nachbarschaft ... des gewohnten Weltbildes des Lesers und seiner absurden Widerspiegelung in dem verzerrenden Spiegel des Satirikers ergibt.

„Janus"
Arthur Koestler

Sehen wir der Tatsache ins Auge: Ein Großteil der modernen Psychologie ist ein steriler und pompöser Scholastizismus, ... der das Offensichtliche nicht sieht. Er verdeckt die Trivialität seiner Ergebnisse und Gedanken mit einer aufgeblasenen Sprache, die keine Ähnlichkeit mit der normalen Sprache ... hat und die die moderne Gesellschaft mit den Techniken zur fortschreitenden Verdummung des Menschen ausstattet.

Ludwig von Bertalanffy zitiert in „Der Geist in der Maschine" von Arthur Koestler

Kaplan die rekonstruierte Logik der wissenschaftlichen Entdeckung (das heißt ihre Verteidigung) nennt, mit der Logik der Entdeckung selbst. „Die Brücke", sagt Koestler, „wird tatsächlich *vor* den einzelnen Stützpfeilern, die sie halten, gebaut. Aber nicht alle Brücken sind tragfähig."

All dies paßt zu dem, was wir über sehr kreative Menschen wissen, über ihre Freude an Rätseln, Paradoxa und Anomalien, ihrer Skepsis gegenüber logischem Denken, ihre „schlafwandlerischen" Neigungen, ihr ästhetisches und emotionales Gefühl für harmonische Vorstellungen, ihr scheinbar sprunghafter und abschweifender Denkstil, ihre intuitiven Sprünge über Grenzen hinweg und die Breite ihres Wissens. Doch Kreativität ist nicht nur etwas Seltenes, Historisches oder Großartiges. Wir alle bisoziieren beim Denken verschiedene Bezugsrahmen und entdecken dabei ständig neue persönliche Lösungen, die in unserer Kultur bereits wohl bekannt sind. Sogar die Schimpansin Washoe, der eine Zeichensprache beigebracht wurde, bisoziierte ihr eigenes Zeichen für Enten aus den Zeichen für „Wasser" und „Vogel". Wieviele Kinder sagen doch „Ganse" statt „Gänse". Es ist sehr unwahrscheinlich, daß sie den Fehler irgendwo gehört haben und jetzt nachmachen. Weitaus plausibler scheint es, daß sie das Wort Gans mit der Regel „bei der Pluralbildung ein e anhängen" bisoziiert haben. Sie haben zwei und zwei zusammengezählt und folgten dem Gesetz der Kombination.

Koestler versteht das menschliche Wissen und die biologische Evolution als Prozesse des kreativen Wachstums. Bisoziationen sind Verbindungen, die sich wie auf den Kopf gestellte Bäume verzweigen. Diese Holarchien, wie er sie nennt, bestehen aus Holons. Holon ist eine Synthese aus den englischen Wörtern „whole" (Ganzes) und „atom" (Atom). Der Name wurde gewählt, weil sich jemand an einem Verbindungspunkt in der Holonstruktur sowohl als Scheitel- und Endpunkt aller Einzelteile wahrnehmen kann oder aber als ein Teil der ganzen Struktur.

Nicht nur das menschliche Wissen, sondern die biologischen und psychologischen Bereiche allgemein sind in Holarchien organisiert. Am freiesten sind wir „an der Spitze" dieser umgedrehten Bäume und am stärksten determiniert „unten". Zum Beispiel lernen wir ungezwungen und bewußt, wie man Auto fährt, diese Fertigkeit wird aber bald zu einer Hierarchie von automatisch ablaufenden Reaktionen. Der Vorteil besteht darin, daß wir beim Steuern des Wagens den Kopf „frei haben zum Denken", während anfangs noch unsere ganze Aufmerksamkeit in Anspruch genommen wurde. Technisch und neurologisch ist das Auto zu einem festen Teilstück geworden, mit dem wir verbunden sind und das wir nicht loslassen können. Somit erliegen Holarchien auch der Starrheit und Trägheit. Sie miteinander zu verbinden kann bedeuten, daß Gewohnheiten und Denkweisen, die als unverständlich galten, radikal verändert werden müssen (siehe Modell 47).

Bei all unseren Möglichkeiten, Verbindungen herzustellen und uns durch Kreativität zu befreien, gibt es doch einige Arten von Verbindungen, die uns konstitutionell schwerer fallen als andere, so daß ganze Holarchien in tödlicher Feindschaft voneinander getrennt sind. Koestler glaubt, daß bei uns eine quasi-schizophrene Spaltung zwischen Vernunft und Gefühl vorliegt, zwischen unseren beiden „älteren Hirnen" und dem Neocortex (siehe Modell 21). Die Bisoziationen, die uns vor der gegenseitigen Vernichtung bewahren könnten, sind schwach und unstet, während die rein zerebralen Bisoziationen, welche die Waffensysteme eskalieren lassen, stark sind. Sie machen die Menschheit zur ersten (und vielleicht letzten) je bekannt gewordenen Art, die sich selbst und andere vernichtet.

Die Kontroverse um die zwei Denkstile: Getzels, Jackson und Hudson

Ausgangspunkt ist die Überlegung, daß der Prozeß des kreativen Denkens zwei aufeinander-folgende Stadien der Informationsverarbeitung beinhaltet: das divergente Denken, gefolgt vom konvergenten Denken. Diese Sequenz muß oft mehrere Male wiederholt werden, bevor eine kreative Lösung gefunden wird. Zum divergenten Denken gehört das Umformulieren des Problems, das Ausarbeiten und Herumspielen damit. Dies kann zu einer Flut von Einfällen führen, ähnlich wie beim Brainstorming oder der freien Assoziation, die in der Psychoanalyse bevorzugt wird, um den Gedankenfluß in Gang zu bringen. Wenn die Bedeutung der Divergenz im Denken unterschätzt wird, findet dieser Denkprozeß unbewußt statt – in Entspannung und Schlaf. So berichtete Jules Poincaré, „daß die Gedanken wie Wolken aufstiegen", als er einschlafen wollte. Als der Morgen kam, war sein Problem gelöst.

Erst wenn der kreative Mensch das Gefühl hat, daß sein divergentes Denken genügend Material für die Lösung des Problems produziert hat, beginnt er mit dem Prozeß des *konvergenten* Denkens, der auf die präzise Antwort abzielt. Wird die richtige Frage gestellt, dann ist die Lösung nur noch eine Sache der logischen, experimentellen, beobachtungsmäßi-gen oder mathematischen Fertigkeiten. Ein gutes Beispiel dafür schildert James D. Watson in seinem Buch „Die Doppelhelix": Die Suche nach der Struktur des genetischen Code wurde zu einem Wettlauf, als die Forscher erkannten, daß die Information, von der nun eine korrekte Deduktion möglich war, zur Verfügung stand. Es ging jetzt nur noch darum, wer als erster im konvergenten Denkprozeß die korrekte Lösung finden würde.

Es ist bezeichnend für den Hang zur Verdinglichung in der experimentellen Psychologie, daß Konvergenz und Divergenz „entdeckt" wurden, als wären es getrennte Gegenstände, die in einem Newtonschen Miniaturuniversum des Geistes herumkreisen. Jacob Getzels und Philip Jackson konzentrierten sich bei ihren Untersuchungen Ende der 50er und Anfang der 60er Jahre ganz auf die Tatsache, daß konventionelle Intelligenz und Eignungstests nur die Fähigkeit maßen, auf Problemstellungen mit konvergentem Denken eine Antwort zu finden. Sie wollten dagegen Instrumente konstruieren, mit denen die Fähigkeit, Fragen zu stellen, Themen, Möglichkeiten und Gedanken zu entwickeln, gemessen werden konnte. Diese Fähigkeit nannten sie Divergenz. Sie standen eindeutig auf der Seite der „Divergierer" und waren gegen die starke Einseitigkeit für Konvergenz der Nach-Sputnik-Ära in Amerika, in der in Massenproduktion eine neue technische Intelligenz herangezogen werden sollte. Ungefähr zur gleichen Zeit schrieb Michael Young in Großbritannien „The Rise of Meritocracy", um gegen dieselbe Einseitigkeit zu protestieren. Solche Schriften haben sich als prophetisch erwiesen, als „die schweigende Generation" plötzlich laut wurde und den westlichen Ländern ein Jahrzehnt des divergenten Denkens über die Universitäten herein-brach.

Tests, bei denen die Versuchspersonen Geschichten erfinden müssen, die zu Bildern passen, Bilder Sätzen zuordnen und verschiedene Verwendungsmöglichkeiten für so banale Gegenstände wie Ziegelsteine und Fässer erfinden, zeigten Jacob Getzels und Philip Jackson, daß viele Schüler und Studenten die Fähigkeit des divergenten Denkens besaßen, die aber von den Lehrern und Dozenten ignoriert und manchmal sogar unterdrückt wurde. Obgleich ein Teil der Getesteten beide Denkfähigkeiten besitzt, korrelieren die beiden Arten der Informations-verarbeitung nicht hoch miteinander, und die eingesetzten statistischen Methoden wei-sen eher auf ihre Unabhängigkeit voneinander hin.

Zeigt man beispielsweise einem intelligenten „konvergenten" Kind mit geringen divergen-ten Fähigkeiten ein Bild mit einem lächelnden Mann, der sich auf einem Flugzeugsessel entspannt, so wird es eine recht stereotype Geschichte erzählen. Der Mann kommt gerade von einer erfolgreichen Geschäftsreise zurück. Er möchte seiner Frau einen Nerzmantel kaufen und sie werden mit einem guten Essen feiern. Ein stark divergentes Kind erzählt dagegen eine ganz andere Geschichte. Der Mann kommt nach der Scheidung von seiner Frau aus Reno zurück. Sie trennten sich, weil sie nachts zuviel Gesichtscreme benutzte, so daß ihr Kopf über das Kissen rutschte und in sein Gesicht schlug. Glücklicherweise hat er gerade eine nichtrutschende Gesichtscreme erfunden und freut sich über die Aussicht, damit ein Vermögen zu verdienen. Während die Lehrer die Geschichte des ersten Kindes lobten, sie als

Von Divergenz spricht man, wenn das Denken aus Einem Vieles macht, von Konvergenz, wenn es Eines aus Vielem macht. Es wird angenommen, daß sich der Geist ständig verzweigt (linke Seite), be-vor er wieder an einem Punkt der Entscheidung zusammenläuft (rechts), dieses Muster wiederholt sich in zyklischem Ablauf. Zur Kreativität gehört der ganze Zyklus.

Zum Beispiel werden kreative Menschen in der Regel das vorgege-bene Problem umformulieren und verästeln es eher noch. Sie ersinnen Alternativen und Möglichkeiten, um einen „Überschuß" an Material zu schaffen, der als „ein sich ver-zweigender Baum" symbolisch dar-stellbar ist. In der Mitte von Diver-genz und Konvergenz spüren sie intuitiv, daß die notwendigen Zuta-ten für eine neue Synthese jetzt vor-liegen. Auf dem Diagramm wird dies durch die fünf Alternativen an-gezeigt, die von den Zweigen des Baumes stammen. Mit diesen (und es könnten weniger oder auch mehr sein) wird bei einer kalkulierten Konvergenz auf die Lösung des Pro-blems hingearbeitet.

Leider wird unsere Gesellschaft durch die plumpen Stereotypen zweier Kulturen geteilt: die Geistes-wissenschaften, die als divergent idealisiert werden, und die Natur-wissenschaften, die als konvergent gelten. Die Ergüsse von Dichtern und Künstlern werden als „kreativ" bezeichnet, doch ist das ein Sehfeh-ler der Amateure, bei dem die Zwei-ge und Äste eines klugen Gesprächs mit höheren intellektuellen und wis-senschaftlichen Synthesen verwech-selt werden. Die bestehende Kluft zwischen den zwei Kulturen nimmt beiden Hälften ihre Bedeutung.

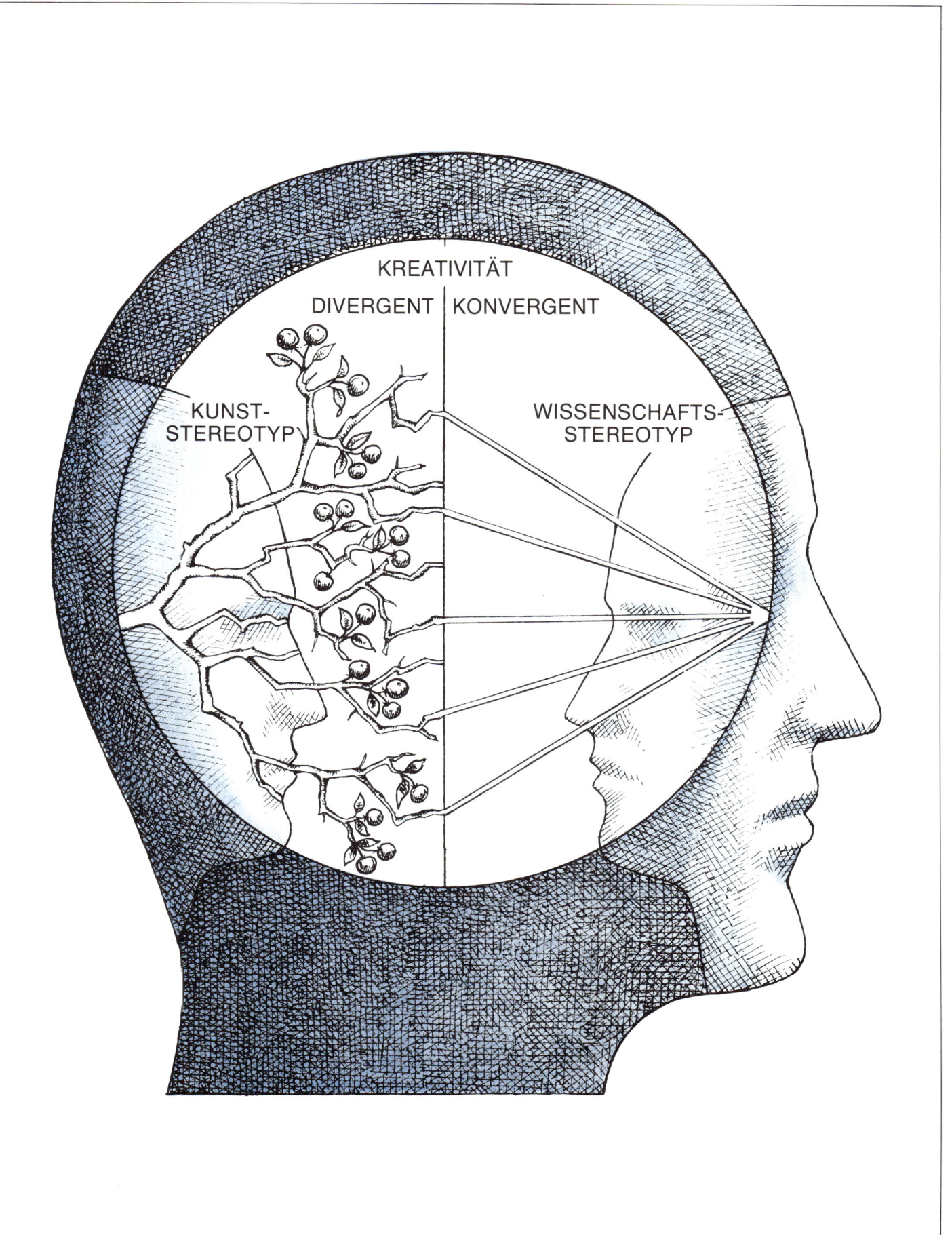

KREATIVITÄT

DIVERGENT | KONVERGENT

KUNST-
STEREOTYP

WISSENSCHAFTS-
STEREOTYP

gut und normal bezeichneten, wiesen sie die zweite Geschichte als geschmacklos und antisozial zurück. Von Schülern kann nicht erwartet werden, daß sie stumm bleiben, warnten die Forscher, wenn ihre „Kreativität" (wie die Divergenz bezeichnet wurde) unterdrückt wird. In Großbritannien setzte Liam Hudson die Tests von Getzels und Jackson in einer größeren Untersuchung über englische Schuljungen ein. Er fand, daß die hochgradigen Divergierer überwiegend musische und geisteswissenschaftliche Fächer gewählt hatten, die Konvergierer dagegen naturwissenschaftliche Fächer.

Was die offenen Tests im Gegensatz zu den IQ-Tests tatsächlich gemessen hatten, das war die Kluft zwischen den „zwei Kulturen", auf die C. P. Snow aufmerksam machte. Schüler, die bei Divergenztests gut abschnitten, hatten sich gewöhnlich für die Fächer Englisch, Geschichte, Kunst oder moderne Sprachen entschieden. Bei den Intelligenztests schnitten sie durchschnittlich niedriger ab, denn sie beantworteten die Fragen oft nachlässig und ungenau, bei den verbalen Testteilen aber schnitten sie gut ab. Sie besaßen ein großes Allgemeinwissen. Ihre Interessen galten der Kultur, der Literatur und dem Theater. Schüler dagegen, die bei Konvergenz-Tests gut abschnitten, wählten gewöhnlich die Fächer Mathematik, Physik und Chemie, aber auch klassische Literatur und alte Sprachen, wo hohe Disziplin gefordert wird. Sie erzielten hohe Werte bei den IQ-Tests, wo sie genau und schnell waren, während sie in den verbalen Teilen (ausgenommen den klassischen Fächern) schwächer abschnitten. Ihr Allgemeinwissen war relativ gering. Ihre Interessen galten praktischen, mechanischen und technischen Dingen, wobei der Akzent auf Tätigkeiten lag, die im Freien ausgeübt werden.

Die Persönlichkeitsmerkmale der beiden Gruppen ergaben sich aus dem jeweils dominanten Denkstil. Die Konvergierer waren gegenüber Autoritäten rücksichtsvoller, vertrauten ihren Gefühlen und Impulsen weniger und waren abhängiger in ihrer persönlichen Meinung. Sie hatten ein eher geringes Selbstwertgefühl und zeigten bessere Manieren und mehr Selbstkontrolle. All diese Eigenschaften sind angebracht beim Finden von vorgegebenen technischen Lösungen für Probleme, die von Autoritäten gestellt werden. Im Gegensatz dazu waren die Divergierer gegenüber den Autoritäten rebellischer, vertrauten stärker auf ihre Gefühle, waren unabhängiger in ihrer Haltung, hatten ein höheres Selbstwertgefühl und äußerten ihre eigenen Gedanken und Wünsche spontaner. Diese Eigenschaften sind allesamt nützlich bei der Aufgabe, ein Thema oder Problem zu umreißen oder neu zu bestimmen, oft im Kampf mit Autoritäten. In diesem Zusammenhang ist es wichtig darauf hinzuweisen, daß der Impetus für die Studentenbewegung in den Vereinigten Staaten, Großbritannien, Frankreich und der Bundesrepublik aus den divergenten Disziplinen Geschichte, Philosophie, Sprache und den „weicheren" Sozialwissenschaften kam. In den sechziger Jahren vollzog sich so etwas wie eine „Revolte der Divergierer", die geschürt wurde durch den Überfluß, Modernismus und die Massenkommunikation. Ein Ausfluß dieser Revolte waren die Philosophien über fortschrittliche Erziehung, ein anderer die Entstehung der Gegenkultur.

Hudson konnte in den Jahren darauf das Ergebnis, daß Divergierer eine unterprivilegierte Minderheit darstellen, nicht wiederholen. Vielmehr zeigten die renommierten Ausbildungsstätten die Tendenz, den Divergierer vorzuziehen, der „zum Führen" geboren ist, da er moralische und andere Themen erfaßt, während die Schulen, die stärker von den Kindern der Mittelklasse besucht werden, eher den Typus des Konvergierers hervorbringen. Hudson stellte sich auch gegen die moralischen Untertöne der amerikanischen Forschung. Er wandte sich dagegen, daß Divergenz näher bei Wachstum, Humanismus und Kreativität liegt. Die Divergierer produzierten in den Test viele geistreiche und kluge Antworten. Doch eine geistsprühende Konversation läßt sich nur begrenzt mit Kreativität gleichsetzen. Die stärken Divergierer waren keine „entwickelteren Menschen" als die starken Konvergierer, auch dann nicht wenn sie oberflächlich gesehen attraktiver waren. Im Gegenteil: Je genauer Hudson die Unterscheidung zwischen divergent und konvergent betrachtete, desto oberflächlicher erschien sie. Die beiden getrennten Fertigkeiten entsprachen eher einem Rollenverständnis als der privaten Wirklichkeit. Viele Konvergierer verfügten über ein umfangreiches Vokabular, und wenn man sie aufforderte, einen Studenten oder Dozenten aus den musischen Fächern zu imitieren, dann taten sie es mit einer Flut von Fäkalausdrücken. Viele Divergierer waren umgekehrt sehr wohl in der Lage, sorgfältig und genau zu arbeiten, aber ungeduldig, was Zeit und Anstrengung betraf, die investiert werden mußte. Hudson fand außerdem, daß zwar viele

Belesene Vornehmheit … wird am King's College, Cambridge University auf Kosten einer gewissen Theatralität erworben. Manchmal fällt es schwer, sich ins Gedächtnis zu rufen, daß die Bilder wirklich sind, die Tür wirklich ist, daß die Kerzen in den Kerzenhaltern echte Kerzen und keine elektrischen Lichter sind, die nur wie Kerzen aussehen; vor allem, daß die Menschen Wesen aus Fleisch und Blut sind. Während meiner zweijährigen Tätigkeit dort habe ich bemerkt, daß mein üblicher Erlebensmodus bald aus einem Gefühl der Illusion bestand. Der Hauch eines Scharadespiels durchdrang alles; die Vorstadtsöhne, zu denen ich auch gehöre, parodierten den gebildeten Landadel; und der gebildete Landadel parodierte die Vorstadtsöhne und damit auch sich selbst … Hervorragende, junge Wissenschaftler, die nichts über das Leben oder die Kunst wußten, zogen eine Schau ab mit der Rolle „hervorragender, junger Wissenschaftler, der nichts über das Leben oder die Kunst weiß". Eitle Kunsthistoriker inszenierten künstlerische Darbietungen von „Kunsthistorikern, die ekelhaft eitel sind". Und die Institution selbst schwang sich wiederholt hoch in Sphären dramatischer Absurdität.

„The Cult of the Fact"
Liam Hudson

einzelne Konvergierer das „Wissenschaftssterotyp" akzeptieren konnte, wenn es auf ihre Kollegen angewandt wurde, doch sich dagegen wehrten, es auf sich selbst anzuwenden. Das Gleiche galt auch für die Divergierer. Jeder beanspruchte für sich, ein heimlicher Konvergierer oder Divergierer zu sein.

Eine Untersuchung der neurotischen Abwehrmechanismen und persönlichen Beschränkungen in beiden Gruppen zeigt, daß sowohl die Divergierer als auch die Konvergierer dazu neigten, ihren jeweils ausgeprägten Stil übermäßig stark einzusetzen, um nicht durchschaut zu werden. Konvergierer haben gelernt, vielen Themen auszuweichen, indem sie sie „außerhalb der Wissenschaft" stellten. Wenn ein Problem nicht so genau definiert werden konnte, daß eine technische Lösung möglich war, dann war es kein Problem! Sie neigten dazu, von Menschen zu Dingen zu flüchten. Divergierer schoben unangenehme Fakten oft beiseite und setzten ihre Fähigkeiten zum sprunghaften Denken dazu ein, auf sicheren Boden zu gelangen. Indem sie sich auf die Darstellung des Problems konzentrierten, konnte die Lösung unbegrenzt lange aufgeschoben werden. Sie neigten dazu, von den Dingen zu den Menschen zu flüchten.

In den vergangenen zwei Jahrzehnten wurde die Unterscheidung zwischen divergent und konvergent zu einem plumpen und umstrittenen politischen Sterotyp, das als Symbol für unterschiedliche moralische Tugenden verwendet wurde. Der Vietnam-Krieg, ein Produkt der „Besten und Klügsten", der Wunderkinder des Szientismus, zeigte uns allen die mörderischen Folgen eines „verrückten Realismus", den völlig phantasielosen und inhumanen Fortschritt der technologischen „Konvergenz". Die elektronischen Schlachtfelder, computergerechneten Gefallenenlisten, die professionelle Gleichgültigkeit der Bomberpiloten haben Südostasien verwüstet, weil Männer ihr Gehirn von den Gefühlen durch eiserne Türen abgeschottet haben.

Soviel zu den Konvergierern, doch wie sieht es mit dem Protest der Divergierer aus, die auf der Straße mit dem Gewissen hausieren gehen? Studenten, die behaupteten für „Mitleid", „Humanismus", „Frieden und Fortschritt" einzutreten, machten aus ihren Universitätsgebäuden einen Divergenztest. Daß die Studenten wirklich Gründe hatten zu protestieren, läßt sich nicht leugnen. Das Problem liegt vielmehr darin, daß die Demonstranten *nur* demonstrieren konnten. Sie konnten ausgezeichnet über die wichtigsten Probleme diskutieren, zeigten jedoch kaum Interesse, Eignung oder Geduld, die von ihnen definierten Probleme zu lösen. Sie beschränkten sich darauf, sich darüber zu wundern, warum die Taten und der Tod den Konvergierern überlassen wurde! Die sich in Woodstock zusammenscharten, sich in Haight-Ashbury produzierten und auf den Straßen von Paris riefen „Ich bin ein Marxist von der Groucho-Fraktion", zeigten klar, daß die Selbstdarstellung zum Selbstzweck geworden ist, der Protest eine Form der Kunst. Man divergierte nur, um zu divergieren. Das Problem lag in der Spaltung zwischen den zwei Denkstilen. Das machtlose Gewissen geiselte verbal die gewissenlose Macht, Tauben und Falken warfen sich wütend die gegenseitige Unzulänglichkeit vor. Die anderen Folgen der Trennung von Divergenz und Konvergenz sind ökonomischer Art. Es überrascht nicht, daß ein Jahrzehnt des Protests offensichtlich zu einem Jahrzehnt des drohenden Zerfalls geführt hat.

Daß zur wirklichen Kreativität im Unterschied zur bloßen Schlagfertigkeit sowohl Divergenz als auch Konvergenz benötigt wird, läßt sich aus den Untersuchungen von Calvin Taylor ableiten. Er zeigte, daß Kreativität die Versöhnung von „gegensätzlichen" Begabungen ist. So wird etwa breit gestreute Aufmerksamkeit in eine scharfe Synthese überführt, Entferntes wird assoziiert, Reichtum (der Gedanken) wird dem Sparsamkeitsprinzip unterworfen, das Risiko wird zum Gewinn, Flexibilität wird mit Können verbunden, und ein unersättliches Streben nach intellektueller Ordnung erhebt sich wie ein Phönix aus dem scheinbaren Chaos. Weder ein ganzer Mensch noch eine ganze Kultur können sich das gegenwärtige moralische Silbenrätsel leisten, das die Ganzheit der menschlichen Begabungen in unbewegliche Teile zerstückelt, wie Standbilder, die man im Fernsehen sofort wiedererkennt.

Edward De Bono und das laterale Denken

Vor langer Zeit, als es noch Schuld-Gefängnisse gab, verschuldete sich ein Kaufmann immer tiefer bei seinem Geldverleiher. Schließlich enthüllte der Geldverleiher, was er wirklich wollte: die Tochter des Kaufmanns. Die Schuld würde erlassen werden, wenn ... Als er erkannte, daß Vater und Tochter über das Angebot entsetzt waren, lud der gerissene Geldgeber beide zu einem Spaziergang auf einem Kieselweg ein. Hier macht er den Vorschlag, daß „die Vorsehung entscheiden solle". „Ich werde zwei Kieselsteine von diesem Weg nehmen", sagte er, beugte sich, noch während er sprach, schnell hinunter und nahm zwei Steinchen auf. „Und ich lasse sie, den weißen und den dunklen Stein, in diese schwarze Tasche fallen." Das tat er. „Ihr werdet nicht ins Gefängnis kommen, wenn Eure Tochter, ohne zu schauen, einen Stein aus dieser Tasche nimmt. Wenn es der weiße ist, dann ist sie frei, und die Schuld ist erlassen. Ist es der dunkle, dann gehört sie mir." Widerwillig stimmte der Kaufmann zu, während das Herz seiner Tochter heftig schlug. Sie war sich sicher, zumindest fast sicher, daß zwei dunkle Steinchen in die Tasche gesteckt wurden. Es war ein Spiel, das sie nicht gewinnen konnte, und den Trick des Geldgebers zu entlarven wäre dasselbe, als würde sie nicht wählen und so ihren Vater ins Gefängnis bringen.

Nach De Bono war die „Wahl", die diese junge Frau hatte, eine Übung im vertikalen Denken, ein logisches Entweder/Oder, das in beiden Fällen mit einem Desaster endete. Während in diesem speziellen Fall die ungerechte Ausgangslage für die „Wahl" von einem Schurken erdacht wurde, brauchen wir im allgemeinen gar keine Bösewichte, um ungünstige Voraussetzungen anzutreffen. Fehlerhafte Prämissen tauchen immer wieder bei Problemlöseversuchen jeglicher Art auf, und das vertikale Denken, das nur in einer Richtung verläuft, hängt voll und ganz von den Prämissen ab, seien sie nun falsch oder richtig. Versuchen Sie selbst, in dem Dilemma der Tochter zu entscheiden! Sie ist in einem „double bind" (Beziehungsfalle) gefangen (siehe Modell 49). Wie sie das Problem schließlich löste, war ein Musterbeispiel für laterales Denken. Sie steckte ihre Hand in die Tasche, nahm einen Kieselstein heraus, rief „Ach!" und ließ ihn „versehentlich" auf die Hunderte von Kieselsteinen zu ihren Füßen fallen. „Es tut mir schrecklich leid", sagte sie, „daß ich so ungeschickt bin. Aber Ihr könnt die Farbe des von mir gezogenen Kieselsteines ja an der Farbe des noch in der Tasche verbliebenen Steinchens ablesen."

Betrachten wir ein zweites Beispiel. Hier ergänzen sich vertikales und laterales Denken, so wie es die linke und die rechte Hemisphäre des Gehirns tun, wenn die rechte der linken zuhilfe kommt, falls sich deren Prämissen als falsch erweisen. Auf der gegenüberliegenden Abbildung sehen wir die linke und die rechte Hemisphäre eines Wissenschaftlers – nehmen wir einmal an, er sei Psychologe - der versucht, ein Problem zu lösen. Wie wir alle muß auch er mit einer Prämisse oder einem Paradigma anfangen. Das heißt, er hat a priori ein Denkmuster, das durch die „logische Blase" mit einem Rechteck darin symbolisch dargestellt wird. Der Psychologe geht von der Annahme aus, daß die Realität, die er sucht, „rechteckig" ist (das könnte für das Reiz-Reaktions-Modell des Behaviourismus, das begrenzte Energiemodell von Freud oder viele andere stehen). Wenn er die Verhaltenseinheiten 1 und 2 beobachtet, setzt er sie unverzüglich zu einem Rechteck zusammen. Dann wendet er sich Teil 3 zu, und die Wirklichkeit ist wiederum rechteckig! 4 und 5 scheinen auf den ersten Blick Schwierigkeiten zu machen, doch nicht, wenn er an seiner Kosmologie festhält. Wir sehen, daß 1, 2, 3, 4 und 5 wiederum ein Rechteck bilden! Der solchermaßen erfolgreiche Wissenschaftler erhält eine Menge Forschungsgelder und eine Professur. „Wenn es mir gelang, weiterzusehen", sagt er bescheiden, „dann, weil ich auf den Schultern von Riesen stand." Und die Vereinigung zur Förderung des Rechteckigen Verhaltens erhebt sich spontan und applaudiert ihm.

Doch ungefähr ein Jahr später wird er mit dem Teilstück Nummer 6 konfrontiert, und nun sitzt er in einer Sackgasse. Entweder ist die gegebene Größe selbst falsch, oder die psychologische Wirklichkeit ist nicht rechteckig. Denn es gibt keine Möglichkeit, Teil 6 in das rechteckige Paradigma einzuordnen. Unser Psychologe könnte beschließen, daß Nummer 6 wie das Phänomen „Bewußtsein" nicht existiert oder sich für die „Wissenschaft" nicht eignet. Dann wird sein eigenes, rechteckiges Paradigma zur Ideologie. Die „logische Blase" verdrängt menschliche Eigenschaften, die sich nicht einpassen lassen (siehe unten links). Wenn unser

Die Illustration zeigt, wie das vertikale Denken (linke Hirnhemisphäre und linke Seite der Abbildung) mit dem lateralen Denken (rechte Hemisphäre und rechte Seite der Abbildung) bei der Lösung eines Problems zusammenarbeitet. Nehmen wir an, ein Psychologe geht davon aus, daß er ein „rechteckiges" Phänomen untersucht. (Dies erscheint in der „logischen Blase" oben links). „Rechteckig" ist ein Symbol für ein bestimmtes, grundlegendes Denkmuster der Freudianer, Behaviouristen oder Kognitivisten. Man bezeichnet solche Denkmuster als Paradigma. Der Psychologe untersucht nun die Daten 1 und 2 und entdeckt, daß sie ein „Rechteck" bilden. Er fügt Nummer 3 hinzu, und immer noch läßt sich die Realität in ein Rechteck fassen. Die Teile 4 und 5 scheinen zunächst nicht zu passen, doch auch hier ergibt sich wieder ein Rechteck! Bis hierher beglückwünscht er sich zu seinem mächtigen Paradigma, das die Daten wie ein rollender Schneeball assimiliert. Doch wie sieht es mit Teil 6 aus? Jetzt entsteht ein Widerspruch. Entweder ist das Datum falsch, oder das Paradigma, oder beides, denn sie passen nicht zusammen. Das Paradigma in seiner logischen Blase wird in der Regel die Daten beiseiteschieben, die der Vorhersage widersprechen (unten links).

Wenn das Denken jedoch Fortschritt erzielen soll, muß der Forscher die Frustration überwinden, indem er mit seiner rechten Hemisphäre das laterale Denken einschaltet. Er verfolgt seine eigenen „Denkspur" zurück, um zu prüfen, ob das „rechteckige" Paradigma richtig war. Mehrere alternative Paradigmen wie „Stern", „Fünfeck", „Dreieck" und „Parallelogramm" schießen ihm durch den Kopf. Könnten diese sechs Stücke in eines dieser Paradigmen hineinpassen? Plötzlich ... Heureka! Es ist das Parallelogramm! Nicht nur, daß alle sechs passen, sondern alles, was in einem Rechteck untergebracht werden kann, läßt sich auch in das Parallelogramm einordnen – und noch mehr.

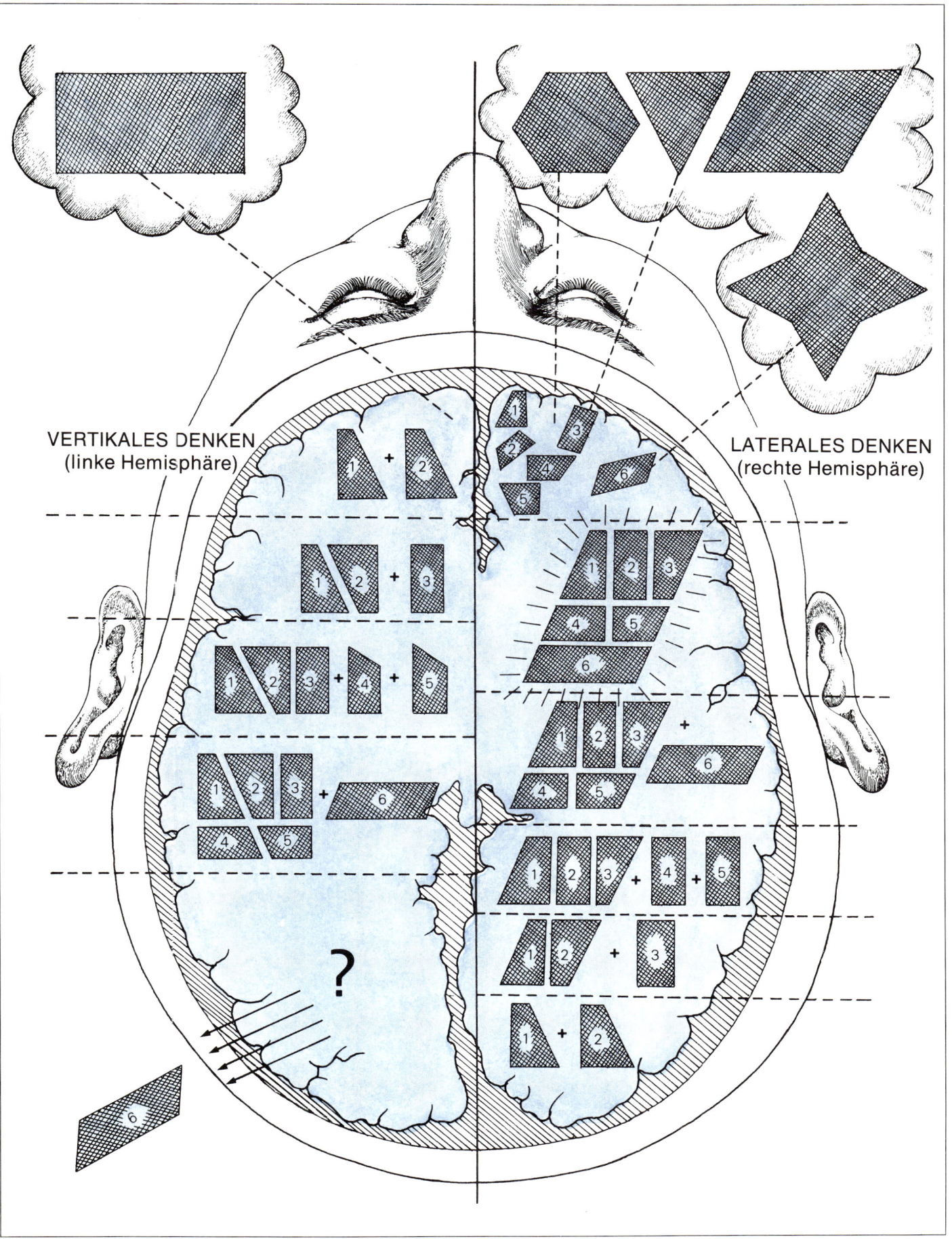

VERTIKALES DENKEN
(linke Hemisphäre)

LATERALES DENKEN
(rechte Hemisphäre)

Psychologe nicht nur ein denkfauler Seelenbuchhalter ist, setzt er jetzt seine rechte Hemisphäre ein und beginnt, lateral zu denken. Im Geiste geht er mehrere alternative Muster durch, einen Stern, ein Fünfeck, ein Dreieck und ein Parallelogramm, die in den „logischen Blasen" (oben rechts) eingezeichnet sind. Er spielt mit den einzelnen Stücken des rechteckigen Paradigmas, die von 1 bis 6 numeriert sind, herum. Dabei fällt auf, daß das „abweichende" sechste Stück nicht unterdrückt, sondern dazugenommen wird, da er versucht, sie alle in einem kohärenten, konsistenten, systematischen und ästhetischen Schema zusammenzubringen. Die Aufgabe wird dadurch erschwert, daß nach diesem Schema auch die Stücke 1 und 2, 1 und 2 zusammen mit 3, sowie 1, 2, 3 zusammen mit 4 und 5 vereint werden müssen. Kurzum, er muß sowohl die früheren „Erfolge" des rechteckigen Paradigmas begründen können, als auch dessen Versagen beim letzten Problem.

Der erste Hinweis auf die Lösung zeigt sich als ein Gefühl innerer Erregung und Erwartung, das er erlebt, während er über das Parallelogramm nachdenkt. Und plötzlich … Heureka! Das Parallelogramm vereinigt alle sechs Stücke. Doch es leistet noch mehr. Wenn er von seinem intuitiven Sprung aus zurückdenkt, wird klar, daß das Muster des Parallelogramms auch die Elemente 1 bis 5, 1, 2 und 3 sowie die Teile 1 und 2 vereint. In diesem Stadium kann der Wissenschaftler das Problem wieder an seine linke Hemisphäre zur strengen Überprüfung durch die Logik des vertikalen Denkens und der hypothetischdeduktiven Methode zurückgeben. Er kann nun nach den Größen 7, 8, 9, 10 und 11 suchen, im Vertrauen darauf, daß sein neues Parallelogramm einen weiten Anwendungsbereich besitzt. Doch früher oder später stellt sich wieder Frustration ein, und das laterale Denken muß wieder eingreifen.

So schreitet der Geist also bei der Lösung von Problemen und der Entwicklung der Wissenschaft voran, durch vertikales Denken, das sich auf ein Muster stützt, welches vom lateralen Denken geschaffen, weiterentwickelt und revidiert wird und so dem vertikalen Denken ermöglicht, sich neu zu orientieren und wieder einen Schritt nach vorne zu tun. De Bono unterstreicht mit der Gegenüberstellung von vertikalem und lateralem Denken die in den vorausgegangenen Modellen gemachten Unterscheidungen und entwickelt sie weiter.

In Modell 23 sahen wir beispielsweise, wie die linke Hemisphäre Informationen analytisch, in-Teile-zerlegend, sequentiell, rational und zeit-orientiert verarbeitet. Jetzt verstehen wir besser, was diese Begriffe bedeuten. Sie beziehen sich auf das vertikale Denken, das sich die Daten mithilfe seiner rationalen Kategorien „zurechtlegt" und die Informationen ständig reduziert und analysiert, um sie einpassen zu können. Besonderes Augenmerk in diesem Prozeß verdient die Rolle der Zeit. Wäre das Teil 6 vor 1 und 2 aufgetaucht, dann wäre die ganze Geschichte des „Erkenntnisprozesses" anders verlaufen, da Teil 6 ein Parallelogramm sehr nahe legt! Der Irrweg mit dem rechteckigen Paradigma wurde stark von der zufälligen Reihenfolge beeinflußt, in der die Daten geprüft wurden, wobei jeder „Erfolg" davon abhing, daß der Forscher seiner falschen Prämisse vertraute. Nach der Beobachtung des Philosophen Abraham Kaplan gilt: „Wir fragen die Natur ständig, ob sie aufgehört hat, ihren Ehegatten zu verprügeln." (Eine Frage, die nicht mit ja und nicht mit nein beantwortet werden kann, ohne daß die falsche Prämisse akzeptiert wird).

Das laterale Denken weist dieselben Merkmale auf, die der rechten Hemisphäre zugeschrieben werden. Es ist zeitlos, diffus, holistisch, visuell-räumlich, intuitiv und simultan. Sein Ziel ist die Synthese neuer ganzer Muster, und es prüft intuitiv Muster und Stücke und sucht gleichzeitig nach Möglichkeiten, sie zusammenzufügen, unabhängig von der Reihenfolge, in der sie auftauchen. Die von Arthur Koestler getroffene Unterscheidung zwischen dem „Denken auf einer Ebene" und der kreativen „Bisoziation" läßt sich gut mit dem Konzept des vertikalen und lateralen Denkens vereinbaren (Modell 27). Das Parallelogramm „bisoziiert" alle sechs Elemente plus der Geschichte der vorangegangenen Forschung in einem „Heureka!" Koestlers „reculer pour mieux sauter" oder „Anlauf nehmen, um besser zu springen" ist eine gute Metapher für das laterale Denken, das dem vertikalen Denken bei der Lösung von Problemen „auf die Sprünge hilft". Der Gegensatz zwischen konvergentem und divergentem Denken bei Modell 28 ist in diesem Modell ebenfalls enthalten. Das vertikale Denken konvergiert die Daten mit seiner logisch-methodologischen „Plätzchenstecher"-Methode, und wenn die Prämissen stimmen, spart man eine Menge Zeit. Das laterale Denken divergiert und betrachtet das Problem aus unterschiedlichen Perspektiven – Dreieck, Fünfeck, Stern –

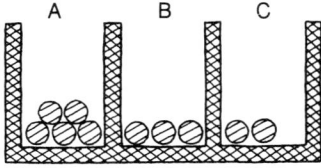

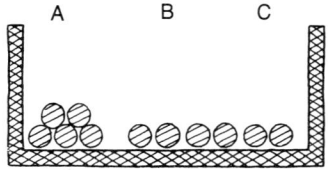

Beim vertikalen Denken werden Klassen, Kategorien, Bennennungen und Symbole beibehalten und willkürlich angeordnet. Das laterale Denken hebt diese Anordnung auf und erprobt verschiedene Möglichkeiten.

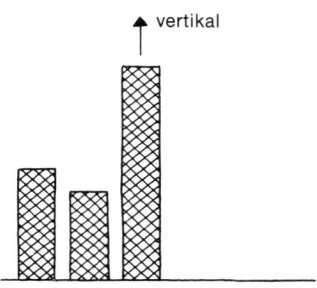

Das vertikale Denken entwickelt die beste Alternative.

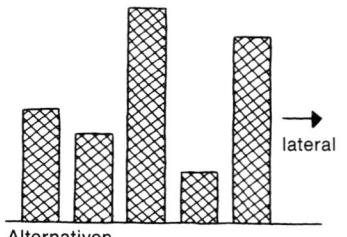

Beim lateralen Denken werden unabhängig von früheren Erfolgen weitere Alternativen produziert.

Bei der Rückkehr zum geparkten Wagen an einem eisigen Wintertag ist vielleicht das Türschloß eingefroren. Der vertikale Denker versucht nun, das Schloß mit seinem Feuerzeug aufzutauen, wobei der Wind hinderlich ist. Der laterale Denker erhitzt den Autoschlüssel im Windschatten.

„Mechanism of Mind"
Edward De Bono

bis ein besseres Muster gefunden wird. Doch De Bonos Arbeit ist weitaus mehr als nur eine Bestätigung und Ergänzung früherer Auffasungen. Sowohl mit seiner Kritik an dem sakrosankten Status des vertikalen Denkens als auch durch seine detaillierten Beschreibungen der lateralen Vorgehensweise hat er viel dazu beigetragen, das kreative Denken zu entmystifizieren. Er vergleicht vertikale Denker mit Eunuchen, die in Harems arbeiten. Sie sind stark, tüchtig, arbeiten schwer, aber sie bleiben zeugungsunfähig, und die Vermutung liegt nahe, daß diejenigen, die Eunuchen für sich arbeiten lassen, sie genau so haben wollen. Denn obwohl das vertikale Denken oberflächlich aktiv erscheint, wie Messer, Gabeln und Löffel, die Material zum Schneiden, Spießen und Löffeln suchen, bleibt es psychologisch passiv, ein Muster, das gegenüber Veränderungen sehr resistent ist. Um diese Passivität zu verstehen, müssen wir uns vergegenwärtigen, wie Erinnerungen gebildet werden. De Bono bemüht dazu die Vorstellung, wie auf einen Würfel geistiger Gelatine löffelweise heißes Wasser tropft. Diese Tropfen sollen mit den auf dem Modell gezeigten Datenteilen 1, 2 und 3 verglichen werden. Die ersten Wassertropfen bilden Einbuchtungen. In diese Vertiefungen fallen dann alle nachfolgenden Tropfen mit heißem Wasser. Das einmal geformte Muster adaptiert die „Daten" so wie der vertikale Denker passiv das Opfer einer willkürlichen Folge von Sinneseindrücken wird, und je stärker die ersten Eindrücke sind, desto unfähiger wird er, sein Paradigma zu ändern. Nur das laterale Denken führt uns wieder zurück zu der Erkenntnis, daß wir ein selbstorganisierendes System sind, ein Geschöpf, das sich Muster der Erkenntnis erschafft und nicht nur vorgegebene Muster wiedererkennen kann.

Das vertikale Denken steht immer unter der Kontrolle eines dominanten Gedankens, sei es die Dominanz über junge Frauen oder daß alles, was ins Blickfeld kommt, als rechteckig gesehen wird. Es geht die Realität mit einer vorfabrizierten Technik an. Vertikales Denken ist ein sich selbst verewigendes System, das, wenn man es in sozialen Begriffen ausdrückt, arrogant und starrsinnig ist. Eine moderne Industriegesellschaft mit einer vorprogrammierten, vertikal denkenden Technokratie ist potentiell ein ökologischer Alptraum und ein militaristisches Monster mit logischen Vernichtungsmitteln, die fest in archaischen Wertvorstellungen verankert sind. Diese Voreingenommenheit wird noch dadurch verstärkt, daß die Erfolge des lateralen Denkens von den Philosophen und Historikern immer so umstrukturiert werden können, daß sie als Produkte des vertikalen Denkens erscheinen. Jahrtausendelang (siehe Modell 24) hörten wir Götter, die uns Befehle gaben, vergleichbar mit dem „such das Parallelogramm" oder „Denk an den Kieselstein, der noch in der Tasche ist". Wir haben den Göttern oder Dämonen für die Inspiration gedankt und der Logik, daß sie uns von der Prämisse zur Schlußfolgerung geführt hat. Als die Religion an Einfluß verlor, versuchten die logischen Positivisten und die verschiedenen „Papstfresser" (Puritaner) uns davon zu überzeugen, daß alles der Logik zu verdanken sei und daß der Fortschritt eine logische Linie ist, der die nüchtern-sachlichen Psychologen nur zu folgen brauchten, um zur Wahrheit zu gelangen … Das ist allerdings eine Karikatur des forschenden Geistes, seiner Metaphern, seiner heuristischen Mittel, seiner falschen Schritte zu den richtigen Schlußfolgerungen, der Gedankensprünge und geglückten Durchbrüche.

Doch dürfen wir nicht in eine uneingeschränkte Bewunderung für das laterale Denken verfallen. De Bono lebt in Großbritannien, dem Land der aristokratischen Amateure und Lehnstuhltheoretiker, dem Land der brillianten Erfindungen, die nie in lohnende Projekte „umgemünzt" wurden. Wer sich weigert, auf laterales Denken umzuschalten, wenn das vertikale Denken versagt, kann auf eine Stufe gestellt werden mit dem, der nur lateral herumspielt, ohne sich je die Technik zunutze zu machen. Oscar Wilde bemerkte einmal, daß ein ständig offener Geist nicht besser sei als ein ständig offener Mund. Wir müssen auch mal kauen. Lateral und vertikal, rechte und linke Hemisphäre müssen zusammenarbeiten.

Frank Barron, Jay Ogilvy und das Paradoxon der Kreativität

Frank Barron hat beinahe drei Jahrzehnte lang kreative Persönlichkeiten in Kunst, Wissenschaft und Erziehung erforscht. Bekanntlich ist es sehr schwierig, Kreativität zu messen oder einzuschätzen, und wenn wir seine Ergebnisse als „scheinbares Paradoxon und Widerspruch" zusammenfassen, dann keineswegs, um sie zu schmälern. Jay Ogilvy, ein Philosoph vom Williams College, hat ein Modell des „mehrdimensionalen-Menschen" entworfen, in dem sich solche Widersprüche integrieren.

Barron fand heraus, daß sehr kreative Menschen bei klinischen Tests wie dem Minnesota Multiphasic Personality Inventory (einem der meistbenutzten Persönlichkeitsfragebogen) sowohl schlechter als auch besser als der Durchschnitt abschnitten. Sie erschienen leicht „neurotisch" oder „psychotisch" in den Skalen Angst, Depression, Schizophrenie und abweichendes Verhalten, doch zeigten sie sich als Prototypen der Stabilität in der Dimension „Ich-Stärke" (die Kraft, sich von Rückschlägen zu erholen und mit einem Mißgeschick fertig zu werden). Dieser scheinbare Widerspruch löst sich auf, wenn man berücksichtigt, daß sich die „Hoch-Kreativen" selbst absichtlich herausfordern, erschüttern, destabilisieren, frustrieren und desintegrieren, um die Teile dann umso besser wieder zusammenfügen zu können. Darum sind sie maskulin *und* feminin, logisch *und* emotional, rational *und* idealistisch, erregbar *und* ausgeglichen; und sie pendeln ständig zwischen diesen Polen. Wenn sie beispielsweise mit einem vorgetäuschten Gruppenkonsensus konfrontiert werden, dann vertreten sie mutig ihre abweichende Meinung, obwohl hohe Werte auf der Empathie-Skala vermuten lassen, daß sie dies ebenso sehr zum Wohl der Gruppe tun wie für sich selbst. Kreative Menschen genießen und bevorzugen das Ungleichgewichtige, das Asymmetrische und Unvollständige in der Kunst und in der Symbolbildung, doch genießen sie auch, Dinge zu vervollständigen und ins Gleichgewicht zu bringen! Vielleicht ist das der Grund dafür, daß sie hohe Test-Werte bei der Flexibilität erreichen. In Glaubensfragen verbinden sie Skepsis gegenüber fundamentalistischen Dogmen mit einer oft leidenschaftlichen Suche nach symbolischen Bedeutungen; offensichtlich können sie stärkere Zweifel ertragen, aber auch überzeugter glauben.

„Es sind genau die Menschen, die die holprige Fahrt des wissenschaftlichen Fortschritts mit Krisen und Synthesen, mit Diffusion und Integration, mit Revolution und Konsensus aushalten", sagt Barron. „Vor allem fühlen sich schöpferische Menschen zu dem jahrtausendealten Paradoxon hingezogen, mit dem sich die Philosophie herumschlägt (und) ... das gelegentlich von der Kunst gelöst wird ... das Problem von Einheit und Vielfalt; Determinismus und Freiheit; Mechanismus und Vitalismus; Gut und Böse; Zeit und Ewigkeit; das Volle und das Leere; moralischer Absolutismus und Relativismus ... Das sind die Grundprobleme der menschlichen Existenz, und so weit es uns möglich ist, richten wir es so ein, daß wir sie vergessen." Anders jedoch die Kreativen: Für sie sind solche Themen die Bausteine des Bewußtseins.

Aber müssen wir uns von den Hörnern des „Paradoxon" aufspießen lassen? Jay Ogilvy glaubt, daß wir aus der Physik die Regel übernommen haben, daß für unsere visuellen und taktilen Sinne zwei verschiedene Objekte nicht gleichzeitig an einem Ort sein können, und daß wir diese Regel durch Übergeneralisation zu einem für die Psychologie lähmenden Prinzip des Nicht-Widerspruchs gemacht haben. Zu behaupten, daß ein kreativer Mensch Unordnung verursachen kann, ohne eine neue Ordnung bereits im Kopf zu haben, oder nicht systematisch zweifeln kann, um zu größerer Gewißheit zu gelangen, ist absurd. Ordnung und Unordnung, Zweifel und Gewißheit können sicherlich gleichzeitig im Kopf koexistieren. Sie können wohl nur sequentiell eingesetzt werden, aber das ist eine andere Sache. Ogilvy schlägt ein kybernetisches Modell der mehr-dimensionalen Persönlichkeit vor, die sich in einem polyzentrischen Gleichgewicht befindet. Ein solcher Geist arbeitet nach einer relationalen Logik, der größere oder kleinere Unterschiede einer Eigenschaft signalisiert ... Ich habe versucht, dies unter Zuhilfenahme von Barrons Theorie in Abbildung 30 darzustellen. Kein Kreis ist den anderen übergeordnet, ebensowenig sind die Vielen aus irgendeinem Einzelnen abgeleitet. Es gibt keine Hierarchie, sondern eine Heterarchie von sich ständig verlagernden Schwerpunkten, einen dionysischen Tanz von Informationskreisen.

Uroborus, die sich selbst verschlingende Schlange des Paradoxen, ist das graphische Symbol für die Widersprüche des kreativen Geistes. Auf dieser Karte repräsentieren die fünf konzentrischen Schlangen die fünf scheinbar widersprüchlichen Eigenschaften, die bei kreativen Persönlichkeiten in ungewöhnlich hohem Maße vorhanden sind. Wenn wir das Paradoxon „Unordnung – Ordnung" als Beispiel nehmen, dann sieht es folgendermaßen aus:

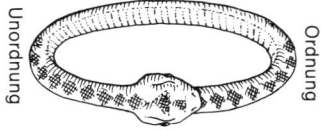

Die Ordnung erreicht ihr Maximum, allerdings nicht in Reinkultur, auf der linken Seite, und die Ordnung hat ihr Maximum, ebenfalls nicht in Reinkultur, auf der rechten, wobei vorherrschende Unordnung oben langsam in vorherrschende Ordnung übergeht und vorherrschende Ordnung unten langsam in Unordnung. Der kreative Geist bringt sich selbst in Unordnung, um daraus Ordnung zu schaffen; er zweifelt, um zu größerer Sicherheit zu gelangen, und um dann wieder zu zweifeln ... und so fort. Vielleicht ist das ganze Konzept des „Paradoxons" nichts anderes als ein mangelndes Verständnis für Rückkkopplungssysteme, die nach dem Muster der gegenseitigen Kontrolle und Koordination arbeiten. Der kreative Mensch spielt mit dem Zweifel und der Unordnung und erduldet Angst, während er die Antwort auf seine Zweifel erspürt. Er gelangt zu einer vorläufigen Lösung und fügt die stärkste und wahrscheinlichste Struktur zusammen, die der rationale Geist verstehen kann. Kreativität heißt Optimierung von Informationskreisen.

Offenheit

intuitiv

Angst

Ordnung

Zweifel

Gewißheit

rational

Ich-Stärke

Verwirrung

Geschlossenheit

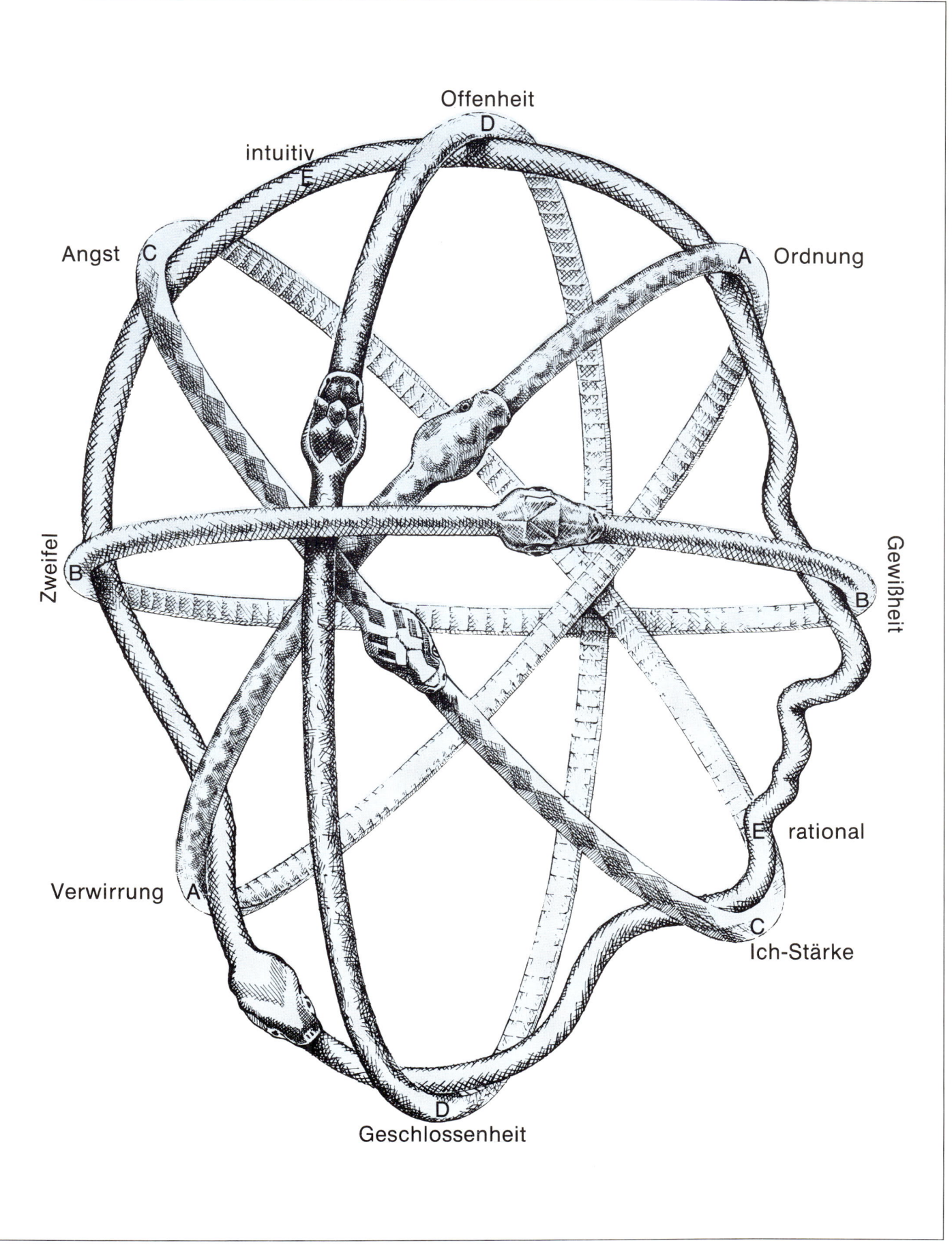

Die Struktur des Intellekts:
Das Würfel-Modell von J. P. Guilford

Kreativität kann nicht in der Isolation gedeihen. Die Klischees vom hungernden Künstler und vom zerstreuten Professor, oder die Vorliebe fortschrittlicher Erzieher für Fingerfarben bestätigen allesamt das Sprichwort, daß „das künstlerische Temperament die Krankheit der Amateure ist". Für die Praxis folgt daraus, daß kreative Menschen, bei denen die Intelligenz nicht ausreicht, um ihre eigenen Ideen zu bewerten oder um ihre Hypothesen zu überprüfen oder schließlich ihre Denkergebnisse mitzuteilen, wahrscheinlich auch keine Anerkennung erringen können. Kreativität ist also nur eine Komponente im Gesamtsystem des intellektuellen Systems und hängt enscheidend von anderen intellektuellen Faktoren ab.

J. P. Guilford von der University of California begann seine Erforschung der Kreativität damit, daß er die gesamte kreative Leistung und die Ergebnisse des Denkens betrachtete und nicht so sehr das Potential. Mit Hilfe der Faktorenanalyse (einem statistischen Verfahren zur Aufdeckung von Faktoren) entdeckte er eine große Zahl voneinander unabhängiger Komponente der Intelligenz. Wenn beispielsweise die Leistung in einem Test des divergenten Denkens in hohem Maße unabhängig ist von der Leistung in konvergentem Denken (sie also nur sehr niedrig miteinander korrelieren), das Vorhandensein beider Fertigkeiten bei derselben Person aber die Wahrscheinlichkeit für kreative Leistungen steigen läßt, dann ist es sinnvoll, solche Fähigkeiten als trennbare, wenn nicht gar als voneinander gretrennte Prozesse zu behandeln.

Guilford unterscheidet zunächst einmal die *Inhalte* der Denkprozesse von ihren *Operationen* und von ihren *Ergebnissen* (siehe Abbildung). Vier verschiedene Arten des Inhalts, figural, symbolisch, semantisch und verhaltensbezogen werden in fünf (ungefähr aufeinanderfolgenden) Stadien der Denkoperationen verarbeitet. Der Inhalt wird erfaßt, mit der Erinnerung verglichen, in spontanen Formen der freien Assoziation divergent verarbeitet (siehe Modell 28), dem straffen und formalen konvergenten Denken unterzogen und schließlich bewertet. In diesem Denk-Ablauf kann es natürlich nicht Starres geben, und Teilprozesse müssen wiederholt werden, bis das Problem gelöst ist. Diese Operationen müssen ein Ziel oder Ergebnis anstreben. Diese Ergebnisse können aus einem Gedanken, Klassen von Gedanken bestehen, aus mathematischen oder anderen Beziehungen, ganzen Systemen, Informationen über Transformationen, Unterschiede oder Umformungen oder vorausgesagte Implikationen oder auch aus mehreren zusammengesetzten Ergebnissen.

Guilford fand heraus, daß bestimmte Denkvorgänge für die Kreativität wichtiger sind als andere. Hoch kreative Menschen denken auf eine Weise, die Probleme und Anomalien herausfiltert, und sie bewerten Dinge so, daß sie sich nicht mit Unstimmigkeiten arrangieren (siehe Modell 30). Man entdeckte, daß Faktoren, die Flüssigkeit, Flexibilität und Originalität erfassen, sehr stark in den divergenten Stadien des Problemlösens vertreten sind, während ein „Redefinitionsfaktor" das konvergente Denken kreativer Menschen auszeichnet. Andere Faktoren, die Kreativität fördern, lassen sich nicht so leicht einer bestimmten Ebene des Denkens zuschreiben. Einsicht etwa läßt sich auf den Reichtum der Assoziationsmatrix im Würfel beziehen, Einsicht wäre also eine Art poröser Membran zwischen den einzelnen Abteilungen. Um diese anzudeuten, habe ich einige Würfel auf der Karte mit gestrichelten Linien gezeichnet. Zwar ist bekannt, daß kreative Menschen über ausreichende Intelligenz zur Neugruppierung von Wissen verfügen müssen, aber intelligente Leute müssen nicht kreativ sein. Deshalb ist der statistische Zusammenhang zwischen dem IQ und der Kreativität bei IQs jenseits von 130 auch sehr niedrig. Der „Assoziationsfluß" im Würfel ist natürlich entscheidend für die Kreativität, und dies um so mehr, als heute eine Informationsexplosion stattfindet und die Wissensquellen sich immer mehr aufsplittern. Guilford fand, daß kreative Menschen große Verallgemeinerer sind.

Schließlich muß die Intelligenz in einem Verhalten münden und auf die Umwelt bezogen sein, sonst wären wir von ihren Leistungen nicht so beeindruckt. Das Modell zeigt eine Transformation des Geistes, der die Grenzen des Schädels überschreitet, um den produktiven Denker mit der Umwelt eins werden zu lassen. Diese vitale Beziehung ist Gegenstand der Modelle 32 bis 38, bei denen es um die psychosoziale Entwicklung des Geistes und der Psyche geht.

Dieses Modell zeigt die Würfelmatrix mit den Faktoren, die nach J. P. Guilford an der intellektuellen Leistung beteiligt sind. Er unterteilte diese Faktoren in Inhalte (unten), Operationen (oben) und Ergebnisse (rechts). Die Inhalte umfassen figurales Material (zum Beispiel visuelle Objekte und gehörte Rhythmen), semantisches oder konzeptionelles Material in verbalisierter Form, symbolisches Material (Zahlen, Worte etc.) und verhaltensbezogenes Material. Diese Inhalte werden in mehreren Denkoperationen durchgearbeitet: zuerst kommt das Erkennen, daß das Problem existiert und die Art, wie es visualisiert wird (die Kognition); als nächster wird der Inhalt mit dem Inhalt des Gedächtnisses verglichen; dann wird er alternierend dem divergenten und konvergenten Denken (Modell 28) unterworfen und schließlich werden die Denkergebnisse bewertet. Diese Operationen produzieren Ergebnisse, in Form von Einheiten, Klassen, Beziehungen, Systemen, Transformationen und Implikationen, alle sind Gegenstand der Künste und der Wissenschaften.

Ich habe mir die Freiheit genommen, den ursprünglichen Würfel von Guilford etwas runder darzustellen, um die kybernetische Natur der aufeinanderfolgenden Operationen anzudeuten, außerdem habe ich einen Output-Pfeil hinzugefügt, um das denkene Individuum mit seiner Umwelt zu verbinden.

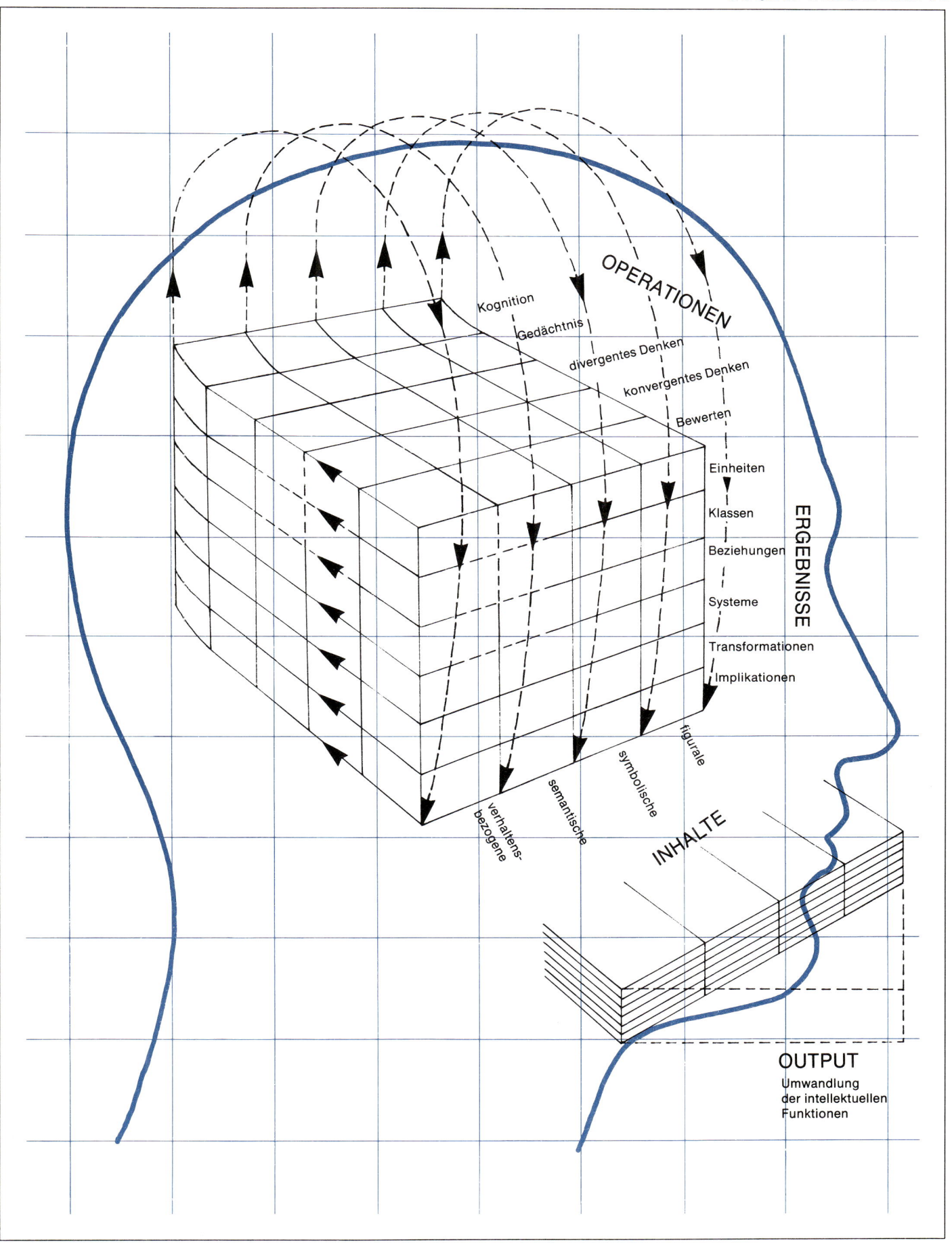

OPERATIONEN

Kognition
Gedächtnis
divergentes Denken
konvergentes Denken
Bewerten

Einheiten
Klassen
Beziehungen
Systeme
Transformationen
Implikationen

ERGEBNISSE

figurale
symbolische
semantische
verhaltens-
bezogene

INHALTE

OUTPUT
Umwandlung
der intellektuellen
Funktionen

Carl Rogers und die positive Wertschätzung

Carl R. Rogers, der amerikanische Psychotherapeut, ist der Begründer der „klient-zentrierten Therapie" und der „Encounter-Gruppen". Der einstige Student der Agrar-Wissenschaften, der sich dann dem Studium der Theologie zuwandte, blieb auch als Psychologe einem „erdverbundenen" Egalitarismus und der Mission einer Basis-Psychologie verhaftet. In den letzten drei Jahrzehnten leistete er einen wesentlichen Beitrag zur Entmystifizierung der Psychotherapie. Und indem er den Menschen wieder mehr Souveränität über ihre eigenen Erfahrungen gab, bekämpfte er die Kolonisierung des gesunden Menschenverstandes durch die Experten. Wer einwenden will, daß seine Konzepte zu einfach sind, sollte darüber nachdenken, ob eine Psychologie, die dem Laien zur Emanzipation verhelfen möchte, es sich leisten kann, ihn einzuschüchtern. Rogers hat das oberste Gesetz der sich etablierenden Psychologie gebrochen: „Laien dürfen nichts begreifen". Die Beziehungen, die Rogers beschreibt, sind für Liebende, Familien, Freunde und Arbeitskollegen genau so elementar wie für professionelle Psychotherapeuten.

Rogers versteht die Gesamtpersönlichkeit als zwei sich überschneidende Kreise, der eine steht für die *Struktur des Selbst,* der andere für die *Erfahrung:* wenn die Selbststruktur sich mit der Erfahrung deckt, dann ist die Person oder das, was sie sagt, kongruent; wenn die Selbststruktur die Erfahrung ausschließt, dann entsteht Inkongruenz. Der Teil der Selbststruktur, der außerhalb der Erfahrung liegt (siehe Areal A auf der Abbildung), bleibt verzerrt und starr, während die Erfahrung, die geleugnet oder nicht in die Selbststruktur aufgenommen wird (siehe C), fremd und bedrohlich ist. Als Folge davon sind stark inkongruente Personen nicht „gegenwärtig" in dem was sie sagen; da sie ihre Erfahrungen nicht assimilieren und aneignen, können sie ein anderes Selbst, das ebenso mit seinen Erfahrungen umgeht, nicht verstehen, und es entsteht ein Teufelskreis. Beratung („counselling") und Kommunikation im Sinne von Rogers haben das Ziel, aus der inkongruenten Persönlichkeit unten im Bild eine kongruentere (oben) zu machen. Der Klient ersetzt seine nicht erkannten und unterdrückten Gefühle durch unmittelbar erlebte und äußert sie spontan. Die Struktur des Selbst wandelt sich von starr beibehaltenen Urteilen, die durch „Fakten" und externe Bewertungen fixiert sind und die vor lauter Widersprüchen aufgrund der Trennung von Selbst und Erfahrung schmerzen, zu einem Gefühl der Integrität und Ganzheit, des Einklangs, der Entspannung und des Vertrauens in den eigenen Organismus. Wenn sich der Schwerpunkt des Bewertens von Dingen allmählich in das Selbst verlagert, entwickelt sich ein gesteigertes Selbstwertgefühl, ein persönliches Profil und die Fähigkeit, Risiken einzugehen. Um diese Veränderungen und damit das Wachstum der kongruenten Persönlichkeit zu unterstützen, braucht man: ein wachsendes Bewußtsein für das gesamte persönliche Erfahrungsfeld; Kenntnis der eigenen Ideale; eine größere Unabhängigkeit von sozialem Anpassungsdruck kombiniert mit der Fähigkeit, den Bezugsrahmen andere Menschen zu verstehen; die Akzeptanz des eigenen Selbst und das des anderen; die Ausdehnung des Bewußtseins in reichhaltigere und kompexere Bedeutungsfelder.

Der „einfache" Prozeß des gegenseitigen Verstehens ist für Rogers eine lebenswichtige, aber seltene, fast heroische Leistung. „Kann ich etwas für den anderen empfinden", fragt er, „wenn ich gleichzeitig auf Trennung bedacht bin? Kann ich die bequemen vertrauten Strukturen meines eigenen Selbst verlassen und das unbekannte Gebiet eines anderen betreten, wenn ich weiß, daß ich nie mehr der Gleiche sein werde; daß ich aus einem anderen Blickwinkel vollkommen ungenügend erscheinen könnte; habe ich die Kraft, daß ich von seinem Ärger nicht erdrückt, von seiner Angst nicht erschreckt, von seiner Abhängigkeit nicht verschluckt werde, wenn ich die Integrität unserer beider Sichtweisen akzeptiere? Kann ich die kostbare geistige ‚Inneneinrichtung' eines anderen einfühlsam und einsichtig benutzen?"

Die Rogersche Therapieform geht fest davon aus, daß nichts mit größerer Wahrscheinlichkeit zur Frustration führt, als wenn wir uns einbilden, einen Menschen von außerhalb seines eigenen Wahrnehmungsfeldes durch Bewertungen verändern oder lenken können, die ausschließlich in unserem eigenen Feld verankert sind. Wenn wir die Welt, wie er sie sieht, akzeptieren könnten, dann würden die Grenzen, die zwischen ihm und der Welt, auf der wir bestehen, verschwinden.

Carl R. Rogers verwendet zwei sich überschneidende Kreise, um die menschliche Persönlichkeit darzustellen; der eine Kreis bezieht sich auf die Selbst-Struktur, der andere auf die Erfahrung. Menschen unterscheiden sich in der Kongruenz dieser Kreise, also in der Übereinstimmung von Selbst-Struktur und Erfahrung. Diese Kongruenz (oder Nicht-Kongruenz) spiegelt sich in der Kommunikation mit anderen. Auf der Abbildung zeigt das untere Diagramm geringe Kongruenz und das obere hohe Kongruenz. Der Wechsel vom erstgenannten Zustand zum zweiten ist das Ziel der Rogerschen Therapie und Beratung; die Veränderung bedeutet Wachstum der Person und ihrer kommunikativen Fähigkeiten.

Bei nichtentwickelten, gestörten und inkongruenten Menschen sind große Areale der Selbststruktur (eingezeichnet als A) nicht in die aktuellen Erfahrungen einbezogen. Wo frühere Erfahrungen die Menschen davon überzeugt haben, daß sie inkompetent, sündig, schmutzig oder abstoßend sind, werden nun derartige schmerzliche Wertungen von der bewußten Wahrnehmung ferngehalten und anderen nicht mitgeteilt. Die Zeit verhärtet und verzerrt diese Strukturen weiter, bis die betroffenen Personen von archaischen, introjizierten Attributionen erdrückt werden. Gleichzeitig wird ein großer Teil neuer potentieller Erfahrung (Areal C) entweder direkt geleugnet oder dem verengten Selbst (Areal B) vorenthalten. Im oberen Teil der Abbildung haben die Prinzipien der Rogerschen Kommunikation die Inkongruenz, somit die Verzerrung (A) und die Leugnung (C) größtenteils reduziert. Kongruenz, Integrität und Reichtum an Erfahrungen (B) haben allesamt zugenommen.

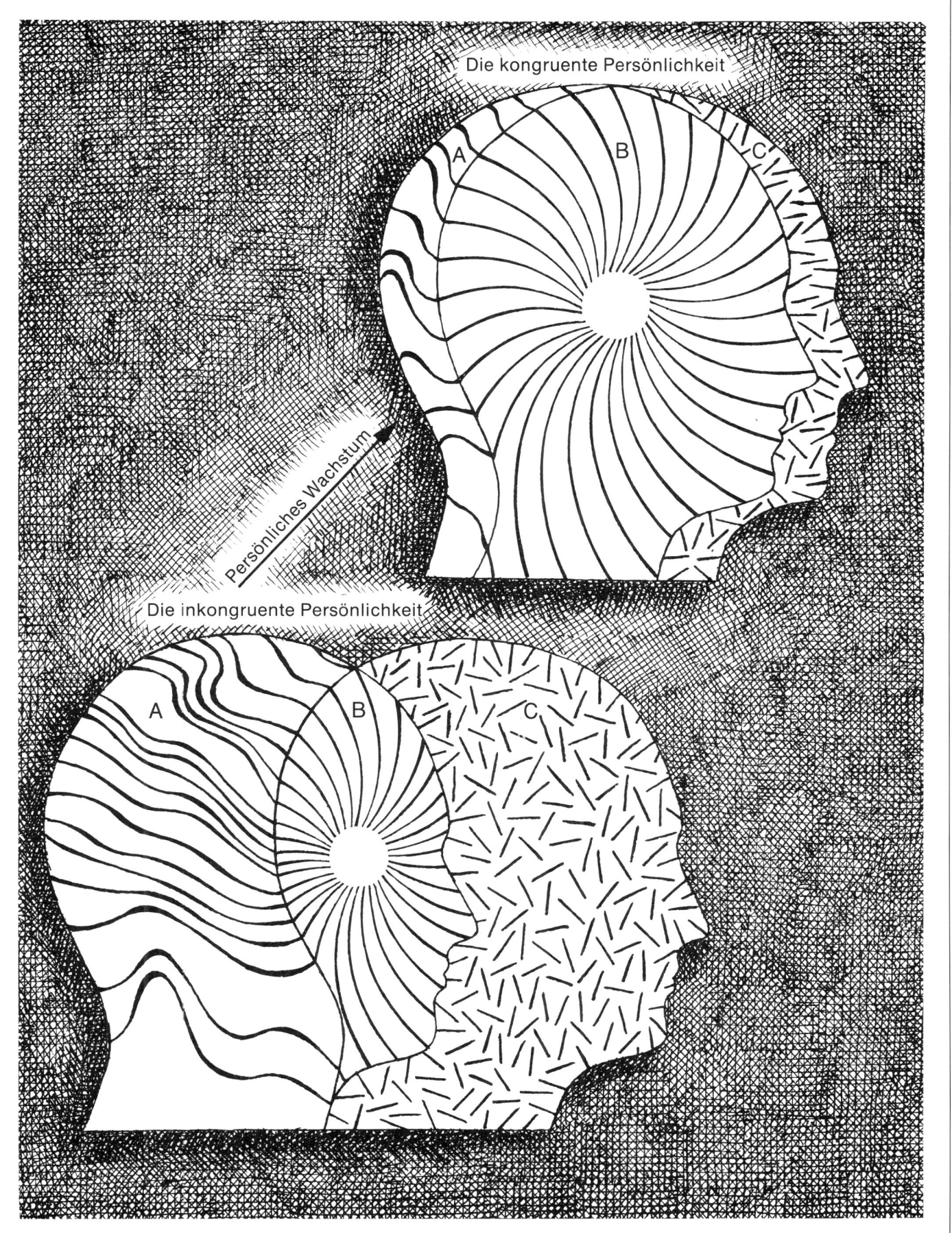

Die konguente Persönlichkeit

Persönliches Wachstum

Die inkonguente Persönlichkeit

Abraham Maslows Hierarchie der Bedürfnisse

Abraham Maslow war 1962 einer der Gründer dessen, was heute „Humanistische Psychologie" genannt wird. Er entwarf „eine positive Theorie der menschlichen Motivationen", die von einer hierarchischen Abfolge von fünf abwechselnd auftretenden Bedürfnissen organisiert sind. Jedes Motiv wächst, bis es zum beherrschenden Bedürfnis des Organismus geworden ist, dann verringert es sich wieder entsprechend dem Grad seiner Befriedigung. So muß der junge und noch nicht voll entwickelte menschliche Organismus zuerst die Bedürfnisse nach Nahrung, Trinken und Bewegung befriedigen, bevor irgendwelche andere Interessen auftreten können. Sobald die physiologischen Bedürfnisse bis zu einem gewissen Grad befriedigt sind, entwickelt sich das nächste, das Bedürfnis nach Sicherheit, Ordnung und Schutz. Das erinnert an das Lied „Wär' das nicht wunderschön" der Eliza Doolittle in „My Fair Lady", als sie von einem Zimmer mit einem Kamin, einem Lehnstuhl und einer Menge zu essen träumt. Im gleichen Lied phantasiert sie später über ein drittes Bedürfnis – nach Zugehörigkeit und Liebe, nach einem freundlichen Menschen, der einen umsorgt und verwöhnt. Im vierten Stadium taucht das Bedürfnis nach Selbstachtung, Ansehen, Status und Anerkennung auf – all die Bedürfnisse, an die appelliert wurde, als man Eliza lehrte, wie eine Lady zu sprechen.

Schließlich, auf der letzten Stufe, suchen wir Selbstverwirklichung. Das ist der Wunsch, unsere Fähigkeiten und Möglichkeiten voll und ganz zu entwickeln. In einer speziellen Studie untersuchte Maslow berühmte Persönlichkeiten aus Geschichte, Kultur und Wissenschaft, die ein hohes Maß an Selbstverwirklichung erreicht hatten. Er fand, daß diese Menschen die Realität genauer wahrnehmen, sich selbst und andere besser akzeptieren, in ihren Beziehungen mehr Spontanität zeigen und dazu neigen, sich auf Probleme und deren Lösung zu konzentrieren. Sie können sich auf sich selbst zurückziehen und eine gewisse Distanz zu anderen halten, sind unabhängig von kulturellen Einflüssen, nehmen dennoch lebhaft Anteil, besitzen die Fähigkeit zur Transzendenz und zu „ozeanischen Gefühlen". Sie identifizieren sich mit der Menschheit, bekennen sich zu tieferen menschlichen Bindungen, sind humorvoll und demokratisch und besitzen die seltene Fähigkeit, moralische Dichotomien und Dilemmata lösen zu können.

Es scheint, als ob Maslows Bedürfnishierarchie Freud mit seinen Schülern versöhnt: Freud hat die Physiologie und Sicherheit in den ersten Lebensjahren betont, Reich Liebe und Bindung, Adler das Bedürfnis nach Selbstachtung und Respektiertwerden, und Jung die Suche nach Selbsterfüllung. In ähnlicher Weise läßt sich das Schema auch auf viele neurotische Störungen anwenden: zwanghaftes Essen, Bettnässen, *Anorexia nervosa* – hier handelt es sich offensichtlich um eine Verwirrung der Bedürfnisebenen. „Niedrige Bedürfnisse" werden im Übermaß befriedigt (und doch nie zufriedengestellt) – was verhindert, daß „höhere" Bedürfnisse angestrebt werden können. Persönlichkeitsstörungen können als eine mißlungene Anpassung der Bedürfnisse an die Realität verstanden werden. Die autoritäre Persönlichkeit handelt, als ob ein noch höherer Status und noch mehr Autorität ihre Einbindung und Sicherheit gewährleisten könnten. Die Psychotherapie kann als „Regression im Dienste der Hierarchie" verstanden werden, indem die frühen Strebungen des Patienten nach Sicherheit, Zugehörigkeit und Wertschätzung rekonstruiert und bestätigt werden in der sich entwickelnden Beziehung zum Therapeuten.

Später beschäftigte sich Maslow zunehmend mehr mit der Synergie, dem Prozeß, durch den sich ein Bedürfnis (oder eine Person) optimal mit einem anderen verbinden läßt (siehe Modell 42). Deshalb ist das Grundprinzip der Bedürfnishierarchie synergistisch. Der Mensch, der sich selbst verwirklicht, sucht Erfüllung auf eine Weise, daß auch die anderen Bedürfnisse (und die anderen Menschen) optimal befriedigt werden. Doch das Leben ist so angelegt, daß alle Bedürfnisse befriedigt werden können bis auf das eine, unstillbare: das Bedürfnis, über sich selbst hinaus zu wachsen, bis an die Grenzen des Möglichen, und schlummernde Potentiale zu wecken. Zu Maslows Pech wurden seine Gedanken von der Gegenkultur der sechziger Jahre in den Vereinigten Staaten vereinnahmt und im Sinne des „positiven Denkens" und der „sprituellen Technologie" interpretiert.

Nach Abraham Maslow durchläuft der Mensch während seiner psychosozialen Entwicklung fünf Stadien, in denen jeweils eine bestimmte Gruppe von Bedürfnissen vorherrscht. Im ersten Stadium sind es physiologische Bedürfnisse wie Hunger, Durst oder körperliche Aktivität; im zweiten Sicherheitsbedürfnisse (Sicherheit, Ordnung, Schutz); im dritten Zugehörigkeitsbedürfnisse (Geselligkeit, Anerkennung, Geliebtwerden); im vierten Bedürfnis nach Achtung (Status, Ansehen, Anerkennung) und im fünften das Bedürfnis nach Selbstverwirklichung (persönliche Erfüllung und Wachstum). Erst muß der Gipfel des vorausgegangenen Stadiums erreicht werden, bevor das nächste und „höhere" Bedürfnis im Organismus auftaucht und zum vorherrschenden Bedürfnis wird. Diese Reihenfolge charakterisiert nicht nur das Wachstum von der Kindheit zum reifen Erwachsenenalter, sondern auch das Wachstum der Kulturen, vom reinen Überlebenskampf bis zur freien Entfaltung der Persönlichkeit. Aus diesem Grund kann das Entwicklungsstadium eines Einzelnen nicht automatisch zum Gradmesser des persönlichen Wertes gemacht werden, er ist eher ein Indikator für die fördernde oder hemmende soziale Umgebung.

Es ist wichtig darauf hinzuweisen, daß alle Bedürfnisse bei allen Menschen zu allen Zeiten latent oder offen vorhanden sind. Die Abfolge bezieht sich auf die Stärke der Bedürfnisse in Bewußtsein und Denken. Plötzliche emotionale und physiologische Entbehrungen lassen „niedere" Bedürfnisse wieder auftauchen. Maslow kann mit seinem Ansatz viele psychologische Schulen integrieren, vom Behaviourismus, der von physiologischen Trieben ausgeht, bis zu den eher humanistisch orientierten Ansätzen, die sich mit Kreativität und Selbsterfüllung beschäftigen.

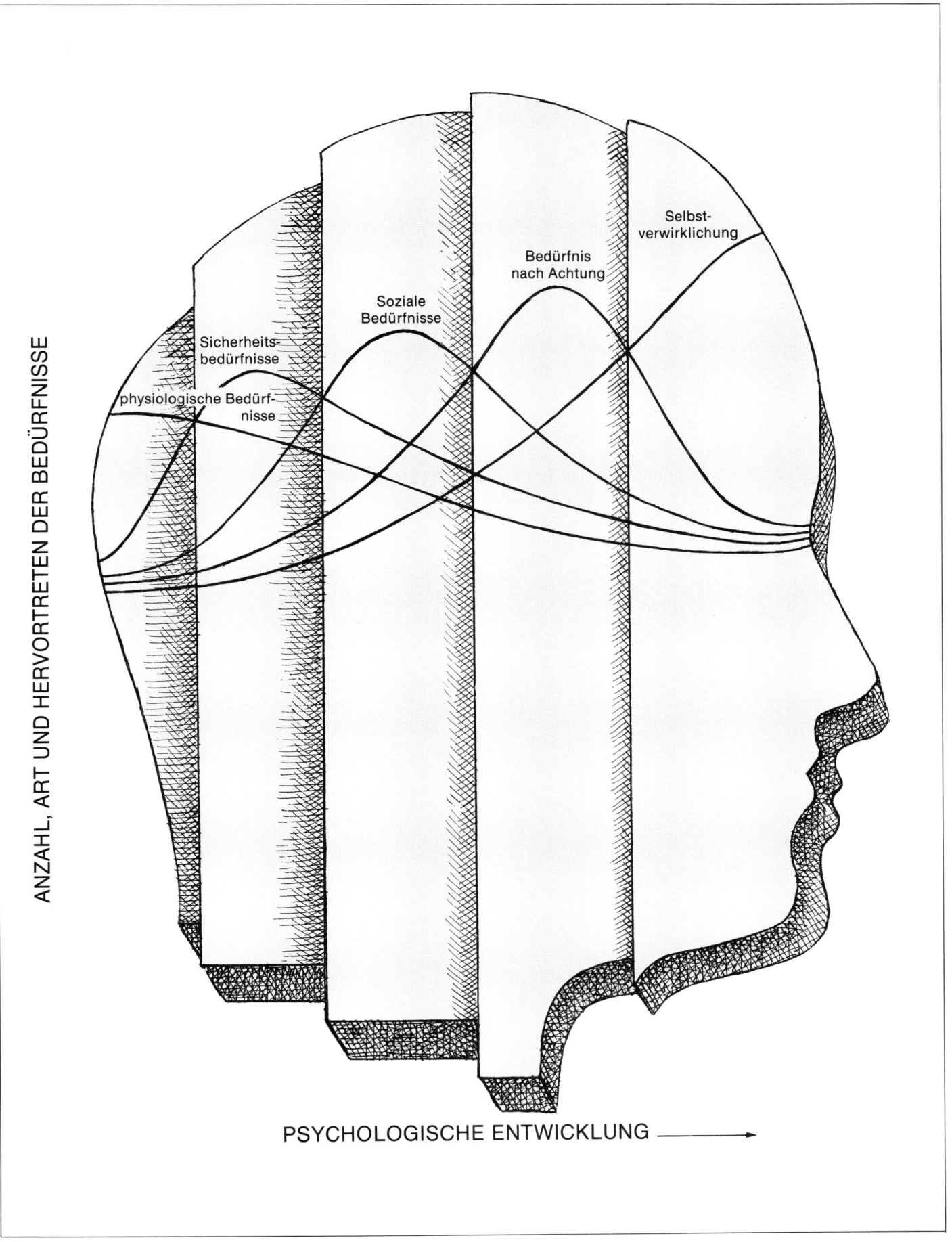

ANZAHL, ART UND HERVORTRETEN DER BEDÜRFNISSE

physiologische Bedürf-
nisse

Sicherheits-
bedürfnisse

Soziale
Bedürfnisse

Bedürfnis
nach Achtung

Selbst-
verwirklichung

PSYCHOLOGISCHE ENTWICKLUNG ⟶

Zwischenmenschliche Beziehungen und eingravierte Ängste: Die Persönlichkeitstheorie von Harry Stack Sullivan

Die Arbeit von Harry Stack Sullivan ist ein seltenes Einsprengsel irisch-amerikanischer Herkunft in einer Wissenschaft, in der vor allem viele intellektuelle Flüchtlinge jüdischer Abstammung ihre Spuren hinterlassen haben. Sullivan, der 1936 die Washington School of Psychiatry gegründet hatte und ihr als Direktor vorstand, war die erste psychiatrische Autorität, die die Auffassung vertrat, daß der Begriff „Persönlichkeit" eine rein hypothetische Bedeutung hätte. Alles, was wir von der Persönlichkeit beobachten können und was am Anfang maßgeblich zu ihrer Formung beiträgt, seien die zwischenmenschlichen Beziehungen, in die sie eingebettet ist. Selbst Schizophrene, die sich ein Rendezvous mit Helena von Troja vorstellen oder glauben, an der Seite von Jeanne d'Arc zu kämpfen, werden am besten im Sinne der erfundenen Beziehungen diagnostiziert.

Für Sullivan setzte sich die Persönlichkeit aus den Beziehungen zusammen, an denen sie teilhat und aus den reziproken Mustern, die in diesen Beziehungen gebildet wurden. Diese Muster nannte Sullivan „Dynamismen" und definierte sie als die „relativ überdauernden Muster von Energietransformationen, die in ihren wiederkehrenden Formen den lebenden Organismus charakterisieren". Dynamismen sind entweder biologisch oder physiologisch. Erstere hat Sullivan nicht weiter differenziert, sie beziehen sich jedoch auf die Befriedigung der Grundbedürfnisse wie Hunger, Durst, Sexualität und Macht. Die zweite Gruppe, die ihn stärker interessierte, wacht über das Bedürfnis des Organismus nach emotionaler Sicherheit; er nannte sie Selbst-Systeme oder Selbst-Dynamismen. Sie entwickeln sich zuerst in der Beziehung des Kindes zu seiner Mutter, von der seine emotionale Sicherheit abhängt. Durch empathisches Einfühlen erlebt das Kind die mütterliche Mißbilligung oder ihre Ängste. Diese subtilen Bestrafungen erziehen das Kind so, daß es sich in angstreduzierender Weise verhält, außerdem werden die feinen Abstufungen der Angst in sein Selbstsystem eingraviert. Sullivan verglich die große Angst, die durch eine zornige oder gleichgültige Mutter hervorgerufen wird, mit einem Schlag auf den Kopf des Kindes, der sogar die Fähigkeit lähmt, die Gründe für die Mißbilligung zu verstehen. Deshalb ist die Kontrolle der Angst von entscheidender Bedeutung, um weitere Angst zu vermeiden. Diese Kontrolle ist das zentrale Thema der Gesundheit. Die Spannung, die aus den unbefriedigten biologischen Bedürfnissen entsteht, muß mit der Spannung (genannt Angst) ringen, der aus der vorweggenommenen Mißbilligung darüber erwächst, wie die Bedürfnisse befriedigt werden. Der menschliche Organismus sehnt sich nach der „spannungslosen Euphorie" gesicherter Befriedigungen. (Dies ist der am heftigsten kritisierte Gedanke Sullivans, doch ist er für sein umfassenderes Modell nicht von Bedeutung).

Sullivan hat nur wenige Bücher geschrieben und es abgelehnt, seine Formulierungen auszufeilen, die eher locker zusammengestellten Konstrukten eines erfolgreichen Praktikers ähneln. Unter den zahlreichen Interpretationen seines Werkes ist, glaube ich, das Forschungsmodell, das Timothy Leary und Hubert S. Coffey in den fünfziger Jahren formuliert haben, das nützlichste. Leider wurde dieser Forschungsansatz dadurch abgebrochen, daß sich Leary dem LSD und der Gegen-Kultur zuwandte, doch das nebenstehende Modell bleibt erstaunlich brauchbar. Es zeigt eine Anzahl von allgemeinen Selbst-Systemen, die kreisförmig angeordnet sind, entsprechend Sullivans Vorstellung, daß jedes Selbst-System reziprok und interpersonal ist. So erzeugt ein managerhafter, autokratischer Verhaltensstil (A, P) in der angesprochenen Person eine kleine Selbsterniedrigung (H, I), was den ersteren dazu einlädt, das Kommando zu übernehmen; der derbe, aggressive Stil (D, E) belastet die Beziehungen so sehr, daß kooperative, überkonventionelle Personen (L, M) sich beeilen, zu besänftigen und abzuwiegeln, und so wiederum den ungehobelten Agressor auffordern, noch mehr in die Kerbe zu hauen. Und so weiter …

Die Reziprozitäten der Selbst-Systeme können positiv-liebevoll oder pathologisch sein. Die positiven Möglichkeiten sind im inneren Kreis des Modells enthalten. Der Mensch, der vertrauensvoll und unabhängig handelt (B), ist genauso in der Lage, respektvoll und bewundernd zuzuhören (I). Skepsis und Stolz auf die eigene Meinung (F und G) beeinträchtigen keineswegs die Bereitschaft, einfühlsame Hilfe und Unterstützung (N und O) zu geben. Im Wesentlichen handeln solche Menschen stituationsangemessen. Sie werden einer sozialen

Nach Harry Stack Sullivan muß die Persönlichkeit mit Begriffen aus dem Bereich der zwischenmenschlichen Beziehungen, von denen sie ein Teil ist, definiert werden; diese Beziehungen umfassen bestimmte charakteristische „Selbst-Systeme" oder „Selbst-Dynamismen", deren Aufgabe es ist, die Bedürfnisse des Individuums nach emotionaler Sicherheit zu sichern und die Angst zu mindern. Ein wesentlicher Teil der Theorie von Sullivan (und der gegenüberliegenden Grafik) ist der Gedanke, daß Selbst-Systeme beim anderen eine reziproke, entgegengesetzte Antwort hervorrufen. Die Grafik zeigt, wie Timothy Leary und Hubert S. Coffey Sullivans Theorie interpretieren.

Sie stellen sie als einen Kreis aus acht großen Segmenten dar, die entgegen dem Uhrzeigersinn von A nach B gelesen werden können. Das Segment des Dynamismus, das bei einem Menschen am dominantesten ist, aktiviert in der Regel das Segment auf der anderen Seite des Kreises: somit erzeugt eine überwiegend managerhaft-autokratische Person (A, P) ein bescheidenes, sich selbst erniedrigendes Verhalten (H, I) bei einer Person, die darum bemüht ist, sich anzupassen, während diese den dominanten Typ dazu auffordert, das Kommando zu übernehmen. Diese reziproken Reaktionen können entweder starr und extrem sein (siehe äußerer Kreis) oder angemessen-liebevoll (innerer Kreis). Im ersten Fall wird die Beziehung durch Angstvermeidung geprägt, da der Einzelne zu Extremen greift, um die Bedrohung seiner emotionalen Sicherheit zu verhindern. Im zweiten Fall sind die Individuen frei und können Beziehungen auf alle acht Arten, je nach den interpersonalen Bedürfnissen, aufnehmen, und die auftretende Angst kann ausgehalten werden. Sind die Selbst-Dynamismen „rundherum" nicht entwickelt, dann muß dafür ein hoher Preis gezahlt werden.

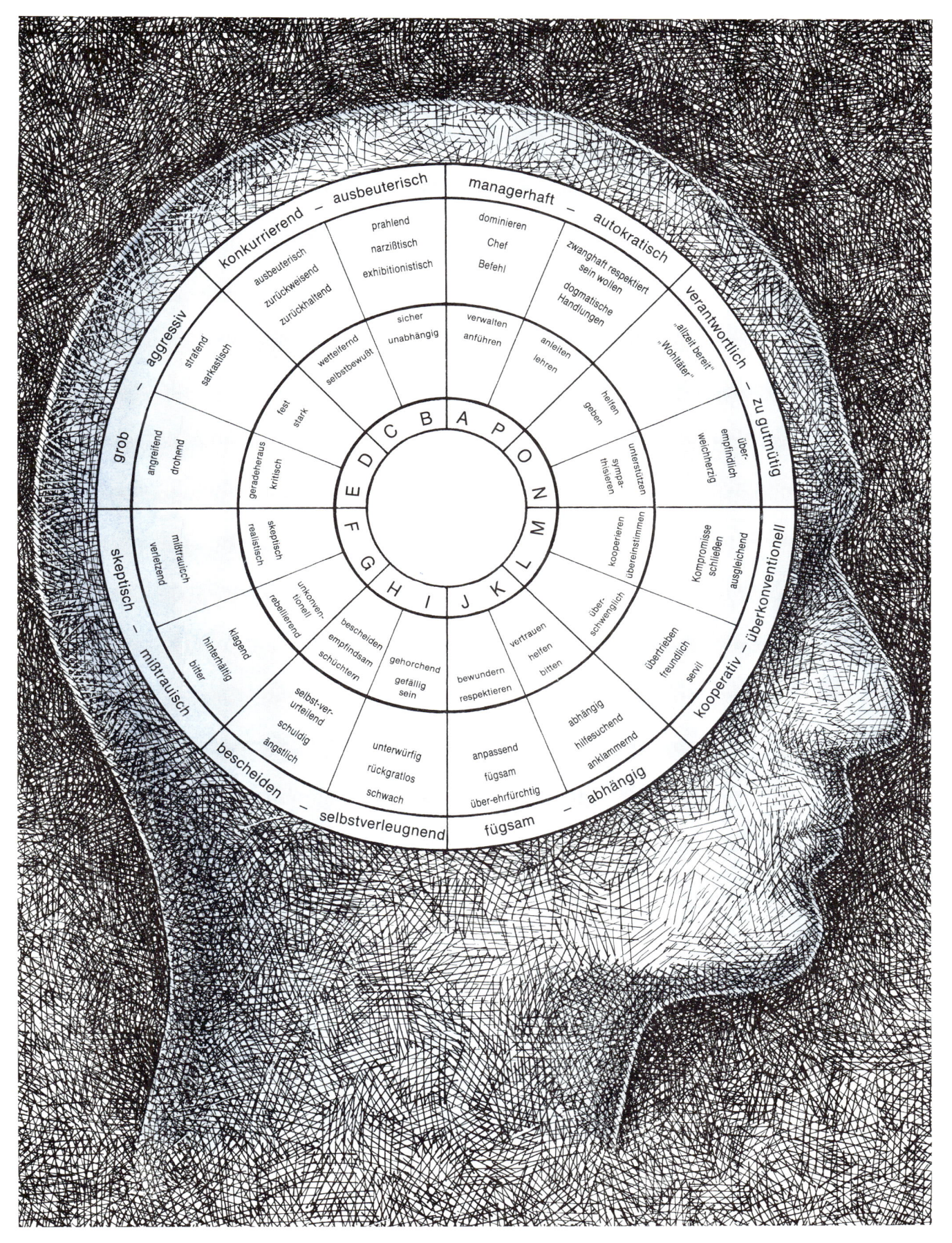

Beziehung gerecht und fungieren als ausgleichendes Element, übernehmen die Führung in einem Macht-Vakuum, äußern Kritik bei allzu glatter Übereinstimmung oder helfen und stabilisieren, wenn das Vertrauen ins Wanken gerät. Die pathologischen Ausdrucksformen der Selbst-Systeme sind im äußeren Ring der Abbildung beschrieben. Diese Dynamismen unterscheiden sich von den positiven Formen in zwei wichtigen Punkten. Sie sind weitaus extremer, übersteigern beispielsweise Führung bis zu regelrechter Beherrschung anderer oder lassen aus Skepsis Mißtrauen werden. Sie haben auch die Tendenz, bei einem Extrem stehenzubleiben. Deshalb gilt: Der Exhibitionist besteht narzißtisch darauf, andere niederzureden, ganz egal wie groß das Bedürfnis, ihm zuzuhören, ist. Der Feindselige greift selbst diejenigen an, die verzweifelt um seine Freundschaft betteln; der Fügsame scheint seine Konformität selbst dann nicht aufgeben zu können, wenn sie ins Verderben führt. Solche Menschen bewegen sich selten offen sichtbar zur gegenüberliegenden Seite des Kontinuums, und wenn sie es dennoch tun, dann ist es eine totale Umkehr wie bei einem Tyrannen, der plötzlich das heulende Elend kriegt. Sullivan glaubte, daß solche Menschen unter einer *parataktischen Verzerrung* leiden, einem Prozeß, in dem das heranwachsende Individuum die Bedeutung von Wörtern und Symbolen verzerrt und ihnen eine private anstatt einer allgemein gültigen Bedeutung zuschreibt. Solche Individuen nennen ihre unbarmherzige Ausbeutung „Wettbewerb" (C), ihren Dogmatismus „guten Rat" (P) und ihre kriecherische Unterwerfung „Pflicht" (I).

Die Verzerrung entsteht, wenn das heranwachsende Kind seine soziale Welt in „gutes Ich" und „böses Ich" aufteilt, wobei das Gutsein zum Symbol für die eine Richtung wird, in der die Sicherheit liegt, und in der entgegengesetzten Richtung liegen Bosheit und Unsicherheit. Die Darstellung einer „guten" oder „bösen Mutter" erzeugt ähnliche Muster: Das beherrschte Kind besänftigt seine „gute Mutter" (A bis I), das mißtrauische Kind flieht zum äußersten Ende des Kontinuums (O bis P), um der erstickenden Überfürsorglichkeit einer „bösen Mutter" zu entkommen. In Augenblicken größter Angst kann sich das Kind eine „nicht-Ich"-Kategorie schaffen und ganze Segmente im Kreis der Dynamismen abtrennen, die abstoßenden Extreme darin einer anderen Person zuschreiben und sich damit selbst die gemäßigten und liebevollen Teile der jeweiligen Dimensionen entziehen. So ist es möglich, daß ein Kind anderen nicht mehr trauen oder sie nicht mehr um Hilfe bitten kann, weil seine „rückgratlose" und „verweichlichte" Verhaltensweisen in der Vergangenheit so sehr verurteilt wurden, daß sie weiterhin Angst einflößen. Sullivan war der Auffassung, daß solche Menschen sich oft Arbeitsplätze suchen, an denen sie entweder ständig Befehle brüllen oder ständig beruhigend und ausgleichend auf andere wirken müssen.

Genial am Modell von Leary und Coffey ist vor allem, daß sich das Profil eines Menschen in der gezeigten Weise über die Segmente zeichnen läßt. Wenn man einen Menschen auf verschiedenen Ebenen einschätzt, dann tauchen oft verblüffende Gegensätze auf. Die Einschätzung eines Patienten durch das behandelnde Personal oder durch andere Patienten, die in der gleichen Gruppe oder Station sind, kann sehr stark von seiner Selbsteinschätzung abweichen. Beispielsweise beschreibt sich ein psychisch kranker Patient als einfühlsam und freundlich auf dem inneren Kreis, wohingegen ihn die anderen als übertrieben weichherzig und überfürsorglich auf dem äußeren Kreis charakterisieren und somit Sullivans Theorie der parataktischen Verzerrung bestätigen. Der Gegensatz fällt gewöhnlich noch extremer aus, wenn man projektive Tests verwendet, die nicht die zwischenmenschlichen Beziehungen eines Menschen, sondern seine Phantasien erschließen. Phantasien sind in der Regel kompensatorisch. Der übertrieben Kooperative und Angepaßte träumt davon, seine Feinde auszupeitschen. Der Aggressiv-Dominante träumt wie der Marquis de Sade von Justine in ihrer Hilflosigkeit und von ähnlichen *Alter egos*. Solche Untersuchungen sprechen für das, was R. D. Laing in Modell 14 behauptet: Bei einem psychotischen Zusammenbruch entsteht eine unkontrollierbare und extreme Oszillation zwischen dem öffentlichen Dynamismus (falsches Selbst) und der privaten Phantasie (wahres Selbst), hervorgerufen durch den Wert-Absolutismus der Eltern, die ihren Kindern totale Fügsamkeit (J), Selbstbescheidung (H) und Kooperationsbereitschaft (I) abverlangen. Solche Erwartungen treiben die Kinder auf der Suche nach Sicherheit in den „äußeren Ring", während die Eltern sich selbst in das entgegengesetzte Extrem dieses Rings stellen. Leary und Coffey legten den Minnesota Multiphasic Personality Inventory (Persönlichkeitstest) einer großen Stichprobe von Patien-

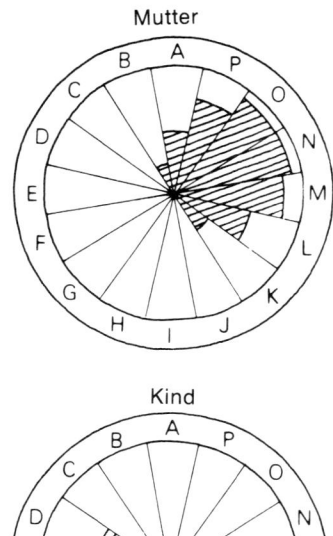

Eine typische reziproke Beziehung zwischen Mutter und Kind, wie sie sich im Leary-Coffey-Kreis darstellt. Das Übermaß der mütterlichen Hilfe und Großzügigkeit (O, N) hat im Kind Skepsis und Mißtrauen erzeugt (F, G). Die Segmente P und M bei der Mutter und E und H beim Kind sind ebenfalls extrem entwickelt, während es an den komplementären Fähigkeiten mangelt.

Einige psychiatrische Diagnosen, die bestimmten Verhaltensweisen auf den Coffey-Leary-Kreis entsprechen:

Zwangscharakter AP
Manische Persönlichkeit BC
Psychopathie, Sadismus DE
Schizoid FG
Masochismus HI
Neurasthenie, Angstneurose IK
Hysterie LM
Psychosomatische
Erkrankung NO

ten vor und konnten zeigen, daß verschiedene Dynamismen des Kreisdiagramms den bekannten Kategorien psychiatrischer Störungen entsprechen.

Doch auf welche Weise helfen diese extremen Selbst-Dynamismen Angst zu kontrollieren, und wie tragen sie zur Sicherheit des Individuums bei? Ich möchte diesen Prozeß an Hand einer Untersuchung aufzeigen, die ich in der Delancey Street Foundation, einem Übergangsheim für ehemalige Strafgefangene, Süchtige und „Verlierer" im allgemeinen, durchgeführt habe. Mich hat es beeindruckt zu sehen, wie oft Straffällige in ihrer Vergangenheit ergänzende Beziehungen (Kollusionen) eingegangen sind, um die Angst zu kontrollieren. Ein konstantes Muster bildete der „Macho-und -die-Mama". Die delinquenten Söhne waren in der Regel dominierend (A), aufschneiderisch (B), ausbeuterisch (C), gewalttätig (D), aggressiv (E), rebellisch (F) und mißtrauisch (G). Ihre Mütter (und später wurden die Frauen oder Freundinnen in ähnliche Muster gezwungen) zeigten genau die entgegengesetzten extremen Reaktionen. Sie waren fügsam (J), bettelnd (K), „unter Tränen vergebend" (L), bedingungslos liebevoll (M), weichherzig (N) und vertrauensselig (O). Der Härte, Gewalt und Bosheit der Söhne entsprach Stück für Stück Weinen, Jammern und Hilflosigkeit der Mütter oder deren Ersatzfiguren. Die Männer rechtfertigten ihr Verhalten selbst mit Klischeefiguren aus Macho-Filmen, während sich die Mütter/Partner an märtyrerhafte Vorstellungen klammerten „Ich-liebte-ihn-umso-mehr", oder „die-Hure-mit-dem-Herz-aus-Gold". Die Männer kontrollierten ihre Angst dadurch, daß sie andere zwangen, sich ihren Ansprüchen anzupassen. Die Frauen neigten dazu, ihre Angst durch absolute Konformität und das völlige Fehlen von Selbst-Behauptung und Unabhängigkeit zu kontrollieren. Beide Gruppen vermeiden es, die Angemessenheit ihres Verhaltens zu beurteilen und gingen von der Maxime aus, je härter der Mann oder je weicher die Frau, desto besser. Ein gewalttätiger Räuber drückte es so aus. „Warum sollte *ich* Zärtlichkeit oder Fürsorge zeigen, wenn *sie* genug für uns beide weint?" Das Rehabilitationssystem hat diese Spiele nicht aufgebrochen, sondern beibehalten. Der idealistische Sozialarbeiter, Psychiater oder Psychologe hat versucht, „einen Knacki zu retten", wie es die Strafgefangenen selbst abschätzig ausdrückten. Die professionellen Helfer aus der Mittelklassen, die sich schuldig fühlen, weil sie weiß, reich und gebildet sind, und die sehr um ihre Beziehungen zu Menschen einer anderen Hautfarbe, Rasse und Klasse besorgt sind, waren in ihren Überzeugungen streng liberal und gutmütig und haben dadurch nur die Verbitterung ihrer Zielpersonen verstärkt, die sich sehr gut darauf verstanden, das „Helfer-Spiel" zu durchschauen.

Doch der Leser, der daraus schließt, daß diese Kriminellen „verwöhnt" waren, geht an der Sache vorbei. Die „Liebe" eines Menschen, der versucht, seine eigene Angst zu kontrollieren, ist keine echte Zuneigung und geht Hand in Hand mit einer erschreckenden Vernachlässigung während der Kindheit und/oder professionellem Zynismus. Versuchen Sie einmal, eine Gruppe von 80 Rehabilitanten zu lieben! Dazu kam, daß diese Männer im Gefängnis, zuhause und auf der Straße brutal behandelt worden waren. Der Grund, warum sie so lange gewalttätig, mißtrauisch, ausbeuterisch und rauh waren, liegt darin, daß diese spezifische Haltung die beste Möglichkeit war, sich selbst vor Brutalität zu schützen und gleichzeitig der beste Weg war, ein Maximum an Duldung von den ideologischen „Wohltätern", seien es Mütter, deren Ersatzfiguren oder professionellen Helfer, zu erzwingen. Der Konflikt zwischen den hartherzigen Konservativen der Gefängnisverwaltung und den weichherzigen Liberalen der „Wiedereingliederung" ist nur eine weitere Oszillation in einem System, das Kriminelle fabriziert (siehe Modell 16). John Maher, der Gründer der Delancey Street Foundation, drückte dies so aus: „Wir haben die rechten Verrückten, die am liebsten bei uns einbrechen würden und jedem den Kopf einschlagen, und dann haben wir die knieweichen Spinner, die es chic finden, ein bißchen Aufregung stellvertretend zu erleben und die unseren Arsch küssen möchten … So wirst du schizo …"

Begegnung auf schmalem Grat:
Martin Buber, interpretiert von Maurice Friedman

Martin Buber, der chassidische Philosoph, war einer der großen geistigen Gegenspieler des Nationalsozialismus. Er emigrierte 1938 von Österreich nach Palästina. Mit seiner Interpretation des Dialogs hat er eine Brücke geschlagen zwischen vielen philosophischen Klüften in der Welt: zwischen dem konservativen und dem reformatorischen Flügel des Judaismus, zwischen Zielen und Humanisten, Psychotherapeuten und Religiösen. So erhielt der Existentialismus auch den fehlenden sozialen Hintergrund. Als er 1953 im Alter von fünfundsiebzig Jahren den Goethepreis und den Friedenspreis des Deutschen Buchhandels in Empfang nahm, äußerte er in der für ihn typischen paradoxen Weise: die Leiden der Juden könnten nie vergessen oder vergeben werden, doch würde diese Tatsache seine Begegnung mit Deutschen nur noch wichtiger machen, da dies ein Symbol dafür sei, daß Erinnerungen nicht ausgerottet werden können.

Maurice Friedmann ist ein unermüdlicher und engagierter Übersetzer und Interpret der Buberschen Texte. Für Friedmann liegt die Bedeutung Bubers in dessen Kritik am Zeitalter der Aufklärung, an den szientistischen Denkstilen und an der Herrschaft des Ichs des Forschers über das Es des untersuchten Gegenstandes in der heutigen Wissenschaft: Wissenschaft wurde zur unpersönlichen Manipulation, die wesentlich beteiligt ist am Verschwinden Gottes und an der Massenvernichtung selbst.

„Entsprechend der logischen Struktur von Wahrheit kann nur eine von zwei Gegenpositionen wahr sein, aber in der Realität des gelebten Lebens sind sie untrennbar miteinander verbunden ... Die Einheit der Gegensätze ist das Mysterium im innersten Kern des Dialogs".

Bei seiner Interpretation des Dialogs, die das Entweder/Oder der Wissenschaft transzendiert, beginnt Buber wie andere Existenzialisten damit, daß der Mensch „... sein Leben für sein Wort verpfändet ..." und alles auf das Denken-im-Handeln setzt. Er bewundert jedoch nicht so sehr das existentielle Feuer als solches, sondern betont vor allem die Macht des menschlichen Sich-Einlassens, um beim anderen eine Reaktion zu wecken und einen Dialog aufzubauen. Der Sinn dessen, was mitgeteilt wird, kann nicht von einem allein bestimmt werden, er muß im Dialog entdeckt werden. Ein Wert ist nicht etwas, das ich erfinde, wie Sartre sagen würde, sondern eine Qualität, die wir entdecken. Somit muß die Bedeutung von Liebe, Hoffnung, Zorn, Verständnis intersubjektiv entdeckt, bestätigt und nicht einseitig aufgezwungen werden. Buber betont ausdrücklich wie wichtig es ist, die Einzigartigkeit des anderen Menschen zu erkennen, wenn wir zu einem echten Dialog kommen wollen, denn in der Einzigartigkeit des anderen erblicken wir einen Schimmer Gottes. Deshalb muß die Reaktion eines Menschen nach dem Motto *quantum satis* beurteilt werden – ob sich einer ausreichend in die Beziehung zum anderen eingebracht hat, und ob er seine Fähigkeiten und Qualitäten genügend eingesetzt hat. Nichts weniger als das muß es sein.

„Trotz aller Ähnlichkeiten zwischen den Situationen des Lebens besitzt jede einzelne, wie ein Neugeborenes, ein eigenes, unverwechselbares Gesicht, das vorher nie da war und das nie wieder auftauchen wird. Sie fordert Dir eine Reaktion ab, die Du nicht vorbereiten kannst. Sie fordert nichts Vergangenes, sie fordert Gegenwart, Verantwortung ... Dich."

Erst in einer solchen Beziehung kann der Mensch erkennen, daß Freisein heißt, die Hand eines anderen zu ergreifen: Sollen darf nicht zur Pflicht werden, sondern muß ständig im Kontext des Lebens neu bewertet fwerden. Abstrakte, universelle Ideale müssen in der jeweiligen Situation erkannt werden. Deshalb hat nach Buber niemand die Zehn Gebote verstanden, solange er nicht die Kraft jedes Gebotes in bestimmten Situationen erlebt hat. Zweck des Dialoges ist es, sowohl infrage zu stellen als auch zu versöhnen: Freiheit und Haß, Entscheidung und Hingabe, das Abstrakte und das Konkrete, Universalismus und Partikularismus, Gefahr und Sicherheit, Distanz und Beziehung, Ähnlichkeit und Einzigartigkeit, das Geheimnisvolle und das Weltliche, Gehorsam und Originalität, was sein soll und was ist, Gott und Mensch.

Selbst Gut und Böse sind keine sich ausschließenden Alternativen. Vielmehr muß man „Gott dienen mit einem bösen Trieb", bis er auf die Gnade des Du trifft und zu einem Ganzen wird. „Gut" entspricht deshalb in der Terminologie Bubers der Entscheidung, auf den anderen einzugehen; „Böse" bedeutet „keine Antwort". „Wenn es einen Teufel

Martin Buber hat durch seine tiefschürfende und umfassende Interpretation des Dialogs eine Brücke geschlagen zwischen vielen großen philosophischen Strömungen. Der Dialog ist für Buber etwas Gefährliches. Der Weg, der zu Sicherheit über die Zuneigung des anderen führt, ist selbst unsicher, es ist ein schmaler Grat. Wir können nur dann entdecken, daß wir für andere erwünscht sind, wenn wir das Risiko dann, teilhaben sollen, nicht angenommen zu werden. Im Augenblick der Begegnung ist jeder unendlich verletzbar. Buber meint auch, und das ist noch wichtiger, daß soziale und psychologische Konzepte einander in ihre Definition miteinbeziehen müssen und sich nicht, wie es gegenwärtig der Fall ist, ausschließen dürfen. Wenn das Ich das Du miteinbeziehen und daran teilhaben soll in dem Prozeß, in dem beide durch das Sicheinlassen mehr Sicherheit erlangen sollen, dann müssen ganze Systeme von Polaritäten so definiert werden, daß sie sich gegenseitig einschließen. Die Entscheidung des „Ich" beinhaltet eine „Auslieferung" an die Sichtweise des Du. Abstrakte Ideen werden in konkreten Begegnungen erkannt und erreichen dann nicht nur die Menschen, sondern auch die Kategorien selbst. Buber definiert Zusammenarbeit als einen Dialog zwischen „Individuen" und bringt so Individualismus und Kooperation auf einen Nenner. Wenn die Menschen und ihre Ideen nicht auf diese Art und Weise vereint werden, dann wird der schmale Grat zum Abgrund.

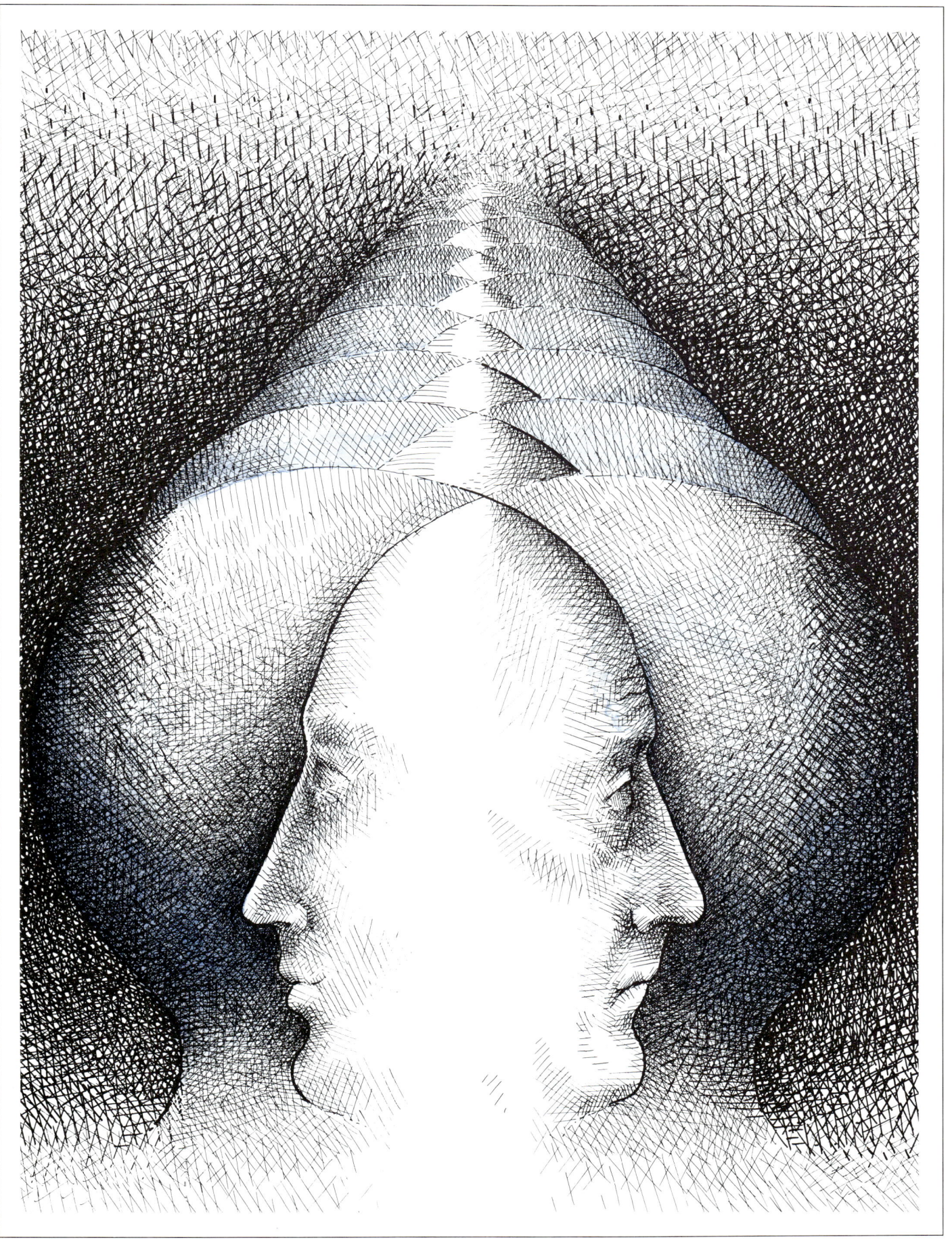

gäbe, dann wäre es keiner, der sich gegen Gott entschieden hat, sondern einer, der in alle Ewigkeit zu keiner Entscheidung kommt ... Das Böse ist ein Wirbelsturm, das Gute hat eine Richtung." Böse, das ist der nicht versöhnte Gegen-Druck, der vom Ziel wegstrebt; die Handlung, die abgespalten ist vom Gefühl, der Geist, der getrennt ist vom Instinkt, das Ich getrennt vom anderen und die Unterdrückung selbst. Das deutsche Wort Du bedeutet Intimität, die Ich-Du-Beziehung heißt Direktheit, Spontaneität, Harmonie, Ganzheit und eine Art Führung durch Blickkontakt. Sie umfaßt all die Merkmale, nach denen die rechte Hemisphäre des Gehirns funktioniert, während die „Ich-Es"-Beziehungen überwiegend der linken Hemisphäre entsprechen (siehe Modell 23). Ich-Es läßt an Ursache und Wirkung denken, an unser ständiges Verlangen, aus einem Teil des Dialogs einen Hauptschalter zu machen, der alles andere kontrolliert. Aus Furcht, daß der andere uns nicht zustimmen wird, verpacken wir unsere Ansprache bereits im voraus so, daß er eine bestimmte Wirkung hat. Somit ist unsere Anrede in der Begegnung nicht mehr aktuell vertreten, wir haben es nur noch mit den vergangenen Berechnungen und den zukünftigen Absichten des Sozialingenieurs zu tun, der über den anderen wissen möchte – „wie funktioniert der?" – ihn aber nicht kennenlernen will. Doch kann keine Gesellschaft funktionieren ohne viele Ich-Es-Beziehungen. Diese sind nicht per se falsch; gefährlich wird es erst dann, wenn sie in den persönlichen Bereich vordringen und Vertrauen und Intimität als Mittel zum Zweck mißbrauchen oder wenn sie in den Beziehungen zwischen Rassen, Nationen und Klassen jede Spur persönlicher Reaktion ausrotten.

Die schöpferischen Energien des menschlichen Dialogs müssen ständig mit den Widersprüchen unserer Existenz kämpfen und dürfen sie nicht aus Gründen wissenschaftlicher und religiöser Reinheit vermeiden. „Gut und Böse, Verzweiflung und Hoffnung, die Kraft der Zerstörung und die Wiedergeburt ruhen Seite an Seite." Wir brauchen eine göttliche Kraft, die „das Dämonische im Leben durchdringt" und nicht „darüber schwebt." Wir können nicht wie Wochenend-Mystiker so tun, als ob wir die Einheit aller Dinge erreichen, wenn wir den ganzen Ernst des Alltags aufgeben und so „von Alleinsein zu Alleinsein fliehen."

Der Ursprung der Schuld liegt darin, daß wir versäumen zu antworten, daß wir versäumen, das zu werden, wozu wir bestimmt sind, und nie den zweifelnden Weg von Gefühlen erfahren, das Streicheln und das Gestreicheltwerden, das Geschenk und seine Annahme, das Bedürfnis und seine Befriedigung. Ein erfrischender Aspekt der Philosophie Bubers ist sein schlagfertiger Kommentar zu der endlos langen Liste menschlicher Schwächen, Vorwände, Ausreden und Tricks. Er spießt jeden „Ismus" unbarmherzig auf. Obwohl er 1965 starb und sich nicht mehr zu den Ereignissen und Besonderheiten der späten sechziger Jahre äußern konnte, scheinen seine Schriften dies alles vorweggenommen zu haben, so als ob er beim Schreiben traurig den Kopf geschüttelt hätte. „... Viele Jahre bin ich durch das Land des „erotischen Menschen" gewandert ... Da läuft ein Liebhaber herum und ist in seine Leidenschaft verliebt; dort trägt einer seine differenzierten Gefühle wie Ordensspangen vor sich her; dort berauscht sich einer an seiner faszinierenden Wirkung auf andere; ... dort sammelt einer Abenteuer, dort kostet einer seine „Macht" aus. Dort ist einer, der mit seiner geborgten Vitalität protzt ...". Wahre Liebe ist nicht *in* einem, sie liegt im Dialog *zwischen* Menschen.

Buber geht besonders streng mit dem Hippie-Himmel ins Gericht oder dem, was er „den Schrei nach universaler Paarungsbereitschaft" nannte. „Wer sich jedem Vorbeikommenden hingeben kann, hat keine Substanz, die er verlieren könnte." Allerdings kann man sich selbst auch nicht „für Gott aufsparen", wie es Kierkegaard getan hat, der seiner Verlobten Regina Olsen die Anwesenheit verbat (Modell 12). Man kann nicht zugunsten von Gott auf Objekte verzichten, als ob er eines der Objekte wäre. Gott war in Regina, nicht in irgendeinem privaten Zirkel, aus dem sie ausgeschlossen war. Doch was Buber am meisten verachtete, das ist die Suche nach Selbstverwirklichung und persönlicher Erfüllung. Er bestreitet nicht, daß man Selbstverwirklichung erlangen sollte, seine Kritik zielt darauf, daß sie zur Vorschrift wird, denn sie führt zum Alleinsein. „Mit sich beginnen, aber nicht bei sich enden, bei sich anfangen, aber nicht sich selbst zum Ziel haben ... Jeder soll sich erkennen, soll sich vervollkommnen, aber nicht um seiner selbst willen – auch nicht um eines vorübergehenden Glücks willen oder um ewige Seligkeit zu erlangen – sondern um der Arbeit willen, die er auf dieser Welt ausführen muß."

Der Mensch kann sich dem Göttlichen nicht nähern, indem er über das Menschliche hinausgeht: Er kann es erreichen, indem er selbst menschlich wird. Ein Mensch zu werden ist das, wozu der einzelne geschaffen wurde ... Das ist der ewige Kern des chassidischen Lebens und der chassidischen Lehre.
Martin Buber

Die Welt in einem Sandkorn sehen und den Himmel in einer wilden Blume, Unendlichkeit zu halten in der Hand, und Ewigkeit in einer Stunde.
„Auguries of Innocence"
William Blake

Gefühle, Individuation, Risikobereitschaft, Vertrauen und die Entdeckung seiner selbst sind nur Teile in dem Prozeß der Beziehung. Jedes einzelne Ziel wird nur erreicht, wenn man weit darüber hinauszielt. Deshalb findet man Sicherheit, wenn man sich auf den schmalen Grat wagt und Freiheit, wenn man die bestätigende Anwesenheit des anderen als eigenes Schicksal akzeptiert. Das Universale schaut uns aus einem bestimmten Gesicht an, und der Gott der Ewigkeit steht in der Gegenwart dieses Augenblicks. „Wie herrlich und passend ... das ‚Ich' des Sokrates! Es ist das Ich des endlosen Dialoges, und der Hauch des Dialoges ist immer um dieses Ich ... vor den Richtern, und während der letzten Stunden im Gefängnis. Es hat nie aufgehört, an die Wirklichkeit der Menschen zu glauben und ging aus, um ihnen zu begegnen ...“

Die Kräftefelder des Kurt Lewin

Kurt Lewin, der 1933 von Berlin in die Vereinigten Staaten auswanderte, war der erste Psychologe, der sich selbst als „Feldtheoretiker" bezeichnete; er starb 1947. Lewins Werk ist deshalb wichtig, weil die meisten Psychologen sich von der Newtonschen Physik leiten ließen und von der Maxime ausgingen, daß die Theorie zunächst nach den Grundeinheiten suchen und erst an zweiter Stelle sich mit der Interaktion dieser Elemente beschäftigen sollte. Aber in der Physik und Chemie kam es im 19. Jahrhundert zu einer ersten wissenschaftlichen Revolution, als Michael Faraday und James Clerk Maxwell entdeckten, daß das elektromagnetische Phänomen vor allem in Form von Feldern, Strömen und Wellen auftritt, und nur so konnte die Bewegung irgendwelcher Einheiten oder Partikel innerhalb dieser Felder erklärt werden. So kann das Muster von Eisenspänen auf einem Stück Papier über einem Magneten erklärt werden durch das allgegenwärtige magnetische Feld, das dieses Muster produziert. Man erhält die Antwort nicht, indem man danach sucht, wie „Span A" auf „Span B" wirkt.

Lewin glaubte, daß die psychologischen Felder, die die Persönlichkeit mit ihrem Lebensraum (unmittelbare Umgebung) verbinden und den Lebensraum mit der erweiterten Umwelt drumherum, stark genug sind, um die Bedeutung der „Fakten" zu verändern. Verschiedene Menschen können ganz unterschiedlich auf dieselben Fakten reagieren, je nachdem wie diese Fakten organisiert und betrachtet wurden. Eine großangelegte Studie über Jugendliche in New York ergab beispielsweise, daß die Selbstachtung sehr stark mit der Anzahl der erinnerten Diskriminierungen und Benachteiligungen zusammenhängt. Eine auffallende Ausnahme bei diesem Befund stellten die jüdischen Jugendlichen dar, die sich zwar an die negativen Erfahrungen erinnerten, von Familie und Freunden aber darauf vorbereitet und dagegen gewappnet waren. Man kann sagen, daß diese Kinder ihren Lebensraum so organisiert und strukturiert hatten, daß sie sich wehren konnten und als Folge davon eine höhere Selbstachtung besaßen als die Kinder anderer Abstammung.

Das gegenüberliegende Modell zeigt, wie nach Lewins Auffassung das „innerpersonale System" wächst, das aus Gruppen von peripheren (p) und zentralen Zellen (c) besteht, innerhalb des motorischen und des Wahrnehmungssystems (P–M). Das ganze umfaßt die Persönlichkeit, die darin liegt und den (ovalgeformten) Lebensraum organisiert. Jenseits des Lebensraums liegt die Umwelt. Einige Zellen des inner-personalen Systems und einige Teile des Lebensraumes sind kariert gezeichnet, um die Starrheit in den Überzeugungen anzuzeigen, während andere gepunktet sind, was Flexibilität bedeutet. Zwar kann kein Buch über „Modelle des Menschen" die emsige Kartographie von Lewin ignorieren, doch muß ich leider zugeben, daß sich ein Großteil seiner Entwürfe als unfruchtbar erwiesen hat und daß viele wichtige Beiträge von ihm nicht in dieser Art von Betrachtung erarbeitet wurden. Man muß ein paar größere Sprünge machen, um von der frühen Lewinschen Karten-Phase zu seinen späteren sozialen Aktivitäten überzuwechseln!

Lewin beschreibt den Entwicklungsverlauf vom Kind zum Erwachsenen in Gegensätzen, wie sie auf der gegenüberliegenden Abbildung zwischen dem unteren linken Oval und dem oberen rechten Oval zu sehen sind. Folgende Veränderungen konnten experimentell von Lewin und seinen vielen Schülern, dazu gehörten Roger Barker, Tamara Dembo, Leon Festinger und Pauline Sears, beobachtet und geprüft werden. Wachstum umfaßt: 1. Eine Stärkung der den Lebensraum umgebenden, durchlässigen Grenzen. (Angedeutet durch eine dickere Linie um den Lebensraum des Erwachsenen im Vergleich zu dem des Kindes.) 2. Eine Vergrößerung und Erweiterung des Lebensraumes. 3. Eine realistischere Einstellung, d.h. das inner-personale und das psycho-motorische System werden systematisch mit den Prozessen und Kräften des Lebensraumes und der Umgebung verglichen. (Der Erwachsene verwechselt Phantasie und Wirklichkeit nicht mehr so schnell.) 4. Eine zunehmende Differenzierung innerhalb der drei Systeme: inner-personal, Wahrnehmung-Motorik und Lebensraum. Der heranwachsende Mensch entwickelt mehr Verhaltensmöglichkeiten, spezifische Emotionen, unterscheidbare Bedürfnisse und Wissensgebiete, sowie ein umfassenderes Repertoire an sozialen Interaktionen. 5. Eine zunehmende Integration oder Organisation dieser Vielfalt. In dem Maße, wie die Zahl der untergeordneten Teilstücke ansteigt, müssen sie auf immer komplexere Weise koordiniert werden. Lewin sagt nicht, daß Erwachsene

Kurt Lewin war ein ausgezeichneter Psychologe, aber ein etwas seltsamer Topograph der Psyche. Seine Feld-Karten werden heute wenig beachtet. Die beiden Ovale auf der gegenüberliegenden Seite repräsentieren den Lebensraum (unmittelbare Umwelt) eines Kindes (unten) und den eines Erwachsenen (oben), hinter den Ovalen liegt die Welt. Die Lebensräume sind entsprechend den Interessen der jeweiligen Person unterteilt, wobei jedes Feld ein „Faktum" repräsentiert, angrenzende Fakten sind mit unterschiedlich dicken Linien, welche die Durchlässigkeit anzeigen, abgeteilt. Die karierten Flächen werden stur beibehalten, während die gepunkteten Gebiete flexibel sind. Die mit P–M markierten Ringe stehen für das Wahrnehmungs-Motorik-System; sie umschließen die inner-personalen Systeme und ergeben zusammen die Persönlichkeit. Das inner-personale System verfügt über periphere Zellen (p) und innere Zellen (c), die gewöhnlich die Bedürfnisse enthalten. Die Persönlichkeit beeinflußt und bestimmt den Lebensraum und verfügt ebenfalls über starre und flexible Flächen mit unterschiedlich durchlässigen Grenzen. Die schraffierten Flächen in den beiden inner-personalen Systemen stehen für die Spannung, die entsteht, wenn ein Bedürfnis durch einen externen Faktor (vgl. Pfeile) wie etwa Durst geweckt wird. Unter dieser Bedingung hat der Gegenstand im Lebensraum, nämlich das Getränk, einen positiven Wert (gekennzeichnet mit +) und führt zu einer Bewegung (gestrichelte Linie) auf das Ziel zu. Lewin hat aber bei seinen Experimenten ein Hindernis (B) eingeführt, um den Zugang zu blockieren. Das Hindernis sollte die Spannung verstärken und das Ungleichgewicht verschärfen, und zwar sowohl in der Persönlichkeit wie auch im Lebensraum. Wird kein neuer Gleichgewichtszustand erreicht, dann regrediert die Persönlichkeit.

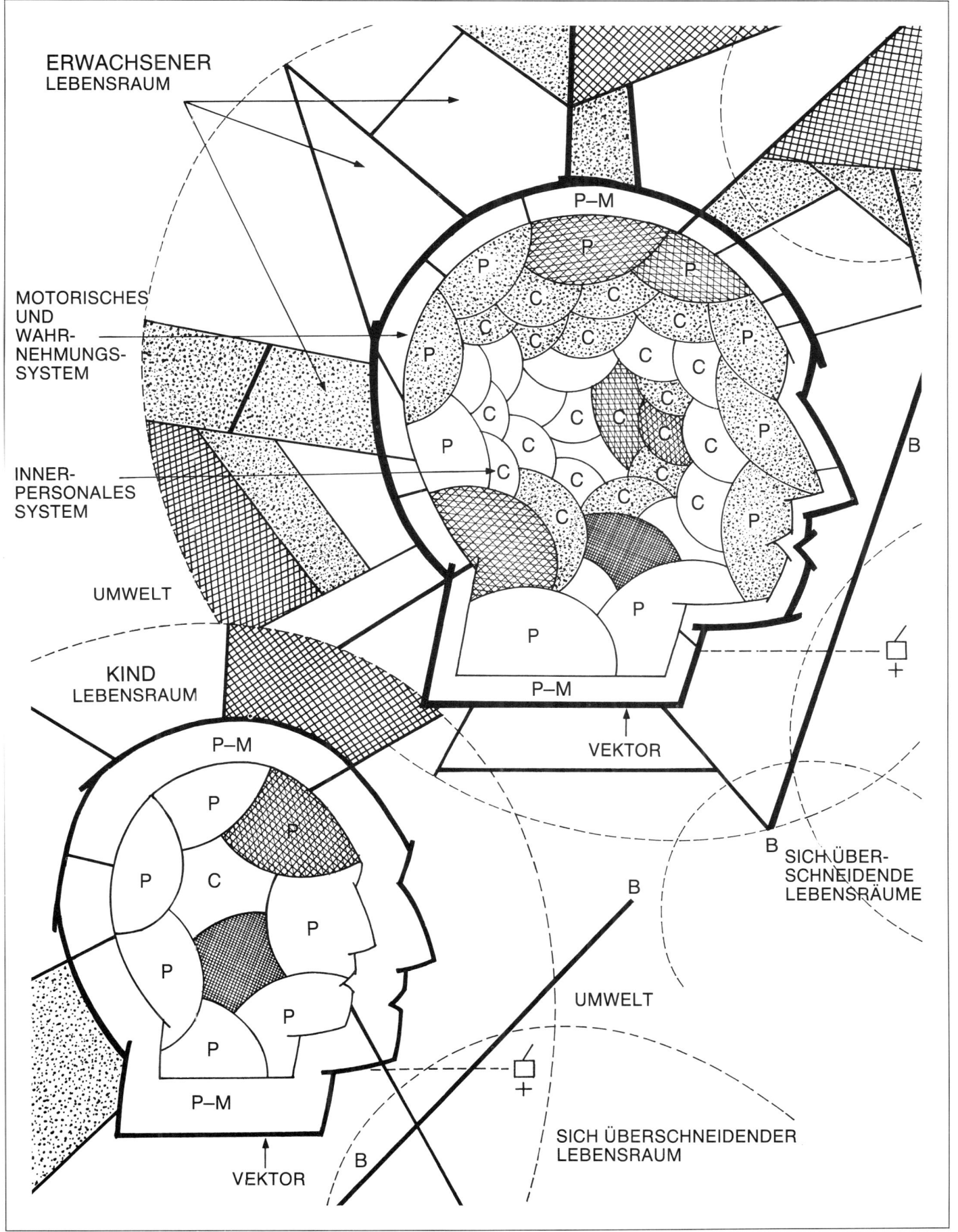

ERWACHSENER
LEBENSRAUM

MOTORISCHES
UND
WAHR-
NEHMUNGS-
SYSTEM

INNER-
PERSONALES
SYSTEM

UMWELT

KIND
LEBENSRAUM

P–M

P–M

VEKTOR

VEKTOR

UMWELT

B

B

B

B

SICH ÜBER-
SCHNEIDENDE
LEBENSRÄUME

SICH ÜBERSCHNEIDENDER
LEBENSRAUM

„einheitlicher" sind, sondern nur, daß die wachsende Vielfalt den gleichzeitigen Anstieg von vereinheitlichenden und gestaltenden Fähigkeiten erfordert, so daß sich Differenzierung und Integration im Gleichgewicht halten. 6. Die „einfache Interdependenz" nimmt ab und die „komplexe Interdependenz" nimmt zu. Dies soll etwas ausführlicher erklärt werden. Wird ein Kind z.B. hungrig, dann hat die Erregung in einer einzelnen Zelle (siehe schraffierte Fläche des inner-personalen Systems beim Kind) die Tendenz, sich parallel zur wachsenden Spannung über das ganze System zu verteilen. In der Regel wird das ganze Kind unruhig und beunruhigt seinen Lebensraum durch sein Geschrei. Beim Erwachsenen führt Hunger zu einer weitaus koordinierteren Reaktion, die sich als Suche und Finden der Nahrung äußert. In beiden Fällen aktiviert die sich ausbreitende Spannung das umfassendere System, allerdings entspricht die Interdependenz und das Bemühen um Gleichgewicht beim Erwachsenen einer komplexen und organisierten Form. Verschiedene Zellen begrenzen die Spannung, um sie über einen Weg abzuleiten, der zur Problemlösung führt. Ein Netzwerk von relativ unveränderlichen Bedürfnissen wie Nahrung, Schutz, Überleben (quergestreift auf der Abbildung) ist zusammengefaßt zu flexiblen und unterschiedlichen Gruppen, die sich erfolgreich um Erfüllung bemühen (auf der Abbildung gepunktet).

Auf der Basis dieser Theorie führten Lewin und seine Mitarbeiter einige einfallsreiche Experimente durch, um Frustration, Spannung und Regression zu erforschen. Dabei zeigte sich eindeutig, daß Kinder, die dadurch frustriert werden, daß man ihnen hinter einer Glasscheibe gut sichtbar attraktive Spielsachen zeigt, und sie nicht damit spielen dürfen, auf frühere kindliche Verhaltensstufen zurückfallen. Die blockierte Spannung breitet sich in ihrem System aus, und ihr Spielverhalten ist sichtbar schlechter organisiert, undifferenzierter, unrealistischer und weniger koordiniert. So zeigt Lewin, daß eine Barriere innerhalb des Lebensraumes eines Kindes eine Neuorganisation der Persönlichkeit des Kindes erforderlich macht: Das Hindernis muß umgangen oder überwunden werden, und falls dies nicht gelingt, regrediert die Persönlichkeit auf primitive Stufen des Verhaltens.

Die Kritiker werfen Lewin vor, er habe in aufwendigen Versuchen Offensichtliches demonstriert und auf seinen Feldkarten Allgemeinplätze gezeichnet. Sein Status als Nicht-Freudianischer Flüchtling und sein „Exil" an der University of Iowa waren ihm in akademischen Kreisen von Nachteil. Dies trieb ihn offensichtlich an, als er außerhalb der akademischen Kreise an die Kräfte sozialer Veränderung, an fortschrittliche Politiker, Bürgerrechtler und Reformer von Institutionen appellierte. In diesen Kreisen konnten sich seine Theorien auch am stärksten beweisen. Zu seinen Konzepten gehörte auch die Aktionsforschung. Er argumentierte, daß der Forscher seinen eigenen aktiven Lebensraum ebenso wie die Menschen hat, die er erforscht. Solange sich die Psychologen damit begnügen, ohne Anteilnahme und passiv zu beobachten, solange werden sie Menschen immer nur aus der Froschperspektive sehen, weit entfernt von der Bedeutung eines zielbestimmten und überzeugten Lebens und ohne Sinn für jene, die mutig aus a priori-Überzeugungen handeln. Die Herausforderungen des wirklichen Lebens können kaum in künstlich erdachten Situationen simuliert werden, und für eine ganze Reihe von Problemen ist das einzig angemessene „Laboratorium" zumindest ein Ausschnitt aus der realen Welt. Lewin war Zionist, der seine Mutter im Konzentrationslager sterben sah. Er wußte, wofür er einstand und wogegen er kämpfte. Würden die Wertvorstellungen „offen" gezeigt werden, so argumentierte er, dann gäbe es weniger Verwirrung zwischen den Forschern und denen, die erforscht werden. Es war ein Trugschluß anzunehmen, daß eine distanzierte Haltung „wertfrei" ist, da diese Einstellung den Erforschten vermittelt wird und die Tendenz hat, allen Betroffenen ein Gefühl der Wertlosigkeit zu geben. Lewin behauptete als einer der ersten, daß sich die Menschen weniger ändern, wenn man an ihre Überzeugungen appellierte, als wenn sie selbst vor Zeugen die Funktionen ihres Lebensraumes ändern können. Unmittelbar vor dem II. Weltkrieg erwirkte der Präsident des Amerikanischen Jüdischen Komitees mit Lewins Unterstützung einen Gerichtsentscheid gegen die Medizinische Fakultät der Columbia University wegen ihrer Zulassungsbeschränkungen für Juden. Vor den Augen der Öffentlichkeit wurde der Fakultät vorgeschrieben, ein nicht-diskriminierendes Aufnahmeverfahren einzurichten. In späteren Jahren beschrieb Lewin solche Prozesse mit den Begriffen „auftauen/verändern/wieder einfrieren", dies entspricht der Formel Gleichgewicht/Spannung/neues Gleichgewicht, ein zentraler Bestandteil in seiner Theorie über das Wachstum der Persönlichkeit. Doch er hob

„Die ‚Disziplin' der Sozialwissenschaften besteht nicht darin, die
Menschen mit unserem blutleeren
Blick zu objektifizieren, sondern
darin, daß wir sie abwechselnc aus
zwei verschiedenen Positionen betrachten: einmal mit wirklicher Sorge um den Menschen, mit eine≂ Zuneigung; zum anderen müssen wir
uns so weit von ihnen trennen, daß
wir fragen können, ob sich die Hypothese bestätigt und ob sich die
Lage verbessert hat – oder nicht. Es
besteht sicherlich die Gefahr, sich
blindlings zu sehr zu engagieren.
Doch heißt das, daß wir stattdessen
wieder zu Voyeuren werden sollen,
die in den Ghettos mit dem Notiz-
block herumschleichen, als *Peeping
Toms*, die den *Uncle Tom* beobachten …?
  „From Proverty to Dignity"
  Charles Hampden Turne≂

hervor, daß die Spannung nicht zu groß sein darf, und bei den beabsichtigten Veränderungen mußte es einen klaren Weg geben, auf dem die Spannung legal abgebaut werden konnte. Er vergaß nie seine Experimente über Spannung, Frustration und die daraus resultierende Regression von Kindern. Aus diesem Grunde bestand er darauf, daß Wieder-Einfrieren nur auf einer höheren Ebene stattfinden sollte. Die Menschen brauchen Regeln und Strukturen, und wenn sie nicht vorhanden sind wie ein Geländer an der Treppe, dann ängstigen sich die Aufsteigenden und fallen hinunter. Gesellschaften entwickeln sich wie Menschen aus einem „quasi-stationären Gleichgewicht" zu neuen Formen des Gleichgewichts. Lewin machte darauf aufmerksam, daß es immer wirksamer ist, freundliche Überredung anzuwenden, als mit Gewalt verändern zu wollen. Und Lewins Modell des gerichtlich befohlenen, öffentlichen Nachgebens (der Universität) war in der Tat über drei Jahrzehnte lang ein wichtiges Instrument sozialer Veränderungen in Amerika. Unter anderem hat es sehr stark die Taktik von Martin Luther King beeinflußt (siehe Modell 59).

Lewin konnte auch experimentell zeigen, daß Menschen leichter verändert werden können, wenn man ihnen alle Fakten vorlegt und sie für sich selbst enscheiden dürfen, als wenn man sie einseitig beeinflussen will. Alfred Marrow, ein Schüler Lewins und Eigentümer der Harwood Manufacturing Company, demonstrierte in einem Experiment, daß neue Produktionsformen nach gemeinsam getroffenen Entscheidungen weitaus effektiver eingeführt wurden, als wenn die Belegschaft darüber nur befragt oder die Änderung vom Management nur angeordnet wurde. Er maß Stimmung und Produktivität unter jeder der drei Bedingungen. Die Kontrolle über den gemeinsam geteilten Lebensraum war die entscheidende Varible. Es gilt hier zu bedenken, wieviel wirksamer es ist, diese einzige Variable zu ändern, als therapeutisch in die inner-personalen Systeme von einhundert Arbeitern einzugreifen! Zwei andere Schüler von Lewin, Ronald Lippitt und Ralph White, führten das bekannte Experiment mit den verschiedenen Unterrichts-Stilen durch. Sie kamen zu dem Ergebnis, daß die autokratischen und die laisser-faire-praktizierenden Lehrer deutlich meßbar die Regression der Kinder förderten. Beim demokratischen Lehrer lernten die Kinder mehr und verhielten sich durchweg altersgemäß und reif in der Klasse. Ohne seine Verantwortung für die Kinder abzulegen, erbat und erhielt er ihre Unterstützung, als es darum ging, aus dem Klassenzimmer für alle Beteiligten einen besseren Lebensraum zu machen. (Es ist zu wünschen, daß diese Forschungsarbeit Eingang findet in die endlosen Diskussionen über traditionelle und pro-gressive Erziehung, dann blieben wir endlich von diesen falschen Dichotomien verschont.)

Die Krönung seiner Karriere erlebte Lewin kurz vor seinem Tode, als ihn die Kommission gegen die Rassendiskriminierung im amerikanischen Bundesstaat Connecticut um Unterstüt-zung ihrer Arbeit bat. Als Lösung schlug er vor, sich mit einer kleinen Gruppe von Beamten, Bürgerrechtlern und Organisatoren, die zur Durchführung einer nichtdiskriminierenden Politik bereit waren, zu einem Seminar an einem abgelegenen Ort zurückzuziehen. Jeder einzelne Teilnehmer hatte geglaubt, er würde alleine kämpfen, und die wechselseitige Unterstützung, die Entschlossenheit und Begeisterung, die in dieser kleinen Gruppe entstan-den, wurden eine unvergeßliche Erfahrung. Noch wichtiger war, daß die Teilnehmer an ihren Arbeitsplatz zurückkehrten und ihre gemeinsamen Bemühungen um den Abbau der Diskri-minierung in über einem Dutzend Bereiche koordinieren konnten. Es war eine Methode entwickelt worden, die einsamen Entscheidungsträgern Unterstützung durch eine Gruppe von gleichgesinnten Menschen vermittelte. Die kleine Gruppe konnte die soziale Karte in ihrem gemeinsam geteilten Lebensraum neu zeichnen, und jeder konnte sich nun neuen Aufgaben und Zielen widmen. Dieser bescheidene Anfang entwickelte sich weiter zu den National Training Laboratories in Bethel im amerikanischen Budesstaat Maine. Seither ist viel für und gegen die „T-Gruppen" gesagt worden, doch bezweifle ich, ob Lewin je daran gedacht hat, daß sich Menschen in die Wälder zurückziehen, um Intimität einzuüben. Der Rückzug war für ihn eine Strategie, die auf sozialen Fortschritt abzielte; man traf sich, weil man Willen, Stärke und soziale Unterstützung aufbauen wollte, um dann wirksam für eine Welt zu kämpfen, in der jeder Mensch Herr über seinen eigenen Lebensraum ist.

Die Phasen des Lebenszyklus:
Erik Eriksons Konzept der Identität

In seinen Seminaren an der Harvard University in den sechziger Jahren zeigte Erik Erikson einen französischen Film mit dem Titel „Cybèle". Der Film erzählt die Geschichte eines ehemaligen Luftwaffenpiloten, der jetzt geisteskrank ist und sein Gedächtnis verloren hat. Er freundet sich mit einem kleinen 12jährigen Mädchen an, das von seinem Vater in einer Klosterschule für Kinder zurückgelassen wurde. Der Mann stellt sich als Verwandter vor, geht jeden Sonntag mit dem Mädchen aus, und es entwickelt sich eine tiefe Freundschaft. Sie bemerkt eine väterliche Zuneigung, die sie nie zuvor gespürt hat. Er gibt dem Leben ein Mädchen zurück, das sehr stark dem ähnelt, das er im Visier seines Maschinengewehrs hatte, als er in einem Sturzflug ein algerisches Dorf angriff. (Dieses Trauma ist die Ursache seines Gedächtnisverlustes). Der Film erreicht seinen Höhepunkt, als die beiden Weihnachten feiern; doch in der Zwischenzeit hat die Obrigkeit ihre „ungesunde" Beziehung entdeckt. Da das kleine Mädchen kein Geschenk hat, das sie ihm geben kann, schreibt sie „Cybèle" auf ein Stück Papier und steckt es in eine Silberkugel am Christbaum. Es ist ihr wahrer Name, den die Nonnen nicht anerkennen, da er „heidnisch" ist. Unter dem Baum schläft sie ein, und der Mann, der ihr Geschenk findet, bückt sich zärtlich über sie. In diesem Augenblick stürmt die Polizei herein, mißversteht seine Absicht, schießt und tötet ihn. Sie fragen das erwachte Kind nach seinem Namen. „Ich habe keinen Namen", schreit es verzweifelt, „Ich habe keinen Namen!"

Erikson erweitert Freuds Werk um eine soziale Dimension, die zu recht berühmt geworden ist, das gilt vor allem für Eriksons Konzept der Ich-Identität: „Das wachsende Vertrauen, daß die eigene Fähigkeit zu innerer Stabilität und Kontinuität in Übereinstimmung steht mit dem Bild, das sich die anderen von einem machen." Wie Cybèle, so müssen wir alle die wichtigen Teile unserer Erfahrung sammeln, daraus die Synthese bilden und die in unserem Leben wichtigen anderen Menschen fragen: „Akzeptiert ihr diese Gestalt, die ich bin?" Von solchen Fragen und den Antworten darauf hängt die Gesundheit ab. Eriksons Modell des menschlichen Lebenszyklus ist sehr ausgearbeitet und differenziert. Auf der linken Seite des Gitters, das auf der gegenüberliegenden Seite gezeigt wird, stehen „die acht Entwicklungsphasen des Menschen", bei den ersten fünf handelt es sich um eine Ausarbeitung der oralen, analen, phallischen, Latenz- und genitalen Phasen nach Freud (siehe Modell 9), die drei folgenden Phasen beziehen sich auf die Zeit zwischen Jugendalter und reifem Erwachsenenalter; die Herausforderungen, denen der Mensch in den einzelnen Phasen begegnet, sind diagonal von unten links bis oben rechts eingetragen; und die Errungenschaften oder „Tugenden" stehen auf der rechten Seite (allerdings hat Erikson diese erst viel später entwickelt und nicht viel darüber geschrieben). Erikson stellt seine Theorie auf die Grundlage der Vorstellungen von Heinz Hartmann: von einer „durchschnittlich zu erwartenden Umgebung" mit Wiege, Säuglingspflege, Familie, Schule, Altersgruppen, Ehe, Kinder und Reife. Doch behauptet er nicht, daß eine Kultur so aussehen muß oder müßte, sondern daß diese Ereignisse eine Sequenz von Reaktionen auslösen; eine andere Umgebung könnte sehr wohl die Reihenfolge oder die Herausforderungen ändern, doch wird es immer irgendeine bestimmte Sequenz geben. Zuerst wird ein neu gewachsener Teil der Ich-Identität von der Umwelt auf die Probe gestellt und muß die eigene Verletzlichkeit überwinden; dann folgt der nächste. Jeder Schritt entspricht einer geänderten Perspektive, bei der eine neue Fähigkeit Gebrauch von einer neuen Möglichkeit macht. „Jede Stufe erlebt während der angegebenen Phase ihren Anstieg, tritt in ihre Krise und findet ihre dauerhafte Lösung." Jede neue Phase stützt sich auf die vorausgegangenen, so daß die Art und Weise, in der die anfänglichen Krisen gemeistert werden, sich auf die Lösungsmöglichkeiten der späteren Krisen auswirken muß. Cybèle litt nicht nur unter einer schweren Kindheit, was sie dazu trieb, bei einem einzigen Freund viele verschiedene Lösungen zu suchen, sondern auch unter dem Unvermögen ihrer Kultur, eine derart unwahrscheinliche Bindung zu tolerieren. Ist ein Kind einmal aus einer bestimmten Phase heraus, dann werden seine Bedürfnisse als illegitim angesehen, und die Ablehnung gegenüber dem Abweichler wächst um ein Vielfaches.

Betrachten wir nun die verschiedenen Phasen des Lebenszyklus. Die erste Krise sieht Erikson im Erwerb von *Urvertrauen* oder *Urmißtrauen*. Der Erwerb des Urvertrauens ist

Erik Eriksons Modell des menschlichen Lebenszyklus hat die Form eines Gitternetzes. Auf der linken Seite stehen die „acht Phasen der Menschen"; die Krisen, denen der Mensch in den einzelnen Phasen begegnet, sind diagonal von unten links bis oben rechts eingetragen; und die Errungenschaften oder „Tugenden" der einzelnen Phasen stehen auf der rechten Seite. Die geistige Gesundheit und Tugend (im Sinne von „inhärenter Stärke") eines Menschen hängen davon ab, wie gut die Ich-Identität die vorausgegangenen Phasen und ihre Konflikte überwindet, indem sie das Mißtrauen in das Urvertrauen einschließt (nicht zurückweist), Augenblicke der Isolation in die Intimität aufnimmt und so weiter. Der Einzelne kann für sich das Gitternetz ausfüllen, um zu sehen, wie vorausgegangene Krisen sich immer wieder in der gerade vorherrschenden Krise zeigen. Ein junges Paar, das gerade um eine dauerhafte Intimität kämpft (Phase 6), wird bei diesem Kampf wahrscheinlich auf Themen stoßen wie Vertrauen, Initiative und Integrität. Die Frau könnte sich z. B. fragen „Kann er einen Arbeitsplatz halten?" (Phase 4). „Respektiert er meine Autonomie?" (Phase 2). „Wird er für unsere Kinder sorgen?" (Phase 7). Die bestehende (oder fehlende) Intimität des Paares hängt davon ab, wie die früheren Krisen verarbeitet wurden und wie gut ihre derzeitige Beziehung frühere Versäumnisse ausbessern kann. Denn in jedem Menschen ist sowohl das Kind wie auch der Erwachsene gegenwärtig, und beide begegnen sich im anderen.

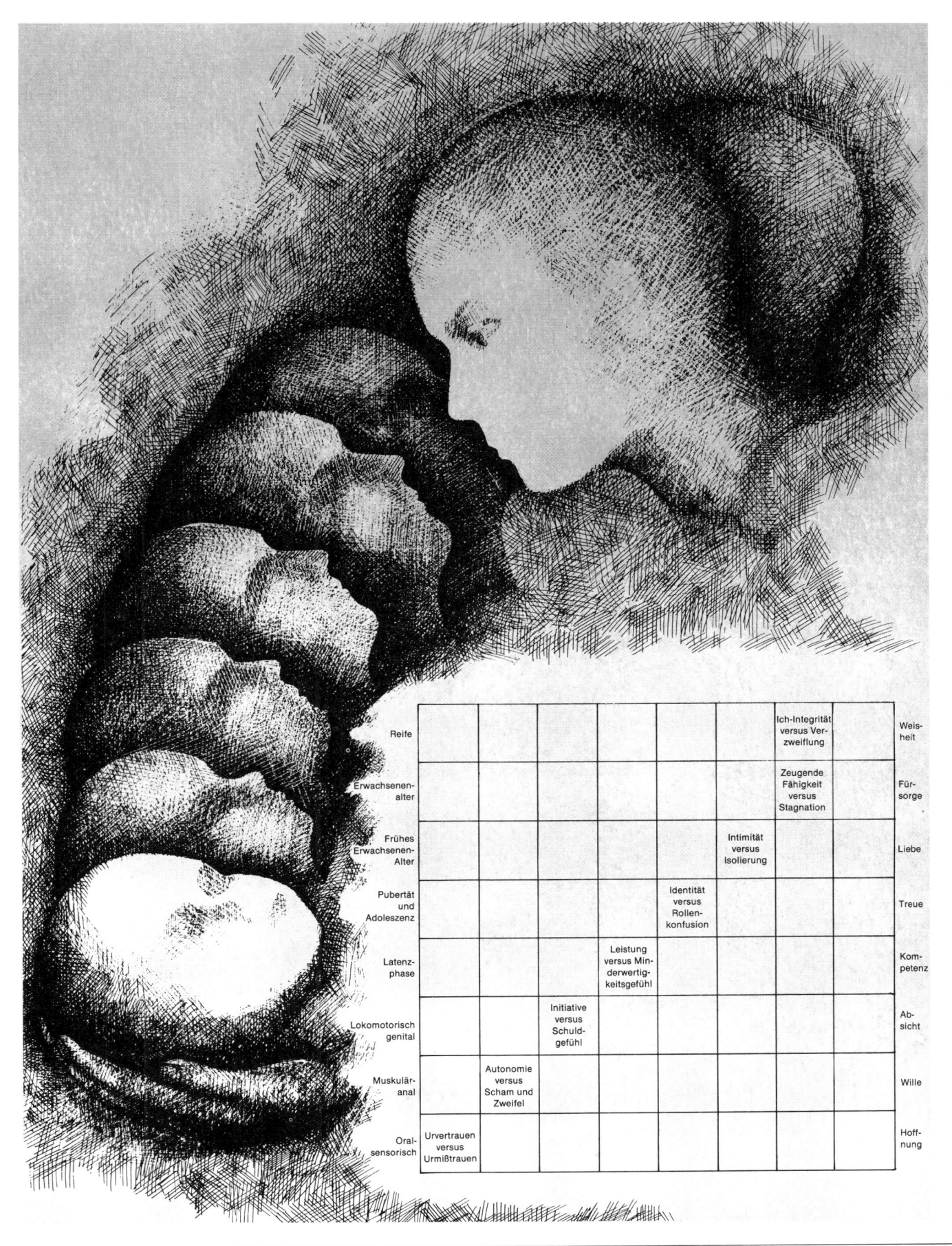

						Ich-Integrität versus Ver-zweiflung		Weis-heit
Reife						Ich-Integrität versus Ver-zweiflung		Weis-heit
Erwachsenen-alter						Zeugende Fähigkeit versus Stagnation		Für-sorge
Frühes Erwachsenen-Alter					Intimität versus Isolierung			Liebe
Pubertät und Adoleszenz				Identität versus Rollen-konfusion				Treue
Latenz-phase			Leistung versus Min-derwertig-keitsgefühl					Kom-petenz
Lokomotorisch genital		Initiative versus Schuld-gefühl						Ab-sicht
Muskulär-anal	Autonomie versus Scham und Zweifel							Wille
Oral-sensorisch	Urvertrauen versus Urmißtrauen							Hoff-nung

133

„der Eckpfeiler einer gesunden Persönlichkeit". Während dieser oralen Phase sucht der Mund die Brust, und das Kind faßt Vertrauen zu den immer gleichen und verläßlichen Bezugspersonen. Wenn das Kind nicht das Gefühl hat, daß da ein verläßlicher Mensch ist, der es umsorgt, besteht die Gefahr einer akuten Säuglingsdepression, und im späteren Leben kann dies zu einer Regression in habgierige Formen des oralen Sadismus führen, bei einigen Psychotikern sogar zu einer chronischen Unfähigkeit, auf jegliche Art von Hilfe oder Unterstützung zu reagieren. Das Urvertrauen vermittelt uns den Glauben an ein reagierendes Universum, der dem Realismus, der aus den späteren Phasen erwächst, zugrunde liegt.

Als nächstes entwickelt sich zwischen dem ersten und dritten Lebensjahr die Ausscheidungs- oder anale Phase, in der das Kind lernt, das körperliche System ungefähr im Gleichgewicht zu halten: Zurückhalten und Loslassen, Verkrampfung und Entspannung, Beugen und Strecken. Aus diesem Gleichgewicht oder Mangel daran entwickelt sich die Krise der *Autonomie versus Scham und Zweifel*. In dieser Phase ist es verhängnisvoll einfach, das Kind mit Scham und Abscheu vor den Körperfunktionen zu erfüllen. Die Urteile der Erwachsenen verfehlen kaum ihre Absicht. Die mögliche Folge davon ist eine lebenslange Überzeugung, daß Schmutz und Schlechtigkeit mit dem Körper verbunden sind. Derartige pathologische Vorstellungen finden wir in neurotischen Zwängen, dem damit verbundenen Geiz, Reinigungsritualen und zwanghafter Ordnungsliebe, sie alle verdecken eine darunter liegende Abscheu vor dem menschlichen Dasein.

Das Kind kommt danach mit vier oder fünf Jahren in die Krise „*Initiative versus Schuldgefühl.*" In diesem Alter sind seine lokomotorischen Fähigkeiten sehr weit fortgeschritten (es kann nicht nur einfach gehen, sondern auch suchen, bohren und eindringen) und es verfügt über erstaunliche sprachliche Fähigkeiten, die mit einer Explosion der Vorstellungskraft einhergehen. Das Kind kann sich selbst als Erwachsener vorstellen, und es übernimmt im Spiel gern einfache Rollen wie Polizist oder Doktor. Die Gefahr besteht bei dieser Phase darin, daß sich geheime Phantasien entwickeln können, wenn die Initiative unterbunden wird, wie das bei der ödipalen Bindung an die Mutter der Fall ist. Das Kind kann jetzt intensiv Schuld empfinden aufgrund von verbotenen Wünschen, und sein Gewissen, das die ersten Regungen zeigt, kann ihm selbst oder einem inkonsistenten Elternteil gegenüber grausam sein. Auf dem Spiel steht nun der Glaube an ein kohärentes System universeller Güter gegenüber dem Terror willkürlicher und unverständlicher Mächte, die vom Geist Besitz ergreifen können. In dieser Phase hält es Erikson für wichtig, daß die Familie eine klare Grenze zieht, innerhalb der das Kind seiner ungebrochenen Initiative freien Lauf lassen kann.

In der vierten Phase, *Leistung versus Minderwertigkeitsgefühl*, besucht das Kind die Schule, um die Welt des systematischen Lernens zu entdecken. Erikson macht kurzen Prozeß mit der langwierigen Diskussion zwischen „formalen" und „progressiven" Erziehern. Das Kind braucht und genießt eine ökologische Beherrschung der Umwelt. Spielen heißt, in der Phantasie die Herrschaft über die Dinge zu erlangen, für die die Spielsachen stehen. Das Spiel ist deshalb sowohl eine Erholung für das Ich von den Mühen des Lernens im Klassenzimmer als auch eine Möglichkeit, die Ziele des Lernens sich bildhaft vorzustellen. Somit ist das Spiel eine Ergänzung zur Arbeit, kein Ersatz, und zwar ebensowenig wie die Phantasie kein Ersatz für Leistung sein kann. In der Schule muß das Kind einen Sinn für Leistung entwickeln, der stärker ist als gelegentliche Gefühle der Unzulänglichkeit. Ernsthaft zurückzubleiben bedeutet, täglich gegen Erniedrigung ankämpfen zu müssen. So müssen große Energien allein für den Kampf gegen die Unterlegenheit eingesetzt werden. Eine andere pathologische Form ist die „Geschäftigkeit", die ausschließlich darauf abzielt, befürchtete Unzulänglichkeiten abzuwenden. Sie gleicht dem Versuch, einen abwärtsfahrenden Aufzug nach oben zu zwingen, weil „unten" in der bürgerlichen Vorstellung die üblen Gesellen leben, die Armen, die Faulenzer und die „Schnorrer". An dieser Stelle muß ich Eriksons Gedanken vor einem allgemeinen Mißverständnis bewahren. Er sagt nicht, daß Vertrauen, Autonomie und Initiative ihre jeweiligen Gegenspieler „überwinden" und somit das positive Denken triumphiert. Im Gegenteil, jeder Mensch muß bewußt Erfahrungen und Situationen internalisieren, wo Mißtrauen, Scham und Schuld absolut angemessen und unvermeidbar waren. Das Positive lernt vom Negativen, ohne davon überwältigt zu werden. Erikson hegt eine besondere Bewunderung für Menschen wie George Bernard Shaw, die die „Skelette in ihrem Keller" zum Tanzen bringen können.

„Ein Junge, der seine ‚Regierung' mit einer unvollständig eingewickelten Gans unter dem einen und einem Schinken im gleichen Zustand unter dem anderen Arm gesehen hat (beide unter, der Himmel weiß welchen, Wahnvorstellungen von Festlichkeiten erworben), wie er mit dem Kopf gegen die Gartenmauer anrennt, im Glauben, daß er das Tor aufstößt, und bei diesem Prozeß seinen Zylinderhut in eine Ziehharmonika verwandelt, und der, statt bei diesem Schauspiel von Scham und Angst überwältigt zu sein, vor Vergnügen so außer Aktion gesetzt ist, daß er kaum imstande war, zur Rettung des Hutes herbeizueilen und seinen Träger in Sicherheit zu geleiten, ist offensichtlich nicht ein Junge, der aus Kleinigkeiten Tragödien machen wird, statt aus Tragödien Kleinigkeiten zu machen. Wenn Du das Familienskelett nicht loswerden kannst, dann kannst Du es ebensogut tanzen lassen."

aus „Selected Prose" von George Bernard Shaw zitiert in Erik Erikson: Jugend und Krise

„Für Erikson … ist die menschliche Evolution immer bestrebt, ständig bessere Muster (oder Rituale) für die gegenseitige Aktivierung und Regulierung zu finden, (die) das Wesen der Kultur ausmachen. Kultur ist nicht einfach ein System von Verboten und Konzessionen … Aus der Sicht von Erikson, die mehr ökologische und theologische Gültigkeit besitzt, bilden das Selbst und die Gesellschaft aber ein System von komplementären Bedürfnissen und Antrieben."
„Generative Man"
Don S. Browning

„Für Erikson ist die Ich-Du-Beziehung nicht nur eine Dualität. Es ist zumindest ein Vierergespann. Es ist nicht nur eine Begegnung zweier Erwachsener; sondern der Erwachsene und das Kind in einem Menschen begegnen dem Erwachsenen und dem Kind im anderen."
„Generative Man"
Don S. Browning

Die größte Prüfung für die Ich-Identität ist gewöhnlich die Jugend, wo es um den Kampf zwischen *Identitätsfindung und Rollenkonfusion* geht. Die raschen körperlichen Veränderungen in der Pubertät konfrontieren „die Selbstherrschaft des Gewissens" mit der „Anarchie der Triebe". Die Welt ist plötzlich um vieles größer, es öffnen sich viele neue Türen, und es werden eine Unmenge von Idolen und Idealen zum Verkauf angeboten, die den ohnehin vorhandenen Druck der Peer-Gruppen zur Konformität mit der Masse und zu vorübergehenden Identifikation noch verstärken. Dies ist die Zeit, in der das wirkliche Können und sinnvolle Leistungen von Eltern und Lehrern überzeugend und konsequent anerkannt werden müssen, wenn der Jugendliche eine stabile Identität bilden und erhalten soll. Andernfalls kommt es dazu, daß der Jugendliche lieber eine negative Identität entwickelt als gar keine – eine Identität, zu der das Schockieren, die Gewalt und das Klauen gehören. Die Kriminalität wird gefördert, wenn man Menschen mit einem Etikett abstempelt. Es ist ein sozialer Tod, herbeigeführt durch schnelle Definitionen und Lieblingsdiagnosen. Viele unserer pathologischen Zustände heute wie Rassismus, Sexismus, Klassenhaß und Jugendbanden sind die Folge des verzweifelten Versuches, die Identität zu erhalten in Gemeinschaften, die von Außenseitern „gesäubert" sind. Erst wenn sich eine feste Identität geformt hat, kann das Selbst dem anderen angeboten werden, wo Verletzlichkeit Stärke bedeutet. Erikson beschreibt diese Krise als *Intimität und Zurückhaltung gegen Selbstvertiefung*. Darin enthalten ist der Gedanke Martin Bubers, daß Distanz wesentlich ist für wahre Intimität (siehe Modell 35). Der andere erlaubt einem, seinen persönlichen Raum zu betreten. Nur der ganz in sich selbst vertiefte Mensch kann die Sicherheit seiner Festung nicht verlassen. Diese Phase entspricht der genitalen Phase bei Freud, der Gegenseitigkeit des reifen Erwachsenen. In der menschlichen Intimität werden die Kinder empfangen, und hier ergibt sich der Konflikt zwischen *zeugender Fähigkeit gegen Stagnation*. Die zeugende Fähigkeit ist das eleganteste und wichtigste Konzept von Erikson, sein eigenes intellektuelles Leben ist ein Beispiel dafür. Es wurde durch das Werk Freuds gespeist und hat es seinerseits auch in einer die Generationen übergreifenden Verehrung erweitert. Die zeugende Fähigkeit ist die Sorge, die sich beim Aufbau und der Führung der nächsten Generation zeigt. Es ist eine liebende Kreativität, dagegen ist die moderne lieblose Kreativität unsere schlimmste Versuchung und unser größter Fehler. Die zeugende Fähigkeit ist ein Prozeß, der sich von den archaischen und unbewußten biologischen Neigungen des Menschen bis zu den höchsten kulturellen Erzeugnissen unserer Vorstellungskraft erstreckt. Im Generationenkomplex überwinden wir den Ödipuskomplex und werden zu Liebenden und zu Eltern. „Die Entwicklung hat den Menschen sowohl zu einem lehrenden als auch zu einem lernenden Geschöpf gemacht, denn Abhängigkeit und Reife beruhen auf Gegenseitigkeit: der reife Mensch muß gebraucht werden und das, was der Sorge bedarf, lenkt die Reife."

Somit kommen wir zur letzten Krise von *Integrität gegen Scham und Verzweiflung*. Während des gesamten Lebenszyklus sind die Einzelteile gesammelt worden, eine Struktur wurde auf der anderen aufgebaut um die Kontinuität des Ichs herum. Jetzt, wo der Tod näher gerückt ist, stellt sich die Frage: Hält dies alles zusammen oder wird es einstürzen? Sind die Bande der Liebe und der Lebenssinn stark genug, so daß wir zufrieden sind, wenn wir selbst vergehen? „Nur derjenige, der die Sorge für Dinge und Menschen in irgend einer Weise auf sich genommen hat und sich den Triumphen und Enttäuschungen angepaßt hat, die damit zusammenhängen, daß man nolens volens zum Ursprung anderer Menschenwesen und Schöpfer von Dingen und Ideen geworden ist – nur solch ein Mensch kann allmählich die Frucht dieser sieben Phasen ernten. Ich weiß kein besseres Wort dafür als Ich-Integrität … Es umfaßt zugleich ein kameradschaftliches Gefühl der Verbundenheit mit den Ordnungen ferner Zeiten und Strebungen, so wie sie in den einfachen Werken und Worten jener Zeit ausgedrückt sind."

So wird die Psychoanalyse bei Erikson zu einer positiven ethischen Wissenschaft, bei der das Ich die Synthese der Tugenden aus den acht Phasen *Hoffnung, Wille, Absicht, Kompetenz, Treue, Liebe, Fürsorge* und *Weisheit* herstellt.

Der Aufstieg aus der Höhle Platons:
Die moralische Entwicklung von Piaget bis Kohlberg

Bei diesem Modell stoßen wir auf den Strukturalismus. Er könnte als eine Form der im Modell 36 vorgestellten Feldtheorie betrachtet werden, doch steht er der Biologie und der Linguistik näher als dem Elektromagnetismus. Der Strukturalismus sucht zuerst nach den Prinzipien, nach denen ein Gesamtphänomen organisiert ist und interpretiert erst dann die Elemente innerhalb dieser Struktur entsprechend ihrer Beziehung zum Ganzen.

Jean Piaget wurde berühmt durch seinen Entwurf der drei großen Entwicklungsstadien der Intelligenz bei Kindern. Seine Pionierarbeit führte er zwischen den dreißiger und siebziger Jahren dieses Jahrhunderts durch. Das erste Stadium, von der Geburt bis zum 7. Lebensjahr ist die sensomotorische und präoperationale Phase. Sie wird dadurch charakterisiert, daß die Intelligenz des Kindes an das gebunden ist, was es konkret durchführen oder wahrnehmen kann. Das zweite Stadium (7 bis 11 Jahre) ist die Phase der konkreten Operationen, in der sich das Kind konkrete Handlungen symbolisch vorstellen kann, ohne sie direkt auszuführen. Im dritten Stadium von 11 Jahren an aufwärts kann das Kind über Gedanken nachdenken und „mit Operationen operieren" und so allgemeine Gesetze hinter einer Vielzahl von Einzelfällen erkennen. Der Übergang von einem Stadium zum nächsten erfolgt über Konflikte und Störungen des Gleichgewichts, denen dann das Gleichgewicht (Äquilibration) folgt, wenn das Kind einerseits die Umwelt assimiliert und sich andererseits an sie anpaßt (akkomodiert). Piaget glaubt, daß auch die moralischen Vorstellungen eine solche Sequenz durchlaufen. Dieser Gedanke ist von Lawrence Kohlberg aus Harvard aufgenommen und in einer breit angelegten Untersuchung zur Entwicklung des moralischen Urteils erforscht worden. Die sechs Stufen der moralischen Entwicklung bei Kohlberg, die beinahe über zwei Jahrzehnte untersucht wurden, sind auf der gegenüberliegenden Abbildung aufgeführt.

Ungefähr ab dem zweiten Lebensjahr durchläuft der Mensch bis etwa zum Alter von 25 Jahren (danach ist die kognitive Entwicklung in der Regel abgeschlossen) zumindest die ersten der sechs Stufen, die Reihenfolge ist immer die gleiche und sie ist irreversibel. Die Stufe, die ein Mensch in der moralischen Urteilsfähigkeit erreicht hat, läßt sich messen, indem ihm etwa ein Dutzend Geschichten mit moralischen Problemsituationen vorgelegt werden und er gefragt wird, wie er sich in einer solchen Situation verhalten würde. Gemessen wird nicht, ob die Antwort „richtig" oder „falsch" ist, sondern die Struktur und die Ebene des moralischen Denkens, die bei der Rechtfertigung der Lösung sichtbar werden. Ein Mann soll sich beispielsweise vorstellen, daß seine Frau stirbt, weil sie ein dringend benötigtes Medikament nicht hat. Der einzige örtliche Apotheker verlangt einen so übertrieben hohen Preis, daß der Mann ihn nicht bezahlen kann. Was macht er? Die meisten, wenn auch nicht alle Versuchspersonen, sagen, daß sie sich das Medikament einfach mitnehmen würden – mit geringer oder gar keiner Bezahlung. Betrachten wir uns im einzelnen die Stufen der moralischen Entwicklung, um zu sehen, wie in diesem moralischen Dilemma jeweils gedacht wird.

Moralische Wertvorstellungen werden in den beiden ersten vorkonventionellen Stufen nach egozentrischen Bedürfnissen definiert. Auf Stufe 1 wird der Mensch primär durch den Wunsch motiviert, Bestrafung durch eine überlegene Macht zu vermeiden: „Gott würde mich bestrafen, wenn ich meine Frau sterben ließe. Mein Schwiegervater würde mir Vorwürfe machen." Auf Stufe 2 verlagert sich das Interesse auf die Befriedigung quasi-körperlicher Bedürfnisse. Der Mensch entwickelt hier ein Bewußtsein für den relativen Wert der Bedürfnisse anderer Menschen, wenn seine eigenen Triebe durch die Forderungen nach Austausch und Gegenseitigkeit frustriert werden: „Ich habe ein Recht auf meine Frau, und dies ist wichtiger als irgendwelche Ansprüche des Apothekers. Niemand kümmert sich um meine Interessen oder die meiner Frau, wenn ich es nicht tue."

Mit den nächsten beiden Stufen wird die konventionelle Ebene erreicht, wo sich die moralischen Wertvorstellungen als Konformität gegenüber traditionellen Rollenerwartungen darstellen und auf die Erhaltung der bestehenden sozialen und legalen Ordnung beziehen. Auf Stufe 3 möchte der Mensch soziale Mißbilligung vermeiden und nach seinen Absichten beurteilt werden: „Ich würde tun, was jeder halbwegs anständige Ehemann auch tun würde – seine Frau retten und seine Schutzfunktion ausüben." Auf der vierten Stufe erkennt der Mensch, wie seine Rolle in die von den anderen gebilligten sozialen Institutionen eingefügt ist

Lawrence Kohlberg hat die sechs Stufen der moralischen Entwicklung auf der gegenüberliegenden Seite verglichen mit dem Aufstieg der Schatten aus der allegorischen Höhle bei Platon hinauf zum Sonnenlicht der Wahren Gerechtigkeit. Kohlberg entdeckte, daß sich der junge Mensch zwischen seinem zweiten und fünfundzwanzigsten Lebensjahr in vielen Kulturen von der Stufe 1 an aufwärts entwickelt. Die Entwicklungsstufen sind invariabel und irreversibel; die meisten erreichen die Stufen 3 und 4, jedoch nur wenige Stufe 6. Jede nachfolgende Stufe stellt eine kognitive Transformation vorausgegangener Stufen dar; die einzelnen Stufen sind charakterisiert durch eine bestimmte Form und Argumentation der Antworten und eine jeweils andere intentionale Struktur. Jede Ebene umfaßt die niederen Ebenen in einem hierarchischen System mit einem immer höheren Grad an Differenzierung und Integration. Der Wechsel von der einen Ebene zur nächsten wird gefördert durch moralische Konflikte, bei denen es um Erwartungen und Realitäten geht und wo These und Antithese der höheren Synthese weichen. Der heranwachsende Mensch sucht ein Gleichgewicht zwischen der Assimilation seiner sozialen Umwelt und der Akkomodation an diese Umwelt. Diese Theorie beschreibt eine Interaktion von Organismus und Umwelt; es handelt sich also nicht um eine rein biologische Abfolge, und sie will ebensowenig den „Wert" eines Individuums unabhängig von seinen sozialen Möglichkeiten einschätzen. Anders als die sozialen Lerntheorien beschäftigt sie sich weniger mit Lerninhalten, die vergessen werden können, als vielmehr mit sich entwickelnden, moralischen Werten, die nicht vergessen werden.

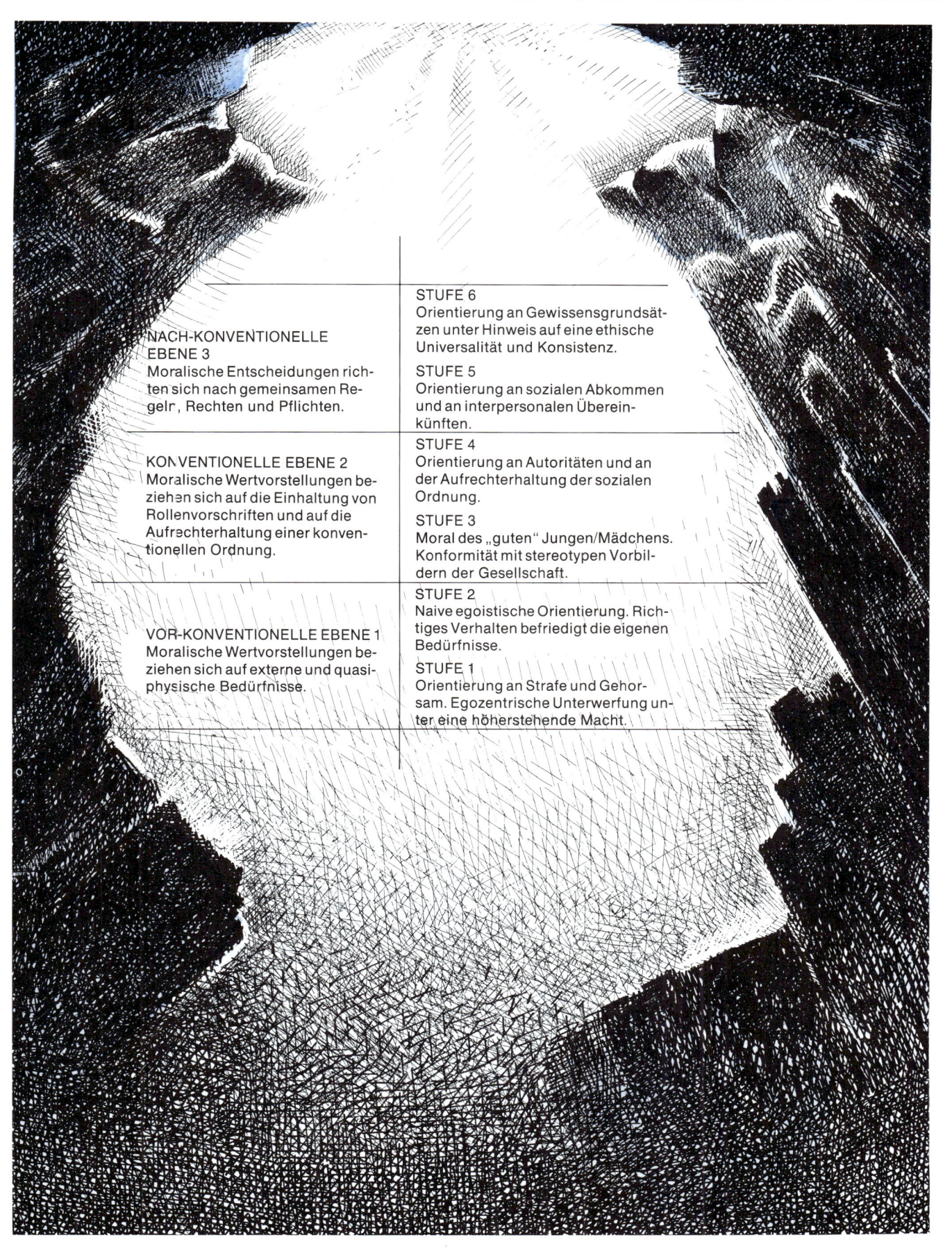

NACH-KONVENTIONELLE
EBENE 3
Moralische Entscheidungen richten sich nach gemeinsamen Regeln, Rechten und Pflichten.

STUFE 6
Orientierung an Gewissensgrundsät-
zen unter Hinweis auf eine ethische
Universalität und Konsistenz.

STUFE 5
Orientierung an sozialen Abkommen
und an interpersonalen Überein-
künften.

KONVENTIONELLE EBENE 2
Moralische Wertvorstellungen be-
ziehen sich auf die Einhaltung von
Rollenvorschriften und auf die
Aufrechterhaltung einer konven-
tionellen Ordnung.

STUFE 4
Orientierung an Autoritäten und an
der Aufrechterhaltung der sozialen
Ordnung.

STUFE 3
Moral des „guten" Jungen/Mädchens.
Konformität mit stereotypen Vorbil-
dern der Gesellschaft.

VOR-KONVENTIONELLE EBENE 1
Moralische Wertvorstellungen beziehen sich auf externe und quasi-
physische Bedürfnisse.

STUFE 2
Naive egoistische Orientierung. Rich-
tiges Verhalten befriedigt die eigenen
Bedürfnisse.

STUFE 1
Orientierung an Strafe und Gehorsam. Egozentrische Unterwerfung unter eine höherstehende Macht.

und er versucht, seine Pflicht zu tun – die Erwartung der Gesellschaft zu erfüllen: „Meine Frau und ich, wir haben uns einem höheren Gesetz, der Institution der Ehe, unterstellt. Die Gesellschaft wird durch diese Institution zusammengehalten. Ich kenne meine Pflicht."

Die zwei nachkonventionellen Stufen stellen die höchste Ebene der moralischen Entwicklung dar. Die Entscheidungen orientieren sich hier eher an der Betrachtung gemeinsam geteilter Werte als an egozentrischen Interessen oder blinder Konformität mit gesellschaftlichen Normen. Auf Stufe 5 versteht der Mensch seine Pflicht als eine Art Vertrag und erkennt, daß Regeln zum Zwecke der Übereinkunft willkürlich festgelegt worden sind. Er vermeidet es, die Rechte anderer oder die Interessen der Mehrheit zu verletzen: „Meine Frau und ich haben einander versprochen, uns zu lieben und uns gegenseitig zu helfen, unter allen Umständen. Wir haben uns dafür entschieden, und diese gegenseitige Verpflichtung wird in unserem Alltag ständig erneuert, deshalb bin ich verpflichtet, sie zu retten." Auf Stufe 6 verläßt sich der Mensch vorwiegend auf sein eigenes Gewissen und auf den Respekt für andere, der erwidert wird. Er erkennt das universelle Prinzip, das hinter sozialen Abmachungen liegt und versucht, es als Prinzip des moralischen Handelns anzuwenden: „Kein Vertrag oder Gesetz, keine Verpflichtung, kein privater Gewinn oder die Furcht vor Bestrafung sollte irgendjemand davon abhalten, die zu retten, die er liebt. Ich werde mir das Medikament nehmen und einen angemessenen Preis dafür zahlen und dann versuchen, alle Betroffenen zu überzeugen, daß ich nach dem Prinzip der Gerechtigkeit gehandelt habe."

In der Praxis sind die Antworten natürlich nicht so klar und eindeutig, und es bedarf eines ausgefeilten Signierungssystems, um einzuschätzen, auf welcher Stufe der moralischen Entwicklung ein Mensch überwiegend denkt. In der beinahe zwanzigjährigen Forschungszeit sind einige interessante Muster entdeckt worden. Die überwiegende Mehrheit der Amerikaner und Europäer entwickeln sich selten über die Stufen 3 und 4 hinaus. Bei den meisten Völkern erreichen weniger als 6 Prozent die Stufe 6, und nur ungefähr 20 Prozent die Stufe 5. Von der moralischen Urteilsfähigkeit der Mütter läßt sich die moralische Entwicklung ihrer Kinder vorhersagen, während der Entwicklungsstand des Vaters nur geringen Einfluß hat. Delinquenten und Kriminelle denken vorwiegend auf einer niederen Stufe, meist 1, 2 und 3. Mit der festgestellten Ebene des moralischen Urteils kann nicht nur das theoretische Denken, sondern auch das praktische Verhalten vorausgesagt werden.

In einem berüchtigten Experiment wurde den Versuchspersonen im Namen psychologischer Forschung befohlen, einem „Freiwilligen" gefährlich hohe Stromstöße zu verabreichen (Schmerz und Stromschlag wurden von einem Schauspieler vorgetäuscht). Es zeigte sich, daß 75 Prozent der Menschen auf Stufe 6, aber nur 20 Prozent der übrigen Stufen den fürchterlichen Gehorsam verweigerten. Offensichtlich hängt die moralische Entwicklung mit den intellektuellen Stufen Piagets eng zusammen. Dies gilt vor allem für den Übergang von den konkreten zu den formalen Operationen.

Bevor der Leser jetzt ungehalten wird, wollen wir einige gängige Mißverständnisse ausräumen. Ein „höheres moralisches Urteil" spiegelt keineswegs die intrinsische „Güte" oder den „Wert" eines Menschen wieder. Kohlberg mißt die Interaktion zwischen Mensch und Umwelt, folglich sagt der Meßwert vor allem etwas über die soziale Situation eines Menschen aus. Menschen in einer hohen sozialen Position in reichen Ländern sind offensichtlich eher in der Lage, ungewöhnliche Lösungen für „unmögliche" Dilemmata vorzuschlagen. So ist die positive Korrelation zwischen hoher moralischer Urteilsfähigkeit und sozialer Macht keine Überraschung. Und ebensowenig ist es verwunderlich, daß ein Arbeiter sich nicht vorstellen kann, mit seiner Firma auf der Ebene von moralischen Dilemmata zu verkehren.

Es ist wichtig festzustellen, daß die unteren moralischen Stufen für die meisten Menschen, Situationen und Probleme ausreichen. Nur ein Heiliger würde eine Moralpredigt über Alkohol halten, wenn er von einem betrunkenen Autofahrer fast angefahren wird, und es ist Aufgabe des Richters und des Psychiaters, ein differenzierteres Urteil über den Fahrer abzugeben. Die Urteile auf allen Ebenen kommen wahrscheinlich doch zu dem Schluß, daß der betrunkene Fahrer eine Bedrohung darstellt. Ein moralisches Dilemma entsteht nur dann, wenn das routinemäßige Urteilssystem der Gesellschaft aus dem einen oder anderen Grund mit einem bestimmten Fall nicht zurecht kommt. Kohlbergs Methode zur Messung moralischer Urteile (seinen Versuchspersonen werden fiktive Situationen vorgelegt) geht grundsätz-

„Es gibt eine bestimmte, konstruktive, nicht-aggressive Spannung, ohne die es kein Wachstum gibt. So wie Sokrates die Notwendigkeit spürte, eine innere Spannung zu schaffen, so daß sich der Mensch von der Knechtschaft der Halbwahrheiten lösen konnte, so müssen wir sehen, daß gewaltlose Störenfriede notwendig sind, um in einer Gesellschaft die Art von Spannung zu schaffen, die dem Menschen hilft, aus den dunklen Tiefen des Vorurteils und des Rassismus aufzusteigen."

„Letter from a
Birmingham Jail"
Martin Luther King

„Zu Recht wird die Frage gestellt ‚Wie können Sie es befürworten, einige Gesetze zu übertreten und andere zu befolgen?' Es gibt zwei Arten von Gesetzen, gerechte und ungerechte. Der Mensch hat nicht nur eine legale, sondern auch eine moralische Verantwortung gegenüber gerechten Gesetzen. Ein ungerechtes Gesetz ist ein menschliches Gesetz, das nicht im allgültigen Naturrecht verankert ist. Jedes Gesetz, das die Würde des Menschen respektiert, ist gerecht, jedes Gesetz, das den Menschen entwürdigt, ist ungerecht."

Martin Luther King

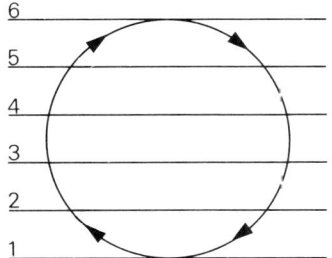

Bei dieser Neufassung der Konzeption Kohlbergs wird die moralische Entwicklung nicht nur als eine Hierarchie aufsteigender Prozeß betrachtet, um das platonisch Gute in reiner Form zu definieren, sondern auch als eine die Stufenleiter wieder herunterlaufende Entwicklung, um konkrete aristotelische Beispiele für das Gute auf jeder einzelnen Stufe zu manifestieren.

lich von dem Zusammenbruch des Systems aus. Das „schlechte System" gibt „guten Menschen", oder genauer, „fürsorglichen Menschen mit ausreichend sozialer Macht" Gelegenheit, über eine Reform des Urteilssystems nachzudenken.

Kohlbergs Forschungen haben gezeigt, daß das Bewußtsein erweitert und die Ebene des moralischen Urteils angehoben werden kann durch Diskussionen und Sokratische Dialoge. Betrachten wir das Beispiel mit der sterbenden Frau: Wenn die Versuchspersonen aufgefordert werden, sich im Konflikt zwischen zwei Stufen zu entscheiden, dann ist die Wahrscheinlichkeit groß, daß sie sich auf die höhere Stufe des moralischen Bewußtseins begeben. Die Untersuchungen zeigen, daß Versuchspersonen dazu neigen, die höchste für sie verstehbare Stufe zu wählen und diese später dann auch regelmäßig benutzen.

In den vergangenen Jahren wurden Kohlbergs Theorie und Forschung zunehmend stärker kritisiert. Er wurde sogar beschuldigt, einseitig pro-westliche Werte zu thematisieren und von einem platonischen und Lockeschen Standpunkt ausgehend kulturell voreingenommen zu sein. Er spiele mit den verkopften Moralvorstellungen priviliegierter Akademiker und Meinungsmacher herum und kümmere sich nicht um wirkliche soziale Verbesserungen. Ich glaube, daß Kohlbergs Kritiker durch eine kurze, doch entscheidende Ergänzung seiner Position beschwichtigt werden können und der Wert seiner Arbeit erhalten bleibt. Sein „Vorurteil" liegt in der Notwendigkeit begründet, die kohärente Wertehierarchie angreifen zu müssen, um sie messen zu können. Die Urteile auf der höheren Ebene sind Reaktionen auf ein simuliertes Chaos. Das „Gute", das er messen möchte, ist die Fähigkeit, ein Prinzip der Gerechtigkeit oder des Gewissens von sozialen Widersprüchen zu abstrahieren. Das ist genau das, was Platon tat, als er mit dem Niedergang der Athenischen Gesellschaft konfrontiert war. Aber warum wird das „Tugend" genannt? Sicher ist die Entdeckung der Form, der „Gerechtigkeit", nur der erste Schritt bei der Umsetzung dieses Ideals, und zu diesem Prozeß gehört die Wiederherstellung der sozialen Moralhierarchie, die durch die Widersprüche (oder durch Kohlbergs Methoden) in eine Krise geraten ist.

Wenn wir einen Mann wie Martin Luther King schätzen, von dem Kohlberg sagt, daß er ihn inspiriert habe, dann deshalb, weil er sich nicht in einen akademischen Zirkel junger reicher Männer zurückgezogen hat, um über das Gute zu meditieren, als das soziale Gefüge zusammenbrach. Er erklomm die Moralhierarchie, um dann besser herunterzusteigen und die verschiedenen Stufen reparieren zu können. King sprach zwar oft vom Gewissen, doch Kohlbergs eigene Forschungen zeigen, daß dies nicht ausreicht, da der Mensch selten moralische Äußerungen versteht, die um mehr als eine Ebene über seinen eigenen gewohnheitsmäßigen Stufen liegen. Aus diesem Grunde brachte King eine soziale Bewegung in Gang (Stufe 5), die dafür sorgte, daß Bürgerrechtsgesetze verabschiedet und von den Gerichten durchgesetzt wurden (Stufe 4). Er veranstaltete prächtige moralische Festspiele für das Fernsehen, in denen die Schwarzen gewöhnlich gut und friedlich waren (Stufe 3) und die weißen Rassisten stereotype, brutale Rollen hatten, und schließlich proklamierte er öffentlich die Rechte seiner Rasse auf normale Befriedigung menschlicher Grundbedürfnisse (Stufe 2).

Doch über allem stand das Thema der Harmonie und Integration, nicht nur zwischen den Ebenen des moralischen Bewußtseins. Wo Beziehungen, Gesetze und Vorstellungen von dem Prinzip der Gerechtigkeit geleitet werden, da ist die soziale Tugend wieder zurückgewonnen. King hat die Spaltung vorangetrieben, um die Versöhnung besser herbeiführen zu können. Erst der ganze Zyklus führt zur Tugend. Dieser „tugendhafte Zyklus" ist sowohl platonisch als auch aristotelisch, abstrakt und konkret, kopflastig und liebevoll, westlich und östlich, individuell und sozial. Durch das eifrige Messen zerstückelt Kohlberg die Hierarchie und findet „gute" Menschen in „schlechten" Systemen. Er mißt nur den kleinen kopflastigen Bogen des tugendhaften Zyklus. Abgesehen davon ist seine Arbeit ein wichtiger und eindrucksvoller Ansatz zu einem Thema, das lange Zeit ignoriert wurde.

Wörter und Dinge, Landkarten und Gebiete: Alfred Korzybskis Semantik

Bei diesem und den fünf folgenden Modellen (39–44) beschäftige ich mich mit der Frage, wie der Geist die Sprache zum Zwecke des Ausdrucks und der Kommunikation braucht und mißbraucht.

Alfred Korzybski war ein amerikanischer Wissenschaftler Linguist und Philosoph polnischer Abstammung und gründete 1929 das Institut für Allgemeine Semantik im amerikanischen Bundesstaat Connecticut. Seine erklärte Mission war die Schaffung „einer empirischen allgemeinen Werte-Theorie" und die Erstellung eines nichtaristotelischen Bezugsrahmens zum Verständnis der Beziehung zwischen der Sprache und den Objekten, auf die sich die Sprache bezieht. Die Sprache mit ihren „zeitaufhebenden" Qualitäten, die es uns ermöglichen, von einer Generation zur anderen zunehmend mehr Informationen weiterzugeben, war für Korzybski sowohl ein Segen als auch eine Gefahr, da auch die Mängel dieser Sprachstruktur weitergegeben werden. Die Sprache ist selbst überhaupt nicht in der Lage, eine ganz wichtige Unterscheidung zu treffen. Sie geht davon aus, daß die Worte und die Dinge, die damit beschrieben werden, identisch sind, und so versäumt sie, zwischen den „Karten" in unserem Kopf und dem Gebiet, auf das sich diese Karten beziehen, zu unterscheiden. Die Beziehung zwischen Wort und Ding, Karte und Gebiet hat tatsächlich eine ähnliche, aber nicht identische Struktur, und die Wörter können eine vollkommen eigene Struktur entwickeln, die das Territorium, auf das sie sich beziehen, falsch darstellen.

Zum Beispiel vermischen die Strukturen Subjekt-Prädikat oder Subjekt-Verb-Objekt eines typischen Satzes sehr stark den Unterschied zwischen Karte und Gebiet. Nehmen wir einen ideologischen Disput, bei dem A sagt: „Als Individualist muß ich den Kollektivismus bekämpfen" und B antwortet: „Als Gemeinschaftsmensch muß ich die Selbstsucht bekämpfen". Beide sprechen, als ob aus ihrem Mund kleine Verkörperungen des Individualismus und der Gemeinschaft herausschnellen würden, um den anderen zu treffen. Natürlich tragen sie weder den Gegenstand noch das Wesen der „Individualität" in sich, und die „Kooperation" ist auch kein geheiligtes Objekt, das die Seele bewohnt. Es gibt nur das Muster der allgemein anerkannten Unterschiede, die wir mit Hilfe von Kodizes bezeichnen. Das Wort „kooperativ" und eine existierende kooperative Gemeinschaft haben eine ähnliche strukturelle Beziehung wie der Zentimeter auf der Straßenkarte zum Kilometer auf der Straße, außer, daß ideologische Karten eher unzuverlässig sind!

Wir verwechseln die Sprache, wenn wir vom Subjekt zum Objekt drängen, und die exklusiven aristotelischen Klassifikationen von A oder Nicht-A, mit der gar nicht so antagonistischen Form des Gebietes. Ein Großteil der politischen Rhetorik verkleistert die intentionale Bedeutung von Sammelbegriffen: „Liebe, Brüderlichkeit, Gleichheit, Zusammenarbeit!" Zu selten fragen wir, wie das „Ding", das wir beschreiben, sich von dem benutzten Wort unterscheidet. Wenn wir das öfter täten, würden wir entdecken, daß Individualisten sehr gut zusammenarbeiten können, während Kollektivisten oft sehr verbissen miteinander konkurrieren! Da man mit der aristotelischen Logik Objekte sehr sinnvoll klassifizieren kann, ist es ungemein wichtig, sie zu hinterfragen und zu sehen, daß auch andere Klassifikationen möglich sind.

Korzybski zwingt uns ein Bild von der Sprache als ein sich selbst-korrigierendes, kybernetisches System auf; dieses System besteht aus verbal-visuellen Karten, die provisorisch und hypothetisch sind und jederzeit revidiert und integriert werden können. Diese Karten können immer nur einen Teil des Gebietes repräsentieren, sie können am besten als Beziehungen zwischen dem Geist und seiner Umwelt verstanden werden. Individualismus und Kooperation beispielsweise sind also weit davon entfernt, einen „Widerspruch" darzustellen, es handelt sich vielmehr um Pole auf einer Kartenkoordinate, mit deren Hilfe wir verstehen können, daß die Menschen trennen, um zu vereinen, damit sie dann wieder trennen können in einer endlosen kybernetischen Schlaufe. Wenn wir zwischen Karte und Gebiet unterscheiden, dann verschwindet das Gespenst Widerspruch. Es ist möglich, daß sich A und Nicht-A auf einem bestimmten Teil des Gebietes ausschließen, doch beide können auf die gleiche Karte eingezeichnet werden.

Unsere übliche Art zu sprechen hat die Struktur einer geraden Linie, einer Einbahnbewegung, bei der ein Subjekt ein Verb benutzt, um irgendein Objekt zu beeinflussen. Doch darin liegt eine Gefahr, da die Wörter, die über unsere Lippen gehen, keineswegs identisch sind mit den Objekten, auf die sie sich beziehen; bei den ersteren handelt es sich um Kodizes oder „Karten", bei den letzteren um das tatsächliche „Gebiet". Wenn deshalb A sagt „Als Individualist bekämpfe ich den Kollektivismus" und B antwortet „Als Gemeinschaftsmensch kämpfe ich gegen die Selbstsucht", dann versucht jeder, den anderen zum Objekt zu machen, und jeder tut so, als ob seine Worte dieses Objekt wären. Die Gesetze der aristotelischen Logik tendieren dazu, Kooperation und Individualität als sich ausschließende Klassifikationen gegeneinander auszuspielen, so daß sie wie gekreuzte Schwerter aufeinanderstoßen, wenn sie rhetorisch strukturiert werden (oben). Dabei wird die Tatsache ignoriert, daß sich im sozialen „Gebiet" (also in der Realität) Individualität und Kooperation vermischen.

Um dieser Tendenz in der Sprache entgegenzuwirken, fordert uns Alfred Korzybski auf, als selbstkorrigierendes System zu handeln, mit verbalen Krummsäbeln, die zu einer kybernetischen Schlaufe zusammengefügt sind (unten). Somit endet ein Satz nicht, wenn er auf sein Objekt „auftrifft", sondern kehrt in einem reflexiven Bogen zu der Karte zurück, die ihn formuliert hat, so daß sowohl A als B die Karte mit dem Gebiet vergleichen können. Wenn also A und B sowohl Subjekt als auch Objekt sind, sowohl Karte als auch Gebiet, und zwischen ihnen Informationen (nicht Gegenstände) hin- und herlaufen, dann wird dadurch ihr alberner Disput nichtig. So verbindet sich der „Bogen der Kooperation" zu einem Kreis, in dem Individualismus durch kooperative Beziehungen bestätigt wird – und umgekehrt.

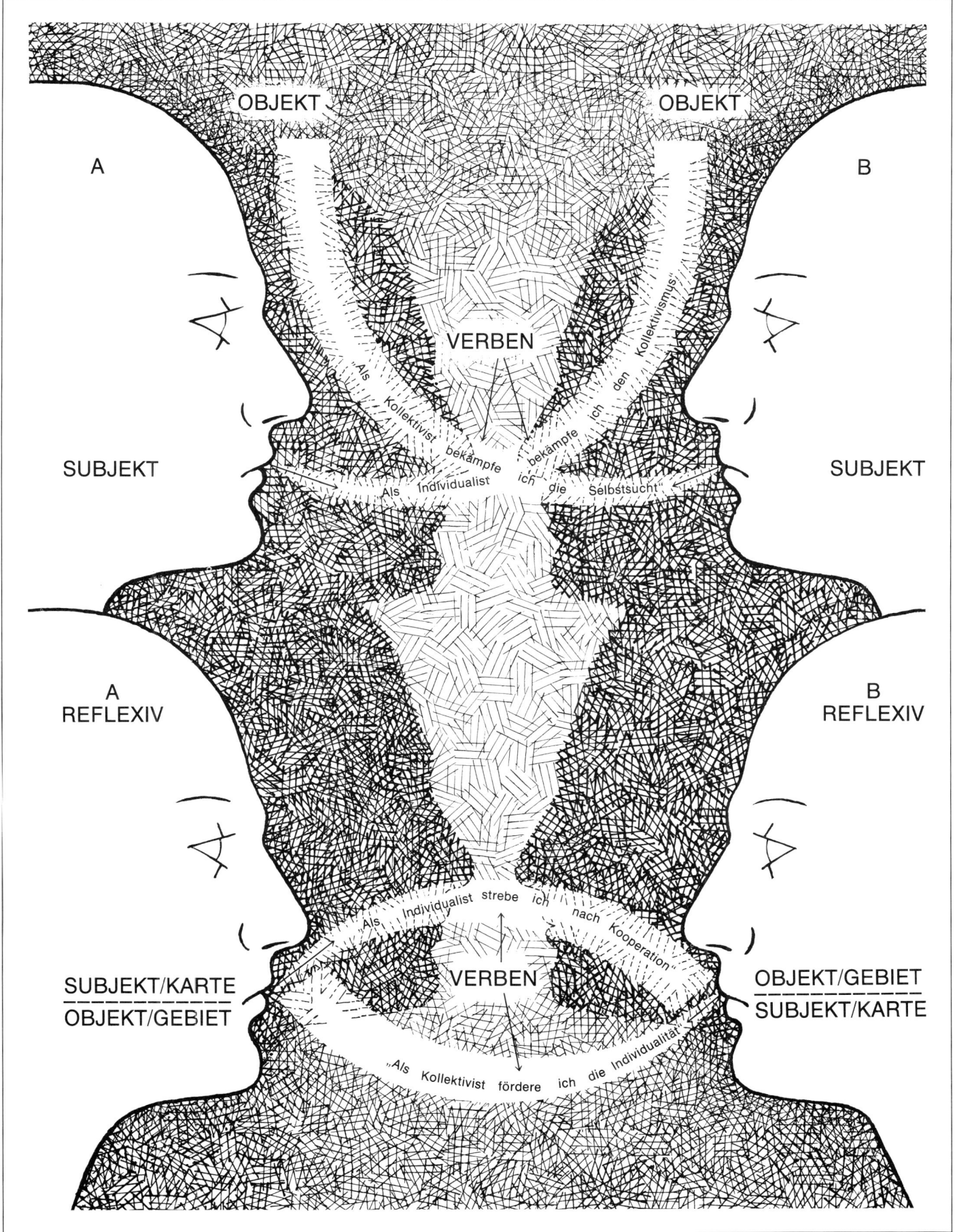

Russell, Whitehead und das Rätsel der Sphinx

Als Oedipus nach Theben kam, war die Stadt von einem Monster namens Sphinx („die Bindende") bedroht. Sie hatte das Gesicht und die Brüste einer schönen Frau, den Körper und die Klauen eines Löwen und die Flügel eines Adlers. Sie kauerte auf dem einzigen Bergpass, der nach Theben führte und stellte jedem, der hindurchwollte, ein Rätsel, das genauso schrecklich war wie sie selbst: „Was ist das für ein Wesen, das am Morgen auf vier, am Mittag auf zwei und am Abend auf drei Beinen geht?" Wer das Rätsel nicht lösen konnte, wurde von ihr verschlungen. Theben geriet immer mehr in die Gefahr einer Hungersnot und verzweifelte fast. Dann kam Oedipus an den Paß, stellte sich der Sphinx und antwortete „Der Mensch. Als kleines Kind kriecht er auf allen Vieren, als Erwachsener geht er aufrecht, und im Alter geht er am Stock." Die Sphinx stürzte sich in den Abgrund, und die Thebaner jubelten Oedipus zu und machten ihn zu ihrem König.

Was hatte Oedipus über die menschliche Natur und über Kommunikation begriffen, das den anderen, die von der Sphinx verschlungen wurden, entgangen war? Wenn auch nur intuitiv, so verstand er doch, daß die menschliche Sprache eine hierarchische Struktur besitzt, bei der es mehr als nur eine Bedeutungsebene gibt. Bertrand Russell und Alfred North Whitehead erkannten als erste, daß die Objekte einer Klasse – z.B. verschiedene Arten von Stühlen – und die Klasse selbst – „alle Stühle" – auf verschiedenen Ebenen des logischen Typus liegen. Eine Klasse kann kein Teilstück von sich selbst sein, somit liegt „alle Stühle" eine Ebene über den „Stühlen 1, 2, 3 und 4". Benjamin Whorf hat diesen Gedanken auf die Ebene der Kommunikation ausgeweitet. Es gibt Kommunikation und *Meta*kommunikation, also Wörter, Haltungen und Gesten *über* die anderen Wörter. Wenn jemand einen Polizisten gut kennt, dann kann er ihm einen freundschaftlichen Stoß in die Rippen geben. Dieses „Rempeln" wird im Kontext von Spiel und Freundschaft kommuniziert. Das Lächeln dabei bedeutete, „dieser Stoß ist kein wirklicher Stoß". Wenn es der Polizist zufällig nicht in diesem Kontext sieht, kann der Betreffende im Gefängnis landen und muß sich möglicherweise wegen Beleidigung eines Amtsträgers verteidigen. Aus der Beobachtung des Spielverhaltens von Tieren wissen wir, daß auch sie meta-kommunikative Signale benutzen wie „dieser Kampf ist nur ein Scheinkampf". In solchen Situationen ziehen Kätzchen, die einige Wochen alt sind, ihre Krallen ein und junge Hunde bedecken ihre Zähne mit ihren Lippen. Sie lernen das Kämpfen so, daß sie sich nicht gegenseitig verletzen.

Gregory Batesons Bericht über das Training der Delphine im Ozeanischen Institut auf Hawaii zeigt einen anderen vielversprechenden Zugang zum Problem der Metakommunikation. Erinnern wir, daß Delphine zu den verspieltesten Tieren gehören und den Scheinangriff meisterhaft beherrschen. Zunächst belohnt der Trainer die Delphine für bestimmte Verhaltensweisen (Objektebene) wie Schlagen mit dem Schwanz oder eine Rolle rückwärts. Dann wird dieses Verstärkungsmuster abrupt eingestellt, und der Delphin wird nur für neues Verhalten belohnt, d.h. für Tricks, die vorher nicht mit dem Trainer zusammen ausgeführt wurden. Die Forscher stellten damit eigentlich die Frage, ob Delphine, die die Klasse von Verhalten namens „Spiel" kennen, auch die Klasse namens „neu" erkennen können. Die Antwort lautet ja. Der Delphin wundert sich vielleicht eine halbe Stunde lang, wenn die Wiederholung aller alten Tricks unbelohnt bleibt, doch dann scheint er zu verstehen, was verlangt wird und zeigt ein erstaunlich reichhaltiges Repertoire an Weiterentwicklungen und variiert sein Verhalten ständig neu. Was dies für den menschlichen Geist bedeutet, ist kaum zu überschätzen. Es bricht die Gefängniszellen auf, in die die aristotelische Logik unsere vielfältigen Fähigkeiten eingesperrt hat, indem jedes Merkmal A oder Nicht-A sein muß. Der Mensch und sein Geist ist paradox strukturiert – so paradox wie die Tatsache, daß jeder weitere Trick, den der Delphin zeigt, dem vorausgegangenen sowohl ähnlich als auch unähnlich ist. Das Verhalten des Delphins wird durch seinen Trainer bestimmt, und doch ist es von ihm unbeeinflußt. Der Delphin handelt nach einem Gesetz – und doch zufällig, konform und doch originell. Wie kann ich das behaupten? Es klingt genauso ungeheuerlich unlogisch wie die Sphinx selbst. Die Antwort liegt in der Tatsache, daß eine Seite eines jeden Paradoxon auf einer anderen Sprach-Ebene liegt als die andere Seite. Wenn wir vom Delphin sagen, daß sein Verhalten durch ein Gesetz bestimmt ist und dem Befehl des Trainers

Die Sprache hat eine hierarchische Struktur, die einer Treppe ähnelt. Sie geht von einer Objektebene aus, die die Welt beschreibt. Darauf folgt eine Metaebene, die die Wörter beschreibt, welche die Welt beschreiben, und es folgt weiter eine Meta-Metaebene, welche die Wörter über die Wörter über die Welt beschreibt, und so weiter … Als die Sphinx Oedipus ihr schreckliches Rätsel stellte, „Was ist das für ein Wesen, das am ,Morgen' auf ,vier Beinen', am ,Mittag' auf zwei und am ,Abend' auf drei ,Beinen' geht?", konnte Oedipus erkennen, daß die Wörter zwischen den Anführungszeichen Metaphern darstellen, das heißt Wörter über Wörter (und nicht Wörter über das „beschriebene" Wesen). Deshalb war seine Antwort „der Mensch" und die Sphinx stürzte sich zu Tode.

Oedipus wurde mit Irrationalität und Schrecken konfrontiert, und er sah darin nur eine menschliche Verwirrung, eine Externalisierung der Konflikte in uns selbst. Die Verwirrung bestand in der Verwechslung von logischen Typen und Sprachebenen. Viele schreckliche Dinge in unserer Gesellschaft – Verrücktheit, Kriminalität, Gewalt, Krieg – hängen offensichtlich mit der Unfähigkeit zusammen, Symbole von der Realität zu unterscheiden. Die Menschen reduzieren sich auf „böse Widersprüche", welche die anderen dann in die Verrücktheit oder Illegalität treiben. Die Episode der Sphinx aus der Mythologie zeigt einen Triumph des Geistes über das Irrationale. Doch Oedipus versagte bei der Antwort auf ein anderes großes Rätsel – dem nach der Bedeutung seines eigenen Lebens …

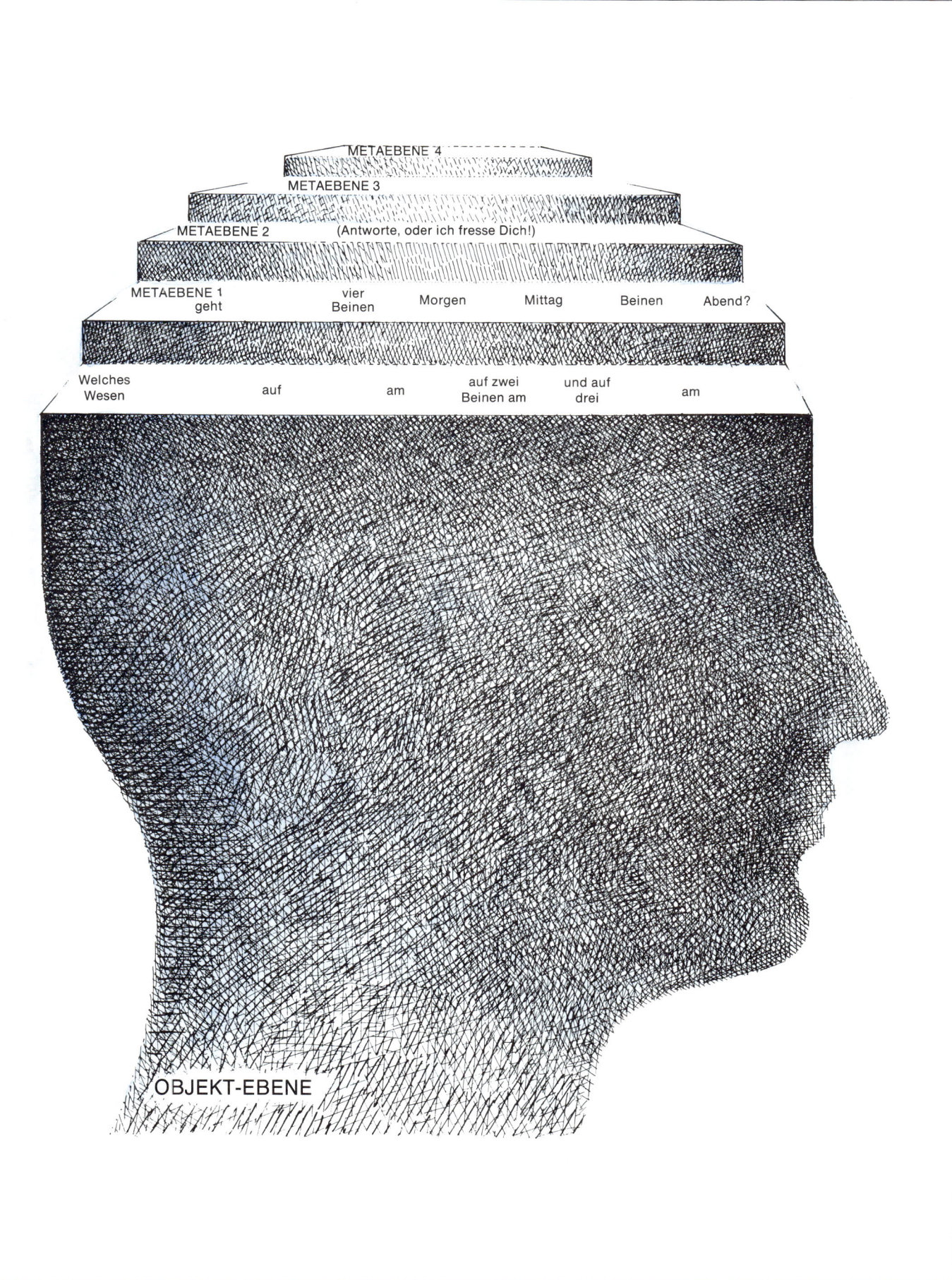

METAEBENE 4

METAEBENE 3

METAEBENE 2 (Antworte, oder ich fresse Dich!)

METAEBENE 1 geht | vier Beinen | Morgen | Mittag | Beinen | Abend?

Welches Wesen | auf | am | auf zwei Beinen am | und auf drei | am

OBJEKT-EBENE

gehorcht, dann bezieht sich dies auf eine Klasse von Verhalten, die „neu" heißt. Sagen wir über den Delphin jedoch, daß er frei ist und daß sein Verhalten zufällig und originell ist, dann bezieht sich dies auf bestimmte Verhaltensweisen innerhalb einer Klasse.

So wie es verschiedene Ebenen der Kommunikation und des Verhaltens gibt, behauptet der Philosoph Rudolf Carnap, so gibt es verschiedene Sprachebenen: die Objektebene der Sprache (darunter versteht man eine Sprache, welche die physikalischen Objekte möglichst genau beschreibt) und zweitens eine Metaebene der Sprache, auf der über die Sprache selbst gesprochen wird. Eine öfters verwandte Form der Metasprache ist die Metapher, wörtlich „die Übertragung" von Wörtern oder Objekten. Im „Schwanensee"-Ballett tanzt keine Tänzerin, die ein Schwan ist, sondern eine Ballerina, die wie ein Schwan tanzt. Ihre Kunst vereinigt vorübergehend Schwan/nicht-Schwan. Wir sind jetzt in der Lage zu verstehen, wie Oedipus das Rätsel der Sphinx löste. Auf den ersten Blick scheint es, als ob dieses weibliche Monster ein anderes Monster beschreibt, eines, das an einem einzigen Tag Beine verliert und wieder wachsen läßt. Sie bindet uns ebenso durch ihre Worte. Diese Widersprüche lassen sich aber überwinden, und das Böse kann zerstört werden, wenn man Teile der Mitteilung als Beschreibung auf der Objektebene betrachtet und andere Teile als Metaphern, die auf einer höheren Metaebene der Sprache ausgedrückt werden:

METAEBENE		Morgen	Mittag
OBJEKTEBENE	Was ist das für ein Wesen, das am		auf vier Beinen, am

METAEBENE		Abend	Beinen geht?
OBJEKTEBENE	auf zwei und am		auf drei

Bei dieser Trennung nach Ebenen stehen die Wörter, die Objekte beschreiben, unterhalb der horizontalen Linie, während Wörter über Wörter darüber geschrieben sind. Die monsterhafte Erscheinung des in dem Rätsel beschriebenen Wesens resultiert aus der Verwechslung verschiedener Ebenen logischer Typen. Sobald wir erkennen, daß „Morgen", „vier Beine", „Mittag", „Abend", „Beine" und „geht" alles Metaphern sind, die sich auf andere Wörter beziehen und nicht direkt auf das Wesen, haben wir das Rätsel gelöst.

In diesem Buch sind wir bereits mehreren Theorien begegnet, die sich mit den von der Sphinx symbolisierten Konflikten beschäftigen. Die alten Chinesen hätten wahrscheinlich davor gewarnt, daß sich Yin und Yang aufgespalten haben (siehe Modell 3). Nach jüdisch-christlicher Tradition gleicht die Sphinx dem Baum der Erkenntnis (siehe Modell 4): der Mensch wählt, fällt aber zwischen die Rubriken Gut (Mutter) und Böse (Löwe). Nach Freud provoziert der Wunsch nach dem Inzest mit der Mutter die kastrierenden Klauen des Vaters (Modell 9). Jung verstand die Sphinx als den Gute Mutter-Zerstörende Mutter-Archetypus, als einen Gegensatz, der tief in das kollektive Unbewußte all jener eingraviert ist, die von der Fürsorge der Eltern abhängen (Modell 10). Erich Fromm hat die Sphinx mit unserer Beziehung zum Staat verglichen. Wir können mit dem Totalitarismus eine symbiotische Beziehung bilden, in seinem Schoß bis zum Narzißmus und Allmachtsphantasien „gedeihen", und doch fürchten wir uns vor seiner Disziplinierung und beugen uns feige seinen monströsen Befehlen. Deshalb können die Nazis in einem Augenblick der Autorität die Stiefel lecken und im nächsten ihren Feinden an die Gurgel springen; sie konnten sich wie moralische Säuglinge benehmen, die sich im Dienste des Staates grausam aufführten (Modell 11).

Für Rollo May ist die Sphinx ein Bild für die Spannung zwischen Macht und Unschuld, Liebe und Wille. Oedipus begegnete dem Monster draußen vor den Toren der Stadt Theben, als Projektion des Konflikts in der Seele des Menschen, und er hat ihn wieder in sich hineingenommen. Nur in uns, im moralischen Kampf und in der Verantwortung, kann der Konflikt gelöst werden (Modell 13). Otto Rank und Ernest Becker hätten das Monster als Paradoxon von Leben (Mutter) und Tod (Löwe) gesehen; wir können gebunden, klein, machtlos, abhängig, sanft und unbedeutend nah beim Körper der Mutter bleiben oder

Lernen vollzieht sich auf verschiedenen Ebenen: *… Lernen null ist durch die spezifische Wirksamkeit der Reaktion charakterisiert, die – zu Recht oder zu Unrecht – keiner Korrektur unterliegt. Lernen I ist Veränderung in der spezifischen Wirksamkeit der Reaktion durch Korrektur von Irrtümern der Auswahl innerhalb einer Menge von Alternativen. Lernen II ist Veränderung im Prozeß des Lernens I, z. B. eine korrigierende Veränderung in der Menge von Alternativen, unter denen die Auswahl getroffen wird … Lernen III ist Veränderung im Prozeß des Lernens II, z. B. eine korrigierende Veränderung im System der Mengen von Alternatiaven, unter denen die Auswahl getroffen wird.*
„Ökologie des Geistes"
Gregory Bateson

Daß der Mensch unfrei ist, ist eine wesentliche Grundannahme für eine wissenschaftliche Sicht menschlichen Verhaltens … Wenn wir sagen, daß ein Mensch autonom sei, dann ist das, soweit es eine Wissenschaft des Verhaltens betrifft, etwas Unwirkliches.
„Jenseits von Freiheit und Menschenwürde"
B. F. Skinner

„Wir gehen davon aus, daß der Dieb, der gefangen und eingesperrt wird, weiß, daß er für sein Stehlen bestraft wird. Wenn man aber nichts unternimmt, die Voraussetzungen für ihn zu verändern, dann wird es wahrscheinlich so sein, daß er sich als jemand begreift, der bestraft wird, weil er nicht gut genug gestohlen hat. Dies erklärt, warum Strafmaßnahmen, die von der behavouristischen Lernmethode ausgehen, immer fehlgeschlagen haben. Sie berühren nicht die höheren Ebenen der logischen Typen."

Gregory Batson in einem Gespräch mit dem Autor

ungebunden, groß, mächtig, frei, stolz und himmlisch sein auf Flügeln, die der Schwerkraft und dem Tod trotzen (Modell 15).

Ich möchte behaupten, daß die Sphinx für all diese inneren Konflikte und noch einige mehr steht. Wahrscheinlich verändert sich der Inhalt der moralischen Dilemmata und psychischen Konflikte ständig. Für Freuds Wien war es der Konflikt Sexualität gegen Respektabilität, für das Zürich zur Zeit von C. G. Jung war es die Religion gegen die neue Wissenschaft namens Psychoanalyse. Das Athen des Sophokles hatte Schwierigkeiten genug: die wissenschaftlichen Anhänger des Atomismus wetteiferten mit den religiösen Verfechtern des Holismus, die Freiheit kämpfte gegen das Schicksal. Was in der Legende der Sphinx konstant bleibt, und was seit über 2000 Jahren zu uns spricht, das ist die Struktur der Geschichte und der Kreatur. Das Böse triumphiert, wenn wir durch einen unversöhnlichen Widerspruch auf der Objektebene der Kommunikation verwirrt werden. Wir werden gleichzeitig angezogen und zurückgestoßen, beschwichtigt und in Schrecken versetzt, seßhaft gemacht und entwurzelt. Diese Aneinanderreihung von Gegensätzen alarmiert beide Hemisphären des Gehirns (Modell 23) und provoziert einen Konflikt zwischen ihnen. Die rechte Hemisphäre sieht in der Sphinx eine Beziehung zur Mutter, der linke Teil sieht einen Kampf mit einem Löwen. Die normalen Reaktionen kollidieren, lähmen das Bewußtsein und spalten den Geist. Genau das passiert bei der Schizophrenie (wörtlich „gespaltene Seele"), und dem psychischen Zusammenbruch folgt das Unvermögen, die Hierarchie der logischen Typen hinauf und hinunter zu gehen oder zwischen Metapher und Beschreibung zu unterscheiden.

Wenn die Struktur des Bösen eine Nachbarschaft des Unvereinbaren ist, dann besteht die Struktur des Wachstums, der Kreativität und Integrität aus komplementären Merkmalen, die sich jeweils im Kontext des anderen „eingenistet" haben. Für die alten Chinesen umfassen sowohl Yin wie auch Yang ihr Gegenstück und haben es in sich gebunden. Für die Christen endet die Kreuzigung in der Auferstehung. Bei Freud lernt das Kind seine Mutter zu lieben im Kontext des väterlichen Inzestverbotes, und es lernt, seinen Vater herauszufordern im Kontext des mütterlichen Verbots zu töten. Die gesunde Gesellschaft ist für Erich Fromm eine Gesellschaft, in der die Bürger aus der Abhängigkeit entlassen sind, so daß sie – Sokrates gleich – ihre Loyalität durch Dissens zeigen und darauf bestehen, innerhalb des Gesetzes frei zu handeln. Für Otto Rank und Ernest Becker muß der Künstler in seiner Arbeit den Eros zum Ausdruck bringen und den Urteilsspruch Gottes oder der Nachwelt dennoch mit Agape akzeptieren. Rollo May fordert die Verflechtung der Dilemmata, Gregory Bateson eine Ökologie des Geistes. Beide würden Blake beipflichten:

| „Joy and Woe are woven fine | („Fein gewoben sind Freud und Leid |
| A Clothing for the Soul divine." | für die göttliche Seel' ein Kleid.") |

Der vielleicht sichtbarste Triumph der „Aufeinanderschichtung" komplemtärer Werte auf verschiedenen Ebenen von logischen Typen ist unser System der parlamentarischen Demokratie (Modell 58), das sich trotz des Rationalismus entwickelt hat. Wir haben eine „loyale" Opposition, Menschen, die sich bestimmten Handlungen der Regierung entgegenstellen, gegenüber der Institution als Ganzes jedoch loyal sind. Wir diskutieren öffentlich, stimmen aber geheim ab und wählen Repräsentanten, die nach ihrem persönlichen Gewissen handeln. Ein Gesetz, das für uns zwingend ist, gewährleistet die Freiheit innerhalb dieses Gesetzes. Die Worte an den beiden Enden dieser Kontinuen sind abwechselnd manifest und latent, beziehen sich auf das Verhalten und auf den Kontext, auf die Objektebene und auf die Metaebene. Jeder Einzelne wird in seiner Wirkung durch den Rahmen gezügelt, der ihm von seinem komplementären Gegenstück auferlegt wird, und dies geschieht, um das Ganze zu fördern.

Die Linguistik der Therapie: Noam Chomsky, Richard Bandler und John Grinder

Richard Bandler und John Grinder haben die Linguistik-Erkenntnisse von Noam Chomsky in der Psychotherapie angewandt (1978) und für diese Erhellung der heilenden Künste die Zustimmung einiger berühmter Therapeuten gewonnen. Nach Chomskys Auffassung über die generative Grammatik und die syntaktischen Strukturen kann der Geist eine unendliche Zahl von gesetzmäßig strukturierten Sätzen hervorbringen. Der Spracherwerb eines Kindes zwischen seinem zweiten und fünften Lebensjahr ist so erstaunlich, daß man eine angeborene und intuitive linguistische Kompetenz annehmen muß, das heißt eine a priori-Fähigkeit. Die Kinder kennen grammatikalische Regeln, noch bevor sie die entsprechenden Beispiele je gehört haben. Sie sagen typischerweise zuerst „Ganse" statt Gänse, benutzen also eine Regel, die sie selbst entdeckt haben. Die gegenüberliegende Grafik orientiert sich an einem Beispiel von Bandler und Grinder, wie jemand aus seiner allgemeinen Erfahrung eine „linguistische Karte" konstruiert. Dieses stark reduzierte Modell umfassender Gedächtnisspeicher ist sehr wichtig, um eine Überschwemmung mit Trivial-Informationen zu verhindern. Bei der Herstellung dieser Karte kommt es zu Verallgemeinerungen, Streichungen und Verzerrungen. Jeder von uns verallgemeinert von der Erfahrung mit einem Schaukelstuhl auf Schaukelstühle im allgemeinen, doch einige verallgemeinern zu stark, nämlich auf „alle Stühle". Ähnlich muß jeder von uns einige Dinge streichen, doch werden bei diesem Prozeß vielleicht die entscheidenden Möglichkeiten des Lebens mitgestrichen. Phantasie, Ideale und Sehnsüchte können unsere Wahrnehmung der Wirklichkeit verzerren und beeinträchtigen und unseren Lebensplan verstümmeln.

In der Therapie kann der hilfesuchende Klient zum Beispiel sagen „Ich wurde wütend und schlug ihn". In Chomskys Terminologie nennt man dies die *Oberflächenstruktur* einer Aussage, deren Ursprung in einer vollständigeren, linguistischen Repräsentation liegt, der sogenannten *Tiefenstruktur.* Nehmen wir an, letztere würde lauten: „Ich wurde wütend und schlug meinen Chef mit dem Diktiergerät". Dies könnte durch mehrere alternative Oberflächenstrukturen ausgedrückt werden, sieben davon sind auf der Abbildung eingetragen. Ein Hörer, der nur zwei oder mehr davon hört, könnte deren gemeinsame Abstammung aus der Tiefenstruktur intuieren. Daß er die dabei benutzten Transformationsregeln nicht angeben kann, schmälert keineswegs seine angeborene, unbewußte Fähigkeit, der Transformation (Umformung) folgen zu können. Wenn der Klient aber von der Tiefen- zur Oberflächenstruktur transformiert, dann können die Verallgemeinerungen, Streichungen und Verzerrungen der Schlüssel zu seinen Problemen werden. Zum Beispiel: die *passive* Transformation veringert die Verantwortung des Schlägers; die *permutierte* Transformation lastet die Schuld den Gefühlen an; die *Streichungs*-Struktur versäumt es, den Chef und die Implikationen der Arbeitssituation zu erwähnen; die *Nominal*-Struktur lenkt die Wut von einem Prozeß auf ein „Ding", das befiehlt; die *zweideutige* Struktur (häufig bei der Schizophrenie) verwechselt Schläger und Geschlagenen; die Struktur mit dem *fehlenden Bezug* läßt das Opfer aus und wird so zur Übergeneralisierung; die *Voraussetzungs*-Transformation spielt auf eine vorausgegangene Provokation an.

Wie Bandler und Grinder betont haben, besteht die intuitive Aufgabe des Therapeuten darin, die Tiefenstruktur unter den Oberflächenäußerungen freizulegen, sie dann nach Verallgemeinerungen, Streichungen und Verzerrungen zu überprüfen, die bei der Konstruktion der linguistischen Repräsentation direkt beteiligt waren. Dieses Modell paßt deshalb sehr gut zu vorausgegangenen Modellen. Zum Beispiel bestätigt sie Freuds Vorstellung von präverbalen Primärprozessen, die das Bewußtsein und verschiedene Formen der Abwehr und Verdrängung unbewußt formen. Sie spricht auch für Jungs Wortassziationstests und sein Vorhaben, immer tiefer in ein kollektives mit Archetypen linguistisch strukturiertes Unbewußtes einzudringen, das sich durch Intuition und Einfühlung entdecken läßt (siehe Modell 10). Und das Linguistik-Modell konkretisiert Laings Vorstellung von einem wahren Selbst, das durch falsche Oberflächenäußerungen und Erscheinungen verraten und durch die Schwankungen zwischen den Ebenen verrückt gemacht wird (siehe Modell 14). Auch bei den moralischen Entwicklungsstufen, die Piaget und Kohlberg ausgearbeitet haben, sind linguistische Strukturen eindeutig beteiligt (Modell 38).

Dieses Modell orientiert sich an Bandlers und Grinders Analyse einer linguistischen Karte aus einer Psychotherapiesitzung. Zwar bilden alle linguistischen Karten die Erfahrung ab und reduzieren sie. Doch Menschen mit Problemen leiden an ihren reduzierten und inadäquaten Karten. Deshalb bestehen die Äußerungen eines Klienten über ein Problem wahrscheinlich aus mehreren Oberflächenstrukturen oder Variationen einer Tiefenstruktur, in diesem Fall „Ich wurde ärgerlich und schlug meinen Chef mit dem Diktiergerät"; jede Oberflächenstruktur leidet irgendwie unter Verallgemeinerung, Streichung oder Verzerrung (siehe Grafik). Aufgrund seiner Intuition, die er als Hörer für syntaktische Strukturen besitzt, kann der Therapeut die verschiedenen Oberflächenstrukturen und die Tiefenstruktur, aus der sie abgeleitet sind, erkennen. Doch die tiefenstrukturelle Äußerung ist selbst nicht die ganze Wahrheit; sie bildet nur ein Teil der linguistischen Karte des Klienten und ist wiederum eine verallgemeinerte, lückenhafte oder verzerrte linguistische Transformation der allgemeinen Erfahrung des Klienten. Es ist Aufgabe des Therapeuten, die Verallgemeinerungen, Lücken und Verzerrungen zu erforschen, die bei der Herstellung der linguistischen Karte am Werke waren.

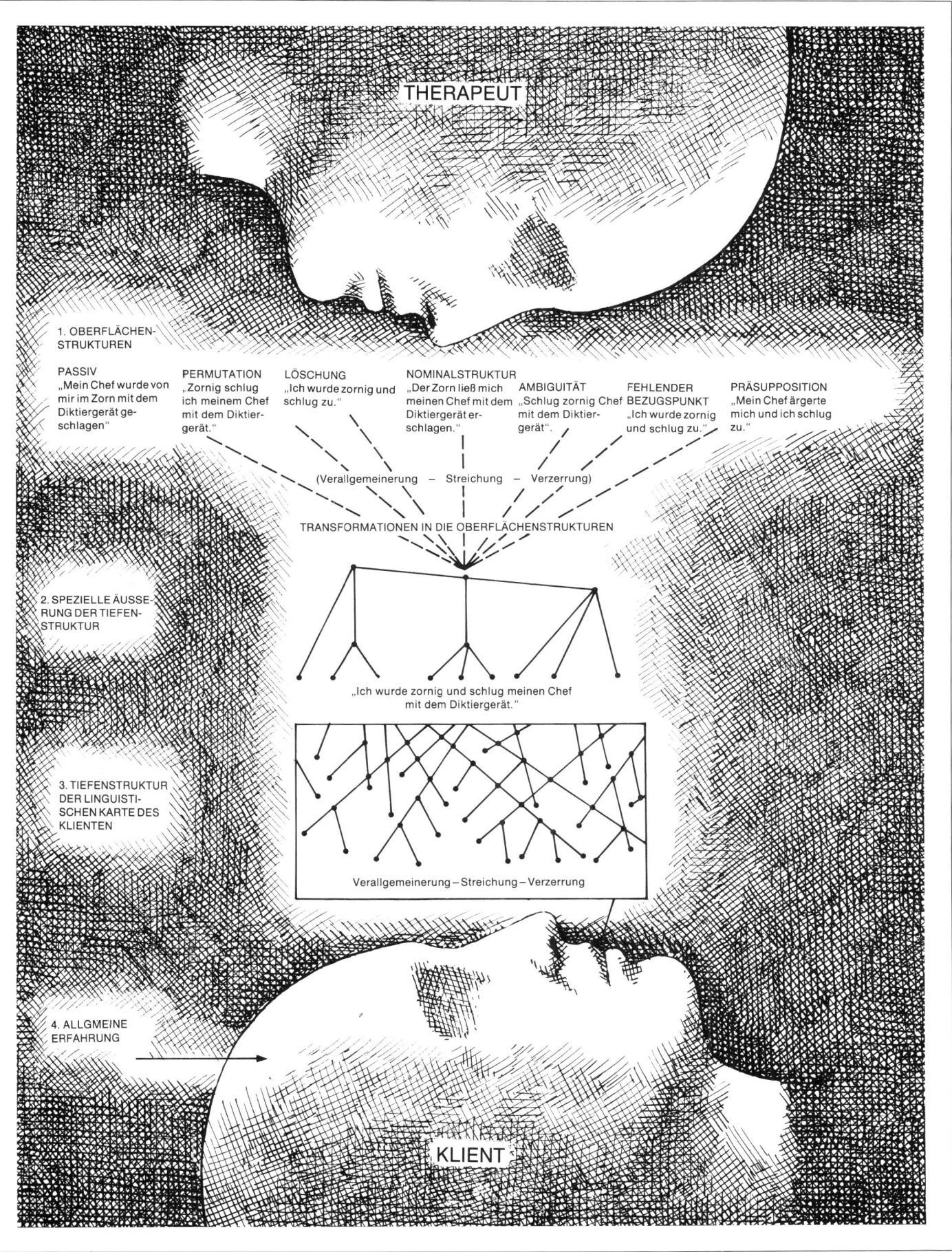

THERAPEUT

1. OBERFLÄCHEN-
STRUKTUREN

PASSIV
„Mein Chef wurde von
mir im Zorn mit dem
Diktiergerät ge-
schlagen"

PERMUTATION
„Zornig schlug
ich meinem Chef
mit dem Diktier-
gerät."

LÖSCHUNG
„Ich wurde zornig und
schlug zu."

NOMINALSTRUKTUR
„Der Zorn ließ mich
meinen Chef mit dem
Diktiergerät er-
schlagen."

AMBIGUITÄT
„Schlug zornig Chef
mit dem Diktier-
gerät".

FEHLENDER
BEZUGSPUNKT
„Ich wurde zornig
und schlug zu."

PRÄSUPPOSITION
„Mein Chef ärgerte
mich und ich schlug
zu."

(Verallgemeinerung – Streichung – Verzerrung)

TRANSFORMATIONEN IN DIE OBERFLÄCHENSTRUKTUREN

2. SPEZIELLE ÄUSSE-
RUNG DER TIEFEN-
STRUKTUR

„Ich wurde zornig und schlug meinen Chef
mit dem Diktiergerät."

3. TIEFENSTRUKTUR
DER LINGUISTI-
SCHEN KARTE DES
KLIENTEN

Verallgemeinerung – Streichung – Verzerrung

4. ALLGMEINE
ERFAHRUNG

KLIENT

Synergie: Buckminster Fuller, Ruth Benedict und Abraham Maslow

In diesem Abschnitt über Kommunikation zeigt sich die Sprache als eine unvollkommene Gabe, die uns zu oft in Widersprüche und Konflikte verwickelt. Dieses Modell beschäftigt sich damit, daß widersprüchliche menschliche Werte in einem als *Synergie* bekannten Prozeß versöhnt werden können. Im nächsten Modell geht es darum daß wir mit Werturteilen in der Regel eher streitsüchtig und auf tödliche Weise umgehen.

Synergie kommt von dem griechischen *synergia* („ein Arbeiten mit") und beschreibt die Fähigkeit von zwei Kräften, Menschen oder Informationsstrukturen, sich gegenseitig zu optimieren und für beide Seiten bereichernd zu wirken. Wir erläutern im folgenden Definitionen und Implikationen der Synergie in der Physik (Buckminster Fuller), in der Anthropologie (Ruth Benedict) und in der Psychologie (Abraham Maslow), bevor wir beschreiben, wie auch Werturteile auf einen Nenner gebracht werden können. Buckminster Fuller definiert Synergie als das Verhalten von ganzen Systemen, das nicht aus dem Verhalten ihrer Teile vorhergesagt werden kann. Es handelt sich hierbei um ein allgemeines Prinzip in den Naturwissenschaften, das aus zahlreichen Einzelfällen erschlossen wurde, in denen das Ganze mehr ist als die Summe seiner Teile, und das betrifft Stärke, Kohäsion, Anziehungskraft, Bedeutung oder Komplexität. Zum Beispiel ist die Metallegierung aus Chrom, Nickel und Stahl ungemein stärker als jedes einzelne dieser Metalle und als alle zusammen. Ihre Synergie in einem Düsenmotor verhindert, daß das Ganze schmilzt. Fuller demonstriert uns das Prinzip an den zwei gegenüberliegenden Dreiecken (schwarz und weiß). In der herkömmlichen Arithmetik ergibt ein Dreieck plus ein Dreieck zwei Dreiecke. Wenn wir aber das Dreieck an dem Punkt aufbrechen, wo sich zwei seiner Seiten überschneiden, dann erhalten wir eine Spirale (Helix), und aus zwei solcher Spiralen läßt sich die stabile Struktur eines Tetraeders herstellen. Aus zwei triangulären Flächen haben wir vier gemacht, aus zwei Dimensionen drei, und wir haben nun ein System mit einem Innen und einem Außen, zusammengesetzt aus Stücken, die weder das eine noch das andere besaßen. Dies ist kein Trick, sondern die Form, in der Atome strukturiert sind. Es erklärt auch, warum Chemiker bei dem Versuch, Atome und Moleküle aus einer Verbindung zu isolieren, nie die damit einhergehenden Aktivitäten erklären können. Die Synergie wird durch Trennung zerstört. In unserem Beispiel gilt: 1 + 1 = 4. Nun setzen wir zwei Tetraeder zu einem Würfel zusammen. Dieser Würfel hat mehr Stärke, Elastizität, gegenseitige Anziehungskraft, Komplexität, Stabilität und Facetten als die vier Dreiecke, aus denen er zusammengesetzt ist. Ich betrachte dieses Beispiel als Metapher für die Integrität und Synergie des Geistes.

Die Anthropologin und Dichterin Ruth Benedict hat den Gedanken der Synergie in die Sozialwissenschaften eingeführt. Sie hatte eine ausführliche Vergleichsstudie bei amerikanischen Indianerstämmen durchgeführt und spürte intuitiv, daß wenigstens drei von ihnen, die Zuni, die Arapesh und die Dakota etwas Vitales, Sicheres und Liebenswertes an sich hatten, während die Chuckchee, die Objibwa, die Dobu und die Kwakiutl ihr eine Gänsehaut verursachten. Sie brütete über ihren Variablen und Klassifikationen, über Geographie, Klima, Größe, ob die Stämme matrilineal oder patrilineal waren, über ihre Einstellung zum Selbstmord, doch es kam nichts heraus, weder bei einzelnen Variablen, noch wenn sie einige kombinierte. Sie suchte dann, vielleicht weil sie der Dichterin in ihr vertraute, nach dem Muster, das sie in keinem der Einzelstücke fand und nannte es „Synergie". „Aus allem vergleichbaren Material", schrieb sie, „ergibt sich der Schluß, daß Gesellschaften, deren Nicht-Aggressivität auffällt, eine soziale Ordnung haben, in der das Individuum mit der gleichen Handlung sowohl dem eigenen Vorteil als auch dem der Gruppe dient ... nicht weil die Menschen selbstlos sind und die sozialen Pflichten über persönliche Bedürfnisse stellen, sondern weil die sozialen Institutionen diese Dinge identisch machen."

Ungefähr zur gleichen Zeit erforschte Abraham Maslow „sich selbst verwirklichende Menschen". Das ist sein Begriff für eine Gruppe von historischen und zeitgenössischen Personen, die durch Kreativität, Charakter und Leistung besonders hervorragen (siehe Modell 33). Nach dem Tod von Ruth Benedict 1948 entdeckte er, daß die Fragmente ihres Manuskriptes über Synergie, das sie ihm ausgeliehen hatte, der einzig erhaltene Bericht ihrer Arbeit war, und er arbeitete unermüdlich an dem Thema weiter. In „Motivation und

Wir nehmen zwei Dreiecke, ein weißes und ein schwarzes, brechen sie jeweils an einer Ecke auf und bilden zwei Spiralen (Helixe); dann verbinden wir die beiden zu einem Tetraeder. Das wird wiederholt, bis wir zwei Tetraeder haben. Diese fügen wir dann ineinander und die entstandenen Struktur ist, anders als die beiden Einzelstücke, nicht zwei- sondern dreidimensional, hat nicht vier, sondern acht Seiten, es gibt ein Innen und ein Außen, die Struktur ist stärker, stabiler, elastischer, und zeigt eine größere Kohäsion und Komplexität. Dieser Würfel von Buckminster Fuller demonstriert sehr anschaulich das Prinzip der Synergie, den Prozeß, bei dem zuvor getrennte oder gegensätzliche Kräfte zusammenarbeiten; er steht für ein Ganzes, das sich aus keinem der Teile voraussagen läßt, eine Synthese, die auf höheren Ebenen der Komplexität neue Formen schafft. Fuller weist darauf hin, daß wir in unserer Gesselschaft ganz auf Spezialisierung versessen und deshalb blind für synergistische Prinzipien sind. Aber wir täten gut daran, uns zu erinnern, daß der Hauptgrund für das Aussterben bestimmter Spezies im Laufe der Evolution die Überspezialisierung war. Buckminster Fullers Würfel symbolisiert für mich die Art und Weise, auf die menschliche Werte und der Geist gemeinsam zur Integrität finden; ob er mehr als eine Metapher ist, muß sich erst noch zeigen. Synergie läßt sich bildlich auch darstellen als die dritte Seite in einem Werte-Dreieck oder als das Produkt von zwei Werten, die auf ein Diagramm mit zwei Achsen aufgezeichnet werden (siehe übernächste Seite). Bei diesem Beispiel ist die „Synergie der Synergien", dargestellt durch die Anordnung von Dreiecken, ein symbolisches Modell für die gegenseitige Durchdringung der „gegensätzlichen" menschlichen Fähigkeiten, das in ihnen enthaltene Konfliktpotential wird zu optimalen Beziehungen transformiert.

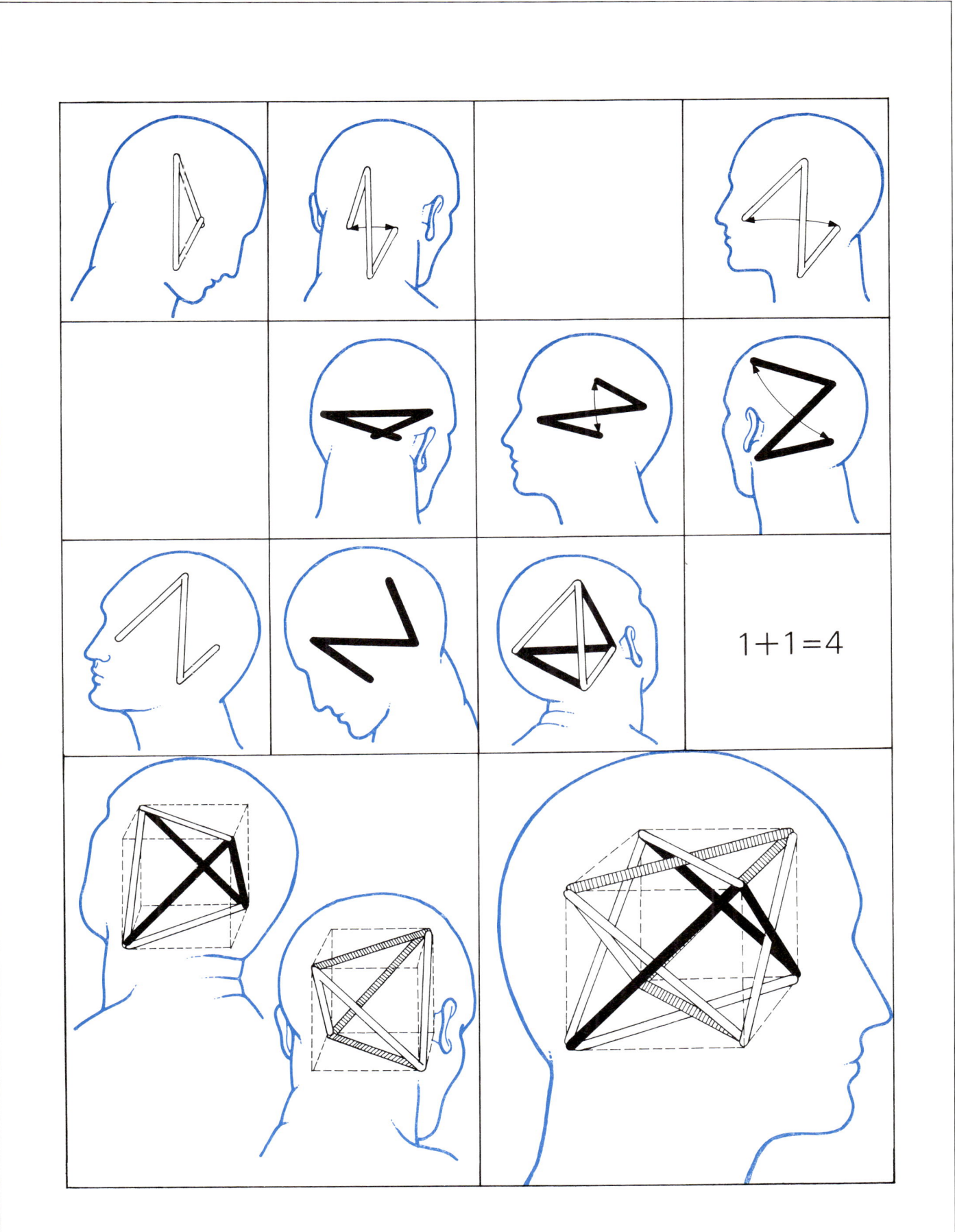

1+1=4

Persönlichkeit" schreibt er, daß er in seiner eigenen Untersuchung über sich selbst verwirklichende Menschen „eine seltene Fähigkeit, Wertdichotomien zu lösen" gefunden habe. „Der jahrtausendealte Gegensatz zwischen Herz und Kopf ... verschwand, wo beide eher synergistisch als antagonistisch wurden ... die Dichotomie zwischen Selbstsucht und Selbstlosigkeit verschwindet ... Die von uns untersuchten Personen sind gleichzeitig sehr spirituell und sehr heidnisch und sinnlich. Pflicht läßt sich nicht mit Vergnügen kontrastieren, ebensowenig Arbeit mit Spiel, wenn die Pflicht Vergnügen ist ... Ähnliche Ergebnisse erhielten wir bezüglich Freundlichkeit – Härte, Konkretheit – Abstraktheit, Billigung – Widerstand, Selbst – Gesellschaft, Anpassung ... ernst – heiter, dionysisch – appollinisch, intensiv – oberflächlich ... mystisch – realistisch, aktiv – passiv, maskulin – feminin, Lust – Liebe und Eros – Agape ... (alle) verschmelzen zu einer organismischen Einheit und zu einer nicht-aristotelischen, gegenseitigen Durchdringung".

Der einzige Vorbehalt, den ich gegenüber Maslows glückseliger Vision habe, lautet, daß Synergie selbst einen Gegensatz haben muß, er heißt „Konflikt". Blickt man auf berühmte Leute zurück, wie es Maslow getan hat und mißt sie an ihrem Erfolgserlebnis, dann ist das etwas anderes, als wenn man deren anfängliche Kämpfe um die Versöhnung der Dichotomien in ihrem Leben sieht. Es gibt keine „Auferstehung" ohne Kreuzigung.

Wir wollen uns jetzt einige praktische und gründlich erforscht Anwendungsmöglichkeiten der Synergie im zwischenmenschlichen Bereich betrachten. Robert Blake und Jane Mouton trainieren Manager und Organisationen, um das technische „Interesse an der Produktion" mit dem humanitären „Interesse am Menschen" optimal zu verbinden. Die Manager bilden Gruppen und sollen dann auf einem Zwei-Achsen-Gitter eine Einschätzung geben über den anderen, sich selbst, ihre Gruppe, ihre Arbeits-Kollegen und das Klima in ihrem Betrieb (siehe Grafiken). Menschen, Gruppen und Gesellschaften können beispielsweise sein: 9/1, 1/9, 5/5 oder 9/9. Der 9/1-Chef ist ein strenger Arbeitgeber, die Firma ein „Ausbeutungsbetrieb". Der 1/9-Chef ist ein „netter Kerl", die Firma ein „Sanatorium". Der 5/5-Chef ist ein „Kompromißler" in einem „kalten Krieg". Der 9/9-Chef begeistert und hilft seinen Untergebenen, ihre Arbeit in einem schöpferischen Klima hervorragend zu erfüllen. Als Louis Barnes und Larry Greiner von der Harvard Business School den Erfolg dieses Manager-Trainings überprüften, fanden sie nicht nur, daß die Firma und die Angestellten sich nach dem Training auf eine 9/9-Synergie zubewegten, sondern auch, daß viele andere dichotome Werte versöhnt wurden. Selbstvertrauen *und* Respekt/Aufmerksamkeit, Entschlossenheit *und* Flexibilität nahmen zu. In Konferenzen wurde energisch gestritten, aber dann tragfähige Kompromisse gefunden. Die Profite stiegen, aber auch der Respekt für den einzelnen und seine Rechte. Synergie läßt sich nicht teilen.

Betrachten wir einmal sorgfältig die Wertvorstellungen, die beispielsweise mit dem Lernprozeß verbunden sind; können wir daran zweifeln, daß auch sie synergistisch sind? Hoch angesehen ist einerseits die Fähigkeit des Wissenschaftlers zu zweifeln, Fragen zu stellen und vorläufige Erkenntnisse zu formulieren, doch werden andererseits auch die Bereitschaft zum persönlichen Engagement, zur Parteilichkeit und zur leidenschaftlichen Wahrheitssuche geschätzt. Die Fähigkeit zu einer abstrakten Intellektualität ist axiomatisch, ebenso wie die Notwendigkeit, mit dem Konkreten, Praktischen und Realen umzugehen. Es ist sicher, daß der Wissenschaftler all diese Werte in sich vereinigt und die Abstraktionsleiter hinaufsteigen muß, um dann umso besser wieder herunterzukommen und seine Überzeugungen systematisch anzuzweifeln. Wir können das Problem des Widerspruchs vermeiden, wenn wir erklären, daß Zweifel und Überzeugung, das Abstrakte und das Konkrete, auf verschiedenen Ebenen von logischen Typen liegen (siehe Modell 40). Man bezweifelt die eigenen Daten, ist aber gleichzeitig von der Methode oder dem theoretischen Rahmen überzeugt. Später legt man sich auf die Daten fest, kann jedoch den Kontext oder die Methode, die die Daten erbracht haben, in Frage stellen. Man ist selbst die „Karte", das andere immer das „Gebiet" (siehe Modell 39).

Eine ähnliche Versöhnung ist möglich zwischen einer in Teile zerlegenden Analyse (oder auf den Menschen bezogen: Individualismus) gegenüber der Synthese zu einem Ganzen (oder: Kooperation). Schließlich handelt es sich auch bei der uralten Kontroverse zwischen „traditionellen" Erziehern, bei denen Wissen über Autorität vermittelt wird, gegenüber „progressiven" Erziehern, die das natürliche Interesse der Schüler fördern, um eine falsche

„Ich habe von Gesellschaften mit einem großen Maß an sozialer Synergie gesprochen, wo die Institutionen beiden Seiten Vorteile aus den Pflichten sichern, und von Gesellschaften mit einem geringen Maß an sozialer Synergie, wo der Vorteil des Einen zum Sieg über den anderen wird und sich die Mehrheit, die nicht siegt, so gut es geht durchschlagen muß."
Ruth Benedict, zitiert von Abraham Maslow im „Journal of Individual Psychology"

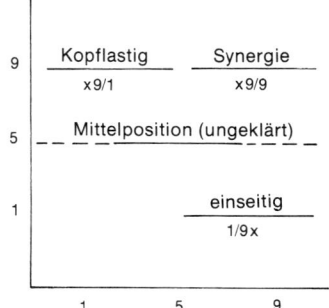

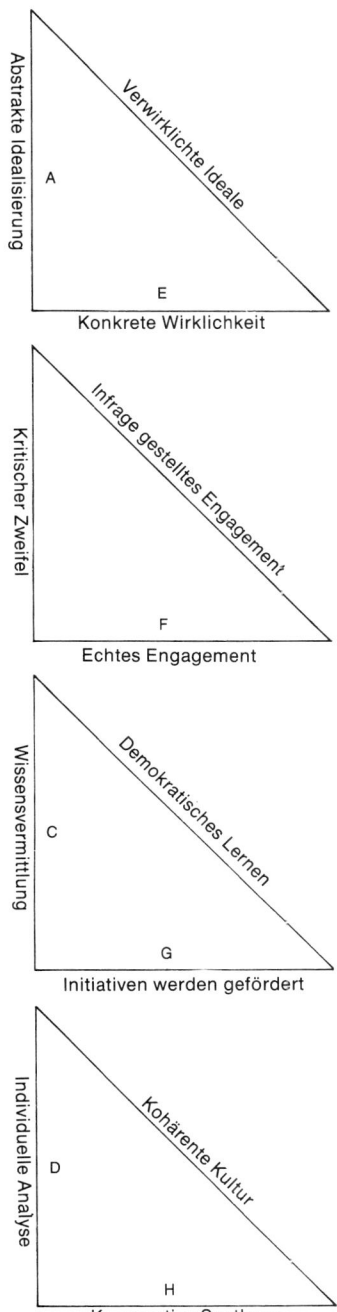

Dichotomie. Wir analysieren, während wir zu einer Synthese gelangen oder umgekehrt, und wir vermitteln Wissen, um dadurch noch mehr das Interesse der Schüler zu wecken. All diese potentiell entgegengesetzten Werte müssen sich erst poralisieren und dann in der Synergie versöhnt werden. Wenn aber entweder die Polarisierung oder die Synergie mißlingt, dann haben wir mehr Schaden als Vorteile. Das Ganze läßt sich als Rückmeldungs-Schleife darstellen:

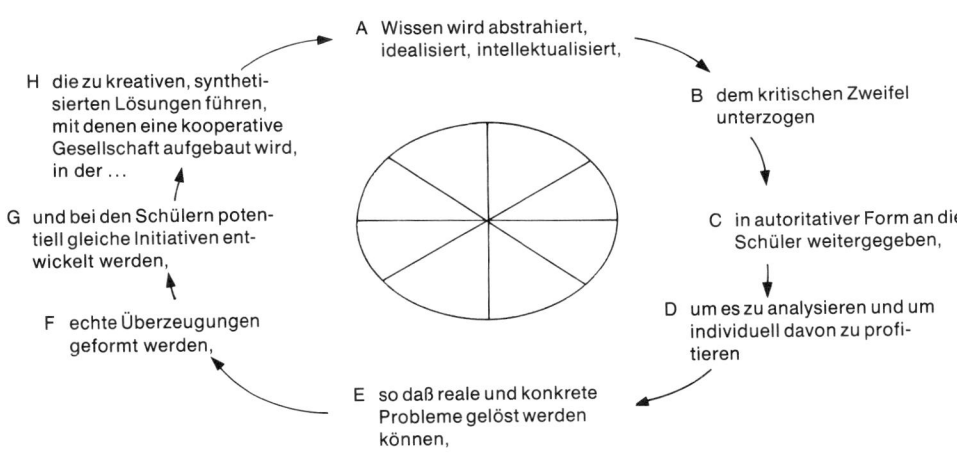

Einige Vorbehalte: Die Ordnung der Werte ist in diesem kybernetischen Satz willkürlich, und ein unvermeidliches Vorurteil wird dadurch eingeführt, daß die Struktur eines Satzes verwendet wurde (siehe Modell 39). In diesem Beispiel wurde abstraktes Wissen, das auf die Schüler einwirkt zum Subjekt eines Satzes gemacht. Um das ökologische Gleichgewicht in dieser Schleife wieder herzustellen, könnte man einen Zyklus entwerfen, der nur aus Partizip-Präsens-Wörtern besteht und weder einen Anfang noch ein Ende hat: abstrahierend – zweifelnd – übermittelnd – analysierend – verwirklichend – engagierend – initiierend – synthetisierend – abstrahierend – ... Im nächsten Schritt sollten wir allen Beteiligten das Recht geben, an jedem beliebigen Punkt anfangen zu dürfen, das heißt, daß aus jedem Partizip ein Subjekt gamacht werden darf. Vorausgesetzt, daß alle Disputanten die Synergie der beteiligten Werte zum Ziel haben, dann ist es möglich, vom Wortgefecht zur Synthese zu gelangen. Nehmen wir alle vier Achsen des kybernetischen Zirkels oben, also A-E, B-F, C-G und D-H, und biegen jede Achse so, daß sie zwei Seiten eines Dreiecks bildet, dann können wir die jeweils dritte Seite als das synergistische Produkt der beiden ersten erkennen. Zum Beispiel ergibt A-E (Abstrakte Ideale – Konkrete Wirklichkeit) in der Synergie „eine Anhäufung von verwirklichten Idealen". Ähnlich wird aus B-F (Kritischer Zweifel – Echte Überzeugung) eine Verbindung von „geprüften und hinterfragten Überzeugungen". Das gleiche gilt für alle vier Dimensionen (siehe Randspalte). Diese dreidimensionalen Einheiten erwachsen aus einer Abfolge von Ausdehnung, Ungleichgewicht, korrespondierender Ausdehnung, Rückgewinnung des Gleichgewichts. Jetzt können wir zu den vielen Dreiecken des ursprünglichen Modells zurückkehren; die Dreiecke dort bildeten in der Synergie zwei Tetraeder und danach einen Würfel. Hier ist jeder Aspekt des Lernens optimal in die anderen integriert, schafft Stabilität, Zusammenhalt und Stärke. Dieses Modell des Denkens ist ein erster Schritt, um der Brillanz einiger Geister gerecht zu werden. Doch diese Art der Integration von Werten wird selten erreicht – ein Problem, dem wir uns im folgenden zuwenden ...

Charles Osgood und Charles Hampden-Turner: Die tödliche Struktur der Moral

Das Modell 42 hat gezeigt, daß Werte synergistisch sein können und daß man sich im Streit über moralische Fragen einigen kann. Doch es scheint, daß uns unsere Moralvorstellungen weitaus häufiger dazu verleiten, Gewinner und Verlierer im moralischen Disput herbeizudiskutieren. Könnte man so etwas wie einen Geigerzähler erfinden, der „Moral" mißt, dann würden wir lernen, in Deckung zu gehen, wenn die Menschen immer „moralischer" werden, weil dann gewöhnlich tödliche Gewalt bevorsteht. Moralischer Eifer ist absolut keine Alternative zur Gewalt, doch geht er ihr oft voraus, begleitet sie oder hält die Erinnerung an sie wach. Wir haben die seltsame Fähigkeit, uns verbal bis zur tödlichen Grausamkeit reizen zu können.

Deshalb braucht es nicht zu wundern, wenn viele Akademiker Werturteile als eine Art von intellektuellen Sumpf betrachtet haben, in den sich kein Gelehrter, der etwas auf sich hält, hineinwagt. Die am häufigsten benutzte Verteidigung erfolgte mit dem naturalistischen Trugschluß: „Aus einem ‚ist' läßt sich kein ‚sollte' machen".u Die Werte wurden irgendeinem subjektiven Strudel überlassen. Wenn wir aber davon ausgehen, daß der Mensch zum Wachsen und Lernen motiviert ist, dann wird auf die Leichtgläubigkeit spekuliert mit der Behauptung, daß moralische Auffassungen nichts mit diesen Prozessen zu tun hätten. Moralische Enthaltsamkeit ist keine Antwort auf die moralische Fehlerhaftigkeit bei alltäglichen Urteilen. Ich behaupte, daß moralische Urteile, so wie sie meist benutzt werden, eine pathologische Struktur haben. In persönlichen engeren Beziehungen werden diese Urteile gewöhnlich durch Zuneigung abgeschwächt und gemildert. In den übergreifenden politischen und internationalen Beziehungen dagegen tendiert die jeweilige „Moral" dazu, Amok zu laufen. In seiner fast dreißigjährigen Forschungsarbeit hat Charles Osgood gezeigt, daß der Mensch in einem linearen, bipolaren Bewertungsschema denkt, das eine kreuzähnliche Struktur hat. Fast alle wertenden Wörter, die in das „semantische Differential" von Osgood eingetragen sind, können in ein Zwei-Achsen-Diagramm eingeordnet werden, Böse – Gut, aktiv – passiv, und die Versuchspersonen stimmen in hohem Maße darin überein, wo auf der kleinen Grafik die Wörter eingetragen werden müssen. Dies bedeutet, daß fast jeder Mensch Werte als Dinge begreift, von denen man eine bestimmte Menge besitzt oder die man zumindest bis zu einem gewissen Grad zeigen kann. In Zeiten der Gefahr muß das starke und mächtige Gute unbegrenzt gezeigt werden, obgleich es vielleicht praktische Grenzen für die Stärke und das Gutsein gibt, die eine Person aufbeiten kann. Wie in Orwells „1984" gibt es das „doppelt Gute", „doppelt Ungute" und das „doppelt-doppelt-Gute" für unsere strikt linearen moralischen Grundsätze.

Wohin das führt, will ich mit dem gegenüberliegenden Modell aufzeigen. Wir sehen hier ein Andreaskreuz, das aus zwei Maß-Stäben besteht und in der Mitte gebrochen ist. Die oberen Enden sind „gut", die unteren sind „böse", und im Streit stehen Dissens/Gleichheit/Rebellion, was (in westlichen Kulturen) für die politisch Linke typisch ist, gegen Patriotismus/Autorität/Loyalität, typisch für die politisch Rechte. (Ich denke hier vor allem an das gesellschaftliche und politische Klima in den USA während des Vietnam-Krieges, das ich erlebt habe). Politische Parteigänger sprechen in einer Sprache, in der das Gutsein und das Bösesein bereits enthalten sind, und sie formulieren eine Entscheidungssituation so, daß die Begriffe schon zeigen, welche einzig „moralische" Alternative sie bereits gewählt haben. „Werden wir wie Patrioten kämpfen und unsere Loyalität in dieser Stunde, wo die Nation in Gefahr ist, gegenüber den rechtmäßig gewählten Autoritäten bezeugen, oder werden wir unsere nationalen Führer im Stich lassen und verraten?" Diese Haltung war für die „Falken" typisch, und die „Tauben" antworteten darauf: „Werden wir gegen Imperialismus und gegen jede Form von Elitedenken rebellieren zugunsten einer Welt, in der die Gleichheit aller geachtet wird?" Jede weitere „Qualität" der Tauben gilt in den Augen der Falken als weiterer „Beweis für Verrottetheit", und umgekehrt, als ob die Wegweiser zu Himmel und Hölle umgedreht werden könnten. Wir wollen uns noch einige andere Kennzeichen dieses Konfliktes betrachten.

Zunächst ist der Streit völlig „nicht-rational" in dem Sinne, daß es schon keine Übereinstimmung bei den Prämissen des Streits gibt, und für beide Seiten ist es äußerst bedrohend,

Die Grafik zeigt, daß die vielen Jahre Forschung mit dem Semantischen Differential von Charles Osgood (eine Methode zur Ermittlung der konnotativen Bedeutung von Wörtern) zwei wichtige Variable zu Tage gefördert hat, denen menschliche Reaktionen zugeordnet werden können; aktiv – passiv, böse – gut: somit ist „freudig Erregtsein" etwas aktiv Gutes, „Schuld" etwas passiv Böses. Dies brachte mich darauf, zwei Strukturen der Moral zu unterscheiden, die eindimensionale Moral des Modells auf der gegenüberliegenden Seite mit den linearen Maßstäben, die von „guten" und „bösen" Konzepten quer nach unten laufen, und die synergetisierte Konzeption der Moral auf der Abbildung der übernächsten Seite. Die eindimensionale Moral ist dogmatisch und durchsetzt mit Pseudowahlen, etwa zwischen „Patriotismus" und „Kritik". Sie verleugnet das Dilemma gegensätzlicher Tugenden. Diese Flucht von internen Auseinandersetzungen führt zu externen Kriegen.

Die synergetisierte Ethik anerkennt die Tugenden an beiden Enden eines Wertekontinuums. Beispiel: politische Kritik eines Bürgers wird im Kontext seines Patriotismus ausgedrückt.

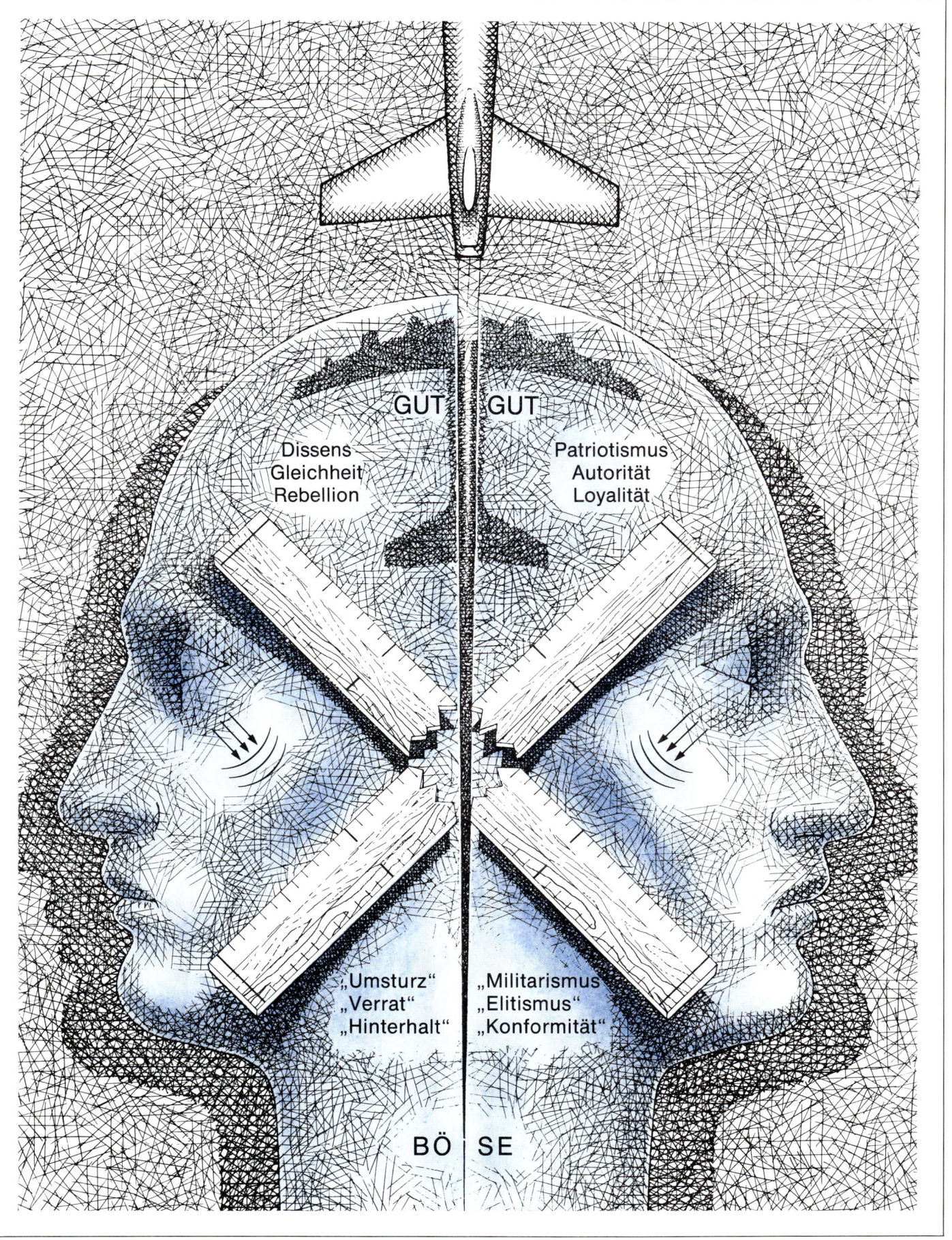

sich, wenn auch nur für einen Augenblick, mit den Augen des anderen zu sehen. Zweitens hat jeder vom anderen ein Spiegelbild. Für die Tauben beweist sich das Gute in einer abfallenden Kurve von der Linken zu Rechten, doch in dem Bild, das die Falken von ihnen haben, ist es umgekehrt. Beide sind blind für die Sichtweise des anderen, sie sind wie „Schiffe, die sich nachts begegnen". Drittens weicht die „Karte", die von jeder Seite benutzt wird, immer mehr von dem ab, was sich wirklich auf dem „Gebiet" abspielt (siehe Modell 39), so daß beide Lager Gefahr laufen,daß ihre moralische Karte bei der Vorhersage der Wirklichkeit versagt. Statt ihre eindimensionalen Werte in Frage zu stellen, gibt jeder dem anderen die Schuld für die entgangene glorreiche Vision. Der Friede (oder der Sieg) hätte längst erreicht werden können, wenn nicht die anderen gewesen wären.

Viertens, in einer Situation, wo die auf „Karten" festgehaltenen Werte ständig frustriert werden, entsteht die Versuchung, die Karte selbst anzubeten und zu feiern, die eigenen Gedanken zu idealisieren und sich in einer inzestuösen Selbstbeweihräucherung nach Innen zu wenden. „Ganz egal ob unsere Demonstration den Krieg verlängert hat, wir sind die Größten." Die moralische Geste verliebt sich in sich selbst, wenn die Enttäuschung den Traum nährt, der die Wirklichkeit mystifiziert. Ähnlich werden Tod und Unheil in der Wirklichkeit den exaltierten Idealen des Patriotismus und der Rebellion geweiht, es sind Idole, die nach Menschenopfern verlangen. Fünftens, und ganz besonders wichtig, die moralischen Maß-Stäbe zerbrechen an dem Punkt, wo es vom Guten zum Bösen übergeht. „Elitedenken" oder „Konformität" beim Gegner bedeutet „nicht ich", und so lange diese Wörter mit einem negativen Etikett versehen werden, bleiben sie auch „nicht ich". Ähnlich betrachtet der „Falke" all seine natürlichen Zweifel am Krieg als „subversive" und „verräterische" Gedanken und spaltet sie aus seinem Bewußtsein ab. Wo Integrität der Person sein sollte, sind schroffe Bruchstellen. Sechstens folgt daraus, der Prozeß der eskalierenden moralischen Empörung zieht eskalierende innere Repressionen nach sich (siehe die nach unten gerichteten Pfeile im Modell 43). An einem bestimmten Punkt muß der patriotische „Falke" erkennen, daß seine Werte zumindest so interpretiert werden können, daß sie von seiner eigenen heroischen Version ganz schrecklich abweichen. Könnte es sein, daß seine Loyalität und Liebe zur Nation nicht mehr ist als „die letzte Zuflucht eines Schuftes", eine reflexartige Konformität? Undenkbar! Und doch behaupten das diese „roten Typen". Die Demonstranten vertreiben heißt, die inneren Zweifel ausräumen. Ähnlich ärgern sich vielleicht die „Tauben" über den Vorwurf der Feigheit und ziehen deshalb „tapfer" zuhause in den Krieg.

Die amerikanische Geschichte zeigt, daß die „Rote Gefahr" immer wieder auftauchte, das was Richard Hofstadter die „paranoide Ader" nannte, doch gibt es in den USA weniger echte Kommunisten als in jedem anderen Industrieland. Die Erklärung für diese Paranoria liegt meiner Meinung nach in dem verzweifelten Bedürfnis, den Puritanismus einer „linearen Moral" zu bewahren, für den es wichtig ist, daß es am anderen Ende des „Maßstabes" einen Teufel gibt. Wenn kein Krieg ist, dann müssen die Roten unter den Betten sein, und ihre Unsichtbarkeit beweist nur das Ausmaß der Verschwörung. Doch der wirkliche Feind steht natürlich im Innern, der „aufrechte" moralische Maßstab wird von seinem verborgenen und bösen anderen Ende verfolgt und gequält, eine Analogie zum menschlichen Körper.

Wenn der Krieg schlimmer wird, dann verwüsten die „glorreichen" Werte auf der „Karte", die in immer extremere Positionen driften, das „Gebiet" (die Wirklichkeit). Das Böse könnte die Menschheit nicht treffen, wären wir nicht auf irgendeiner fundamentalen Ebene im „innersten Kern faul", in der Erbsünde gefangen. Der Patriot unterdrückt seine abweichende Meinung, spaltet sie ab und haßt die Fragmente als „subversive Gedanken" (siehe Modell 13). Der Egalitarist unterdrückt und verwirft den Gedanken, daß auch er autoritär handelt und findet bei sich und seinen Genossen ständig Anzeichen von „Elitedenken". Warum entdecken wir immer genau auf dem Höhepunkt der Tugend, daß wir auf irgendeinem geheimnisvollen Pfad einen Abgrund des Schreckens erreicht haben? Sogar die Gettysburg-Rede von Präsident Lincoln nach dem Bürgerkrieg wurde hastig mit einem Taschentuch vor dem Mund gemurmelt, unsterbliche Worte mitten im Gestank der Sterblichkeit. Schließlich bleibt noch zu sagen, daß die eindimensionalen Absolutheitsansprüche der lauteren Moral nie überprüft und so nie widerlegt werden. Die „Falken" sind weiterhin davon überzeugt, daß wir nie wirklich versucht haben, in Vietnam zu gewinnen. Die Tauben

„Moral ist unsere Einstellung gegenüber Leuten, die wir nicht leiden können"

„Der ideale Ehemann"
Oscar Wilde

Mark Twain schildert in seinem „Kriegsgebet", wie in jeder Brust das heilige Feuer des Patriotismus brannte. In einer Kirche predigte der Priester mit glühenden Worten für einen glorreichen Sieg, als ein bleicher Alter nach vorne kam und die Kanzel erstieg. Er erklärte, daß er ein Botschafter Gottes sei, der das Gebet gehört habe. Aber wie alle Gebete des Menschen wäre es nicht ein Gebet gewesen, sondern eigentlich zwei, wobei das zweite ungesprochen blieb. Gott würde das Gebet erhören, aber nur, wenn die Gemeinde bereit wäre, auch das unausgesprochene Gebet zu hören. Und der Fremde begann zu beten: „O Herr unser Gott, unsere jungen Landsleute, Helden unseres Herzens, gehen hinaus in die Schlacht – sei ihnen nahe ... Hilf ihnen, die Soldaten der anderen in blutige Fetzen zu zerreißen mit unseren Granaten, hilf uns, den Donner ihrer Kanonen mit den Schreien ihrer Verwundeten zu übertönen, hilf uns, ihre Wohnstätten in einen Feuersturm zu zerstören, hilf uns, die Herzen ihrer Witwen ... zu zerreißen, hilf uns, daß ihre kleinen Kinder heimatlos im zerstörten Land herumwandern müssen ... Das erflehen wir von Dir im Geist der Liebe, ..."

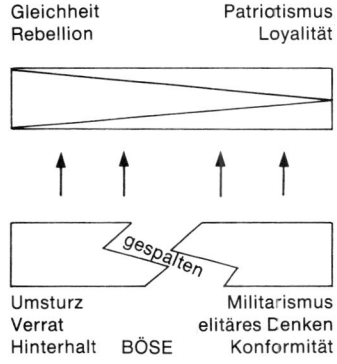

Dissens	GUT	Autorität
Gleichheit		Patriotismus
Rebellion		Loyalität

Umsturz		Militarismus
Verrat		elitäres Denken
Hinterhalt	BÖSE	Konformität

Die synergetisierte Konzeption der Moral: hier führen die verzahnten Werte zu Wachstum und Entwicklung und somit zum Guten, während die abgespaltenen und unterdrückten Werte zu Regression, Gewalt und psychischen Zusammenbruch führen. Der Mensch, der synergistisch denkt, kennt die beiden Wertarten, versteht aber, daß die unten stehenden Fragmente inkoporiert werden müssen.

leugnen, daß der Friede ernsthaft angestrebt wurde. Da beide Einstellungen nur Idealisierungen sind, führt dies beim Moralisten dazu, daß er den unvollkommenen Menschen als bloßen Schatten der Ewigen Form haßt.

Was läßt sich gegen unsere mörderischen Moralvorstellungen tun? Ansätze finden wir in der Psychotheologie von Harry Williams (Modell 5), in den Untersuchungen von Rollo May über die Angst (Modell 13) und bei den Dilemmata von Lawrence Kohlberg (Modell 38). Wir müssen uns mit der Angst oder der „Kreuzung" der moralischen Dilemmata auseinandersetzen, und zwar so rechtzeitig, daß Schuldgefühle sie nicht unerträglich machen und wir gezwungen werden, den inneren Konflikt nach außen zu verlagern. Dieser Konflikt besteht nicht aus der Pseudo-Wahl zwischen positiven gegenüber negativen Werten, zwischen Gleichheit und Elitedenken, sondern es beinhaltet die weitaus schwierigere Versöhnung von entgegengesetzten positiven Werten: Zweifel versus Sicherheit, oder Rebellion versus Loyalität. Auch wenn es schmerzt, so müssen wir doch auf Tillichs „umfassende Vernunft" zurückgreifen, um eine Ökologie der Werte aufzubauen und so einzigartige Kombinationen von universellen Werten bilden, die für die jeweilige Situation geeignet sind.

Wie dies möglich ist, wird in der Abbildung der Randspalte gezeigt. Auch hier gibt es noch das Gute und das Böse, allerdings haben sie zwei vollkommen verschiedene Strukturen: die Werte der „Falken" sind mit den Werten der „Tauben" verzahnt. Eine Gruppe von Werten schließt die andere in sich ein. Dissens und Rebellion tauchen innerhalb von Loyalität und Patriotismus auf, wie das bei Sokrates der Fall war (Modell 2). Er rebellierte gegen die Athener, die er liebte und versuchte, in einem Dialog unter Gleichen die Legitimität der Autorität zu verbessern, der er schließlich gehorchte.

Es ist nicht einfach, Wertgegensätze angesichts einer existentiellen Angst zu synthetisieren, aber es ist der einzige Weg. Warum sollten wir überhaupt nach all dem politischen Streit einen Menschen beachten, wenn wir nicht glauben, daß er in einem unfassenderen Kontext ein Patriot ist, der sich leidenschaftlich für uns einsetzt? Der Rebell überzeugt nur dann, wenn wir seine Loyalität gegenüber dem großen Ganzen schätzen. Hier liegt also der entscheidende Unterschied zwischen den Wertsystemen, die den Menschen in seiner Entwicklung fördern und jenen, die Regression, Auflösung und Tod bedeuten. Der Unterschied liegt keinesfalls *in* den einzelnen Werten. Es gibt kein „Wesen" der gerechten Autorität, das dem unterdrückenden Elitedenken entgegengesetzt wird. Der Unterschied liegt *zwischen* den Werten, in ihrer Struktur und Zusammensetzung. Werte, welche die Entwicklung fördern, durchdringen sich gegenseitig in der Synergie. Werte, die zerstören, sind gespalten und widersprüchlich, wobei der eine Wert den anderen unterdrückt, der wiederum schlägt zurück in wilden Pendelbewegungen von Konformität/Verrat, Militarismus/Umsturz, was nur in Gestalt von Begriffen wie „Patriotismus" und „Rebellion" würdig klingt.

Ganz persönlich kann ich nicht so tun, als wäre ich gegenüber „Falken" und „Tauben" im Vietnamkrieg unparteiisch gewesen. Ich glaube, daß der Krieg ein schrecklicher Fehler war, und ich habe das auch zu jener Zeit geschrieben. Ich glaube ebenso, daß zumindest einige „Tauben", wenn auch nicht genug, erkannt haben, daß ihre Rebellion loyal sein muß und ihr Dissens patriotisch, und daß sie, wie Camus es ausdrückt, „die Grenzen respektieren müssen, innerhalb derer sich die Geister treffen". Das war für mich ein neuer moralischer Grundsatz, ohne den wir nicht leben können.

Jacques Lacan: Freuds Französische Revolution

Jacques Lacan, der französische „protestantische" Freudianer, sagte, daß man zehn Jahre brauche, um ihn zu verstehen. Die meisten seiner Äußerungen scheinen nicht so sehr darauf angelegt zu sein, die Menschen zu informieren, sondern sie unter Lacanscher Schirmherrschaft zu langwierigen persönlichen Selbsterforschungen zu verführen. Aus Platzgründen kann ich nur einige wenige dieser „Anleitungen" umreißen. Da ich Lacan im Original für unlesbar halte, beziehe ich mich hier vorwiegend auf das Buch „Psychoanalytic Politics" des amerikanischen Soziologen Sherry Turkle. Der Freudianismus, argumentiert Turkle, stand in Frankreich bis zu den Studentenunruhen im Mai 1968 nicht besonders hoch im Kurs. Es gab eine Reihe von Gründen, die Freuds Einfluß einschränkten: da war das Vertrauen der Franzosen in die menschliche Vernunft, ihre Abneigung gegenüber deutschen Ideen, die Vorliebe für die Neurologie in der französischen Psychiatrie, die feindselige Einstellung der katholischen Kirche gegenüber der Sexualität und der Marxisten gegenüber einem „bourgeoisen" Privatismus, schließlich auch die intellektuelle Mode, Amerika zu kritisieren, wo Freuds Lehre in der Medizin bereits fest etabliert ist. Dann veränderten Jacques Lacan und das „nationale Psychodrama von 1968" alles. Lacan hat Freud für Frankreich zugeschnitten, indem er den Meister mit symbolischen und linguistischen Begriffen neu interpretierte und dabei auf die strukturalistische und rationalistische Tradition von Ferdinand de Saussure, Jean Piaget (Modell 38) und Lévi-Strauss (Modell 57) zurückgriff. Er ersetzte die „Therapie" oder „Anpassung" durch eine interpretative Wissenschaft des Zuhörens und Verstehens.

Wenn wir die Unruhen der sechziger Jahre als eine Krise der „Künste und der Kommunikationskultur" betrachten, die noch dadurch verschärft wurde, daß der Rhetorik bei der Veränderung der Wirklichkeit Grenzen gesetzt sind (Modell 28), dann fällt es nicht schwer, Lacans Appell zu verstehen. Er gab all denen rationale Gründe, die von der Symbolbildung leben und bot ihnen die Möglichkeit, ihre Revolte neu einzuschätzen. Doch das bleibende Verdienst Lacans besteht darin, daß er die Interpretation von Freuds Werk um eine oder mehr Ebenen der Sprache oder logischen Typen erweitert hat (siehe Modell 40). Inzestwunsch, Kastrationsangst, Penisneid etc. müssen nicht mehr als Zeichen, d.h. als Wörter, aufgefaßt werden, die in einer direkten Beziehung zu den Dingen stehen, sondern als Symbole, Karten, Metaphern, d.h. als Wörter über Wörter und nicht über Sachen (siehe Modell 39). Redet man vom „Penisneid" der Frau, dann meint man damit nicht, daß die Anatomie Schicksal ist oder daß die Biologie sie zur wütenden Ehefrau verurteilt hat, sondern daß der Phallus in unserer Gesellschaft die Bedeutung von Macht erhalten hat und daß die Frauen sich gegen ihre soziale Unterordnung wehren.

Lacan glaubt, daß das Unbewußte wie die Sprache strukturiert ist, jedoch durch Assoziationen und nicht durch kausale Glieder. Diese Assoziationen können entdeckt werden, und Lacans Texte sind mit Lyrik und Wortspielen vollgespickt. Zum Beispiel sind wir *parlêtres*, „sprechende Wesen, (die) mit dem Buchstaben gehen"; oder *çaparle* („das Es spricht"). Er zitiert Freuds Fall vom Rattenmann, der Angst hatte vor *Ratten,* aber auch vor den unbezahlten *Raten* seines Vaters, und vor dem Verlust seiner Schwester, Rita, die hei*raten* will. Am beeindruckendsten ist Lacans Umformulierung des Oedipuskonflikts, der jetzt auf die Entwicklung des Kindes von einer imaginären Ordnung zu einer symbolischen Ordnung bezogen wird. Die imaginäre Ordnung oder Spiegelphase entspricht dem *désir de la mère* des Kindes, auch das ein Wortspiel, es kann „Verlangen nach der Mutter" und „Mutters Verlangen" bedeuten. Das Kind möchte symbolisch ihr Phallus sein und wird im Blick der Mutter gespiegelt. Diese Phase endet, wenn das Kind den Name des Vaters *(nom)* in einem Prozeß der Identifikation annimmt, der gleichzeitig auch sein „Nein" *(non)* ist, d.h. das Verbot des „Inzests" mit der Mutter. An diesem Punkt beansprucht die Gesellschaft und die symbolische Ordnung das Kind, und sie umgarnen es mit ihrem Netz. So erhält *nom* die Bedeutung „Mutters Verlangen", was wiederum Phallus bedeutet, und es entsteht eine Kette von Bedeutungen, die vom Bewußtsein zum Unbewußten führt. Die Verdrängung wird dabei neu definiert als Verweisung von einer symbolischen Ebene zur nächsten und höheren Ebene. In der Analyse wird diese „Kette" zurückverfolgt bis zum „Realen" *(réal).* Das „Reale" liegt jenseits der Sprache, es ist ein schmerzenden Bedürfnis.

Diese Knoten sind einer Zeichnung von Lacan abgeschaut; wird ein Knoten (das Symptom) durchgeschnitten, dann lösen sich alle. Die Umrisse repräsentieren die symbolische Ordnung (die Sprache, mittels der unsere Gesellschaft unsere Gedanken und Kommunikation strukturiert) und die imaginäre Ordnung (der Zustand, in dem das Kind von seiner Mutter „gespiegelt" wird). Das Symptom (das in der Lacanschen Psychoanalyse untersucht wird) verbindet beide mit der realen Ordnung (ein unstillbares Verlangen nach einem fehlenden Element im Leben). Das Symptom ist der Schlüssel für die Analyse, also das Auseinandernehmen der einzelnen Kreise. Die symbolische Ordnung kann noch viele weitere Glieder haben, da lebendige Sprachen ein Symbol auf das andere setzen, eine Metapher auf die andere. Deshalb läuft die Analyse über eine „Kette von Bedeutungen" durch die symbolischen Glieder hindurch und von da zur realen Ordnung, dabei dient das Symptom als Pfad. Lacan verachtet vor allem die amerikanischen Ich-Psychologen und ihr „autonomes Ich" (siehe Modelle 11, 13, 15, 33, 37). Für ihn ist das Ich die Quelle der Entfremdung, der Träger der Neurose, das Zentrum allen Widerstandes gegenüber der Hilfe, und es sucht endlos nach bloßem Ersatz für „das Objekt des verlorenen Verlangens", das im Unbewußten begraben ist. Vor allem hindert uns das Ich und sein Stolz an der Erkenntnis, daß die symbolische Ordnung uns geformt hat und durch uns lebt.

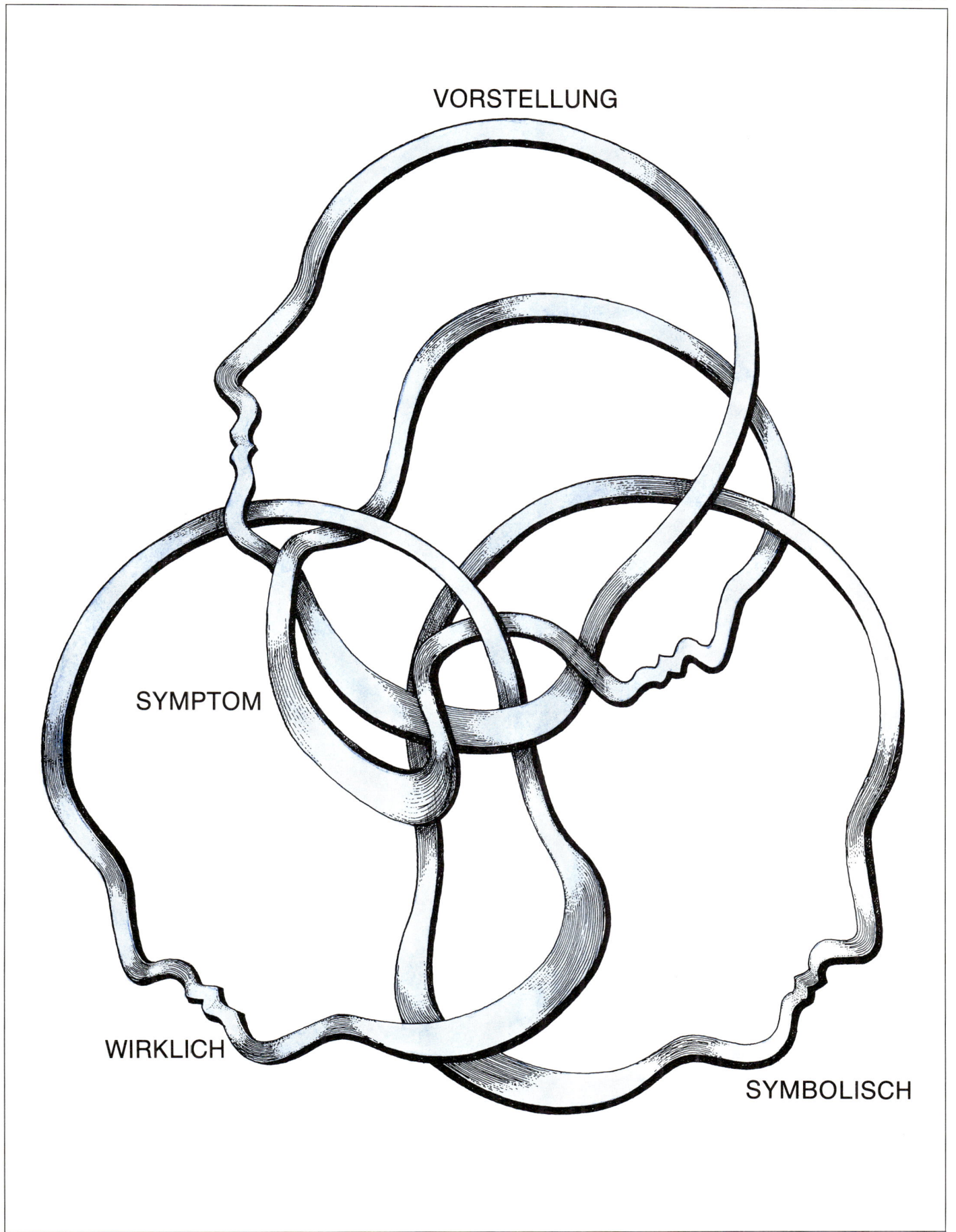

VORSTELLUNG

SYMPTOM

WIRKLICH

SYMBOLISCH

Die Probleme des Lebens:
Bertalanffy und die Allgemeine Systemtheorie

Ludwig von Bertalanffy war Biologieprofessor in Wien und emigrierte 1949 nach Kanada. Kurz darauf gründete er die Gesellschaft zur Förderung der Allgemeinen Systemtheorie (Society for the Advancement of General Systems Theory), deren ständiger Inspirator er blieb. Er war für den Nobelpreis vorgeschlagen worden, als er 1971 starb. Sein Buch „Problems of Life" ist eine klassische Abhandlung über das Versagen der „roboterhaften" und reduktiven Erklärungen von lebenenden Organismen. Warum, fragt er, kann sich ein lebender Schwamm, der durch ein feines Sieb zu Mus gedrückt wird, spontan neu organisieren? Warum wachsen einem Wassermolch, wenn ihm im Embryozustand bestimmte „Organisations"-Zellen vom Bein in den Schwanz transplantiert werden, zwei Schwänze? Wie läßt sich die „Äquifinalität" erklären? (Wenn der übliche Weg des Organismus zu seinem Endstadium in der Entwicklung blockiert ist, dann versucht er einen Weg nach dem anderen, um an sein Ziel zu kommen). Wo die Organe, die gewöhnlich an diesem Prozeß beteiligt sind, beschädigt werden, wie etwa bei Gehirnverletzungen, da übernehmen andere Teile deren Funktion.

Bertalanffy formulierte Antworten auf diese Fragen, dreißig Jahre bevor solche Modelle anerkannt wurden. Er ging davon aus, daß das Leben zuallererst ein System der Selbststeuerung ist, eine Entwicklung, die sich auf zunehmend höheren Ebenen der Differenzierung und organisierten Komplexität entfaltet. Diese Ganzheiten lassen sich nicht auf ihre Teile reduzieren, und ihre fortgeschrittenen Formen sind qualitativ andere als die vorausgegangenen. Außerdem ist der Organismus eher dynamisch als statisch, eher offen als geschlossen und sucht spontan und aktiv die Stimulation, statt passiv auf eine Reaktionsmöglichkeit zu warten. Doch Bertalanffy beschränkte sich nicht auf die Biologie. Wenn der Organismus ein offenes System ist, das mit seiner Umwelt in Interaktion tritt, kann da die Biologie als Disziplin mit weniger auskommen? Er machte sich lustig über Psychologen, die behaupteten, daß ihre Disziplin am Scheideweg stünde. Die Psychologie *ist* ein Scheideweg, und der Geist des Menschen ist ein Treffpunkt für unterschiedlichste symbolische Systeme.

Die Allgemeine Systemtheorie ist so eine „Disziplin der Disziplinen", mit besonderer Berücksichtigung der Psychobiologie und der Ökologie. Die Theorie erforscht Ganzheiten, die nach den gleichen Prinzipien aufgebaut sind, unabhängig von der Art ihrer jeweiligen Bestandteile. Zum Beispiel stammt das kybernetische Feedback-Modell ursprünglich aus der Technologie der Thermostaten und Regulatoren für Dampfmaschinen, doch eignet es sich, wie wir bei den Modellen 48 und 50 sehen werden, auch recht gut für soziale, Persönlichkeits- und Wertesysteme im allgemeinen. Aber gehen wir zunächst einmal von dem einfachsten Beispiel aus, mit den allernotwendigsten Bestandteilen für das kybernetische System, wie sie auf der Abbildung rechts gezeigt werden. Die Reize werden von einem Rezeptor R registriert, der speziell dafür eingerichtet ist. Von R aus geht der Informationscode (nicht die Sache selbst) zum Steuerungszentrum A 1, das durch Weiterleitung, Blockierung oder andere Steuerungsmechanismen im Handlungsorgan, dem „Effektor" E, eine Handlung auslöst. Von hier aus fließen zwei Arten von Botschaften: die eine enthält eine Antwort, die auf den Reiz einwirken kann, die andere ist eine Rückmeldungs-Schleife zum Rezeptor, die ihn über die vom Effektor vollzogene Aktion unterrichtet. Dadurch wird das sich selbst korrigierende System vollendet. Im Falle eines Hitze suchenden, ferngesteuerten Flugkörpers würde der Effektor den Rezeptor darüber informieren, daß eine Richtungsänderung stattgefunden hat, um das wandernde Ziel zu verfolgen.

Will man dieses System auf lebende Organismen anwenden, dann muß man eine sich selbst steuernde Fähigkeit (SO) hinzufügen. Dazu würde der genetische Code gehören, der die Entwicklung des Organismus bestimmt; beim Menschen würden dazu auch die verschiedenen geistigen Fähigkeiten gehören – die zielgerichtete *Feedforward*-Möglichkeiten beim holographischen Gedächtnisspeicher (siehe Modell 25), die Vielzahl von kreativen Bisoziationen (Modelle 26–31), die sich sequentiell entwickelnden Stufen des moralischen Urteils (Modell 38) und eine Grammatik linguistisch erzeugter Werte (Modell 41). Diese Eigenschaften des menschlichen Geistes machen aus den Zielen Werte und aus bloßen Reaktionen ethische Absichten.

Nach Ludwig von Bertalanffy gehört es zu den Tragödien der Menschheit, daß wir mehr Werte für komplexe Organisationen und Systeme haben als für das persönliche Verhalten. Durch dieses Ungleichgewicht ist die Moral des Individuums zum Untergange verurteilt, denn es läßt sich nicht vermeiden, daß wir Systeme-innerhalb-von-Systemen sind und unsere Werte zunehmend vom Kontext abhängen. Da wir diese Systeme aber nicht begriffen habe, ist unsere Gesellschaft zerrüttet und antagonistisch.

Das Modell zeigt die notwendigen Bestandteile für ein kybernetisches System. Die Reize (Stimuli), die vom Ziel kommen (rechts) wandern zum Empfänger (Rezeptor = R) dann zum richtungsbestimmenden Zentrum, das die Informationen weiterleitet oder unterdrückt (A 1) und das Verhalten des Handlungsorgans (Effektor = E) verändert. E antwortet jetzt auf zwei Arten: zum einen führt es die erhaltenen Befehle aus, und zum anderen meldet es an dem Rezeptor zurück, daß die Veränderung durchgeführt wurde. Ein Mensch ist mehr als nur ein ferngesteuerter Flugkörper, denn er verfügt über die Fähigkeit, sich selbst zu steuern, und zwar sowohl durch den genetischen Code, von dem die Entwicklung des Organismus abhängt, als auch durch seine geistigen Fähigkeiten. Aus diesem Grunde verwandeln sich Ziele in Werte, und die bloßen Reaktionen werden zu ethischen Absichten. Wenn wir einander feindlich gesinnte, akademische Disziplinen und sich bekriegende, internationale Systeme überwinden wollen, dann müssen wir selbst-steuernde allgemeine Systeme von symbolischen Beziehungen entwickeln, welche den Empirismus mit der Dialektik (Modell 52-5) versöhnen, die Klassen und die Rassen (Modelle 58-9), und die menschliche Art mit ihrer Umwelt (Modelle 46–60).

Jonas Salk und die Weisheit der S-Kurven

Der Biologe Jonas Salk behauptet, daß wir über unsere Gruppe oder Nation hinausdenken müssen, wenn wir ernsthaft am Überleben der Menschheit interessiert sind. Die biologische Evolution veranschaulicht die Prozesse, durch die widersprüchliche Tendenzen versöhnt werden, eine nachahmenswerte Lektion für menschliche Gruppen, die sich über Werte streiten. Ein immer wiederkehrendes Beispiel für die Selbstregulation und genetische Kontrolle natürlicher Systeme ist die S-Kurve, die das zahlenmäßige Wachstum einer Population in einem geschlossenen System wiedergibt. Doch unabhängig davon, ob wir es mit dem Populationsanstieg der Fruchtfliege oder einer Schafherde, die in ein neues Gebiet gebracht wurde, zu tun haben, oder sonst einer biologischen Einheit, diese Kurven zeigen die ihnen eigene Tendenz, sich abzuflachen. Es ist festzuhalten, daß dieses Abflachen ein genetisch programmierter Feedback-Effekt ist, eine Reaktion auf Signale aus der Umwelt. Es gibt allerdings schreckliche Ausnahmen bei dieser Abflachungs-Tendenz. Krebszellen vermehren sich exponentiell, ungeachtet system-immanenter Hemmnisse, und sie zerstören am Schluß den Wirt. Alle paar Jahre explodiert die Zahl der Lemminge und paßt sich dann durch Massenselbstmord wieder der Umwelt an.

Wenn wir uns Graphiken über die Weltbevölkerung ansehen (es wird geschätzt, daß die Zahl bis zum Jahr 2000 auf 6,1 Milliarden steigt), oder über den Rohstoffverbrauch, oder die Luftverschmutzung, oder über aussterbende Arten, mit denen wir diesen Planeten „teilen", oder über die sauerstoffproduzierende Vegetation, dann finden wir bei all diesen Entwicklungsverläufen einen exponentiellen Anstieg mit nur lokalen Abflachungen. Nach Salk befindet sich die Menschheit am Wendepunkt der gegenüberliegenden S-Kurve. Unser fast vertikaler Aufstieg flacht sich entweder ab, indem er von Epoche A in Epoche B übergeht, oder wir verurteilen uns selbst zu einem katastrophalen „Umkippen".

Das Problem ist, daß unsere programmierten genetischen Grenzen und Potentiale überlagert sind von Schichten „rationaler" Kalkulationen, die die biologische Weisheit der Evolution ignorieren. Wir sind als Hierarchie von physikalischen, chemischen, biologischen, soziobiologischen und metabiologischen Systemen organisiert. Jede Ebene verwirklicht das Potential der unteren Ebenen, ist jedoch auch an deren Grenzen gebunden. Ein Beispiel auf der biologischen Ebene: das somatische System unseres Körpers bringt einen Teil unserer genetischen Ausstattung zum Ausdruck, das Individuum verwirklicht einen Teil der artspezifischen Fähigkeiten auf der soziobiologischen Ebene; schließlich verwirklicht das Ich auf der metabiologischen Ebene einen Teil der inhärenten Fähigkeiten durch das, was Salk als *Dasein* nennt, das ist die Kombination aus physikalischen, chemischen, biologischen und soziobiologischen Systemen, die zusammen gemeinsam die menschliche Ausstattung ergeben.

Wir wissen jetzt, daß es diese Grenzen in allen Bereichen des biologischen Lebens gibt, und daß sie sich auch beim Menschen bemerkbar machen müssen. Wir wissen heute genug über biologische Strukturen, um die darin enthaltenen Botschaft zu verstehen. Die Wertsysteme, die sich um dynamisches Gleichgewicht kümmern, um Ästhetik, Komplementarität, Reziprozität, Gerechtigkeit, gegenseitige Unabhängigkeit, Versöhnung, kreative, optimale Synthese und die Intuition von Wahrheit und Schönheit, sind die „Sprache" der Biologie. Die Mythen mit ihren Transformationen und Metaphern sind nach Auffassung von Salk Formen, die eine evolutionäre Weisheit verkünden und sich weniger mit dem Überleben des Tüchtigsten beschäftigen, sondern mit dem Überlebenswert der sozialen Mitte zwischen den Dualismen des Lebens.

Wir brauchen dringend eine Philosophie des „sowohl ... als auch", um das gegenwärtige „Entweder/Oder" zu verbessern. Einst war es *entweder* unser Überleben *oder* das anderer Arten und Elemente der Natur. Deshalb haben wir erobert, uns vermehrt und andere unterworfen. Jetzt stehen wir einem Ich gegenüber, dessen Intellekt, Vernunft, Moral, Verschiedenheit, konkurrierende Wesensart, Macht und Psychologie des „Gewinnens oder Verlierens" ganz dringend ein Wesen braucht, dessen Intuition, Gefühle, Subjektivität, Realismus, Fähigkeit zu differenzieren, zu kooperieren und zu beeinflussen und dessen versöhnende Kräfte es zügeln könnte.

Die s-förmige Kurve auf der gegenüber liegenden Abbildung zeigt die programmierte genetische Prädisposition zur Regulation von Wachstum bei Populationen zahlreicher Arten. Ob wir uns mit Fruchtfliegen oder weidenden Schafen beschäftigen, immer steigt ihre Population zuerst und flacht sich dann ab, die Bewegung ist hier in zwei Epochen A und B eingezeichnet. Die erste ist die Epoche des Aufstiegs und der Überlegenheit; die zweite ist charakterisiert durch eine Ausgleichung, Anpassung. Jonas Salk glaubt, daß wir jetzt den Punkt in der Mittes der S-Kurve erreicht haben, wo unsere explodierende Bevölkerung und unsere Selbstüberschätzung in einen immer langsamer werdenden Entwicklungsprozeß übergehen muß, wo die Seins-Werte der Epoche B die Ich-Werte der Epoche A weitgehend in ihre Gegenteil verkehren. Dadurch entstehen Verschiebungen, wie die vom Intellekt zur Intuition, von der Vernunft zum Gefühl, von der Objektivität zur Subjektivität, von den Gruppenunterschieden zu differenzierten Strukturen und von der Macht zum Einfluß. Während der Mensch anfangs aufgrund mangelnder Selbstbehauptung starb, gehen wir jetzt an einem Zuviel davon zugrunde. Die Epoche A war gegen den Tod, gegen Krankheiten, Gefühle wurden unterdrückt, und äußerlichen Zwängen unterworfen; Epoche B wird für das Leben sein, für die Gesundheit, für Selbstverwirklichung, und die Selbstüberschätzung geht zu Ende.

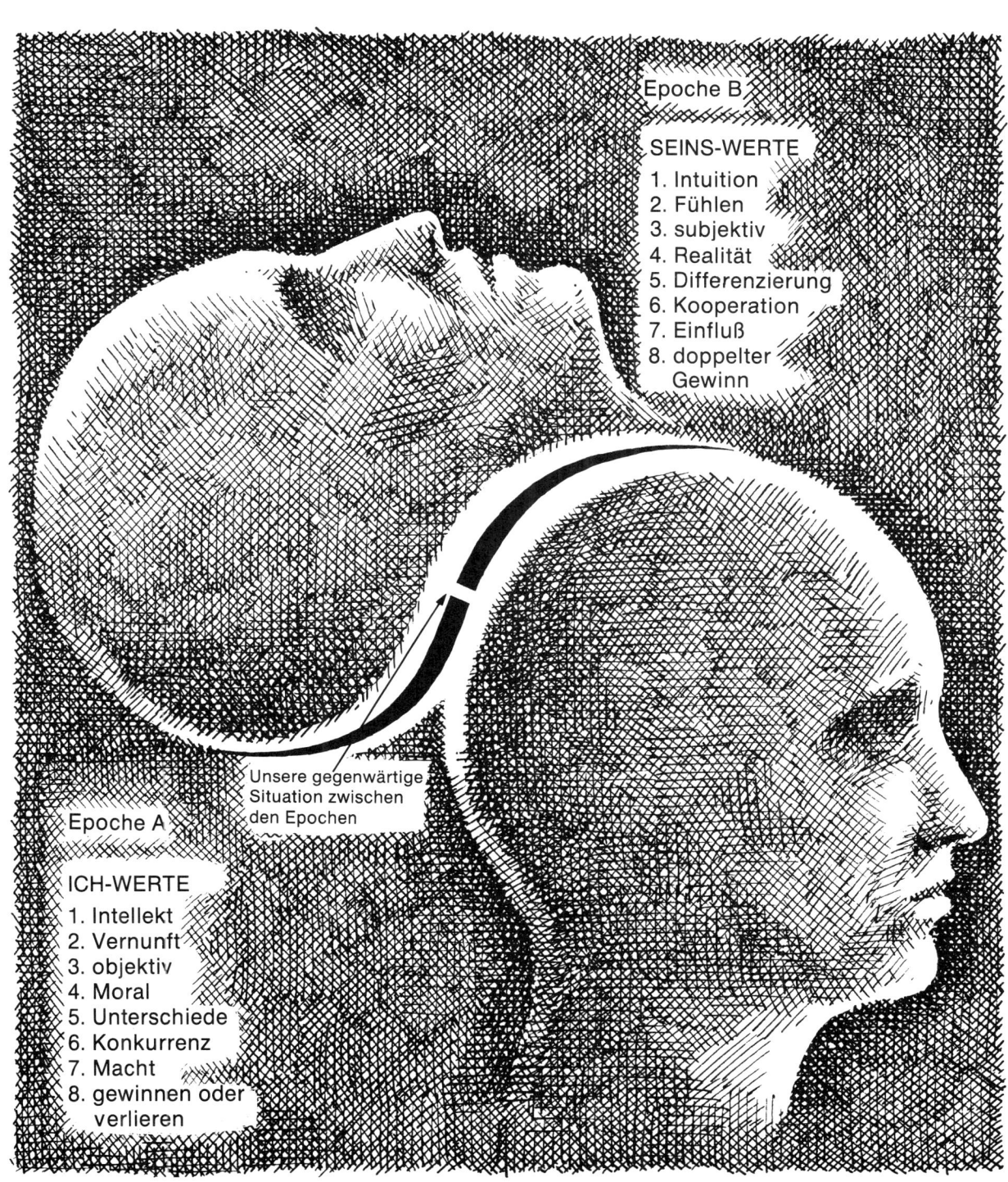

Epoche B

SEINS-WERTE
1. Intuition
2. Fühlen
3. subjektiv
4. Realität
5. Differenzierung
6. Kooperation
7. Einfluß
8. doppelter
   Gewinn

Unsere gegenwärtige
Situation zwischen
den Epochen

Epoche A

ICH-WERTE
1. Intellekt
2. Vernunft
3. objektiv
4. Moral
5. Unterschiede
6. Konkurrenz
7. Macht
8. gewinnen oder
   verlieren

Ganzheiten und Teile:
Die Holarchie der lebendigen Natur

Arthur Koestler gibt uns nicht mehr viel Zeit. Die Menschen mußten schon immer mit der „verrücktmachenden Furcht vor ihrem eigenen Tod" leben, mit einem Bewußtsein, das aus einer „pränatalen Leere" auftauchte und in einer „postmortalen Dunkelheit" versinken würde. Doch seit Hiroshima müssen wir mit dem Tod unserer ganzen Art rechnen. Wenn Hitler zwanzig Jahre später gelebt hätte, wie „endgültig" wäre da tatsächlich seine „Endlösung" gewesen? Das Raumschiff Erde wäre in einen „Fliegenden Holländer, der mit seiner toten Besatzung unter den Sternen umhertreibt", verwandelt worden. Denn wer die menschliche Rasse nüchtern betrachtet, vom Cro-Magnon-Menschen über Auschwitz bis zu Archipel Gulag, wer kann dann daran zweifeln, daß wir technologische Riesen, aber ethische Zwerge sind, die Tag für Tag ihre Macht vergrößern, um sich gegenseitig zu terrorisieren und so die allzu schwachen Fähigkeiten zum sozialen Verständnis überfordern?

Als Kern unserer Probleme sieht Koestler die Verwirrung zwischen Teilen und Ganzheiten, und somit zwischen Selbstbehauptung und Integration, Egoismus und Altruismus, Konkurrenz und Kooperation, Autonomie und Abhängigkeit sowie zwischen Agression und Sexualität. Wir versuchen, die eine oder andere Tugend hochzuhalten und entdecken dann, daß sie sich auf einer höheren Ebene in ihr Gegenteil verwandelt. Zum Beispiel herrscht innerhalb eines Unternehmens ein durchaus kooperativer Arbeitsstil – aber er ermöglicht der Firma, sich im brutalen Konkurrenzkampf mit anderen Unternehmen zu behaupten.

Koestler beginnt bei der Biologie, wo sich sowohl der Holismus als auch der Atomismus als Sackgasse erwiesen haben. Die ständige Versicherung, daß das Ganze mehr sei als die Summe seiner Teile, „eine Rose ist eine Rose ist eine Rose", weicht der Aufgabe aus, detailliert zu beschreiben. Der „nichts als"-Reduktionismus der neodarwinistischen Evolutionstheorie oder der Reiz-Reaktions-Theorie in der Psychologie ist steril, er scheint genau die Organisationen und Beziehungen zu zersetzen, die die lebendige Welt ausmachen. Das Konzept des Holon transzendiert Teile und Ganzheit, die auch ein Teil sein kann, je nachdem, ob man in der organischen Hierarchie (auf dem gegenüberliegenden Modell) auf die Teile hinunterschaut, für die es die Ganzheit ist, oder ob man die Hierarchie hinaufschaut zu dem größeren Ganzen, von dem es ein Teil ist. Da das Wort Hierarchie an Bürokratie und Militarismus erinnert, und da Koestlers Modell durchlässige, sich ständig organisierende Abteilungen mit zahllosen Feedback-Schleifen und flexiblen Strategien haben kann, schlägt er den Begriff *Holarchie* vor.

Die hier abgebildete Holarchie reicht von Organismen auf den höchsten Ebenen bis zu Entitäten noch unter der subatomaren Ebene. Jeder Knotenpunkt ist ein Holon, das nicht auf die unter ihm stehenden Teile zurückgeführt noch aus diesen Teilen erschlossen werden kann. Diese „untergeordneten Ganzheiten" sind nicht nur an der Organisation der tiefer liegenden Teile beteiligt, sie besitzen auch ein hohes Maß an Autonomie gegenüber den über ihnen liegenden Ganzheiten. Zum Beispiel verfügt das Herz des Menschen über „Schrittmacher", die sich in Streß- oder Problemstiuationen gegenseitig ablösen. Jede Ebene hat ihr eigenes, eingebautes Regelsystem. Die Mitochondrien beispielsweise sind kleine Kraftwerke, die über eine chemische Reaktionskette von mehr als fünfzig Schritten aus Nahrungsmitteln Energie produzieren. Eine einzige Zelle kann bis zu fünftausend solcher Kraftwerke betreiben. Dieses Baumdiagramm könnte ebenso gut eine lokomotorische Holarchie von Gliedern, Gelenken, individuellen Muskeln und so weiter bis hinunter zu Fasern, Fibrillen und Proteinen repräsentieren. Wir kennen die autonomen Funktionen in unserem Körper: das Herzklopfen, wenn ein unvorhergesehens Ereignis auftritt, der „kalte Schweiß" der Angst und die Reaktion (oder Verweigerung) der Geschlechtsorgane in bestimmten Situationen. Diese Reaktionen sagen über unsere Gefühle oft mehr als unsere Worte.

Koestler möchte seine Holarchie aber nicht auf die Biologie oder Anatomie beschränken. Die „drei Gehirne" des Modells 24 sind als Holarchien organisiert, ebenso die Bedürfnishierarchie von Modell 33, die Lebensphasen in Modell 37, die Ebenen des moralischen Urteils bei Modell 38, die logischen Typen des Modells 39 und Chomskys Linguistik in Modell 41. „Alle komplexen Strukturen und Prozesse, die relativ stabil sind, verfügen über eine hierarchische Organisation, seien es nun galaktische Systeme, lebende Organismen und ihre Aktivitäten

Dieses Modell zeigt eine „Holarchie". Das ist Koestlers Begriff für ein hierarchisch organisiertes, sich selbst regulierendes, offenes System von „Holons", das durch die Verbindungen von A bis J dargestellt wird. Holon setzt sich zusammen aus dem griechischen „holos", das „ganz" bedeutet und aus „on", was Entität bedeutet (wie in Proton oder Neutron). Ein Holon ist also ein Ganzes für die in der Hierarchie tiefer liegenden Teile, selbst aber ein Teilstück der höheren Ganzheiten. Wie Janus, der römische Gott der Türen, schaut ein Holon in zwei Richtungen, auf die Ganzheiten und auf die Teile, auf Kooperation und Konkurrenz, Altruismus und Egoismus, Integration und Selbstbehauptung. Die Holarchie selbst kann wiederum Teil einer größeren Holarchie sein, z. B. kann der hier dargestellte Organismus Teil eines größeren sozialen Systems sein.

Die hier aufgezeichnete Holarchie läßt sich nicht nur auf die Biologie anwenden, sie könnte ebenso gut für eine soziale Organisation, Anatomie, Linguistik, Technik oder allgemein für die Auffächerung des Wissens stehen. Am besten begreift man die Holarchie als ein Konzept, als ein Werkzeug, und nicht als Selbstzweck. Sie ist ein Schlüssel, mit dem sich einige der Kombinationsschlösser der Natur öffnen lassen, die bei anderen Schlüsseln hartnäckig Widerstand leisten.

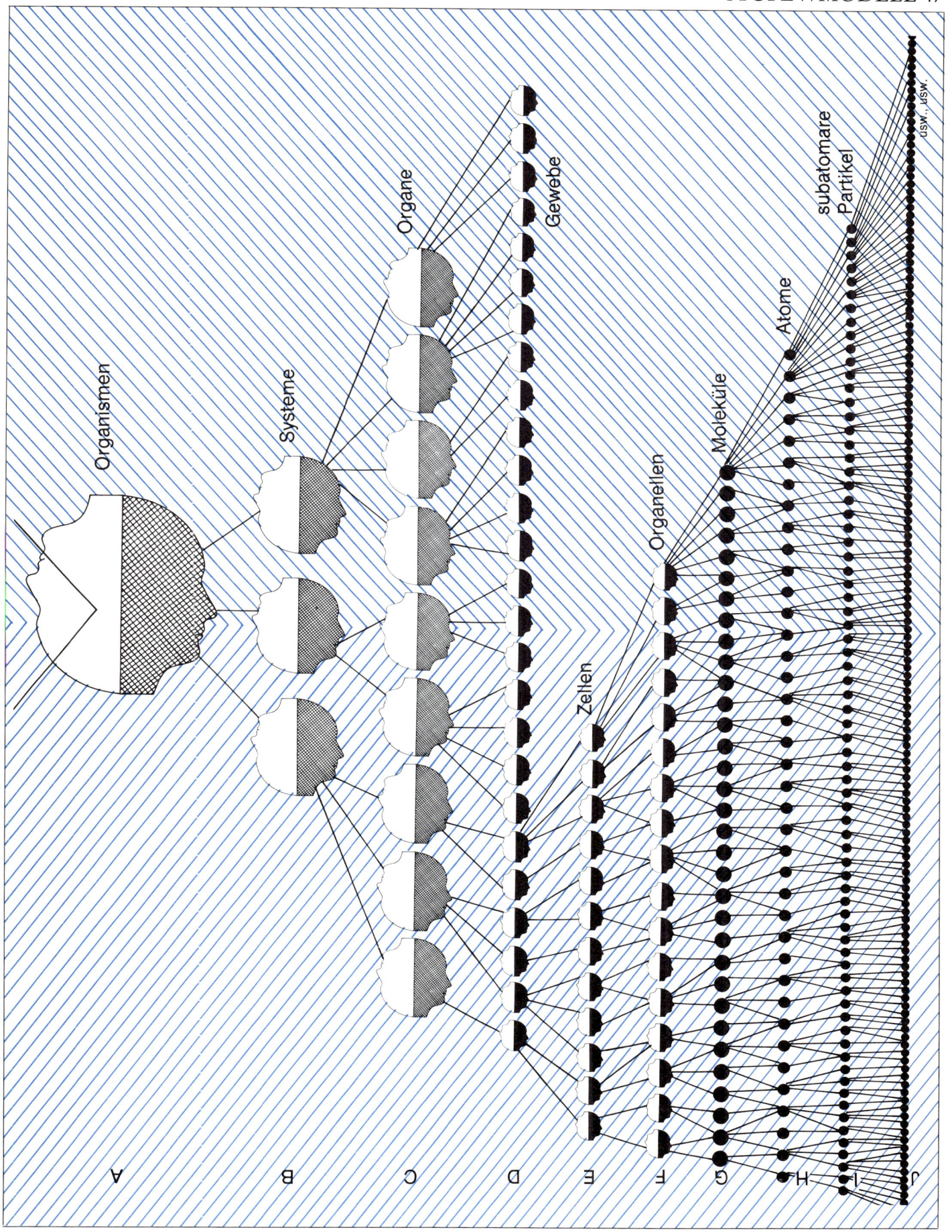

Organismen

Systeme

Organe

Gewebe

Zellen

Organellen

Moleküle

Atome

subatomare Partikel

usw., usw.

A

B

C

D

E

F

G

H

I

J

oder soziale Organisationen". Ausgehend von den einzelnen Disziplinen fächert sich das Wissen auf, in angewandte Techniken oder in Bibliothekskataloge. Die Evolution selbst ist ein Aufstieg zu immer höheren und komplexeren Ebenen.

Ein vertrautes Beispiel für eine holarchische Funktion ist die Alltagssprache. Wir haben zunächst eine nicht-verbale Vorstellung von dem, was wir mitteilen wollen und müssen dann versuchen, manchmal mühsam, es auszudrücken. Die Vorstellung löst schrittweise eine Reihe von funktionalen Holons aus, die das, was wir sagen wollen, in eine Reihe von Sätzen mit wohlgeformten grammatischen und syntaktischen Strukturen umformen. Diese Strukturen bestehen aus Wörtern, Pausen und Tönen, die ihrerseits wiederum koordinierte Muskelkontraktionen der Zunge und der Stimmbänder auslösen. Die potentielle Autonomie der unteren Ebenen zeigt sich bei sehr flüssigen Sprechern, die, anscheinend mit Leichtigkeit, ganze Subkomplexe von Gedanken „freisetzen". Stotterer dagegen haben vielleicht Mühe, Worte zu finden und schlagen statt dessen um sich. Wir können Gefangene unserer allzu glatten Redefähigkeit sein – aber auch unserer Sprechhemmungen.

Die Sprache ermöglicht uns auch, zwischen festen Regelsystemen und flexiblen Strategien mit Wahlmöglichkeiten zu unterscheiden. Jede verstehbare Äußerung muß ganz bestimmten syntaktischen und grammatikalischen Regeln gehorchen, doch innerhalb dieser Regeln läßt sich eine unendliche Vielfalt von regelgerechten Sätzen bilden (siehe Modell 41). Diese Freiheit hat nichts mit Beliebigkeit oder „Wissenschaftsfeindlichkeit" zu tun. Die Dichotomie Freiheit versus Derminismus hat selbst einen Januskopf, da zugleich die Autonomie des Holons als auch seine Integration in gesetzmäßige Beziehungen erforderlich ist. Deshalb spielt der Pianist seine persönliche Interpretation der Musik, die für ihn geschrieben wurde, und der Dichter weckt unsere Bewunderung für die Freiheit seiner Verse, die den Zwängen der Metrik, des Rhythmus und des Reimes nicht unterworfen scheinen. Kurzum, die ehrwürdige Grenze zwischen Freiheit und Determinismus, Geist und Körper, Ganzem und Teil, Autonomie und Kooperation ist in viele unterschiedliche Grade und Zwischenstufen aufgelöst worden. Wer sich zur Spitze der menschlichen Holarchie bewegt, der trifft auf höhere Freiheitsgrade, aber gleichzeitig werden wir von unseren Bedürfnissen nach persönlicher und sozialer Integrität begrenzt – „kein Mensch ist eine Insel. Jeder ist ein Holon".

Die holarchische menschliche Existenz führt uns zu zahlreichen psychologischen Einsichten. Ein großer Teil der psychischen Störungen besteht aus untergeordneten Teilen der menschlichen Hierarchie, die sich vom Ganzen abgespalten haben und eine Art Revanche oder Tyrannei ausüben. Zum Beispiel können Zittern, Zwänge, Phobien, paranoide Wahnvorstellungen, hysterische Reaktionen, Tobsucht, panisches und manisches Verhalten allesamt als Ausbruch eines Holons aus der Kontrolle und Integration in die Holarchie des Individuums betrachtet werden, aber auch als Herausfallen des Individuums aus der sozialen Holarchie.

Aber Koestler interessiert sich vor allem für die sozial-kulturellen Krisensignale auf einer noch höheren Ebene. Er nennt vor allem die „höllische Dialektik" von „Selbstbehauptung und Integration (oder Selbst-Transzendenz)". Für die Harmonie in einer Kultur ist es wichtig, daß diese beiden Tendenzen ausbalanciert sind. Doch es gibt drei starke Kräfte, die dieses Gleichgewicht immer wieder stören können: Erstens neigen wir dazu, die beiden untrennbaren Aspekte des Januskopfes als absolute Moralbegriffe zu sehen und den einen vom anderen zu trennen, so daß wir die Begabung des Menschen zu Kooperation *und* Wettbewerb aufspalten und so ein „heroisches" Selbstinteresse einem staatlich geförderten „Altruismus" gegenüberstellen. Für Koestler ist das vor allem Folge einer Schwäche der Sprache, die durch den Sprachenpluralismus noch verstärkt wird. Zweitens verwechseln wir Integration mit der chronischen, kindlichen Sehnsucht nach Verschmelzung und Symbiose mit Autoritätsfiguren, eine Sehnsucht, die wir in den vielen Jahren der Abhängigkeit als Kinder erlernt haben. Unsere Entwicklung von zwanghafter Abhängigkeit zur ebenso zwanghaften Entfremdung verursacht schließlich die massenhafte Flucht zurück zur Unterwerfung, Identifikation und unkritischen Übernahme väterlicher Glaubenssysteme. Drittens, und für Koestler am wichtigsten, ist der „Fehler im Evolutionsplan", der in Modell 21 erörtert wurde und der bedeutet, daß unser Neocortex schlecht mit den beiden älteren Gehirnen koordiniert ist, die entscheidend unsere emotionalen Reaktionen beeinflussen. Dadurch werden wir im Denken und auf technischem Gebiet zu anmaßend, während wir nur

An meinem ersten Schultag, mit fünf Jahren in Budapest, Ungarn, wurde ich von meinen zukünftigen Klassenkameraden gefragt: „Bist Du MTK oder FTC?" Das waren die Initialen der beiden führenden Fußballklubs Ungarns, ewige Rivalen um die Meisterschaft, wie jeder Schuljunge damals wußte – außer natürlich mir, der nie zu einem Fußballspiel mitgenommen worden war. Jedoch eine solche bodenlose Unwissenheit zuzugeben war undenkbar, und so versicherte ich mit dem Brustton der Überzeugung „MTK natürlich!" Der Würfel war gefallen, für den Rest meiner Kindheit in Ungarn, und selbst später, als wir nach Wien gezogen waren, blieb ich ein glühender und loyaler Anhänger des MTK, und mein Herz gehört ihm auch heute noch, wo ich jenseits des eisernen Vorhangs wohne …"

„Janus"
Arthur Koestler

Man könnte allgemein sagen, daß die Tiere sorgfältig so beobachtet wurden, daß sie die Philosophie des Beobachters bestätigten ... Ja, sie haben sogar die nationalen Eigentümlichkeiten der Beobachter widergespiegelt. Die Tiere, die von Amerikanern untersucht wurden, rannten mit einer unglaublichen Hektik und Betriebsamkeit umher, um schließlich das gewünschte Ergebnis durch Zufall zu erreichen. Tiere, die von Deutschen untersucht wurden, saßen still in einer Ecke und dachten nach, und schließlich entwickelten sie die Lösung von anderen heraus ...

„Unpopuläre Essays"
Betrand Russell

schlecht und ungefähr mit unserem sehr launischen limbischen System integriert sind, das einen ständigen Hang zu „Extratouren" hat (siehe Modell 24).

Koestler behauptet, daß es eher unsere übertriebene Hingabe und Selbsttranszendenz sind und nicht so sehr Selbstsucht oder Wut, die für Massenvernichtung und völkermordende Kriege verantwortlich sind. Die größten Killer sind die Gruppen, nicht Einzelne. Der Soldat ist als Individuum in der Regel so sozialisiert, daß er sich nach Autoritäten und dem Einfluß der Bezugsgruppen richtet. Deshalb tötet er als gut erzogener Junge, der er ist, für seinen Führer und seine Freunde. Da wir für zwischenmenschliche Beziehungen viele und ausgearbeitete Regeln habe, für die Beziehungen zwischen Gruppen jedoch nur wenige, wenn überhaupt welche, übersehen wir immer wieder, daß, wenn wir dem Einzelnen Hingabe und Selbstlosigkeit beibringen, die Gruppen nur noch destruktiver und selbstsüchtiger werden. Alles, was in der Holarchie einzelne Teile bedingungslos an einen Holon bindet, gibt diesem Holon die Möglichkeit, sich von der größeren Holarchie loszureißen, so daß mit den Worten Koestlers, „der Egoismus der Gruppe den Altruismus ihrer Mitglieder schürt".

Koestler diskutiert ausführlich Stanley Milgrams Laborexperiment über den Gehorsam, bei dem den „Assistenten" des Versuchsleiters befohlen wurde, einem „Freiwilligen" immer stärkere elektrische Schocks zu geben, um „die Wirkung von Schmerz auf das Lernen" zu untersuchen. Über 60 Prozent der „Assistenten" (sie waren die eigentlichen Versuchspersonen, und es wurde gemessen, wie weit sie grausame Befehle befolgten) verabreichten die maximale Stromstärke, die als „extrem" gekennzeichnet war. Und das, obwohl die „Opfer" zunächst vor „Schmerzen" tobten und schließlich in ein „Koma" fielen. Es gab kaum Anzeichen für Sadismus, Aggression oder Befriedigung bei den vielen Versuchspersonen, die über ihre Befehle im allgemeinen sehr entrüstet waren (und sie doch ausführten). Was sie aber so gehorsam machte, waren die anerzogene Nachgiebigkeit gegenüber Autoritäten und ihre Identifikation mit einem „wissenschaftlichen Projekt" (also ein Sich-Verpflichtetfühlen gegenüber einer egoistischen Gruppe). Wir haben dem Menschen beigebracht, seine Aggressionen zu sublimieren, aber nicht seine Hingabebereitschaft.

Koestlers Holarchie läßt sich leicht mit seiner Kreativitätstheorie vereinbaren (siehe Modell 27). Die Bisoziation von zwei oder mehr Matrizen des Denkens, der Sprache oder des Verhaltens synthetisiert zwei zuvor getrennte Holarchien, so wie die Theorie des Elektromagnetismus zwei vorher unverträgliche Wissensfelder bisoziiert hat. Das Raum-Zeit-Kontinuum hat den „absoluten" Raum mit der „absoluten" Zeit verbunden, und das Prinzip der Komplementarität bisoziiert Wellen und Partikel nach dem Janus-Prinzip der alternierenden Perspektiven. Daraus folgt, daß Freiheit und Bewußtheit zunehmen, wenn sich der Mensch dem Gipfel der Holarchie nähert, während die Holons jedoch von zahlreichen Zweigen an ihrem Platz gehalten und unter die Bewußtseinsschwelle gedrückt werden. Aus diesem Grunde müssen große Schöpfer die unbewußten Wurzeln ausgraben, ein Gewirr von verschütteten Annahmen freilegen und *reculer pour mieux sauter*, „Anlauf nehmen, um weiter zu springen".

Willenskraft und Schwäche: Gregory Batesons Kybernetik und der Alkoholismus

Wenn es einen Sozialwissenschaftler gibt, dessen Geist mich bescheiden werden läßt, und dessen Mut und Vorbild im Kampf gegen orthodoxes Denken in den Sozialwissenschaften mich ermutigt hat, dieses Buch zu schreiben, dann ist es Gregory Bateson.

Allerdings bleibt er die meiste Zeit hartnäckig hoch oben auf der Abstraktionsleiter, beschäftigt sich überwiegend mit Fehlern des wissenschaftlichen Denkens, obwohl seine Kritiker schlimme Konsequenzen für ihn sehen. Auf die Gefahr hin, daß ich die außergewöhnliche Feinheit von Batesons Gedanken falsch interpretiere, werde ich versuchen, die praktischen Folgen seiner Arbeit darzulegen.

Ich beginne mit Batesons Auffassung über Alkoholismus, das ist vielleicht eine seiner nüchternsten Arbeiten. Ich will den Leser noch einmal daran erinnern, daß ich meine Interpretation gebe. Für Bateson leidet der Alkoholiker nicht so sehr an der Trunksucht als vielmehr an der Nüchternheit, von der er durch das Trinken vorübergehend erlöst wird. Trinken ist eine Flucht vor einem Irrglauben – dem Glauben, daß er stärker sein muß als die Verführung, daß er eine „unbesiegbare Seele" besitzt, die der Flasche den Kampf ansagt. Es ist der Irrtum von Descartes (siehe Modell 6), daß der Geist den Körper beherrschen muß.

Um diesen Irrtum zu verstehen, müssen wir zunächst Batesons kybernetisches Konzept vom Geist untersuchen. Eine altmodische Dampflokomotive ist dafür eine brauchbare Analogie. Rechts unten auf der gegenüberliegenden Abbildung besteht der Regler (B) aus zwei Kugeln, die an einem rotierenden Zentrumsstab befestigt sind. Je schneller der Zug fährt, desto schneller dreht sich der Schaft und desto höher fliegen die Kugeln aufgrund der Zentrifugalkraft. Je höher die Kugeln fliegen, desto mehr wird die Brennstoffaufnahme (C) reduziert, was den Zylinder (D) verlangsamt, der wiederum das Schwungrad (A) drosselt, welches die Maschine antreibt, worauf sich dann der Regler-Stab (B) langsamer dreht, was die Kugeln niedriger fliegen läßt, so daß dann die Brennstoffzufuhr (C) wieder erhöht wird. Wir haben es hier also mit einem System zu tun, das sich selbst durch gegenseitige Drosselung korrigiert, wodurch die Geschwindigkeit des Zuges konstant gehalten wird. Wenn irgendein Teil des Kreislaufs seine Aktivität verstärkt, dann wird dies durch eine Aktivitätsverminderung in dem korrespondierenden Teil aufgefangen, und umgekehrt. Nehmen wir aber an, daß jemand am Regler herumbastelt. Statt daß die hohe Geschwindigkeit der rotierenden Kugel die Brennstoffzufuhr drosselt, wird sie jetzt verstärkt, was die Geschwindigkeit des Zylinderschafts erhöht, worauf das Schwungrad und bald auch der Zug außer Kontrolle geraten, „ausreißen" oder „oszillieren". Der Zugführer ist machtlos. Das Wort Regler ist in Wirklichkeit irreführend. Kein einziger Teil des Kreislaufs dominiert einen anderen Teil. Die „Intelligenz" liegt in dem gesamten Kreislauf der (im Normalfall) sich selbst korrigierenden, homöostatischen Elemente. Der irrige Glaube, daß der Regler dirigiert, ist die Analogie zum Glauben des Alkoholikers, daß seine „Willenskraft" verantwortlich ist. Er hat das Konzept vom Selbst verdinglicht und versucht, ein ganzes kybernetisches System zu regulieren, indem er die „Stärke" und die „Kraft" dieses einen Teils vermehrt. Doch wenn man die „Stärke" der Rotation des Reglers erhöht, dann wird auch die „Brennstoffzufuhr" erhöht, in diesem Falle der Alkohol. Die beiden brechen dann zusammen aus!

Bis hierher habe ich mich genau an Bateson gehalten, doch die Analogie zur Lokomotive ist nur begrenzt durchzuhalten, und ich würde sie gern in die semantischen Elemente eines Wertesystems überführen. Bateson gibt hierfür sehr viel Hilfestellung, doch bricht er ab, bevor er selbst dazu kommt. Er betont, daß Werte eine binäre Struktur haben, Macht – Unterwerfung, Exhibitionismus – Voyeurismus nennt er als Beispiele. Diese Wörter übermitteln Informationen, und das heißt „Nachrichten über Unterschiede". Der Satz „Meine Tante ist wütend auf mich, wegen dem Brief, den sie nicht erhalten hat", illustriert die Tatsache, daß „nichts" (im Gegensatz zu „etwas" – einem Brief) ein Auslöser für Zorn sein kann. Es gibt keinen Billardball, der einen anderen im Geist anstößt und Energie überträgt, nur Unterschiede, die bezüglich ihrer Menge oder Kraft gegen 0 gehen können.

Was aber sind die Werte des Alkoholikers, die zum Ausbrechen führen? Bateson vermutet: Stolz auf das Selbst und dessen Willenskraft, aber keinen Stolz auf die Leistung, nicht „es ist mir gelungen", sondern „ich kann", „ich kann einen Schluck riskieren und nüchtern bleiben";

Gregory Bateson vergleicht den Geist mit einem kybernetischen System und bezieht auch den Körper und die Umwelt mit ein. Dies ähnelt in mancherlei Hinsicht einer altmodischen Dampflokomotive. Das Schwungrad (A), welches mit einer bestimmten Geschwindigkeit die Maschine antreibt, dreht den Arm des Reglers (B) und läßt dadurch die zwei Kugeln zentrifugal auf- und abschwingen. Je höher diese Kugeln fliegen, desto weniger Brennstoff (C) wird zugeführt, was die Tätigkeit des Zylinders (D) drosselt, der wiederum das Schwungrad langsamer werden läßt (A), das durch die Verlansamung des schwingenden Reglers mehr Brennstoff freisetzt, der dann natürlich wieder den gesamten Kreislauf beschleunigt. Es handelt sich also um ein sich selbst korrigierendes System, bei dem eine Zunahme (oder Abnahme) der Geschwindigkeit irgendeines Teilstücks einen anderen Teil dazu veranlaßt, die Geschwindigkeit herabzusetzen (oder zu erhöhen). Wenn diese gegenseitige Kontrolle aber zusammenbricht, dann gerät das System ins Wanken oder "brennt durch". Mit dieser Analogie läßt sich das Problem des Alkoholikers gut darstellen. Bei vielen Alkoholikern liegt das Problem darin, daß sie von sich die Vorstellung eines „belagerten Selbst" haben, das mit der Flasche kämpft. Die Willenskraft streitet gegen die Schwäche (die sie außerhalb ihres zielgerichteten Bewußtseins lokalisieren). Doch genauso wie man eine Dampfmaschine nicht kontrollieren kann, indem man lediglich die Geschwindigkeit des Reglers erhöht, genauso wenig läßt sich das psychische System durch eine Maximierung der Willenskraft ins Gleichgewicht bringen. Werden Regler und Brennstoff gedrosselt, dann werden dadurch beide zur Eskalation getrieben, so daß der gesamte Kreislauf der wechselseitigen Kontrolle entzogen wird. Um die Situation zu stabilisieren, muß das kybernetische System wieder hergestellt werden, alle Teile der Schleife müssen akzeptiert werden – und eine Ökologie des Geistes muß entstehen.

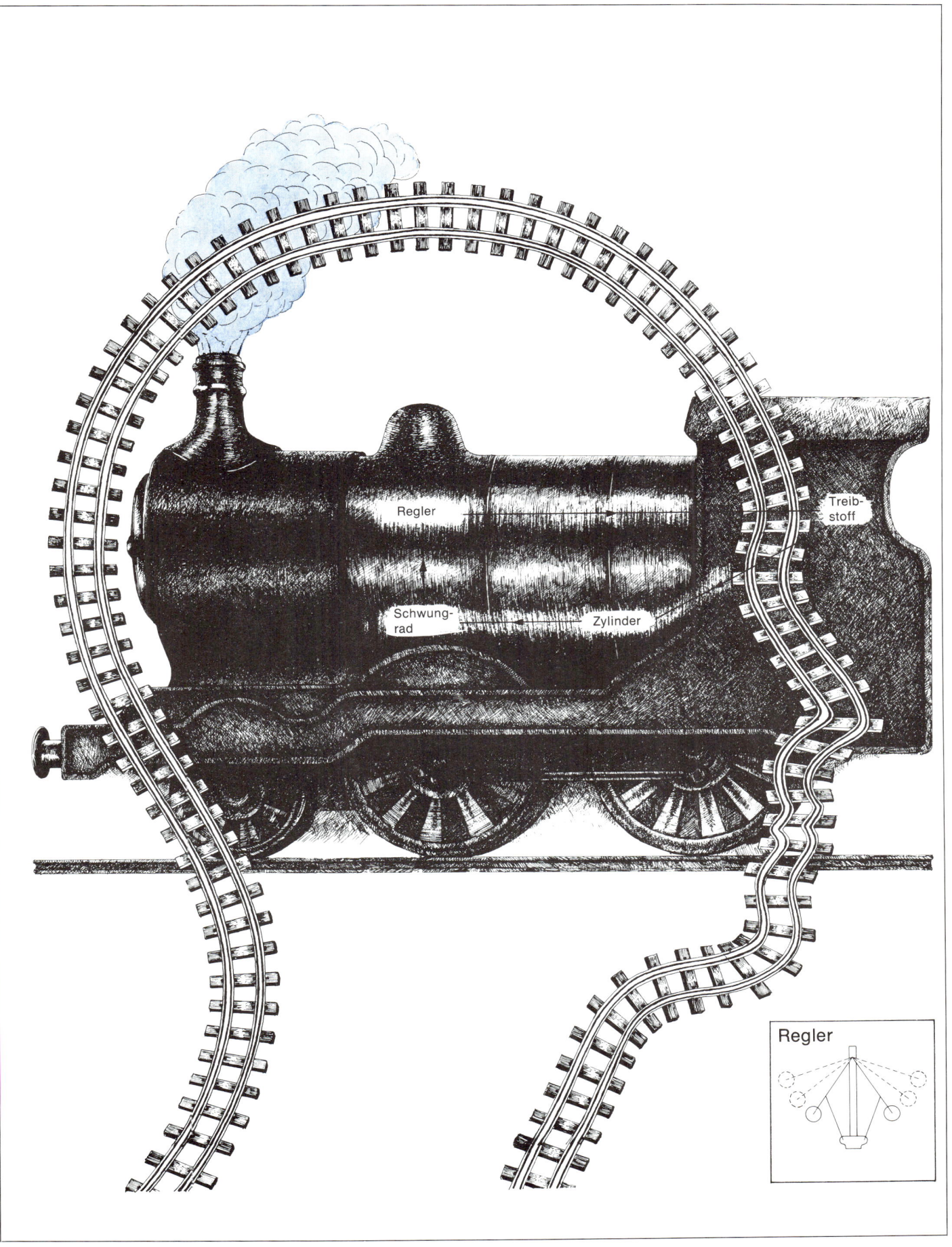

Regler

Treib-stoff

Schwung-rad

Zylinder

Regler

und wie jede andere Großtuerei braucht auch diese die Herausforderung, die ständige Präsenz von Alkohol: Eine „alkoholische Polarisierung". Ich werde Bateson jetzt interpretieren und dabei den Versuch unternehmen, diese Wertprozesse in einen Kreislauf einzufügen:

Zu den binären Werten und der „alkoholischen Polarisierung" gehören: 1-I Exhibitionismus – Voyeurismus, 2-II Stärke – Schwäche, 3-III nüchterne Unabhängigkeit vom Trinken, 4-IV Willenskraft – Auslieferung/Unterwerfung, 5-V Risiko – Sicherheit (der Zelle). Das Individuum hat sich zunächst positiv bewertet und in das Selbstkonzept aufgenommen: Selbstdarstellung, Stärke, Nüchternheit, Unabhängigkeit, Willenskraft und Risiko. Negativ bewertet und aus dem Selbstkonzept ausgeschlossen wurden: Zuschauen, Schwäche, Abhängigkeit, Unterwerfung und Sicherheit. Die Werte von I bis V sind so unbewußt und ich-fremd, daß ich einen „Kurzschluß-Pfeil" eingezeichnet habe, der sie von den bewußten Werten 1 bis 5 trennt. Der Alkoholiker sieht diese Abtrennungen der unterdrückten Werte als etwas, das mit ihm geschieht, er wird von der Flasche heimgesucht und von den eigenen Gefühlen betrogen. Es ist typisch, daß wir unserem Körper all die Vorstellungen zuschreiben, die uns nur peripher bewußt sind, nach dem Motto: „Der Geist ist willig, aber das Fleisch ist schwach". Wenn, um Pascal zu zitieren, „das Herz seine eigenen Vernunft hat", dann deshalb, weil das „Herz" ein Teil der Kybernetik des Geistes ist, den wir über die engen Grenzen der bewußten Absicht hinausgedrängt haben. Es ist gefährlich, wenn man den Abschnitt I bis V dadurch kontrollieren möchte, daß man nur den bewußten Bogen 1 bis 5 manipuliert. Die Überlebenseinheit besteht aus Organismus plus Umwelt; und der Geist ist ebensosehr in der Umwelt, wie er im Schädel oder in der Haut ist. Wenn ein Blinder sich seinen Weg auf der Straße entlangtastet, wo ist da sein „Geist"? Er ist, außer in seinem Gehirn, in der Spitze seines Stocks und in den Unterschieden, die er zwischen Randstein und Straße entdeckt.

Auf die irrige Auffassung vom „eingekapselten Menschen", wie er von Joseph Royce genannt wird, sind mehr Pathologien zurückzuführen als nur der Alkoholismus. Im Grunde handelt es sich um eine völlig falsche Lokalisierung des Problems. Unsere materialistische Gesellschaft und Wissenschaft möchte das Problem in eine Sache verlegen, in eine „negative Wertvorstellung", ins „Trinken", in die „Schwäche" oder in die „Abhängigkeit". Wie in Modell 43 verwenden wir lineare Maßstäbe der Tugend, wonach Stärke „gut" und Schwäche „schlecht" ist, und die Schlechtheit spalten wir dann von uns ab. Doch nehmen wir einmal an, daß „Schwäche" nicht an und für sich schon pathologisch ist, sondern daß die Pathologie darin liegt, daß die Verbindung zu ihrem komplementären Wert abgeschnitten ist, „Stärke" ohne „Schwäche". Wenn das Kontinuum erst einmal gespalten ist, dann führt es ein wucherndes Eigenleben, und die Kontrolle und das Gezügeltwerden durch den Komplementärwert verschwinden. Bateson bezeichnet diesen Spaltungsprozeß als *Schismogenese*, wörtlich „eine wachsende Kluft in der Struktur der Gedanken". Er beschreibt zwei Formen. Die symmetrische Schismogenese fängt damit an, daß zwischen zwei oder mehr Personen Drink mit Drink, „Stärke" mit „Stärke", „Risiko" mit „Risiko" pariert wird. Das Spiel eskaliert, bis die Trinker in den geschlossenen Kreis der komplementären Phase kommen, wo übertriebene „Stärke" der totalen Schwäche und dem Zusammenbruch entspricht und die „Willenskraft" dem verachteten Sich-Ausliefern an das Betrunkensein. Die Folge ist, daß der Alkoholiker seine Entschlossenheit, nüchtern zu bleiben, verdoppelt. Aber kurz darauf – wie kann es

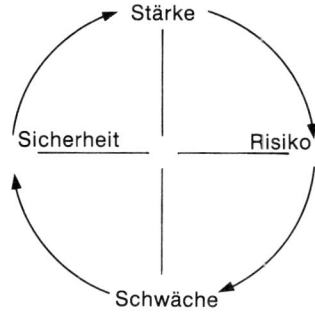

anders sein – hat er seinen Vorsatz wieder gebrochen. Gibt es ein noch ausgefalleneres Argument für „Willenskraft" und „Charakterstärke"? Und so schwingt der Regler seine Kugeln, und die Brennstoffzufuhr steigt, während das System immer stärker zwischen den Extremen hin- und herschwankt und schließlich „durchbrennt". Die meisten Versuche, dem Alkoholiker in diesem Stadium zu helfen, scheitern an seinem Dualismus. Bringt man ihm Mitgefühl und Unterstützung entgegen, dann empfindet er Ekel über seine „Schwäche". Wird er angegriffen, beschimpft oder herausgefordert, dann markiert er noch mehr den „starken Mann".

Die meisten Psychologen sind sich darin einig, und es ist ein beschämendes Eingeständnis, daß für viele Alkoholiker die größte Hoffnung in der Laienselbsthilfegruppe der Anonymen Alkoholiker (AA) liegt. Ihre erste Regel steht im Titel: Anonymität für das übermächtige Selbst. Sie dient nicht primär dem Selbstschutz, sondern soll vor allem die allgültigen Prinzipien der Ökologie über die der Persönlichkeit stellen. Die AA schreiben die „Umarmung" der vergifteten Werte vor. Sie sagen: „Du bist machtlos gegenüber dem Alkohol, und Du mußt an eine Kraft glauben, die größer ist als Du selbst". Diese Kraft ist Gott, und zwar ein sehr persönlicher Gott „so wie Du ihn verstehst". Der Mensch ist ein Teil dieser Kraft und muß lernen, mit ihr in Harmonie zu leben.

Es ist vielleicht unmöglich, dem Alkoholiker zu helfen, bevor er „ganz unten" ist und sein System ins Wanken gerät, so daß das symmetrische Muster aufgebrochen wird, und auch die Auffassung von einem einzigartigen Selbst, das sich die Erde untertan machen kann. Die Aufgabe des Selbst ist eine spirituelle Erfahrung. Wer zur Aufgabe noch nicht bereit ist, dem sagen die AA „Geh und trinke kontrolliert!" Damit kann sich der Betroffene selbst beweisen, daß ein Schluck gewöhnlich reicht, um die verleugnete Seite der kybernetischen Schleife dazu zu bringen, daß sie zurückschlägt und ihn bekehrt. „Einmal Alkoholiker, immer Alkoholiker", sagen die AA. Nicht, weil dies im wörtlichen Sinne wahr ist, sondern weil die Konzeption des Selbst sich ständig ausdehnen muß, um sich die Erfahrung mit dem Alkohol einzuverleiben. Die Beziehung zwischen dem Einzelnen und seinem Gott umfaßt einen Sinn des Lebens, der über das Selbst hinausreicht (siehe Modell 5). Das Entsprechende finden wir im Helfer-System der AA, wo jedes Mitglied, wenn es in Not ist, einen Freund anrufen kann oder von einem anderen, der in Schwierigkeiten ist, angerufen wird, so daß ein neues Band mit der Gemeinschaft geknüpft wird. So wie der Wein die Kommunion symbolisiert, hat der Alkoholiker das Symbol an Stelle der Wirklichkeit gesetzt und benutzt das Trinken als Ersatz für Entspannung, Verschmelzung, Hingabe und Sicherheit in einer tiefen persönlichen Beziehung.

Schließlich sollten wir darauf hinweisen, daß durch Spaltungen und Schwankungen viele verschiedene Wertsysteme polarisiert werden und keinesfalls auf das hier im Detail beschriebene Männlichkeits-Syndrom beschränkt ist. Das Gebet der Anonymen Alkoholiker um Erleuchtung ist ein Hymnus an die Ökologie des Geistes, an die ständige Bewegung zwischen verbundenen Werten – Risiko und Sicherheit, Stärke und Hingabe, Unabhängigkeit und Abhängigkeit.

Beziehungsfalle und Schizophrenie:
Was man tut ist falsch

Die „Double-bind"-Theorie der Schizophrenie hat immer unter einem Handicap gelitten. In einer Welt voller Dilemmata und gegenseitiger Beherrschungsversuche ist es schwierig geworden zu sagen, was *kein* „Double-bind" (Doppel-Bindung) ist. Wenn jemand ein Ohr für psychologische Situationen hat, in denen Menschen „verdammt sind, wenn sie etwas tun und verdammt, wenn sie es nicht tun", dann muß er sich wundern, warum Millionen Menschen nicht total psychotisch sind. Deshalb leite ich diese Diskussion ein mit einer eigenen Interpretation eines „normalen Konfliktes" zwischen Menschen und ihren Werten. Jeder, der Kinder erzieht, ist von Zeit zu Zeit gezwungen, sie zu korrigieren. Der Eckstein der Sozialisation ist „Ich liebe dich, aber ...", ob dies nun stillschweigend oder offen mitgeteilt wird. Wo das „Ich liebe dich" nicht geglaubt wird oder nicht geglaubt werden kann, gibt es kaum einen Ersatz dafür. Den meisten Eltern gelingt es, die Identität ihrer Kinder als Personen im Rahmen einer umfassenden, wechselseitigen Zuneigung zu erhalten und in diesem Rahmen bestimmte pädagogische Eingriffe vorzunehmen. Wenn ein kleines Kind auf eine verkehrsreiche Straße läuft und von seiner zornigen Mutter zurückgerissen und gescholten wird, dann liegt darin kein Widerspruch. „Mutter ist wütend, weil sie dich liebt", ist eine völlige verständliche Erklärung, obwohl die Liebe in diesem Moment erschlossen werden muß und kaum manifest zutage tritt. Im Verlauf dieses Buches habe ich kybernetische Schleifen aus binären Werten entwickelt; betrachten wir uns hier einen typischen „Sozialisationskreis" für Mutter und Sohn:

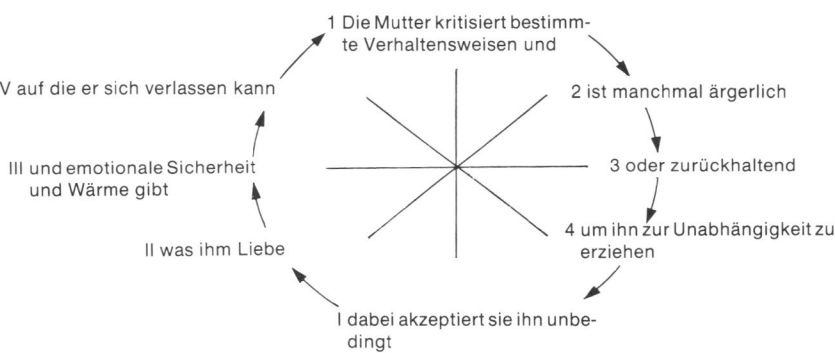

Die potentiellen „Widersprüche" zwischen Kritik und Akzeptanz, zwischen Ärger und Zuneigung, Zurückhaltung und Wärme, Unabhängigkeit und Abhängigkeit werden aufgelöst, wenn man darauf achtet, daß der eine Pol „Kontext" für den anderen ist, wenn dieser „Botschaft" ist, so daß die Pole immer auf verschiedenen Ebenen logischer Typen liegen (siehe Modell 40). Kritik, Ärger, Zurückhaltung und Betonung der Unabhängigkeit werden von der Mutter in Kontext von Annahme, Liebe, Wärme und Vertrauen geäußert. Wie erfolgreich sie dabei ist, hängt von diesem Gegensatz zwischen „Figur" und „Grund" (Kontext) ab. Nur wenn sie richtig liebt, kann sie erfolgreich kritisieren. Sie kann die obige Reihenfolge natürlich umdrehen und ihren Sohn herzlich und liebevoll loben, doch selbst da liegt das Gewicht und die Bedeutung ihrer Wörter im Wissen um ihre bekannte Fähigkeit zur Zurückhaltung und Kritik. Ohne diesen Kontext fehlt im Lob „der kleine Unterschied". Eine Mutter, die immer nur Lobsprüche von sich gibt, wird im besten Falle ignoriert! Worin also liegt der Konflikt beim „Double bind", wenn wir uns erinnern, daß alle Werte innerhalb eines kybernetischen Systems durch die gegenseitige Kontrolle miteinander „in Konflikt stehen"? Die Abbildung rechts illustriert meine Vermutung. Eine Doppelbindung ist die Verwirrung darüber, welche der zwei gegensätzlichen Werte oder Gedanken die „Botschaft" und welcher der „Kontext" ist, welcher als „Figur" und welcher als „Grund" gelten soll. Haßt die Mutter bestimmte Dinge, die ich tue, innerhalb des Kontextes der Liebe, oder gibt sie nur vor mich zu lieben in

Die „Doppelbindung" ist eine Botschaft, die auf mindestens zwei Ebenen der logischen Typen gemacht wird. Der Kontext oder die Metabotschaft dieser Äußerung machen die Botschaft ungültig. Sagt z. B. eine Mutter zu ihrer kleinen Tochter „Geh ins Bett, du bist müde und ich möchte auch mehr schlafen!", dann beinhaltet der Satz deutlich Sorge um das Kind, wobei Tonfall und Haltung der Mutter dagegen ausdrücken können „Ich könnte dich auf den Mond schießen!" Doch dem Kind ist vielleicht nicht klar, ob die müde und gereizte Mutter aus wahrer Liebe und Besorgnis (linke Hälfte der Abbildung) spricht, oder ob sie ihre Liebe nur vortäuscht und in Wirklichkeit Haß und Ressentiments gegen das Kind empfindet, das sie nie gewollt hat (rechte Hälfte). Wir stoßen auf einen entscheidenden Unterschied, bei dem es für das Kind ums Überleben geht. Ist sich das Kind über die Liebe seiner Mutter nicht sicher, dann muß es sein eigenes Erleben falsch wahrnehmen und glauben, daß es schließlich doch müde ist; diese Verzerrung wird der Erkenntnis des Nichtgeliebtwerdens wahrscheinlich vorgezogen. Da die Mutter dann aber typischerweise noch feindseliger wird, wenn das Kind zeigt, daß es ihre unterschwelligen Ressentiments wahrnimmt, ist das Kind außerdem gezwungen, bei der Verheimlichung der mütterlichen Ablehnung insgeheim mitzuspielen. Diese Spaltung zwischen verschiedenen Ebenen von logischen Typen kann für das Kind so verwirrend sein, daß es „schizophren" wird und an einer „gepaltenen Seele" leidet.

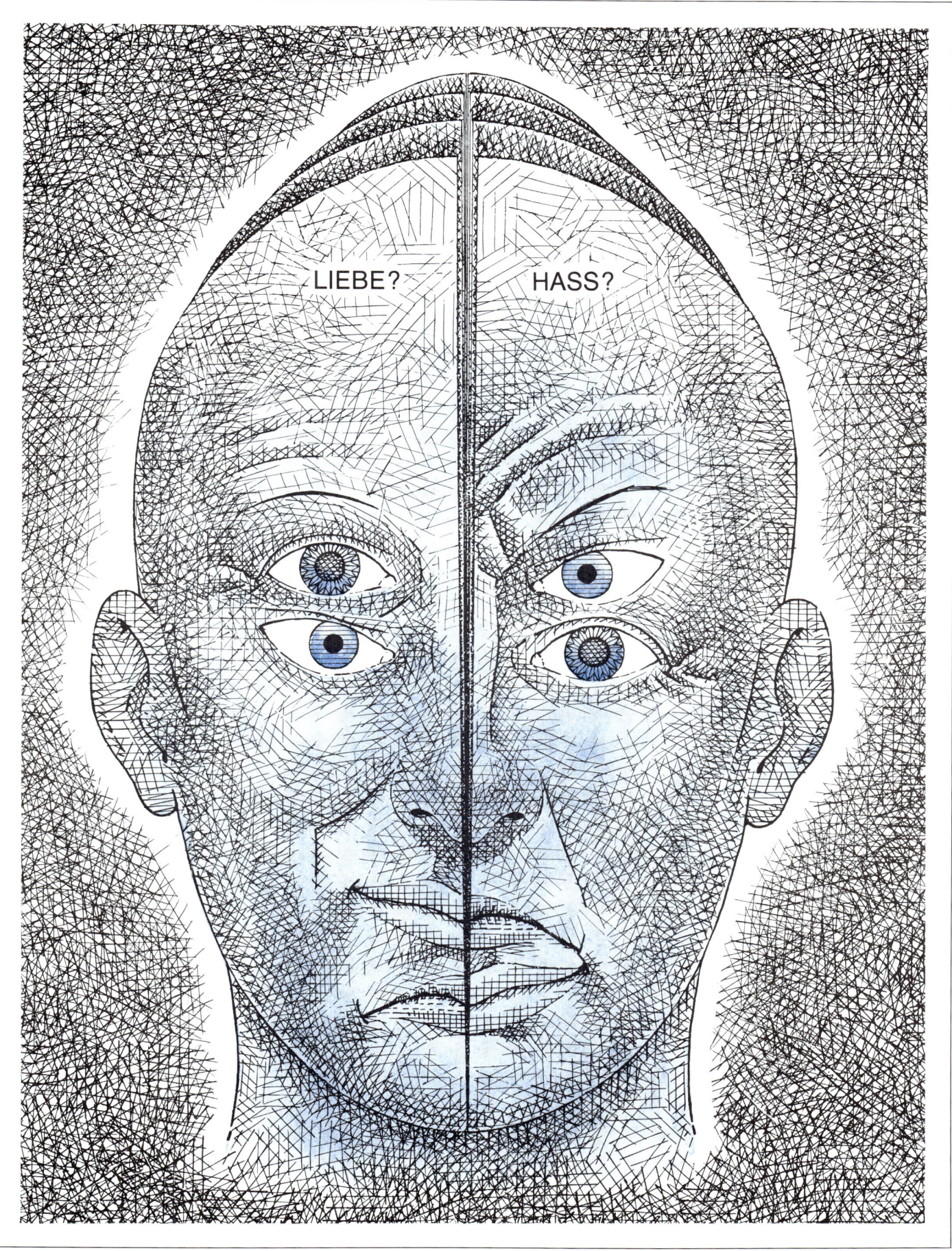

einem Kontext, der eigentlich aus Haß besteht? Dieser Unterschied ist entscheidend, und die Ungewißheit ist so schrecklich, daß man sehr wohl wahnsinnig werden kann, wenn man nicht unterscheiden kann.

Schauen wir uns die klinische Fallgeschichte an, die Gregory Bateson und seine Mitarbeiter berichtet haben. Eine Mutter besuchte ihren schizophrenen Sohn im Krankenhaus. Er freute sich, sie zu sehen und legte impulsiv seinen Arm um ihre Schultern, worauf sie erstarrte. Er zog seinen Arm zurück, und sie fragte, „Liebst du mich nicht mehr?" Daraufhin wurde er rot, und sie sagte: „Mein Lieber, du darfst nicht so schnell verlegen werden und dich über deine Gefühle erschrecken". Kurz darauf mußte sie gehen, weil der Sohn unruhig wurde und einen schweren Rückfall erlitt. Betrachten wir uns nun die Konstruktion, die von den Forschern aus dieser Episode abgeleitet wurde. Zunächst ist da der ausdrückliche Befehl der Mutter an den Sohn: „Zeig' deine Gefühle und liebe mich weiterhin." Es folgt ein zweiter, widersprüchlicher Befehl, der auf einer höheren Ebene der Abstraktion verborgen ist und dadurch mitgeteilt wird, daß die Mutter plötzlich vor Unbehagen ob der liebevollen Berührung erstarrt. Dies bedeutet nichts anderes als: „Aber wenn du wirklich Zuneigung zeigst, dann werde ich dich bestrafen." Es gibt noch einen dritten Befehl, der dem Sohn vorschreibt, daß er weiterhin seine Zuneigung ausdrücken soll, die er ihrer Meinung nach für sie hegt. Es wird ihm also verboten, sich zurückzuziehen. Schließlich verleugnet sie ihre Abneigung: „Sieh diesen Rückzug nicht als Rückzug an", und sie bestraft ihn dafür, daß er ihren Ekel richtig erkannt hat. In dieser Beziehungsfalle wird der Sohn bestraft, gleichgültig was er tut, und er darf sich nicht einmal über die Falle äußern, in der er sitzt. Deshalb möchte ich die Beziehungsfalle oder Doppelbindung als eine immer wieder umkehrbare Figur-Grund-Beziehung und als eine ständig unklare Verschiebung zwischen Botschaft und Kontext bezeichnen. Der Konflikt liegt aber nicht nur zwischen den Ebenen, sondern auch innerhalb der einzelnen Ebenen. Um an die Liebe seiner Mutter glauben zu können, muß der Sohn sein eigenes Erleben falsch wahrnehmen, er muß so tun, als ob das, was er bemerkt hat, nicht geschehen wäre.

Warum benimmt sich die Mutter so? Im allgemeinen, weil sie große, manchmal unbewußte Ressentiments gegenüber ihrem Kind hat, das vielleicht nicht erwünscht war und dessen bloße Existenz eine Last bedeutet. Doch diesen Tatbestand muß sie vor sich und vor dem Kind verbergen, und so lehrt sie das Kind, jedes Zeichen ihrer eigenen unterschwelligen Ressentiments zu verleugnen. Ihre geheuchelte Zuneigung braucht die Bestätigung, so daß sie selbst daran glauben kann, und ihr häufiger Liebesentzug wird mit den unverzeihlichen Fehlern und Dummheiten des Kindes gerechtfertigt. Sie inszeniert diese raffinierte, wenn auch unbewußte Täuschung dadurch, daß sie die absolute Kontrolle über die sozialen Kontexte erkämpft, innerhalb derer sie und ihr Sohn miteinander kommunizieren. Jeder, der eine soziale Situation definieren kann, kann auch angeben, ob ein bestimmtes Verhalten im gegebenen Rahmen gut oder schlecht ist. So benutzt der Sohn ihre Kontrolle, um den Kontext derart hin- und herzudrehen, daß ihr Verhalten immer gerechtfertigt ist und, wenn notwendig, sein eigenes als ungerechtfertigt erscheint.

Ich möchte dies anhand einer semantischen Analyse der Episode aufzeigen und dabei zwei Wertedimensionen des „Sozialisationskreises" (siehe oben) benutzen. Die Dimensionen Wärme – Zurückhaltung und Unabhängigkeit – Abhängigkeit (oder Verläßlichkeit) haben an beiden Enden Tugenden, und üblicherweise erscheint die eine im Kontext der andern. Meine Wärme ist vor dem Hintergrund von Zurückhaltung zu sehen (ich werde dich nicht in Affenliebe abküssen), und hinter meiner Zurückhaltung steht die Wärme. Werden die Werte aber in einem falschen Augenblick oder ungeschickt geäußert, dann erhalten sie negative Vorzeichen, „überemotionale Affenliebe versus Kälte" ist das Zuviel an Wärme oder Zurückhaltung. „Egoistisch versus symbiotisch" steht für ein Übermaß an Unabhängigkeit/ Abhängigkeit. Wenn die Mutter erstarrt und sich der Zärtlichkeit des Sohnes entzieht, dann sagt sie in Wirklichkeit: „Ich, die Zurückhaltende und Unabhängige halte dich für überemotional und unselbständig. Das stört mich." Wenn sich der Sohn errötend zurückzieht, verschiebt sie sofort der Kontext. „Ich, die Warme und Zuverlässige, erlebe dich als kalt und egoistisch. Das stört mich." Sie hat immer recht. Er hat immer unrecht. Ihre Unfähigkeit, ihn im „Gebiet" zu lieben, wird durch kunstvolle Manipulationen der moralischen „Landkarte" kompensiert, wo sie das Monopol über die Tugenden hat und ihm die Untugenden überläßt. Sie lähmt seine Fähigkeit, sich auf den Wertdimensionen hin- und herzubewegen, sich dem

Woher wissen Sie, daß Sie Gott sind? Wenn ich zu ihm bete, merke ich, daß ich zu mir selbst spreche.
  „The Ruling Class"
  Peter Barnes

172

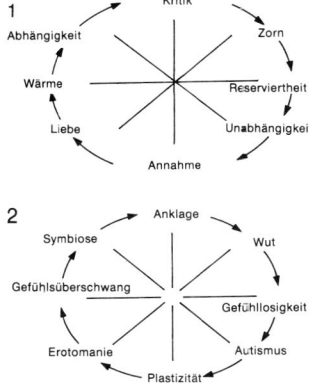

jeweiligen Kontext anzupassen, eine soziale Fertigkeit, die für jede Beziehung grundlegend ist.

Das Bemerkenswerte an der Doppelbindungs-Theorie ist, daß sie aus der Sicht des Schizophrenen eine sehr große Zahl sonst verwirrender Symptome verständlich macht. Don Bannister und Fay Fransella haben beispielsweise herausgefunden, daß die schizophrene Symptomatologie in all den Bereichen stark präsent ist, wo persönliche Beziehungen eine Rolle spielen, während sie in den rein intellektuellen und technischen Bereichen eher gering auftritt. Auffallend ist die Unfähigkeit, die Abstraktionsleiter hinaufzugehen und logische Typen richtig zu benützen, sowie das Unvermögen, Metaphern richtig zu verstehen oder einer Botschaft den richtigen Mitteilungsmodus zu geben. Die Patienten springen von einem Kontext zum anderen, als ob sie Angst hätten, gefangen zu werden, und sie geben Äußerungen von sich, bei denen nicht klar ist, wer mit wem spricht. Sie vermeiden sorgfältig alle Prämissen, verstehen oder unterschlagen Zeit- und Ortsangaben.

Die Theorie kann mit den verschiedenen Strategien zur Flucht vor den sich anbahnenden Bindungen auch unterschiedliche Formen der Schizophrenie erklären. Die Autoren schreiben: „Er (der Schizophrene) kann z. B. annehmen, daß hinter jeder Äußerung eine verborgenen Bedeutung liegt, die für sein Wohlbefinden schädlich ist. Er ist dann ausschließlich mit diesen versteckten Bedeutungen beschäftigt und entschlossen zu zeigen, daß er nicht getäuscht werden kann … und er wird typischerweise mißtrauisch und trotzig sein. Er kann auch einen anderen Weg wählen und … alles, was die Leute ihm sagen, wörtlich nehmen; wenn deren Tonfall oder Gestik dem, was sie sagen, widerspricht, dann tut er diese metakommunikativen Signale mit einem bestimmten Lachen ab. … oder er kann sich dafür entscheiden, die Signale zu übersehen… und weniger zu hören, auch weniger von dem, was um ihn herum passiert, wahrzunehmen, und das Äußerste tun, um eine Reaktion aus der Umwelt zu vermeiden … und sich auf seine eigenen, inneren Prozesse konzentrieren … und sich so völlig zurückzuziehen." Das sind die Bilder einer paranoiden, hebephrenen und katatonen Form der Schizophrenie. Wenn die logischen Typen, die zwischen Kontext und Verhalten unterscheiden, durcheinandergeraten, dann brennt der kybernetische Zyklus der Sozialisation durch, oszilliert und verfällt ins Extrem. Erinnern wir uns, daß beim normalen Verhalten die Kritik „eingebettet" ist in eine akzeptierende Grundhaltung, der Ärger in die Liebe, die Zurückhaltung in die Wärme und die Unabhängigkeit in die Abhängigkeit oder umgekehrt (siehe Diagramm 1). Diese Verhaltensweisen greifen ineinander und zügeln sich gegenseitig, wie das sich selbst korrigierende System einer Lokomotive (siehe Modell 48). Doch wenn sich die Wertedimensionen spalten, dann bricht das Verhalten aus der Kontrolle des Kontextes heraus, und das sich selbst aktivierende System gerät außer Rand und Band (siehe Diagramm 2). Schizophrenie bedeutet „gespaltene Seele", während Parnoia von *paranous* kommt, „ein Geist neben einem Geist". Bei allen Dimensionen des Sozialisationszyklus eskalieren beide Enden in ein Extrem. Somit wird Kritik-innerhalb-einer-akzeptierenden-Grundhaltung zu einer wilden parnoiden Anklage. Ärger-innerhalb-Zuneigung wird zur ungestümen Wut, Zurückhaltung-innerhalb-Wärme wird zur Lieblosigkeit, während Unabhängigkeit-innerhalb Abhängigkeit zu Autismus oder einer chronischen, fötalen Symbiose eskaliert. Dutzende von schizophrenen Symptomen können erzeugt werden, indem man normale komplementäre Werte spaltet und ins Extrem treibt.

Die autoritäre Persönlichkeit: Ein Produkt der Schismogenese

Eine Übersicht über Modelle des menschlichen Geistes muß sich früher oder später auch mit seinen völkermörderischen Fähigkeiten auseinandersetzen. Die systematische, jahrelange hingezogene, sadistische Vernichtung von beinahe 7 Millionen Menschen in den Konzentrationslagern des Dritten Reiches fegte auf einen Schlag jeden Gedanken an einen ethischen Fortschritt hinweg. Es handelte sich dabei keineswegs, wie die Akten von Amnesty International beweisen, um einen historischen Einzelfall oder eine deutsche Besonderheit. Irgend etwas läuft fürchterlich falsch mit Geist und Gesellschaft; niemand, der vorgibt, Sozialwissenschaft zu betreiben, kann sich leisten, davor die Augen zu verschließen.

Ende der vierziger Jahre unternahm eine Forschergruppe unter der Leitung von Nevitt Sanford den kühnen Versuch, die autoritäre Persönlichkeit zu erklären. Sie arbeiteten mit Einstellungs-Maßen wie der F (Faschismus)-Skala, die auf neo-freudianischen Einsichten aufgebaut ist. Dabei kamen viele Merkmale zum Vorschein, die für speziell amerikanischen Autoritarismus typisch sind. Aber ich glaube, daß das Konzept der *Schismogenese* von Gregory Bateson (eine wachsende Kluft in der Struktur der menschlichen Interaktionen und der mitgeteilten Gedanken) zusammen mit Sir Geoffry Vickers Begriff eines *sich selbst aufschaukelnden Systems* das Daten-Material über Autoritarismus viel besser organisiert und erklärt. Die nachfolgenden Argumente und auch eventuelle Interpretationsfehler stammen von mir. Ich will damit jeder Vermutung vorbeugen, daß einer der beiden Theoretiker meine Gedankengänge mitformuliert oder gebilligt hätte.

Die Modelle 40, 42, 45, 48 und 49 haben uns mit kybernetischen Systemen vertraut gemacht. Es gibt solche, die mit ihren binären Werten in einem stabilen Zustand gehalten werden, und es gibt andere, die in einem verhängnisvollen Erregungskreis gefangen sind und sich aufschaukeln. Angenommen, ich begehre eine holde Maid und bin bereit, Gefahren auf mich zu nehmen, um ihre Gunst zu gewinnen. Wenn ich auch die Kraft habe, um über Entmutigungen hinwegzukommen, dann gelingt es mir vielleicht, in ihren Armen zu landen, und unser Verlangen kann befriedigt werden. Wenn ich sie nicht kriegen kann, täte ich gut daran, mein Begehren zu zügeln um meiner Sicherheit und meines Seelenfriedens willen. Doch nehmen wir an, daß die Frustration und die Begierde mein Verlangen so steigern, daß ich mich auf einen Teil der kybernetischen Schleife fixiere und ihn so stark vergrößert sehe, daß ich davon besessen werde. Unmittelbar nach dem „Ring der Nibelungen" mit den donnernden Schlägen und Kontrapunkten und Wagnerianischen Crescendos wird meine Vision von der holden Maid immer faszinierender, je mehr ich frustriert werde. Wie Siegfried nach jedem Angriff auf seine Sicherheit nur seinen Mut verdoppelt hat, so lodern jetzt auch mein Mut und meine Begierde auf. Bin ich in diesem System erst einmal gefangen, dann ist es schwierig, mich wieder herauszuwinden. Würde die Maid plötzlich in meine Arme fallen, dann wäre die Möglichkeit, daß sie meinen vergeistigten Visionen von einer in Nebel gehüllten Gebirgsnymphe entspricht, viel zu überwältigend für uns beide. Da ich meine Sexualität so stark verdrängt habe, kann ich nicht zulassen, daß in meiner persönlichen Sage die Liebe ihren Höhepunkt erreicht, und es bleibt mir nur die „saubere" Kollision zwischen Liebe und Tod, bei der die Ideale ewig weiterleben und nur die Menschen sterben. Aus meinem sich selbst aufschaukelnden System ist die Möglichkeit des Sterbens geworden. Seine berauschende Romantik entspricht einer „Karte", die sich vom „Gebiet" befreit hat. Die wirkliche Maid ist bald vergessen, wenn sich meine Leidenschaft selbst feiert.

Das Hakenkreuz der Nazis ist sowohl für diese Störung der kybernetischen Schleife wie auch für die sich selbst erregende Zentrifuge ein treffendes Symbol. Die Haken in dem Kreuz können als Bruch oder Riß der beiden Dimensionen von binären Werten betrachtet werden, so daß 1 Leidenschaft (oben links) von I Widerstandskraft (unten rechts) weggebrochen ist, während 2 Mut (Mitte rechts) sich von II Sicherheit (Mitte links) abgespalten hat. Die Pfeile, die um das Hakenkreuz herumführen zeigen, daß seine „gebrochenen Arme" sich weiterhin gegenseitig aufschaukeln, während die Risse in den Dimensionen die wechselseitige Regulation und Kontrolle unterbinden. Das System „brennt durch". Dieser außer Kontrolle geratene Extremismus wirft die Frage auf, ob Begriffe wie „Mut" und „Sicherheit" überhaupt angebracht sind. In Modell 43 habe ich behauptet, daß wir empirisch gespaltene Wertdimen-

Das Hakenkreuz eignet sich sehr gut als Symbol für die Schismogenese – „eine wachsende Kluft in der Struktur der menschlichen Interaktionen und der mitgeteilten Gedanken". Die hier verwendeten Wörter dienen lediglich zur Illustration, da die Schismogenese alle moralischen Interaktionen und Unterhaltungen spaltet, denn sie endet im „Durchbrennen" und schaukelt sich auf nach dem Prinzip: je größer 1 (Verlangen), desto größer 2 (Mut), je größer I (Widerstandskraft), desto größer II (Sicherheit). So kommt es zu dem Satz: „Unser Verlangen und unser Mut müssen sich nach der Sicherheit richten." Ähnlich kann der Leser folgern: „Durch die Kraft unserer Rebellion unterwirft sich der Einzelne umso mehr dem Gehorsam gegenüber dem Führer" und „Für den Sieg und die Liebe zum Vaterland muß man sich im Kampf opfern". Die „Magie" solcher Phrasen liegt darin, daß sie Wertgegensätze wie Triumph 7 – Opfer VII und Liebe 8 – Kampf VIII zu vereinen scheinen. Doch in Wahrheit wird bei jedem Werte-Paar jeweils ein Wert untergeordnet: jetzt der Kampf, später die Liebe; jetzt das Opfer, später der Triumph. Die Spannung spaltet die Wertdimensionen 1 von I, 2 vom II und so weiter (symbolisch dargestellt durch die angebrochenen Haken des Hakenkreuzes) und zerstört die gegenseitige Regulation des kybernetischen Systems. Da sich diese Spaltungen empirisch nachweisen lassen, ist es philosophisch gerechtfertigt, die abgetrennten Enden als Laster und nicht als Tugenden zu bezeichnen. Aus Begehren wird Raserei, Macht/Unterordnung wird zu Brutalität/Unterwerfung, und so weiter rund um das Hakenkreuz herum, in dem die Übel in den Winkeln verborgen sind wie Gift.

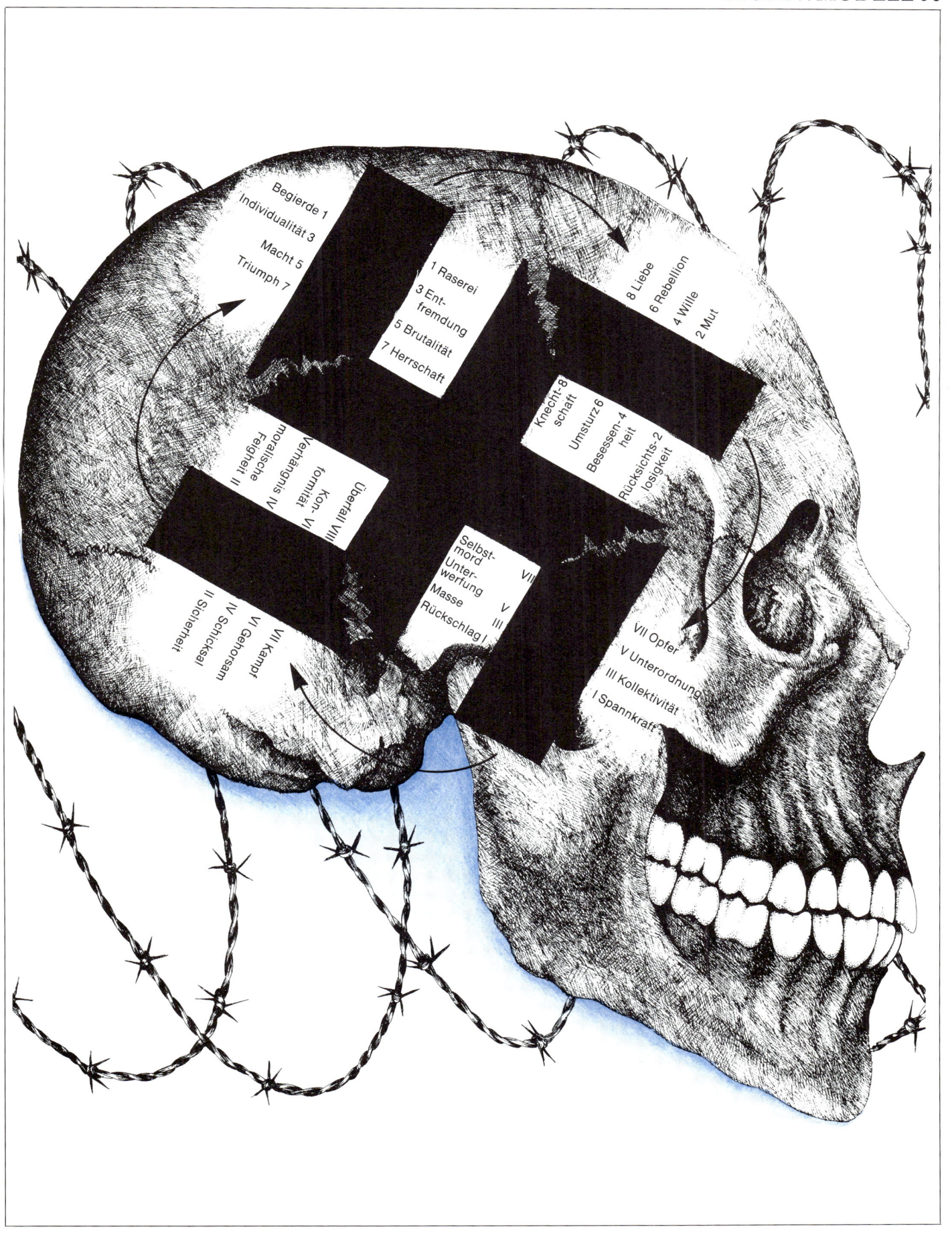

Begierde 1
Individualität 3
Macht 5
Triumph 7

1 Raserei
3 Ent-
fremdung
5 Brutalität
7 Herrschaft

8 Liebe
6 Rebellion
4 Wille
2 Mut

Knecht-8
schaft
Umsturz 6
Besessen-4
heit
Rücksichts-2
losigkeit

Überall VIII
Verhängnis IV
Kon-
formität
moralische
Feigheit II

Selbst-
mord
Unter-
werfung
Masse
Rückschlag I

VII
V
III

VII Kampf
IV Gehorsam
II Schicksal
II Sicherheit

VII Opfer
V Unterordnung
III Kollektivität
I Spannkraft

sionen von synthetisierten Wertdimensionen unterscheiden können, und deshalb ist es sinnvoll, für synthetisierte Werte positive Bezeichnungen (Mut – Sicherheit) zu verwenden und für die gespaltenen Werte von schismogenetischen Systemen negative Bezeichnungen (Rücksichtslosigkeit – Feigheit). Unter der Herrschaft der Nationalsozialisten werden die absoluten „guten" Werte außerhalb der Arme des Hakenkreuzes gefeiert, während die wirklichen und negativen Folgen in einem organisierten System der Selbsttäuschung zwischen den Haken (siehe Abbildung) mitgetragen wurden. Ihr zur Schau getragener Gemeinschaftsgeist war nichts als krasse Konformität, ihr Wille engstirnige Besessenheit, ihre Macht Brutalität. (Es sagt sehr viel aus über die Armut unsere ethischen Gespürs, wenn selbst heute uns die Sprachanalytiker sagen, daß es zwischen diesen Begriffen kaum Bedeutungs-Unterschiede gibt.)

Jetzt können wir besser verstehen, warum Hitlers Machtergreifung so ekstatisch begrüßt wurde. Die begeisternde Erfahrung einer schismogenetischen Gesellschaft, die anfängt „durchzubrennen", ist die, daß Gegensätze auf magische Weise verschwinden. Unerschrockener Mut wird uns die absolute Sicherheit bringen, und der kämpfende SA-Mann gewinnt die Liebe der arischen Mutter und ihrer blauäugigen Knirpse. Wenn Gesetze und Regeln mit Füßen getreten werden, dann wächst dadurch umso mehr der Gehorsam des „Rebellen" gegenüber dem Führer, die Super-Loyalität macht den Konservativen zum Radikalen und den Radikalen zum Konservativen.

Das sich aufschaukelnde System hat eine Ersatz-„Kreativität" und eine Pseudo-Synergie. Es ist, als hätte man die ewigen Wahrheiten in eine Zentrifuge gesteckt und herumgewirbelt, mehr Liebe und mehr Aggression, mehr Nationalismus und mehr Sozialismus, mehr Klassizismus (symbolisiert durch die neo-römische Architektur) und mehr Romantik (symbolisiert durch die lodernden Fackeln und die volkstanzenden Bauern mit Zöpfen).

Die geschlossenen Reihen verkörpern die Ordnung, die gestauten Emotionen die Unordnung, der Krieg dient nur dem immerwährenden Frieden! Wie beim Alkoholiker (siehe Modell 48) handelt es sich auch hier um eine berauschende Vision, in der man unterliegt und doch „stärker" ist als die Schwäche.

Der entscheidende Unterschied zwischen einer pseudohaften und einer echten Kreativität, zwischen Schismogenese und Synergie, liegt in der bloßen Aneinanderreihung von gegensätzlichen Werten, statt sie in einer sinnvollen Synthese auf einen Nenner zu bringen. Leider ist das ästhetische Gefühl, welches das Kreative intuitiv erfaßt, nicht weit verbreitet, und wir sitzen schnell groben Gegensätzen auf: die Pornographie der „reinen" Weiblichkeit in den Klauen tödlicher Verführer; die Kleinen, die sich bei den Kinderfesten auf dem Berghof unter die Großen mischten, die Männer aus allen Teilen Deutschlands, die in Nürnberg ihre Einheit beschworen.

Unser Materialismus hat uns gelehrt, Werte wie Dinge zu betrachten und ständig mehr davon zu wollen. Deshalb sind wir blind, wenn sich zwischen den Werten Risse auftun, und wir sehen nicht, welche Mißgeburt sich entwickelt. Doch mit etwas Übung erkennt man die Risse bald, die gleichzeitig auf psychologischer und soziologischer Ebene auftauchen. Als zwei wesentliche Züge des Autoritarismus entdeckten Sanford und sein Mitarbeiter die Weigerung, in sich selbst hineinzuschauen (Anti-Introspektion) und die Projektion, d.h. Inneres wird nach außen verlagert. Mit diesen Eigenschaften lassen sich die Werte isolieren, die erst in der Kraft des jeweils in ihnen enthaltenen Gegenteils ihren richtigen Ausdruck finden. Der „mutige" Fanatiker aber sieht nicht, daß er eine Niederlage nur aus moralischer Feigheit nicht überleben will, er ist unfähig, mit einem Irrtum zu leben. Er glaubt, er könne den Mut von der Furcht trennen, doch das gelingt ihm nicht. Das Item mit der größten Unterscheidungskraft auf der F-Skala war gleichzeitig dasjenige, das den größten Bruch verkörperte. „Es gibt kaum etwas niedrigeres als jemand, der seinen Eltern keine Liebe, Dankbarkeit und Ehrfurcht entgegenbringt." Das Item ist in verschiedene Ebenen von logischen Typen aufgespalten (siehe Modell 40), denn die Botschaft ist Liebe und Ehrfurcht, der Ton dagegen Abscheu und Haß. (Was, wenn die Eltern ihre eigenen Eltern nicht ehren?) Bemerkenswert ist auch, daß die Liebe den Insidern gilt, den eigenen Eltern, während die Denunziation einem ganzen Universum ungehorsamer Nachkommen vorbehalten ist.

Im gesellschaftlichen Bereich gibt es immer wieder Spaltungen, etwa beim Ethnozentrismus und bei der fortschreitenden Verteufelung von Menschen, die von der eigenen

---

Die ganze deutsche Geschichte ist nichts als eine fortgesetzte Kette von Schlachten gegen Feinde ... Die deutsche Seele ist faustisch! In ihr steckt der instinktive Trieb zur Arbeit und die Sehnsucht nach Erlösung vom Geist.

„Michael"
Josef Goebbels

Die Zelle, in welche Generationen auf Generationen deutscher Romantiker vor dem Gewicht der Freiheit geflohen ist, ist eine Wort-Zelle, es ist der fanatische Glaube an ein starres, autoritäres Dogma.

„Metapolitics"
Peter Viereck

Lebensform abweichen; Juden, Neger, Kommunisten und Homosexuelle sind als Zielscheibe besonders beliebt. Der Ethnozentrismus hat eine große Bedeutung für sich aufschaukelnde Systeme. Liebe und Aggressivität lassen sich nur da miteinander versöhnen, wo die Insider gemeinsam äußere Angriffsziele haben. Ähnlich brauchen die gehorsamen Rebellen Hitlers Außenseiter, gegen die sie rebellieren können. Die Aufspaltung wird durch offizielle Lügen noch gefördert, aber die Frage ist, ob die Propagandisten eine Lüge überhaupt als solche erkennen können. In einem Land, wo der Krieg den Frieden sichert und Hitlers „Geduld beinahe erschöpft ist", wie unterscheiden sich da die Kategorien noch? Sie schwellen nebeneinander an zu einer erschreckenden Zweideutigkeit, welche die Entscheidungskraft der europäischen Staatsmänner lähmt. Jede neue Forderung ist eine „letzte" Forderung, und jede „Konzession" schürt die leicht erregbare Entrüstung.

Das Bild einer Zentrifuge, das die Werte unter Ausschluß ihres Gegenteils definiert, könnte die extreme Konventionalität und das stereotype Denken erklären, das man bei autoritären Versuchspersonen gefunden hat. Die Frauen sind entweder „Heilige" oder „Huren", sie werden angebetet und/oder ausgebeutet. Die Menschen sind generell stark oder schwach, „anständig, gesund und normal" oder „gemein, verrückt und verdorben". Aber vielleicht führt nichts sicherer in die Schismogenese, weder damals noch heute, als „das entmenschlichende Konzept, das einer bewußten Absicht entspringt", wie Bateson es nennt. Die Nazis predigten gleich „kulturellen Alkoholikern" den Triumph des Willens und „Mein Kampf", sie blähten einen Teil der kybernetischen Schleife auf und machten daraus einen nationalen Wahn. Was geschah, war genau das, was ein Kybernetiker voraussagen würde: Nicht der Wille triumphiert, sondern Schicksal und Verderben in dieser seltsamen faschistischen Mischung aus fortschrittlicher Technologie und Mystik. „Ich folge dem Weg der Vorsehung mit schlafwandlerischer Sicherheit", sagte Hitler.

Die Willenskraft, die in den tödlichen Kreislauf eines „durchbrennenden" Systems geraten ist, besiegelte sein Ende. Wir sind frei, behauptet Geoffrey Vickers, aber es ist eine „Freiheit in einem schwankenden Boot". Man stößt sich ab, und im nächsten Augenblick kentert man fast.

Aber wenn ein schismogenetisches System „in einem immer größer werdenden Zirkel sich dreht und dreht", und wenn die „Dinge auseinanderfallen, und wenn die Mitte nicht halten kann" (W. B. Yeats), wie konnte da das Tausendjährige Reich sogar zwölf Jahre lange überdauern? Die Antwort liegt in seinem ständig größer gewordenen Drang zur Herrschaft und Unterwerfung. Es ist nicht nur die Herrschaft von Menschen über Menschen, sondern der Gedanken über Gedanken. Die Fähigkeit zur gegenseitigen Erregung und Aufschaukelung wird ähnlich produziert wie Holzkohle: Der Köhler dämmt seinen Meiler immer besser ab, um im Innern Weißglut zu erzeugen.

„Stärke" überwindet die Schwäche, „Mut" die Sicherheit, und dies schafft unstillbare Ängste und Bedürfnisse nach Sicherheit, die kein Sieg lindern kann. „Die Nazis", sagte Churchill, „küssen dir entweder die Stiefel oder gehen dir an die Gurgel". Herrschaft, Unterwerfung und Einsamkeit „jagen" sich gegenseitig in einem Teufelskreis.

Schließlich zerstören sich diese Systeme selbst durch ihre Raserei. Je mehr Menschen sie umbringen, umso mehr scheinen die gebrochenen Augen der Toten die Mörder zu verfolgen; deshalb müssen die Opfer noch schlechter gemacht werden, damit sie die Vernichtung verdient haben, die SS-Kameraden müssen dies dann umso eifriger beschwören, und noch mehr Andersdenkende müssen verfolgt werden. Dieses unermeßliche Leiden muß durch etwas unermeßlich Gutes geheilt werden, durch eine Endlösung, die alle sozialen Probleme für immer aufhebt und den Mund des letzten Abweichlers für immer schließt. Das Ende ist die „Götterdämmerung", die Oper, die Hitler hundert Mal gesehen hat. Mut, Wille, Leidenschaft, Schicksal, Opfer, Gehorsam mit all den anderen falschen Verdinglichungen brechen über Brünhilde herein, die, indem sie die Sünden der Götter auf sich nimmt, in die Flammen reitet, um ein Zeitalter der Liebe zu beginnen. Wenn sich der Staub gelegt hat und wir die verbrannten Trümmer untersuchen, was bleibt dann anderes übrig als ein Häufchen Kitsch und Klischees, die „Banalität des Bösen".

MODELL 51
Die Kybernetik der psychischen Gesundheit

Im Jahr 1958 veröffentlichte Marie Jahoda ihr Buch „Current Concepts of Positive Mental Health". Ich habe die von ihr vorgestellten Konzepte 1970 in meinem Buch „Radical Man" auf den neuesten Stand gebracht und noch einige weitere und neuere Konzepte aufgenommen. Hier eine gekürzte Liste mit meiner Zusammenfassung:

KRITERIEN DER GEISTIGEN GESUNDHEIT	AUTOR	MODELL-NUMMER	SUBSTANZ
1.			
Produktivität	Erich Fromm	11	Der Mensch
Kreativität	Frank Barron	30	*existiert*
Existenz	Rollo May	13	frei
bewußte Entscheidung	Martin Buber	35	↓
2.			
Respekt	Erich Fromm	11	durch die Art
soziales Bewußtsein	H. S. Sullivan	34	seiner
moralische Erkenntnis	Lawrence Kohlberg	38	*Wahrnehmung*
geläuterte Wahrnehmung	William Blake	26	
3.			↓
Individuation	Carl Gustav Jung	10	die Stärke
Ich-Identität	Erik Erikson	37	seiner *Identität*
4.			↓
Kompetenz	R. W. White	–	und deren Synthese
Selbstliebe	Erich Fromm	11	in einer erlebten
Ich-Stärke	Frank Barron	30	*Kompetenz.*
5.			↓
Entscheidung	Martin Buber	35	Er bringt
Zeugende Fähigkeit	Erik Erikson	37	dies ein
Wille	Rollo May	13	↓
Ich-Beteiligung	Gordon Allport	–	mit Intensität und
Kongruenz	Carl Rogers	32	Authentizität in seiner
Authentizität	J. F. Bugental	–	menschlichen Umwelt
6.			↓
Heilige Unsicherheit	Martin Buber	35	indem er von Zeit zu Zeit versucht,
Mut zum Sein	Paul Tillich	13	die Erfahrungen und ihren Sinn
existentielle Angst	Søren Kierkegaard	12	*in Frage zu stellen und aufs Spiel zu setzen*
7.			↓
Beziehung über die Distanz hinweg	Martin Buber	35	und dabei versucht *die Distanz* zu den
Überwinden der Einsamkeit	Erich Fromm	11	anderen zu überbrücken
Risiko des Glaubens	Søren Kierkegaard	12	
8.			↓
Konsensbildung	H. S. Sullivan	34	bei gleichzeitiger
Selbst-Bestätigung	Martin Buber	35	*Selbstbestätigung* und
Selbst-Verwirklichung	Abraham Maslow	33	*Selbsttranszendierung* ↓

Dieses Modell der psychosozialen Entwicklung ist ein sich selbst steuerndes System, das sich mit anderen Systemen nach dem Beziehungsmuster der Doppelhelix verbindet. (Die Analogie der Doppelhelix stammt von dem DNS-Molekül, das die verschlüsselten Informationen für die Entwicklung des Organismus enthält und über die RNS weiterleitet.) Bei der Doppelhelix auf der Abbildung sind die Segmente durch zehn Sprossen (nicht durch fünf wie bei der DNS) verbunden, welche Identität mit Identität, Bestätigung mit Bestätigung und so fort verbinden, so daß jedes Segment der beiden Helices sich vergrößert und entfaltet. Auf diese Weise wird die Existenz des Menschen erweitert, die Realitätswahrnehmung verbessert, die vollbrachten Leistungen werden bestätigt, und es kommt zu immer komplexeren Lernprozessen. Die „existentiellen" Helices können sich verbinden, sich trennen und wieder verbinden, dabei lernen sie von den Menschen, denen sie begegnet sind und nehmen aus diesen Erfahrungen dauerhaften Nutzen oder Defizite mit. Sowohl die emotionalen wie auch die kognitiven Aspekte dieser Beziehungen sind im Idealfall synergistisch (siehe Modell 42), so daß durch die gemeinsame Bereitschaft, aufeinander einzugehen, tiefe Gefühle intensiviert werden und schöpferischen Synthesen aus der Kombination von Erfahrungen entstehen.

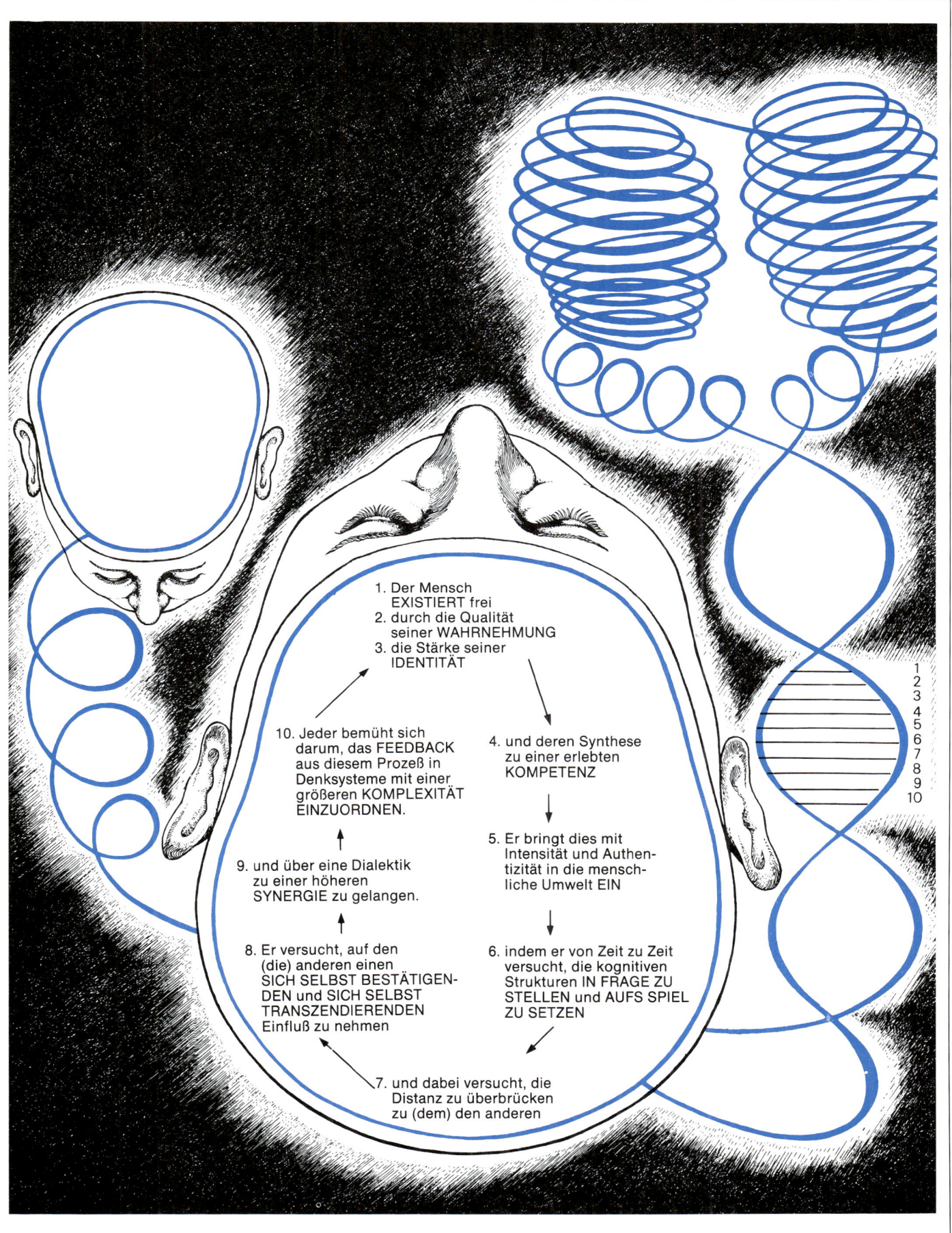

1. Der Mensch EXISTIERT frei
2. durch die Qualität seiner WAHRNEHMUNG
3. die Stärke seiner IDENTITÄT

4. und deren Synthese zu einer erlebten KOMPETENZ

5. Er bringt dies mit Intensität und Authentizität in die menschliche Umwelt EIN

6. indem er von Zeit zu Zeit versucht, die kognitiven Strukturen IN FRAGE ZU STELLEN und AUFS SPIEL ZU SETZEN

7. und dabei versucht, die Distanz zu überbrücken zu (dem) den anderen

8. Er versucht, auf den (die) anderen einen SICH SELBST BESTÄTIGEN-DEN und SICH SELBST TRANSZENDIERENDEN Einfluß zu nehmen

9. und über eine Dialektik zu einer höheren SYNERGIE zu gelangen.

10. Jeder bemüht sich darum, das FEEDBACK aus diesem Prozeß in Denksysteme mit einer größeren KOMPLEXITÄT EINZUORDNEN.

KRITERIEN DER GEISTIGEN GESUNDHEIT	AUTOR	MODELL-NUMMER	SUBSTANZ
9.			
Aufhebung der Dichotomien	Abraham Maslow	42	um über die Dialektik zur
dialektischer Lösungen	F. J. Varela	55	*Synergie* zu kommen.
Synergie	Ruth Benedict	42	
			↓
10.			
Integrität	Erik Erikson	37	Jeder bemüht sich um die Einordnung des
erweiterter Lebensraum	Kurt Lewin	36	Feedbacks von den anderen in ein Denken von
moralische Komplexität	Lawrence Kohlberg	38	größerer Komplexität

Aus den obigen Zusammenfassungen der Substanz einzelner Modelle ergibt sich die kybernetische Schleife, die in dem Modell auf S. 179 beschrieben wird. Dieses Modell der psychosozialen Entwicklung zeigt folgende Merkmale: es ist eine Feldtheorie und ein offens, sich selbst korrigierendes System, das mit seiner Umwelt in Wechselbeziehung steht: alle seine Teile sind zum einen voneinander abhängig, da sie sich entsprechend ihrer Funktion innerhalb des Ganzen wechselseitig bestimmen, zum anderen sind sie lokal autonom, als Holons, wie sie von Koestler in Modell 47 beschrieben wurden, so daß z. B. Wahrnehmung und Identität „Sub-Ganzheiten" eines größeren Systems sind; eine Entfernung oder Schädigung irgendeines Segments des Zyklus kann die Bedeutung der anderen Segmente ganz entscheidend verändern. Wenn das Gefühl der Kompetenz z. B. nicht aufs Spiel gesetzt und in Frage gestellt wird, dann fängt es an, sich bemerkbar zu machen und erzwingt eine Bestätigung.

Da ein zyklischer Prozeß dieser Art all seine Kapazitäten entwickelt in Richtung größerer Synergie, kann man ihn als eine Entwicklungshelix betrachten. Weil immer mindestens zwei Menschen daran beteiligt sind, wird daraus eine Doppel-Helix. So ist etwa meine Wahrnehmung nie unabhängig davon, daß ich ebenfalls wahrgenommen werde; meine Identität wandert zwischen den Rollen Vater, Ehemann, Mann, Schriftsteller, je nachdem, an wen ich mich wende; meine Kompetenz wird stark eingeschränkt, wenn ich von einem Judokämpfer mit schwarzem Gürtel bedroht werde; und wäre ich plötzlich in ein chinesisches Dorf versetzt, dann würde meine Gefühl der sozialen Distanz meine Fähigkeiten zur Interaktion stark beeinträchtigen. Deshalb ist es sinnvoll, bei der Darstellung der Doppel-Helix Identität mit Identität, Bestätigung mit Bestätigung und so weiter durch Querstriche zu verbinden, wie das bei der Leiterspirale der DNS-Molekularstruktur der Fall ist.

Die Menschen entfalten sich also durch die wechselseitige Förderung der Elemente in der Helix-Struktur, die ihre Informationen untereinander verbinden, trennen, wieder verbinden und übertragen können wie die Botschafter-RNS. Das Entscheidende an diesem ganzen Prozeß ist das Konzept der Synergie (Modell 42), das auf mehr als nur einer Ebene der logischen Typen wirksam ist (Modell 40). Synergie findet als optimale Beziehung statt zwischen den Helices beider Parteien. Synergie ist weiterhin die optimale Kombination individueller Persönlichkeitselemente, so daß Erwartungen in aller Regel wechselseitig erfüllt werden können. Schließlich versöhnt die Synergie scheinbare Gegensätze und fördert die Integration der Persönlichkeit.

Ich habe inzwischen mehrere Vorbehalte gegen dieses Modell, seit ich es vor zehn Jahren entwickelt habe. Erstens: Die Satzstruktur wirkt sich einseitig zugunsten jener Prozesse aus, die Subjekte des Satzes sind. Zweitens: Dies macht aus dem rekursiven, ständig zirkulierenden System einen Bogen, und führt zu einer potentiellen Isolierung der bewußten Absicht (siehe Modelle 48, 50). Aber die Einwände lassen sich schnell beheben, und das Gleichgewicht zwischen den vielen Elementen der psychosozialen Gesundheit wird dadurch hergestellt, indem der Zyklus als eine Schleife von Partizipien des Präsens aufgefaßt wird: existierend – wahrnehmend – identifizierend – meisternd – engagierend – riskierend – in Frage stellend – distanzierend – überbrückend – bestätigend – transzendierend – verhandelnd – synergetisierend – integrierend und wiederum existierend. Jeder Mensch oder jede Gruppe muß das Recht haben, an jedem Punkt des Zyklus zu beginnen, und wenn der gesamte Zyklus von Potentialen oder Ressourcen dadurch aufgewertet wird, dann ist diese individuelle Entschei-

Das Leben schraubt sich mühsam höher und höher. Man muß für jeden Fortschritt bezahlen ... Es schreitet fort zu immer höheren Ebenen der Differenzierung und Zentralisierung und bezahlt dafür mit dem Verlust der leichten Wiederherstellbarkeit des Gleichgewichts nach Störungen. Es erfindet ein hochentwickeltes Nervensystem und damit auch den Schmerz. Zu den urtümlichen Teilen des Nervensystems fügt es ein Gehirn hinzu, das Bewußtsein ermöglicht durch eine Welt der Symbole, und das Vorausschau und Kontrolle der Zukunft erlaubt ...
     „Problems of Life"
     Ludwig von Bertalanffy

dung gerechtfertigt und die gesamte Entwicklung wird gefördert. Es ist sinnvoll, mit den am schwächsten entwickelten Segmenten anzufangen. Wir könnten einem bestimmten Patienten z.B. sagen „Ihr Leben ist zu eng; bevor Sie nicht lernen, die *Distanz* zu einem größeren Bekanntenkreis zu *überbrücken,* werden Sie nicht die Weite der *Integration* und die umfassende *Wahrnehmung* erlangen, die Sie suchen". Zu einem anderen könnten wir sagen: „Sie sind zu rigide. Erst wenn Sie Ihr Selbstkonzept in der Gegenwart von anderen *aufs Spiel gesetzt* und *in Frage gestellt* haben, werden Sie die interpersonale *Kompetenz* finden, die sie suchen". Jeder Einzelne verfügt über ein anderes Muster von Stärken und Schwächen, so daß in jedem einzelnen Fall ein anderer kybernetischer Satz angebracht ist. Das synergistische Gleichgewicht ist, wie Karl Menninger sagen würde, das entscheidende und ethische Thema. Aus allen Segmenten des Zyklus können wir Übel machen, wenn wir sie aufblähen oder wenn wir sie verkümmern lassen:

ENTWICKLUNGS-PRINZIP	AUFBLÄHUNG	GLEICHGEWICHT	VERKÜMMERUNG
1. Existenz	anarchisch laissez-faire	schöpferisch originell	steril konventionell
2. Wahrnehmung	hyperwachsam inquisitorisch	respektvoll wachsam	abgestumpft unsensibel
3. Identität	egoistisch ich-zentriert	sich selbst bewußt unterscheidend	anonym sich selbst verleugnend
4. Kompetenz	dominierend brutal	fähig stark	schwach impotent
5. Engagement	fanatisch sich vergessend	engagiert beteiligt	passiv unentschlossen
Intensität	überschwenglich	umsorgend	apathisch
Authentizität	naiv	echt	verschlagen
6. Risiko und Wartenkönnen	unbekümmert unbeständig schnell aufgebend	moralisch mutig flexibel anpassungsfähig	mutlos starr blindgläubig
7. Überbrückung	umstürzlerisch	kosmopolitisch	ethnozentrisch
8. Selbst-Bestätigung und Selbst-Transzendenz	manipulativ selbst-gefällig jenseitig bigott	beeindruckend selbst-verwirklichend unsterblich schöpferisch	klüngelhaft frustriert weltlich beschränkt
9. Dialektik, die zur Synergie führt	gewinnorientiert angepaßt verschmelzend	optimierend wechselseitig kooperativ	verlierend autoritär separatistisch
10. Geordnetes Feedback und Komplexität	unrealistischer Idealismus sorgfältig rationalisiert	erweitertes Bewußtsein kultiviert	vereinfacht schwarz/weiß-Malerei dichotomisiert

Es wird deutlich, daß jeder „Ausreißer" oder jede Schwankung im Zyklus, die eine Auflösung oder Spaltung der gegenseitigen Kontrolle verursachen, zu einer großen Zahl von Aufblähungen/Verkümmerungen führt, wobei die ersteren immer mit den letzteren bezahlt werden müssen. Es ist z.B. möglich, die meisten Symptome der Schizophrenie abzuleiten, in dem man die Aufblähungen einfach von den Verkümmerungen in ständig wechselnden Mustern abspaltet; der Paranoiker ist in seinem Denken anarchisch und bildet bizarre pseudo-schöpferische Neologismen und extravagante Methapherkompositionen. Er ist überwachsam, auf sich selbst zentriert, und so weiter; der Katatone ist abgestumpft, unempfänglich und passiv, er nimmt eine starre Haltung ein, etc.

Denkt man in rekursiven Systemen (d.h. kybernetisch) und nicht in Ursache-Wirkungs- und Subjekt-Objekt-Zusammenhängen, dann kommt man zu dem Schluß, daß Paradigmata oder Denkmuster eine entscheidende Rolle für die Funktionsweise des Geistes spielen – diesen Paradigmata wenden wir uns auf Ebene 8 mit den Modellen 52 bis 56 zu.

Die Psyche als Abbild der Produktionsverhältnisse: Von Hegel zu Marx und Engels

Selten war in der akademischen Welt etwas so steril geblieben wie die Auseinandersetzungen zwischen der deutschen Philosophie und dem angesächsischen Empirismus der Nachkriegszeit. Das Vermächtnis der Nationalsozialisten und dann der Stalinisten hat viele der damaligen Sozialwissenschaftler für den ungeheuren Reichtum an psychosozialen Einsichten in den Schriften von G. W. F. Hegel, Friedrich Engels und vor allem von Karl Marx blind gemacht. Da kein Entwurf des menschlichen Geistes die Gedanken von Karl Marx ignorieren kann, will ich versuchen, den vielen Entstellungen seiner Ideen entgegenzuwirken, seine gewaltige Kritik an unserer Gesellschaft kurz zu umreißen und schließlich die ausgeprägte Tendenz des Systems darstellen, von dem er annahm, daß es „durchbrennen" und mit tragischen Folgen enden würde.

Ein häufiger Fehler liegt in der Verwechslung des „Materialismus" bei Marx und unserer eigenen Vorstellung davon. Materialismus heißt oft nur, gesellschaftliche und menschliche Phänomene auf physikalische und materielle Einheiten zu reduzieren. Der Materialismus von Marx aber war eine Umstülpung des Hegelianischen Idealismus: Während Hegel glaubte, unser Geist würde durch die abstrakten Kategorien und Ideale der Vernunft geformt (eine Lehre von den Formen, die auf Platon zurückgeht), behauptete Marx, daß die Arbeitsverhältnisse des Menschen, in denen er seinen Lebensunterhalt erwirbt (d.h. seine konkrete tägliche Beschäftigung) sein Bewußtsein formen. Genau genommen hat die Materie als solche damit nichts zu tun. Es handelt sich um „die sinnliche menschliche Tätigkeit", den Umgang mit Materie im Netzwerk der Beziehungen. Das entscheidende Moment ist ein soziologisches.

Marx behauptete lediglich, was durch die Forschung seither wiederholt bestätigt wurde, nämlich daß gewohnheitsmäßige Tätigkeit und das Rollenverhalten beim Erwerb von Einstellungen einen weitaus stärkeren Einfluß ausüben als der Austausch von Gedanken. Das bedeutet aber nicht, wie einige Kritiker behauptet haben, daß wir hilflose Gefangene der Institutionen und zu einem „falschen Bewußtsein" verurteilt sind. Es bedeutet, daß wir mehr als nur Einfallsreichtum brauchen, um uns zu ändern, und daß der Glaube, wir könnten unsere Arbeitsbedingungen leicht überwinden, eine Illusion ist. In Wirklichkeit sind wir in den Verhältnissen verwurzelt, unter denen wir arbeiten. Marx hatte nichts gegen die Kraft der Gedanken, er wandte sich nur gegen deren Loslösung von unserem Alltag. Ebensowenig hat er die menschliche Freiheit geleugnet, sondern lenkte vielmehr die Aufmerksamkeit auf diejenigen Produktionsverhältnisse, die Hebel zur Befreiung sein können. „Die Gestalt der gesellschaftlichen Lernprozesse ... streift nur ihren mystischen Nebelschleier ab, sobald sie als Produkt frei vergesellschafteter Menschen unter deren bewußter planmäßiger Kontrolle steht." Diese humanistisch-naturalistische Synthese war für Marx die „verbindliche Wahrheit", die das Subjekt mit dem Objekt vereinigt, den Menschen mit der Natur und das Potential mit der Verwirklichung. Mit dieser organischen Vision des wechselseitigen Miteinanderverbundenseins vertraten Marx und Engels fast eine ökologische Vision und die Idee, daß der Antagonismus zwischen den Menschen und ihrer Umwelt versöhnt werden muß (siehe Randbemerkung).

Die Dialektik ist ein weiterer zentraler Streitpunkt zwischen Empiristen und Marxisten. Ich meine, daß man zwischen Gebrauch und Mißbrauch der Dialektik unterscheiden muß. Bei fast jedem Modell in diesem Buch sind wir immer wieder darauf gestoßen, daß die Kategorien des Geistes jeweils ein Gegenteil enthalten, oder, wie Dialektiker sagen, die Negation. Yin und Yang (Modell 3), Über-Ich und Es (Modell 9), Denken und Fühlen (Modell 10) und die gesamte Liste der bimodalen Eigenschaften des durchtrennten Gehirns (Modell 23); das Prinzip der Komplementarität und/oder Dialektik findet seinen Höhepunkt in den kybernetischen Schleifen mit wechselseitiger Kontrolle (Modell 45–50). Hegel behauptete, daß die isolierte Erscheinung, das Phänomen, das wir wahrnehmen, in seiner eigenen Negation enthalten ist. Das wissen wir durch unsere Vernunft. Wir wissen z.B., daß das Leben im Tod endet, auch wenn jemand einen noch so lebhaften Eindruck macht. Unsere Körperzellen sterben ab und erneuern sich ständig, sie bewegen sich und streben nach der Verwirklichung eines genetischen Ideals in einem Freiraum innerhalb des Gesetzes (siehe Modell 45). Die Struktur des Gehirns, Informationstheorie und Linguistik – alles spricht für

Marx behauptete, daß die Produktionsverhältnisse Denken und Psyche des Menschen bestimmen und formen. Das kapitalistische System und die Produktionstechnik machen die Arbeit sinnentleert und monoton, sie verstümmeln den Geist, der nicht nur eine ökonomische Entlohnung sucht, sondern auch sein kreatives Potential verwirklichen will.

Die Arbeitsteilung in den Betrieben und Fabriken reduziert die Menschen auf Dinge, verbietet Beziehungen und schaltet das Bewußtsein aus. Die Waren werden zum Abbild der eigenen entfremdeten Möglichkeiten und zum Ersatz für Beziehungen. Doch jene, die am meisten von den Widersprüchen bedrückt und von der Arbeit entfremdet werden, sind auch die, bei denen der revolutionäre Kampf ein neues Bewußtsein von menschlicher Solidarität und einer nicht entfremdeten Existenz erzeugt. Dieses Bewußtsein ist dazu bestimmt, die alte Ordnung zu zerstören.

In seinen „Ökonomisch-philosophischen Manuskripten" schrieb Marx, daß die geistigen Fähigkeiten nur durch ein korrespondierendes Element in der Arbeitswelt geweckt und entwickelt werden können, so daß die Ästhetik der Schönheit bedarf, der Dienst am Menschen einer lebendige Gemeinde und die Liebe eines Gegenstandes der Verehrung. Leider wurden diese Manuskripte erst in den dreißiger Jahren veröffentlicht und erst 1959 ins Englische übersetzt. Der „Revisionist" Marx mit seinem humanistischen Credo war in der Tat der ursprüngliche Marx.

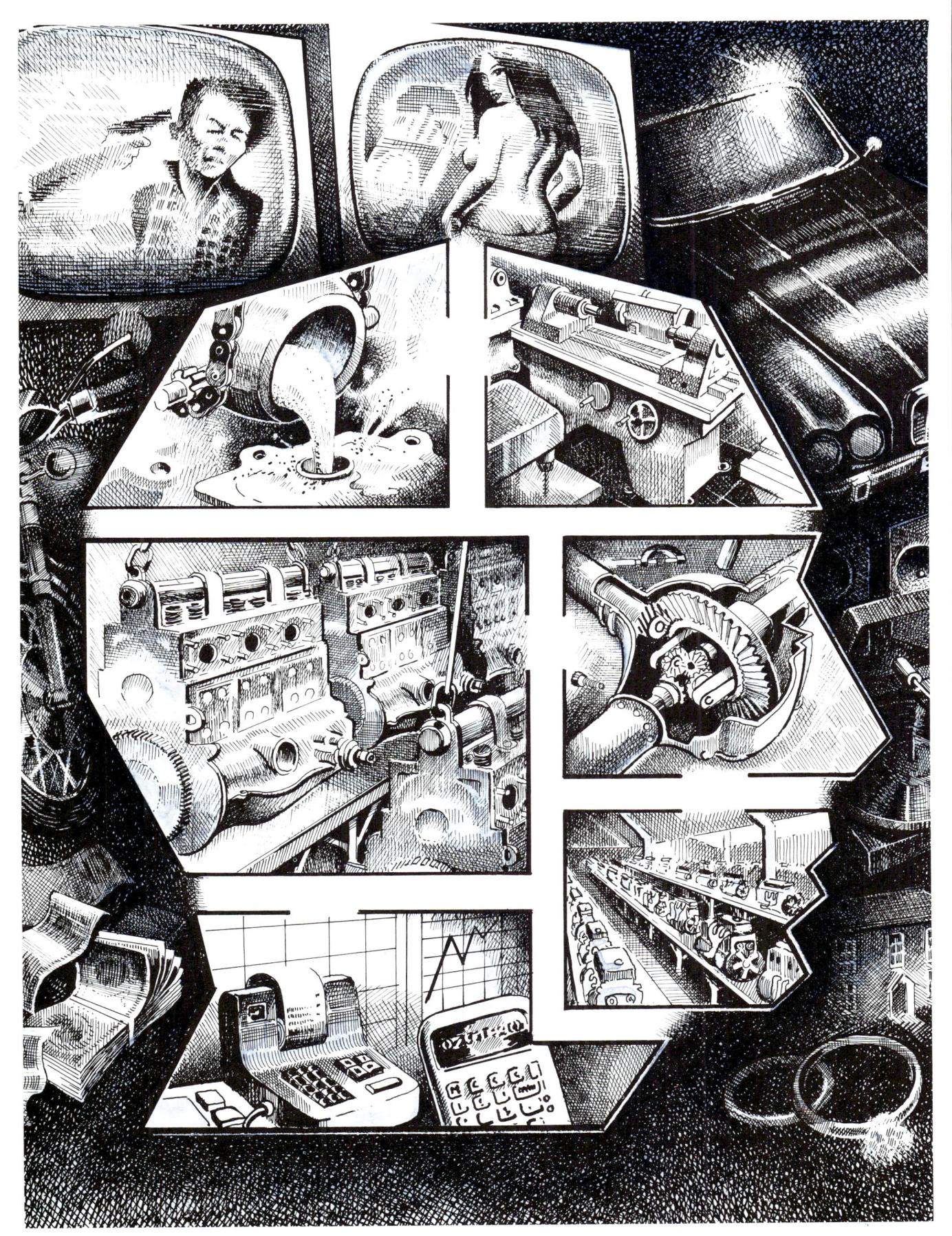

einen binären, regelgebundenen generativen Rationalismus. Jene, die Hegel verworfen haben, müssen ihn vielleicht neu erfinden. Wer sich der Lage der heutigen Psychologie bewußt ist, darf Engels Warnung von einer Wissenschaft vom Menschen ohne Dialektik nicht übersehen. Sie wird „einseitig, beschränkt, abstrakt und verliert sich in unlösbaren Widersprüchen". Es grenzt an Ironie, wenn man sieht, wie Engels den Positivsten „Metaphysik" vorwirft, wo das doch genau der Begriff ist, mit dem sie ihn etikettieren würden! Für Positivisten braucht eine Welt, die in atomisierte Fakten und Partikel aufgeteilt ist, absolut keine metaphysische *a priori*-Konstrukte. Doch für einen Dialektiker ist die angenommene Nichtverbundenheit der Dinge reine Metaphyisk, während die Welt der wachsenden, lebenden Muster und wechselseitigen Beziehungen selbstredende Wirklichkeit ist.

Wie also funktioniert die marxistische Dialektik? Ist darunter möglicherweise eine Wachstumsdynamik zu verstehen? Seltsamerweise hat Marx das Thema Dialektik als solches nie diskutiert, und es bleibt uns nicht anderes übrig, als den Prozeß zu erschließen. Zunächst wollen wir uns ansehen, wie die Widersprüche des Kapitalismus entstehen sollen, und wie sie eine Krise erzeugen, in der sich die organisierte Arbeiterklasse erhebt, um die verfaulte Struktur der Gesellschaft zu stürzen und deren Widersprüche aufzuheben. In der kapitalistischen Produktionsform werden immer mehr Arbeiter an die entfesselten Produktivkräfte neuer Technologien gebunden. Dieser Prozeß verschärft die Widersprüche zwischen dem menschlichen Potential der Arbeitskraft und den wirklichen Bedingungen. Potentiell lassen sich die Arbeiter organisieren, vereinigen, sie können ein System aufbauen oder umstürzen, und sie können einen Überschuß für die weitaus gerechtere und ausgedehntere Verteilung produzieren. In Wirklichkeit werden die Arbeiter unorganisiert, gespalten, geschwächt, beherrscht und arm gehalten.

Wir besitzen alle notwendigen Bestandteile für eine gerechte Gesellschaft, und doch bleiben die Verhältnisse pathologisch, eine Situation, die durch den Atomismus der kapitalistischen Wissenschaft aufrechterhalten wird. Die Mechanisierung in den Fabriken macht die Arbeit sinn-entleert, monoton, und die Arbeitsteilung zerschneidet wie mit Stahlschneidern Geist und zwischenmenschliche Beziehungen. Dies zerreißt die organischen Bande zwischen Subjekt und Objekt, zwischen Mensch und Natur, Arbeit und Selbstverwirklichung. Das Werkzeug benutzt jetzt den Menschen, der „physisch erschöpft und geistig erniedrigt", von seinen eigenen kreativen Kräften entfremdet ist und genau dem Ding zum Opfer fällt, das er geschaffen hat. Wie der Geist in der Maschine bewegt er sich inmitten einer „toten Objektivität", die „sein eigenes Leben ‚hinter' der starren Form von Dingen" nicht „wiedererkennt". Selbst da, wo Reformen eine „bessere Salarierung der Sklaven" schaffen, können die Arbeiter nur Haben, indem sie ständig mehr an Sein verlieren, denn „Je weniger du bist, je weniger du dein Leben äußerst, um so mehr hast du, um so größer ist dein entäußertes Leben". Dieses „Ding" ist käuflich. Dieser „Fetischismus der Ware" führt zu einem Überschuß an „nützlichen" Dingen, da „alle Leidenschaften ... untergehen in der Habsucht", und ihre unersättlichen Bedürfnisse wachsen, um das Abbild ihrer verlorenen Verbindungen zurückzukaufen. So benutzen Männer Frauen als Prostituierte, kaufen ihre Körper, und heute sogar Photographien oder nachgebildete Teile ihrer Körper. Der Widerspruch liegt darin, selbst Daniel Bell hat dies neulich bestätigt, daß der asketische Kapitalismus mit seinem Evangelium der Sparsamkeit, Verdrängung und Selbstverleugnung jetzt zu seiner eigenen Aufrechterhaltung Orgien der Befriedigung und eines eskalierenden Appetits braucht, ein Ethos, der seine eigenen Grundfesten unterminiert. Muß der Zusammenbruch nicht sicher kommen?

Ich behaupte, daß es in den Schriften von Marx und Engels zwei verschiedene Arten von Dialektik gibt, eine milde, synthetisierte Art von Mikrodialektik, der eine „oszillierende", gefährliche Form von Makrodialektik beigemischt ist, die ständig in Gefahr ist, „durchzubrennen" (siehe die Modelle 48–51). Bei der erstgenannten Art geht es um die Synthese von Gegensätzen, bei der die Integrität beider Werte beachtet wird, so daß abstrakte Ideale dadurch gerechtfertigt werden, daß sie sich auf konkrete Erfahrungen stützen, die Freiheit entdeckt das Netzwerk der Notwendigkeit, der Ausdruck der eigenen Persönlichkeit wird mit der sozialen Nützlichkeit verbunden, Reichtum wird als eine Fähigkeit des Gebens, nicht nur des Nehmens gesehen, die Schöpfung wird mit dem Schöpfer vereint, und das Individuum findet eine Verbindung zu seiner Art und zu allen Arten in einer Vision der sozialen Ökologie.

Im kapitalistischen System werden alle Methoden zur Erhöhung der Produktivität der Arbeit auf Kosten des einzelnen Arbeiters eingeführt; alle Mittel zur Entwicklung der Produktivkräfte transformieren sich in Mittel der Beherrschung über die Produzenten und zu deren Ausbeutung; sie verstümmeln den Arbeiter zu einem bruchstückhaften Menschen, degradieren ihn zum Anhängsel der Maschine, zerstören jeden Rest von Reiz in seiner Arbeit und verwandeln ihn ... in ein Werkzeug ...

„Das Kapital"
Karl Marx

'Roberts (ein Führer in einer Rede an die Streikenden): „Ihr habt vergessen wofür dieser Kampf steht ... Ich werde es Euch jetzt noch einmal sagen. Es ist der Kampf, den der Körper und das Blut des Landes gegen die Blutsauger führt. Es ist der Kampf derjenigen, die sich in jeder Minute des Streiks und mit jedem Atemzug gegen eine Sache wehren, die auf ihre Kosten immer dicker wird und ständig weiterwächst ... Dieses Ding ist das Kapital! ... Ein weißhäutiges, kaltherziges Monster ... Wir kämpfen nicht für den Augenblick – auch nicht für uns selbst, für unsere kleinen Körper und seine Wünsche, wir kämpfen für alle jene, die zu allen Zeiten nach uns kommen ... um ihrer Liebe willen wollen wir keinen weiteren Stein auf ihre Köpfe rollen, wollen wir nicht dazu beitragen, den Himmel zu schwärzen und die bittere See über sie kommen lassen ... Sie können das Schlimmste erleben, das auch mir passieren kann ... uns aller, oder nicht? Wenn wir dieses weißhäutige Monster mit den Lippen, die das Leben aus uns, unseren Frauen und Kindern gesogen haben, seit Beginn der Welt, schütteln ... können. Wenn wir nicht mutig genug sind, ihm Auge in Auge gegenüberzutreten, und es zurückzudrängen, bis es um Barmherzigkeit bettelt, wird es weiterhin unser Leben aussaugen; und wir werden für immer das bleiben, was wir sind ... weniger als selbst die Hunde.“'

„Strife“
John Galsworthy

Bei der zweiten Art von Dialektik werden die Widersprüche so dargestellt, als ob ein „gutes“ Ende einer Wertdimension gerade dabei wäre, ein „schlechtes“ Ende zu vernichten. Die entgegengesetzten Pole derselben Dimension stehen sich in einer Gewinner-oder-Verlierer-Position gegenüber, in einem Alles-oder-Nichts-Kampf, und der Geist steht mit sich selbst auf Kriegsfuß. Die Rhetorik behauptet, daß Entfremdung, Herrschaft, Depotismus und Selbstsucht zu recht durch Brüderlichkeit, Gleichheit, historische Notwendigkeit und Sozialismus überwunden werden. Der Trugschluß dabei ist, daß so negative Bewertungen wie „Entfremdung“ und „Herrschaft“ verzerrte Formen von Dissens und Autorität sind, die zu Übeln wurden, weil man sie abspaltete. Deshalb kann man die Übel nicht ausmerzen, ohne dabei gleichzeitig auch die Tugenden abzuschaffen. Wenn das Problem in der Trennung liegt, dann ist gerade die Vernichtung ein trennender Akt! Sokrates starb für das ganze dialektische Kontinuum zwischen Dissens *und* Autorität. Ähnlich läßt sich die Selbstsucht nicht ausrotten, ohne daß die Unabhängigkeit mit ausgerottet wird. Man kann Libertinage nicht verbannen, ohne verantwortungsvolle Freiheiten zu beschneiden. Das Problem der Makrodialektik ist, daß die Pendelbewegung von einem Extrem zum anderen eine Generation oder mehr dauernd kann. Der Zwang muß jetzt sein, während die Freiheit angeblich später kommen wird. Die Diktatur des Proletariats und die zentralisierte Bürokratie findet jetzt statt, während die klassenlose Gesellschaft und das Absterben des Staates später kommen werden. Die ganze Subtilität des Geistes wird durch die unbegrenzte Verschiebung des einen Endes der Dialektik zerstört. Wenn die psychosoziale Entwicklung ein Lernprozeß ist, was lehren uns da zwanzig Jahre der „Zerschlagung der Reaktion“ – etwa wie Brüder miteinander zu leben?

Die eigentliche Tragödie des Marxismus liegt in seinem Versagen, die lähmende Angst zu verstehen, die durch die Widersprüche verursacht wird. Sie wächst unerbittlich und zieht alle Beteiligten in die Katastrophe (siehe Modell 55), mit ihren Säuberungswellen und dem revolutionären Terror. Was für eine Hybris zu meinen, daß Widersprüche, die ja gerade die Struktur des gesellschaftlichen Übels bilden, nur die Kapitalisten zu Fall bringen! Wie konnte Marx, der jedes Jahr die Stücke von Aischylos las, glauben, daß seine revolutionären Helden gegenüber *Peripéteia* immun sind (siehe Modell 1)? Denn die Aufhebung der Herrschaft und die Aufhebung der Entfremdung führt natürlich nur zu einer Unterdrückung und Verstärkung dieser gehaßten Werte, bis sie dann wieder aufsteigen; der Kopf des Führers ist dann auf zehntausend Plakaten; der Persönlichkeitskult, der angeblich mit der Bourgeoisie begraben worden ist, wird neu geboren und „die Geschichte wiederholt sich, beim zweiten Mal als Farce.“

Der Kommunismus verfängt sich in einem ähnlichen, sich selbst aufschaukelnden System wie der Faschismus (siehe Modell 50), denn der Kollektivismus unterdrückt und erzeugt dadurch neue Herrschaftsansprüche, die ihrerseits wiederum den Kollektivismus provozieren, und so dreht sich das weiter in einem Teufelskreis der gespaltenen Werte, wie in einer Zentrifuge.

Das Unverständnis für verschiedene Ebenen der logischen Typen (Modell 40) ist der grundlegende Fehler. Gleichheit, Brüderlichkeit und Verbundenheit sind wahre Werte, die äußerst knapp sind, aber sie müssen auch auf der Metaebene der Sprache wirksam sein, nicht nur in den konkreten Verhaltensweisen. Dies bedeutet, daß die konkreten Manifestationen der Brüderlichkeit auf höheren Ebenen der Abstraktion auch „Bruder“ ihrer Verneinung (oder Ergänzung), das ist die Individualität, sein müssen. Wird dies versäumt, dann wird das dialektische Kontinuum gespalten und „Brüderlichkeit“ verwandelt sich in einen Knüppel für die Einzelnen; so kommt es zu den „Widersprüchen“ des Kommunismus.

Eindimensionalität, Dialektik und die Marx-Freud-Synthese: Herbert Marcuse

Als junger Mann war Herbert Marcuse Mitglied des Spartakusbundes, eine linke revolutionäre Splittergruppe, die 1919 von Regierungstruppen in Berlin zerschlagen wurde. Er wurde hegelianischer Philosoph und gehörte Anfang der dreißiger Jahre zum Frankfurter Institut für Sozialforschung. Die „Frankfurter Schule" floh nach Genf und von dort 1934 nach New York und brachte solche Größen wie Erich Fromm, T. W. Adorno, Max Horkheimer und Marcuse selbst in die Vereinigten Staaten.

In „Reason and Revolution" (dt. „Vernunft und Revolution"), das 1941 veröffentlicht wurde, beschreibt Marcuse Hegels Vermächtnis als revolutionärer Philosoph und gab damit den ersten Schuß ab in einem lebenslangen Kampf gegen die „eindimensionale" Sichtweise des Empirismus und Positivismus. Er betrachtete Hegel als Exponenten der historischen Kraft der kritischen Vernunft in der Gesellschaft, die den Status quo auflöst. Als begeisterter Anhänger der Französischen Revolution sah Hegel in der Vernunft die Macht, die Gesellschaft zu verändern unter Benutzung der dialektischen Spannung zwischen dem Realen und dem Idealen. Marcuse drückt dies folgendermaßen aus:

Um zu wissen, was ein Ding wirklich ist, müssen wir über seinen unmittelbar gegebenen Zustand (S ist S) hinausgehen und den Prozeß verfolgen, in dem es zu etwas anderem wird als es selbst ist (P). In dem Prozeß, in dem es P wird, bleibt S jedoch noch S. Seine Wirklichkeit besteht in der ganzen Dynamik, zu etwas anderem zu werden und sich mit einem „anderen" zu vereinigen. Das dialektische Schema repräsentiert eine Welt, die von Negativität durchdrungen ist, eine Welt, in der alles etwas anders ist, als was es wirklich ist, und in der Gegensatz und Widerspruch die Gesetze des Fortschritts bilden.

Später war Marcuse der Auffassung, daß es sich um einen kybernetischen Prozeß handle, ein „Staat, in dem das Sein zur Erfüllung gelangt, in dem die Spannung zwischen ‚Sein' und ‚Sollen' im Kreislauf einer ewigen Wiederkehr gelöst wird."

Der Positivismus dagegen vertritt eine einzelne, unmittelbare Identität, wie ein Standphoto eines Läufers auf einer Kreisbahn, der die vitale Spannung zwischen „Start" und „Ziel" verliert. „In einer Welt, in der die Fakten nicht das darstellen, was die Wirklichkeit kann und sein sollte, läuft der Positivismus darauf hinaus, daß er die wirklichen Möglichkeiten der Menschen gegen eine falsche und fremde Welt eintauscht."

Ebenso abstoßend fand Marcuse den Relativismus und Dualismus in der westlichen Philosophie, in denen eine private Welt der Kultur, Freiheit und Schönheit der Häßlichkeit und dem Elend des Alltags gegenübergestellt wurde. Die Bemerkung von Jean-Paul Satre, daß er kraft seines rebellischen Denkens und seiner getarnten Satire gegenüber den Nazis „frei" war, verletzte Marcuse ganz besonders. Der freie Geist in einem versklavten Körper verewigt nur die etablierte wirtschaftliche Ordnung. Im Kampf gegen diese Ordnung konnte Marcuse zeigen, wie sehr Hegel Marx bereits vorweggenommen hatte. Abgesehen von der dialektischen Methode, die beiden gemeinsam war, war Hegel der erste, der über die Entfremdung der Arbeiter schrieb und über die Vergegenständlichung ihrer Arbeit, „regiert von unkontrollierten Kräften und Gesetzen, in denen der Mensch sein Selbst nicht mehr erkennt."

Der Aufstieg des Faschismus in Deutschland, Stalin und die Moskauer Prozesse sowie die verspätete Entdeckung der frühen philosophischen Manuskripte von Marx haben zu den tiefen Zweifeln an der Gesundheit und Stärke der kommunistischen Revolution bei den Mitgliedern der Frankfurter Schule beigetragen. Der Kapitalismus erholte sich sichtbar von der Wirtschaftskrise, während sich die Sowjetunion gegenüber ethischen und psychologischen Problemen äußerst unsensibel zeigte. Vielleicht konnte Freuds Theorie die falsche Anwendung von Marx korrigieren und Licht auf die Manie der Nazi werfen. Während Erich Fromm Marx als Humanisten neu interpretiert hat (Modell 52), konzentrierte sich Marcuse auf die Begriffe Entfremdung, Bewußtsein und Aufhebung der Arbeit.

Er behauptete, daß die Sowjetunion die Lage der Menschen so wenig verbessert habe, weil sie das Fabriksystem *in toto* übernommen und so einen Fetisch aus der Abschaffung des Privateigentums gemacht habe, ein Allheilmittel für die Entfremdung der Arbeiter. Dabei wurde Marx' Forderung ignoriert, daß die gesamte Struktur der Industrie neu entworfen und die Arbeit in ihrer derzeitigen Form zugunsten eines neuen Individualismus abgeschafft

Wenn wir die gegenüberliegende zweidimensionale Abbildung um neunzig Grad drehen, erhalten wir „den Eindimensionalen Menschen" von Marcuse. In der zweidimensionalen Form erkennt der Mensch die Fakten nur im Kontext der kritischen Vernunft; bei der eindimensionalen Form sind die Fakten dominierend. Herbert Marcuse behauptete, daß der Positivismus und die vorherrschende Sichtweise des anglo-amerikanischen Empirismus unser soziales und politisches Bewußtsein auf einzelne lineare Dimensionen schrumpfen ließen, bei der die positive Seite (+) die negative Seite (−) verdeckt, so daß alles aus der Perspektive des technologischen Rationalismus, der operationalen Kontrolle und der sich selbst steigernden Produktivität gesehen wird. Diese beherrschen die Natur und beeinflussen unser Leben systematisch auf eine Art und Weise, so daß Alternativen verdeckt werden. Unsere vorgekaute Sprache bezeichnet die westlichen Institutionen und deren Verbündete als „frei" und beschreibt die heutige Form und Organisation der Wahlen als „demokratisch", dadurch eliminiert sie jegliche Spannung zwischen dem Realen und dem Idealen. Sogar die Armut wird auf ein „Faktum" reduziert, statt sie im Kontext des Reichtums zu sehen oder im Kontext der Revolte der Armen gegen Bedingungen, die gegen die kritische Vernunft sprechen oder deren potentielle Entwicklung leugnen.

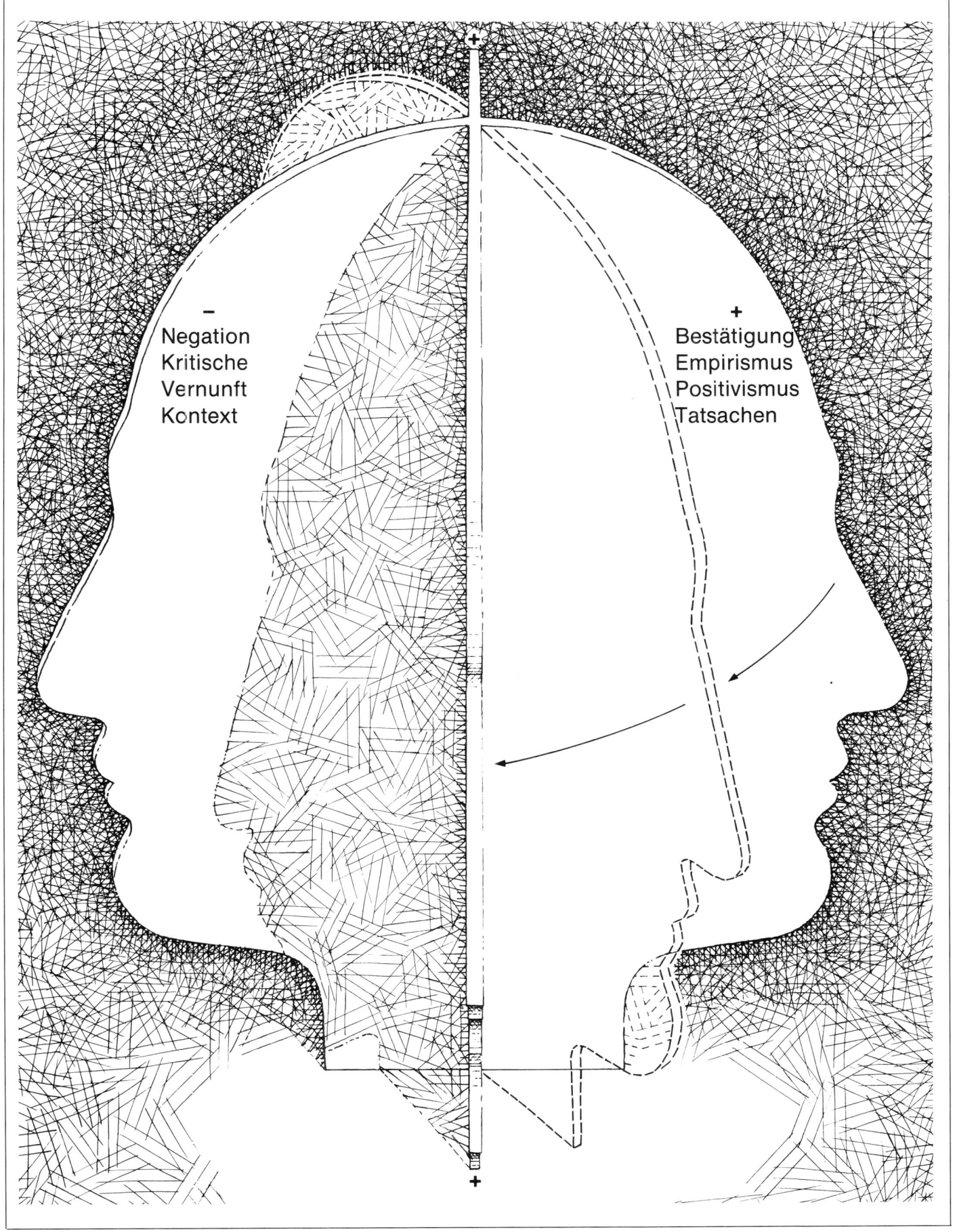

Negation
Kritische
Vernunft
Kontext

Bestätigung
Empirismus
Positivismus
Tatsachen

werden muß. Die Sowjets haben genau den Kommunismus aufgebaut, vor dem Marx gewarnt hat: mit einem abstrakten Staatskapitalismus, der die menschliche Persönlichkeit leugnet. Die Sowjets haben Marx auch in Bezug auf Freiheit und menschliches Bewußtsein falsch interpretiert. Nur die Gelegenheiten für die revolutionäre Praxis waren historisch determiniert. Diese mußten von der kritischen Vernunft der Individuen beim Schopfe gepackt und bewußt durchgeführt werden. Von Erich Fromms Ansatz, der einigen der härtesten und pessimistischen Gedanken von Marx und Freud die Schärfe nahm, hielt sich Marcuse fern und begann eine radikale Synthese, die ihn zu den unbewußten Wurzeln der verratenen Revolution führen sollte und ihn sowohl bei den Herrschenden in Rußland wie auch in den Vereinigten Staaten gleich unbeliebt machte.

Im Jahre 1956 veröffentlichte er „Eros and Civilization" (dt. „Triebstruktur und Gesellschaft"), worin er bei Freud einen latenten Radikalismus entdeckte, ähnlich dem, den er zuvor bei Hegel gefunden hatte, obgleich die manifeste Einstellung beider Männer konservativ war. Macuse begann mit der Verurteilung der Marx- und Freud-Revisionisten, die aus Feigheit vor dem „gesunden Menschenverstand", ein Wort, das Marcuse genauso haßte wie Positivismus, den revolutionären Zorn von Marx und die dunkle Seite der Vision Freuds abgemildert hatten, das waren vor allem der Todesinstinkt, das Unbewußte, der Dampfkessel der sexuellen Unterdrückung und die Hydraulik der dialektischen Energie (Modell 9). Für Macuse war das Verbrechen der Urhorde, bei dem sich die Brüder zusammentaten, um ihr väterliches Oberhaupt zu schlachten und dessen Frauen unter sich aufzuteilen, die zentrale Metapher für die Entwicklung der politischen Gesellschaft. Die väterlichen Verbote sind der Ursprung der Schuld und des Inzesttabus.

Marcuse fuhr fort, Freudsche Gedanken in Marxsche Kategorien einzupassen, wobei er es fertig brachte, Marx nicht zu erwähnen, eine sehr merkwürdige Umgehung. Ausgehend von Freuds Behauptung, daß sich die gesamte Kultur auf die Verdrängung und Unterdrückung der Sexualität und des Lustprinzips gründete, prägte Marcuse den Begriff der Überschuß-Verdrängung, der natürlich parallel zur Akkumulation des Mehrwerts, d.h. dem ökonomischen Wert, der über die Subsistenzbedürfnisse hinausgeht, zu sehen ist. Während es in jeder Kultur notgedrungen Verdrängung gibt, verlangt die kapitalistische Ordnung speziell unserer historischen Epoche eine Verdrängung, die über das Maß der Notwendigkeit hinausgeht. Dieser Überschuß könnte deshalb abgeworfen oder umgeleitet werden, ohne die gesellschaftliche Ordnung zu gefährden.

Marcuse taufte Freuds Realitätsprinzip um und wies damit wiederum auf dessen historisch spezifische und übertriebene Form im Kapitalismus hin, die von dem protestantischen Zwang zur Arbeit um der Arbeit Willen unterstützt und begünstigt wurde. Werden Körper und Geist auf diese Weise zu Instrumenten der entfremdeten Arbeit reduziert, dann müssen die Individuen ihre libidinösen Bande untereinander lockern. Die sexuellen Zonen der Entwicklung – orale, anale und phallische – werden entsexualisiert, ebenso wie ein Großteil des übrigen Körpers, und der Sexualtrieb wird im Genitalbereich überlokalisiert. So entsteht unsere Welt des Leistungszwangs, wo der Eros privat entladen wird, damit er nicht die Routine der Arbeitswelt stört.

In Marcuses Modell wird das Urverbrechen zu einer kapitalistischen Allegorie, bei der die proletarischen Brüder den Unternehmer schlachten. Dies erweist sich dann später als eine mißlungene Revolte gegen die Autorität, weil Schuldgefühl wegen der Tötung des Vaters und der schlecht durchgeführten Revolution die Brüder veranlaßt, die väterliche Tyrannei erneut einzuführen. Außerdem unterdrücken sie auch weiterhin den Eros um der Leistung willen, die jetzt einem Unternehmerstaat anstelle eines Privatunternehmers dargebracht wird, während die gleichen entfremdeten Produktionsverhältnisse im Wettstreit mit dem Westen eingesetzt werden. Der Wechsel in den Besitzverhältnissen hat die tiefere psychologische Wirklichkeit der Überschußverdrängung nicht verändert, da die Unterdrückung in der Arbeit die Verdrängung der Sexualität festschreibt.

Unter Beibehaltung des hydraulischen Modells von Freud konnte Marcuse behaupten, daß die Engergie, die in Leistung, Unterdrückung und Thanatos (Todestrieb) investiert wird, von der Lust, der Libido und dem Eros abgezogen werden muß, und daß die Vereinigten Staaten aufgrund der verschobenen sexuellen Aggression drauf und dran sind, sich selbst zu zerstören. Wie für Marx die stetige Steigerung der Produktivität die Bedingungen für die

Karl Marx wohnte im Londoner Stadtteil Soho in der Dean Street. Heute sieht es dort völlig anders aus. Und doch frage ich mich, ob er nicht den „Warenfetischismus" und die „eindimensionale Sexualität" erkennen würde – die Reihen von aufblasbaren „Menschen" – Puppen, die glänzende Plastik-Einsamkeit, den Masochismus der allgegenwärtigen Peitschen und Ketten, die zusammenhanglose Gummigenitalien und mechanischen Potenzhilfen. Marx betonte immer, daß diese Phantasien im Kapitalismus latent vorhanden sind; der einzige Unterschied heute ist der, würde er sagen, daß sie manifest geworden sind.

„Im Empirismus und strikten Positivismus sind heute nur die harten Fakten der Gegenwart sichtbar, meßbar, verifizierbar und somit Gegenstand der Wissenschaft. Über die Machbarkeit von Alternativen und den Widerstand der unterdrückten Realitäten kann der Positivist erst etwas sagen, wenn sie eingetreten sind! Der Traum von Martin Luther King ist reiner Subjektivismus, bis wir um den Preis seines Lebens, anfangen können, seine Ergebnisse zu verbuchen. So trudelt die Sozialwissenschaft auf den Spuren des Fortschritts hinterher, der von anderen schmerzlich erreicht worden ist.
   „Radical Man"
   Charles Hampden-Turner

„Je participe
Tu participes
Il participe
Nous participons
Vous participez
Ils profitent"
   Graffiti der Pariser Revolte
   von 1968

Abschaffung der kapitalistischen Ordnung schuf, so hatte der „Erfolg" des Leistungsprinzips bei Marcuse seine Überschußverdrängung überflüssig gemacht. Während er den neofreudianischen „Revisionisten", vor allem Fromm, ihren Optimismus und ihre eklektischen atheoretischen Werte vorwirft, übertrifft Marcuses „Triebstruktur und Gesellschaft" alle Optimisten dadurch, daß in dem Buch die Dialektik von Thanatos und Eros als eine Art Katapult eingesetzt wird, das die Kultur aus einer militärisch organisierten Arbeitshölle in eine „polymorphe Perversität" liebevoller und erotischer Arbeit schleudert.

Als er in den sechziger Jahren „One-Dimensional Man" (dt. „Der eindimensionale Mensch") schrieb, hatte die sexuelle Revolution schon Einzug gehalten, und die Gefahr des Narzißmus tauchte auf. Aber Marcuse, der bis zuletzt ein Theoretiker blieb, wollte nicht, daß seine Sexualität „empirisch" wird. Er gab dann den Gedanken auf, daß die Fortschritte in Wissenschaft und Technologie die zu ihrer Weiterführung notwendige Unterdrückung unterlaufen würde. Die Entwicklung dieser beiden Disziplinen war dem eindimensionalen Denken so vollständig unterworfen, daß sie die ihr entgegengesetzten Kräfte vereinnahmte und sogar die Sexualität zu einem freudlosen, zwanghaften Ritual machte.

Danach griff Marcuse wieder auf die Themen aus „Vernunft und Revolution" zurück, arbeitete sie weiter aus und startete einen Angriff auf das „glückliche Bewußtsein", das seine kritische Vernunft zugunsten von „Fakten" opferte. Wenn die Wissenschaft die Natur wie ein Objekt behandelt, das der Kontrolle unterworfen werden muß, dann wird letztlich auch die menschliche Natur kontrolliert, und die Herrschaft der Wissenschaft verlangt unsere Unterwerfung. Das „glückliche Bewußtsein", das diese Lage der Dinge toleriert, ist eine repressive Toleranz, die neutral zwischen den Manipulationen und den Manipulierten steht. Die Kategorien selbst, in denen wir denken, lassen uns nicht erkennen, daß wir die unterdrückende Realität ablehnen können, indem wir sie in den Kontext einer „Großen Verweigerung" stellen.

Was können wir von Marcuse lernen? Er ist ein energischer Kritiker der Sozialwissenschaften, doch die von ihm vorgeschlagenen Alternativen können im allgemeinen nicht überzeugen. Ist selbst die geschickteste Mischung von weniger plausiblen Hypothesen Freuds und Marx mehr als intellektuelle Akrobatik? Der Empirismus ist heute nicht mehr eindimensional, wie die Kybernetik zeigt und der Versuch, die Vernunft über die „bloßen" Fakten zu setzen, wird wahrscheinlich „andersdimensionale Menschen" entstehen lassen, die von ihrer Vernunft bis zur Gewalttätigkeit überzeugt sind. Weil jedes Faktum innerhalb eines Kontextes existiert, kann auch dieser Kontext beobachtet und verifiziert werden.

Wird der Kontext als notwendigerweise höherrangig betrachtet, kann das dazu verführen, den revolutionären Terror mit seinem „historischen Kontext" zu entschuldigen. Ein weiteres Problem ist die Verwendung des Begriffs „Widerspruch", um die Stadien im Lebensprozeß einander gegenüber zu stellen. Es handelt sich nicht um einen Widerspruch im üblichen Sinne des Begriffs, wenn wir sagen, daß ein lebender Mensch jetzt stirbt. Es ist aber ein Widerspruch, ein Gespenst zu sehen, denn dies impliziert einen „lebenden Tod" zu einem einzigen Zeitpunkt (wie in Modell 13). Der Gedanke, daß die Menschen und Kulturen „durch die Lösung der Widersprüche wachsen", ist eine gefährliche Halbwahrheit. Widersprüche treiben sie auch zu unvorstellbarer Härte und Grausamkeit. Mit dieser Problematik beschäftigen sich die nächsten drei Modelle.

Thomas S. Kuhn und die Struktur wissenschaftlicher Revolutionen

Der Streit zwischen Empiristen und Dialektikern hat sich durch einen großen Teil des Buches gezogen, vor allem aber die zwei letzten Kapitel waren Schauplätze. Eine mögliche Schlichtung des Konflikts ist in der Arbeit des Wissenschaftshistorikers Thomas Kuhn enthalten. Kuhn behauptet, daß es in der Wissenschaft mindestens zwei Ebenen oder Arbeitsweisen gibt: die Normalwissenschaft sammelt empirisch Daten und wächst so langsam, indem sie die Beobachtungen und Fakten in ein zuvor vereinbartes Gebäude von Theorien und Annahmen einbaut (auf dieser Ebene funktionieren Empirismus und Positivismus gut, wenn auch eindimensional); doch von Zeit zu Zeit ist die Wissenschaft Revolutionen der ihr zugrundeliegenden Paradigmen unterworfen, und es entsteht ein dialektischer Prozeß: Das neue Paradigma muß gegen das alte kämpfen und es verdrängen.

Unter Paradigma versteht Kuhn Strukturen, die aus Annahmen, Methoden und Theorien gebildet werden und zu denen sich die Wissenschaftler in Übereinstimmung mit ihren Berufskollegen von vornherein bekennen. Paradigmen geben beispielsweise Antwort auf folgende Arten von Fragen: „Was sind die fundamentalen Entitäten, aus denen sich das Universum zusammensetzt? In welcher Beziehung stehen sie zueinander und zu den Sinnen? Welche Fragen können berechtigerweise über diese Entitäten gestellt werden, und welche Techniken können bei der Suche nach Lösungen eingesetzt werden?" Die Antworten der Fachleute „sind sowohl genau als auch streng" und üben einen tiefgreifenden Einfluß auf den wissenschaftlichen Geist aus. Man muß daran erinnern, daß Wissenschaftler, die sagen, sie hätten etwas „entdeckt" oder eine Behauptung „überprüft", dann nicht über ihr Paradigma sprechen. Tests, Entdeckungen, Messungen und Beobachtungen, sie alle finden innerhalb des Paradigma oder Kontextes statt. Entsprechend stellt Kuhn fest: „Normalwissenschaft und Forschung sind angestrengte und eifrige Versuche, die Natur in die Begrifflichkeiten zu zwängen, die von den Disziplinen anerzogen wurden."

Es gehört nicht zu den Zielen der Normalwissenschaft, neue Arten von Phänomenen zu erzeugen. Hat man ein Paradigma erst einmal akzeptiert, dann besteht die Tätigkeit im Wesentlichen im Lösen von Rätseln, wie bei Puzzles und Kreuzworträtseln, wo die Regeln der Lösung von vornherein feststehen und die Reichweite und Anwendbarkeit des Paradigmas durch Scharfsinn und konvergentes Denken nachgewiesen werden muß. Dem Laien erscheinen die Experimente vielleicht esoterisch und nichtssagend. Wissenschaftler stellen kaum so grundsätzliche Fragen wie die, ob der Frieden gesichert, Krebs geheilt und die Kriminalität unter Kontrolle gebracht werden kann, da solche Themen selten in den Bereich ihrer Paradigmen fallen, die folglich „eine (wissenschaftliche) Gruppe von den für die Gesellschaft wichtigen Problemen isolieren, die sich nicht auf die Form von Rätseln reduzieren lassen". Das Paradigma wird so sehr zur Gewohnheit, daß das Wort „metaphysisch" im allgemeinen für *a priori*-Annahmen reserviert ist, die nicht von einem selbst stammen, während Fragen, die man nicht beantworten möchte, anderen Disziplinen zugeschoben werden, und wer aus den Begriffskästen ausbrechen will, wird bestraft.

Ausgehend von geschichtlichen Fallbeispielen behauptet Kuhn, daß Paradigmen, anders als Hypothesen, nicht aufgegeben werden, wenn man sie falsifiziert, da dann ganze Strukturen von organisiertem Wissen geopfert werden müßten. In der Regel sammeln sich immer mehr Anomalien innerhalb des Paradigmas an, bis eine beunruhigende Zahl von Phänomenen vorliegt, die mit dem Paradigma nicht erklärt werden können. An diesem Punkt nun tauchen rivalisierende Paradigmen auf, und es kommt zu erbitterten, ideologischen, rhetorischen und politischen Kämpfen zwischen dem alten und den neuen Paradigmen. Viele Wissenschaftler ziehen sich dann ängstlich aus ihrer Forschung zurück, während die meisten erkennen, daß der ganze Sinn ihrer lebenslangen Arbeit und Anstrengung auf dem Spiel steht. Das neue Paradigma hat nur eine Chance angenommen zu werden, wenn es, wie in Modell 29 dargestellt, neben den zahlreichen Anomalien auch die Entdeckungen erklären kann, die bereits im alten Paradigma organisiert waren. Hat sich das neue Paradigma erst einmal durchgesetzt, dann wächst es weiter wie das vorausgegangene.

Nach Thomas Kuhn werden wissenschaftliche Paradigmen (Muster von Grundannahmen über die Natur) von Zeit zu Zeit revolutioniert. Ein Paradigma sammelt typischerweise nur Daten, die zu seiner Struktur passen, obgleich die Zahl von nicht integrierbaren Ergebnissen ebenfalls zunimmt. Allan Buss wendet Kuhn auf die Psychologie an und behauptet, daß sowohl die behaviouristischen wie auch die Freudschen Paradigmen davon ausgehen, daß „die Realität den Menschen macht". Für den Behaviouristen sind es die Stimuli der Umwelt und die Verstärkungen, die die Reaktionen des Menschen formen (Pfeil 1 zu 2); für die Freudianer entscheiden irrationale und unbewußte Kräfte in einem Energiemechanismus (Pfeil I nach II). Im Gegensatz dazu betonen die kognitiven und humanistischen Psychologen, daß „der Mensch die Realität macht" (Pfeil von 3 nach 4); während die Ich-Psychologen die Kraft zur Bewältigung der Umstände hervorheben (Pfeil von III nach IV). In ihrer Geschichte ist die Psychologie zwischen diesen vier Paradigmen hin- und hergeschwankt, obgleich alle vier die Wirklichkeit verzerren. Nach Buss' Auffassung brauchen wir eine dialektische Psychologie, die den gesamten kybernetischen Kreis umfaßt: wir müssen unsere Umwelt und sozialen Beziehungen neu schaffen in dem Wissen, daß diese dabei helfen, uns selbst neu zu schaffen; wir müssen zweidimensional sein, aufeinander Bezug nehmen und auf uns einwirken. So können wir die Psychologie des Individuums mit der Soziologie des Systems ins Gleichgewicht bringen.

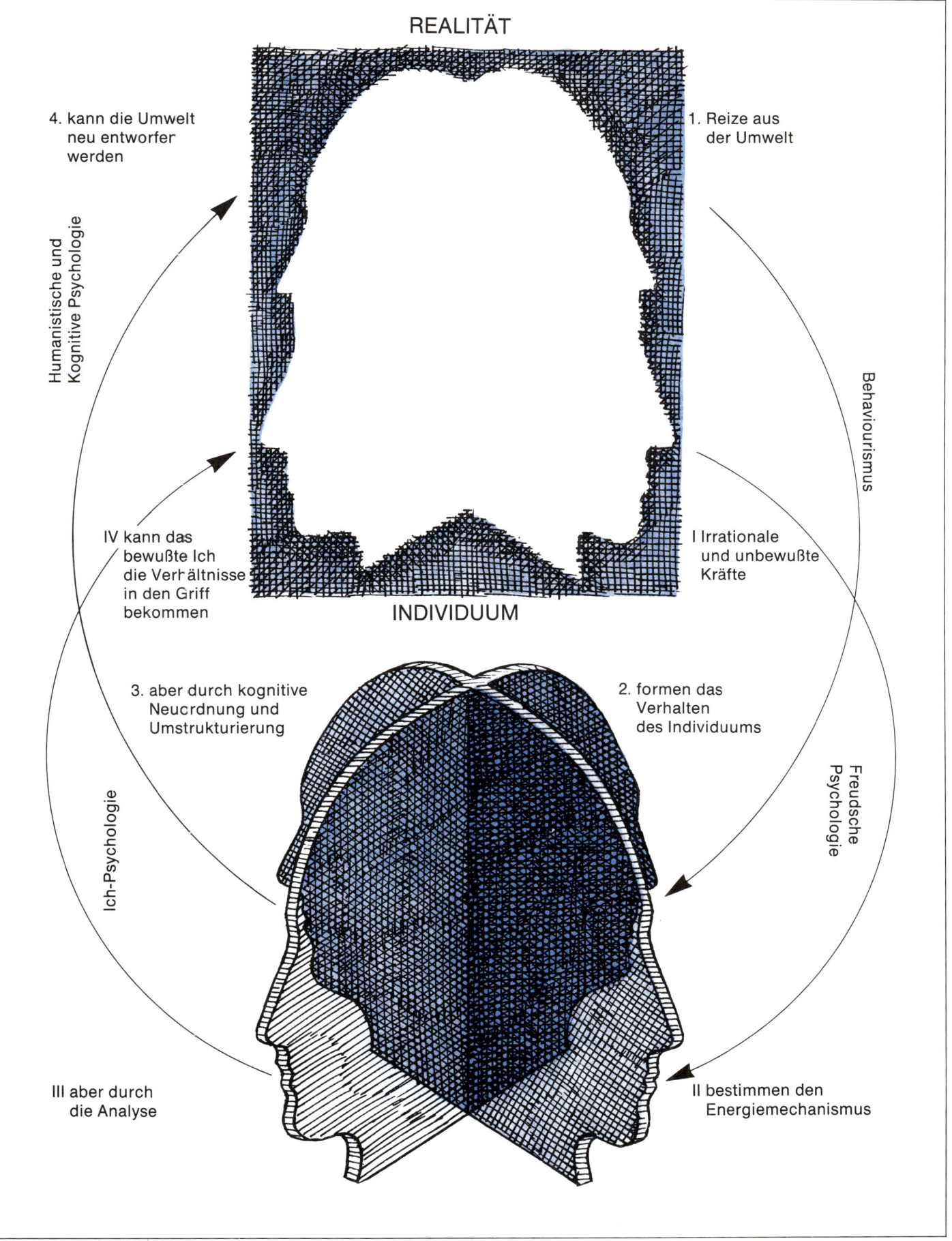

REALITÄT

4. kann die Umwelt
neu entworfen
werden

1. Reize aus
der Umwelt

Humanistische und
Kognitive Psychologie

Behaviourismus

IV kann das
bewußte Ich
die Verhältnisse
in den Griff
bekommen

I Irrationale
und unbewußte
Kräfte

INDIVIDUUM

3. aber durch kognitive
Neuordnung und
Umstrukturierung

2. formen das
Verhalten
des Individuums

Ich-Psychologie

Freudsche
Psychologie

III aber durch
die Analyse

II bestimmen den
Energiemechanismus

Der Baum und das Netz:
Francisco Varelas Synthese

In den Modellen 52 und 53 haben wir uns mit dem marxistischen und hegelianischen Einwänden gegenüber einem „eindimensionalen" Empirismus auseinandergesetzt. Wir haben gesehen, daß der oberflächliche Empirismus der „Normalwissenschaften" zwischen ihren Paradigmen eine Geschichte dialektischer Bewegungen verbergen kann (Modell 54), so daß Positivismus und Dialektik gleichzeitig auf verschiedene Ebenen der Sprache aktiv sein konnten (Modell 40). Francisco Varela, ein in die USA emigrierter Chilene, hat kürzlich eine faszinierende Synthese aus dialektischen kybernetischen Standpunkten entwickelt. Varela schlägt vor, Dualismen oder dialektische „Widersprüche" wie Geist/Körper, Ganzes/Teil, Kontext/Text, Gebiet/Karte, Sein/Werden, Intuition (rechte Gehirnhälfte)/Logik (linke Gehirnhälfte) oder Umwelt/System als „Sterne" aufzufassen. Alle Sterne bestehen aus „dem Es"/„dem Entstehen von Es", wobei der Schrägstrich bedeutet: „man muß beide Seiten von ... betrachten". Deshalb müssen wir „sowohl das Es als auch die Prozesse, die zum Es führen, beachten".

Also müssen wir bei der Beschäftigung mit sozialen Phänomenen folgendes berücksichtigen: Das Ganze und die Organisation der Teile, aus denen sich dieses Ganze zusammensetzt (Modell 47), den Kontext und die einzelnen Inhalte oder Verhaltensweisen, die darin auftauchen (Modell 40); das Gebiet und die Karten, die dieses Territorium mehr oder weniger abbilden (Modell 39), das intuitive rechte Gehirn und das logische, urteilende linke Gehirn, das die Intuitionen seines Gegenstücks überprüft (Modell 23, 29), die Umwelt des Garten Eden und die systematische menschliche Tätigkeit, die seine Ökologie hegt oder zerstört (Modell 4). Auf diese Art können zwei der Hauptthemen, die sich durch dieses Buch ziehen, verbunden werden: das kybernetische oder Netzwerk-Modell des Geistes in den Modellen 1, 2, 10, 22, 26, 30, 31, 39, 45, 48 bis 51 und das hierarchische oder Baum-Konzept des Geistes in den Modellen 4, 5, 7, 9, 18, 21, 24, 27, 28, 33, 40, 41, 47, 49.

Auf der gegenüberliegenden Abbildung sind beide Konzepte und ihre Vereinigung dargestellt. Das Netzwerk auf der linken Seite mit der Schleife A, B, C, D zeigt den Geist als ein Ganzes, das von der rechten Hirnhemisphäre intuiert wird, es repräsentiert Kontext, „Gebiet", Sein und die Ökologie der Umwelt. Das Baum-Konzept auf der rechten Seite stellt eines der vielen Programme das, die zusammen den Geist bilden: die bewußte Absicht hat sich A als Gegenstand genommen, so daß B, C und D die Teile, Karten, Logik und sequentiellen Systeme repräsentieren, mittels derer sich A zu realisieren versucht. Solche Hierarchien sind allerdings nur temporär, sie hätten auch anders angeordnet sein können. Das Abschneiden des Netzes bei Punkt A ist eine willkürliche Entscheidung, die den Garten Eden als ökologisches Netzwerk potentiell zerstören kann zugunsten des Baumes der Erkenntnis mit den giftigen Früchten.

Varelas Lösung, der Stern, unterscheidet sich sowohl von dem philosophischen Dualismus, der das Bild vom Menschen durch die Teilung in Geist und Körper zerstört (Modell 6) als auch von der dialektischen Philosophie Hegels. Hegels bezeichnet seine Begriffspaare als Widersprüche (Modell 53, 53), ein Begriff, der sich aber nur auf Gegensätze desselben logischen Typus anwenden läßt. (Modell 40). Mit Hilfe des Bildes von zwei dreieckigen Schindeln oder Ziegeln, die in Form eines Sterns übereinandergelegt werden, lassen sich gegensätzliche Vorstellungen auf verschiedenen Ebenen der logischen Typen darstellen – sie widersprechen sich nicht mehr, spezifizieren und kontrollieren sich gegenseitig in ihrer Komplementarität. Das Netzwerk verliert sein Gleichgewicht durch den Baum, der einen bestimmten Zweck anstrebt, und durch die Kontrollen des Netzwerks erhält das System sein Gleichgewicht wieder zurück.

Wir brauchen diesen Paradigmawechsel dringend, wenn die räuberische Natur des planenden Menschen unser ökologisches Gleichgewicht nicht völlig zerstören soll. Varela entleiht von Gregory Bateson das Konzept eines Konversations-Modus, bei dem der Geist der Teilnehmer gemeinsam als Gesprächsmuster (links) definiert wird und ihre Körper als Teile in diesemMuster (rechts). Wir müssen die Verantwortung übernehmen für dieses Paradigma, denn jetzt hängt unser Überleben selbst von der Ökologie der menschlichen Art und ihrer Umwelt ab.

Zwei gegensätzliche Auffassungen vom menschlichen Geist ziehen sich durch einen Großteil dieses Buches: die Vorstellung von einem „Netz" oder einer kybernetischen Feedback-Schleife, eine Art Garten Eden, wo Harmonie herrscht, das Bewußtsein aber verlorengegangen ist; und die Vorstellung von einem „Baum", den der Mensch immer dann entwirft, wenn er Teile seiner Psyche, seinen Körper, seines Verhaltens und seiner Fertigkeiten zum Diener seiner bewußten Absicht oder seines Selbst macht. Das Netz wird von der rechten Hirnhemisphäre intuitiv als ein Ganzes wahrgenommen; der Baum wird von der linken Hirnhemisphäre als eine logische Abfolge von Handlungen erfaßt. Da der Baum die Richtung des Netzes bestimmt, bringt er ständig dessen Gleichgewicht in Gefahr. Nach Francisco Varela können solche Hegelianischen Begriffspaare wie Geist/Körper, Ganzes/Teil, Kontext/Text, Gebiet/Karte, Sein/Werden, Umwelt/System jeweils dem Netz oder dem Baum zugeordnet werden. Betrachten wir die Hälfte eines jeden Paares als „Es" und die zweite als „Werdensprozeß des Es", dann formt das Verhalten unseren Geist, die Aktivitäten unserer Teile bilden das Ganze, die Verschmelzung vieler Karten wird schließlich dem abgebildeten Territorium immer gerechter, viele Systeme bilden eine totale Umwelt. „Es" und „die Prozesse des Werdens" sind wie zwei dreieckige Ziegel, die zu einem Stern übereinandergelegt worden sind. Je nachdem, von welcher Seite man auf den Stern schaut, sieht man wie das „Es" oder „die Prozesse des Werdens" aus dem Kontext ihres Gegenstücks auftauchen.

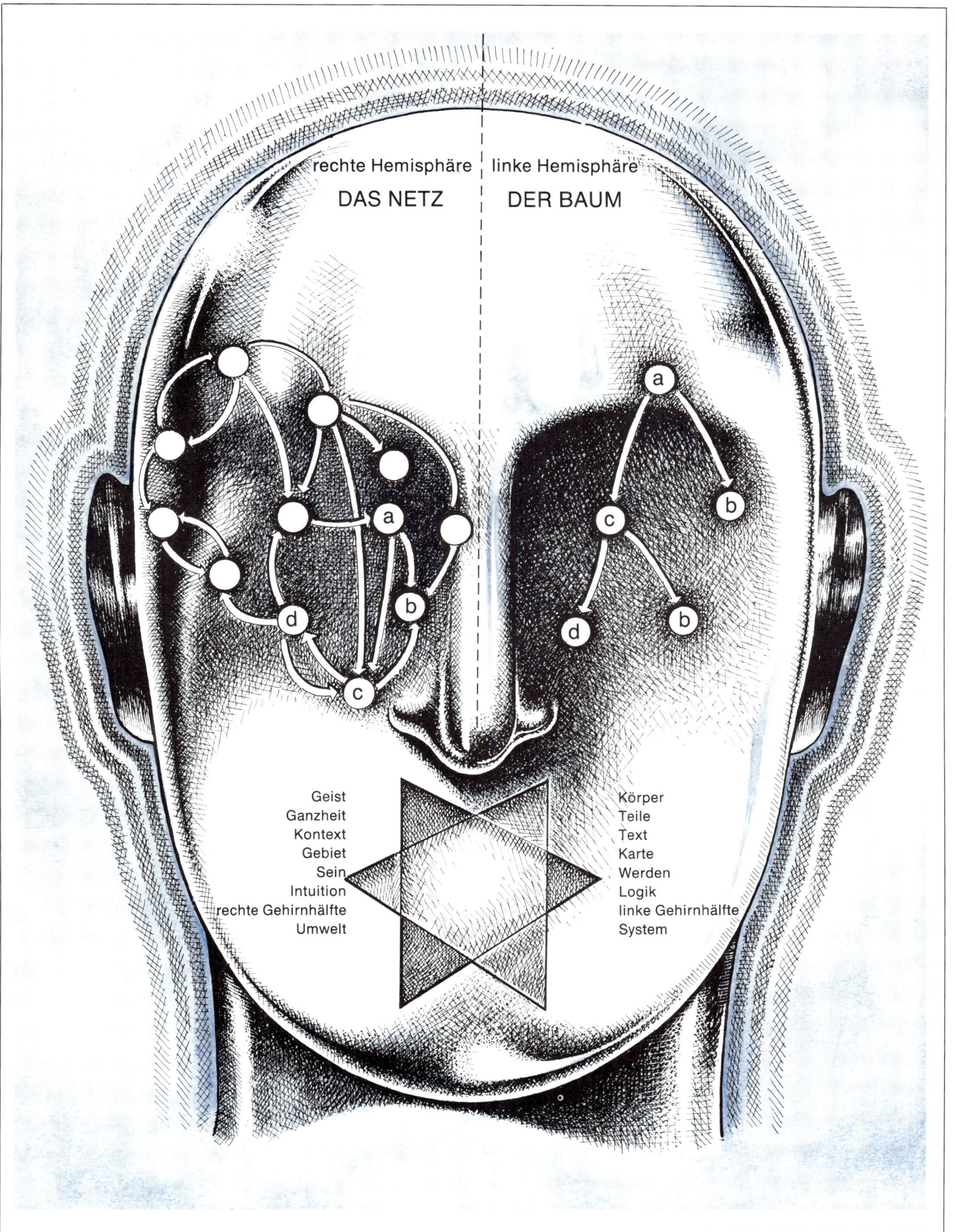

Die Katastrophentheorie:
Ein Modell zur Erklärung extremen Verhaltens

Das Wort Katastrophe stammt aus der griechischen Tragödie (siehe Modell 2) und bezieht sich auf die plötzliche Wende in der Handlung, wenn beispielsweise Oedipus vom Untersuchungsbeamten in eigener Sache zum verstoßenen Kriminellen wird, vom Eingeweihten zum Außenseiter, vom Schöpfer zum Objekt. Die Katastrophentheorie ist eine Erfindung des französischen Mathematikers René Thom; Christopher Zeeman, Mathematikprofessor an der Warwick Universität, hat erfolgreiche Analogien zu katastrophalen sozialen Ereignissen konstruiert und Topologien mit mehrdimensionalen Oberflächen entwickelt; und Denis Postle, ein britischer Wissenschaftsjournalist, hat die Theorie in breitem Umfang auf die Dynamik des Geistes und des Verhaltens übertragen. Die Katastrophentheorie kann überall da von Nutzen sein, wo ein Interaktionsspektrum von zwei oder mehr unabhängigen Einflüssen, Kräften oder Variablen vorliegt, die gemeinsam zusammen irgendeine Stimmung oder Verhalten so beeinflussen, daß es zu abrupten Sprüngen, Schwankungen und Veränderungen kommt, die plötzlich hereinbrechen und von katastrophaler Natur sind.

Nehmen wir etwa den kombinierten Einfluß von Überich und Es in der psychoanalytischen Theorie von Freud (Modell 9). Das Es besteht, um kurz daran zu erinnern, aus tobenden, libidinösen Energien und Trieben, das Überich aus internalisierten moralischen Verboten und Ansprüchen, die von den Eltern und Autoritäten der Kindheit stammen. Das gegenüberliegende Modell zeigt eine dreidimensionale Skizze mit einer flachen unteren Ebene und einer gefalteten Verhaltensfläche oben. Die untere Fläche umfaßt zwei unabhängige Kräfte: das Überich, desssen Stärke von Punkt A zu Punkt B und quer über die Oberfläche von Punkt C zu Punkt D zunimmt; und das Es, das an Stärke von Punkt A zu C und über die ganze Oberfläche von Punkt B zu C zunimmt. Diese beiden Kräfte beeinflussen gemeinsam die darüberliegende Verhaltensebene, dabei hängt der Einfluß ganz von der relativen Stärke der beiden Kräfte ab. Auf der Verhaltensebene sind beide Kräfte in der Nähe von a so schwach, daß der Konflikt nur sehr gering ist. In der Nähe der Punkte c und b ist das Überich beziehungsweise das Es gleichermaßen schwach, daß es ebenfalls kaum zu Konflikten kommt und das Verhalten gleichmäßig und glatt abläuft. Doch in der Nähe von Punkt d kämpft ein äußerst starkes Überich um die Kontrolle über ein tobendes Es. Die Abbildung zeigt, wie sich der als Moral bezeichnete Verhaltensbereich in Form einer Falte oder Zacke über einen anderen Verhaltensbereich, der Lust genannt wird, gelegt hat; Die Stärke des moralischen Eifers kann mit der zunehmenden Entfernung zwischen der unteren Ebene und der Verhaltensebene gemessen werden, sie erreicht ihr Maximum bei d-D. Wir können unmittelbar ablesen was geschieht, wenn das Überich schwächer oder das Es stärker wird. Das Verhalten verschiebt sich von d nach c, und es kommt zu einem katastrophalen Verlust an Moral zugunsten der Lust. Hochwürden Arthur Dimmesdale aus dem Buch „Der scharlachrote Buchstabe" wird ohne Hosen ertappt. Sein Ich vermag nicht zwischen erhitzter Sexualität und puritanischen Verboten zu vermitteln. Die Form der Zacke ist auf die untere Fläche mit gestrichelten Linien eingezeichnet worden. Man nennt dies ein Gabelungs-Set, das genau die Stellen kennzeichnet, an denen Moral in Lust umschlägt. Das Individium hat keinen Einfluß auf das Verhalten innerhalb des Gabelungs-Set, da es in dem Konflikt zwischen Es und Überich gefangen ist. Es schwankt zwischen den Extremen. Es fällt auf, daß die „Falte" der Katastrophe sich sehr gut mit Freuds Theorie deckt. Das Unbewußte liegt gefaltet unter dem Bewußtsein, es wird von diesem unterdrückt und kann jederzeit hervorbrechen: die Gefahr einer katastrophalen Regression, die intellektuelle Abwehr der Triebe, die Verleugnung der drängenden Gefühle, die Reaktionsbildung, die verzweifelte innere Angst, „über die Klippe" zu gehen, und das Ich, das sich verzweifelt über einen wachsenden Graben spreizt, über eine Kluft im Zentrum der Persönlichkeit.

Unsere „erste" Katastrophe wird im Mythos vom Sündenfall (Modell 4) erzählt und läßt sich ähnlich wie die Freudsche Theorie graphisch darstellen. Als Maße werden Gehorsam und Freiheit verwendet. Somit bildet die untere Fläche A-D, B-C auf Diagramm 1 den zunehmenden Grad an Freiheit ab. Die Menscheit könnte innerhalb des Gebotes Gottes (oder der Ökologie des Garten Eden) frei bleiben, wenn sie auf der Verhaltensebene in der Nähe von Punkt c bliebe. Doch sobald sich Ungehorsam gegenüber der Ökologie des Garten Eden mit

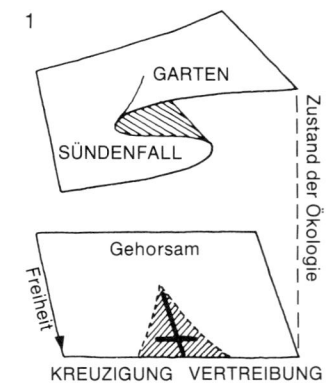

1

Das gegenüberliegende Modell stellt den Ausbruch einer Katastrophe dar und zeigt, wie sich die zwei als „Kontrolldimensionen" bekannten, unabhängigen Variablen auf eine dritte Dimension des Verhaltens auswirken. Bei diesem Beispiel soll die Falte (Ausbruch der Katastrophe) eine in der Freudschen Theorie bekannte Situation nachbilden. Auf der unteren Ebene der Abbildung wird die Stärke des Überichs eines Patienten von links nach rechts über die Oberfläche A–B und C–D gezeigt; die Stärke der Es-Kräfte ist auf der Fläche A–C und B–C dargestellt. Daraus ergibt sich dann die hypothetische Koordinate X. In diesem Falle hat der Klient ein sehr starkes Überich, und sein Es ist kaum weniger ausgeprägt und muß mühsam gezähmt werden. Die Folge davon wird auf der oberen Verhaltensebene gezeigt, wo eine bewußte Moral die verborgene Lust unterdrückt. Wird das Überich geschwächt und bewegt sich die Überich-Es Koordinate von X nach Y, dann kommt es zu einem katastrophalen Umschlag von Moral zu Lust. Innerhalb dieser Falte (über der Gabelung) findet der Patient keine gemäßigte Lösung für den Konflikt, er schwankt hin und her zwischen Hemmung und Wollust.

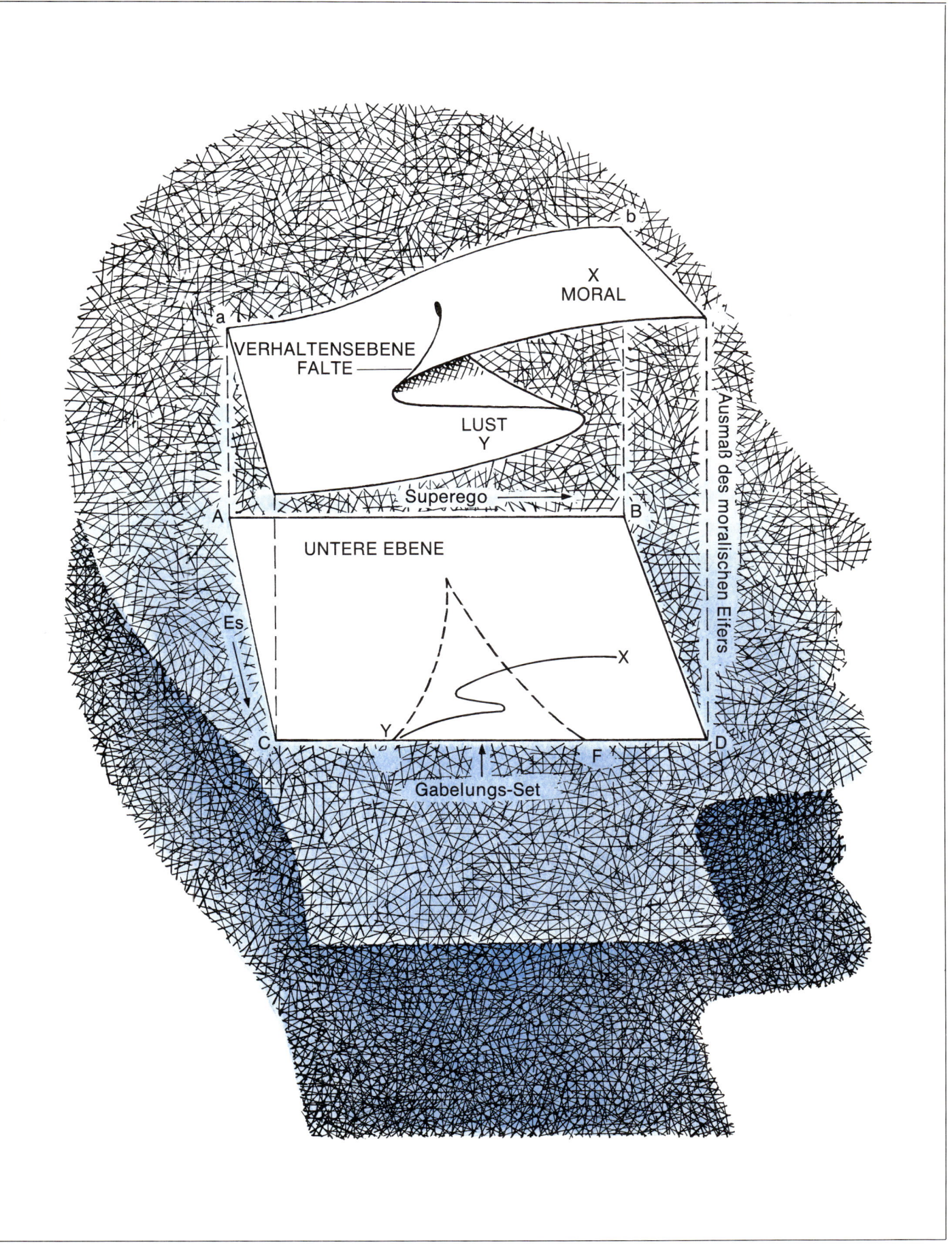

der Freiheit Adams mischte, beschleunigte die Verschiebung in Richtung d seinen Fall, der genau die Form einer Serpentine annimmt. Als Adam den verbotenen Baum mit einer bewußten Absicht berührte, wurde das Netzwerk der kybernetischen Kontrolle zerstört (Modelle 48, 50, 55).

Die Falte ist auch eine Art Kruzifix, bestehend aus dem „bekannten Selbst" und dem „unbeknnnten Selbst" aus der Psychotheologie von Harry Williams (Modell 5). Wenn die Integrität der Persönlichkeit buchstäblich in der Falte „begraben" ist, dann ist die Kreuzigung zwischen den Extremen und ein „Abstieg in die Hölle", wo die begrabenen Werte liegen, ein notwendiges Präludium für die „Auferstehung", bei der sich der Gefangene aus seinem Grab erhebt und der Sündenfall gesühnt wird.

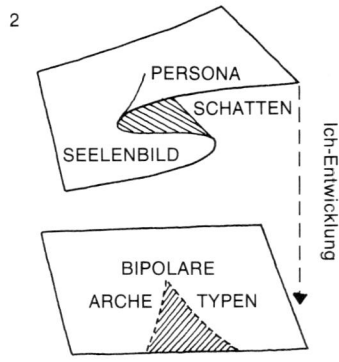

Die S-Form der Katastrophen-Falte ähnelt auch sehr stark C. G. Jungs Konzept des geschlängelten Pfades vom Denken zum Empfinden zum Intuieren zum Fühlen, auf dem die Analysen ihren Weg von der bewußten Oberfläche zu den unbewußten Tiefen finden (Modell 10). Hier entdecken sie Archetypen, Selbstportraits der Instinkte, deren Achsen kreuz und quer laufen, ganz ähnlich wie die Achsen der multidimensionalen Katastrophenmodelle, wo drei, vier, sechs oder mehr Variablen eine-Falte-in-der-anderen erzeugen. Und wer will daran zweifeln, wenn er auf die Persona (Maske) über der Verhaltensebene schaut, daß ihr Schatten dahinter lauert, ein dunkler Bruder, der sich in der Falte versteckt? Und hinter dem Schatten liegt das Seelenbild, nach dem sich die Persona sehnt, da sie sich von ihrem „verlorenen Gegenstück" isoliert hat. Wenn wir die Falten in der Verhaltensebene glatt streichen, dann sehen wir, daß das Seelenbild tatsächlich dahinter verborgen war (vgl. Diagramm 2).

Es gibt ein Leitmotiv, das sich durch die Katastrophenfälle dieses Buchs hindurchzieht. Der Betroffene versucht, eine Dimension oder einen Wert in seinem Verhalten zu maximieren, entdeckt dann aber, daß es immer auch ein Gegenstück gibt. Will man Gewißheit, dann muß man Zweifel gelten lassen und darf nicht jedem Problem ausweichen, das uns durch Ungewißheit bedroht, und wir dürfen auch nicht „positiv" denken, also Positivismus praktizieren.

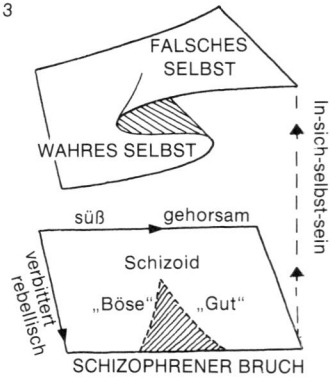

Der Professor Parkins aus Modell 13 versuchte, größtmögliche Gewißheit und Nüchternheit zu erhalten und glaubte an Tatsachen und Empirie, aber er wurde von dem jeweiligen Gegenteil gequält, von Zweifel, unheimlicher Intimität, von Anomalien und Phantasie. Aus seinem Bett erhob sich „ein ungemein schreckliches Gesicht aus zerknülltem Leinen". Die Kreatur erschien tot und doch lebend, willkürlich und doch geordnet, vertraut und doch fremd. Solche Widersprüche erschrecken deshalb, weil das Zentrum der Integrität des Verhaltens in der Falte verschwunden ist.

Der zum Scheitern verurteilte Versuch, nur eine Dimension zu maximieren, war bereits in R. D. Laings Theorie über den Ausbruch der Schizophrenie enthalten (Modell 14). Als Kind war Judie nach Angabe der Eltern „süß, gehorsam und sauber", womit sie meinten, daß sie genau und ausschließlich so war wie sie sie definierten, ein Geschöpf-in-sich-selbst, ein Konzentrat des „Gutseins". Bei dem Versuch, mit dieser unerträglichen Situation zurechtzukommen, entwickelte Julie eine schizoide Persönlichkeitsorganisation, die ihr Erleben in ein falsches Selbst auf der Verhaltensfläche und in ein wahres Selbst spaltete, das in der Falte versteckt war. Hinter der „süßen, gehorsamen und sauberen" Oberfläche, die von ihren Eltern gefordert wurde, lag ihr „wahres Selbst", das „wütend, rebellisch und schmutzig" war. Sobald sie diese versteckte, diskrepante Seite offen zeigte, wurde sie von den Eltern für verrückt erklärt, „lieber verrückt als böse". Auf dem Diagramm 3 sehen wir die schizoide Persönlichkeit, die ihren Ursprung an der Spitze der Falte hat und das Selbst immer weiter spaltet. Diese wachsende Diskontinuität im Verhalten verursacht einen psychotischen Zusammenbruch, da Julie unkontrollierbar zwischen wahrem und falschem Selbst hin- und herschwankt, zwischen absolutem Gehorsam und schreiender Anklage.

Diese Katastrophentheorie läßt sich auch gut auf die reziproken Selbst-Systeme von Harry Stack Sullivan (Modell 34) anwenden. In ihren pathologischen Formen verlieren die Dynamismen ihr Zentrum, und es bleibt nur die Extreme, die dann zu psychotischen, neurotischen und kriminellen Verhaltensweisen führen. Jemand kann z. B. in einem dominierenden und ausbeuterischen Verhaltensstil verharren und den anderen in das reziproke Extrem der Unterwerfung und Schwäche drängen. Das extreme Verhalten des einen erzeugt auch bei anderen die extremen komplementären Verhaltensweisen; der mittlere Bereich „fällt" in die Gabelung (siehe Diagramm 4).

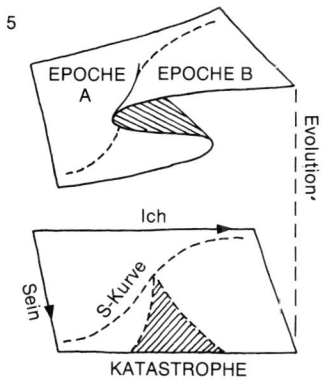

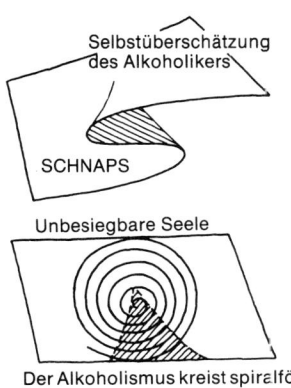

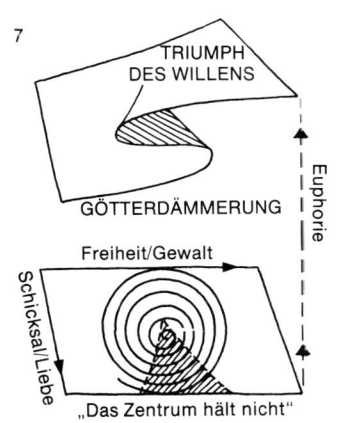

Wie beheben wir den Schaden einer Katastrophe? Möglichkeiten wurden auf Ebene 4 dieses Buches über Kreativität angegeben. Koestler definiert Kreativität als die Entdeckung einer Verbindung oder Bisoziation zwischen einer bewußten Fläche und einer verborgenen Fläche (Modell 27). Kreative Gedanken tauchen dann aus der Falte auf, wenn der Geist entspannt ist und den Kreativen befähigt, „auf zwei Ebenen zu denken". Beim divergenten Denken (Modell 28) oder bei lateralen Denken (Modell 29) springt das Denken von einer Ebene zur anderen. Die beste Art, gegen Katastrophen vorzubeugen besteht darin, die Behauptung in Frage zu stellen, daß zwei oder mehr Werte oder Kräfte, die das Verhalten beeinflussen, tatsächlich voneinander unabhängig sind. Sowohl in der Tradition des angelsächsischen Empirismus wie auch in der Marxschen-Hegelianischen Doktrin der Widersprüche wird ein Konflikt zwischen unabhängigen Kräften auch dort gesehen, wo dies vielleicht gar nicht der Fall ist. Im kreativen Akt werden die Verbindungen entdeckt. So hat Martin Buber in Modell 33 Konzepte wie Distanz und Beziehung, abstrakt und konkret neu definiert als unteilbare Ich-Du-Beziehung, die auch Kategorien miteinander verbindet.

Die s-förmige Kurve in Modell 46 von Jonas Salk ist die sanfte Kurve, entlang der sich die genetische Evolution orientiert, unmittelbar bevor sich die Falte „wirft". Salk behauptet, daß wir die evolutionären Werte „sowohl ... als auch" entwickeln müssen, wenn uns das dialektische Muster der Natur nicht in eine evolutionäre Katastrophe stürzen soll und uns in die Falle zwischen Ich- und Seins-Werten sperrt (Diagramm 5).

Am besten wird die Katastrophentheorie vielleicht durch Gregory Batesons Konzept der Schismogenese illustriert, „die wachsende Kluft in der Struktur der Gedanken". Wir können jetzt den Weg des Alkoholikers in Modell 48 nachvollziehen, der sich ständig im Kreis dreht, vom irrigen Glauben an die eigene Willensstärke zum Rückfall, zur Ernüchterung und von da wieder zur Selbstüberschätzung (Diagramm 6). Schließlich sehen wir, daß der Faschismus gefangen ist in sich aufschaukelnden Widersprüchen wie Freiheit – Schicksal, Herrschaft – Unterwerfung, Loyalität – Rebellion, Gewalt – Liebe. Das Zentrum „hält nicht mehr" (wie Yeats in seinem Gedicht über die größer werdenden Kreise des Falken schrieb). Die Dinge geraten außer Kontrolle, katastrophale Sprünge zwischen den Extremen ereignen sich, und in der Götterdämmerung wird die halbe Welt in den Strudel gezogen (Diagramm 7)

Fest steht, daß wir die Theorien über den Widerspruch, die von Hegel und Marx formuliert wurden, nicht leichtfertig auf die Welt übertragen können, (siehe Modelle 52, 53); es könnte sein, daß wir dann über das Ende der Welt sprechen. Die Griechen wußten es besser (siehe Modelle 2, 57, 58): Sie inszenierten auf der Bühne, also auf einer Metaebene jenseits der Realität, den Prozeß, bei dem die absoluten Werte unter Peripéteia in ihre Antithese übergehen. Dieses Schauspiel hat eine ganze städtische Kultur so ergriffen, daß sie durch Schauen, (Mit-)Leiden und Lernen zu überleben lernte.

Claude Lévi-Strauss und der binäre Code des Mythos

Alle Modelle der Ebene 8, 52–56 basieren auf Paradigmen. Ein anderer Name für Paradigma, der sich seiner *a priori*-Struktur nicht schämt, ist Mythos. Ein Mythos ist nicht etwas Unwirkliches, sondern ein gemeinsamer kultureller Kontext der Kommunikation. Wie der Anthropologe Claude Lévi-Strauss zeigte, können Mythen zwar mit sehr phantasievollen Details unterschiedlich ausgeschmückt sein, aber sie besitzen doch eine gemeinsame Struktur, die sich mit der Struktur des Geistes selbst deckt. Lévi-Strauss behauptet: „Was der Mensch sagt, sagt die Sprache, und was die Sprache sagt, das sagt die Gesellschaft." Daraus folgt, daß die Kategorien, mit Hilfe derer primitive Gesellschaften ihre Welt klassifizieren, mythologisieren und organisieren, auch die Kategorien des Geistes sind, der diese Kulturen geschaffen hat. Deshalb kann man an den sozialen Kategorien die Struktur des Geistes ablesen. Lévi-Strauss wurde beeinflußt durch Marx, Freud, den Existentialismus, die Linguistik, Geologie und Musik. Aus diesen Quellen bezog er die These, daß der Geist durch einen Rhythmus der Gegensätze gekennzeichnet ist, bei dem es für jeden bewußten Punkt einen unbewußten Kontrapunkt gibt. Genauso wie jeder Laut, den wir beim Sprechen von uns geben, von der Muskulatur des Mundes bestimmt wird, was die Vokale und Konsonanten in Tonlage und Klang unterschiedlich moduliert, so gibt es auch bei den Mythen gegensätzliche Rhythmen. Obgleich die Mythen in den Details zahllose Unterschiede aufweisen, gilt, daß sie eine universelle, primitive, nichtrationale Logik besitzen, die in den heutigen Gesellschaften unter der technischen Vernunft begraben ist.

Mythen stellen eine Möglichkeit dar, nicht beobachtbare Realitäten mit beobachtbaren Symbolen zu vermitteln. Die widersprüchliche Natur des sozialen Lebens wird von den Hütern der Tradition an die Novizen weitergegeben, damit sie begreifen, wie die Ideale von der Wirklichkeit frustriert werden. Da Mythen mündlich überliefert werden, entstehen Lücken und Verzerrungen, doch ein wiederkehrendes „musikalisches Leitthema" bewahrt trotz fehlender Teile die Struktur. Ein Beispiel dafür sind die Sagen über das Theben der griechischen Mythologie. Der Leitfaden, der sich durch diese Erzählungen zieht, ist nach Lévi-Strauss die Überbewertung/Unterbewertung der Blutsverwandtschaft im Vergleich zu sozialen Verpflichtungen. Ein weiteres, weniger augenfälliges Motiv ist, daß der Mensch aus *einer* Erde entstanden ist, aber doch von zwei Eltern gezeugt wird. In der Geschichte von Oedipus und Antigone wird König Laios z. B. vom Orakel gewarnt, daß ihn sein männliches Kind Oedipus ermorden werde. Darauf versucht er, das Baby zu töten (Unterbewertung der Blutsverwandtschaft). Aber Oedipus wird gerettet, da ein Hirte das Kind der Königin von Korinth bringt, die es als ihren eigenen Sohn (Überbewertung) aufzieht. Oedipus wird selbst vom Orakel gewarnt, verläßt deshalb Korinth und tötet einen Fremden, seinen Vater, auf der Straße (Unterbewertung). Danach überlistet er die Sphinx, wird König von Theben und heiratet seine eigene Mutter Jokaste (Überbewertung). Mit Jokaste hat er zwei Söhne, die sich bekämpfen. Der eine marschiert auf Theben, das von dem anderen verteidigt wird. Sie töten sich gegenseitig (Unterbewertung). Kreon, der neue König, läßt den einen bestatten, während der andere nach seinem Befehl unbestattet verwesen soll. Antigone mißachtet das Gebot und begräbt ihren Bruder (Überbewertung) und wird von Kreon lebendig eingemauert (Unterbewertung).

Es ist schwer einzusehen, warum diese Polaritäten wichtiger sein sollen als andere. Handeln diese Erzählungen nicht ebenso sehr vom Zusammenstoß von Schicksal und Freiheit, um von dem Gegensatz wissenschaftlicher Atomismus/religiöser Holismus, externe Fakten/interne Beziehungen, Hybris/Frömmigkeit? „Nichts im Übermaß" lehrten die Griechen, und wie könnte dies besser vermittelt werden als durch eine große Zahl von Dramen, in denen die Helden zwischen Scylla und Charybdis einen Weg suchen und die Zuschauer dazu anhalten, diesen mittleren Weg mitzusuchen?

Laios Name bedeutet „linksseitig", der Name seines Vaters Labdacus bedeutet „lahm", Oedipus heißt „Schwellfuß"; ist es der Fluch der Menschheit, in einem ewigen ethischen Ungleichgewicht einseitig dahinzuhinken? In jeder Trilogie bringt der letzte Teil gewöhnlich die Versöhnung: Dieser wollen wir uns jetzt zuwenden.

Die Logik ist mythisch und positiv zugleich. Die mythische Logik ist ein sich wiederholender, dialektischer Code, der, einem musikalischen Thema gleich, sich durch eine Geschichte zieht und die universellen Strukturen des Geistes selbst enthält. Der Oedipus-Mythos z. B. bejaht und leugnet abwechselnd, daß die Blutsverwandtschaft wichtiger ist als kollidierende gesellschaftliche Verpflichtungen, und wie bei Freud werden die sexuellen Triebe den aggressiven gegenübergestellt. Die Überbewertung der Blutsverwandtschaft zeigt sich in so dramatischen Höhepunkten wie dem Inzest des Oedipus und der Tat von Antigone, die ihren Bruder begräbt. Die Unterbewertung der Blutsverwandtschaft kommt zum Ausdruck, als Oedipus seinen Vater ermordet und seine Söhne sich gegenseitig töten. Die daraus resultierenden Begriffspaare Mutter/Gemahlin und Bruder/Feind werden in der Mythologie durch solch anomale Monster wie die Sphinx versinnbildlicht: halb nährende Mutter (Überbewertung), halb menschenverschlingendes Monster (Unterbewertung).

BESTÄTIGUNG Überbewertete Blutsverwandtschaft	LEUGNUNG Unterbewertete Blutsverwandtschaft
	Aufgrund einer Prophezeiung versucht Laios, seinen Sohn zu töten ...
Ödipus wird gerettet und vom Königspaar von Korinth aufgezogen. Sie lassen ihn in dem Glauben, er wäre ihr Sohn ...	
	Als er herangewachsen ist, tötet er einen Fremden auf der Straße. Dieser Mann ist Laios, sein leiblicher Vater ...
Ödipus tötet später die Sphinx und wird dafür zum König von Theben gekrönt. Er heiratet seine eigene Mutter Jokaste, die	
	zwei Söhne und eine Tochter gebärt. Der eine Sohn marschiert mit einem fremden Heer auf Theben und gegen den Bruder. Die Angreifer werden geschlagen, aber die Brüder töten sich gegenseitig ...
Ihre Schwester Antigone widersetzt sich dem Befehl ihres Onkels, des neuen Königs, als sie den Leichnam des angreifenden Bruders begräbt,	
	und zur Strafe wird sie selbst begraben
Der König wird von Gewissensbissen überwältigt	

Die Orestie und der Mythos der Demokratie

Als die „Orestie" von Aischylos 458 vor Christus zum ersten Mal aufgeführt wurde, gewann sie bei den Drama-Festspielen von Athen den ersten Preis. Auf der Bühne verkündeten *Harmónia* und *Symphronasis* das Goldene Zeitalter von Athen, das bis zum Tode von Perikles dreißig Jahre später dauern sollte. Der Mythos war Realität. Die Demokratie gehört zu den Phänomenen, die von den Sozialwissenschaften nie adäquat erklärt worden sind. Die Verwandtschaft der demokratischen Prozeduren mit dem Drama, ihre paradoxen Scheinkonflikte oder die Übereinstimmung in der Nichtübereinstimmung, ihre nur vage definierten, doch einflußstarken Normen und die *a priori*-Verpflichtung, die von allen Teilnehmern verlangt wird, machen die Demokratie „unwissenschaftlich". Dennoch ist es nicht übertrieben zu behaupten, daß offensichtlich nur demokratische Institutionen zwischen dem Menschengeschlecht und seinem periodischen Rückfall in die Barbarei stehen. Die Unterschiede in der Lebensqualität derjenigen, die in demokratischen Verhältnissen leben und der Menschen, für die dies nicht zutrifft, sind heute genauso erstaunlich wie im Griechenland von 500 v. Chr.

Es ist eine Ironie der Geschichte, daß die Französiche Revolution und später der Marxismus auf eine Sozialwissenschaft stolz waren, die in einem von der Revolution bereiteten Boden wuchs und auf „Ur-Prinzipien" gegründet war. Raymond Ruyer meint darüber: „Während die meisten dauerhaften Reiche und Verfassungen ohne vorgefaßte Ideen und umfassende Pläne errichtet wurden, bestanden die Einrichtungen, die allzu bewußt entworfen wurden, gerade lange genug, um über den Erbauern und Zuschauern gleichermaßen zusammenzubrechen." Wir sollten prüfen, was uns die „Orestie" über Demokratie lehren kann. Ihr Hintergrund bleibt eine Barbarei, die dem 20. Jahrhundert alle Ehre macht, denn die Griechen waren verteufelt unmenschlich, wenn es darum ging, die Menschen zum Frieden zu motivieren. Die folgende Darstellung verdanke ich dem Buch „Aeschylus und Athen" von George Thomson und Diskussionen mit Rollo May.

Der Hintergrund der „Orestie" ist der Fluch auf dem Haus des Pelops. Atreus und Theyestes, die beiden Söhne des Pelops, stritten sich um die Nachfolge. Atreus vertrieb Thyestes aus der Stadt, ermordete heimlich dessen Kinder und setzte ihm bei einem Fest, das er angeblich zur Versöhnung veranstaltete, das Fleisch seiner eigenen Kinder vor, so brachte er seinen Fluch über das Haus des Pelops und die Atreus-Söhne Agamemnon und Menelaos. Paris, ein Sohn des Königs von Troja, verliebt sich in Helena, die Frau von Menelaos, und sie fliehen nach Troja und beschwören den Trojanischen Krieg herauf. Agamemnon stellt eine Flotte auf, doch die Göttin Artemis verweigert ihr den günstigen Wind, der sie nach Troja bringen soll. Sie kann nur umgestimmt werden, wenn Agamemnon seine geliebte Tochter Iphigenie opfert. Er ruft seine Tochter, angeblich um sie mit Achilles zu vermählen, stattdessen opfert er sie und weckt damit den möderischen Haß seiner Frau und Iphigenies Mutter, der Klytaimnestra.

Die Trilogie setzt ein, unmittelbar bevor der siegreiche Agamemnon nach Argos zurückkehrt (Menelaus ist im Sturm verschollen). Klytaimnestra intrigiert mit einem überlebenden Sohn von Thyestes, um sich an ihrem Mann für den Tod der Tochter zu rächen und hat ihren jungen Sohn Orestes weggeschickt. Als Agamemnon mit seiner gefangenen Prinzessin Kassandra zurückkehrt, werden beide von den Verschwörern ermordet. Im zweiten Teil befiehlt Apollon dem Orestes, der inzwischen zum Manne herangewachsen ist, den Mord seines Vaters zu rächen. Er kehrt heimlich nach Argos zurück und ermordet mit Hilfe seiner Schwester Elektra Klytaimnestra und ihren Geliebten in einer rituellen Neuinszenierung der vorausgegangenen Ermordung von Agamemnon. Bis zu diesem Stadium entspricht die Dialektik von Punkt und Kontrapunkt dem üblichen Verlauf einer griechischen Tragödie: jedem „Triumph" folgt eine tiefe Ergriffenheit, ein Verständnis, das dem Hereinbrechen der Katastrophe folgt

Der letzte Teil, „Die Eumeniden", bringt die Struktur der Harmonie und Versöhnung zum Vorschein. Da die „Orestie" die einzige überlieferte Trilogie ist, die als Drama geschrieben und aufgeführt wurde, und da Aischylos und seine Zeitgenossen den Höhepunkt der griechischen Zivilisation repräsentieren, ist die innere Struktur dieses Stücks von entscheidender Bedeutung.

Demokratie ist eine Art menschliches Theater, bei dem das Reden über körperliche Auseinandersetzungen und die Diskussion über mögliche Katastrophen diese verhindern kann; sie ist ein Prozeß, in dem verbale Konflikte Schlimmeres verhüten. Deshalb überrascht es nicht, daß sich die griechische Demokratie aus einer Sammlung von Mythen und Tragödien heraus entwickelte.

Die „Orestie" von Aischylos zeigte den Mythos der demokratischen Prozesse, als die Institutionen der Demokratie gerade geschaffen wurden. Wir können demokratische Werte nicht verstehen ohne das Konzept der Sprachebenen (Modell 40), wo jeder Wert im Kontext seines ihn ergänzenden Wertes steht. Deshalb steht der Dissens in dem Modell rechts im Kontext der Loyalität, wie dies in dem Konzept einer „loyalen parlamentarischen Opposition" verwirklicht ist. Paradoxerweise ist die Loyalität ebenfalls in ein System eingebettet, das ein Recht auf Dissens vorsieht. Ähnlich wird auch die persönliche Freiheit im Kontext des Gesetzes, das sie schützt, aber auch ihre Grenzen zieht, verwirklicht … und so weiter. Auf der Kreisbahn der kybernetischen Schleife wechseln die demokratischen Werte dialektisch zwischen Figur und Grund. Es gibt keinen echten Widerspruch, da der eine Wert immer auf einer Metaebene über dem anderen steht und die Aktivität seines Gegners begrenzt und zügelt, so daß demokratische Systeme die „Ausreißer" und Katastrophen, die wir bei anderen Modellen besprochen haben, verhindern. Das System scheint tatsächlich oft klüger zu sein als seine Teilnehmer, die so reden, als ob Freiheit oder Gesetz, dissens oder Loyalität keine Grenzen kennen würden!

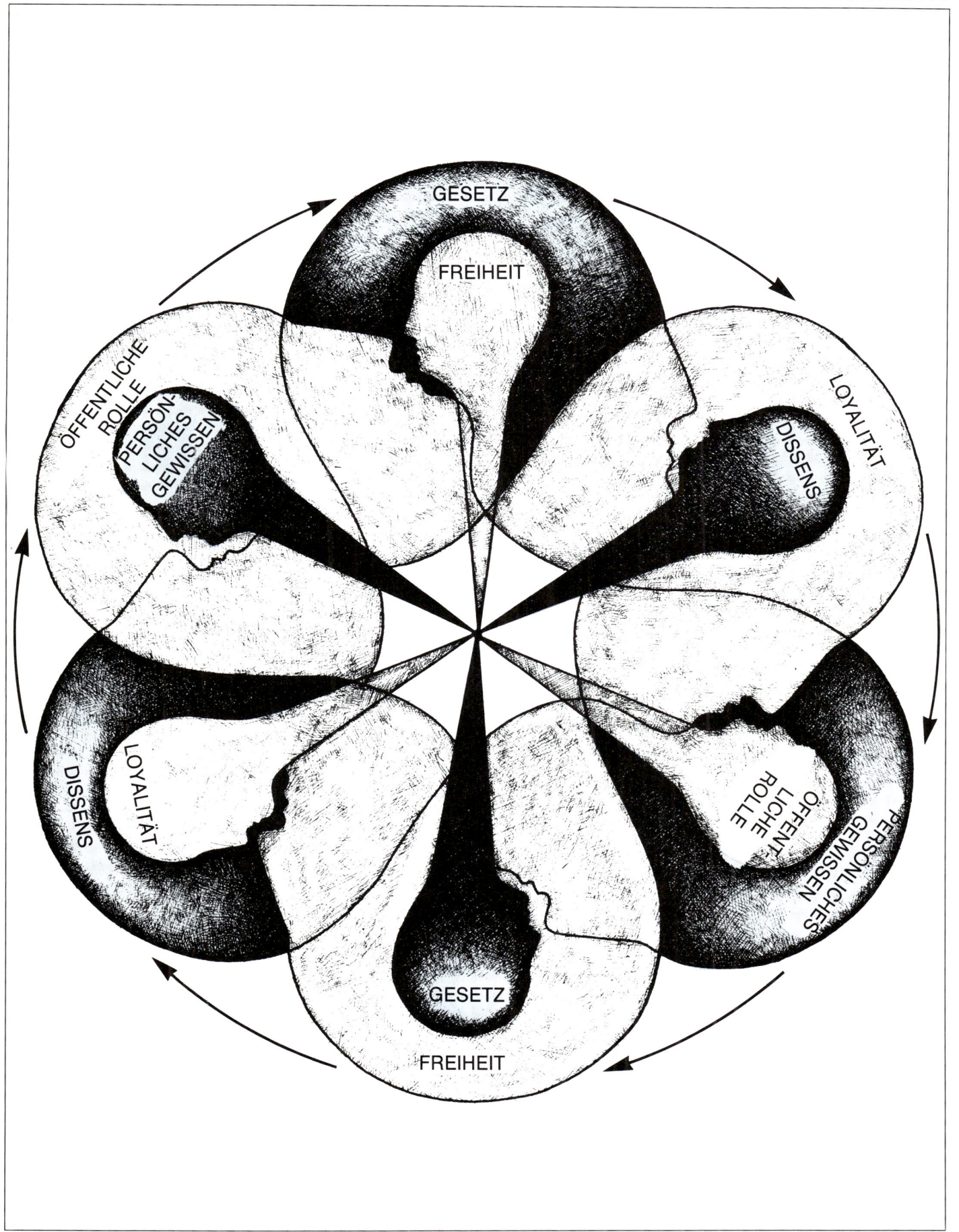

Kaum hat Orestes seine Mutter umgebracht, da wird er von den Furien gejagt, „Gorgonen gleich, schwarz gekleidet und umzüngelt von Knäueln sich windender Schlangen". Dem Wahnsinn nahe, irrt Orestes wie eine Seele umher, die Erlösung sucht, bis er vor Erschöpfung am Schrein des Apollon, seines Beschützers, zusammenbricht. Apollon fordert ihn auf, Athene anzurufen und prophezeit ihm, daß sie ihn von seinen Peinigern erlösen wird. So reist er erneut nach Athen, verfolgt von den Furien. Es geht um mehr als nur um die mißliche Lage von Orestes. Es ist nichts weniger als ein Streit unter Göttern, bei dem es nicht nur um verschiedene Wertsysteme geht, sondern um unterschiedliche Organisationsformen der Gesellschaft. Auf der einen Seite stehen die Moiren, Repräsentanten der älteren Stammesgottheiten, die jeder Seele ihr *moira* oder ihren gerechten Teil geben. Die Furien sind die Agenten der Moiren, Engel der Qualen, Diener des obersten Richters in der Unterwelt und Träger des Ahnenfluches über dem Haus des Pelops, der auf die Tötung von Blutsverwandten zurückgeht. Auf der anderen Seht Zeus, der die neueren Götter und die olympische Familie vertritt. Sein Sprecher ist Apollon, der Gott der Wahrheit und des Intellekts, der die Furien öffentlich wegen ihrer primitiven Blutgier verachtet; Apollon verteidigt die vertraglich geschlossene Ehe und das Eigentum, das über die männliche Linie vererbt wird. Zwar läßt die Furien der Mord an Agamemnon kalt, der kein Blutsverwandter der Klytaimnestra war, doch sie geraten außer sich über die Ermordung von Iphigenie und Klytaimnestra. Auf dem Spiel steht die Vernunft des Apollon gegen die blinden Emotionen der Furien, die aristokratische Tradition der persönlichen Sühne für die Sünden gegen die Stammestradition der öffentlichen Vergeltung (ungefähr der Unterschied zwischen „Schuld"- und „Scham"-Kulturen), und schließlich geht es auch um die Ansprüche der oberen und unteren Klassen.

Indem Aischylos Athene zum Richter über die Streitenden machte, hat er die Gesellschaft Athens als die Harmonie der Antike porträtiert, wobei die neue Mittelschicht zwischen den Aristokraten und dem gemeinen Volk vermittelt. Athene wurde höher als Apollon eingeschätzt, da sie sowohl männliche als auch weibliche Werte in sich vereinigte; sie war tapfer im Kampf und geschickt in den Künsten des Friedens. Vor allem aber war sie die Göttin von *Sophrosýne*, Mäßigung, Zügelung, und der Kunst der Überzeugung. Athene verkündet sofort, daß dieser Fall zu wichtig ist, als daß sie ihn allein entscheiden könne. Da die Götter miteinander in Streit liegen, reicht ein Appell an ihre Autorität nicht aus, deshalb werden zehn Sterbliche als Geschworenengericht eingesetzt. Zwar wird Orestes von ihm Gleichgestellten gerichtet, doch das Urteil stützt sich auf die allerhöchste Autorität. Zwar inspirieren die Götter die Sterblichen, aber diese Inspirationen müssen dann am „pythagoreischen Waagebalken" gewogen werden.

Die Furien behaupten, daß die Angst, die sich nach dem Unrecht einstellt, die Basis für das Gesetz ist, für Demut und Ehrfurcht, und daß ohne Loyalität gegenüber den Blutsbanden Chaos oder Despotismus herrschen. Apollon beruft sich in seinem Plädoyer auf Pflicht und Ehre, auf Agamemnon, der heldenhaft für sein Land kämpfte und die öffentliche Pflicht über den persönlichen Schmerz stellte, und der erschlagen wurde, als er sich am häuslichen Herd ausruhte.

Dann geben die Mitglieder der Jury ihre Stimme ab. Es steht unentschieden fünf zu fünf, dies symbolisiert die Mitte. Daraufhin gibt Athene ihre entscheidende Stimme zugunsten Orestes ab, und als die Furien zu einem neuen Schwall von Beschuldigungen ansetzen und damit drohen, den ganzen Staat Athen zu vernichten, setzt Athene in abgeklärtem und gemäßigtem Ton ihre Überzeugungskunst ein. Die Furien hätten nicht verloren, sagt sie ihnen, die Abstimmung war unentschieden. Sie schlägt eine neue Ordnung vor, in der die Furien die Macht mit ihr und den Menschen teilen, so wie sie die Macht über die Seele des Orestes teilen werden. Gerechtigkeit soll sich in die Herzen der Menschen ausbreiten. Da kein Mensch oder Staat ohne Achtung vor der Autorität leben kann, bittet Athene die Furien, ihre Rache gegen jene zu richten, die gegen die Verfahren von Gesetz und Demokratie verstoßen, vor allem aber gegen Meineidige. Zwar wird jetzt jedes Vergehen nach absoluten Maßstäben beurteilt, doch sind Verbote gegen die Korruption der Gerechtigkeit immer noch nötig. Sie bittet die Furien, in Athen zu bleiben, aber ihre Emotionen zu mäßigen und in jedem Haus einen Ehrenplatz einzunehmen. Sie sollen helfen, den Wein zu keltern, aber verhindern, daß der Wein die Menschen verrückt macht. Die Furien akzeptieren diese Vorschläge und verwandeln sich, Vernunft und Emotionen finden eine neue Balance. Sie

„Das Recht behütend denkt daran.
   daß Sklaverei und Aufstand
   Brüder sind.
Laßt auch den Schrecken bei euch
   wohnen –
In einem Winkel jedenfalls:
Wer ist gerecht, der nicht den
   Schauder kennt?
Ehrt diesen hohen Rat und fürchtet
   ihn!
Er ist das Bollwerk dieses Landes
Und die Rettung unserer Stadt"
      Aischylos: Die Orestie
      Freie Übertragung
      von Walter Jens

Die Funktion der Mythen-Dramen besteht darin, die Zuhörer auf eine neue Ebene der Erfahrung zu versetzen, die Apollo und die Furien einschließt, also Freiheit und Verantwortlichkeit, Liebe und Haß, das Dämonische und das Rationale ...
„Myth and Culture"
Rollo May

Mit der Ausnahme der Musik sind wir darauf trainiert worden, Muster als etwas Starres zu betrachten. Das ist für uns leichter und kommt unserer Faulheit entgegen, aber es ist natürlich Unfug ... Die richtige Art, über verbindliche Muster nachzudenken, ist, sie sich als einen Tanz unteragierender Teile vorzustellen, der innerhalb bestimmter Grenzen stattfindet.
Gregory Bateson
in einem Interview mit
Psychology today, 1978

werden zu *Eumeniden*, den „Wohlgesinnten", und sie werfen ihre schwarzen Kleider ab und kleiden sich mit dem Rot des Erntefestes. Jetzt ist der Adler mit der Schlange versöhnt, die Symbole für Himmel und Erde, Freiheit und Notwendigkeit, neue und alte Ordnung, Vision und Emotion. Ich stimme Rollo Mays therapeutischer Interpretation der griechischen Tragödie zu, wonach diese das „Durcharbeiten" der persönlichen Konflikte vorformt, eine Rolle, die in unserer mythenlosen Gesellschaft privat von der Psychotherapie ausgefüllt werden muß. Die Trennung von der Mutter, die Lösung von Bindungen, die Übernahme von Pflichten und der Kampf um Wahrheit sind alles Schritte beim Reifungsprozeß, sie sind aber auch Meilensteine in entscheidenden Entwicklungsphasen der verschiedenen Kulturen. Wie sollen wir in einer Zeit, in der Mythen verachtet werden, deren paradoxe Struktur verstehen? Die Abbildung von Modell 58 zeigt ein kybernetisches System mit Figur-Grund-Umkehrungen. Obwohl sie für das Auge wie „unmögliche Objekte" aussehen, besteht die Struktur ihrer Sprache aus komplementären Werten, die auf verschiedenen Ebenen der logischen Typisierung integriert werden (siehe Modell 40). So wie Oedipus das Rätsel der Sphinx löste, indem er zwischen einer beschreibenden und einer metaphorischen Sprache unterschied, so können wir die Demokratie verstehen, wenn wir erkennen, daß die eine Hälfte des „Widerspruchs" auf einer anderen Sprachebene liegt. In der Demokratie praktizieren wir Loyalität und Dissens, doch der Dissens ist eingebettet in den Kontext einer größeren Loyalität zu dem System, das den Dissens miteinschließt. Dreht sich das kybernetische System, dann wechseln Dissens und Loyalität, Freiheit und Gesetz, persönliches Gewissen und öffentliche Verantwortung ihre Positionen, wobei das eine immer den Kontext bildet, in dem sich das andere abspielt. Somit wird die Freiheit innerhalb des Gesetzes genossen; wenn deshalb der Einzelne an einem Gesetzt gemessen wird und der Staat sein Machtmonopol ausübt, dann geschieht dies im Kontext der Rechte des Angeklagten und unter Berücksichtigung der Freiheit des Anderen. Ähnlich handelt auch der Gesetzgeber nach seinem persönlichen Gewissen im Kontext seines öffentlichen Amtes, bei Wahlen werden die Rollen umgedreht – dann beurteilen die Wähler ihren Vertreter im Kontext seiner öffentlichen Leistungen. Innerhalb der kybernetischen Schlaufe begrenzt und zügelt jeder „Hintergrund"-Wert den Wert, der gerade im Vordergrund steht. Deshalb ist kein Wert absolut, was dazu führen würde, daß das System sich aufschaukelt und in einer katastrophalen Revolution endet. Es handelt sich aber auch nicht um eine „goldene Mitte", wo jeder Wert in Kompromisse gefaßt wird und „Maßhalten" eine Tugend an sich ist. Es gibt keine ideale Größe für die Leidenschaftlichkeit des Dissens oder für die Hartnäckigkeit des persönlichen Gewissens. Es geht um mehr Werte, als auf der Abbildung gezeigt werden. In einer Demokratie ist die Diskusion offen, die Wahl geheim – die Geheimhaltung verhindert öffentlichen Druck. Wir wetteifern um Ämter oder wirtschaftliche Vorteile innerhalb eines umfassenderen Systems von Kooperation, oder wir kooperieren innerhalb eines Unternehmens oder einer politischen Partei, um im umfassenderen System des Wettbewerbs mit anderen zu streiten. Wir behandeln einander gleich, weil so die unterschiedlichen Fähigkeiten am besten gefördert werden. Offen und geheim, Kooperation und Wettbewerb, Gleichheit und Leistung, sie alle bewegen sich alternierend zwischen den Sprachebenen in einer Symphonie aus Manifestem und Latentem, Punkt und Kontrapunkt. Diese Struktur wurde von allen intuitiv verstanden, die mit der Mythologie aufgewachsen sind.

„Ich habe einen Traum!"
Martin Luther King und der Mythos Amerikas

Der Mann, der in unserer Zeit die Mythologie in einem umfassenden Programm sozialen Wandels am eindrucksvollsten und erfolgreichsten einsetzte, war Martin Luther King. Seither hat eine Unzahl von pseudo-revolutionären Wichtigtuern sein Andenken in Anfällen von schwarzem oder weißem Männlichkeitswahn mit Füßen getreten. Doch der Rückblick auf die Entwicklung der siebziger Jahre macht deutlich, wie hoch er über diesen Leuten steht. Ich hoffe, zeigen zu können, was King, wenn auch nur intuitiv, verstand. Das „Kreuz" der psychosozialen Spannungen ist der einzige Ausweg aus dem Gefängnis des Rassismus (Modell 5); der Geist-Körper-Dualismus lähmt uns (Modell 6); die rassistischen Ängste können nur durch eine „umfassende Vernunft" (Modell 13) und die Synthese der Linken und Rechten in Kultur und Persönlichkeit (Modell 16) aufgehoben werden. King war ein brillanter Experte, was Ebenen des moralischen Urteils betraf (Modell 38), und wenn er Metaphern aus der Bibel oder aus anderen Quellen benutzte (Modell 43), so zeigte sich darin seine schöpferische Fähigkeit, beide Enden dialektischer Prozesse miteinander zu verzahnen (Modell 55), um die Pathologie unseres moralischen Diskurses zu überwinden (Modell 43) und eine menschliche Synergie zu schaffen (Modell 42).

Als Prediger war King vertraut mit den Metaphern für Gefangenschaft und Kreuzigung. Er verglich die Neger in Amerika oft mit den Israeliten in Ägypten und predigte, daß der Weg zur Freiheit über das „erlösende Leiden", die kreuzigende psychische Spannung zwischen den Extremen, führt. Wenn wir die „Gefängnisriegel" und „Kreuze" von Williams aus Modell 5 auf die Situation der Neger in den Südstaaten der USA übertragen, dann ergeben sich folgende Beziehungen:

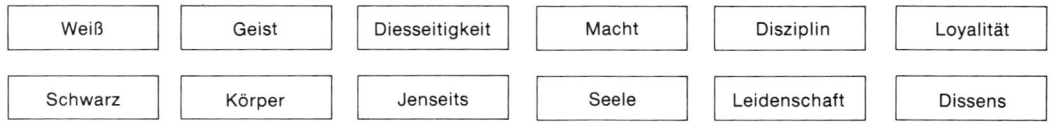

Die „Riegel" trennen nicht nur Schwarze und Weiße, sie spalten auch die Wertsysteme der beiden Gruppen. Die Weißen vertreten einen extremen, bigotten Fundamentalismus, um einen Geist zu preisen, der den Körper unterdrückt. Sie setzen auf eine seelenlose Macht, welche die machtlosen Seelen terrorisiert, und sie verlangen blinden Gehorsam. Gleichzeitig projizieren sie auf die Schwarzen die unterdrückten und verleugneten Hälften ihrer eigenen Werte, so daß die Neger als animalisch und leidenschaftlich erscheinen, nur darauf aus, weiße Frauen zu verführen. Sie seien Anhänger realitätsfremder „jenseitiger" Religionen und verspürten gefährliche Gelüste nach Rebellion. Die Methoden, mit denen die Schwarzen unterworfen werden, „schwärzen" das halbe Wertesystem und erzeugen die mächtigen Dynamismen von Modell 34.

Die erste und entscheidende Einsicht Luther Kings war, daß eine einfache „Revolution", selbst wenn sie bei einem Bevölkerungsanteil von 10 Prozent schwarzer Amerikaner möglich war, die Gefängnissituation nicht verändern würde. Wenn gebildete und ihrer Rasse gegenüber loyale Neger in lokalen Zentren die Macht ergriffen, käme es zur Katastrophe. Kings Weg hieß „Selbst-Reinigung", das war ein Vorgang, der in speziellen Schulen der Gewaltlosigkeit gelehrt wurde. Die Schüler mußten lernen, die sozialen Spannungen zu ertragen, die entstehen, wenn man zwischen den Werte-Polaritäten steht:

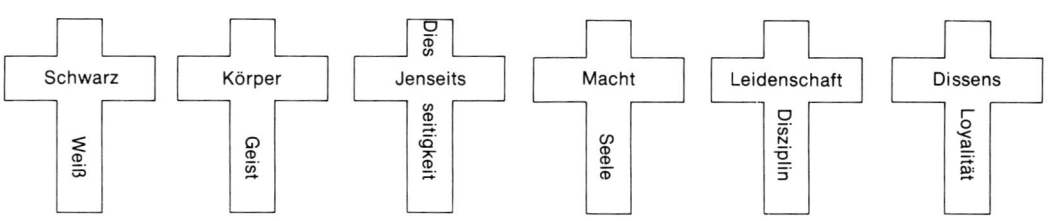

Rassentrennung, so erklärte Martin Luther King, ist nicht nur die Trennung von Menschen, sondern auch die Aufspaltung der Werte innerhalb der menschlichen Persönlichkeit. Die „weiße These" wird von ihrer „schwarzen Antithese" entfremdet, und die Menschheit wird insgeheim verkrüppelt. Die drei „weißen Dimensionen" des Modells werden durch die drei übereinandergelegten Kreuze repräsentiert: Weiß – Geist, Macht – Diesseitigkeit und Disziplin – Loyalität (gegenüber der Vorherrschaft der Weißen). Die drei „schwarzen Dimensionen" sind repräsentiert durch: Schwarz – Körper, Seele – Jenseits und Leidenschaft – Dissens (wie in der Sprache des Blues). King predigte seinen Anhängern die „spirituelle Reinigung" und das „erlösende Leiden". Damit meinte er, daß der zentrale Punkt auf den Achsen der drei Kreuze akzeptiert werden sollte. Durch gemeinsame Demonstrationen wurden schwarze und weiße Körper mit schwarzen und weißen Überzeugungen zusammengeführt. Auf diesem Weg lernten die schwarzen Amerikaner, ihren leidenschaftlichen Dissens zu kontrollieren, sie lernten Disziplin und zähe Loyalität im gewaltlosen Glauben an den amerikanischen Traum. Da King erkannte, daß der Rassismus die Schwarzen in ein ständiges „double bind" brachte, bei dem sie entweder zu Uncle Toms oder zu Rebellen wurden, um dann für beide Extreme bestraft zu werden, lehrte er seine Anhänger, keine dieser beiden Richtungen einzuschlagen, sondern sich als Gleichberechtigte zu fühlen, sich höflich, aber mit Nachdruck gegen das Unrecht zu wehren.

King wußte, daß Rassismus ein Produkt des Geist-Körper-Dualismus ist. Weder die Weißen noch die Schwarzen können sich einfach befehlen, vorurteilslos zu sein. Tun sie es doch, dann lehnt sich der Körper dagegen auf, so daß selbst (oder vor allem) die Weißen, die entschlossen sind, die Schwarzen als Brüder zu akzeptieren, entdecken, daß auf ihrer Intimität ein Fluch liegt. Das Problem liegt in der unerträglich großen Angst. Es kann sein, daß jemand schwarze Menschen mögen möchte, daß seine muskuläre Verkrampfung ihn jedoch Lügen straft. Wenn sich Weiße auf Schwarze zubewegen, dann übernehmen beide Seiten insgeheim und unausgesprochen stark stereotypisierte Rollen, in denen die einen die Herrscher, die anderen die Unterworfenen sind. Es ist sehr schwer, diese Gewohnheit aufzubrechen. Ein Schwarzer muß „seinem Körper beibringen", nicht in Panik zu geraten, wenn er weiße Autoritätsfiguren sieht. Die Bürgerrechtsbewegung leistete ausgezeichnete Arbeit, als sie eine „Entspannungstherapie" in ihre Taktik miteinbezog, um die konditionierte Angst vor weißen Autoritäten zu überwinden, wie sie in der Episode zum Ausdruck kommt, die Alvin Poussant auf der Randspalte schildert. Wenn die Menschen bei ihren Protestaktionen vor grinsenden oder wütenden Hilfssheriffs beteten, sich hinknieten, sangen oder zusammensaßen, dann konnten sie ihre Körper in Gegenwart einer Bedrohung entspannen, vor der sie früher Magenkrämpfe aus Angst bekamen, bis kriecherische Unterwerfung ihre Qual gemildert hat. Weil weiße und schwarze Protestmarschierer die physische Gefahr teilten und auch die nervliche Anspannung und Entspannung, so als hätten sie zusammen nur ein Nervensystem, erlebten sie eine wirkliche Integration, die entsteht, wenn integrierte Körper mit integrierten Überzeugungen in Einklang gebracht werden.

Nicht nur Geist und Körper, Schwarz und Weiß wurden vereint, King holte auch die selbstisolierten Kirchen zurück in das soziale Leben und ließ einen frischen Wind durch die rauchgeschwängerten Hinterzimmer der Politiker wehen. Hartnäckig blieb er bei einer religiösen Sprache, um auf politische und säkulare Ziele hinzuweisen: „Ich war auf dem Gipfel des Berges, ich habe das gelobte Land gesehen!" Solche Sätze versöhnten die jenseitsbezogene, „realitätsfremde" schwarze Religion der Erweckungsbewegung in den Blechhütten mit den unmißverständlichen politischen Zielen einer diesseitigen Welt. Man kann die Menschen nicht zum „Wachsen" bringen, wenn man ihre Wurzeln nicht hegt und pflegt. Man kann sie nicht in die Zukunft führen, wenn man ihre Vergangenheit nicht ehrt, und versucht man es doch, dann geraten sie in Panik, wie Revolutionäre, die Gefangene des eigenen Terrors geworden sind.

Im Wesentlichen galt dies auch für Kings Konzept der „Soul Power". Die Schwarzen müssen ihre Seele, die durch die Unterdrückung weit nach innen gedrängt wurde, öffentlich zeigen. Er lehrte seine Anhänger, der Unterdrückung mit erhobenem Haupt ins Auge zu blicken und auf höfliche und würdige Art die eigenen Rechte zu fordern. Je offener und flexibler sie bei diesen Forderungen wären, um so überzeugter und unnachgiebiger würden sie dann sein, wenn diese Forderungen von den Behörden abgelehnt werden. Seine Anhänger brauchten Vertrauen. Sie mußten ihre moralische Überzeugung Schritt für Schritt lernen, und King verstand die Dynamik dieser Entwicklung mehr als jeder andere. Die ganze Leidenschaftlichkeit mußte mit der eisernen Disziplin der Gewaltlosigkeit auf einen Nenner gebracht werden. Er forderte sie dazu auf, ihre Racheimpulse nicht zu verdrängen, sondern zu unterdrücken. Sie sollten Kränkungen und Ungerechtigkeit mit Nachdruck zurückweisen, allerdings immer im Kontext einer gleichberechtigten und loyalen Opposition, loyal gegenüber der Menschlichkeit und gegenüber dem Land, das seine Sklaven befreit und die Protestierenden mit genau dem Gedanken der Gleichheit aller Menschen erfüllt hat. Sogar Kings Stimme mit ihren Rhythmen und Kadenzen verweist auf die Ökologie seiner Werte. Wie stark sein Zorn auch war und wie sehr sein Glaube an die Gewaltlosigkeit in Amerika auch strapaziert wurde, als sein eigenes Haus und seine Familie im Jahre 1956 von Bombenanschlägen bedroht waren: wenn er sprach, hatte er immer den amerikanischen Traum vor Augen, und er sprach mit einer unbändigen Spannung des Glaubens und des Protests, es war der Kampf eines Liebenden bis zum Ende. Im Jahre 1963 sprach er bei dem großen Marsch auf Washington unmittelbar vor dem Lincoln Memorial. Nur King konnte in der Sprache der Bankiers zu den Bürgerrechtlern sprechen, mit seinem unheimlichen Gespür für den Puls der Nation: „So sind wir in die Hauptstadt des Landes gekommen, um einen Wechsel einzulösen ... als die Architekten unserer Republik die großartigen Worte unserer

---

Der Polizist schrie: „He Du! Komm her!" „Ich heiße Alvin Poussaint. Ich bin Arzt." „Alvin, wenn ich Dich das nächste Mal rufe, dann kommst Du sofort, hast Du gehört?" Ich zögere. „Hast Du mich verstanden?" Meine Stimme zitterte vor Hilflosigkeit, doch ich folgte meinem Selbsterhaltungstrieb und murmelte, „Jawohl Sir".

„Rapping in the Ghetto" in „Transaction", Februar 1969

Wenn ihr mutig, aber würdig und mit christlicher Liebe protestiert, dann werden die Historiker zukünftiger Generationen beim Schreiben ihrer Geschichtsbücher einen Augenblick innehalten und sagen, „Da lebte ein wunderbares Volk – die Schwarzen – das einen neuen Sinn und Würde in die Adern der Zivilisation injizierte."

Martin Luther King in Montogomery

„Warum setzen Sie nicht ihr Charisma, Ihre Brillanz ein, um uns zu helfen, daß wir leben können, nicht sterben?" Malcolm X sprach fast flüsternd, „Weil sie uns zu sehr verletzen. Weil es keinen Weg gibt, mit ihnen zu leben. Weil sie uns am Ende betrügen und verletzen werden." King starrte ihn an, „Die letzte Wahrheit ist nicht, daß Sie den weißen Mann hassen. Sie hassen es, schwarz zu sein. Sie können nicht über ihre persönliche Zurückweisung hinaussehen."

„King" von William Johnston

„Ein ungerechtes Gesetz ist ein Gesetz, das nicht in dem ewigen und natürlichen Gesetz verankert ist … welches die Persönlichkeit achtet. Jedes Gesetz, das die menschliche Persönlichkeit erniedrigt, ist ungerecht … Ein ungerechtes Gesetz ist ein Code, den eine … Mehrheitsgruppe einer Minderheitsgruppe aufzwingt, ihn für sich selbst aber nicht als bindend betrachtet. So wird der Unterschied gesetzlich festgehalten … Ein gerechtes Gesetz hält die Gleichheit fest … Wer ein ungerechtes Gesetz übertritt, der sollte dies offen, liebevoll und mit der Bereitschaft, die Strafe zu akzeptieren, tun … das Individuum, das ein Gesetz übertritt, von dem ihm sein Gewissen sagt, daß es ungerecht ist, und das bereitwillig die Strafe akzeptiert … zeigt in Wirklichkeit die höchste Achtung für Gesetz und Recht."

> „Letter from a
> Brimingham Jail"
> Martin Luther King

„Es wird darüber geredet, was mir durch einige unserer kranken weißen Brüder zustoßen könnte … Aber das beunruhigt mich jetzt nicht, weil ich auf dem Gipfel des Berges war! … Wie jeder andere möchte auch ich lange leben … Doch darüber mache ich mir jetzt keine Sorgen … Er hat mir erlaubt, auf den Berg zu steigen! Und ich habe hinüber gesehen, ich habe das Gelobte Land gesehen. Vielleicht komme ich nicht mit euch dort an, doch ich möchte, daß ihr heute Abend wißt … daß wir als Volk in dieses Gelobte Land kommen werden! Und ich bin glücklich heute Abend. Ich bin über nichts beunruhigt. Ich fürchte keinen Menschen! Meine Augen haben die Glorie der Herankunft des Herrn gesehen!"

> Kings Memphis-Rede am
> Abend vor seiner Ermordung

Verfassung und die Unabhängigkeitserklärung schrieben, da unterzeichnete sie einen sehr vielversprechenden Wechsel … Heute ist klar, daß Amerika dieses vielversprechende Papier nicht eingelöst hat. Statt diese heilige Verpflichtung einzuhalten, gab Amerika seiner Neger-Bevölkerung einen ungedeckten Scheck … Aber wir glauben nicht, daß es in den Tresoren dieses Landes keine ausreichenden Mittel für alle gibt …"

Die „links" und „rechts" orientierten Dimensionen der Persönlichkeit wurden in dieser Passage der Rede mit außergewöhnlichem Geschick versöhnt (Modell 16). King verband Kohäsion und Disziplin der schwarzen Kirchen in den Südstaaten mit dem Obersten Gerichtshof, der schon seit langem die Aufhebung der Rassentrennung gefordert hatte, mit einem ungewöhnlich liberalen Kongreß (nach der Goldwater-Niederlage 1964), mit dem Erbe Kennedys, mit dem Medium Fernsehen, das die Demonstrationen als tragische Dramen zeigte (Modelle 2 und 58). Diese wirksame Kombination von Kräften hat innerhalb von fünf Jahren für die Rechte der Neger mehr erreicht als der Kampf in dem Jahrhundert zuvor.

Abend für Abend wurden im Fernsehen schwarze Menschen gezeigt, die entschlossen und doch diszipliniert auftraten, während weiße Rassisten aus den Südstaaten spuckten und höhnisch grinsten, Bomben legten und mordeten und so haßverzerrte Gesichter zeigten, daß man den Eindruck bekam, Zeuge des Zusammenbruchs eines ganzen Lebensstils zu sein. Ich meine, daß hier zwei Arten von Wertsystemen aufeinanderprallten: die traditionelle „maximierende" Struktur, wo Loyalität, Macht, Disziplin, Patriotismus und Geist in ihre logischen Extremformen getrieben wurden, während die komplementären Werte einerseits unterdrückt, andererseits nach außen, als eine „unterlegene", „animalische" Rasse projiziert wurden; und ein optimales, synergetisiertes Wertsystem (Modell 42, 43), wo jeder einzelne Wert mit seinem Gegenstück ausbalanciert und versöhnt ist. Ich glaube, daß die Vertreter eines maximalen, absolutistischen und fundamentalistischen Wertsystems King und seine Anhänger als eine Inkarnation des Teufels erlebten. Was soll man in einem primitiven Wertsystem von Patrioten und Verrätern, von reinen (weißen) Frauen und verdorbenen (schwarzen) Huren, von echten Amerikanern und perversen „Roten" mit denen anfangen, die dazwischen stehen, die weder zur einen noch zur anderen Art gehörten, die sich freundlich ihr Recht verschaffen? King kniete nieder, so wie es die ergebenen Uncle-Tom-Prediger schon immer getan hatten, doch dann stand er wieder auf und organisierte einen Protestmarsch. Selbst im Kampf wirkte er demütig, und als Motor der Unruhe erschien er friedlich. Er weigerte sich nicht nur, sich an die „schwachen" Enden der Wertedimensionen drücken zu lassen, er lehnte es auch ab, „wie ein Mann" für die „starken" Enden zu kämpfen. Wer an die stereotypisierten und polarisierten Rollenbeziehungen des Rassismus glaubte, hielt King für einen abscheulichen Mischling; wie „das Gesicht aus dem zerknüllten Leintuch" aus Modell 13 war er die Nemesis des eindimensionalen Menschen, des Bedürfnisses, die Angst durch Manipulation des Entweder – Oder und des Ich – Es zu kontrollieren.

Die Mörder Kings hatten im wesentlichen die gleichen Motive wie die, die Sokrates vergiftet, Jesus gekreuzigt, Thomas More enthauptet und Gandhi erschossen haben. Uns quält die Ambiguität derjenigen, die die umfassende Vernunft (siehe Modell 13) anwenden, die nicht nur den Wert vertreten, der uns am liebsten ist, sondern auch seine Verneinung. Verrückt vor Angst töten wir die, die sich mit ausgestreckten Armen zwischen unsere Fanatismen stellen, um uns zu heilen. Dies erklärt auch, warum die Bürgerrechtsbewegung sich nicht mehr weiterentwickeln konnte. Nur ein kleiner Teil der Nation verstand wirklich, was King getan hat. Selbst unter denjenigen, die ihn unterstützten, gab es viele, die versuchten, den Bürgerkrieg zu wiederholen. Sie glaubten naiv, daß Radikalismus der neue Maßstab war für die absolute Tugend. King war ihnen nicht radikal genug. Wer die Flagge verbrannte, bewies, daß schließlich doch die eindimensionale Moral und das Entweder/Oder der technischen Vernunft siegte, da die umfassende Vernunft im Kampf zwischen Polizei und Randalierern umkam und die zweideutige Moral der Liebe-innerhalb-des-Zorns in reinen Haß umschlug. Lange bevor Kohlberg die Entwicklung des moralischen Urteilsvermögens aufzeigte (Modell 38), hat King uns dies bereits aus dem Gefängnis von Birmingham erklärt. Auf Golgatha starben drei „Extremisten", und wir können den in der Mitte noch immer nicht von den anderen beiden unterscheiden.

Ökologie oder Katastrophe?

Dieses letzte Kapitel erhebt nicht den Anspruch, ein Destillat der vorangegangenen zu sein, sondern stellt vielmehr den Versuch dar, einige der wichtigsten Themen des Buches zu integrieren. Denn die vielfältigen Strukturen lassen sich nicht weiter reduzieren, und der Traum der rivalisierenden Disziplinen, der große Phallus zu sein, aus dem alle weiteren Erkenntnisse hervorgehen, ist gerade ein Teil unseres Problems. Zunächst einmal sind die Sozialwissenschaften unausweichlich auch Moral-Wissenschaften. Wenn hinter jeder Wahl eine Absicht steckt, dann haben die gewählten Sichtweisen unserer Paradigmen (siehe die Modelle 52–6) moralische Folgen, und es ist unsere Pflicht, uns darüber Klarheit zu verschaffen. Dies soll kein Anlaß sein, unsere moralische Bejahung von Freiheit und Liebe herauszuposaunen, denn Werte, die allzu eifrig verkündet werden, erfüllen sich selbst auf unvorhergesehene und katastrophale Art. Ich glaube, daß die Vertreter der Wertfreiheit recht hatten, zumindest mit ihrer Warnung, daß Ideologien die Katastrophe in sich bergen. Das Problem ist: der Mensch empfängt, spricht, symbolisiert und verarbeitet Informationen auf bimodale Weise, während moralische Urteile die Tendenz haben, sich hartnäckig an einen der beiden Pole zu binden. In Modell 23 habe ich z.B. 33 Formen aufgezählt, in denen konkurrierende Theoretiker die bilaterale Spezialisierung der linken und rechten Hirnhemisphären erfaßt haben. Doch nur wenige davon wurden nicht für eine mörderische, ideologische Fraktionierung verwendet – Puritaner gegen Katholiken, Freiheit gegen Determinismus, Geisteswissenschaften gegen Naturwissenschaften, Kommunismus gegen Individualismus. Der Krieg der geographischen Hemisphären ist auch der Krieg zwischen beiden Hirnhemisphären. Halbwahrheiten liefern sich ein tödliches Duell.

Die Art von moralischer Wissenschaft, die ich vertrete, läßt sich nur entdecken, wenn man durch die Feuerprobe der Angst geht (Modell 13), oder in der „ständigen Bewegung der Gegensätze" (Modell 12) und mit dem schmerzlichen Bewußtsein, daß immer mindestens zwei positive Werte gegeneinander kämpfen, so daß die Lösung des Dilemmas nur in der Weiterentwicklung liegt (Modell 38). Konflikte, in denen sich Individualismus und Kooperation gegenüberstehen oder atomistische Datenerhebung und ganzheitliche Ansätze, entstehen durch unsere Gewohnheit, diese Unterschiede mit Wörtern oder Zahlen zu kodieren. Die Natur besteht nicht aus abgesägten Segmenten und Extremitäten, nur die Sprache und die Meßinstrumente, die wir bei der Beschreibung der Natur verwenden, haben diese digitale Struktur. Unsere Selbsttäuschung, daß Wörter Dinge sind (Modell 39), unsere Unfähigkeit, das Rätsel der Sphinx zu verstehen (Modell 40), droht uns alle zu zerstören. Unterbrechen wir das Kontinuum, das Individualität mit Kooperation verbindet, dann spalten wir die menschlichen Begabungen und machen aus den beiden auseinandergebrochenen Hälften Götzen (Modelle 43, 47, 49, 50). Deshalb ist die Beharrung der Behavioristen auf einem strikten, kausalen Determinismus ebenso abzulehnen (Modelle 6–8) wie der Glaube der Humanisten, die, ohne an Ikarus zu denken, die Freiheit der Menschen als einen Flug nach oben und nach vorn betrachten (Modell 33). Es macht nicht frei, wenn man versucht, die größeren Muster des ökologischen Zusammenhangs zu erobern, das führt nur zur Selbstzerstörung. Wann immer wir einen „Baum" aus unserer bewußten Absicht machen (Modelle 4, 55), müssen wir uns mit dem ökologischen „Garten" oder „Netz" auseinandersetzen, dem dieser Baum angehört. Wir können die Natur zwingen, doch schlägt sie in katastrophaler Weise zurück (Modell 56). Das heißt nicht, daß die Freiheit verteufelt werden muß, vielmehr muß man erkennen, daß sie innerhalb der Gesetze der rekursiven Systeme liegt (siehe die Modelle 45–51). Der versuchte „Triumph des Willens" schlägt in sein Gegenteil um, in Sucht und Wahnsinn (Modelle 48, 50), und die Tragödien des Oedipus und des Agamemnon wiederholen sich endlos (Modelle 2, 57, 58).

In Modell 42 sahen wir, daß die Katastrophe verhindert werden kann, wenn eine ökologische Synergie zwischen den Werten geschaffen wird. Mit den konkurrierenden Positionen progressiver und traditioneller Erzieher können wir eine kybernetische Schleife bilden.

In Modell 42 sahen wir, daß die komplementären Werte der beiden Pole auf einer Wertedimension kopflastig, einseitig oder synergistisch sein können; diese Zustände lassen

Der menschliche Organismus hat zu seiner Umwelt entweder eine ökologische, ko-evolutionäre oder aber katastrophale Beziehung, letztere ist gekennzeichnet durch gewaltsame Eroberung und Rückschlag. Die ökologische Beziehung (oben) zeigt das Profil des Menschen (links) im Kontext seiner Umwelt (rechts); er kann seine eigenen persönlichen Werte A–D nur vergrößern, wenn er gleichzeitig die soziale und natürliche Umwelt pflegt, damit sie besser reagiert (A–B). Punkt C repräsentiert eine optimale Organismus-Umwelt-Ökologie.

Daß die komplementären Werte hier eine Stufe hinauf- oder hinuntergehen, erinnert uns daran, daß sie auf verschiedenen Ebenen des logischen Typus ausgedrückt werden müssen, wenn Widersprüche vermieden werden sollen (Modell 40); sie werden verzahnt (Modell 43) oder ziegelartig übereinandergelegt (Modell 55), um sich kybernetisch wirksam kontrollieren und begrenzen zu können.

Aber unsere Situation ist potentiell katastrophal (unten). Seit Jahrhunderten ist die puritanische Wissenschaft auf eine Eroberung der Umwelt ausgerichtet, sie unterdrückt dabei sogar die persönliche Befriedigung, um von A nach E zu gelangen. Doch die Anhäufung materieller Güter führte unvermeidlich zur Konsumgesellschaft und fördert die privaten Begierden, wie der Bogen von E nach F auf der Graphik zeigt, und die Menschen schlugen Kapital aus der Manipulation der Umwelt. Doch bald könnte die geplünderte Umwelt und das mißbrauchte soziale System unter den Ausbeutern zusammenbrechen, und es könnte zu einem katastrophalen Abfall in der Qualität der Umwelt kommen, wenn die Menschheit in die Falle bei Punkt G (Karte 56) fällt. Eine rapide Abnahme an persönlichen Befriedigungen und Ergiebigkeit der Umwelt wirft die menschliche Rasse zurück …

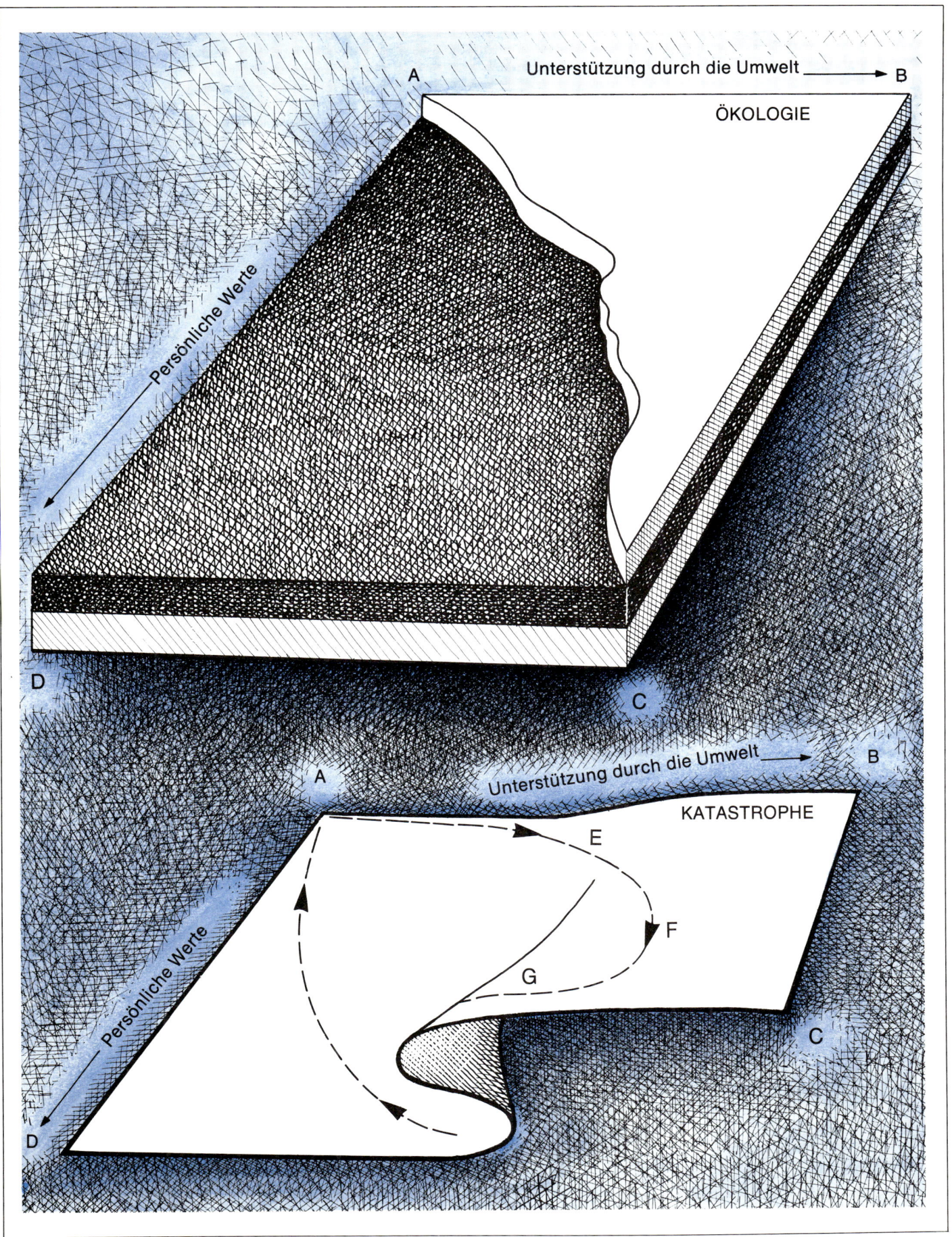

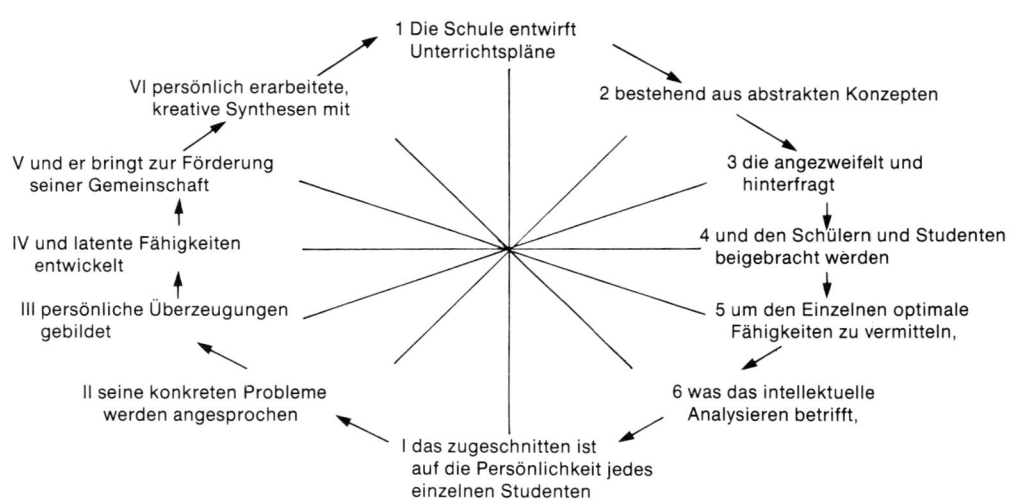

sich graphisch darstellen, wenn wir die Dimensionen in ein Zwei-Achsen-Diagramm einzeichnen.

Ein Blick darauf sollte genügen, um den Leser daran zu erinnern, daß die höhere Schulbildung ein labiles Gleichgewicht zwischen zwei Katastrophen einnimmt. Anfang der sechziger Jahre wurde die traditionelle College-Ausbildung in den USA, vor allem die Sozialwissenschaften, häufig kritisiert. Das System verschwand aber auf der Abstraktionsleiter und getraute sich nicht, wieder herunterzukommen, so ging es wirklichen Menschen und ihren Problemen aus dem Weg, es produzierte eifrig Banalitäten und brachte Leute hervor, die sich wiederum damit beschäftigten. Mit seiner übertriebenen Skepsis gelang es diesem System, den größten Teil der Lebenswelt der Menschen als bedeutungslos abzuschieben und das menschliche Gewissen als „nicht verifizierbar" zu definieren; während „hochbegabte" Dozenten in den Hörsälen ihre Wortspiele vortrugen, tauschte eine Schweigende Studentengeneration die soziale Verantwortung gegen Zensuren und das eigene Weiterkommen ein.

So kam es zu der Revolte der sechziger Jahre, meist angeführt von Studenten der Sozialwissenschaften, die über das Versagen ihrer Fächer enttäuscht waren. Der Aufruhr enthielt einige kreative Fermente, doch als das Tränengas sich wieder verzogen hatte, wurden aus den Kopflastigen Einseitige. Jeder Fluch wurde jetzt zur existentiellen Selbst-Vergewisserung.

Die Sensitivitäts-Kulte (*touchy-feely*) und die Erleuchtung per Katalog hatten nun ihren Boom; „eine Vorlesung zu halten" galt als autoritär, und Akademiker wurden zu „Ideenlieferanten auf Abruf", die warten mußten, bis sie in den „demokratischen" Hörsälen gebraucht wurden. Viele Schüler und Studenten legten sich eine künstliche Undeutlichkeit zu „Irgendwie .. Du weißt schon ... ich meine ...", ein Stil, mit dem Gefühle vermittelt werden sollten, die tiefer waren als Worte.

Aber zur Wahl stehen nicht die beiden Extreme, sondern eine Ökologie des „Sowohl ... als auch" und die Katastrophe des Entweder/Oder, wo die Kopflastigen ständig von den Einseitigen unterwandert werden. Die Grafik auf Seite 209 vergleicht die Ökologie (oben) mit der Katastrophe (unten). Bei ökologischen Beziehungen schließen sich die Werte, mit denen die Prozesse beschrieben werden, gegenseitig in ihre Definition mit ein (Modell 35). Zum Beispiel findet der Mensch als freies Individium eine Erfüllung in der geregelten Zusammenarbeit mit anderen, die Gesetze innerhalb dieser kooperativen Beziehung gewährleisten ihm dagegen seine Freiheit und Individualität (Modell 42). Ein solches ökologisches Muster kann auch andere komplementäre Fähigkeiten miteinander verbinden. Bei diesen Bewertungsprozessen bildet immer ein Wert das „Nest" für den anderen, und der Prozeß läuft auf verschiedenen Ebenen der Sprache oder des logischen Typus (Modell 40). Man kann diesen Prozeß auch als Verzahnung von Werten sehen (Modell 43), als Verflechtung von Bestätigung und Negation (Modell 55) oder als demokratisch vollzogenen Wechsel zwischen Figur und

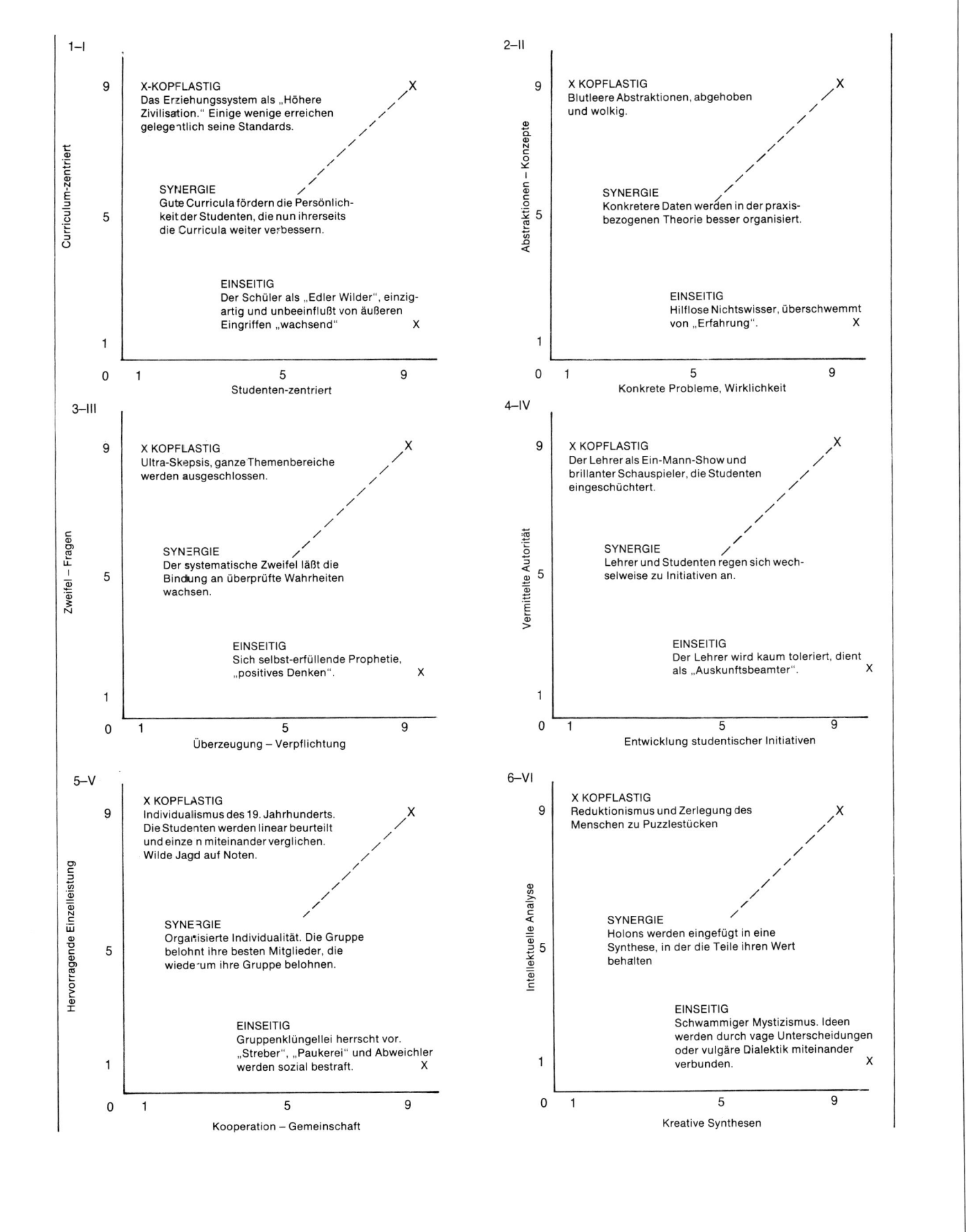

1–I

9 X-KOPFLASTIG
Das Erziehungssystem als „Höhere
Zivilisation." Einige wenige erreichen
gelegentlich seine Standards.   X

5 SYNERGIE
Gute Curricula fördern die Persönlichkeit der Studenten, die nun ihrerseits
die Curricula weiter verbessern.

   EINSEITIG
   Der Schüler als „Edler Wilder", einzig-
   artig und unbeeinflußt von äußeren
1 Eingriffen „wachsend"   X

Curriculum-zentriert

0 1   5   9
   Studenten-zentriert

2–II

9 X KOPFLASTIG
Blutleere Abstraktionen, abgehoben
und wolkig.   X

5 SYNERGIE
Konkretere Daten werden in der praxis-
bezogenen Theorie besser organisiert.

   EINSEITIG
   Hilflose Nichtswisser, überschwemmt
1 von „Erfahrung".   X

Abstraktionen – Konzepte

0 1   5   9
   Konkrete Probleme, Wirklichkeit

3–III

9 X KOPFLASTIG
Ultra-Skepsis, ganze Themenbereiche
werden ausgeschlossen.   X

5 SYNERGIE
Der systematische Zweifel läßt die
Bindung an überprüfte Wahrheiten
wachsen.

   EINSEITIG
   Sich selbst-erfüllende Prophetie,
1 „positives Denken".   X

Zweifel – Fragen

0 1   5   9
   Überzeugung – Verpflichtung

4–IV

9 X KOPFLASTIG
Der Lehrer als Ein-Mann-Show und
brillanter Schauspieler, die Studenten
eingeschüchtert.   X

   SYNERGIE
   Lehrer und Studenten regen sich wech-
   selweise zu Initiativen an.

   EINSEITIG
   Der Lehrer wird kaum toleriert, dient
1 als „Auskunftsbeamter".   X

Vermittelte Autorität

0 1   5   9
   Entwicklung studentischer Initiativen

5–V

9 X KOPFLASTIG
Individualismus des 19. Jahrhunderts.
Die Studenten werden linear beurteilt
und einzeln miteinander verglichen.
Wilde Jagd auf Noten.   X

   SYNERGIE
   Organisierte Individualität. Die Gruppe
5 belohnt ihre besten Mitglieder, die
   wiederum ihre Gruppe belohnen.

   EINSEITIG
   Gruppenklüngellei herrscht vor.
   „Streber", „Paukerei" und Abweichler
1 werden sozial bestraft.   X

Hervorragende Einzelleistung

0 1   5   9
   Kooperation – Gemeinschaft

6–VI

9 X KOPFLASTIG
Reduktionismus und Zerlegung des
Menschen zu Puzzlestücken   X

   SYNERGIE
5 Holons werden eingefügt in eine
   Synthese, in der die Teile ihren Wert
   behalten

   EINSEITIG
   Schwammiger Mystizismus. Ideen
   werden durch vage Unterscheidungen
1 oder vulgäre Dialektik miteinander
   verbunden.   X

Intellektuelle Analyse

0 1   5   9
   Kreative Synthesen

Grund (Modell 58). In katastrophalen Beziehungskonstellationen schließen die Definitionen der Werte einander aus und sind voneinander distinkt (Modell 56). So kommt es zu ideologischen Konflikten, bei denen der „Individualismus" und „die Freie Welt" (einschließlich Chile) gegen den „Kollektivismus" und den „Zwang" ausgespielt werden. Jeder polarisierte Block versucht, seine Werte in Reinkultur vorzuzeigen, ein Beispiel aus der Geschichte ist der Puritanismus (Modell 6–8). Dieser Versuch endet im Widerspruch, wenn der unterdrückte Pol explodiert (Modell 13). Statt sich in ihre komplementären Werte einzunisten, schwanken Katastrophensysteme hin und her (siehe Modelle 14, 49), brennen durch (Modelle 42, 48) und erleben eine Schismogenese (Modell 48–50) mit einer sich ständig ausweitenden Gabelung (Modell 56), während die tragischen Helden *Peripéteia* erleiden oder das Gegenteil ihrer Absichten erleben (Modelle 2, 56–8).

Bei diesen Erörterungen wurden Bedeutung, Zusammenhang und Psychologik der Werturteile implizit und systematisch rekonstruiert. In diesem Jahrhundert haben die Erben des logischen Atomismus die Wertsysteme zum großen Teil erst in verbale Stücke zergliedert und dann erklärt, daß die fragmentierten Urteile in ihrer Bedeutung nicht überprüft werden können. Doch entging ihnen die Frage, ob ihre Analyse nicht die im Ganzen enthaltene Bedeutung zerstört hat. Man denke nur etwa an die Moralpredigten zwischen „Falken" und „Tauben" während des Vietnamkrieges, wo „Patriotismus" und „Loyalität" gegen „Verrat" und „Umsturz" ausgespielt wurden. Die Positivisten hätten dieses häßliche Geschrei folgendermaßen analysiert:

BEWERTUNG	BESCHREIBUNG	MORAL-URTEIL
„loyal, Patriot"	unterstützt den Krieg	(eine gute Sache)
„angepaßter Militarist"	unterstützt den Krieg	(eine schlechte Sache)
„Rebell"	verurteilt den Krieg	(eine gute Sache)
„umstürzlerischer Verräter"	verurteilt den Krieg	(eine schlechte Sache)

Die Sozialwissenschaften sollten, so lautet der Schluß, Bekundungen über ihre Vorlieben sein lassen und stattdessen beschreiben.

Sicherlich werden Werturteile in dieser sinnlosen Art verwendet, aber gibt es keine andere Möglichkeit? Die Modelle haben gezeigt, daß Urteil über Tugenden dann gerechtfertigt sind, wenn sie zur Festigung der Muster beitragen, die einen Wert mit seinem Gegenstück verbinden. Zum Beispiel werden Loyalität oder Dissens dann zu recht als positiv eingeschätzt, wenn jede der beiden Verhaltensweisen der Steigerung oder dem Schutz der gesamten Dimension von Loyalität – Dissens dient, sowie auch dem größeren kybernetischen Wertsystem der miteinander verbundenen Dimensionen. Ähnlich werden patriotische oder rebellische Haltungen zu recht als Tugenden aufgefaßt, wo sie des Patrioten Fähigkeit zur Rebellion und die des Rebellen, sich patriotisch zu verhalten, schützen und fördern.

„Militarismus" oder „Verrat" als Untugend zu beurteilen geschieht dann zu recht, wenn sie jeweils zur Aufspaltung der Werteskala führen und so das System zerbrechen, in dem Vaterlandsliebe mit der Möglichkeit, dagegen zu rebellieren, verbunden ist. Subversion oder Konformität werden ganz richtig als Untugenden bezeichnet, wenn sie die Muster zerstören, die Loyalität und Dissens miteinander verbinden. Die Frage nach Tugend oder Untugend ist eine empirische und pragmatische Frage. Wenn Werturteile in Handeln umgesetzt werden, dann verstärken sie die Auffälligkeit und Synergie der Elemente in dem Wertsystem, oder aber sie spalten die Elemente auf und schmälern sie in ihrem Wert. Wir können dieses Wachstum oder die Rückentwicklung messen, beobachten oder auf andere Art einschätzen.

„Kein Mensch ist eine Insel, ganz für sich; jeder Mensch ist ein Stück des Kontinents, ein Teil des Hauptstücks …

Jeder Tod eines Menschen macht mich kleiner, da ich Teil der Menschheit bin; und deshalb weiß ich nie für wen die Stunde schlägt; sie schlägt für Dich."
„Devotions"
John Donne

Literatur

EINLEITUNG
Ich schulde Viktor E. Frankls Buch *Psychotherapy and Existentialism* (Harmondswoth, Penguin, 1973) Dank für die Idee der verschiedenen Schattenrisse. Mein Dank gilt auch *Models of Man* von James G. Dagenais (Den Haag, Nijhoff, 1972).
Deutsch   Viktor Frankl: Ärztliche Seelsorge, Grundlagen der Logotherapie und Existenzanalyse. Kindler, München, (Geist und Psychie 2157) 1979

MODELL 1
Zu diesem und zu anderen Modellen wurde ich von Rollo Mays *Symbolism in Religion and Literature* (New York, Braziller, 1970) inspiriert. Zum Glück bekam ich auch Jay Oglivys *Many-Dimensional Man: Decentralizing Self, Society and the Sacred* (New York and Oxford, Oxford University Press, 1977) auf den Tisch. Danach entdeckte ich James Hillmans *Revisioning Psychology* (New York, Harper & Row, 1975). *The Nature of Greek Myths* von G. S. Kirk (New York and Harmondsworth, Pinguin, 1976) war dazu eine wertvolle Ergänzung, ebenso wie *The Greeks* von Anthony Andrewes (New York, Knopf, 1967). Eine gute Zusammenfassung der griechischen Mythen ist Edith Hamiltons *Mythology* (New York, Mentor, 1959).
Deutsch   G. S. Kirk: Griechische Mythen. Ihre Bedeutung und Funktion. Medusa, Berlin, 1980.

MODELL 2
Hier halfen mir alle unter Modell 1 erwähnten Bücher, dazu kam vor allem *Aeschylus and Athens* von George Thomson (New York, Haskell 1940; London, Lawrence & Wishart, 1973). Die *Theban Plays* von Sophocles (New York and Harmondsworth, Penguin, 1979) bewegen mich immer wieder, ebenso wie die *Oresteia* von Aeschylus (New York und Harmondsworth, Penguin, 1979).
Deutsch   George Thomson: Aischylos und Athen. Eine Untersuchung der gesellschaftlichen Ursprünge des Dramas. Das Europ. Buch/VVA, Gütersloh, 1976.

MODELL 3
Mein Interesse am Tao wurde geweckt von Alan Watts Buch *The Way of Zen* (New York, Vintage, 1959; Harmondsworth, Penguin, 1970) und wachgehalten von *The Tao of Physics* von Fritjof Capra (Boulder, Colorado, Shambhala, 1975). Das *I Ching or Book of Changes* von R. Wilhelm (Princeton University Press, 1967) ist ein eindrucksvolles Buch.
Deutsch   Alan Watt: Der Lauf des Wassers. Eine Einführung in den Taoismus. O. W. Barth, München, 1978. Fritjof Capra: Der kosmische Reigen. O. W. Barth, München 1977. I Ging: Das Buch der Wandlungen. Diederichs, Düsseldorf.

MODELL 4
Der Mythos vom Garten Eden wird von allen Psychologen diskutiert, die sich mit „letzten Dingen" beschäftigen. Ich danke Don S. Browning, der in *Generative Man* (New York, Delta, 1975) die verschiedenen Interpretationen verglichen hat.

MODELL 5
Harry Williams war mein Dekan am Trinity College in Cambridge. Sein Aufsatz *Theology and Selfawareness* in dem Buch *Soundings* (herausgegeben von A. R. Vidler, New York and Cambridge, Cambridge University Press, 1962 und 1966) haben mein Interesse zuerst geweckt. Weitere Bücher von ihm, die ich bei diesem Kapitel berücksichtigt habe: *The True Wilderness* (New York and Harmondsworth, Penguin, 1968); *True Resurrection* (New York, Harper & Row, 1972; Mitchell Beazley, London, 1972); *Tensions and The Joy of God* (New York, Penguin, 1979 und London, Mitchell Beazley, 1979).

MODELL 6
Dieses Modell bezieht sich fast völlig auf Floyd Matsons *The Broken Image* (New York, Braziller, 1964), ein wundervolles Buch und ein Meisterstück der Prosa. Es ist leider vergriffen. Von Floyd Matson gibt es aber noch *The Idea of Man* (New York, Delta, 1974). Wichtig außerdem Gilbert Ryle: *The Concept of Mind* (New York, Barnes & Noble, 1949)
Deutsch   Gilbert Ryle: Der Begriff des Geistes, Vandenhoeck und Ruprecht, Göttingen, 1970.

MODELL 7
Max Webers Buch *Die protestantische Ethik und der Geist des Kapitalismus* (amerikanische Ausgabe New York, Scribner's, 1930; englische Ausgabe London, Allen & Unwin, 1977) ist die Basis dieses Modells und wird ergänzt von R. H. Tawneys *Religion and the Rise of Capitalism* (New York, New American Library, 1977; Harmondsworth Penguin, 1977). Die Anregung für dieses Modell kam jedoch von Michael Walzers *The Revolution of the Saints* (Cambridge, Mass., 1965). David C. McClellands *The Achieving Society* (New York, Free Press, 1961) zeigte, wie mächtig die „Leistungsmotivation" in den Industriegesellschaften wirkt. Weiter: Gerhard Lenski: *The Religions Factor* (New York, Anchor, 1963).
Deutsch   Max Weber: Die protestantische Ethik, Bd. 2, Verlagshaus Gütersloh, Gütersloh, 1978. Michael Walzer: Ungerechte und gerechte Kriege. Eine moralische Erörterung mit historischen Beispielen. Klett-Cotta, Stuttgart, 1980. David C. McClelland: Macht als Motiv. Entwicklungswandel und Ausdrucksformen. Klett-Cotta, Stuttgart, 1978. Gerhard Lenski: Religion und Realität. Eine Untersuchung über den Stellenwert der Religion in einer Industriegroßstadt. Kohlhammer, Stuttgart, 1967.

MODELL 8
Henry Murrays berühmte Rede „*The Personality and Career of Satan*" wurde im Journal of Social Issues, Oktober 1962 nachgedruckt. Sie ist auch enthalten in David Bakans brillan-

tem Buch *The Duality of Human Existence* (Boston, Beacon Press, 1966).

Deutsch   David Bakan: Mensch im Zwiespalt. Psychoanalytische, soziologische und religiöse Aspekte der Anthropologie. Chr. Kaiser/Matthias-Grünewald, München, 1976.

MODELL 9

Meine Darstellung folgt weitgehend der von Hans Herma in *A Handbook of Psychoanalysis* (Cleveland, World Publishing 1950); auch die Abbildung stammt aus diesem Buch. Für Anfänger empfehle ich Sigmund Freuds Werke: *New Introductory Lectures on Psychoanalysis,* James Strachey (ed.), (New York, Norton, 1965), *The Interpretation of Dreams* (New York, Avon, 1955; Harmondsworth, Penguin, 1976). *The Psychopathology of Everyday Life* (New York, New American Library, 1952; Harmondsworth, Penguin, 1975); und *Totem and Taboo* (New York, Norten, 1952). Die unbewußte Generalisierung von Angst wird von K. Diven in seinem Aufsatz *Certain determinants in the conditioning of anxiety reactions* im Journal of Psychology III, 1931 beschrieben.

Deutsch   Sigmund Freud: Neue Folge der Vorlesungen zur Einführung in die Psychoanalyse, 1978. Die Traumdeutung, 1981. Zur Psychopathologie des Alltagslebens, 1979. Totem und Tabu, 1980, Fischer-TB, Frankfurt.

MODELL 10

Die Darstellung in diesem Kapitel, vor allem die Abbildungen, verdanke ich fast völlig *The Psychology of C. G. Jung* von Jolande Jacobi (New Haven, Yale University Press, 1973). Wer die Originalquelle haben will: *The Portable Jung,* von Joseph Campell (Hrsg.), (New York, Viking, 1971).

Deutsch   Jolande Jacobi: Die Psychologie von C. G. Jung. Einführung in das Gesamtwerk. Fischer-TB, Frankfurt, 1978. C. G. Jung: Gesammelte Werke, 18 Bde. Walter, Freiburg.

MODELL 11

Diese Darstellung stammt aus Erich Fromms *The Heart of Man* (New York, Harper & Row, 1964). Weitere wichtige Bücher: *The Sane Society* (New York, Holt Rinehart & Winston, 1955); *Fear of Freedom* (New York, Holt, Rinehart & Winston 1941; unter dem Titel *Excape from Freedom;* London, Routledge & Kegan Paul, 1960). *The Art of Loving* (New York, Fawcett, 1965) und *The Anatomy of Human Destructiveness* (New York, Fawcett, 1973).

Deutsch   Erich Fromm: Die Seele des Menschen. Ihre Fähigkeit zum Guten und Bösen. Ullstein, Berlin 1981. Wege aus einer kranken Gesellschaft. Eine sozialpsychologische Untersuchung. Ullstein, Berlin 1982. Die Furcht vor der Freiheit. Europäische Verlagsanstalt, Frankfurt 1981. Die Kunst des Liebens. Ullstein, Berlin 1980. Anatomie der menschlichen Destruktivität, Rowohlt, Reinbek 1977.

MODELL 12

Wer schnell depressiv werden möchte, soll Søren Kierkegaards *Fear and Trembling* und *Sickness unto Death* (beide New York, Anchor, 1954) lesen. Wer noch mehr will, *The Concept of Dread* Princeton University Press, 1941). Ein gutes Gegenmittel ist, Camus zu lesen: *The Rebel* (New York, Vintage, 1956), ist eine große Polemik. Wichtig ist auch *The Myth of Sisyphus* (New York, Knopf, 1955). Sein

Essay „Weder Opfer noch Scharfrichter" wurde als Pamphlet der Zeitschrift Liberation 1961 veröffentlicht.

Deutsch   Søren Kierkegaard: Furcht und Zittern. Gütersloher Verlagshaus, Gütersloh, 1980. Die Krankheit zum Tode. Der Hohepriester – der Zöllner – die Sünderin. Gütersloher Verlagshaus, Gütersloh, 1978. Albert Camus: Der Mensch in der Revolte. Rowohlt-TB, Reinbek. Der Mythos von Sisyphus. Ein Versuch über das Absurde. Rowohlt-TB, Reinbek 1977.

MODELL 13

Eine „Bibel" für dieses Thema ist *The Meaning of Anxiety* von Rollo May (New York, Norton, 1977). Das war Rollo Mays Dissertation bei Paul Tillich. Andere Bücher von May, die in diesem Zusammenhang wichtig sind: *Love and Will* und *Power and Innocence* (New York, Norton, 1969 und 1972). Paul Tillichs Buch *The Courage to Be* (New Haven, Yale University Press, 1959) war eine Antwort auf *The Meaning of Anxiety* in Thesenform. Die Gespenstergeschichte von M. R. James ist abgedruckt in *Ghost Stories of an Antiquary* (New York, Dover, 1971). Die Konformitäts-Experimente von Richard S. Crutchfield sind nachzulesen in dem Aufsatz „*Conformity and Character"* (American Psychologist 10, 1955).

Deutsch   Paul Tillich: Sein und Sinn. Zwei Schriften zur Ontologie und Ethik. (Der Mut zum Sein – Liebe – Macht – Gerechtigkeit. Ev. Verlagswerk, Frankfurt, 1969. M. R. James: Der Schatten des Abtes Thomas. Zehn Geistergeschichten. Suhrkamp, Frankfurt, 1979.

MODELL 14

Unumgängliche Lektüre ist *The Divided Self* (New York and Harmondsworth, Penguin, 1965), *Self and Others* (New York and Harmondsworth, Penguin, 1965). Was R. D. Laing Jean Paul Sartre verdankt, ist in *Reason and Violence: A decade of Sartre's philosophy* (New York, Random House, 1971) nachzulesen. Außerdem habe ich mich auf das Buch von Sartre selbst *Being and Nothingness* (New York, Citadel Press, 1965) gestützt.

Deutsch   Ronald D. Laing und D. G. Cooper: Vernunft und Gewalt. Suhrkamp, Frankfurt, 1973. Jean P. Sartre: Das Sein und das Nichts. Versuch einer phänomenologischen Ontologie. Rowohlt, Reinbek, 1962.

MODELL 15

Beckers großer Erfolg war *The Denial of Death* (New York, Free Press, 1973), deutscher Titel *Die Dynamik des Todes,* Walter Verlag, Olten und Freiburg 1976. Sein letztes (unvollendetes) Buch ist *Excape from Evil* (New York, Free Press, 1975).

Deutsch   Ernest Becker: Dynamik des Todes. Die Überwindung der Todesfurcht – Ursprung der Kultur. Walter, Freiburg, 1976.

MODELL 16

Der Aufsatz „*Left and Right: A Basic Dimension of Ideology"* von Silvan Tomkins erschien in *The Study of Lives: Essays on Personality in Honour of Henry A. Murray,* herausgegeben von Robert W. White (New York, Atherton, 1963). Ich habe mich damit in meinem Buch *Radical Man* (New York, Doubleday, 1971) auseinandergesetzt.

MODELL 17
Der Aufsatz „*The Great Ravelled Knot*" von George W. Gray erschien in *Physiological Psychology: Readings from Scientific American* (San Francisco, W. H. Freeman, 1975), siehe auch die Sondernummer „*The Brain*" von Scientific American, September 1979.

MODELL 18
„*Specializations of the Human Brain*" von Norman Geschwind und „*Brain Mechanisms and Movement*" von Edward V. Evarts, beide in Scientific American, September 1979 erschienen. Weiterhin: *Programs of the Brain* von J. Z. Young (Oxford, Oxford University Press, 1978). Karl Pribrams Untersuchungen werden in seinem Aufsatz „*Problemes concerning the structure of consciousness*" dargestellt, der in *Consciousness and the Brain* (herausgegeben von G. G. Globus) abgedruckt ist (New York, Plenum, 1976). Colin Blakemores Bemerkungen stammen aus seiner Reith Lecture, die in *Mechanisms of Mind* (Cambridge, Cambridge University Press, 1978) abgedruckt ist. *The Purposive Brain* von Ragnar Granit erschien 1977 (Cambridge, MIT Press). Die Abbildungen sind den Darstellungen von W. Penfield und T. Rasmussen aus *The Cerebral Cortex of Man* (New York und London, Macmillan, 1950) nachempfunden.

MODELL 19
„*The Reticular Formation*" von J. D. French erschien in *Physiological Psychology* (siehe Modell 17). Wichtig ist auch: *Understanding the Brain* von J. C. Eccles (New York, McGraw Hill, 1977) und Stephen Rose: *The Conscious Brain* (New York, Knopf, 1973)

MODELL 20
H. J. Eysencks Buch *Fact and Fiction in Psychology* (New York, Gannon, 1965) war die Basis für dieses Modell. Eysenck ist ein Viel-Schreiber, die beste Darstellung seiner Theorie fand ich in *Behaviour Therapy and Neuroses* (New York and Oxford, Pergamon Press, 1960), während seine anderen Bücher eher dogmatisch sind und vor allem der Widerlegung anderer Theorien gelten.
Deutsch   Hans J. Eysenck: Gesellschaft und Individuum. Von Sinn und Unsinn der Psychologie, Goldmann, München 1978. Neurose ist heilbar. Bücher des Wissens, Fischer-TB, Frankfurt 1980.

MODELL 21
Der Aufsatz von Paul D. Maclean „*The Paranoid Streak in Man*" erschien in *Beyond Reductionism*, herausgegeben von Arthur Koestler und J. R. Smythies (Boston, Beacon Press, 1969). Arthur Koestler geht selbst auf dieses Thema ein in *The Ghost in the Machine* (New York, Macmillan, 1968).
Deutsch   Arthur Koestler: Der Mensch – Irrläufer der Evolution. Scherz, München 1978.

MODELL 22
Karl Pribram hat mich auf die Instabilität des Limbischen Systems aufmerksam gemacht mit seinem Buch *Emotion: The Search for Control* (New York, Mc Graw Hill, 1968). Die Funktionen des limbischen Systems werden sehr gut dargestellt in *The Mitchell Beazley Atlas of Body and Mind* (London, Mitchell Beazley, 1976).

MODELL 23
Das Grundlagenwerk über die Unterschiede der Hirnhälften ist *The Psychology of Consciousness* von Robert E. Ornstein (San Francisco, W. H. Freeman, 1975). Wichtig ist auch R. W. Sperrys „*The Great Cerebral Commissure*" in Scientific American, Januar 1964. Weiterhin: Michael S. Gazzaniga „*The Split Brain in Man*" in Scientific American, August 1967. Wer bei diesem Thema auf dem laufenden bleiben möchte, sollte *The Mind-Brain Bulletin*, Los Angeles, lesen. Ich warne vor den vielen missionarischen Büchern, in denen die rechte Hirnhälfte als Tor zu östlichen Religionen dargestellt wird. J. E. Bogen hat seine chirurgischen Arbeiten selbst in dem Aufsatz kommentiert „*Educational Aspects of Hemispheric Specialization*" im UCLA Educator, Frühjahr 1975.
Deutsch   Claudio Naranjo/Robert E. Ornstein: Psychologie der Meditation. Fischer-TB, (Allg. Reihe 1811), Frankfurt 1976.

MODELL 24
Alles, was man hierüber wissen muß, steht in Julian Jaynes' *The Origins of Consciousness in the Breakdown of the Bicameral Mind* (Boston, Houghton-Mifflin, 1976).

MODELL 25
Wichtigste Lektüre: K. H. Pribrams *Languages of the Brain* (Englewood Cliffs, Prentice Hall, 1971); Weiterhin: „*The Neurophysiology of Remembering*" in *Physiological Psychology* (siehe Modell 17); *Philosophical Dimensions of the Neuro-Medical sciences* (Dordrecht, R. Reidel, 1976); „*Holonomy and Structure in the organization of perception*" in *Images, Perception and Knowledge* (Dordrecht, D. Reidel, 1976). Bilder, die die Holographie erklären, verdanke ich Itzhak Bentovs *Stalking the Wild Pendulum* (New York, Dutton, 1977) und Peter Russells *The Brain Book* (New York, Hawthorne, 1979).

MODELL 26
In Gesprächen mit Stephen Nachmanovitch habe ich zu diesem Thema wertvolle Hinweise erhalten, ebenso aus seiner Doktorarbeit „*Job's Return: William Blake's Maps of the Deep*". Am wichtigsten war jedoch, *Milton* selbst im Original zu lesen, mit dem Kommentar von K. P. Easson und R. R. Easson (New York, Random House, 1978).

MODELL 27
Arthur Koestlers Buch *The Act of Creation* (New York, Macmillan, 1964) war meine wichtigste Inspiration. Eine Kurzdarstellung ist nachzulesen in *Janus* (London, Hutchinson, 1978). Außerdem muß ich mich bei Arthur Koestler bedanken, weil er viele meiner Fragen direkt beantwortet hat.

MODELL 28

J. W. Getzels und P. W. Jackson: *Creativity and Intelligence: Explorations with Gifted Students* (New York, Wiley, 1962) – mit diesem Buch begann die Divergenz-Konvergenz-Debatte. Liam Hudson hat sie in *Contrary Imaginations: A Psychological Study of the English Schoolboy* (New York, Schocken, 1966) fortgesetzt. In England hat vor allem C. P. Snow mit seinem Buch *The Two Cultures* (Cambridge University Press, 1961) die Diskussion beeinflußt. Wichtig außerdem: Hudsons Buch *The Cult of the Fact* (New York, Harper & Row, 1972).

MODELL 29

Lateral Thinking: Creativity Step by Step (New York, Harper & Row, 1970) war die Quelle für dieses Kapitel. Die Geschichte über die Kaufmannstochter stammt aus De Bonos Buch *New Think* (New York, Avon, 1971).

Deutsch   Edward de Bono: Der Denkprozeß. Was unser Gehirn leistet und was es leisten kann. Rowohlt-TB, (rororo sachb. 6911) 1975.

MODELL 30

Frank Barron: *Creativity and Personal Freedom* (Princeton und London, Van Nostrand, 1968). Jay Ogilvy: *Many Dimensional Man* (siehe Modell 1).

MODELL 31

Text und Illustration basieren auf „*Traits of Creativity*" von J. P. Guilford in *Creativity and its Cultivation* (New York, Harper & Row, 1959). Der Aufsatz ist ebenfalls erschienen in *Creativity,* herausgegeben von P. E. Vernon (New York, Macmillan, 1976).

Deutsch   Joy P. Guilford: Persönlichkeit. Logik, Methodik und Ergebnisse ihrer quantitativen Erforschung. Beltz, Weinheim 1974.

MODELL 32

Grundlage für dieses Kapitel war Carl R. Rogers Buch *Client-Centered Therapy* (Boston, Houghton-Mifflin, 1951). Wichtig auch Rogers Buch *On Becoming a Person,* gleicher Verlag 1974.

Deutsch   Carl R. Rogers: Die klientenzentrierte Gesprächspsychotherapie. Kindler, München (Geist und Psyche 2175), 1978. Entwicklung der Persönlichkeit. Psychotherapie aus der Sicht eines Therapeuten. Klett-Cotta, Stuttgart (Konzepte der Humanwissenschaft), 1979.

MODELL 33

Wichtigste Lektüre: Abraham Maslow: *Motivation and Personality* (New York, Harper & Row, 1954). Weitere Werke von Maslow: *Towards a Psychology of Being* (New York, Van Nostrand, 1962) und *The Psychology of Science* (New York, Harper & Row, 1966).

Deutsch   Abraham Maslow: Motivation und Persönlichkeit. Rowohlt, Reinbek (rororo sachb. 7395), 1981. Psychologie des Seins. Ein Entwurf. Kindler, München (Geist und Psyche 2195), 1978.

MODELL 34

Diese Darstellung stammt aus „*Interpersonal Diagnosis*" von Timothy Leary und Hubert S. Coffey, ein Aufsatz, der im Journal of Abnormal and Social Psychology 50, 1955 abge-druckt war. Er wurde nachgedruckt in *Personality: Readings in Theory and Research,* Herausgeber E. E. Southwell and Michael Merbaum (Belmont, Wadsworth, 1964). Grundlage dazu schien Sullivans Aufsatz „*Multidimensional Corrdination of Interpersonal Data*" gewesen zu sein, der in *Culture and Personality* (New York, Viking, 1949) abgedruckt war. Sullivan hat selbst wenig geschrieben, seine Position stellt er dar in dem Buch *Conceptions of Modern Psychiatry* (Washington, William Alanson White Foundation, 1949). Meine persönlichen Erfahrungen in diesem Kapitel sind aus *Sane Asylum: Inside the Delancey Street Foundation* (San Francisco Book Co., 1977 and New York, William Morrow, 1978).

Deutsch   Harry S. Sullivan: Die interpersonale Theorie der Psychiatrie. Fischer, Frankfurt, 1980.

MODELL 35

Maurice Friedman: *Martin Buber: The Life of Dialogue* (New York, Harper & Row, 1960) hat mich beeinflußt, ebenso wie Friedmans anderes Buch *To Deny our Nothingness* (New York, Delacourt, 1967). Von Buber selbst habe ich die Paperback-Ausgaben *I and Thou* (Scribners, New York, 1970) und *Good and Evil* (New York, 1970) benutzt. Wichtig ist auch *Between Man and Man* (Boston, Beacon Press, 1955). Eine gute Einführung in den Existentialismus im allgemeinen ist: *The Worlds of Existentialism: A Critical Reader,* herausgegeben von Maurice Friedman (University of Chicago Press, 1973).

Deutsch   Martin Buber: Ich und Du. Lambert Schneider, Heidelberg, 1979. Bilder von Gut und Böse. Lambert Schneider, Heidelberg, 1964. Das dialogische Prinzip. (Ich und Du. Zwiesprache. Die Frage an den Einzelnen. Elemente des Zwischenmenschlichen. Lambert Schneider, Heidelberg, 1979.

MODELL 36

Kurt Lewin zu lesen ist schwierig. Das Buch *A Dynamic Theory of Personality: Selected Papers* by Kurt Lewin (New York, McGraw Hill, 1935) ist die Hauptquelle für dieses Kapitel gewesen. Wie Lewin seine Ideen umgesetzt hat, ist in *The Healing of a Nation* von David Loye (New York, Delta, 1971) nachzulesen und in Alfred Marrows Lewin-Biographie *The Practical Theorist* (New York, Basic Books, 1969).

Deutsch   Kurt Lewin: Werke. Klett-Cotta, Stuttgart, 1981. Alfred Marrow: Kurt Lewin – Leben und Werk. Klett-Cotta, Stuttgart, 1977.

MODELL 37

Erik Erikson: *Childhood and Society* (New York Norton, 1963). Ein guter Überblick ist der Aufsatz „*Identity and the Life Cycle*" in Psychological Issues, Band 1, Nr. 1, 1959. Eine ausgezeichnete Einschätzung von Eriksons Werk ist Don S. Brownings *Generative Man* (siehe Modell 4). Mit dem Identitätskonzept befaßt sich Richard Sennett in seinen Büchern *The Uses of Disorder* (New York, Knopf, 1970) und *The Fall of the Public Man* (New York, Knopf, 1978).

Deutsch   Erik Erikson: Kindheit und Gesellschaft. Klett-Cotta, Stuttgart, 1979. Jugend und Krise. Die Psychodynamik im sozialen Wandel. Klett-Cotta bei Ullstein, Stuttgart, 1981. Richard Sennet: Die Tyrannei der Intimität. Eine Studie über den Verfall von Öffentlichkeit. Europäische Verlagsanstalt, Frankfurt, 1981.

MODELL 38

Das Buch von Jean Piaget: *The Moral Judgment of the Child* New York, Free Press, 1965) war Lawrence Kohlbergs Ausgangspunkt, ebenso wie Piagets *Origins of Intelligence in Children* (New York, Norton, 1963). Kohlbergs Position ist am deutlichsten dargestellt in seinem Aufsatz *„Stage and Sequence: The Cognitive-Developmental Approach to Socialization"* im *Handbook of Socialization Theory and Research*, Herausgeber David A. Goslin (Chicago, Rand McNally, 1969). Weitere wichtige Lektüre: *„Education for Justice: A Modern Statement of the Platonic View"*, The Ernest Burton Lecture on Moral Education (Harvard 1968, Mimeo). Norma Haan, Brewster Smith und Jeanne Block hatten Kohlbergs Arbeitsprotokolle verwendet in ihrem Aufsatz: *„Moral Reasoning of Young Adults"*, Journal of Personality and Social Psychology, Vol. 10, Nr. 3, 1968. Ich selbst habe Kohlbergs Stufenmodell auf verschiedene Philosophien angewandt in meinem Aufsatz *„Radical Man and the Hidden Moralities of Social Science"*, erschienen in Interpersonal Development 2, 1971–1972. Eine Kritik an Kohlberg übt Elizabeth L. Simpson in *„Moral Development Research"* in der Zeitschrift Human Development, 17, 1974. Der Hinweis auf die Experimente zum Gehorsam stammt aus Stanley Milgrams *Obedience to Authority* (New York, Harper & Row, 1969).

Deutsch   Jean Piaget: Das moralische Urteil beim Kinde. Suhrkamp, Frahkfurt 1973. Das Erwachen der Intelligenz beim Kinde. Klett-Cotta, Stuttgart, 1973. Lawrence Kohlberg: Zur kognitiven Entwicklung des Kindes. Drei Aufsätze. Suhrkamp, Frankfurt 1974. Handbuch der Sozialisationsforschung. Hrsg. von K. Hurrelmann/D. Ulich, Beltz, Weinheim 1980. Stanley Milgram: Das Milgram-Experiment. Zur Gehorsamsbereitschaft gegenüber Autorität. Rowohlt-TB, Reinbek, (rororo sachb. 7479), 1982.

MODELL 39

Alfred Korzybski: *Science and Sanity: An Introduction to Non-Aristotelean System and General Semantics* (Institut of General Semantics, Lake Shore, Connecticutt, USA, 1958). Korzybskis Theorie wurde popularisiert von S. I. Hayakawa in *Language in Thought and Action* (New York, Hartcourt Brace, 1964).

Deutsch   Samuel I. Hayakawa: Sprache im Denken und Handeln. Allgemeinsemantik. Verlag Darmstädter Blätter, Darmstadt 1975.

MODELL 40

Gregory Bateson: *Logical Categories of Learning and Communication,* erschien in *Steps to an Ecology of Mind* (New York, Ballantine, 1975). Da ich *Principa Mathematica* von Russell nicht gelesen habe, war mir Batesons Darstellung eine wichtige Quelle. Wichtig in diesem Zusammenhang auch: Paul Watzlawick, J. H. Beavin und Don Jackson: *Pragmatics of Human Communication* (New York, Norton, 1967). Die Idee, die Legende der Sphinx als Illustration zu benutzen, gab mir Edmund Leachs *Lévi-Strauss* (London, Fontana, 1976).

Deutsch   Gregory Bateson: Ökologie des Geistes. Suhrkamp, Frankfurt 1980. Paul Watzlawick, J. H. Beavin, Don Jackson: Menschliche Kommunikation. Formen, Störungen, Paradoxien. Huber, Bern, (Wiss.-TB), 1974.

MODELL 41

Richard Bandler und John Grinder: *The Structure of Magic* (Paolo Alto, Science and Behaviour Press, 1975). Die Werke von Noam Chomsky sind schwer zu lesen ohne „Übersetzer". Hilfreich ist John Lyons *Chomsky* (London, Fontana, 1975). Ebenso Judith Greene: *Psycho-Linguistics: Chomsky and Psychology* (Harmondsworth, Penguin, 1979). Wer unbedingt zur Quelle will: Noam Chomsky: *Reflections on Language* (New York, Pantheon, 1976), dies ist das lesbarste Buch von Chomsky.

Deutsch   Richard Bandler, John Grinder: Struktur der Magie. (Innovative Psychotherapie und Humanwiss.) Junfermann, Paderborn, 1981. John Lyons: Noam Chomsky. dtv, München (dtv Allg. Reihe 770). Noam Chomsky: Reflexionen über Sprache. Suhrkamp, Frankfurt 1977.

MODELL 42

Die Illustration ist einer Vorlage aus dem Buch von Buckminster Fuller: *Synergetics* (Macmillan, New York und London 1975) nachempfunden (mit freundlicher Genehmigung von R. Buckminster Fuller). Abraham Maslows Rede *„Synergy in Society and the Individual"* wurde im November 1963 vor der New England Psychological Association gehalten. Frühere Darstellungen der Synergie finden sich in seinem Buch *Motivation and Personality* (siehe Modell 33). Das Zweiachsen-Diagramm stammt von Robert Blake und Jane Mouton: *The Managerial Grid* (Houston, Gulf Publishing, 1965).

Deutsch   Robert Blake, Jane Mouton: Besser führen mit GRID. Führungsprobleme lösen mit dem GRID-Konzept. Econ, Düsseldorf, 1979.

MODELL 43

Ich habe das Problem der Werte-Aufspaltung im Detail in meinem Buch *From Poverty to Dignity: Strategy for Poor Americans* (New York, Doubleday Anchor, 1975) dargestellt.

MODELL 44

Ich gestehe, daß ich Jacques Lacan im Original kaum verstehe. Ich habe mich bei meiner Darstellung auf Sherry Turkle: *Psychoanalytic Politics* (New York, Basic Books, 1978) verlassen. Wer eine hohe Ambiquitätstoleranz hat, möge Lacans *Ecrits: A Selection* (New York, Norton, 1977) lesen. Wichtige Grundlagenliteratur ist das Werk von Ferdinand de Saussure, eine gute Einführung ist Jonathan Cullers Buch *Saussure* (London, Fontana, 1976).

Deutsch   Jacques Lacan: Schriften. Walter, Freiburg, 3 Bde. 1979.

MODELL 45

Ludwig von Bertalanffy: *Robots, Men and Minds* (New York, Braziller, 1967) und *Problems of Life* (New York, Harper & Row, 1951) waren die Quellen für dieses Kapitel. Neuere Entwicklungen der allgemeinen Systemtheorie finden sich in *General Systems Yearbook* von Anatol Rapaport (Hrsg.) (Washington DC, Society for General Systems Research).

MODELL 46

Jonas Salk: *Surival of the Wisest* (New York, Harper & Row, 1973) sowie Vorträge von Jonas Salk waren die Grundlage für dieses Modell.

MODELL 47
Siehe die Werke von Arthur Koestler in Modell 20 und 27.

MODELL 48
Gregory Bateson: *The Cybernetics of Self: A Theory of Alcoholism"* in *Steps to an Ecology of Mind* (siehe Modelle 40). Ebenso: *Mind and Nature: A Necessary Unity* (New York, Dutton, 1979). Eine Erörterung des Reglers findet sich in *„Mind/Environment"* von Gregory Bateson, abgedruckt in Social Change, Nr. 1 (New York, Gordon & Breach, 1972).
Deutsch Greogry Bateson: Geist und Natur: Eine notwendige Einheit. Suhrkamp, Frankfurt, 1982).

MODELL 49
Paul Watzlawick: *How Real is Real?* (New York, Vintage, 1976). Außerdem die Literatur von Bateson, die in Modell 40 erwähnt wird.
Deutsch Paul Watzlawick: Wie wirklich ist die Wirklichkeit? Wahn – Täuschung – Verstehen. Piper, München 1980.

MODELL 50
T. W. Adorno et al: *The Authoritarian Personality* (New York, Harper & Row, 1950). Sir Geoffrey Vickers: *Freedom in a Rocking Boat* (Harmondsworth, Penguin, 1972). Eine ausgezeichnete Diskussion des Faschismus, die das Konzept der Schismogenese berücksichtigt, findet sich in Peter Vierecks *Metapolitics: The Roots of the Nazi Mind* (New York, Capricorn, 1948). Weitere wichtige Lektüre: Hannah Arendt: *The Origins of Totalitarianism* (New York, Hartcourt Brace, 1966). Visuelle Darstellungen des Dritten Reiches sind sehr nützlich, etwa Stefan Laurents Buch *Sieg Heil!* (New York, 1974).
Deutsch Theodor W. Adorno: Studien zum autoritären Charakter. Suhrkamp, Frankfurt 1973. Sir Geoffrey Vickers: Freiheit im kybernetischen Zeitalter. Der Wandel der Systeme und eine neue politische Ökologie. Seewald, Stuttgart 1975. Hannah Arendt: Elemente und Ursprünge totaler Herrschaft. Ullstein-TB, 3 Bde., Berlin 1975.

MODELL 51
Als Quelle habe ich mein Buch *Radical man* (siehe Modell 16) benutzt. Wichtig auch Marie Jahodas *Current Concepts of Positive Mental Health* (New York, Basic Books, 1958)

MODELL 52
Meine wichtigste Quelle war Erich Fromms Buch *Marx's Concept of Man* (New York, Ungar, 1961). In dieser Ausgabe finden sich auch die ökonomisch-philosophischen Manuskripte von Karl Marx. Wesentlich ist auch *Das Kommunistische Manifest* von Karl Marx und Frederick Engels (New York and Harmondsworth, Penguin, 1967). Die bekannteste Kritik am Marxismus ist Karl R. Poppers *The Open Society and its Enemies* (New York, Harper & Row, 1962). Ebenso Maurice Cornforths Antwort darauf: *The Open Philosophy and the Open Society* (New York, International Publishers, 1968). Zum Thema Dialektik: Friedrich Engels: *The Dialectics of Nature* (New York, International Publishing Co., 1940). Sehr hilfreich war für mich auch Richard Lichtmans

„The Marxian critique of Christanity" in *Marxism and Christianity*, herausgegeben von Herbert Apthecker (New York, Humanities Press, 1968). Der Text von John Galsworthy ist aus seinen *Plays* (New York, Scribner's, 1964).
Deutsch Erich Fromm: Das Menschenbild bei Marx. Europ. Verlagsanstalt/VVA, Frankfurt, 1981. Karl Marx/Friedrich Engels: Manifest der Kommunistischen Partei. Reclam, Ditzingen. Karl R. Popper: Die offene Gesellschaft und ihre Feinde. 2 Bde., UTB/BRO/Francke, (UTB 472), 1980. Maurice Cornforth: Marxistische Wissenschaft und antimarxistisches Dogma. Eine Antwort auf Karl Poppers Widerlegungen des Marxismus. Verlag Marxistische Blätter, (Marxist. TB, Marxismus 21), Frankfurt, 1973. Friedrich Engels: Dialektik der Natur. Buchvertrieb Hager, Frankfurt, 1976.

MODELL 53
Herbert Marcuses vier wichtigste Bücher liegen hier zugrunde. *Reason and Revolution, Eros and Civilization, One-dimensional Man*, und *An Essay on Liberation* (New York, Beacon Press, 1960, 1955, 1964, 1969). Wichtig auch sein Aufsatz *„Repressive Tolerance"* in *A Critique of Pure Tolerance* von Robert Paul Wolff und Barrington Moore Jr. (Boston, Beacon Press, 1965). Eine gute Kritik an Marcuse findet sich in *The Freudian Left* von Paul A. Robinson (New York, Harper & Row, 1969). Eine Geschichte der Frankfurter Schule findet sich in *The Dialectical Imagination* von Martin Jay (Boston, Little Brown, 1973).
Deutsch Herbert Marcuse: Vernunft und Revolution. Hegel und die Entstehung der Gesellschaftstheorie. Luchterhand, Neuwied, 1979. Triebstruktur und Gesellschaft. Essay. Suhrkamp/KNO, Frankfurt, 1973. Der eindimensionale Mensch. Studie zur Ideologie der fortgeschrittenen Industriegesellschaften. Luchterhand, Neuwied 1980. Versuch über die Befreiung. Suhrkamp/KNO, Frankfurt 1973. Robert Paul Wolff / Barrington Moore / Herbert Marcuse: Kritik der reinen Toleranz. Suhrkamp/KNO, Frankfurt 1970. Martin Jay: Dialektische Phantasie. Die Geschichte der Frankfurter Schule und des Instituts für Sozialforschung. Fischer TB, (Allg. Reihe 6546), Frankfurt 1981.

MODELL 54
Thomas S. Kuhn: *The Structure of Scientific Revolutions* (Chicago, Chicago University Press, 1970) ist ein sehr klares Buch mit einer sehr klaren These und benötigt keine Übersetzer. Allan R. Buss hat die Kuhnsche These auf die Psychologie angewandt: *A Dialectical Psychology* (New York, Irvington, 1979).
Deutsch Thomas S. Kuhn: Die Struktur wissenschaftlicher Revolutionen. Suhrkamp/KNO, Frankfurt 1973.

MODELL 55
Francisco Varela steht am Anfang einer vielbeachteten Laufbahn. Ich stütze mich auf seinen Aufsatz *„Not One, Not Two"* in Coevolution Quarterly, Herbst 1976, Sausalito, Cal.

MODELL 56
Ich habe die Katastrophentheorie erst kennengelernt, als dieses Buch in Druck ging. Denis Postles Buch *Catastrophe Theory* (London, Fontana, 1980) war mein Einstieg in das Thema. Eine andere gute Darstellung ist *Catastrophe Theory: A revolutionary new way of understanding how things change* von Alexander Woodcock und Monte Davis (Nerw York,

Dutton, 1978). Beides sind populäre Texte, wer tiefer gehen will, muß René Thomas *Structural Stability and Morphogenesis* (Reading, Benjamin, 1975) und Christopher Zeeman: *Catastrophe Theory: Selected Papers 1972–77* (Reading, Benjamin, 1977) lesen. Eine faszinierende Anwendung der Katastrophentheorie auf das Drama ist Nicholas Mosleys *Catastrophe Practice* (London, Secker & Warburg, 1979).

MODELL 57
Die Darstellung dieses Modells verdanke ich Edmund Leachs Buch *Lévi-Strauss* (siehe Modell 40). Die Interpretation wird in seinem Buch *Structural Anthropology* (New York und London, Penguin, 1979) beschrieben, ebenso in dem Aufsatz „*The Structural Study of Myth*" in Journal of American Folklore, Vol. 68, Nr. 270.
Deutsch   Lévi-Strauss: Strukturale Anthropologie. Suhrkamp/KNO, Frankfurt 1978.

MODELL 58
George Thomson: *Aeschylus and Athens* (siehe Modell 2) hat mich am meisten beeinflußt, obwohl seine Beobachtungen marxistisch formuliert sind und meine nicht. Die Quellen aus Modell 1 und 2 haben auch das Modell 58 mitgeprägt.

MODELL 59
William Johnston: *King* (New York, Warner, 1978) ist eine gute Darstellung von Martin Luther Kings Leben. Von King selbst habe ich berücksichtigt: „*Letter from a Birmingham Jail*" aus dem Buch *Why We Can't Wait*" (New York, Harper & Row, 1963). Außerdem: *Martin Luther King jr.: A Profile* (New York, Hill and Wong, 1970), darin besonders der Aufsatz von Lerone Bennett jr. „*When the Man and Hour are met*". Weiterhin: W. R. Miller: *Martin Luther King Jr.* (New York, Avon, 1968). Ich danke auch John E. McClusky für sein Referat „*Beyond the Carrot and the Stick*" von der Midwest Political Science Association im Mai 1975.
Deutsch   Martin Luther King: Schöpferischer Widerstand. Reden – Aufsätze – Predigten. Gütersloher Verlagshaus, VVA Gütersloh, 1980. Testament und Hoffnung. Letzte Reden, Aufsätze und Predigten. Gütersloher Verlagshaus/VVA Gütersloh, 1981. Wohin führt unser Weg. Chaos oder Gemeinschaft. Econ, Düsseldorf 1968.

MODELL 60
Meine Dankesschuld an Gregory Bateson wird in diesem letzten Abschnitt besonders sichtbar. Über Bateson gibt es folgende wichtige Darstellungen: John Brockman (Hrsg.): *About Bateson* (New York, Dutton, 1976) und Mary Catherine Bateson: *Our Own Metaphor* (New York, Knopf, 1973).

Namen- und Sachregister

222